威海年鉴

WEIHAI YEARBOOK

(2024)

中共威海市委党史研究院
威海市地方史志研究院　编

方志出版社
Publishing House of Local Records

图书在版编目（CIP）数据

威海年鉴．2024 / 中共威海市委党史研究院、威海市地方史志研究院编．-- 北京 ：方志出版社，2024.10
ISBN 978-7-5144-6345-3
Ⅰ．Z525.23
中国国家版本馆 CIP 数据核字第 2024JT0203 号

责任编辑：李静
责任校对：刘玉霞
责任印制：梅中英
出 版 者：方志出版社
地　　址：北京市朝阳区潘家园东里 9 号（国家方志馆4层）
邮　　编：100021
网　　址：http://www.zgfzcb.cn
发　　行：方志出版社图书营销中心（010-67110500）
印　　刷：威海红太阳彩印有限公司
开　　本：889毫米×1194毫米　1/16
印　　张：25.25
字　　数：1063千字
版　　次：2024年10月第1版
印　　次：2024年10月第1次印刷
定　　价：300.00元

威海市地方史志编纂委员会
（兼威海年鉴编纂委员会）

编审人员

主　　审：李　建

副 主 审：张　璟　　杨华卫

主　　编：李庆民

副 主 编：李洪格　　于鹏飞（执行）

编　　辑：（按姓氏笔画排列）
于鹏飞　　闫拥军　　李传强

数据审核：秦玉宝

精致城市建设

威海市环翠区城区一角　（姚 威 摄）

威海市文登区康成公园　　（纪哲　摄）

荣成市“荣归故里城”　　（中共荣成市委党史研究中心　提供）

乳山市人民医院新院区　（辛 戈　摄）

威海火炬高技术产业开发区一角　（宫举卫　摄）

威海经济技术开发区长峰农贸市场 （朱春晓 摄）

威海临港经济技术开发区一角 （宫举卫 摄）

政务活动

2023 年 9 月 4 日，中共威海市委十六届四次全体会议召开 （朱春晓 摄）

2023 年 5 月 8 日，威海市第十八届人民政府第二次全体（扩大）会议暨廉政工作会议召开 （朱春晓 摄）

2022 年 12 月 28 日，威海市第十八届人民代表大会第三次会议召开　　（孙大伟　摄）

2022 年 12 月 27 日，中国人民政治协商会议第十四届威海市委员会第二次会议召开　　（朱春晓　摄）

文明城市建设

3 月 14 日，荣成市开展美德信用“五进”行动　　（李信君　摄）

3 月 18 日，威海火炬高技术产业开发区怡园街道兴业社区开展社会主义核心价值观宣讲活动
（威海市精神文明建设办公室　提供）

3 月 22 日　全国文明城市创建暨国家卫生城市复审工作会议召开

（孙大伟　摄）

3 月 23 日，志愿者在夜色中坚守岗位

（朱春晓　摄）

7 月 31 日，文登区举办新时代文明实践暨倡树美德生活方式文艺汇演

（杨　正　摄）

8 月 29 日，威海市第九届“国学小名士”中华经典诵读电视大赛举办

9 月 14 日，威海市公安局交警支队在环翠区北竹岛小学开展“文明交通 绿色出行”主题宣传教育活动

中国好人榜

舒记德，山东省地质矿产勘查开发局第六地质大队职工，入选 2023 年第一季度“中国好人榜”（敬业奉献类）

张鑫圆（女），乳山市公安局看守所五级辅警，入选 2023 年第一季度“中国好人榜”（见义勇为类）

孙涛，国网山东省电力公司荣成市供电公司好运角供电所网格经理，入选 2023 年第二季度“中国好人榜”（敬业奉献类）

（威海市精神文明建设办公室　提供）

绿色低碳高质量发展

1 月，威海魏桥新型纤维绿色智能一体化制造项目 （威海日报社　提供）

2 月，荣成歌尔科技有限公司生产车间 （朱春晓　摄）

2 月，威海克莱特菲尔风机股份有限公司总装车间　　（朱春晓　摄）

2 月，亿和精密工业（威海）有限公司打印机组装车间　　（孙大伟　摄）

7 月，威海宝威新材料科技有限公司的碳纤维预浸布“无人”生产车间 （朱春晓 摄）

7 月，威海市天罡仪表股份有限公司水表生产车间 （孙大伟 摄）

9 月，国网新源山东文登抽水蓄能电站地下厂房　（宋 涛　摄）

11 月，威海恒邦化工有限公司含金多金属矿有价元素综合回收技术改造项目　（王彦博　摄）

12 月，华能石岛湾高温气冷堆核电站　　（威海日报社　提供）

12 月，乳山半岛南 U1 场址 90 万千瓦海上风电项目　　（威海日报社　提供）

12 月，文登 HG32 海上光伏实证科研项目　（威海日报社　提供）

12 月，威海市泓淋电力技术股份有限公司生产车间　（朱春晓　摄）

乡村振兴

环翠区羊亭河湿地公园 （孙大伟 摄

位于文登区大水泊镇的毕克官美术馆　　（威海日报社　提供）

荣成市港西镇盐田晒场　　（李信君　摄）

乳山市白沙滩镇白沙滩村

威海火炬高技术产业开发区医疗器械与生物医药产业园

威海经济技术开发区无花果农业现代产业园一角

“庆丰收・促和美”——威海市庆祝第六届中国农民丰收节暨 2023 年“畅游山海・寻梦田园”相约乡村振兴路活动启动仪式在威海临港经济技术开发区举行

（威海日报社　提供）

海洋强市建设

3 月，荣成市虎山镇天海湾海参育苗区　　（彭雪梅　摄）

5 月，朝阳港岸线修复工程　　（林巍强　摄）

5 月，黄海造船有限公司在建船舶　　（李信君　摄）

5 月，山东港口威海港青威集装箱自动化堆场　　（朱春晓　摄）

6 月，荣成市成山镇褐藻海带生物肥生产企业车间　（李信君　摄）

6 月，水产品出口企业工作人员在加工鳕鱼系列产品　（威海日报社　提供）

7月，明阳北方（乳山）高端海洋装备智能制造产业基地生产的海上风电机组　　（杨　正　摄）

9月，渔船出海作业　　（李信君　摄）

对外开放

3月，威海至东京、大阪、仁川全货运航班开通 （威海市交通运输局 提供）

4月，由威海石岛重工有限公司制造的超大型石油液化气储罐启运安哥拉

（李信君 摄）

6月，三星 & 酷澎威海跨境电商保税仓启动 （沈道远 摄）

7月，招商局金陵船舶（威海）有限公司建造的高端客滚船交付船东 （孙大伟 摄）

9 月 2 日，第六届威海市市长国际经济咨询委员会年会召开　（朱春晓　摄）

9 月 22 日，东北亚海洋绿色低碳高质量发展大会在威海市召开　（孙大伟　摄）

10 月 10 日，第四届跨国公司领导人青岛峰会威海产业推介会召开　　（孙大伟　摄）

12 月 19 日，中韩多式联运（威海一仁川）整车运输试运行发车　　（孙大伟　摄）

千里山海自驾旅游

“大相框”景点　　（威海日报社　提供）

东浦湾房车营地　　（杨　正　摄）

俄罗斯游客在威海火炬八街打卡拍照 （纪哲 摄）

韩乐坊商圈 （威海日报社 提供）

那香海景区　　（李信君　摄）

千里山海自驾旅游公路　　（朱春晓　摄）

桑沟湾海洋牧场 （李颖斌　摄）

游客在半月湾畔观看日出 （朱春晓　摄）

精致城市论坛

6月12日，精致城市论坛举行

6月12日，第二届威海国际周启动仪式举行

6月12日，威海人居节暨建筑设计论坛举行

（朱春晓　摄）

2023中国威海·国际英才创新创业大会

12月14日，2023中国威海·国际英才创新创业大会召开

12月14日，2023中国威海·国际英才创新创业大会“人才兴威”突出贡献奖颁奖仪式举行

12月14日，2023中国威海·国际英才创新创业大会人才签约仪式举行

（朱春晓 摄）

第三届韩国（山东）进口商品博览会

7月28日至8月1日，第三届韩国（山东）进口商品博览会在威海市举办

7月28日，第三届韩国（山东）进口商品博览会韩国馆

7月28日，巴基斯坦参展商向顾客介绍产品

（孙大伟　摄）

第十五届中国威海国际渔具博览会

9 月 23 日，第十五届中国威海国际渔具博览会举办

9 月 23 日，第十五届中国威海国际渔具博览会现场

9 月 23 日，第十五届中国威海国际渔具博览会现场

（刘志鹏　摄）

体育赛事

4 月 30 日，2023 荣成滨海马拉松举办
（中共荣成市委党史研究中心　提供）

6 月 10 日，2023 年中国威海 HOBIE 帆船公开赛暨威海市首届海上休闲运动嘉年华举办
（朱春晓　摄）

6 月 21 日，2023 年中国乒乓球俱乐部甲 A 比赛在威海市举办

（王彦博　摄）

8 月 20 日，山东蓝鲸 2023 年第 11 届亚洲青少年棒球锦标赛在威海市举办

（刘志鹏　摄）

8 月 26 日，2023 年威海铁人三项世界杯赛暨 2023 年中国・威海超级铁人三项系列赛举办。图为骑行比赛现场

（刘志鹏　摄）

数读威海 2023

土地总面积：58.22 万公顷
常住人口：291.36 万人
海岸线长：968 千米
地区生产总值：3513.54 亿元
农林牧渔业增加值：385.87 亿元
规模以上工业企业营业收入：2690.64 亿元
高技术产业投资增长：64.2%
省级以上研发平台总数：501 家
对外及对中国港澳台地区贸易总额：2006.79 亿元
旅游接待总人数：5906.54 万人次
旅游总收入：630.84 亿元
社会消费品零售总额：1364.39 亿元
一般公共预算收入：237.38 亿元
住户存款余额：4370.01 亿元
城镇居民人均可支配收入：58799 元
农村居民人均可支配收入：29013 元
年底公路通车里程：6993.11 千米
城市公共供水总量：1.37 亿立方米
全社会用电量：182.62 亿千瓦时
户籍人口城镇化率：62.12%
建成区绿化覆盖率：46.06%
空气质量优良率：86.6%

（李传强　摄）

编辑说明

一、《威海年鉴（2024）》以马克思列宁主义、毛泽东思想、邓小平理论、“三个代表”重要思想、科学发展观、习近平新时代中国特色社会主义思想为指导，坚持辩证唯物主义和历史唯物主义的立场、观点和方法，遵照党和国家现行的各项路线、方针、政策，遵守《中华人民共和国宪法》和国家各项法律、法规。力求全面、系统、准确地记载威海市自然、政治、经济、文化、社会等方面发展变化的基本情况。

二、《威海年鉴（2024）》是由中国共产党威海市委员会和威海市人民政府组织，中共威海市委党史研究院、威海市地方史志研究院承编的以威海市行政区域名称冠名的地方综合年鉴，旨在为各级领导科学决策提供市情依据，为各行各业提供信息服务，为国内外各界人士了解威海、研究威海提供窗口和媒介，同时为编修志书储备资料。

三、《威海年鉴（1998）》是首部公开出版的市委、市政府组织编纂的年鉴，《威海年鉴（2024）》是第27卷，记述2023年度全市各项事业发展的基本情况，重点反映社会主义现代化建设进程中的新成就、新经验、新举措和遇到的新问题。为增强信息的时效性，保证资料的连续性和完整性，部分资料时限适当上溯下延。

四、《威海年鉴（2024）》主要分类目、分目、条目3个层次，部分分目下设子目。条目为主要信息载体和基本撰写形式，条目标题用黑体加【】。为体现地方特色，将经济监督与管理、海洋与渔业升格为类目。各类目、分目间交叉重复的资料，或区别视角、各有侧重分别记述，或设置参见、引导查找。条目后括注的人名为各供稿单位供稿人员。

五、《威海年鉴（2024）》设34个类目：特载、专记、大事记、威海概况、中国共产党威海市委员会、威海市人民代表大会、威海市人民政府、中国人民政治协商会议威海市委员会、纪检监察、民主党派与工商联、群众团体、法治、军事、经济监督与管理、农村·农业、海洋与渔业、工业、信息产业、交通·邮政、城乡建设与生态环境保护、商贸、口岸、旅游、财政·税务、金融、科学技术、教育、文化·传媒、卫生健康、体育、社会生活、区（市）概况、开发区建设、附录。

六、《威海年鉴（2024）》采用规范的语体文，以记述为主，说明为辅。记述事物、事件和人物，寓观点于记述之中。各类组织、机构或事物等专有名称首次出现时一般使用全称，并括注简称。数字用法、标点符号用法分别采用国家标准《出版物上数字用法》（GB/T 15835—2011）、《标点符号用法》（GB/T 15834—2011），计量单位采用国家技术监督局1993年12月发布的《量和单位》系列国家标准，但在记述农业用地时亦可用亩。图片说明中一般注明时间，凡未注明的，均为2023年拍摄。“市”均指威海市。除辑录的原始文献外，文风力求严谨、朴实、简洁、流畅。

七、《威海年鉴（2024）》检索方法有目录和索引，分设在卷首和卷尾。索引主要采取主题分析法制作，并按主题词首字汉语拼音字母顺序排列。

八、《威海年鉴（2024）》资料由市直各部门（单位）、中央和省驻威海单位、各区（市）负责提供，且均经撰稿单位负责人审签。反映全市国民经济和社会发展总体情况的数据，以威海市统计局公布的为准；部分数据因四舍五入等原因，存在总项与分项和不等的情况。

供稿单位审稿人名单

（按供稿单位顺序排列）

张　璟	杨华卫	徐　力	张宗浩	邢海波	毕晟磊
毕建康	周　华	刘　源	朱建超	林　莅	李　强
许庆耀	尹玉翠	李庆民	于所航	王治强	荆　文
刘　伟	徐　林	丛龙海	殷炳金	宋修骞	孙洪毅
刘德钧	周　宁	于国胜	陈卫萍	徐　伟	赵广洪
朱文娟	徐其成	肖　怡	张兴武	郝　芳	葛平修
邢　飞	邵　伟	苗建臣	张　勇	曹志武	刘士侠
王广跃	李洪新	宋　光	倪国良	杨　剑	张　琪
李　正	荣传伟	于松涛	张术晓	周志远	谷衍宁
周佳俊	张　辉	李艳丽	刘正杰	周德纯	毕兴全
李永仁	吴建国	刘　伦	孙凤华	张西峰	邢海文
李晓东	于　洋	裴周轶	李瑞玲	王志忠	王笑丰
于明涛	刘　青	张敬全	刘卫华	王乃忠	许英文
赵　旸	王吉宏	赵　耀	王曙明	许宏妮	刘　震
宋忠勇	丛　琳	李　瑞	刘　勇	徐　静	万鲁峰
张　鹏	孔令军	丁瑞梁	窦　超	姜　宏	燕欣春
宋　海	温向东	谭先国	肖洪冰	王祝炜	王秀泰
韩　冬	姜治国	方　兴	李仁斌	杜　伟	王好光
谭远国	汤占胜	于志青	王　伟	刘建亚	谭忆秋
徐东晖	张　晖	曲同军	孙承武	段宏伟	王星淘
荆　涛	杜树宇	姜茂徐	姜　农	孙　东	杨明帆
耿祥星	王治国	王　文	姜进军	谷永波	马绪福
孙玉建	苑　顺	宋　斌	李百强	鞠　波	吴茂林
王　浩	姜　玲	徐敬侠	王希海	邓志坚	刘昌勇

目　　录

中国共产党威海市委员会

威海市人民代表大会

威海市人民政府

中国人民政治协商会议威海市委员会

纪检监察

民主党派与工商联

群众团体

法　治

军 事

经济监督与管理

农村·农业

城乡建设与生态环境保护

商　贸

口 岸

旅 游

财政·税务

金　融

科学技术

教　育

文化·传媒

卫生健康

体　育

社会生活

区（市）概况

开发区建设

附　录

索　引

特　　载

在市委十六届五次全体会议暨市委经济工作会议上的讲话（摘要）

（2023年12月28日）

中共威海市委书记　闫剑波

一、认真学习领会中央、省委经济工作会议精神，准确把握经济发展面临的形势

（一）关于中央经济工作会议精神

1.准确把握党中央对经济形势的科学判断。中央经济工作会议明确指出，“综合起来看，我国发展面临的有利条件强于不利因素，经济回升向好、长期向好的基本趋势没有改变，要增强信心和底气”。

2.准确把握新时代做好经济工作的规律性认识。一是必须把坚持高质量发展作为新时代的硬道理；二是必须坚持深化供给侧结构性改革和着力扩大有效需求协同发力；三是必须坚持依靠改革开放增强发展内生动力；四是必须坚持高质量发展和高水平安全良性互动；五是必须把推进中国式现代化作为最大的政治。

3.准确把握中央对明年经济工作的总体要求。“稳中求进、以进促稳、先立后破”，稳是大局和基础，进是方向和动力，立是破的前提。

4.准确把握中央对明年经济工作的部署安排。一是以科技创新引领现代化产业体系建设，二是着力扩大国内需求，三是深化重点领域改革，四是扩大高水平对外开放，五是持续有效防范化解重点领域风险，六是坚持不懈抓好“三农”工作，七是推动城乡融合、区域协调发展，八是深入推进生态文明建设和绿色低碳发展，九是切实保障和改善民生。

（二）关于省委经济工作会议精神

1.全省明年经济社会发展的预期目标是：经济增长5%以上，一般公共预算收入增长4%，居民人均可支配收入增长5.5%左右，对城镇新增就业、消费价格涨幅、粮食产能等都提出具体量化目标。

2.全省明年经济工作的原则要求是：坚持稳中求进、以进促稳、先立后破；坚持统筹兼顾、打好“组合拳”；坚持深化供给侧结构性改革和着力扩大有效需求协同发力；坚持深化改革扩大开放；坚持调动各方面积极性、主动性、创造性。

3.全省明年经济工作的重点任务是：“十个塑造新优势”：一是在科技创新引领现代化产业体系上塑造新优势，二是在扩大有效需求上塑造新优势，三是在做强数字经济上塑造新优势，四是在推动乡村振兴上塑造新优势，五是在促进区域协调发展上塑造新优势，六是在深化改革开放上塑造新优势，七是在加快绿色低碳转型上塑造新优势，八是在持续增进民生福祉上塑造新优势，九是在守牢安全发展底线上塑造新优势，十是在加强经济宣传和舆论引导上塑造新优势。“八个抓实抓细”：一是抓实抓细科技创新引领产业升级，二是抓实抓细重大项目建设，三是抓实抓细消费潜力持续扩大，四是抓实抓细巩固外贸外资基本盘，五是抓实抓细“三农”重点工作，六是抓实抓细节能降碳和污染治理，七是抓实抓细民生福祉改善，八是抓实抓细安全底线任务。

全市各级各部门各企业要深入学习领会中央经济工作会议和省委经济工作会议精神，切实把思想和行动统一到党中央决策部署和省委工作要求上来，结合威海实际狠抓落实。

（三）要清醒认识做好2024年经济工作面临的困难挑战和有利因素

不利因素：一是外部环境不稳。受地缘政治局势紧张、全球经济增速放缓等因素影响，企业面临外需走弱、成本上升、风险加大等多重挑战，要提前预判，对每个行业企业作出分析，提前采取有效应对措施。二是经济增速不快。GDP、一般公共预算收入、规上工业增加值、固定资产投资、进出口5个主要指标，虽然前11个月逐月向好，但增速相对较低，均在全省10位之后。纵观近几年，主要经济指标增速都比较慢。如果不迅速扭转这种局面，我们与先进城市的差距会越来越大，而且将被后面的城市赶超。三是主导产业不强。体量不大、“群山无峰”问题一直没有得到有效解决。全市重点培育的八大产业集群还没有过千亿的，辐射带动能力强的大型骨干企业

不多，百亿以上企业少。四是内需拉动不足。前11个月固定资产投资增长4.6%、全省第13位，低于全省0.5个百分点；全市32个有技改投资活动的工业行业中，14个行业技改投资负增长。前11个月限上消费品零售额累计增长4.5%，低于全省平均增速4.7个百分点，居全省末位。五是安全风险不少。各重点领域本质安全水平还不高，保民生保运转压力很大，部分区市开发区、镇街财政收支矛盾比较突出，个别区域债务风险较大，渔船管控、海上安全隐患仍然较多。

有利因素：一是积极的政策导向更加鲜明。不管是预期指标设定，还是各项工作安排，中央、省都释放出了稳增长、提信心、强决心的鲜明信号，传递出积极的导向。二是经济回升向好的态势更加稳固。全市经济整体呈现平稳向好、稳中提质的态势，先行指标表现比较好，前11个月工业用电量同比增长23.3%，剔除文登抽水蓄能电站电量后增长7.23%；铁路货物运输量同比增长39.8%；金融机构本外币贷款余额同比增长13.8%；城镇新增就业同比增长2.9%。三是支撑经济增长的后劲更加充足。新的经济增长点加快形成，我市核电、风电、光伏等新能源产业都已经破题，近3年招引培育的项目将陆续投产，增加新的产值。目前全市确定2024年省市县三级重点项目882个，总投资4441.9亿元，年度计划投资1043.4亿元，较2023年初分别增长14%、32.5%、5.4%。四是发展特色和优势更加突出。全市高新技术产业产值占比达到74.23%，保持全省第1；规模以上工业企业有研发活动的占比57.16%，全省第3。中韩多式联运整车运输试运行启动，物流大通道带动效应将更加凸显。精致城市品牌影响力不断增强，特别是今年旅游市场持续火爆，有力带动了消费和居民收入增长。五是大抓经济的氛围更加浓厚。出台了"1+N"政策文件，组织了一系列项目开工、签约、招商、观摩等活动，开展了企业大走访活动。全市上下凝心聚力抓产业、抓企业、抓项目、抓有效投资，取得显著成效，大抓经济已成为全市共识。

要准确把握中央、省委对形势的分析判断，既要看到风险挑战、问题差距，更要看到机遇、增强信心，继续爬坡过坎、攻坚克难，主动作为、敢干敢闯敢试，以自身工作的确定性应对形势变化的不确定性，创造新的更大发展业绩。

二、认真落实中央、省委经济工作会议要求，最大力度争取政策红利

（一）清单化落实中央、省委部署的各项任务

一是产业发展。1.产业转型方面，中央会议提出实施制造业重点产业链高质量发展行动，省会议提出实施先进制造业攻坚和现代服务业提升行动。要谋划推进威海一二三产业的转型与升级。2.未来产业布局方面，省会议提出深入实施未来产业培育发展行动，聚焦发展元宇宙、人工智能、生命科学等产业。要立足威海的产业基础，积极研究谋划，努力开辟未来产业发展新赛道。3.科技创新方面，省会议提出实施科技领军企业量质提升行动、企业创新能力提升行动、重大科技创新平台人才效能提升行动，启动科技创新赋能标志性产业链高质量发展行动。要发挥我市优势，抓好创新平台建设和人才引育，培育更多具有核心竞争力的创新型企业。4.数字经济方面，省会议提出培优育强数字产业龙头企业、推进工业互联网应用赋能等5项任务。要谋划好我市发展数字经济的目标和措施，塑造发展新优势。

二是扩大有效需求。1.消费方面，中央会议提出培育壮大新型消费，积极培育智能家居、文娱旅游、体育赛事、国货"潮品"等新的消费增长点；提振新能源汽车、电子产品等大宗消费。省会议提出开展新能源汽车下乡行动，组织家具、家纺、家装等系列消费节，开展绿色智能家电消费促进活动、城市商圈跃升行动，大力发展银发经济，实施文旅消费全面提升计划。要抓住消费恢复的机遇，围绕电商、文旅、物流、会展等，制定具体提振消费的措施。2.投资方面，中央会议提出实施政府和社会资本合作新机制，支持社会资本参与新型基础设施等领域建设。省会议围绕能源转型、基础设施、城市更新、民生保障等领域投资提出具体要求，部署了做好迁建威海机场前期工作，强调要组织好一季度项目开工活动。要谋划好我市的投资项目，进一步促进有效投资。

三是改革开放。1.重点领域改革方面，中央会议提出要谋划进一步全面深化改革重大举措，实施国有企业改革深化提升行动，谋划新一轮财税体制改革等。省会议提出深化要素市场化、国资国企、财税金融、营商环境改革。要聚焦重点领域，实施好我市重点改革事项。2.扩大开放方面，中央会议提出拓展中间品贸易、服务贸易、数字贸易、跨境电商出口，抓好支持高质量共建"一带一路"八项行动的落实落地。省会议提出实施好"好品山东 鲁贸全球"行动，开展利润再投资攻坚行动，全面推动与新加坡合作升级，对前期签约的飞利浦等项目密切跟踪、推进落地。要发挥开放优势，加快国际物流大通道建设，积极开拓市场，强化招商推介，推动威高、通用技术、飞利浦合作项目取得突破，再洽谈引进几个大个头、有分量、有带动力的好项目。

四是城乡融合和区域协调发展。1.区域协调发展方面，省会议提出优化"一群两心三圈"区域发展格局，发挥半岛城市群龙头作用，谋划建设沿黄陆海大通道；推进陆海协同发展。要积极融入全省区域发展格局，市域内部也要强化协同发展，缩小城乡和区域之间的差距。2.城市更新改造方面，中央会议提出实施城市更新行动，打造宜居、韧性、智慧城市。要继续抓好精致城市建设，实施城市更新三年行动，促进房地产业良性健康发展。3.乡村振兴方面，中央会议提出学习运用"千万工程"经验，有力有效推进乡村全面振兴，守牢粮食安全、不发生规模性返贫的底线。省会议提出推动粮食产能、乡村产业、示范片区建设、城乡融合4个提档升级。要守住粮食安全、耕地保护等底线，继续抓好乡村振兴样板片区建设，推动乡村全面振兴。

五是绿色低碳发展。1.能源转型方面，中央会议提出加快建设新型能源体系。省会议提出提升新能源供给水平，建成运营"国和一号"核电示范工程等项目，开工建设石岛湾核电扩建一期等项目，探索源网荷储一体化发展新模式。要按照省里的部署要求，积极发展新能源和清洁能源，推动"核风光储"新能源体系建设取得更大成效。2.减污降碳方面，中央会议提出积极稳妥

推进碳达峰碳中和，持续打好蓝天、碧水、净土保卫战等。省会议提出实施空气质量持续改善行动、水质保障专项行动。要进一步发挥威海生态优势，大力推进产业绿色转型升级。

六是民生保障。1. 原则要求方面，中央和省里都强调“坚持尽力而为、量力而行”。要牢牢把握这一原则，既要用心办好群众所急所需的实事好事，确保兜住、兜准、兜牢民生底线，也要注意不能过度超前、吊高胃口。2. 民生建设方面，省会议围绕就业增收、基础教育、医疗卫生、养老托育、社会救助帮扶等作出部署，提出实施高校毕业生就业创业促进计划、教育扩优提质行动、医疗卫生服务能力提升行动等。要结合威海实际，统筹实施好民生实事和“微实事”项目，持续推进公共服务均等化优质化，织密扎牢社会保障网，解决好群众急难愁盼问题。

七是安全发展。省会议围绕防范化解债务风险、金融风险、房地产风险、能源安全风险以及安全生产作出部署，要求严格落实城投公司举债融资提级管理制度，力争明年6月底前利率超过10%的高息债务全部完成置换，下半年置换7%以上的高息债务。要加强房地产预售资金封闭运行监管，有力有序推行商品房现房销售；深入开展安全生产治本攻坚三年行动。要强化底线思维，进一步健全风险防范化解机制，不断夯实高质量发展安全保障。

八是经济宣传和舆论引导。中央会议提出唱响中国经济光明论。省会议要求及时发布权威信息，主动设置引导议题，提振发展信心、改善社会预期，强调要定期通报经济运行情况，健全跨部门会商研判、应急处置引导等制度。要按照要求，加强宣传，不断提振发展信心、改善社会预期。

（二）全力争取政策支持

一是资金奖补类。1. 中央提出明年要新增超长期特别国债1万亿元、地方政府专项债券3.9万亿元，额度分配要向项目准备充分、投资效率较高的地区倾斜。2. 省会议提出加大设备更新奖补力度；以提高技术、能耗、排放标准为牵引，推动大规模设备更新。3. 省会议提出聚焦服务业重点领域，用好引导资金，支持180家省级创新中心发展，抓好630个重点项目建设，打造20家左右现代服务业集聚区；从省服务业发展引导资金中安排7000万元左右，重点支持一批引领性、支撑性项目。要积极包装争取，抓紧拿出一批成熟度高的项目，千方百计纳入国家、省大盘子。

二是项目争取类。1. 产业发展方面，省会议提出新培育国家级绿色工厂100家左右、绿色工业园区10家左右；新培育省级战略性新兴产业集群10个左右；新培育省级工业互联网平台50家以上、重点行业“产业大脑”30家以上，创建国家级智能工厂10家左右。2. 科技创新方面，省会议提出实施100项左右重大科技创新项目；创建7家左右全国重点实验室，重组省重点实验室200家左右；力争再培育省制造业创新中心6家、技术创新中心10家、企业技术中心和工程研究中心各100家左右。3. 民生保障方面，省会议提出实施城市地下管网改造等新型城镇化重点项目749个，改造老旧小区56万户以上，筹集保障性租赁住房4.7万套；以160个片区更新改造项目为引领，加快实施老旧片区综合改造、老旧住区宜居改造等十大工程。4. 乡村振兴方面，省会议提出培育农业领军企业100家，新创建省级示范片区70个左右。5. 基础设施方面，省会议提出聚焦落实国家重大战略、防灾减灾、产业升级、基础设施支撑等，谋划推出一批重点项目；实施大中型病险水库水闸、小型病险水库除险加固工程，完成水利投资700亿元。6. 商贸旅游方面，省会议提出认定省级试点智慧商圈5家，新评定国家AAAA级及以上旅游景区不少于10家；争创5个以上全国县域商业“领跑县”，认定10个现代流通强县。这些项目背后都带有资金，要做好项目筛选和包装策划，抓好项目要素保障和服务，争取更多企业、项目入围。

三是试点示范类。省会议提出：1. 支持威海争创绿色金融改革试验区。2. 推动威海等有条件的市在共同富裕上试点示范。3. 建好未来产业先导区，有条件的市要积极争取国家试点。4. 抓好制造业和服务业融合试点。5. 开展县域经济高质量发展试点，做强做优一批特色镇。6. 深入推进海洋经济政策集成改革试点。7. 开展粮食、蔬菜、果品、畜牧以及对虾、深海鱼等优势特色农业提质增效试点。8. 支持10个国家级、10个省级县城城镇化试点。9. 深化生态产品价值实现、近零碳创建等试点示范。这些试点示范几乎都是威海的优势领域，相关部门和各区市、开发区要争取更多试点，争取更多国家、省现场会在威海召开，打造更多在全国、全省有影响的威海案例、威海典型、威海经验。

四是政策支持类。中央会议提出放宽电信、医疗等服务业市场准入。省会议就具体领域提出一系列政策：1. 研究促进生产性服务业跨越发展政策，对现代物流、科技服务、创意设计、商务会展等重点支持。2. 因城施策优化房地产支持措施。3. 健全服务和融入全国统一大市场建设配套政策。4. 精准推出“促进经济巩固向好、加快绿色低碳高质量发展”政策清单。5. 落实好用地指标提前预支等政策。6. 对1500余家利润未分配外资企业，落实好暂不征收预提所得税等政策，推动利润再投资。7. 制定促进养老服务发展政策。这些支持政策含金量高、针对性强，要认真梳理、深入研究，用足用好政策，将政策红利转化为高质量发展的强大动能。

三、以系统思维处理好各种关系，推动经济高质量发展

一要处理好规模速度与质量效益的关系。高质量发展首先是集约高效、绿色低碳、更可持续的发展，必须注重质量效益。但同时也要看到，只有保持一定的规模速度，才能形成合理的增长，才能有效引导社会预期。威海质量效益总体还不错，最大的短板就是经济总量不大、增速不快。要在巩固提升质量效益的基础上，抢抓有利机遇，以进促稳，加快经济增长步伐，全力壮大骨干企业和主导产业规模，尽快提升经济总量。

二要处理好塑造优势与补齐短板的关系。优势是一个区域率先突破的基础和条件，只有充分发挥优势、塑造优势，才能更加有效地推动发展。威海独特的优势很多，既有海洋、生态、开放、创新等传统优势，又有社会治理、文明城市等新生优势。推动高质量发展，必须发挥好这些优势，打造更多

亮点性的工作，创造更多争先领先的成果。短板是一个区域的劣势，如果短板不尽快补齐，不仅会影响发展，现有的优势也往往难以有效发挥。必须坚持扬优势与补短板双向发力，既要放大优势，形成领先态势；也要聚焦问题短板，持续用力、久久为功，积小胜为大胜，从而形成整体发展优势。

三要处理好传统产业与新兴产业的关系。只有过时的技术，没有过时的产业，传统产业是我们的家底，通过改造升级，也能够迈向中高端，决不能当成“低端产业”简单退出。我市的纺织服装、海洋食品、轮胎、渔具等产业都属于传统产业，只要加快改造升级，注入新技术新模式，一定能焕发出新的活力。新兴产业是动能转换的“加速器”，是各地竞相争夺的新领域，顺应了先进生产力的发展方向。我市的电子信息、新材料、新能源、医疗器械与新医药等都是新兴产业，要大力培育、加快发展，保持行业领先优势。

四要处理好经济增长与民生福祉的关系。只有经济增长才能创造更多就业岗位，增加群众收入；只有经济增长才能提升政府财力，增加社会事业投入，更好地保障和改善民生，最大限度增加社会和谐因素。民生水平提高、社会和谐稳定，才能为大抓经济创造良好的环境。要把维护好群众利益作为一切工作的出发点和落脚点，推动发展成果更多惠及广大人民群众，依靠群众力量推动各项工作，凝聚大抓经济的强大合力。

五要处理好经济发展与安全稳定、风险化解的关系。发展过程中必然会遇到许多风险隐患，一旦出现问题，将对经济发展造成巨大冲击，而想要解决好这些问题，归根到底也必须依靠发展。在大抓经济的过程中，一定要统筹好发展和安全，坚持“两手抓、两手硬”，以高质量发展促进高水平安全，以高水平安全保障高质量发展。

六要处理好突出重点与统筹兼顾的关系。要练就“十个指头弹钢琴”的本领，既要区分主次、轻重和缓急，找准工作的切入点、突破口，聚焦重点、精准施策；又要统筹兼顾，抓好方方面面的工作，防止顾此失彼。特别是对一些具体问题，不能因为图省事，就简单化、搞“一刀切”，必须具体问题具体分析，有针对性地采取有效管用措施。

七要处理好有为政府与有效市场的关系。市场在资源配置中起决定性作用，企业是市场经济的主体、主力军。要充分调动市场、企业的积极性主动性，让一切活力、创造力充分迸发。面对严峻复杂的经济形势，政府与市场、企业要协同发力、共渡难关。各级政府不仅要在优化营商环境、强化要素保障、市场监管、社会治理等方面更好地担负起应尽职责，更要在招商引资、项目推进、产业培育、企业解困等方面下更大气力，以有为政府温暖企业的心，助力企业持续健康快速发展。

八要处理好做与说的关系。大抓经济，首先必须在“做”上下功夫，实实在在地研究制定一些务实对策，扎扎实实地引进培育一批优质项目，以实际行动推动经济稳定增长。在经济发展中，特别是经济困难时期，信心比黄金更重要，社会预期在很大程度上影响市场主体的投资和消费行为。要做好“说”的文章，对出台的政策、引进的项目、取得的成绩，适时、精准开展宣传，弘扬正能量，合理引导社会预期，增强市场主体信心，唱响中国经济光明论。

四、加强党的领导，凝聚推动高质量发展的强大合力

要进一步完善党领导经济工作的体制机制，定期分析经济运行情况，研究大抓经济的政策措施，统筹好各方面资源和力量，充分调动最广泛的积极性主动性，持续营造大抓经济的浓厚氛围。

一要强化大局意识。经济工作是全市的中心工作，全市上下要进一步强化大抓经济的共识，继续把经济发展作为中心任务来抓。要围绕大抓经济狠抓落实，对中央决策部署、省委要求、市委工作安排，结合本部门本单位本区域实际细化工作措施，不折不扣抓好落实。要围绕大抓经济多作贡献，主要经济部门和各区市开发区、各企业要扛牢发展经济的责任，全力以赴抓产业、抓项目、抓投资、抓市场，努力推动经济稳定增长；其他部门都要找准服务大抓经济的切入点，立足职能、明确定位、主动作为，为全市经济发展贡献力量。

二要提升能力素质。在学懂弄通做实习近平新时代中国特色社会主义思想上持续用力，特别是要学好用好习近平经济思想的立场观点方法，精准把握经济发展趋势，加强经济政策研究和统计、投资、金融、财税、招商等专业知识学习，努力成为推动经济发展的行家里手。要强化改革思维，围绕要素保障、营商环境、企业发展等，用好改革“关键一招”，依靠改革破解难题、塑造优势、激发活力。要强化法治思维，注重运用法治手段来推动工作、处理问题、解决矛盾。要有针对性地抓好干部培训，提升干部能力素质，更好适应高质量发展的要求。

三要强化作风保障。继续扎实开展主题教育，引导各级党员干部保持良好状态，奋发有为、锐意进取，以推动高质量发展的新成效检验主题教育成果。要雷厉风行，对定下来的工作，不等不靠，马上就办，快见成效。要亲力亲为，聚焦企业发展、项目建设、群众关注的难点堵点问题，深入基层和现场，把情况摸清，把工作做实，把问题解决好。要求真务实，说实话、办实事、求实效，坚决纠治形式主义、官僚主义。各级各部门要落实好关心关爱、容错纠错、正向激励等机制，进一步精文简会，压减评估检查，真正让干部放下包袱、放开手脚，腾出更多时间干事创业。

四要注重协同发力。各级各部门要牢固树立“一盘棋”思想，牵头部门要大胆牵头、主动协调，相关部门要主动参与、积极配合，提升整体工作成效。市直各部门要强化基层意识，积极主动搞好服务，真心实意为基层排忧解难，做到上下联动。市级层面要强化统筹，对重点项目、重大设施布局进行把关论证，防止内耗内卷。各区市、开发区要严格执行重大事项请示报告制度，不能擅作主张。各重点工作指挥部、工作专班要有效统筹力量、整合资源，推动重点工作实现更大突破。中央和省驻威各单位、各金融机构等要充分发挥职能，为威海发展作更大贡献。各企业是经济发展的主体，要发自内心地尊重企业家，真心实意地帮助企业解决问题，营造最优发展环境。

五要精准督导考核。督导考核是传导工作压力、倒逼责任落实的有效手段，督导要精准，不能给基层增添

不必要的负担，坚决避免形式主义。督导要及时，任务有部署，就要高效率跟上督导。督导要严格，严禁弄虚作假、避重就轻。督导结果要运用，与评先树优、干部选拔任用等挂钩，真正让想干事、干成事的人有机会、有平台、有地位。

做好明年经济工作，任务艰巨、责任重大。让我们更加紧密地团结在以习近平同志为核心的党中央周围，坚定信心，振奋精神，真抓实干，奋发有为，积极融入全省绿色低碳高质量发展先行区建设，全力打造共同富裕先行区，不断开创“精致城市·幸福威海”建设新局面，争当新时代社会主义现代化强省建设排头兵！

（中共威海市委办公室提供）

政府工作报告（摘要）

——在威海市第十八届人民代表大会第四次会议上

（2024年1月10日）

威海市人民政府市长 孔凡萍

一、2023年政府工作回顾

刚刚过去的一年，在市委的坚强领导下，市政府和全市人民一道，坚持以习近平新时代中国特色社会主义思想为指导，牢记中共中央总书记习近平“威海要向精致城市方向发展”的殷切嘱托，完整、准确、全面贯彻新发展理念，全面落实省委、省政府决策部署，锚定威海发展的主攻方向，砥砺前行、迎难而上，不断开创“精致城市·幸福威海”建设新局面。

——经济增长量质齐升。预计全年生产总值增长6%左右，一般公共预算收入增长5.4%。预计“四新”经济增加值占比32.5%，提高0.7个百分点；规模以上工业企业营收利润率6.7%，工业用电量增长25.4%，工业投资增长29.3%，排名全省首位；万元生产总值能耗、用水量远低于全省平均值。经济运行持续向好，实现质的有效提升和量的合理增长。

——发展活力不断增强。全市高新技术产业产值占比74.2%，居全省首位，有研发活动的规模以上工业企业占比57.2%，综合科技创新水平指数全省第三，入选全国创新型城市百强。外贸进出口2000亿元左右，出口贡献度42.3%，位居全省第一。全年实际使用外资8亿美元左右，实有外商投资企业1776家，数量全省第三，获评中国国际化营商环境建设标杆城市。

——城市品质稳步提升。成功举办精致城市论坛，正式发布精致城市可持续发展指数，联合国人居署在2023世界城市日中国主场活动中向全球推介威海市经验，城市影响力、美誉度进一步扩大。2023年暑期旅游火爆出圈，单日客流量最高突破85万人次，冬季旅游热度不减，“邂逅雪与海的浪漫”登上热搜，千里山海自驾旅游公路位列全国首批交通运输与旅游融合发展十佳案例榜首，游客的大流量、好口碑，成为城市品质和魅力的最优诠释。

——幸福指数持续走高。民生支出占财政支出比重80%左右；城镇和农村人均可支配收入预计分别增长4%、6%左右；人均期望寿命81.5岁，获评全国健康城市建设样板市，连续四年蝉联“中国最具幸福感城市”。

过去的一年，我们树牢大抓经济工作的鲜明导向，经济高质量发展迈出新步伐。坚决扛牢稳增长政治责任，出台推动经济高质量发展“1+N”政策体系，在全社会营造凝心聚力谋发展、真抓实干求突破的浓厚氛围。大抓产业扬优势，高端医疗器械产业集群入选中国百强产业集群，文登区商用车关键零部件产业集群获评国家级中小企业特色产业集群；核能产业集群入选全省首批未来产业集群，新增2个省“十强”产业“雁阵形”集群、2个省级先进制造业集群、2个省级中小企业特色产业集群；环翠区北海文化旅游集聚区入选省级现代服务业集聚示范区。大抓企业固根基，威高集团等7家企业入选首批省制造业领航培育企业，亘元新材料被认定为省独角兽企业，3家企业被认定为省“十强”产业集群领军企业；泓淋电力、天罡股份成功上市；高新技术企业预计达到1700家，科技型中小企业预计达到2680家，新培育省级以上单项冠军、“专精特新”、瞪羚企业266家；迪尚集团获评国家电子商务示范企业、华夏文旅获评全省首批领航型文旅企业；天力电源、海马地毯入选省级“两业”融合试点，6家企业被认定为省级软件工程技术中心，新增省级服务型制造示范企业12家，获评国家级服务型制造示范城市。大抓项目增后劲，794个省市县三级重点项目扎实推进，预计全年完成投资额突破千亿；新引进优质项目254个，总投资1278.9亿元，其中20亿元以上大项目26个；新争取政府专项债券122.95亿元，创历史新高。大抓园区强载体，深化开发区管理制度改革，高区入选全国园区高质量发展百强榜，经区智慧谷获评省级特色服务出口基地，4个园区获评省级数字经济园区。大抓科技赋动能，工信部威海电子信息技术综合研究中心获批国家产业技术基础公共服务平台，光威复材获批国家级工业设计中心，达因制药获批国家级企业技术中心，环翠区“双创人”孵化器被认定为国家级科技企业孵化器，新增省级企业技术中心10家；新引育国家级重点人才计划专家17人、泰山产业领军人才56人、省级海外工程师16人，引进青年人才2.3万人，获批海外高层次人才工作站4家；新增国家知识产权示范企业2家、国家知识产权优势企业10家，获批医疗器械国家技术标准创新基地，成功创建国家知识产权强市建设试点城市，环翠区获评国家知识产权强县建设试点县，文登区、高区获评首批全省知识产权保护示范区。大抓服务优环境，深入开展企业大走访活动，3797家“四上”企业实现全覆盖，累计办理企业问题建议1616个；实施企业家“青蓝偕行”工程，10名企业家入选首批省级“挂帅出征”百强榜；开展营商环境创新提升行动，推出275项改革事项，获评全国区域最佳投资营商价值城市，高区获评全国营商环境创新示范园区。

过去的一年，我们全域推进精致城市建设，城市品质内涵实现新跃升。开展新一轮精致城市建设三年行动，坚持精当规划、精美设计、精心建设、精细管理、精准服务、精明增长，加快城乡一体融合发展。国土空间总体规划获批实施，完成中心城区重点片区城市更新导引、全域精致小城镇建设规划导引编制和华夏山海生态廊道规划设计。城市体检延伸扩面，全市1004个住宅区实现专业体检全覆盖。韩乐坊、火炬八街等6个项目入选省级城市更新示范项目，5个镇入选全省小城镇创新提升行动试点。完成61个老旧小区改造，开放25处公园绿地，新增公园便民服务设施793套，获批全省首批公园绿地开放共享试点。新增66辆纯电空调公交车，获评国家公交都市建设示范城市。开展8个重点区域停车整治攻坚行动，中心城区新增停车位2500个。智慧城市建设提档升级，率先全域建成省级四星级智慧城市。扎实推进“七网”基础设施建设，莱荣高铁正式通车，在省内率先实现县县通高铁；昆嵛山机场前期工作顺利推进；烟威高速改扩建工程主线贯通；石家河拦蓄、冶口水库增容等工程主体完工。全面推进乡村振兴，2个片区入选乡村振兴齐鲁样板省级示范区，荣成市获批创建国家乡村振兴示范县；新改建高标准农田12.1万亩，粮食播种面积、单产、总产实现“三增”；4个粮油作物入选国家、省良种登记，获批苹果领域国家农业技术集成创新中心示范基地，文登区获批创建国家级现代农业产业园；实施农村人居环境整治提升行动，省级清洁村庄覆盖率40.6%，获评“四好农村路”省级示范市，文登区、乳山市获评“四好农村路”全国示范县。新增国家级水产良种场3个，获评中国海洋种业之都、中国海洋预制菜之都。统筹抓好文明城市创建和卫生城市复审，所辖区市全部入选统筹推进美德山东和信用山东建设试点。

过去的一年，我们主动融入全省绿色低碳高质量发展先行区建设，绿色转型发展取得新突破。加快构建新型能源体系，明阳高端海洋装备智能制造产业园正式投产，文登抽水蓄能电站6台机组全部并网发电，华能高温气冷堆核电示范工程投入商运，半岛南海上风电项目并网发电，华能石岛湾核电扩建一期工程获国务院核准，乳山市获批创建省级能源绿色低碳转型试点，威海成为“核风光储”绿色能源最齐全的城市。大力发展绿色制造，11家企业入选国家级绿色工厂、绿色供应链企业名单，荣成市、临港区、南海新区等7个单位获批开展省级近零碳试点创建。滚动推进“千项技改、千企转型”，实施技术改造项目717个，康派斯房车工业互联网平台获评国家试点示范项目，海洋食品加工、创意服饰入选省级产业大脑试点，26家企业获评省级以上智能制造试点示范项目，培育省级“晨星工厂”86家，环翠区、荣成市、高区等入选全省首批数字经济“晨星工厂”试点。全力创建国家绿色金融改革创新试验区，全省首笔碳普惠海洋碳汇交易落地，绿色贷款余额增长46.6%。污染防治持续攻坚，环境空气质量连续八年稳定达到国家二级标准，保持全省最优。市政雨污合流管网实现全域整县制清零，新增省级以上美丽幸福示范河湖6个。湾长制实施效果评估成绩全省第一，桑沟湾美丽海湾建设做法入选全国优秀案例，2个湾区入选首批省级美丽海湾。持续开展“绿满威海·四季多彩”国土绿化行动，完成修复造林4.5万亩。成功入选首批国家级减污降碳协同创新试点城市，荣成市获评“中华环境奖”城镇环境类优秀奖，经区崮山镇入选省级“绿水青山就是金山银山”实践创新基地。

过去的一年，我们加快打造共同富裕先行区，社会民生事业迈上新台阶。开展六大民生领域百日攻坚行动，20项重点民生实事、18个补短板事项年度任务高质量完成，贴近群众需求办理民生“微实事”525项，12345热线有效解决企业群众各类诉求145.6万件，以“小切口”改善“大民生”。稳岗就业成效突出，新增城镇就业3.9万人，解决重点企业用工需求3.8万人，“精致就业360服务”品牌入选国家公共就业服务能力提升示范项目。社会保障扩面提标，优化生育保险等医保制度，企业职工养老保险新参保4.6万人，提高城乡低保、困境儿童、残疾人等9类困难群众救助保障标准，环翠区、文登区获批全省社会救助综合改革实验区。优质教育供给持续扩大，新建投用公办幼儿园、中小学10所，新增学位3780个，普惠性幼儿园覆盖率95.7%，连续5年在省对市级政府履行教育职责评价中获评优秀等次，环翠区获评国家完善普惠性学前教育保障机制实验区。健康威海建设扎实推进，市立医院临港院区正式启用，7项基层医疗机构核心评价指标全省第1，城市健康指数排名全国中小城市首位。群众文体生活不断丰富，举办艺术普及公益培训、送戏下乡、全民健身等文体惠民活动1.4万余场，新青年音乐节、千里山海沙滩音乐节热度高涨，铁人三项世界杯赛、霍比帆船公开赛获评中国体育旅游精品赛事。全龄友好型城市创建深入开展，打造110处儿童友好空间，布局24处“青年驿站”，新增41处农村老年餐桌，在全省率先实现县域养老服务体系创新示范建设“一片红”。高标准通过全国双拥模范城考评验收，退役军人服务保障水平不断提升，国防动员、民兵预备役、海防工作进一步加强。成功争创全省首个全国民族团结进步示范市、首批全省铸牢中华民族共同体意识示范市。新增4个国际友好合作关系城市。外事侨务、台港澳、档案史志、地震气象、慈善、仲裁等事业全面进步。

过去的一年，我们强化先行先试、争先创优，深化改革开放激发新活力。各级各部门大力发扬“事争一流、唯旗是夺”的精神，营造起争创试点、争当先进、争做示范的浓厚氛围。一批改革试点见行见效，新争取国家级、省级试点55个，7项国家级试点通过评估验收，8个典型案例被评为全国优秀改革案例，中医药医疗改革经验被中央改革办全国推广，23家单位入选首批全省绿色低碳高质量发展先行区建设试点名单；中韩多式联运整车运输试运行，全国率先恢复中韩国际班轮客运业务，全省率先实现渔港码头正式对外开放，华坦东非商贸物流产业园列入全国“一带一路”合作项目，跨境电商综合试验区建设经验入选商务部“外贸新业态优秀实践案例”，对外开放试点政策效应加速转化。一批典型经验全面推广，工业互联网建设、水利建设投资、深化商事制度改革、财政资金使用监管、体育消费等24项工作获得省级督查激励；健康城市、养老服务、打击走私、节约用水、专家服务等105个国家、省重点工作现场会在我市召开；“零新增”治水模式、基础教育教学改革、慢性病综合防控等207项经验做法在省级以上会议交流。一批示范荣誉花落区市，文登区、荣成市入选全国综合实力百强县市区；在全省十强县评定中，我市获评工业强县、现代流通强县、文旅康养强县、生态文明强县；环翠区获评全省县域经济高质量发展先进县、全省农产品加工业高质量发展先行县、全省首批婴幼儿照护服务示范县；文登区获评全国村庄清洁行动先进县、国家农村能源革命试点县、全省医养结合高质量发展创新引领县；荣成市获评全国中医药工作示范县、全省民营经济高质量发展先进县、全省文化和旅游产业先进县；乳山市获评国家级水产健康养殖和生态养殖示范区、全国自然资源节约集约示范县、全省新型城镇化建设示范县。

过去的一年，我们坚持统筹发展和安全，风险防范能力得到新加强。强化“时时放心不下”的责任感，从严从细抓好保安全、防风险、护稳定工作，切实守牢“一排底线”。压茬推进安全生产百日攻坚行动，扎实推动化工行业安全生产整治提升专项行动，深入开展违规电气焊、有限空间作业、高处坠落等专项整治行动，加强重大事故隐患专项排查整治，生产安全事故起数大幅下降。创新海上气象分区预警预报、联动应急救援等机制，完善渔船管控“五双”工作体系，筑牢海上安全防线。“一山一策”制定森林防灭火应急预案，新建森林防火通道206公里。推进食安威海建设，省级食品、药品、质量安全工作评议持续保持A级。开展金融风险排查处置专项行动，创新处置非法集资工作经验全国推广。深入开展平安创建，深化电信网络诈骗整治，刑事、治安警情实现“双下降”。实施新一轮信访问题“治重化积”攻坚行动，获评全国市域社会治理现代化试点合格城市，环翠区孙家疃街道入选全国新时代“枫桥经验”先进典型。

过去的一年，我们加强政治引领，政府自身建设展现新成效。坚持把党的政治建设摆在首位，高标准高质量开展学习贯彻习近平新时代中国特色社会主义思想主题教育，理论学习、调查研究、推动发展、检视整改、建章立制一体推进，聚焦发展“献良策”2.1万条，深入基层“解难题”5532个，“以学铸魂、以学增智、以学正风、以学促干”取得新成效。坚持依法行政，出台规范政府系统议事决策程序18条规定，全国首创行政允诺统一管理制度，全省率先全域推进府院联动、开展涉企执法阳光监督改革试点，精致城市立法经验全国推广，被评为全省法治政府建设示范市。主动接受人大及其常委会法律监督和工作监督，自觉接受政协民主监督、社会舆论监督，办理人大代表建议118件、政协提案211件。坚持效能优先，以“高效办成一件事”为抓手，实行政府工作清单化闭环管理，年初确定的193项政府重点工作全部达到计划目标。坚持数智引领，开展数字政府建设提速提效行动，上线156项便企利民“一件事一次办”服务，在省内率先打造16个“无证明镇街”试点，政府门户网站位列全国地级市第4名。坚持从严治政，严格执行中央八项规定及其实施细则精神，坚决纠治形式主义、官僚主义，推动政府系统党风廉政建设和反腐败工作向纵深发展，风清气正的政治生态持续向好。

在肯定成绩的同时，我们也清醒地认识到，前进道路上还存在不少困难，政府工作还面临不少挑战。经济恢复的基础尚不稳固，内需拉动力不足，重点行业增长面不高，部分企业生产经营困难；引领型项目、链主型企业不多，产业链创新链有待深度融合，经济转型升级的引擎还不强；城市规划管理水平还需提升，乡村振兴仍有一些短板需要补齐；财政增收节支压力加大，教育、医疗、养老等优质公共服务供给依然不足；安全生产、社会治理等领域仍有不少风险隐患，城市本质安全水平还有待提升；政府自身建设还需持续加强，党风廉政建设任重道远，等等。我们一定增强忧患意识，直面矛盾问题，采取有效措施，切实加以解决。

二、2024年政府工作目标任务

2024年是新中国成立75周年，是实施“十四五”规划、加快绿色低碳高质量发展的关键一年。做好政府工作总体要求是：**以习近平新时代中国特色社会主义思想为指导，全面贯彻落实党的二十大和二十届二中全会精神，深入落实中共中央总书记习近平对山东工作的重要指示要求，把“威海要向精致城市方向发展”作为总目标总方向总遵循，坚持稳中求进工作总基调，完整、准确、全面贯彻新发展理念，牢固树立大抓经济工作的鲜明导向，主动融入新发展格局，着力推动高质量发展，全面深化改革开放，统筹扩大内需和深化供给侧结构性改革，统筹新型城镇化和乡村全面振兴，统筹高质量发展和高水平安全，持续推动经济实现质的有效提升和量的合理增长，积极融入全省绿色低碳高质量发展先行区建设，全力打造共同富裕先行区，不断开创“精致城市·幸福威海”建设新局面，争当新时代社会主义现代化强省建设排头兵。**

主要预期目标为：生产总值增长5.5%左右，其中规模以上工业增加值增长7%左右；一般公共预算收入增长5%左右，固定资产投资增长7%左右，社会消费品零售总额增长5%左右，外贸进出口促稳提质，实际使用外资量稳质升，居民人均可支配收入增长6%左右，城镇新增就业3.3万人，居民消费价格保持在合理区间，粮食综合生产能力稳定在70万吨以上，全面完成省下达的节能减排降碳约束性目标和环境质量改善目标。

实现上述目标要求，我们必须牢记中共中央总书记习近平嘱托，以过硬的政治能力抓落实，把主题教育激发的奋斗精神转化为攻坚克难、干事创业的强大动力；必须牢牢把握高质量发展的首要任务，坚持稳中求进、以进促稳、先立后破，把发展经济的着力点放在实体经济上，切实改善社会预期，提振市场主体信心，巩固和增强经济回升向好态势；必须牢牢把握争先创优的目标定位，先行先试、敢闯敢为，在更大发展格局中争上游、当标杆，奋力争当强省建设排头兵；必须牢牢把握共富共美的价值追求，坚持以人为本、全域统筹、绿色低碳、共建共享，全域推进精致城市建设，全面融入绿色低碳高质量发展先行区建设，全力打造共同富裕先行区，全方位彰显“精致城市·幸福威海”的品质魅力。

为全面实现全年目标任务，我们将聚焦聚力做好十个方面工作：

（一）聚焦聚力扩内需稳外需，推动经济持续回升向好。坚持把稳增长放在突出位置，打出强信心、稳预期、促发展组合拳，充分发挥投资的关键作用、消费的基础作用、进出口的支撑作用，形成消费和投资相互促进的良性循环，全力为高质量发展蓄动能、增后劲。

*实施项目建设提速行动。*按照“1+6”项目推进体系，稳步推动896项省市县三级重点项目建设，全年完成投资超过1000亿元。实施一批示范性、引领性项目，加快推进58个投资10亿元以上的重大项目，年内新投产制造业项目177个，新增产值260亿元左右。深化工程建设项目审批制度创新，推行工程审批“多证合一”和“集成办”，高效办理项目落地手续，确保项目滚动实施、接续有力。持续掀起招大引强热潮，坚持市区联动，完善“驻点招商＋专班推进＋合伙人推介”机制，用好第三届威海国际周、第七届市长国际经济咨询委员会年会等载体平台，力争全年实际使用外资8亿美元左右。加强主导产业招商研究，建立产业招商图谱，大力推进精准招商、以商招商、专业化招商、产业链招商。持续拓展利用外资渠道，鼓励外资企业增资扩产。

*实施消费需求提振行动。*优化消费环境和场景，改造提升城市商圈，实施县域商业建设行动，补齐农村商业设施短板，新改建2处城市邻里中心、5处县域配送中心、30处城乡便利店和生鲜超市，让城乡烟火气更旺、生活味更浓。持续开展惠民消费季活动，培育体育、文旅等新的消费增长点，进一步激发消费潜能。统筹房地产开发和销售，培育高品质住宅试点项目，支持刚性和改善性住房需求，促进房地产市场平稳健康发展。深化放心消费提质扩面行动，争创首批国家放心消费示范城市。

*实施对外贸易提质行动。*坚持深耕日韩，深度融入“一带一路”建设，积极对接RCEP国家，全面拓展非洲、中东、拉美等新兴市场。持续强化外贸百亿级骨干载体培育，支持外贸重点企业巩固外贸市场份额。优化出口产品结构，积极扩大高附加值产品出口，培育新的外贸增长点。着力推动以展促贸，支持企业参加境内外展会100场以上。扎实推进国家跨境电商综合试验区建设，推动综保区高质量发展，加快发展“跨境电商＋新零售”等新模式。培育服务贸易特色园区，引导服务贸易与货物贸易融合发展。设立中非合作示范区（威海），支持华坦东非商贸物流产业园等境外经贸合作园区建设，加快打造对非合作示范城市。

*实施政策集成提效行动。*优化稳增长政策措施，完善多层次涉企激励政策体系，安排各类涉企奖补资金7.5亿元，支持企业规模扩张、技术研发、升级改造，进一步提高政策供给精准度和实效性。优化多元融资支持政策，实施普惠金融提升行动，推动金融伙伴机制扩面提质，新培植首贷企业2500户以上，有效满足企业融资需求。完善企业降本增效支持政策，从物流、用工、能源、税费等方面进一步挖潜，助力企业降成本、减负担。用好特别国债、专项债券等政策工具，滚动做好项目谋划储备，争取更多项目获得政策资金支持。坚持“要素跟着项目走”，强化资金、土地、能耗等要素保障，把更多资源和资本配置到重大项目主战场。

（二）聚焦聚力新型工业化，加力提速先进制造业发展。突出先进制造业地位，沿着高端化、智能化、绿色化、集群化的方向，全力抓好园区“主阵地”，壮大企业“主力军”，创优市场“大环境”，以工业经济加力提速支撑实体经济高质量发展。

*加力提速重点链群培植。*实施产业集群能级提升行动，统筹龙头企业、行业协会等资源开展补链强链，加快引进建设一批高端产业项目，做优做强3个战略性新兴产业集群、10个“雁阵形”集群，新增1个省“雁阵形”集群、1个省级以上中小企业特色产业集群，打造在国内具有重要影响的产业基地。实施产业集群协同创新行动，瞄准集群产业发展瓶颈制约，支持集群内骨干企业发挥引领作用，带动创新链前后端和产业链上下游协同攻关，“串珠成链”加速产品开发和迭代升级。实施产业集群融链固链行动，精准梳理产业链短板、弱项和缺失环节，开展产业链、供应链对接活动10场以上，提升产业链供应链韧性和安全水平。

*加力提速园区载体建设。*高水平打造医疗器械与生物医药产业园、碳纤维产业园等特色产业园区，引导优势产业集聚集约发展。发挥中韩自贸区地方经济合作示范区产业园、中日产业合作园区、中欧先进智造产业园等载体功能，承接更多优质外资制造业项目。推进化工园区扩容升级，进一步提高园区专业化、精细化管理水平。持续深化开发区管理制度改革，进一步放权赋能，集聚要素、整合资源，更好发挥主战场、主引擎、主阵地作用。

*加力提速企业梯度培育。*持续实施“百亿企业”培育工程、企业冲击新目标行动，加快培育具备较强产业链整合和引领带动能力的领航型企业。实施创新型企业培育工程，新增高新技术企业100家、科技型中小企业100家以上，新增省级以上单项冠军、专精特新和瞪羚企业200家以上。实施企业上市突破行动，新增上市挂牌企业3家。引导企业建立现代企业制度，培育现代管理人才，运用先进管理模式，提升企业现代化管理水平。实施质量品牌提升工程，引导支持企业“增品种、提品质、创品牌”，争创首批质量强国标杆城市。

*加力提速营商环境优化。*坚持“两个毫不动摇”，深入开展促进民营经济高质量发展六大专项行动，依法保护民营企业产权和企业家权益，全面构建亲清政商关系。扎实推进营商环境创新提升行动，对标国内最优标准，擦亮“威海营商行”品牌，争创省级营商环境创新示范区，让市场化、法治化、国际化一流营商环境成为威海的金字招牌。推动企业全生命周期服务创新，开展企业生产经营高频事项集成化、场景化服务。深度拓展“威企通”综合服务平台功能，实现涉企服务减流程、减材料、减打扰，打造“一键办事”

新模式。深化“双随机、一公开”监管，深入推进信用风险分级分类监管，让“有需必应、无事不扰”成为常态。构建政企常态化沟通交流机制，推动企业大走访活动常态化长效化，量身定制“政策明白纸”和“专属服务包”，摸实情、送政策、解难题，让企业更加顺心、更感舒心、更有信心。

（三）聚焦聚力服务业补短提升，构建优质高效产业新体系。坚持扩量与升级并重、传统与新兴协同，放大发展优势，加快补齐短板，促进生产性服务业向专业化和价值链高端延伸，生活性服务业向高品质和多样化转变，持续推动服务业转型升级。

*培育生产性服务业生态圈。*加快“两业”融合发展，持续推进12家省级以上“两业”融合试点建设。实施服务型制造突破行动，发挥标杆企业示范引领作用，加快总集成总承包、个性化定制等新业态新模式发展。组织开展工业设计供需对接等活动，新增10家省级工业设计中心。提升现代物流通畅度，推进21个现代物流重点项目建设，健全“国家骨干冷链基地+冷链集配中心+两端网点”三级节点网络，稳定运营国际班列，打造“中韩日联程快线”，推广陆海联动海铁直运模式，构建面向日韩、连接“一带一路”的国际物流大通道。大力发展“会展+”经济，打响韩国（山东）进口商品博览会、国际渔具博览会、国际户外休闲产业博览会等展会品牌，举办规模会展活动110场次以上。

*擦亮文旅产业融合新名片。*顺应文旅产业发展规律和消费升级趋势，坚持整合资源、提升品质，丰富旅游业态和产品供给，构建全域、全季、全龄文旅产业发展格局，打造国际滨海休闲度假旅游目的地城市。提升千里山海自驾旅游公路带动效应，打造“一路十八湾”滨海休闲度假产品体系，串联全市旅游资源，丰富游客旅游体验。突破发展海上旅游，拓展“海上看威海”旅游线路，打造海岛深度游精品，探索发展邮轮旅游。完善“爱在威海”四季文旅产品体系，打响“赏雪景、观天鹅、泡温泉”冬季旅游品牌，推动“旺季游”向“四季游”转变。加速旅游跨界融合，大力发展“康养+旅游”“研学+旅游”“体育+旅游”“音乐+旅游”等新业态，培育“本草拾趣园”“岐黄养生谷”等康养文旅打卡地，高标准办好铁人三项赛、沙滩音乐节等品牌赛事节庆活动，满足各类群体多元化旅游消费需求。大力引进高端品牌酒店，加快评定高品质星级民宿，推进旅游住宿业提档升级。实施金线顶文旅综合体、栖霞街特色街区、威海湾城市客厅等十大改造升级工程，推动重点涉旅片区上档次、提品质、焕新颜。

*打造现代服务业升级版。*实施集群集聚发展行动，发挥6个省级现代服务业集聚区示范效应，增强区域服务业特色优势和产业竞争力。大力发展电子商务，加强电商产业带、电商直播基地、电商供应链基地建设，建立电商生态链企业“白名单”，推动电商产业集约化、品牌化发展。提升商务服务专业化、规模化水平，大力发展总部经济、楼宇经济，提高城市新兴业态承载力和集聚度。整合人力资源服务产业园、行业协会，持续扩大市场化就业和人才服务供给。实施家政服务业提质扩容“领跑者”行动，开展“诚信家政进社区促消费”活动，推动家政服务优化升级。实施善养养老服务中心等21个重点项目，培育银发经济新增长点。

（四）聚焦聚力数实融合，加快重塑产业形态和发展模式。坚持把数字经济作为高质量发展的崭新赛道、关键增量和战略支撑，主动抢抓产业风口，统筹推动数字产业化、产业数字化、数据价值化、治理服务数字化，加快数字技术与实体经济深度融合，全面塑强数字经济高质量发展新优势。

*推动数字产业培强做大。*开展数字经济核心产业突破行动，力争数字经济核心产业增加值占生产总值比重超过7%。培育壮大电子信息产业，以发展计算机外围设备为主攻方向，进一步整合惠普打印机全球产能，推进华为打印机、京东方精电等重点项目，巩固打印设备、智能服务终端等产业国内领先地位。抢抓集成电路发展机遇，加快发展半导体封测，推动第三代化合物半导体项目建设，扩大半导体产业规模。大力发展软件和信息服务业，提升嵌入式软件、行业应用软件等关键产品供给能力和发展水平，创建一批软件工程技术中心。加快培育人工智能产业，面向智能制造、无人驾驶、智慧医疗等垂直细分行业，形成一批发明专利，研发一批人工智能技术装备和关键核心零部件。分梯次培育发展虚拟现实、卫星遥感等未来产业，开辟战略性新兴产业发展新蓝海，加快形成新质生产力。

*推动数字赋能提质增效。*深化“智改数转”三年行动，着力推进智能化改造、数字化转型，新认定智能工厂和数字化车间20个以上。加快推动工业互联网创新发展，健全工业互联网标识解析二级节点市场化运营机制，争取接入企业突破350家；用好蓝海工业互联网国家级“双跨”平台，建设医疗器械、钓具等领域行业级平台，充分发挥产业大脑作用，打造15个国家级、省级工业互联网示范标杆。推动大数据产业提质升级，加速公共数据与社会数据融合，探索开展数据要素市场化运营，赋能工业、农业、海洋、文旅等行业数字化转型升级。

*推动智慧城市拓面强能。*完善“城市大脑”功能，深化医疗、教育、交通等领域数字化创新应用，拓展智能感知应用深度和广度。加强智慧安防体系建设，开发推广燃气安全、防汛抗旱、森林防火、渔船管控、特种设备等安全监管智能场景应用。推动智慧社区提质扩面，新增智慧社区60个。新建5G基站1500座，总数超过8000座，实现市县镇村基本全覆盖。全面落实网络安全等级保护、密码应用等制度，守牢网络安全、数据安全底线。

（五）聚焦聚力改革创新，激活高质量发展动力源。科技是第一生产力、人才是第一资源、创新是第一动力，深入实施创新驱动发展战略，加快建设国家创新型城市，以理念创新、制度创新打开新局面，以科技创新、企业创新抢占新赛道。

*打造全链条创新生态体系。*推动创新平台融链赋能，拓展“1+4+N”创新平台体系，加快建设威海先进医用材料与高端医疗器械山东省实验室，统筹创新资源向产业需求精准匹配。发挥企业创新主体作用，支持企业开展新产品研发，全市有研发活动的规模以上工业企业占比达到60%以上。发挥驻威高校院所创新引擎作用，常态化开展“揭榜挂帅”，推动企业创新需求与高校科研成果有效对接，促成产学研合作项目100项以上。用好拨投贷

保、成果贷、科技股权投资等科技金融政策，撬动更多社会资本投向科技创新。办好中韩创新大赛等品牌活动，引进集聚高端创新资源。

打造高水平创新人才高地。升级“新时代英才工程”，加快“人才集聚节点”试点建设，推动重点人才引育取得更大突破。举办系列特色人才交流活动，持续打造威海“英创会”引才品牌。实施博士后集聚赋能行动，加快博士后科研平台扩容提质。实施柔性引才模式，发挥“人才飞地”作用，鼓励企业在省外、海外设立研发机构，推动科技成果回归转化。健全外国专家驿站工作体系，实施“海外工程师”支持计划，争取获批省级以上外国专家项目15项。大力弘扬劳模精神、劳动精神、工匠精神，培育更多适应产业需求的高技能、创新型“威海工匠”。

打造重点领域改革标志性成果。持续加大改革试点先行政策争取力度，聚焦优势领域，开展差异化探索实践，打造一批具有威海特色的改革亮点。稳步推动市县机构改革，优化调整重点领域机构职能。深化财税体制改革，加快实现事前事中事后绩效管理全覆盖，切实做到“花钱必问效”。深入开展国企改革深化提升行动，改善经营质量，增强“造血能力”。加快创建国家绿色金融改革创新试验区，强化金融资源绿色化配置，绿色贷款余额增长35%以上，占新增贷款比重超过12%。深化要素市场化配置改革，建立以需求和效益定供给的城市建设用地分类供应机制。推动集体林权制度和镇办“特色林场”改革，扎实开展省级森林可持续经营试点。深化农村改革，推动农村承包地细碎化整理改革试点，持续开展农村集体“三资”专项整治，拓展农村集体产权公开交易范围，守好农村集体“钱袋子”。

（六）聚焦聚力城乡陆海统筹，构筑协调均衡的城市发展新格局。精致城市是中共中央总书记习近平为威海量身定制的城市发展蓝图，坚持把精致的理念融入城市规划建设管理的全过程，全领域、全要素、全环节推进精致城市建设，推动城乡均衡、陆海一体发展，不断增强区域发展的协调性和承载力。

深入推动城市有机更新。以更高水平的规划引领城市品质升级，开展市辖区国土空间详细规划编修，提升城市设计标准，保持“大气山海、精致栖居”城市特色风貌。扎实推动城市更新“八大特色行动”，高标准推进10大重点片区更新。深化重点区域停车治理，规划建设11个公共停车场，新增停车位4421个。改造老旧小区40个，改善1.9万户群众居住环境。持续推进“设计营城”行动，推行首席街长制，新增3处设计师驿站，打造5处“幸福海”便民驿站，从细微之处体现城市的精致和温情。

全力打造乡村振兴样板。学习运用“千万工程”经验，赋能乡村“五个振兴”提档升级，统筹推进87个样板片区建设，打造精致化城乡融合发展先行区。扛牢保障粮食安全的政治责任，落实稳粮扶持政策，新建改造高标准农田5万亩，确保粮食播种面积和产量稳定增长。严守耕地保护红线，防止耕地“非农化”“非粮化”。大力发展精致农业，加大“威字号”系列良种引育力度，完善20个优势特色产业链条，持续扩大“威海苹果”“乳山牡蛎”“荣成海带”“文登西洋参”等农产品品牌知名度、影响力。实施新一轮乡村建设行动，扎实推进农村人居环境整治，巩固提升农村饮水安全、农村厕所革命、农村生活污水和垃圾治理成效，省级清洁村庄覆盖率达到45%，争创省级和美乡村20个以上。强化防止返贫动态监测，落实开发式帮扶措施，兜牢脱贫群众基本生活底线。

全面推进海洋强市战略。坚持科学用海、科技兴海、产业强海、生态护海、开放活海、安全靖海，建设创新型国际海洋强市。完善海域使用权审批流程，严格规范海域海岛和岸线开发秩序。加快远遥浅海科技湾区建设，完善国家海洋综合试验场配套设施，加速海洋电子信息与智能装备等科技成果落地转化。推动海洋渔业转型升级，推进远洋渔业“走出去”合作，深化海洋牧场与海上旅游、海上风电融合发展，新建重力式深水抗风浪网箱300个，争创国家级渔港经济区。完善海洋食品加工链条，提高特色海洋预制菜产业发展质效，提升“威海海鲜”品牌价值。规划建设海工装备产业园，推动造船业高端化发展。加速市域内港口资源整合，推动港产城一体化发展。加强美丽海湾建设，实施海洋生态保护修复工程，保持近岸海域水质优良比例全省最优。科学开展浒苔、互花米草等生态灾害防治，增强海洋灾害抵御能力。强化海上安全综合治理，分批推动各类船舶加装定位设备，加强海上休闲船舶规范管理，维护海上安全形势稳定。

加快重大基础设施建设。大力实施基础设施“七网”建设工程，夯实城市发展“硬支撑”。加快推进15项交通重点项目，荣乌高速文登至双岛湾科技城段全面开工，环山快速路二期加速推进前期工作，启动昆嵛山机场配套设施建设，完成威海站、威海北站设施改造提升。加快推进长会口水库工程前期工作，推进米山净水厂、环翠区和初村污水处理厂建设。开展“四好农村路”提质增效行动，新改建农村公路31公里、改善360公里农村公路通行条件、改造危桥9座，打造“美丽农村路”威海样板。

（七）聚焦聚力放大生态优势，努力建设美丽中国先行区。深入践行“绿水青山就是金山银山”的理念，积极稳妥推进碳达峰碳中和，协同推进降碳、减污、扩绿、增长，让绿色低碳成为高质量发展最鲜明的底色。

全面推动绿色低碳转型。大力增加绿色能源供给，打造荣成核能、乳山海上风电装备等新能源产业基地，加速推动临港区源网荷储一体化示范工程等33个新能源项目，开工建设华能石岛湾核电扩建一期工程，保障“国和一号”示范工程1号机组并网发电。加快构建绿色制造体系，推动能耗双控转向碳排放双控，新增绿色制造示范单位20家。实施能效、水效“领跑者”引领行动，开展能效提升诊断服务，推广应用高效节能技术，培育再生资源综合利用标杆企业。深化“亩产效益”改革评价，推进资源节约集约利用。加力发展绿色建筑，推动建筑节能迈向更高标准。推进新能源汽车下乡，新购置新能源公交车40辆，加快出行方式绿色转型。

切实筑牢生态安全屏障。健全河湖湾长制、林长制、田长制，统筹推动河湖湾林田生态综合治理，争创国家和省级“绿水青山就是金山银山”实践创新基地。加快推进矿山修复治理，打造绿色矿山。扎实开展国土绿化专项行动，加强自然保护地和湿地资源管理，深化重点区域松材线虫病防治，完成修复造林4.4万亩。积极创建国家级气候适应型城市，全力保障城市生态安全。

持续巩固提升环境质量。深入打好蓝天保卫战，狠抓挥发性有机物、扬尘、移动源等专项治理，强化重污染天气应对，确保环境空气质量保持全省领先。深入打好碧水保卫战，分级分批推进美丽河湖建设，持续抓好“两个清零、一个提标”，规范入河排污口治理，稳步推进河流水质改善提升。深入打好净土保卫战，加强土壤污染状况调查，推进地下水和土壤污染协同防治。高质量开展“无废细胞”创建提升行动，争当“无废城市”引领标杆。抓好历次环保督察问题整改，以最严格的环境监管、最积极的生态建设、最集约的资源利用、最严厉的责任考核，让威海的青山常在、绿水长流、空气常新。

（八）聚焦聚力增进民生福祉，全力提升人民群众获得感幸福感。积极践行以人民为中心的发展思想，坚持尽力而为、量力而行，在公共服务均等化、优质化上持续用力，努力实现幼有善育、学有优教、劳有厚得、病有良医、老有颐养、住有宜居、弱有众扶，让人民群众共享发展成果。

突出就业优先导向。全力保障高质量充分就业，抓好高校毕业生、退役军人、农民工等重点人员就业创业，加强困难群体就业兜底帮扶。扎实开展社区就业服务提升行动、城乡公益性岗位扩容提质行动、农村劳动力就业工作集成改革，有力提升公共就业服务质效。落实创业担保贷款和创业补贴政策，支持创业带动就业。深化跨区域劳务合作，举办线上线下招聘活动300场次以上，及时缓解企业规模性、应急性用工需求。开展根治欠薪专项行动，保障劳动者合法权益。

健全社会保障体系。实施社会保障扩面提质攻坚行动，推动新就业人员、灵活就业人员等重点群体规范参保。稳妥推进职工基本医疗保险省级统筹和门诊共济保障制度改革，拓展长期护理保险试点。深化药品及耗材集中带量采购改革，推动医保支付方式改革，多措并举减轻群众就医购药负担。建设447套保障性租赁住房，向599户家庭发放住房租赁补贴。健全分层分类救助体系，积极发展服务类社会救助，让兜底保障更有温度。

办好群众满意教育。推动学前教育普及普惠发展，公办幼儿园在园幼儿占比达到67%以上。推动义务教育优质均衡发展，促进城乡义务教育学校布局与学龄人口变化相适应。推动普通高中特色多样发展，深入开展强科培优行动，启动威海市第二实验高中建设。推动职业教育优质高效发展，建立8个产教融合共同体。实施新一轮办学质量达标工程，年内50%以上普通高中通过市级达标验收，50%以上特教学校、90%以上中职学校通过省级达标验收。加强学校思政课建设，小学专职思政课教师配备比例达到50%。健全学校家庭社会协同育人机制，共同助力学生成长。

深化健康威海建设。推动公立医院高质量发展，加快推进市中医院治未病中心等重点项目，持续开展临床专科能力攀登计划，积极争创省级、国家级重点专科，带动区域诊疗能力整体提升。实施新一轮基层卫生服务能力提质增效三年行动，完善分级诊疗体系，加快建设紧密型县域医共体，让群众在家门口就能享受到便利的医疗卫生服务。加快基层中医阁建设，促进中医适宜技术推广应用。优化紧急医学救援基础设施建设布局，推进传染病监测预警与应急指挥信息平台建设，提高疫情防控和突发公共卫生事件应急处置水平。实施全民健身场地设施补短板行动，开展各类体育赛事和健身活动1000场次以上。

全面推动文化振兴。建设千里海疆爱国主义展示带，融通推进爱国主义教育、红色基因传承、中华优秀传统文化弘扬。推动公共文化服务体系示范区创新发展，实施公益创投、全民阅读等文化惠民项目，新增10处新型公共文化空间。倡树社会主义核心价值观，深入实施美德信用“五进”工程，提升新时代文明实践中心功能，打造千里山海文化体验廊道文明实践展示带。常态化开展文明城市“九大提升行动”，深化“精致城市·文明市民”培育工程，持续开展公共文明引导志愿服务，不断提升社会文明程度和市民文明素养。搭建数字方志信息一体化平台。加强文化遗产保护传承，推进手造文创产品集聚区建设，保护“老建筑”、保留“老记忆”、传承“老文脉”。

加快全龄友好型城市建设。深入推进国家儿童友好城市建设，启动成长引航家庭教育计划，加大公共空间适儿化改造力度，打造“精致城市·童享威海”特色品牌。深入推进全国青年发展型城市建设，开展“青创威海”“菁才强威”行动，实施“青年优居计划”，建设一批青年发展友好型街区、园区，打造更有吸引力、更具竞争力的创新创业环境。深入推进全国积极应对人口老龄化重点联系城市建设，打造“一区一品”养老服务品牌，新增认知障碍照护床位410张，新建农村老年餐桌27处，让老年人生活更便利、更幸福、更安康。

加强国防动员建设，深化双拥共建，强化退役军人服务保障，巩固军政军民团结。支持工会、共青团、妇联、残联、红十字会等群团组织更好发挥作用。做好广播电视、新闻出版、档案史志、民族宗教、外事侨务、台港澳、对口支援和东西部协作等工作。

民生无小事，我们将扎扎实实办好20项市级重点民生实事、15项补短板事项和民生微实事，从人民群众的操心事、烦心事、揪心事抓起，设身处地为群众排忧解难，在件件实事中惠民生，在点点滴滴中暖民心。

（九）聚焦聚力风险防范化解，建设更高水平平安威海。坚定不移贯彻总体国家安全观，统筹做好各方面各环节安全工作，推进安全治理体系和能力现代化，以新安全格局保障新发展格局，以高水平安全护航高质量发展。

筑牢公共安全底板。开展安全生产治本攻坚行动，深化化工行业安全生产整治提升专项行动，强化工贸、消防、建筑施工、道路交通、海上安全、特种设备等重点领域安全隐患排查整治，实施分类分级精准治理，推动重大事故隐患动态清零。持续开展食品安全八大攻坚行动、药品安全整治提升行动，让群众吃得放心、用药安心。扎实做好保交楼、保民生、保稳定各项工作，有效化解房地产市场风险。强化政府债务风险防控，统筹利用各种资源，积极化解存量债务。加大非法金融活动整治力度，持续压降金融机构不良资产，坚决守住不发生系统性金融风险底线。加强基层反走私综合治理，争创全国打击走私示范点。

*深化韧性城市建设。*加强海绵城市建设，提高城市渗透蓄滞和行洪排涝能力。强化森林火灾预防，新建维修森林防火通道946公里。实施灾害性天气精准化预报、递进式预警，加强地质灾害隐患点治理，完善应急物资储备调用机制，进一步增强极端天气、地质灾害等突发事件应对能力。改造供热管网129公里、换热站40座，更新燃气老旧管网10.5公里，改造供水老旧管网8.5公里、二次供水设施8处，让“城市血管”更年轻、保障更有力。

*提高社会治理水平。*坚持全域统筹、全面融合、全员参与、全民共享，深化市域社会治理模式创新。坚持和发展新时代“枫桥经验”，完善“一站式”矛盾纠纷多元化解机制，深化网格化服务管理，狠抓信访积案攻坚化解，把矛盾隐患化解在基层、消除在萌芽。推进“信用威海”建设，创建国家社会信用服务标准化试点城市。切实加强阵地建设，维护意识形态领域安全稳定。健全海陆空一体化共治的社会治安防控体系，打造全域低空安全与产业发展示范城市，深化“枫桥式公安派出所”创建，争创首批全省社会治安防控体系建设示范市。常态化推进扫黑除恶斗争，扎实开展五类突出违法犯罪专项整治，严打电信网络诈骗等违法犯罪活动，坚决维护政治安全、社会安定和人民安宁。

（十）聚焦聚力转作风提效能，打造人民满意的服务型政府。打铁必须自身硬。面对发展新形势、工作新要求、群众新期待，我们将以政治建设引领前进航向，巩固拓展学习贯彻习近平新时代中国特色社会主义思想主题教育成果，不断提高政治判断力、政治领悟力、政治执行力，坚定拥护“两个确立”，坚决做到“两个维护”，以忠诚行动彰显忠诚本色，以过硬举措展现过硬担当，努力交出人民满意的合格答卷。

*全力打造法治政府。*深入践行习近平法治思想，自觉运用法治思维和法治方式推动工作，不断提升依法行政能力，争创全国法治政府建设示范市。严格落实重大行政决策程序，改进政府立法工作，开展提升行政执法质量行动，完善府院联动机制，确保政府工作在法治轨道上高效运行。自觉接受人大及其常委会法律监督和工作监督、政协民主监督、社会舆论监督，切实加强政务公开，让依法依规、公开透明、公平公正在政府系统蔚然成风。

*全力打造效能政府。*坚持把提高执行力作为政府工作的主基调，聚焦“高效办成一件事”，强化全局观念，主动跨前一步，打破思维定势，更好履职尽责，进一步提升政务服务效能，当好执行者、行动派、实干家。倡树“四下基层”优良作风，大力推行一线工作法，坚持工作项目化、项目清单化、清单责任化、责任时效化，狠抓工作闭环落实，确保说了算、定了干、干必成。健全企业诉求“2112”解决机制，完善12345热线“一单双转”、区市和部门负责人上线接听等制度，联动高效为群众办实事、为企业解难题、为基层减负担。

*全力打造数字政府。*坚持以数字技术赋能政府管理服务，完善数据资源汇、治、用体系，构建数字化、智能化的政府运行新形态。完善“山东通”功能，打造15个跨部门跨层级“一件事”应用，推动政府机关业务事项全面数字化。提速“无证明城市”建设，推行“减证办、免证办、一码办”，让数据多跑路、企业和群众少跑腿。

*全力打造廉洁政府。*严格履行全面从严治党主体责任，锲而不舍落实中央八项规定及其实施细则精神，驰而不息纠“四风”树新风。坚持过“紧日子”，大力压减一般性支出，倡树勤俭办事风气。坚持严管与厚爱结合、约束与激励并重，抓好政府系统干部队伍建设，激发干事创业积极性。加强政府系统党风廉政建设，一体推进不敢腐、不能腐、不想腐，筑牢公共资金、公共资源、公共资产等重点领域制度防线，坚决整治一切损害群众利益的不正之风和腐败问题，确保政治清明、政府清廉、干部清正。

让我们更加紧密地团结在以习近平同志为核心的党中央周围，在市委的坚强领导下，与全市人民一道，坚定信心、迎难而上，创新突破、实干争先，以更加饱满的激情、更加务实的作风，积极融入全省绿色低碳高质量发展先行区建设，为全力打造共同富裕先行区、不断开创“精致城市·幸福威海”建设新局面、争当新时代社会主义现代化强省建设排头兵而团结奋斗！

（威海市人民政府办公室提供）

编辑　闫拥军

专　记

学习贯彻习近平新时代中国特色社会主义思想主题教育

按照中共中央统一部署和中共山东省委工作安排，从2023年9月开始，威海市深入开展学习贯彻习近平新时代中国特色社会主义思想主题教育。在中共山东省委主题教育领导小组及办公室有力领导和中共山东省委主题教育第十巡回督导组精心指导下，全市主题教育扎实推进，达到预期目标，取得显著成效。

一、主要做法

在中共中央和中共山东省委的坚强领导下，威海市委和全市各级党组织把开展好主题教育作为重大政治任务，深入学习贯彻中共中央总书记习近平关于主题教育重要讲话和重要指示批示精神，全面把握主题教育总要求，紧紧围绕根本任务和具体目标，贯通融合、一体推进理论学习、调查研究、推动发展、检视整改、建章立制等重点措施，着力推动以学铸魂、以学增智、以学正风、以学促干，以实际行动坚定拥护“两个确立”、坚决做到“两个维护”。中央主题教育简报3次、中央电视台《新闻联播》第二批主题教育首轮报道对威海市相关做法进行刊发报道，威海市在全省主题教育工作推进会上进行交流发言。

（一）扛牢政治责任，坚决抓好主题教育重大政治任务

认真贯彻落实中共中央总书记习近平重要指示要求，把开展主题教育作为加强理论武装、推进全面从严治党、推动高质量发展的重大举措，精心组织实施，全力抓好落实。

一是科学精准谋划部署。中央和省委对主题教育作出部署后，市委常委会第一时间传达学习中共中央总书记习近平重要讲话精神和上级部署要求，研究贯彻落实意见，确保中央部署和省委要求落实到位。研究建立“1+8+N”政策指导体系，即市委《实施意见》、8个重点领域《指导意见》、93个市直部门单位和区（市）《实施方案》，明确不同层级、不同领域、不同对象工作重点，建立基层党组织《任务清单》和党组织书记《责任清单》，增强主题教育的针对性和实效性。坚持早着手、早谋划、早部署，建立学习、问题、调研、创新举措“四张清单”，一体推进各项重点措施和任务落实。市委召开十六届五次全体会议，审议全市主题教育工作情况报告，持续推动主题教育走深走实。

二是以上率下示范带动。市委常委会坚持以身作则，带头研究制定常委会主题教育《工作安排》，明确25项具体任务，制定调查研究工作方案，带动全市主题教育开展。市委常委成员带头抓好理论学习、调查研究、推动发展、检视整改等各项重点措施。特别是市委主要负责人亲自谋划、靠前指挥、带头推动主题教育工作，主持召开6次市委常委会会议、市委主题教育领导小组会议进行安排部署，作出批示指示45次，尤其是对一些重点任务、关键环节，时刻关注、及时指导，为各级作出示范。市人大常委会、市政府、市政协党组及时跟进，抓实抓细各项重点措施，推动全市主题教育不断走向深入。

三是从严从实指导推动。在第二批主题教育正式启动前，市委成立由主要负责人任组长的主题教育领导小组，下设领导小组办公室，加强对全市主题教育的领导和指导。领导小组办公室梳理制定79项重点任务清单，实行分类管理、精准施策，推动压力层层传导到位。根据市、县不设指导组的实际，通过建立联络组、联系点、联系人制度，加强对市直部门和区（市）、开发区的联络指导，统筹用好驻村第一书记和工作队等力量，确保工作落到底、不跑偏。将主题教育开展情况纳入领导班子和领导干部年度考核、党组织书记抓基层党建述职评议和高质量发展考核的重要内容，推动责任落实到位。全市主题教育工作会议召开后，各区（市）、市直部门单位和基层党组织1周内全部作出安排部署。

（二）聚焦主题主线，全覆盖抓深抓实理论学习

把“学思想”作为首要任务贯穿始终，大力弘扬马克思主义学风，坚持知行合一、学以致用，坚持联系实际、立足岗位，在深化、内化、转化上聚力用劲，引导广大党员干部真学真信真用，切实用党的创新理论凝心铸魂。

一是精心办好读书班。坚持领导干部领学带学促学，将市委读书班与区（市）、部门同步举办，与理论学习中心组学习、书记讲专题党课、新生代企业家培训、年轻干部座谈等统筹安

排，聚焦学习重点举办4期专题读书班，并利用周末时间分3期组织请假的368名领导干部集中补课，确保规定动作不走样。印发《关于办好主题教育专题读书班推动领导干部理论学习走深走实的通知》，坚持领导带头学与个人积极学、研讨交流学、专家辅导学相结合，围绕党的自我革命、高质量发展等专题，邀请3位专家领导进行辅导，县处级以上领导班子开展专题研讨907次，确保读书班学习成效。

二是抓实集中轮训培训。制定《关于开展好主题教育党支部书记集中轮训、党员集中培训和主题党日的工作方案》，依托各级党校、党员干部教育培训基地等，由市委直属党（工）委、区（市）党委对所属党支部书记进行集中轮训，由基层党委对党员进行集中培训，每月围绕重点学习内容组织开展1次主题党日活动，通过线上线下相结合的方式，完成9235名党支部书记集中轮训和22.5万名党员集中培训工作。采取"书记讲给书记听"等方式，市委书记和各区（市）党（工）委书记带头讲专题党课，1554名县处级以上领导干部和9890名基层党组织书记全部讲完专题党课。

三是灵活学习形式载体。注重发挥市、区（市）讲师团、宣讲团作用，开展进机关、进企事业单位、进城乡社区、进校园宣讲活动1240次，持续增强宣讲吸引力。依托全市党员教育"两库三基地"等教学资源，择优确定50个现场教学基地（教学点），制作党性教育红色地图，方便党员就近利用红色教育资源开展"沉浸式""体验式"现场教学，基层党组织开展现场教学6658次。市委常委会带头到天福山革命遗址、红色胶东展馆，实地接受党性教育，重温入党誓词。

四是分类抓好全员覆盖。印发《关于抓紧抓实基层党组织和党员主题教育理论学习的通知》，对基层开展理论学习进行专门部署。结合实际逐一落实每名党员参加主题教育的党支部，依托"三会一课"、主题党日等载体，用好"灯塔—党建在线"等平台，抓实基层理论学习。对重点群体，有针对性制定举措。比如，对5000余名流动党员，逐人明确参加主题教育的方式，发送学习资料6000余册；对"三新"领域（以新产业、新业态、新商业模式为核心的经济发展领域）党员，发挥园区、楼宇、商圈和街道社区党组织作用，设置专题课堂、流动课堂和指尖课堂，方式灵活，保证效果；对2.8万名年老体弱党员，安排党员结对帮包，送学上门；对青年党员，发挥各类青年理论学习小组作用，组织实践教学，广泛开展思想道德和纪法教育，做到学习内容全覆盖、学习对象全覆盖。

五是抓紧抓实个人自学。印发《关于在主题教育中抓紧抓实个人自学的通知》，市级领导带头制定自学计划，将学习任务细化到周、具体到章节；县处级以上领导班子全部建立学习清单，分解学习内容，明确学习方式和完成时间，推动党的创新理论学习往深里走、往实里走。基层党组织立足实际，制定学习计划，引导党员干部紧密联系岗位职责和工作要求，认真开展个人自学。采取研讨交流、座谈发言、个别访谈等方式，检验学习成效，组织党员结合学习体悟开展研讨交流3.5万余次。专题读书班结束后，印发《关于进一步深化主题教育理论学习的通知》，确保理论学习常态化长效化。

（三）突出问题导向，深入一线扎实开展调查研究

深入学习贯彻中央关于在全党大兴调查研究的部署和省委要求，用好"深、实、细、准、效"五字诀，组织开展有深度、有价值、有实效的调查研究，积极运用党的创新理论研究新情况、解决新问题。

一是聚焦难点确定调研课题。在第一批主题教育期间，市委制定印发《关于在全市大兴调查研究的实施方案》，确定20个方面的调研重点。市委常委围绕中心工作，聚焦当前最突出、最迫切需要解决的问题，每人牵头1个课题，带头深入基层开展专题调研。县处级以上领导班子成员坚持从具体问题出发，从"关键小事"入手，围绕财源建设、民生、文旅产业发展等方面，确定1068个调研课题，形成高质量调研成果。

二是深入基层调研办公。用好"四下基层"（宣传党的路线、方针、政策下基层，调查研究下基层，信访接待下基层，现场办公下基层）这个抓手，市级领导结合领导干部联系分包机制，坚持问题导向，注重采取"一线工作法""四不两直"等方式，经常性深入基层单位，现场调研办公，切实把问题解决在源头，把矛盾化解在萌芽状态。县处级以上领导干部通过专题调研解决问题2619个，以问题解决检验调研成效。强化调研工作统筹，市级领导班子建立调研工作计划，实行调研活动备案管理，严格落实调研联络员机制，避免扎堆调研，严禁层层陪同，切实减轻基层负担。区分不同领域，筛选133个单位作为基层工作联系点，开展常态化联系指导。全市965个机关企事业单位全部到共建社区报到，在职党员到居住地社区报到7.7万人次，帮助解决群众问题2.2万件。

三是抓好典型案例解剖。市级领导班子筛选确定"以系统思维打造精致城市威海样板""威海市属国有企业腐败问题多发和姜某凯违纪违法案件"正反面典型案例，市委主要负责人带头深入剖析研讨，总结提炼正面典型案例的成效、做法和启示，梳理反面典型案例的性质、危害、原因、教训等，研究提出改进工作的办法措施。坚持开门搞教育，召开调研成果交流暨典型案例剖析会，邀请民主党派人士、基层代表、专家学者参加会议并提出意见建议，实现从"解剖一个案例"到"解决一类问题"。全市县处级以上领导班子从有代表性、有较大影响的事件中，筛选正面和反面典型案例各235个，通过解剖麻雀、举一反三，推动一批问题有效解决。

四是推动调研成果转化运用。坚持研以致用，认真梳理调研开展情况，做好调查研究"后半篇文章"，调研成果已全部转化，其中加强财源建设、文旅资源整合、海洋牧场高质量发展3篇调研成果转化运用情况，得到副省长陈平批示推广。组织开展"同题共研、助力高质量发展"调研大赛，围绕牢固树立大抓经济工作的鲜明导向、全域推进精致城市建设、打造共同富裕先行区、统筹发展和安全等专题，评选高质量调研成果387篇，全部转交相关部门研究办理。利用中秋国庆假期，组织机关干部从民生"关键小事"和群众"急难愁盼"入手开展调研，收集调研信息3018篇，筛选梳理形成涉及文化旅游、交通出行、城市建设、乡村振兴、居住环境、民生服务等6个方面、有较高

价值的建议33条，切实把调研成果转化为解决问题、改进工作的实际举措。

（四）强化实干担当，聚力推动高质量发展

坚持把推动高质量发展作为主题教育的着力点，锚定市委确定的四个主攻方向，聚焦年度发展目标任务，树立和践行正确政绩观，完整准确全面贯彻新发展理念，着力破难题促发展、办实事解民忧，切实把主题教育成果体现到高质量发展成效上、体现到促进中心工作上。

一是推动经济平稳健康发展。牢固树立大抓经济鲜明导向，把完成全年目标任务作为检验主题教育成效的重要标尺，聚焦八大产业集群和十条产业链，研究出台“1+N”政策文件、深化开发区管理制度改革的实施意见，加快塑造高质量发展新优势。定期召开统筹发展和安全工作推进会，优化完善指挥部和专班工作体系，推动全市经济平稳健康发展。深入开展营商环境提升行动，组织全市县处级以上领导干部全覆盖走访1657家规模以上企业，办理企业问题建议1616个。组织开展“我为发展献良策、解难题、建新功”活动，引导党员立足岗位在推动发展、基层治理、服务群众中主动作为、担当有为。

二是全域推进精致城市建设。以中共中央总书记习近平视察威海五周年为契机，开展新一轮精致城市建设三年行动，全方位、全领域解决不精致问题，努力打造精致城市威海样板。会同联合国人居署成功举办“精致城市”论坛，受邀参加2023年世界城市日中国主场活动并作经验分享和成果推介。围绕打造“精致幸福家园”，举办“红色物业赋能高效治理”主题论坛，深入推进红色物业百日提升攻坚行动，红色物业做法被中共中央组织部刊发推介。围绕打造精致化城乡融合发展先行区，扎实推进乡村建设行动，深化抓党建促乡村振兴，“乡村共富党建联盟”做法被国家乡村振兴局推广，全省乡村振兴现场调度会在威海市召开。

三是用心用情办实事解民忧。牢固树立以人民为中心的发展思想，全面落实领导坐班接听群众来电、镇街村居干部与居民结对联系等制度，及时解决群众和企业诉求。紧盯就业、教育、医疗、养老等民生领域突出问题，尤其对于群众关心、涉及部门领域多、不好解决的共性堵点难点问题，每季度梳理一批，作为“微实事”由市级层面提级快办，累计办理8个批次1257件。丰富党员服务群众、奉献社会载体，党员开展志愿服务活动3.5万次，帮助群众解决问题3万个。

四是坚决守牢安全底线。将防范化解重大风险作为推动高质量发展的安全屏障，强化底线思维，统筹做好舆情风险、社会矛盾风险等处置化解工作，坚决守牢“一排底线”。严格落实安全生产责任制，全市生产安全事故起数、死亡人数比上年实现“双下降”，未发生越界捕捞和较大及以上海上生产安全事故，森林防火形势稳定。深化矛盾纠纷源头预防、多元化解，以全省第一名的成绩获评全国市域社会治理现代化试点合格城市，创建经验被评为全国优秀创新经验，化解涉海涉渔纠纷的“海上枫桥工作法”入选全国“枫桥式工作法”，是全省唯一同时在社会治理方面获得 3项全国荣誉的市。

五是凝心聚力抓党建促发展。召开市委常委会扩大会议，听取区（市）和市直有关工委（党委）书记全面从严治党述责述廉和抓基层党建工作情况述职。大力倡树“用站位、用实绩、用口碑、用廉洁”的用人导向，抓好镇街基层治理能力建设43条措施、“精致幸福家园”27项重点任务落实，向镇街下沉编制260个，有效提升基层治理能力和水平，提振广大干部担当作为的精气神。全面落实“党建引领 齐鲁前行”行动，扎实推进“强村共富”、开发区党建强基赋能等5个专项行动，迭代升级党群服务中心65处。全域探索村党组织“跨村联建”，组建72个联合党组织，覆盖257个村，以组织联建带动产业联营、治理联抓、服务联享，全市集体收入过20万元的村超过50%。实施“威雁竞飞”素质提升工程，举办农村党员干部培训班200余期、培训11万人次。实施基层党建创新突破行动，从严抓好党员教育管理监督，实施行业突破项目21个，全面提升碳纤维等15条产业链党建成效，为推动高质量发展提供坚强组织保证。

（五）坚持真查实改，抓深抓实整改整治

坚持把检视整改作为主题教育的重中之重，坚持边学习、边对照、边检视、边整改，以严实的作风、坚决的态度，以真改实改改到位赢得群众认可。

一是抓好重点问题整改。聚焦中央提出的6个方面突出问题和省委确定的5个层面重点问题，深入开展问题大梳理、难题大排查，市级领导班子共确定65个问题，制定274项整改措施，市级领导牵头负责整改落实。全市县处级以上领导班子结合上级巡视、专项督查、政务服务热线等反馈的情况，综合调查研究、信访反映等发现的问题，共确定1090个突出问题，实行清单化推进、动态化管理、销号式整改，已销947个，其余143个涉及专项整治的问题，均已取得阶段性进展或达到销号标准。

二是扎实推进专项整治。聚焦上级高度重视、群众反映强烈、长期没有解决、平时工作中最担心最怕出事的问题，市委研究确定13个市级专项整治项目。其中，省里第一批主题教育未销号的6个，省里第二批主题教育新部署的5个，威海市结合实际确定海洋牧场建设和旅游环境提升2个专项整治项目。13个项目逐个制定整治方案，分别由市级领导牵头负责，实行专班化推进。市委常委会会议多次听取情况汇报，市委、市政府主要负责人多次深入基层调研指导，提出明确要求，推动专项整治扎实开展，均取得阶段性成效或达到销号标准。威海市经验做法被省领导批示肯定6次、上级简报刊发38次。

三是全面化解信访难题。把下基层开展信访接待作为践行新时代党的群众路线的重要抓手，制定印发开展“大接访”推动解决信访突出问题的实施方案，启动实施新一轮“治重化积”攻坚行动，市领导带头深入基层，扎实做好公开接访、集中接访、包案事项化解等工作，推动解决一大批涉及面广、群众反映强烈、社会关注度高的信访突出问题。县处级以上领导班子成员“大接访”1738次、解决问题2368项，分包信访积案1166件、已化解1051件，信访事项及时受理率、按期办结率均为100%。

四是严肃认真开好专题民主生活会和组织生活会。把召开高质量的专题民主生活会和组织生活会，作为严格党内政治生活的一次生动实践。谈心谈话做到谈通谈透谈好，市委常委带头，相互之间把班子的问题谈透、个人的问题谈透、拟在会上批评的意见谈透，沟通了思想、打消了顾虑、增进了理解、形成了共识。剖析检查做到见人见物见思想，针对查摆的问题，深挖思想根源，找准问题症结，深刻对照检查。批评与自我批评做到红脸出汗有“辣味”，抛开面子自揭短处，直指要害批评，心悦诚服接受批评，有一说一、有二说二，真正让人红了脸、出了汗。省委督导组提前介入指导、从严审核把关，市级领导人参加指导所联系区（市）专题民主生活会，确保开出高质量、新气象。

（六）注重常态长效，着力抓好建章立制

坚持“当下改”与“长久立”结合，注重把主题教育中的好做法好经验，及时以制度形式固定下来，确保学习贯彻党的创新理论常态长效。制定的1011项创新举措全部完成，出台各类制度文件100余个。其中，围绕深化党的创新理论武装，制定出台关于统筹推动市域党校一体化高质量发展的意见，积极探索构建全周期全链条式党性教育新模式，进一步强化阵地建设，提升党员干部教育培训成效。围绕深化联系服务群众，制定出台加强改进调查研究工作的意见，区（市）、开发区主要负责人接听12345政务服务便民热线活动方案，民生“微实事”办理工作规则，规范做好涉法涉诉信访工作的实施意见等制度文件。围绕持续推动高质量发展，制定出台《支持开发区高质量发展的若干措施》《促进民营经济发展壮大财政支持政策》《市属国有企业创新驱动高质量发展的实施意见》《“高效办成一件事”大力提升行政效能若干措施》等制度文件，为加快塑造高质量发展新优势提供有力支撑。围绕深化“四下基层”，制定深化企业大走访活动完善政企常态化沟通交流机制十条措施等制度，持续推动领导干部到基层一线现场办公，察实情、寻实策，提出解决问题、服务群众的硬招实招。围绕激发干事创业动力，制定出台《深化提升“薪火工程”大力培养选拔优秀年轻干部的若干措施》《深化谈心谈话工作进一步激励干部担当作为的若干意见》《市直机关事业单位科级职务职级选拔晋升和备案管理工作办法》等制度文件，建立五项工作机制，开展党员干部和公职人员酒驾醉驾及背后“四风”和腐败问题整治，进一步强化对干部的激励约束。

（七）强化指导督促，推动主题教育走深走实

加强对全市主题教育的领导指导，市委主题教育领导小组及办公室认真履职尽责，强化上下联动、统筹谋划，高标准推动各项任务落细落实，确保主题教育质量和效果。

一是加强联络沟通。及时向省委主题教育领导小组办公室和省委主题教育第十巡回督导组请示汇报，了解掌握主题教育最新部署要求，主动接受工作指导。与省委督导组建立联动下沉督导机制，经常性深入基层开展座谈访谈、实地督导，及时发现问题，层层传导压力。主动邀请省委督导组参加指导主题教育读书班、市委常委会会议、市委理论学习中心组学习、全市统筹发展和安全工作推进会、重点项目观摩等活动，做到同题共答、同向发力。

二是强化组织指导。市委第一时间召开全市主题教育工作会议、主题教育工作推进会议、专项整治工作推进会议，指导推动面上工作开展。市委主题教育领导小组每周书面听取工作情况，每月召开会议研究安排主题教育工作。主题教育办公室建立“日碰头、周调度、月总结”工作推进机制，每天召开各组工作碰头会，每周召开区（市）工作调度会，每月形成工作总结，定期印发重点工作任务清单，编发工作简报、专报152期，为主题教育高质量推进提供重要保障。

三是严防不良倾向。坚决防止形式主义和“低级红”“高级黑”现象，制定印发《工作指南》，召开专门会议进行具体安排部署，督促各级党委（党组）扛牢主体责任，把重心和精力放在严格落实规定动作上，不搞不必要的创新，不随意增加自选动作。加强审核把关，凡是涉及主题教育对外发布信息，全部进行提级审核，对可能出现的风险提前研判、把好关口、有效防范。针对宣传风险点，坚持“人盯＋技防”24小时不间断巡查，严防各类舆情事件发生。

四是注重宣传引导。全方位开展主题教育宣传报道，制定宣传工作方案，在《威海日报》、威海市广播电视台及各区（市）媒体开设专栏，发布新闻报道1016篇。加大对外宣传推介力度，中央和省委主题教育简报，以及《人民日报》、新华社、《光明日报》等省级以上新闻媒体，刊发威海市经验做法38篇，充分展现威海市主题教育生动实践。

二、取得成效

经过全市各级党组织和广大党员干部的共同努力，全市主题教育特点鲜明、扎实深入，实现预期目标，赢得全市广大党员干部群众的广泛支持和充分认可。

一是广大党员干部锤炼品格强化忠诚，坚定拥护“两个确立”、坚决做到“两个维护”的自觉性有了新提高。广大党员干部对照习近平新时代中国特色社会主义思想和中共中央总书记习近平重要讲话、重要指示批示精神，从政治、思想、能力、作风、纪律等方面加强党性分析，政治判断力、政治领悟力、政治执行力进一步提高。广大党员干部把政治忠诚摆在更加突出位置，对标党风要求找差距、对表党性要求查根源、对照党纪要求明举措，深刻领悟“两个确立”的决定性意义，“两个维护”的政治自觉、思想自觉、行动自觉进一步增强。大家一致认为，必须始终在思想上政治上行动上同以习近平同志为核心的党中央保持高度一致，始终忠诚于党、忠诚于人民、忠诚于马克思主义，真心爱党、时刻忧党、坚定护党、全力兴党。

二是广大党员干部凝心铸魂筑牢根本，学习贯彻习近平新时代中国特色社会主义思想取得新实效。广大党员干部把“学思想”贯穿始终，坚持学思用贯通、知信行统一，通过原原本本研读中共二十大报告、党章和中共中央总书记习近平著作，深入学习领会中共中央总书记习近平关于本地区本部门本领域的重要讲话和重要指示批示精神，深刻领悟其世界观、方法论和贯穿其中的立场观点方法，进一步增强运用习近平新时代中国特色社会主义思想分析解决问题的能力，凝聚起干事创业的共识。广大党员干部普遍感受，习近平新时代中国特色社会主义思想系统完整、逻辑严密、内涵丰富、博大精深，学之愈深、知之愈明、信之愈真。大家一致反映，通过深入学习领

悟习近平新时代中国特色社会主义思想，思想深受教育、内心深受触动、灵魂深受洗礼，必须坚持常态长效，推动学习往深里走、往实里走、往心里走。

三是广大党员干部实干担当促进发展，经济社会高质量发展取得新进展。全市各级党组织和广大党员干部牢固树立正确政绩观和大抓经济鲜明导向，大兴调查研究，不断增强推动高质量发展本领、服务群众本领、防范化解风险本领，切实把功夫和心思花在破难题、促发展上，主题教育激发的动力有效转化为推动经济社会高质量发展的实绩。全市经济实现平稳增长，2023年地区生产总值增长5.7%，一般公共预算收入增长5.4%，规模以上工业企业营业收入利润率7.25%。发展活力不断增强，高新技术产业产值占比72.65%，居全省首位，综合科技创新水平指数居全省第3位，入选全国城市创新能力百强榜。外贸进出口额2006.79亿元，全年实际使用外资7.94亿美元，实有外商投资企业1776家，获评中国国际化营商环境建设标杆城市。

四是广大党员干部践行宗旨为民造福，人民群众获得感、幸福感、安全感有了新提升。全市各级各部门各单位牢固树立以人为本的思想，坚持开门搞教育，自觉问计于民、问需于民，倾听群众呼声、反映群众愿望、关心群众疾苦，聚焦群众急难愁盼问题，积极化解信访积案，有效解决一批群众反映强烈的突出问题，办成一批群众普遍认可的好事实事，党群干群关系更加融洽。全市民生支出占财政支出比重80%左右，城乡居民人均可支配收入预计分别增长4%、6%左右。20项市级重点民生实事、18件市级补短板事项全部完成，新增城镇就业3.6万人，解决重点企业用工需求3.8万人，“精致就业360服务”品牌入选国家公共就业服务能力提升示范项目。改造完成老旧小区61个，开放公园绿地25处，获批全省首批公园绿地开放共享试点。新建投用公办幼儿园、中小学10所，新增学位3780个，普惠性幼儿园覆盖率95.7%。在全省率先实现县域养老服务体系创新示范建设“一片红”，获评全国健康城市建设样板市，连续四年蝉联中国最具幸福感城市。

五是通过开展主题教育，广大党员干部廉洁奉公树立新风，政治生态和社会风气呈现出新气象。全市各级各部门各单位严明纪律规矩，强化制度约束，驰而不息正作风、治歪风、树新风，认真开展“半拉子工程”“形象工程”“面子工程”及统计造假等问题专项整治，深入整治基层治理不良现象、不担当不作为慢作为乱作为假作为、损害群众利益、破坏营商环境、行业不正之风等突出问题，打造“廉通一线”察访品牌，开展常态化明察暗访，查处“四风”问题236起、处分230人，查处群众身边不正之风和腐败问题313起、处分242人。严格落实“三个区分开来”要求，精准实施容错纠错22起、24人，澄清正名54起，关爱回访608人次，推动担当作为、干事创业的新风正气不断充盈。精准运用监督执纪“四种形态”，一体推进不敢腐、不能腐、不想腐，严肃查处一批严重违纪违法案件，探索推行以案促教、促省、促改、促治、促建等“以案五促”工作法，创新建立“五统筹”警示教育工作机制，引导党员干部筑牢思想防线，维护风清气正的良好政治生态。

三、存在问题

威海市主题教育仍存在开展不均衡等问题。一是有的在学习形式上缺乏创新，基层开展理论学习的有效手段不够多，推动党的创新理论大众化普及的载体不丰富，有的宣传宣讲内容不够鲜活生动；二是有的调研成果转化运用不充分，与中心工作结合不够紧密，调研成果转化为解决问题的具体措施和推动高质量发展的成效不够大，转化运用没有收到立竿见影的效果；三是有的针对突出问题的剖析不够深刻，存在一般化、表面化倾向，对于问题产生的原因分析得不深入、不透彻，触及深层次矛盾、解决深层次问题不够；四是有的体制机制不够健全完善，有的存在贯彻执行不到位的情形等，这些问题需要引起高度重视，认真研究加以解决。

四、经验启示

此次威海市主题教育取得重要成果和显著成效，关键在于习近平新时代中国特色社会主义思想的科学指引，在于中央和省委的坚强领导，在于省委主题教育领导小组及办公室和省委第十巡回督导组的精心指导，在于全市广大党员干部的共同努力。回顾总结全市主题教育，主要有六点经验启示。

一是必须始终坚持思想建党，坚定不移地用党的创新理论凝心铸魂。党内集中教育是提高全党马克思主义水平、保持党的团结统一的重要途径。全市各级党组织和广大党员干部坚持把“学思想”作为首要任务贯穿始终，着力在深化、内化、转化上下功夫，全面把握习近平新时代中国特色社会主义思想的世界观、方法论和贯穿其中的立场观点方法，不断增强用党的创新理论武装头脑、指导实践、推动工作的自觉性主动性。实践证明，开展党内集中教育，必须将理论武装贯穿于全过程，推动理论学习常态化长效化，以理论上的清醒和坚定确保政治上的清醒和坚定，确保全党在思想上政治上行动上同以习近平同志为核心的党中央保持高度一致，共同把党锻造成一块攻无不克、战无不胜的坚硬钢铁。

二是必须始终坚持人民至上，牢固树立以人民为中心的发展思想。让人民满意是党做好一切工作的价值取向和根本标准，主题教育开展得好不好、实不实，群众最有发言权。全市各级党组织和广大党员认真践行党的根本宗旨，把为民办实事作为重要内容，以群众满不满意作为根本评价标准，主动深入群众、贴近群众、服务群众，深入一线，集中解决一批群众反映强烈的突出问题，进一步提升群众的获得感、幸福感、安全感。实践证明，党内集中教育不能“自说自话”“自弹自唱”，只有牢记初心使命，走好群众路线，把惠民生、暖民心、顺民意的工作做到群众心坎上，才能得到人民群众的认可。

三是必须始终坚持问题导向，以刀刃向内的勇气推进全面从严治党。勇于自我革命是我们党最鲜明的品格和最大优势。全市各级党组织和广大党员干部坚持目标导向和问题导向相结合、学查改相贯通，奔着问题去、带着问题学、对着问题改，深入查找分析全面从严治党突出问题，全面增强主题教育的针对性、实效性，确保不虚、不空、不走过场。实践证明，党内集中教育是党的自我革命的重要方式，只有坚持问题导向，以刀刃向内的精神解决党内存在的突出问题，坚决清除危害党的肌体健康的病毒，才能永葆党的先进性和纯洁性，使党永不变质、永不变色、永不变味。

*四是必须始终坚持围绕中心，统筹推进高质量发展和高水平安全。*党内集中教育不能游离于党的中心任务之外，不能脱离经济社会发展的火热实践。全市各级党组织和广大党员干部牢固树立和践行正确的政绩观，聚焦贯彻新发展理念、构建新发展格局、推动高质量发展，以强化理论学习指导发展实践，以深化调研推动解决发展难题，以检视整改理清制约高质量发展的短板弱项，以高质量发展的新成效检验主题教育成果，切实将焕发出来的学习、工作热情转化为攻坚克难、干事创业的强大动力。实践证明，坚持教育实践两手抓、两促进，防止“两张皮”，真正以主题教育促进中心工作开展，以中心工作开展检验主题教育实效，才能彰显党的创新理论的真理力量和实践伟力。

*五是必须始终坚持以上率下，抓“关键少数”压实管党治党责任。*领导干部是党和国家事业发展的“关键少数”，必须坚持以上率下、突出示范引领。在中央和省委的示范带动下，市委常委坚持抓带结合，既以身作则，自觉以普通党员身份把自己摆进去，每个环节都走在前、作表率，又高度重视全市主题教育工作的组织领导，层层传递压力；各级党组织负责人切实履行主体责任，既把自己摆进去，又把党员干部带起来，以关键少数带动绝大多数，形成人人有责、人人尽责、一贯到底、落实落地的良好局面。实践证明，开展党内集中教育，必须加强组织领导和示范引领，通过高位推动、层层带动，压紧压实全面从严治党政治责任，才能形成上下协同、各方协力的生动局面。

*六是必须始终坚持务求实效，坚决防止和克服可能出现的形式主义。*党内集中教育，要在注重实效、提高质量上下功夫，决不能走过场、喊口号、摆花架子。主题教育开展以来，全市上下从一开始就切实抓好形式主义、官僚主义的预警和防范，召开专题会议，明确工作要求，制定工作指导，划出红线底线，坚决不搞形式化、套路化、表面化那一套，全面排查、及时纠治形式主义、官僚主义和“低级红”“高级黑”苗头性倾向性问题，确保主题教育的政治性和严肃性。实践证明，党内集中教育只有抓得实而又实、紧而又紧、严而又严，坚决防止和克服可能出现的各种形式主义，才能取得实实在在的成效，才能经得起历史、人民和实践检验。

五、意见建议

要深入学习贯彻习近平新时代中国特色社会主义思想，及时总结主题教育的经验做法，建立健全长效机制，不断巩固深化主题教育成效。围绕做好主题教育后续有关工作、巩固拓展主题教育成果，提出以下建议。

*（一）持续在抓深抓实理论学习上下功夫。*坚持不懈用习近平新时代中国特色社会主义思想凝心铸魂，深化对党忠诚教育，开展经常性政治体检，强化政治能力训练和政治实践历练，从思想上正本清源、固本培元，筑牢信仰之基、补足精神之钙、把稳思想之舵。健全学习贯彻党的创新理论的制度机制，严格落实“第一议题”、理论学习中心组学习、民主生活会、主题党日、“三会一课”等制度，常态化举办读书班，抓实领导干部带头讲专题党课，每年全覆盖开展党支部书记集中轮训和党员集中培训。强化分级分类指导，根据不同层级、不同对象实际，坚持因地制宜、分类指导，特别针对流动党员、新就业群体党员、年老体弱党员等特殊群体，有针对性地采取措施，引导各级党员干部始终在思想上政治上行动上同以习近平同志为核心的党中央保持高度一致，增强坚定拥护“两个确立”、坚决做到“两个维护”的思想自觉政治自觉行动自觉。

*（二）持续在坚定不移推动高质量发展上下功夫。*牢固树立大抓经济的鲜明导向，积极融入全省绿色低碳高质量发展先行区建设，持续深入开展营商环境创新提升行动，深入开展企业大走访活动，做好“三问两送一促”工作，突破制约企业发展的痛点难点。持续推动树立和践行正确政绩观，坚持以人民为中心的发展思想，常态化开展“四下基层”，深化蹲点调研、领导接访、现场办公等做法，深入落实“双报到”和党员志愿服务机制，全面落实领导坐班接听群众来电、镇街村居干部与居民结对联系等制度，着力破难题、促发展，办实事、解民忧，切实把巩固深化主题教育成效转化为推动高质量发展的生动实践。

*（三）持续在推动问题整改整治上下功夫。*始终坚持问题导向，把做好问题整改整治摆在突出位置，以高度负责的态度和“钉钉子”精神做好“后半篇文章”，对照问题清单，紧盯整改台账，解决一个，销号一个。实行分类管理，对已经整改的，巩固成果，防止反弹；对整改不到位、群众不满意的，“加火补课”；对正在整改的，抓紧抓实，按期完成；对整改周期较长的，分阶段实施，让群众尽快看到阶段性成果；对暂时不具备整改条件的，列出计划，创造条件，一点一点地做起来、改起来。坚持“当下改”与“长久立”相结合，建立健全长效机制，确保整改的问题不反复、不反弹。

*（四）持续在加强党的建设上下功夫。*继续发挥好党建的引领作用，引导党员领导干部牢固树立抓好党建是最大政绩理念，持续加强基层组织建设，增强基层党组织政治功能和组织功能，不断提高党的建设质量和水平。继续把“立足岗位作贡献”作为加强党员队伍建设的重要载体和抓手，引导广大党员结合自身工作，发挥先锋模范作用。全面加强党的纪律建设，坚持抓常抓细抓长，持续发力改进作风、树立新风，深化运用“四种形态”，坚持“三个区分开来”，用好容错纠错机制，激励干部担当作为，把全面从严治党落到每个支部、每名党员。全市各级党组织和广大党员干部将更加紧密地团结在以习近平同志为核心的党中央周围，坚持以习近平新时代中国特色社会主义思想为指导，深入学习贯彻中共二十大精神，全面落实中共中央总书记习近平对山东工作重要指示要求和对威海殷切嘱托，聚精会神抓经济，一心一意谋发展，进一步巩固拓展主题教育成果，为积极融入全省绿色低碳高质量发展先行区建设、全力打造共同富裕先行区、不断开创“精致城市·幸福威海”建设新局面、争当新时代社会主义现代化强省建设排头兵而努力奋斗。

（中共威海市委学习贯彻习近平新时代中国特色社会主义思想主题教育领导小组办公室提供）

编辑 闫拥军

大　事　记

1　月

5日　市委经济工作会议举行。会议全面贯彻落实中共二十大和中央经济工作会议、省委经济工作会议精神，总结2022年经济工作，分析当前经济形势，部署2023年经济工作任务。

7日　“2022冬游齐鲁·好客山东惠民季暨千里山海·冬游威海天鹅季”启动仪式在荣成好运角旅游度假区举行。

12日　《中国新闻周刊》推出“2022年度活力城市”案例，威海市入选。

19日　荣成苏山岛海域桃园海洋牧场示范区获评国家级海洋牧场示范区。

28日　全市2023年工作动员大会召开。会议表扬2022年度全市高质量发展突出贡献企业、单位和个人，动员全市上下积极全面融入山东绿色低碳高质量发展先行区建设，全力打造共同富裕先行区，不断开创“精致城市·幸福威海”建设新局面，争当新时代社会主义现代化强省建设排头兵。

同日　奇瑞芜船威海绿色海工科技产业基地项目签约仪式在威海市举行。

1月28日，全市2023年工作动员大会召开　　　　（孙大伟　摄）

2　月

6日—7日　副省长陈平到威海市调研督导当前工业经济运行情况，并召开座谈会。

12日　中共中央宣传部、文化和旅游部、国家发展和改革委员会发布基层公共文化服务高质量发展典型案例，环翠区1个案例（文化公益创投：探索多元共治的乡村公共文化服务供给侧改革路径）榜上有名。

14日　由国电投（乳山）海上风电有限公司、国华能源投资有限公司共同建设的海域内海上风电智能发电机组项目在乳山市开工。

14日—16日　市委书记闫剑波率队赴福建省开展招商引资活动。

15日　科技部和中国科学技术信息研究所分别发布《国家创新型城市创新能力监测报告2022》和《国家创新型城市创新能力评价报告2022》，威海市列国家创新型城市创新能力指数排行榜第33位、列全国城市创新能力百强榜第37位。

18日—19日　海南省委常委、三亚市委书记周红波率党政考察团到威海市考察基层治理、产业转型、企业发展、科技创新和文旅融合发展情况。

23日　文化和旅游部印发《关于公布文化和旅游市场信用经济发展试点工作验收结果和对典型经验做法给予表扬的通报》，荣成市获得通报表扬。

24日　2023年“威海企业家日”主题活动举办。

同日　交通运输部、海关总署与韩国国土交通部、关税厅四部门联合签署《中华人民共和国交通运输部　海关总署与大韩民国国土交通部　关税厅关于中韩多式联运（威海—仁川）试运行的谅解备忘录》。中国、韩国双方将在威海港、威海机场和韩国仁川港、仁川机场四港间开展整车运输，推进两国国际物流一体化协同发展。

3 月

1 日 《威海市刘公岛保护条例》《威海市控制吸烟管理办法》施行。

同日 2022 年度山东省五大考古新发现发布，“靖远”舰遗址第一期水下考古调查入选。

6 日 集结全市 137 家预制菜全产业链相关单位的威海市预制菜产业联盟揭牌成立。

同日 农业农村部印发《关于公布第十二批全国“一村一品”示范村镇及 2022 年全国乡村特色产业产值超十亿元镇和超亿元村名单的通知》（农产发〔2023〕2 号），荣成市俚岛镇（海带）、乳山市海阳所镇（牡蛎）获评全国乡村特色产业产值超十亿元镇。

8 日—9 日 省政协副主席、党组副书记王书坚到威海市就“优化民营企业发展环境，促进民营经济发展壮大”开展专题调研。

18 日 山东省地质矿产勘查开发局第六地质大队在乳山市崖子镇西涝口村探获 1 处大型金矿床。

19 日 三角轮胎股份有限公司、威海银兴预应力线材有限公司的 2 个项目获得中国工业大奖表彰奖。

同日 住房和城乡建设部、文化和旅游部、国家文物局、财政部、自然资源部、农业农村部公布第六批列入中国传统村落名录村落名单，乳山市白沙滩镇焉家村入选。

20 日 威海市被中国水产流通与加工协会授予“中国海洋预制菜之都”“中国海洋种业之都”称号，有效期至 2028 年 3 月。

21 日 2023 跨境电商助力威海品牌出海推介会举行，各电商平台 450 余位代表参会。

23 日 成山集团有限公司、威高国际医疗投资控股有限公司董事局主席陈学利获得第八届山东省省长质量奖，环翠区、荣成市获评 2022 年度山东省质量强县（市、区）。

27 日—29 日 坦桑尼亚驻华大使姆贝尔瓦·凯鲁基一行到威海市考察。

28 日 第三届儒商大会威海产业合作推介会在济南市召开，28 个项目现场签约，总投资额 240 亿元。

28 日至 4 月 4 日 市委书记闫剑波率威海市经贸代表团赴日本、韩国开展经贸促进活动，推介产业优势和营商环境，深化交流合作。

30 日 “精致城市”联合党委在威海市成立。

同日 中国·威海（日本）投资环境说明会在日本东京市举办。会议设置城市专题推介、项目签约仪式等环节，12 个对日合作项目现场签约，总投资 2.52 亿美元。

31 日 农业农村部和应急管理部联合印发《关于公布 2022 年度全国“平安农机”示范市、县名单的通知》，文登区获评 2022 年度全国“平安农机”示范县。

同日 在安徽省合肥市举办的第二十二届中国绿色食品博览会暨第十五届中国国际有机食品博览会上，“好当家”牌海参制品、“东宝”牌花生加工制品获得第十五届中国国际有机食品博览会金奖，“海宽”牌海参制品、“金汇来”牌梨制品获得优秀奖；“水阅春”牌绿茶和“森堡酒庄”牌亮点蓝莓酒获得第二十二届中国绿色食品博览会金奖。

同日 在北京市举办的第十三届中国医疗设备行业数据发布大会暨中国医疗产业发展论坛大会上，威高血液净化制品有限公司获得 2022 年度中国医疗设备优秀民族品牌金奖、“金人奖”、产品线金奖。

4 月

2 日—6 日 台湾省基隆市山东同乡会 20 余名台胞到威海市参访交流。

4 日 威海市人民政府与联合信用管理有限公司战略合作协议签署仪式举行。

6 日—7 日 省人大常委会副主任、省工商联主席王随莲到威海市走访调研联系企业和重点项目。

10 日 市委书记闫剑波会见日机装株式会社社长甲斐敏彦一行，就深化多领域合作进行交流。

11 日 全市深化新旧动能转换推动绿色低碳高质量发展大会召开，动员全市上下牢固树立大抓经济的鲜明导向，坚定信心、加压奋进，在绿色低碳高质量发展上率先突破、走在前列，为全省发展大局作出更多威海贡献。

12 日 中国共产党威海市第十六届纪律检查委员会第二次全体会议举行。全会总结 2022 年全市纪检监察工作，安排 2023 年任务，审议通过孙慧茹代表市纪委常委会所作的工作报告。

13 日 2022“讲好中国故事”创意传播大赛颁奖典礼在威海市举办，同步举办“讲好中国故事”创意传播大赛山东实践基地威海协同创新中心揭牌暨战略签约仪式。全国 98 件作品和 63 个单位获奖，威海市 1 个作品获得特等奖。全国各地有关部门、新闻单位及高校院所代表 200 余人参加活动。

15 日 《中国卫生健康发展评价报告（2022）》蓝皮书发布会在威海市召开。发布会设置主旨演讲、蓝皮书成果发布与解读、医疗器械和医药产业推介会（威海）等 5 项议程，行业机构负责人、企业和行业协会代表等 200 余人参加活动。

同日 2023 年威海市全民国家安全教育主题宣传周启动暨“国安”号主题游船启航仪式举行。

19 日 中国科学技术大学公共事务学院总体国家安全观教学研究实践基地在总体国家安全观刘公岛教育培训基地揭牌。

19 日—20 日 省政协副主席张新文率调研组到威海市，围绕“加快建设宜居宜业和美乡村”开展专题调研，并召开座谈会。

19 日—21 日 “千里山海 自在威海”威海文化和旅游推介会在哈尔滨市、长春市和沈阳市举办。文化和旅游部门、行业协会、旅游企业、研学机构、新闻媒体代表约 300 人参加会议。

20 日—21 日 省人大常委会党组副书记、副主任王良率执法检查组，到威海市就《中华人民共和国反电信网络诈骗法》贯彻实施情况开展执法检查。

4 月 27 日，2023 全国纺织服装“优供给 促升级”暨山东省轻工纺织产业“优供给 创美品”活动启动仪式在威海市举行　（刘志鹏　摄）

21 日　荣成海洋预制菜产业推介大会召开。荣成市被中国渔业协会授予“中国海洋预制菜之乡”称号，公布中国预制菜地标保护产品暨 2023 首届海洋预制菜（荣成）十大名品名录并授牌。

22 日　第五届中国威海国际户外休闲产业博览会在威海国际展览中心举办。博览会采取线下展览展示与线上海外采购商一对一洽谈相结合的方式举行，全市 540 家企业参展，30 个国家和地区的 140 余名国际注册贸易商观展。

26 日　在第六届国际城市可持续发展高层论坛专题论坛上，围绕精致城市建设和绿色低碳高质量发展的“威海方案”和“威海经验”进行交流。

27 日　2023 全国纺织服装“优供给 促升级”暨山东省轻工纺织产业“优供给 创美品”活动启动仪式在威海市举行。副省长王桂英出席活动并致辞。

5　月

1 日　2023 年全国海洋伏季休渔专项执法行动（黄渤海区）启动活动在荣成市举办，全面动员海上执法力量，共同维护休渔秩序，保护海洋渔业资源。

4 日　威海大风车农业科技股份有限公司在市政务服务中心领取“二码合一”营业执照，全市“二码合一”试点工作全面开展。

同日　威海市职业中等专业学校学生邵子维入选 2021—2022 学年度中等职业教育国家奖学金获奖学生代表名录。

7 日　威海市立医院临港院区启用。

8 日—11 日　市委书记闫剑波率党政考察团到深圳市、珠海市、济南市考察。

9 日　固定式长桩基海上光伏实证科研项目——山东文登 HG32 海上光伏实证科研项目离网发电。

12 日　副省长范波到威海市调研海洋经济等工作。

15 日　山东省河湖长制和水旱灾害防御专题培训班在威海市开班。

17 日　山东省外事教育基地、总体国家安全观刘公岛教育培训基地现场教学点揭牌仪式在一战华工纪念馆举行。

19 日　省委书记林武到威海市调研核电产业发展情况。

21 日　中国（威海）医药与医疗器械创新发展大会在威海市召开。大会以“创新赋能 绿色发展 建设医药医疗器械产业高质量发展示范区”为主题，搭建政产学研沟通对接平台，研讨发展趋势，交流前沿技术，促进创新创业成果在一线转化。中国工程院院士、知名专家学者及有关部门单位、企业、投资机构负责人等 300 余人参加活动。

22 日　根据省委、省政府《关于表彰山东省乡村振兴突出贡献奖先进集体和先进个人的通报》，威海市文登区大水泊镇党委、荣成市新时代文明实践中心、乳山市农业农村局、威海市农业科学院获评山东省突出贡献奖先进集体。环翠区羊亭镇党委书记张明玺、荣成市王连街道东岛刘家村党支部书记、村委会主任刘俊军等 9 人获评山东省乡村振兴突出贡献奖先进个人。

27 日　2023 仿生学科创新发展大会在威海南海新区举行。会议以“仿生科学与工程学科发展与国际前沿展望”为主题，探讨产业发展趋势，交流最新科研成果，推动创新成果在威海市就地转化。仿生学领域专家学者、企业负责人 300 余人参加会议。

同日　市委书记闫剑波会见客乐谐控股株式会社股东、朋友控股株式会社会长水野真纪夫，客乐谐控股株式会社社长（兼）客乐谐制药株式会社会长岩仓昌宏等一行。

同日　“新能源汽车智能化电驱动高技术”博士后学术会议暨百名博士威海企业行活动在荣成市举行。活动内容包括院士特邀演讲、园区企业参观考察、专家交流会、平行研讨交流等，包括 5 名两院院士在内的 150 余人参加活动。

30 日　工业和信息化部会同财政部开展第二批财政支持“专精特新”中小企业高质量发展第一年绩效评价工作。腾森橡胶轮胎（威海）有限公司、山东双轮股份有限公司、威海市天罡仪表股份有限公司、威海石岛重工有限公司、威海双丰物探设备股份有限公司、荣成康派斯新能源车辆股份有限公司通过绩效评价，继续获得中央财政奖补资金支持。

6　月

1 日　科学技术部印发《关于公布

2022年度国家级科技企业孵化器名单的通知》，双创人孵化器获评2022年度国家级科技企业孵化器。

6日 2023年第九届全国“放鱼日”同步增殖放流山东主场活动暨第二届全国“碧水责任·云放鱼”活动在荣成市举办。

8日 寻山集团有限公司党委书记、董事长，山东省荣成市寻山街道青鱼滩社区党委书记、居委会主任李长青被自然资源部评为2022年度“海洋人物”。

10日 精致城市·幸福生活博览会在威海国际经贸交流中心举办。博览会以“享精致 悦生活”为主题，集中展示智慧城市、科技制造、低碳生活、人居环境等领域的好品好物，170余家企业参加展览。

10日—11日 2023年中国威海HOBIE帆船公开赛暨威海市首届海上休闲运动嘉年华举办。瑞典、加拿大等5个国家和地区、国内13个省份的40支HOBIE船队参赛。同期推出帆船、帆板、桨板、摩托艇等17项海上休闲运动和酒店食宿服务、咖啡饮品，主题婚纱服务等休闲服务。

12日 精致城市论坛举行。论坛以“建设精致城市·创享美好生活”为主题，包含“1+1+2”4个论坛活动（精致城市论坛、人居节暨建筑设计论坛、红色物业论坛、精致城市企业论坛），同期举办“精致城市·幸福生活”博览会。联合国驻华协调员常启德、副省长范波出席活动并致辞。

13日 山东设计·大师讲堂暨2023齐鲁建筑工作室沙龙（威海站）在威海市举办，100余名设计师“建筑发展与人文传承”主题进行探讨。

17日 清华大学数据治理研究中心发布《2022中国数字政府发展指数报告》，威海市列全国普通城市中（除省会城市和副省级城市外）第2位。

27日 “2023中国医药·品牌榜”榜单发布，山东华素制药有限公司所属产品——新型钙拮抗剂元治（盐酸贝尼地平片）入选医院终端高血压药物品牌榜。

7 月

1日 坝道工程医院海洋工程分院在威海市揭牌。

2日 威海市人民政府与中国信达资产管理股份有限公司山东省分公司、中国金谷国际信托有限责任公司战略合作协议签署仪式举行。

3日—4日 副省长邓云锋到威海市调研文化旅游工作。

4日 市中级人民法院执行局与市公安局交通警察支队举行机动车警法协作服务站揭牌仪式，全市实现机动车执行网络查控警法协作。

同日 “核动未来”科技示范工程启动会在威海市召开。

5日 交通运输部党组书记、部长李小鹏到威海市围绕千里山海自驾旅游公路建设情况开展调研。

7日 2023千里山海自驾旅行者大会在威海市召开。大会发布《G228中国最美沿海景观大道（威海）宣言》，启动自驾友好型城市共建行动，10个文旅项目签约落地。

12日 全省社保基金监管工作座谈会暨社保基金管理巩固提升行动部署会在威海市召开。

13日 在第47届坦桑尼亚达累斯萨拉姆国际贸易展览会（DITF）上，威海华坦供应链管理有限公司获得杰出贡献奖。

14日 国家中医药综合改革示范区建设经验交流暨推进会在威海市召开。

18日 招商局金陵船舶（威海）有限公司为Finnlines Plc公司建造的高端客滚船Finnsirius交付。

25日 农村土地承包“网签”合同在乳山市签约。

25日—26日 全省民政工作年中分析会暨民政事业高质量发展培训班在威海市举办。

27日 在青岛市召开的全国农技推广体系建设工作会议上，渤海湾产区苹果轻简高效生产技术集成示范基地获评国家农业技术集成创新中心示范基地。

同日 中国环境科学研究院与公众环境研究中心（IPE）联合发布《中国城市双碳指数2021—2022研究报告》，威海市列城市指数评价第19位。

28日至8月1日 第三届韩国（山东）进口商品博览会在威海市举办。全球24个国家（地区）的960家参展商、3200余名注册知名采购商及专业观众参会。

29日 全国县域旅游研究课题组、华夏佰强旅游咨询中心联合发布《全国县域旅游高质量发展研究报告2023》暨2023年全国县域旅游综合实力百强县名单，荣成市获评2023年全国县域旅游综合实力百强县。

6月，山东华素制药有限公司固体制剂车间　　（威海日报社　提供）

8　月

2日—3日　省委常委、政法委书记李猛到威海市走访联系企业和重点项目，调研基层社会治理、“一站式”矛盾纠纷多元化解等工作。

3日　全省中级法院院长会议在威海市召开。

3日—11日　2023年全国青少年棒球锦标赛（U15组）暨中国中学生棒球锦标赛（初中组）在威海市举办。全国40支队伍820余名选手参赛。

4日　市委书记闫剑波会见丸红株式会社中国副总代表德永贵司一行。

6日　副省长范波到荣成市调研海洋经济发展等情况。

7日　“恒绿励新·丰融致远”绿色金融交流研讨会在威海市召开。6名专家学者和企业高管进行共同探讨绿色金融发展路径，市人民政府与恒丰银行股份有限公司签署战略合作协议。

9日　普华永道2023PwC 3535学术大会“走进威海”活动在威海市举办。与会专家围绕“发展蓝碳经济，赋能绿色转型”“构建现代金融产业体系，促进产业链高质量发展”“面对复杂的国际形势，强化中日韩区域联动性”3个主题进行圆桌交流。

11日　中国—韩国海上客运业务开始恢复。

14日　威海海洋科技馆开馆暨2023山东省研学旅行创新线路设计大赛海洋研学选拔赛启动仪式举行。

19日　市委书记闫剑波会见英国区域与城市机场集团首席执行官安德鲁·贝尔一行。

20日　2023年第11届亚洲青少年棒球锦标赛（U15组）在威海蓝鲸棒球场举办，8个国家和地区的144名棒球小选手参赛。

22日　首届国际高性能纤维及复合材料科技会议暨山东省碳纤维产业链推进大会在威海市召开。“中国碳纤维基地”落户威海市，12个高性能纤维及复材产业链项目签约。

8月22日，首届国际高性能纤维及复合材料科技会议暨山东省碳纤维产业链推进大会在威海市召开　　（孙大伟　摄）

同日　赛迪工业和信息化研究院（集团）四川有限公司与赛迪顾问股份有限公司联合发布“2023镇域经济500强暨西部50强”，文登区小观镇、威海临港经济技术开发区草庙子镇、环翠区张村镇和羊亭镇入选。

同日　中国地标节组委会、《品牌观察》杂志社、品牌观察研究院、品牌观察商学院、中国品牌日报联合发布《国家地理标志牡蛎品牌价值排行榜》，乳山牡蛎品牌价值193.85亿元，列第1位。

23日　“刘公岛—小石岛”航线完成首航试运营。该航线串联小石岛、刘公岛、鸡鸣岛和海驴岛等沿途岛屿，打造海上观光、海陆融合等“旅游+”新模式。

26日—27日　“刘公岛杯”2023年威海铁人三项世界杯赛暨“三角轮胎杯”2023年中国·威海超级铁人三项系列赛举行，31个国家和地区的1855名选手参赛。

9　月

2日—3日　第六届威海市市长国际经济咨询委员会年会召开。14位市长国际经济咨询委员会委员聚焦“主动融入新发展格局，加快威海绿色低碳高质量发展”主题，围绕新能源、海洋产业、科技创新、绿色金融、康养旅游等方面进行交流。

4日　中共威海市委十六届四次全体会议举行。全会听取和讨论闫剑波受市委常委会委托作的工作报告，审议通过《中共威海市委威海市人民政府关于深化开发区管理制度改革推动开发区高质量发展的实施意见》。

4日—5日　市委书记闫剑波率队到重庆市云阳县对接东西部协作工作，走访云阳县部分重点企业，出席威海市·云阳县东西部协作2023年联席会议及援助资金捐赠活动。

6日　在2023中国国际数字经济博览会上，赛迪顾问股份有限公司发布2023数字百强市名单和《2023中国数字城市竞争力研究报告》，威海市获评全国数字百强市。

9日　《乡镇（街道）便民服务中心建设规范》威海市地方标准实施。

11日　“牵手500强、共谋新发展”威海产业合作推介会在济南市召开，就全市营商环境和产业合作机遇进行推介，16个项目现场签约，总投资额超过200亿元。

同日　农业农村部公布2023年国家乡村振兴示范县创建名单，荣成市入选。

12日　中华全国工商业联合会发布“2023中国民营企业500强”榜单，威高集团有限公司、家家悦集团股份有限公司分列第226位和381位。

14日　威海市学习贯彻习近平新

时代中国特色社会主义思想主题教育工作会议召开，对全市主题教育工作进行安排部署。

同日　威海市人民政府、中国出口信用保险公司山东分公司战略合作协议签约仪式暨中国信保威海营业部揭牌仪式举行。

17日　“解码‘小巨人’——专精特新看中国”网络主题宣传活动在威海市启动。

同日　全省文旅高质量发展项目观摩第二次会议在威海市召开。

19日　在上海市举办的第二十三届中国国际工业博览会上，由复旦大学附属中山医院、山东华安生物科技有限公司联合研发的“Xinsorb生物可降解支架”系统获得CIIF大奖。

同日　国网新源山东文登抽水蓄能电站全面发电。

20日　中国企业联合会、中国企业家协会发布“中国企业500强”名单。威高集团有限公司列榜单第452位。

22日　东北亚海洋绿色低碳高质量发展大会在威海市召开。大会以“绿色引领·数字赋能”为主题，共同探讨海洋绿色低碳高质量发展的新路径、新模式。东北亚地区地方政府联合会会员省、涉海国际组织、行业协会、教育科研机构和企业界代表约300人参加大会。

同日　全国药品行业产教融合共同体成立大会在山东药品食品职业学院召开。该共同体由全国27个省（直辖市、自治区）的110家单位共同成立，涵盖医药中间体、原料药和制剂生产研发、药品经营与服务产业链，将在人才培养模式、服务产业发展、资源共建等方面先行先试，打造产教融合高质量发展的标杆和样板。

23日—25日　第十五届中国威海国际渔具博览会举办。913家渔具企业参展，51个国家和地区的209家公司、514名国际采购商和721家国内公司注册参会。

24日　“迪尚杯·第十五届中国新生代设计评选”系列活动在威海市举办。活动以“精致城市、时尚威海”为主题，围绕航空运输、妇幼保健、城市环境及学生校服4个领域征集作品，39组作品入围终评圈。

同日　在湖北省枝江市召开的2023全国乡镇高质量发展交流会上，发布《中国乡镇综合竞争力报告2023》，威海火炬高技术产业开发区初村镇获评2023中国乡镇综合竞争力百强镇。

25日　全省铸牢中华民族共同体意识示范创建试点工作现场会在威海市召开。

25日—26日　全国传统村落集中连片保护利用示范工作推进会暨传统村落保护利用和乡村风貌保护提升培训班在荣成市举办。

26日　2023年全国贸促系统原产地业务培训在威海市举办。全国国际贸易促进系统商事法律服务工作人员近400人参加培训。

同日　威海市人民政府与京东集团股份有限公司签署深化战略合作框架协议。

27日　2023（中国·威海）国际纺织服装可持续供应链大会举行。大会围绕“低碳链动，绿色发展，可持续未来”主题，探讨打造纺织服装可持续供应链的方法和路径。中国、瑞士、意大利等国内外品牌企业以及优秀供应链企业代表近300人参会。

28日　国家发展和改革委员会发布80个“信易+”应用典型案例名单，全市3个案例（“信用文旅　近悦远来”“信用赋能医保惠企便民”“信易+数字化应用场景，开启环翠信用生活”）入选名单。

30日　向烈士敬献花篮仪式在环翠区烈士陵园纪念广场举行。

10　月

7日　中秋国庆假期，14家商贸企业实现销售额约5.6亿元，比上年增长14.9%，20家收费景区（点）接待游客180.45万人次、收入1.29亿元，分别增长257.22%和343.18%。

同日　文化和旅游部、交通运输部、国家铁路局等6个部门联合公布第一批交通运输与旅游融合发展典型案例，威海千里山海自驾旅游公路入选交通运输与旅游融合发展十佳案例。

9日　司法部发布《关于表彰全国模范人民调解委员会模范人民调解员的决定》，文登区企业信用纠纷人民调解委员会获评全国模范人民调解委员会，威海火炬高技术产业开发区初村镇人民调解委员会副主任李震、荣成市夏庄镇人民调解委员会副主任曲清华、文登区金山人民调解委员会调解员宋云波获评全国模范人民调解员。

10日　第四届跨国公司领导人青岛峰会威海产业推介会在青岛市召开。推介会设置政策解读、企业路演、“威海英才卡”颁发、项目集中签约等环节，总投资额约330亿元的30个项目集中签约，国内外重点企业、商协会代表150余人参加活动。

11日　市委书记闫剑波会见威东航运有限公司社长朴俊泳一行。

12日　“山东省博士后科技服务团威海企业行”活动在威海市举办。活动以“博聚齐鲁　智惠未来”为主题，采取“集中交流+入企考察”形式，旨在加快海内外高层次博士后科研人才集聚，搭建高校与威海市重点产业合作对接交流平台，推动企业科技创新，全面助力高质量发展。

15日—16日　省委常委、统战部部长徐海荣在威海市会见香港威海卫老警察参访团。

17日　工业和信息化部公布2023年度中小企业特色产业集群名单，文登区商用车关键零部件产业集群入选。

同日　山东省“学思想·明道理·用方法”送宣讲基层行活动在山东药品食品职业学院举办。

同日　中华联合财产保险股份有限公司威海中心支公司签订政策性森林碳汇保险，为荣成市森林提供542.3万元的碳汇价值损失风险保障。

20日—22日　2023年中国乒乓球协会会员联赛（山东威海站）在威海南海国家乒乓球训练基地举办。比赛设男子单打、女子单打、男子团队、女子团队4个比赛项目，400余名选手参赛。

28日　壹城经济咨询中心（壹城智库）中国镇域高质量发展研究课题组发布“2023中国镇域高质量发展500强”名单，文登区小观镇、荣成市港西镇、环翠区张村镇和羊亭镇入选。

28日—30日 2023年世界城市日中国主场活动暨第三届城市可持续发展全球大会在上海市举办。市委副书记、市长孔凡萍出席开幕式、社会治理创新与可持续发展全球城市论坛等活动，并围绕“以精致为底色推进城市可持续发展”作经验分享和成果推介。

11 月

1日 在第19届中美电影节和中美电视节上，威海市本土电影《大洋追鱼记》获评年度最佳纪录电影。

2日 农业农村部、中共中央宣传部、司法部公布第三批全国乡村治理示范村镇名单，环翠区张村镇王家疃村、文登区宋村镇大泽头村、荣成市王连街道东岛刘家村、乳山市海阳所镇海阳所村入选。

7日 在上海市召开的中国国际会展业创新发展大会。韩国（山东）进口商品博览会获评“2023年度中国会展之星·最具创新特色展会”。

7日—9日 2023中国（文登）智慧三农产业发展峰会暨第七届西洋参康养文化节在文登区举办。国内外的三农及文化和旅游领域专家学者、电子商务领域知名企业、投融资机构代表和本地企业家等200余人参会。

10日—11日 市委书记闫剑波率队赴北京市开展招商引资活动。

10日—12日 “爱威海 爱威海农产”——2023年威海市知名农产品展暨苹果擂台赛举办。展会对全市1200余种特色农产品集中进行形象展示、产销对接等，现场交易总额达3100余万元。

16日 全国打击治理“三无”船舶现场经验交流会在威海市召开。

16日—17日 威海市医药医疗器械产业供应链大会召开。会议重点推介威海市医药医疗器械产业招商政策、合作需求信息等，推动全市医药生产企业与省内医药零售连锁企业产销对接。国内知名医药企业及省内知名药品零售连锁企业代表约1200人参加会议。

21日—23日 全国专家服务工作座谈会在威海市召开。

23日—25日 尼加拉瓜驻华大使迈克尔·坎贝尔携使节团一行到威海市考察。

24日 在四川省成都市举办的2023中国幸福城市论坛暨第十七届中国最具幸福感城市调查推选活动中，威海市连续4年获评中国最具幸福感城市（地级市），荣成市获评中国最具幸福感城市（县级市）。

同日 赛迪顾问先进制造业研究中心发布《2023先进制造业百强市研究报告》，威海市获评2023先进制造业百强市。

25日 跨市核能供热工程——国家电投“暖核一号”三期核能供热项目投运，实现零碳热源的跨区域互通共享。

27日 2023中国新型智慧城市发展创新峰会发布《2023中国新型智慧城市典型案例集》，荣成市和威海经济技术开发区的2个案例入选数字政府领域“全国百佳创新案例”。

29日 工业和信息化部公布第五批服务型制造示范名单，威海市获评第五批服务型制造示范城市（综合类）。

30日 工业和信息化部公布第六批和通过复核的第一批、第二批、第四批国家级工业设计中心名单，威海光威复合材料股份有限公司入选第六批国家级工业设计中心，金猴集团有限公司、三角轮胎股份有限公司通过复核。

11月16日，威海市医药医疗器械产业供应链大会召开　（杨　正　摄）

12 月

2日 在北京市召开的第六届中国城市建设峰会暨国际学术交流研讨会上发布《2023中国城市宜居指数分析报告》，威海市列中国城市宜居指数综合分析第22位。

6日 华能石岛湾高温气冷堆示范工程商运投产座谈会举行。

同日 威海市人民政府与中国华能集团有限公司签署战略合作协议。

同日 “可持续金融助力乡村振兴项目”山东省乳山市项目示范活动签约暨启动仪式在乳山市举行。

8日 莱西至荣成高速铁路开通运营。莱荣高速铁路全长193千米，设计时速350千米，设莱西、莱阳南、海阳、乳山南、威海南海、文登南、荣成7座车站。

11日 在第28届联合国气候变化大会上，联合国人居署作《未来城市顾问展望2023：数字创新赋能城市净零碳转型》报告，对威海市红色物业碳减排数字化方案案例进行推介。

同日 马蜂窝旅游网发布《2023年旅游大数据报告》，威海市分别获得“生态旅行”热度飙升目的地第1名、“海滨海岛游”热门城市第8名、2023年热度最高城市第19名。海源公园、那香海分别获得2023年热度飙升“海滨

海源公园 （朱春晓　摄）

海岛”景点第 1 名和第 8 名。

12 日—13 日　省人大常委会副主任、党组副书记王良到威海市调研并召开立法推进精致城市建设座谈会。

14 日　以“人才引领·创新驱动”为主题的 2023 中国威海·国际英才创新创业大会召开。大会采取“1+N”模式，同步举行校企合作冬季对接会、产学研合作交流会、国家级创业导师威海行、博士后科技服务团威海行、“郭永怀之星”创新创业大赛总决赛、海内外人才机构合作交流会 6 场专业化交流活动。全国 30 余家高校院所的专家学者、人力资源和社会保障部国家级创业导师，以及重点企业和创新平台代表参加会议。

17 日　威海香港两地合作交流会举行，全国政协副主席梁振英出席会议并讲话，省政协主席、党组书记葛慧君，省政协副主席王修林，市领导闫剑波、高旭光等出席会议。

19 日　中韩多式联运（威海—仁川）整车运输试运行发车仪式举行。

19 日—21 日　威海市北部地区普降暴雪，局部特大暴雪。至 21 日 8 时，文登区积雪深度为 55 厘米，打破全省积雪深度纪录。

20 日　在海南省三亚市举行的“2023 国际化营商环境创新发展论坛”暨《2023 中国城市营商环境投资评估报告》发布会上，威海市获评 2023 国际化营商环境建设标杆城市和 2023（区域）最具投资营商价值城市，威海火炬高技术产业开发区获评 2023 营商环境创新示范园区。

23 日　文登区举办“链动未来 智造文登”汽车产业合作推介会，国内知名汽车产业及研发机构负责人、文登区汽车产业的企业家围绕开展产业技术合作和推进汽车产业发展进行交流讨论。

26 日　市政府与中石化天然气分公司签署战略合作框架协议。

28 日　中国共产党威海市第十六届委员会第五次全体会议暨市委经济工作会议召开。会议深入学习贯彻中央经济工作会议和省委十二届五次全会暨省委经济工作会议精神，听取和讨论闫剑波受市委常委会委托作的工作报告，分析经济形势，研究部署 2024 年目标任务，审议《关于全市深入开展学习贯彻习近平新时代中国特色社会主义思想主题教育工作情况的报告》。

同日　交旅融合高质量发展推进会在威海市召开，全省各市交通运输、文化和旅游部门及相关建设、施工、设计、高校、科研等单位代表参加会议。

29 日　荣乌高速威海至烟海高速段改扩建项目完成烟威高速主线建设并开通运营。

30 日　威海广泰空港设备股份有限公司获得第九届山东省省长质量奖提名奖。

编辑　于鹏飞

威海概况

建置沿革

【地理位置】 威海市位于山东半岛东端，地处北纬36°41′～37°35′、东经121°11′～122°42′。北、东、南三面濒临黄海，北与辽东半岛相对，东与朝鲜半岛隔海相望，西与烟台市接壤。东西最大横距135千米，南北最大纵距81千米，总面积5822平方千米，其中环翠区、文登区面积为1747平方千米。海岸线长968千米，约占全国的十八分之一。辖环翠区、文登区、荣成市和乳山市。

【建置隶属】 威海历史悠久，新石器时代中期，境内就有人类聚居。夏、商、周三代，今市境为东方嵎夷之地，有莱夷聚居。春秋晚期，境内被纳入齐国版图。秦始皇统一中国后，境内属胶东郡。西汉时期，境内置育犁、昌阳、不夜县。北齐天统四年（568），境内设文登县，今市境尽属之。此后，朝代更替，但隶属文登县未变。

明洪武三十一年（1398），为防倭寇侵扰，设威海卫，威海之名即由此而来。清光绪二十四年（1898），英国强租威海卫。光绪二十六年（1900），设威海卫行政长官署，属英国殖民部。民国19年（1930）10月，中国收回威海卫，置威海卫行政区，直属国民政府行政院。民国34年（1945）8月，成立威海卫市。

中华人民共和国成立后，1950年5月，成立文登专区，辖威海、荣成、文登、昆嵛、乳山、海阳、牟平、福山8个县。1956年2月，文登专区撤销，今威海地域改属莱阳专区。1958年10月，莱阳专区改为烟台专区。1967年2月，烟台专区更名为烟台地区，今威海地域属之。1983年8月，撤销烟台地区，设烟台市（地级），威海市改为省辖县级市，由烟台市代管，文登、荣成、乳山3个县归烟台市管辖。

1987年6月15日，威海市升为地级市，原县级威海市设为环翠区；烟台市的荣成、文登、乳山3个县划归威海市管辖。1988年10月，文登县改为省辖县级市，由威海市代管；11月，荣成县改为省辖县级市，由威海市代管。1993年7月，乳山县改为省辖县级市，由威海市代管。2014年2月27日，撤销文登市，设立威海市文登区。

（中共威海市委党史研究院）

【行政区划】 至2023年底，威海市辖2区2市（威海火炬高技术产业开发区、威海经济技术开发区、威海临港经济技术开发区属于国家级开发区，威海南海经济开发区属于省级开发区，开发区管理委员会是市政府派出机构），共48个镇、24个街道办事处、2371个村民委员会、389个居民委员会。

（王书清）

自然环境

【地质】 威海市位于山东省胶北断块隆起的东端，其南侧与胶莱凹陷的东部边缘接壤。境内出露地层自老至新有晚太古界的胶东群、中生界上侏罗系莱阳组和白垩系下统青山组及新生界第四系。褶皱构造有乳山—威海复背斜，其轴在乳山台依，向北东经昆嵛山主峰、汪疃、羊亭，在田村倾没，轴向北东。断裂构造有近南北向的双岛断裂，北北东向的金牛山断裂和老母猪河断裂，北东向的牟平—即墨断裂（迹经乳山西部），北西向的望岛断裂、海埠—神道口断裂、俚岛—海西头断裂。岩浆岩主要有元古代的昆嵛山岩体和文登岩体及中生代燕山晚期艾山阶段的伟德山岩体和石岛岩体、崂山阶段的槎山岩体和龙须岛岩体。

（苗丰麟）

【地貌】 威海市属于起伏缓和、谷宽坡缓的波状丘陵区。区内除昆嵛山主峰泰礴顶海拔高度923米以外，其他山地丘陵都在700米以下，大部分为200～300米的波状丘陵，坡度在25度以下。山体主要由花岗闪长岩构成，山基表面多为风化残积物形成的棕壤性土，土层覆盖较薄，但土壤通透性好。山丘中谷地多开阔，多平谷；平原多为滨海平原和山前倾斜平原。其中，低山占土地总面积的15.77%，丘陵占52.38%，平原占27.56%，岛屿占0.28%，滩涂占4.01%。河网密布，河流畅通，地表排水良好。地势中部高，山脉呈东西走向，水系由脊背向南北流入黄海。北东南三面环海，海岸类型属于港湾海岸，海岸线曲折，岬湾交错，多港湾、岛屿。

（王文刚）

【气候】 威海市地处中纬度，属于北温带季风型大陆性气候，四季变化和季风进退都较明显。与同纬度的内陆地区相比，具有雨水丰富、年温适中、气候温和的特点。受海洋的调节作用影响，又具有春冷、夏凉、秋暖、冬温，昼夜温差小、无霜期长、大风多和湿度大

2023年威海市大中型水库蓄水量统计表

表 1　　　　单位：万立方米

日期	1月1日	2月1日	3月1日	4月1日	5月1日	6月1日	7月1日	8月1日	9月1日	10月1日	11月1日	12月1日
大型	24762	24925	24523	23672	22960	21588	20870	20728	24915	24629	23303	22392
中型	15656	15497	15312	14777	14578	14084	13191	13033	15280	15273	15065	15058
合计	40418	40422	39835	38449	37538	35672	34061	33761	40195	39902	38368	37450

说明：大型水库包括米山水库、龙角山水库、八河水库3座；中型水库有13座

等海洋性气候特点。全市历年平均气温 12.5℃，平均降水量 734.6 毫米，平均日照时数 2417.6 小时。2023 年，全市平均气温为 13.7℃，较常年偏高 1.2℃，较上年偏高 0.8℃，属偏高；年平均降水量 775.4 毫米，较常年偏多 5.6%，较上年偏少 241.8 毫米，属正常；日照时数平均为 2349.7 小时，较常年偏少 2.3%，较上年偏多 23.1 小时，属正常。

（冯　妍）

【水文】　威海市河流属半岛边沿水系，为季风区雨源型河流。河床比降大，源短流急，暴涨暴落。径流量受季节影响差异较大，枯水季节多断流。全市有大小河流 1000 余条，流域面积 50 平方千米及以上河流 35 条，其中母猪河、乳山河、黄垒河 3 条较大河流贯穿于文登、乳山境内，总流域面积 2766 平方千米，占全市土地总面积的 47.7%。母猪河流域面积 1092 平方千米，河长 64 千米；乳山河流域面积 1039 平方千米，河长 78 千米；黄垒河流域面积 635 平方千米，河长 71 千米。2023 年，全市径流系数为 0.30。

（张明芳）

【土壤】　威海市有棕壤、潮土、盐土、风沙土、褐土、水稻土、山地草甸土 7 种土壤类型。依其各自的发育程度、附加成土过程和土壤属性，又分为棕壤性土、棕壤、潮棕壤、白浆化棕壤、潮土、盐化潮土、褐土、滨海盐土、流动风沙土、半固定风沙土、固定风沙土、潜育水稻土、山地草甸土 13 个亚类、18 个土类、153 个土种。

棕壤土类是全市分布最广、面积最大的土类，遍及全市的山丘地区，占土壤总面积的 83.5%。潮土类是列全市分布面积第 2 位的土类，占土壤总面积的 13.2%。

土壤（耕地）质地可归为砂性土、轻壤土、中壤土 3 类。土体构型可分为 15 种类型，按其对作物的影响主要归纳为均壤质型，均沙、夹沙、夹砾石型，夹黏、均黏型，夹白浆型，硬（酥）石底型 5 种类型。从化学性质看，威海市成土母质大部分为酸性岩风化物，一般呈微酸性，pH 值为 6.5 ~ 7，有明显的淋溶作用、黏化作用和生物积累作用。2023 年，威海市耕地土壤 pH 值平均数为 5.93，有机质含量为 14.88 克 / 千克。

（孙洪助）

【海域】　威海市北、东、南三面为黄海环绕，海岸线总长 968 千米，约占山东省的三分之一、全国的十八分之一，管辖海域面积 9817 平方千米。海岸类型属于港湾海岸，海岸线曲折。全市有主要海湾 35 个，大小海岛 185 个（其中有居民海岛 6 个），岛屿周边海底沉积物主要为粉砂质砂、砾石、泥沙质等。在海域使用方面，至 2023 年底，全市登记用海面积 31.45 万公顷。

（梁珍玮）

自然资源

【土地资源】　2023 年底，威海市土地总面积为 58.22 万公顷，其中农用地面积 45.15 万公顷、建设用地面积 9.44 万公顷、未利用地面积 3.63 万公顷。耕地面积 16.38 万公顷，永久基本农田面积 14.36 万公顷，林地面积 14.69 万公顷。

（梁珍玮）

【水资源】　威海市地处山东半岛最东端，内无大江大河，水资源主要来源于境内的大气降水。全市多年平均降水量为 770.6 毫米，多年径流深度为 256.0 毫米。2023 年，全市累计降水量为 749.5 毫米，较多年同期偏多 2.4%。其中，汛期累计降水量 534.2 毫米，较多年同期基本持平。

（张　超）

【矿产资源】　至 2023 年底，威海市发现各类矿产（含亚矿种）49 种，其中查明资源储量的矿产 23 种，包括能源矿产 1 种、金属矿产 11 种、非金属矿产 9 种和水气矿产 2 种。

（梁珍玮）

【生物资源】　威海市具有丰富的海洋生物资源，特别是在浅海和潮间带，各种生物资源种类繁多、分布广泛、资源量大。全市海域平均生物量为 353 克 / 平方米，平均生物密度 586 个 / 平方米；有生物资源 779 种，其中，动物 647 种、植物 132 种。动物资源中，鱼类主要有小黄鱼、棘头梅童鱼、黄姑鱼、鲈鱼等；虾蟹类主要有鹰爪虾、中国对虾、毛虾、脊尾白虾、三疣梭子蟹、日本蟳（赤甲红蟹）等；贝类主要有栉孔扇贝、鲍鱼、泥蚶、文蛤、菲律宾蛤仔、魁蚶、牡蛎、中国蛤蜊、贻贝等；腔肠类主要有海蜇等；棘皮类主要有刺参、海胆、海星等。植物资源中，主要有褐藻纲的海带、裙带菜，红藻纲的石花菜、条斑紫菜，以及海草类的大叶藻等。

全市动物资源有 647 种，陆生野

生哺乳动物有梅花鹿、狐狸、豹猫、獾等。鸟类查到250余种，其中候鸟、旅鸟占70%以上。被列入国家保护范围的野生动物一级的有梅花鹿、中华秋沙鸭等9种，二级的有大天鹅、鸳鸯、灰鹤、苍鹰等15种。中国野生动物保护协会先后授予荣成市“中国大天鹅之乡”和“中国黑尾鸥之乡”称号。

全市有古树名木529株。其中，一级古树10株、二级古树99株、三级古树419株，主要为银杏、朴树、国槐、刺楸等52种；一级名木1株，为位于刘公岛景区丁汝昌寓所内的紫藤。

【自然保护地】 威海市有自然保护地19处。其中，自然保护区3处（山东荣成大天鹅国家级自然保护区、威海成山头省级自然保护区、山东昆嵛山国家级自然保护区）；地质自然公园1处（威海槎山地方级地质自然公园）；森林自然公园5处（山东伟德山国家森林自然公园、山东岠嵎山国家森林自然公园、威海正棋山地方级森林自然公园、威海米山地方级森林自然公园、威海天福山地方级森林自然公园）；湿地自然公园4处（山东五垒岛湾国家湿地自然公园、威海林泉河地方级湿地自然公园、威海乳山河地方级湿地自然公园、威海青龙河地方级湿地自然公园）；海洋自然公园3处（山东大乳山国家海洋自然公园、山东海西头国家海洋自然公园、山东小石岛国家海洋自然公园）；风景名胜区3处（胶东半岛国家级风景名胜区刘公岛、成山头，环翠区里口山省级风景名胜区，荣成赤山省级风景名胜区）。

（戚俊杰）

【旅游资源】 威海市旅游资源丰富，自然资源与人文资源兼备，有旅游景区（点）80余处。至2023年底，全市有国家A级以上旅游景区51家，其中AAAAA级旅游景区2家（刘公岛风景区、华夏城景区），国家AAAA级旅游景区12家，国家AAA级旅游景区34家，国家AA级旅游景区3家。自然资源以“海、岛、滩、湾、泉、山”为特色，全市有近1000千米海岸线，沿线沙滩细腻绵延，海水碧蓝纯净，有国际海水浴场、文登金海滩、乳山银滩等天然海水浴场10处，有威海湾、半月湾、九龙湾等海湾16个，有刘公岛、海驴岛等大小海岛168个，有优质地下温泉9处，有昆嵛山、圣经山、里口山、铁槎山、大乳山等山地风景区。人文资源以秦汉文化、民俗文化、道教文化、甲午文化、英租文化为代表。全市有各级文物保护单位255处，其中全国重点文物保护单位4处（刘公岛甲午战争纪念地、威海英式建筑、文登圣经山摩崖、荣成留村石墓群）、省级文物保护单位78处、市县级文物保护单位173处，一般不可移动文物496处；有省级水下文物保护区1处（威海湾北洋海军定远沉舰遗址）。全市初步形成以东夷文化遗存、成山头秦汉遗迹、圣经山摩崖石刻、明清海防遗迹、刘公岛甲午战争纪念地、威海英式建筑、天福山革命遗址等为主的人文旅游景观体系。

（秦 娜）

自然灾害

【洪涝灾害】 8月5日14时，威海市和沿海海区中雨、局部大雨，并伴有雷电，造成环翠区桥头镇受灾。其中，公路损毁100米，河道损毁200米，江家口村塘坝护砌损毁400米，直接经济损失约18万元。

8月27日12时，文登区出现大范围强降雨伴短时大风，葛家镇和泽头镇发生农田内涝灾情，农作物不同程度减产。受灾人口1.22万人，未造成人身伤害和房屋受损，农作物受灾面积1300公顷，其中成灾面积331.8公顷，直接经济损失3015.9万元，均为农业损失。

【风雹灾害】 受副高边缘暖湿气流和冷空气共同影响，8月28日16时，荣成市出现短时大风天气，造成22个镇（街道）受损，受灾人口8362人，未造成人身伤害和房屋受损，农作物受灾835.12公顷，因灾直接经济损失465.13万元，均为农业损失。

【雪灾】 12月16日，威海市出现强降雪天气，环翠区、文登区、荣成市、威海火炬高技术产业开发区和威海临港经济技术开发区所辖17个镇（街道）共426个农业大棚受损，未造成人身伤害，直接经济损失5960.8万元，均为农业损失。

（赵 翔）

人口·民族

【人口】 2023年底，全市常住人口为291.36万人，其中，城镇常住人口211.76万人，常住人口城镇化率72.68%，比上年提高0.92个百分点。全市户籍人口为254.38万人，户籍人口城镇化率62.12%，比上年提高0.52个百分点。全年出生人口为1.06万人，出生率4.17‰；死亡人口为2.35万人，死亡率9.21‰，自然增长率为−5.04‰。

（刘 洋）

【民族】 威海市有47个民族，分别是汉族、朝鲜族、满族、佤族、蒙古族、回族、彝族、苗族、拉祜族、土家族、傣族、维吾尔族、白族、壮族、达斡尔族、布朗族、布依族、傈僳族、锡伯族、侗族、哈尼族、藏族、瑶族、土族、纳西族、哈萨克族、黎族、撒拉族、赫哲族、鄂温克族、畲族、仫佬族、仡佬族、羌族、鄂伦春族、东乡族、俄罗斯族、水族、景颇族、柯尔克孜族、裕固族、高山族、塔吉克族、独龙族、毛南族、乌孜别克族、京族。2023年底，少数民族户籍人口为2.20万人，暂住人口为5.30万人；总人口为7.50万人，占全市总人口的2.7%。人口总数最多的5个少数民族依次是朝鲜族（2.04万人）、满族（1.73万人）、佤族（6483人）、彝族（6160人）和蒙古族（5732人）。

（张启全）

方　言

【概况】　分布在威海市辖区内的汉语方言，称威海方言。威海方言属于汉语官话方言中的胶东方言。威海方言在李荣主编的《中国语言地图集》中属于胶辽官话区。

【基本特点】　威海方言具有胶辽官话的一些基本特点，例如：

1. 声母分尖团，如：精≠经，积≠基，尖≠坚；趣≠去，妻≠期，千≠牵；相≠香，西≠希，线≠现。

2. 普通话读 tʂ tʂʻ ʂ 声母的字，方言中分为两组声母，例如：知≠枝，耻≠齿，超≠抄，处≠楚，书≠梳。

3. 中古日母字方言里基本读为零声母，例如：乳＝雨，荣＝永，人＝阴，日＝椅，染＝眼，软＝远，等等；少部分读为 l 声母，例如"仍、扔、锐"等字。

4. 中古端组合口呼韵母，方言里大多丢失韵头 u 而变读为开口呼，例如"段 tan、对 tei、推 tʻei、团 tʻan、村 tsʻen、蹲 ten、孙 sen"等字。

5. 在普通话中，韵母为 e 而声母为零声母或舌根音的部分字，方言读为 uo 韵母，例如"饿、蛾、河"等字。

6. 中古咸深摄韵母和山臻摄韵母合并读为 n 韵尾，没有主要元音鼻化现象，这一点跟其他山东方言有所不同，例如"胆、蓝、三、暂、寻、林、餐、滩、难、但、赞、线、天、前"等字。

7. 中古平声次浊字，无规则地分化为两类读音，一部分为阳平，另一部分为阴平，即蓝≠兰，南≠男。

8. 清声母入声字基本归入上声，例如"急、笔、曲、出、黑、福"等字。

【内部差异】　威海方言内部存在着一定的差异。青少年与中老年之间，有新派、老派的差异，表现在新派词汇上有比较明显向普通话靠拢的趋势，而老派则更多地保留着地方特色。但这并不是威海方言的主要内部差异，威海方言的主要内部差异表现在地域上。根据其内部差异，威海方言大致可以分为3个片儿，即环翠片儿、文荣片儿、乳山片儿。

（中共威海市委党史研究院）

民　俗

【概况】　新石器时期东夷先民就在威海依山靠海繁衍生息，民俗文化源远流长。传统习俗"大约朴鲁为多""淳直""仁厚""尚质少文"。相传秦始皇曾于境内召文士登山颂德而"文教大兴"。由是，"人知教子""世重耕读"，风俗丕变、"质有其文"。淳朴仁厚之古俗与"俗尚礼仪"之新风蔼然交融，成为境内民俗传统最突出的特色，传承千年。因所处自然地理环境和其他条件各不相同，在风尚习俗的某些方面，亦显示出多样性特点。以种植业为主的农村、以渔业为主的沿海渔村，其生产、生活、禁忌和信仰习俗多有不同；而同为农村或山村，因生产行业、生产技艺之不同，风俗亦各有别。

【民俗交流】　历史上，威海地区民俗也因移民、航运、外出谋生等原因，不断与区域外相互交流。宋代产生于江南的"妈祖"信仰，随元代海运的兴起传播到境内沿海；而清初以后延续300余年的闯关东，不但将威海习俗带到东北，也将东北风俗携回家乡。如秃尾巴老李的传说和人参的故事，在威海和东北同样广泛流传；农历正月十五到祖茔送灯、看灯碗水汽和灯花大小预卜当年旱涝丰歉等产生于东北长白山区的满族古俗，在当地早已失传，但在威海各地却得以保存。

【民俗演进】　近代，随着封建社会的没落和西方文化的传入，威海民俗也随之不断演进。辛亥革命后，男人剪辫子，女人禁缠足，各种封建礼教逐渐废除，出现新的社会风尚。英国租借威海卫，把西方一些风俗传入境内。抗日战争时期，民主政府成立后，不断破除封建陋习，树立新的社会风气。20世纪80年代后，随着改革开放的不断深入，经济和社会生活的发展变化，中外交流的日益畅达，具有时代气息、兼容中西文化特色的民俗事象逐步增多。

（中共威海市委党史研究院）

国民经济与社会发展

【国民经济持续恢复向好】　2023年，全市实现地区生产总值3513.54亿元，按可比价格计算，比上年增长5.7%。其中，第一产业增加值368.68亿元，增长4.6%；第二产业增加值1331.58亿元，增长6.4%；第三产业增加值1813.28亿元，增长5.3%。三次产业结构为10.5∶37.9∶51.6。

农业生产稳步向好　全年全市实现农林牧渔业增加值385.87亿元，增长4.8%。其中，农林牧渔专业及辅助性活动增加值17.19亿元，增长8.9%。新改建高标准农田面积8066.67公顷，粮食总产量75.7万吨，增长2.9%，粮食播种面积、单产、总产实现"三增"。畜牧产能加快恢复，猪肉产量10.21万吨，禽蛋类总产量14.37万吨，牛奶总产量3.55万吨。渔业生产稳定增长，水产品总产量328.42万吨，增长3.6%；水产养殖面积11.85万公顷，增长3%；养殖产量214.94万吨，增长3.7%；远洋渔业产量46.7万吨，增长1.8%。年底市级以上农业产业化龙头企业193家，其中国家级农业产业化重点龙头企业11家、省级农业产业化重点龙头企业66家、市级农业产业化重点龙头企业116家。新注册农民专业合作社218家，总数5132家，入社农户18.82万户，辐射带动农户31.11万户。

工业生产持续发展　全年规模以上工业增加值增长8.1%，其中，大中型工业企业增加值增长12.1%，装备制造业增加值增长13.8%。在行业大类中，计算机、通信和其他电子设备制造业增长19.4%，橡胶和塑料制品业增长17.3%，汽车制造业增长15.3%。全年规模以上工业企业实现营业收入2690.64亿元，增长16.4%；利润总额195.16亿元，增长9.1%，营业收入利润率7.25%。产销衔接良好，产品销售率101.85%。全年建筑业增加值203.78亿元，增长9.8%。

服务业持续恢复　全年规模以上服务业营业收入增长10.1%。其中，文化、体育和娱乐业增长95.3%，科学研究和技术服务业增长39.6%，卫生和社会工作增长23.8%。年底公路通车里程6993.11千米(含农村公路、国省道)。全年铁路（不含城际铁路）、公路、海运完成客运量1703.64万人次，货运量2077.08万吨。铁路、公路、海运完成客运周转量11.18亿人千米。铁路、公路、海运完成货运周转量150.91亿吨千米。港口货物吞吐量5154.5万吨，增长14%。新增机动车5.98万辆，保有量111.18万辆。全市有国家A级以上旅游景区51家、旅行社211家、星级饭店34家，接待旅游总人数5906.54万人次，增长66.8%；实现旅游总收入630.84亿元，增长69%。

【创新动力强劲】　优势产业壮大　坚持把发展经济的着力点放在实体经济上，突出先进制造业战略地位，加快推动八大产业集群、十条优势产业链发展壮大，威海高端医疗器械产业集群入选中国民营经济百强产业集群，文登区商用车关键零部件产业集群获评国家级中小企业特色产业集群，新获批山东省“雁阵形”集群2个、山东省先进制造业集群2个、山东省中小企业特色产业集群2个及山东省领军企业3家，威海火炬高技术产业开发区新一代信息技术产业集群获得省委、省政府督查激励。推动新能源产业纳入全市产业集群进行重点培育，威海核能产业集群入选山东省未来产业集群，明阳智能、远景能源等项目投产。年内，七个制造业产业集群规模以上企业实现营业收入2715.43亿元，比上年增长19.7%，全市“四新”（新技术、新产业、新业态、新模式）经济增加值占比达35.2%。市政府办公室印发《关于推动特色产业园区发展的若干政策（试行）的通知》，市发展和改革委员会印发《威海市特色产业园区评估评价工作指南（暂行）》等政策文件，引导特色产业园区之间“功能互补、错位发展”。

骨干企业升级　实施新一轮企业冲击新目标行动，开展“政策惠企、服务助企”全员帮扶活动，指导冲击新目标重点企业完善年度行动计划，为23家企业及5个项目落实2022年度奖励资金2716万元。加快开展“专精特新”企业培育工程，推动威海威高国际医疗投资控股有限公司等7家企业入选山东省制造业领航培育企业，山东亘元新材料股份有限公司获评山东省独角兽企业，威海市泓淋电力技术股份有限公司、威海市天罡仪表股份有限公司成功上市，新培育省级以上制造业单项冠军企业、“专精特新”企业、瞪羚企业266家。优化“威海市惠企政策集成卡”，增设调查问卷等功能，归集重要惠企政策490条。

服务业能级提升　深入推进“两业”融合（先进制造业与现代服务业融合），威海天力电源科技有限公司、威海海马地毯集团有限公司入选省级“两业”融合试点名单，6家企业获评省级软件工程技术中心，新增省级服务型制造示范企业12家、山东省生产型服务业领军企业2家、山东省现代服务业集聚示范区1个、山东省服务业创新中心1家、山东省服务业专业人才1名，天润工业技术股份有限公司经验做法被国家发展和改革委员会推广，全市“规模以上”服务业企业达416家，威海市获评国家级服务型制造示范城市（综合类）。

创新驱动　支持各类创新平台、创新型企业提能升级，工业和信息化部威海电子信息技术综合研究中心获评国家产业技术基础公共服务平台，威海光威复合材料股份有限公司获评国家级工业设计中心，山东达因海洋生物制药股份有限公司获评国家级企业技术中心，环翠区“双创人”孵化器获评国家级科技企业孵化器，新增省级企业技术中心10家、省级工程研究中心1家，国家科技型中小企业达2689家，国家高新技术企业突破1700家，全市高新技术产业产值占比74.2%。加大创新人才培育力度，新引育国家级重点人才计划专家17人、泰山产业领军人才56人、省级海外工程师16人，引进青年人才2.3万人，获批海外高层次人才工作站4家。优化创新环境，新增国家知识产权示范企业2家、国家知识产权优势企业10家，威海火炬高技术产业开发区获批成立国家技术标准创新基地（医疗器械），威海市获评国家知识产权强市建设试点城市，环翠区获评国家知识产权强县建设试点县，文登区、威海火炬高技术产业开发区获评全省知识产权保护示范区。

【内需潜力释放】　重大项目建设　市优化提升工程建设项目审批制度改革领导小组办公室印发项目策划生成管理办法、生成规程，推动全市794个重点项目全部开工，完成投资1065.9亿元，投资完成率108.3%，固定资产投资增长4.3%。坚持“要素跟着项目走”机制，落实无偿资金、政府专项债、特别国债、投资设备购置和更新改造贷款等各类政策资金近140亿元，刘公岛景区、威高广场2个项目被列入国家公募REITs试点意向库，19家企业获评山东省创业投资明星、优秀备投企业，威海市在中央预算内投资计划执行情况综合评价中连续3年蝉联全省第1位。坚持“延链补链强链”招商，新引进优质项目254个，总投资1278.9亿元，其中20亿元以上大项目26个。

基础设施支撑能力增强　扎实推进“七网”（综合立体交通网、现代物流网、能源保障网、城市市政公用设施网、现代水网、新型基础设施网和农村基础设施网）基础设施建设，67个基础设施“七网”重点项目纳入省级项目清单，莱荣高速铁路正式通车，实现“县县通高铁”。顺利推进昆嵛山机场项目前期工作，烟威高速改扩建工程实现主线贯通，石家河拦蓄、冶口水库增容等工程主体完工。推动华能石岛湾高温气冷堆核电站商业运行、国网新源山东文登抽水蓄能电站提前投产、山东半岛南U场址海上风电项目并网发电、“国和一号”示范工程1号机组热试、华能石岛湾核电站扩建一期工程获得核准、文登海上光伏项目一期工程完成备案，4个新型储能项目被列入省新型储能项目库，全市新能源装机超过500万千瓦。

消费市场回暖　围绕“惠享山东消费年”主题，组织线上、线下系列促销活动150余场，市政府办公室印发《关于印发威海市2023年促消费政策措施的通知》，市商务局、财政局联合印发《2023年威海市汽车、餐饮消费券活动实施方案》，发放餐饮、汽车消费券1304万元，带动消费交易金额超2.8亿元。全年社会消费品零售总额1364.39亿元，增长6%。推进城市一刻钟便民生活圈试点工作，试点社区数量达20个。着力提升县域商业支撑，环翠区获评省级商贸流通强县，乳山市获评全省乡镇商贸中心建设引领县，升级改造乡镇商贸中心3处，实现全市乡镇商贸中心全覆盖。加大电商标杆企业培育力度，11家企业或主体获评山东省电商直播基地、电商供应链基地、电商产业带。暑期旅游市场火爆，单日客流量最高突破85万人次，"千里山海"自驾旅游公路列全国首批交通运输与旅游融合发展十佳案例第1位。

【稳外资外贸】 对外贸易发展　启动中韩多式联运整车运输试运行，恢复中韩国际班轮客运业务，实现渔港码头正式对外开放，加快国家骨干冷链物流基地建设，东非商贸物流产业园综合服务合作区被列入第三届"一带一路"国际合作高峰论坛务实合作项目，跨境电商综合试验区建设经验被商务部评为外贸新业态优秀实践案例，对外开放试点政策效应加速转化。举办第三届韩国（山东）进口商品博览会、第五届中韩（仁川）跨境电商大会、跨境电商企业（首尔）对接会，组织620家（次）企业参加中国国际进口博览会、中国进出口商品交易会、中国华东进出口商品交易会、中国国际消费品博览会等。加大百亿级骨干载体培育力度，荣成歌尔科技有限公司进出口额超过200亿元，打印机产业链进出口额达150亿元，推动重点造船企业按期交船出口，船舶进出口额近100亿元，增长30%以上。全年对外贸易进出口总额2006.79亿元，出口贡献度42.3%，实际使用外资7.94亿美元。

体制机制完善　创新完善社会信用体系，制定推进社会信用体系建设高质量发展促进形成新发展格局的若干措施，推动市场监督管理等65个领域建立行业信用评价制度，21个"信易+"等经验做法在全国推广。不断规范公共资源交易，制定进一步降低招标投标交易成本若干措施，创新"信用+保函"模式入选全省"揭榜挂帅"重点任务，统一公共资源交易服务流程等2项工作被列入全省试点，3项招投标经验做法在全国推广。坚持数智引领，开展数字政府建设提速提效行动，上线156项便企利民"一件事一次办"服务，打造16个"无证明镇街"试点。

【重大战略实施】 区域战略实施　全面积极融入省绿色低碳高质量发展先行区建设，市委印发《威海市深化新旧动能转换推动绿色低碳高质量发展三年行动计划（2023—2025年）》，科学构建"1+5"（1份行动计划+5份工作台账）行动计划体系，统筹推进168项重点任务落实落地，争取23家试点单位获批省绿色低碳高质量发展先行区建设试点。统筹推进黄河国家战略、新型城镇化、胶东一体化等战略实施，环翠区获评全省2022年度县域经济高质量发展先进县，乳山市入选省级以县城为重要载体的城镇化建设试点，新获批碳纤维、蓝色种业2个特色小镇（累计10个），推动103个重点项目纳入2023年度省级新型城镇化重点项目库。深入实施海洋强市战略，新增国家级水产良种场3个，威海市获评中国海洋种业之都、中国海洋预制菜之都。

乡村振兴推进　2个片区入选乡村振兴齐鲁样板省级示范区，荣成市入选国家乡村振兴示范县创建名单。新改建高标准农田8066.67公顷，实现粮食播种面积、单产、总产"三增长"。4个粮油作物通过国家、省良种登记，渤海湾产区苹果轻简高效生产技术集成示范基地获评国家农业技术集成创新中心示范基地，文登区入选国家级现代农业产业园创建名单。实施农村人居环境整治提升行动，省级清洁村庄覆盖率40.6%，威海市获评"四好农村路"省级示范市，文登区、乳山市获评"四好农村路"全国示范县。

精致城市建设　举办精致城市论坛，发布精致城市可持续发展指数，联合国人居署在2023世界城市日中国主场活动中向全球推介威海市经验，城市影响力、美誉度进一步扩大。开展新一轮精致城市建设三年行动，国土空间总体规划获批实施，完成中心城区重点片区城市更新导引、全域精致小城镇建设规划导引编制和华夏山海生态廊道规划设计，韩乐坊、火炬八街等6个项目入选省级城市更新示范项目，5个镇入选全省小城镇创新提升行动试点。改造完成老旧小区61个，开放公园绿地25处，新增公园便民服务设施793套，威海市入选全省第一批公园绿地开放共享试点。新增纯电空调公交车66辆，威海市获评国家公交都市建设示范城市。提档升级智慧城市建设，全域建成省级四星级智慧城市。

【人民生活品质提高】 2023年，全市居民人均可支配收入增长5.5%，城乡居民收入比达2.03，人均期望寿命81.5岁，幸福指数持续走高，威海市获评全国健康城市建设样板市、连续4年蝉联中国最具幸福感城市。加快共同富裕先行区建设，制定63项年度重点任务，形成46个典型案例，相关工作被列入省委经济工作会议报告、省政府工作报告。开展六大民生领域百日攻坚行动，完成重点民生实事20项、补短板事项年度任务18个。稳岗就业成效突出，新增城镇就业3.9万人，解决重点企业用工需求3.8万人，"精致就业360服务"品牌获评国家公共就业服务能力提升示范项目。社会保障扩面提标，优化生育保险等医疗保障制度，企业职工养老保险新参保4.6万人，提高城乡低保、困境儿童、残疾人等9类困难群众救助保障标准，环翠区、文登区获评全省社会救助综合改革实验区。持续扩大优质教育供给，新建投用公办幼儿园、中小学10所，新增学位3780个，普惠性幼儿园覆盖率95.7%，连续5年在省对市级政府履行教育职责评价中获评"优秀"等次，环翠区获评国家完善普惠性学前教育保障机制实验区。推进健康威海建设，中医药医疗改革经验向全国推广，启用威海市立医院临港院区，7项基层医疗机构核心评价指标列全省第1位，城市健康指数列全国中小城市首位。丰富群众文体生活，举办艺术普及公益培训、送戏下乡、全民健身等文体惠民活动1.4万场，威海铁人三项赛、中国威海HOBIE帆船公开赛获评2023中国体育旅游精品项目。开展全龄友好型城市创建活动，打造儿童友好空间110处，布局"青年驿站"24处，新增农村老年餐桌41处，实现县域养老服务体系创新示范建设“一片红”。提升退役军人服务保障水平，加强国防动员、民兵预备役、海防工作，威海市通过全国双拥模范城考评验收。

（姜富井）

民营经济

【概况】 2023年，全市优化民营经济发展环境，培育壮大民营经济市场主体，释放民营经济创新创业活力，民营经济总体呈现稳中向好的发展态势。至年底，全市民营企业13.2万户，比上年增长4.74%；个体工商户31.53万户，增长3.11%，全市新登记民营企业1.99万户、个体工商户4.25万户，新登记非公有制经济市场主体数量占新登记市场主体总数量的99.2%，全市规模排名前100位的民营工业企业实现营业收入1304.3亿元、增长47.7%。

【体制机制完善】 健全部门联席会议制度，市促进非公有制经济发展工作领导小组印发《关于印发〈威海市推进民营经济高质量发展六大专项行动〉的通知》，市政府办公室印发《关于印发〈威海市促进民营经济发展壮大财政支持政策（试行）〉的通知》等，将落实国家、省支持民营经济的政策意见纳入市委、市政府重点督办事项，将民营经济增加值增速纳入对区（市）、开发区绩效考核指标体系，全方位凝聚民营经济的领导协调力量。统筹市、区（市）两级力量，对1657家民营规模以上工业和服务业企业开展精准服务的大走访活动。扩大惠企政策集成卡收录范围，完成《2023年惠企政策集成》第四轮更新，增设“免申即享”标识，收录国家、省和市级政策247项，标记免申即享政策47项。完善惠企资金“一站式”服务平台功能，运用“政务大数据＋人工智能”为企业自动评级“画像”并匹配适用政策，推动涉企政策资金闭环管理，逐步实现“企业免申、政府免审、双向精准、资金直达”，进一步简化申报手续、优化审核流程、缩短拨付时间，加快政策兑现进度。制定政商交往行为规范指引，厘清政商交往边界，从党政干部和企业家2个方面分别作出规范指引，推动优化营商环境和政治生态，构建亲清统一的新型政商关系。建立政务诚信预警机制，定期筛选政府部门、事业单位与民营企业、中小企业债务纠纷案件，提前介入案件进展，建立预警整治台账，建立政务诚信监测评价机制，委托第三方机构对各区（市）、各部门的政务诚信情况进行监测，每季度形成政务诚信评价报告，健全政府拖欠民营中小企业账款源头管控和主动排查长效机制。

【产业体系构建】 成立重点企业培育工作指挥部，推进“百亿企业”培育工程，荣成歌尔科技有限公司全年实现营业收入突破400亿元，成山集团有限公司、三角集团有限公司实现营业收入突破100亿元，威海威高国际医疗投资控股有限公司等7家企业获评山东省制造业领航培育企业。组织开始新一轮企业冲击新目标行动，筛选确定冲击新目标重点企业101家、冲击新目标后备库企业129家，健全实时调度、要素保障、问题会商等工作机制，助力企业加速发展。整合多方力量共建“专精特新”企业加速中心，通过政策聚焦、要素聚集、服务聚力，全力扶持企业补短板、强主业、冲目标，引导企业深耕专业领域、深挖创新潜力，年内新培育国家级专精特新“小巨人”企业18家、省级专精特新中小企业206家、创新型中小企业310家，瞪羚企业28家，独角兽企业1家；累计培育单项冠军、专精特新、瞪羚、独角兽企业710家，其中民营企业占比超过97%。推进优势产业发展，梳理全市医疗器械、电子信息等优势产业，先后举办国际高性能纤维及复合材料科技会议、2023全国纺织服装产业“优供给促升级”活动启动仪式等近100场融链、固链活动，“一链一策”推动补链、强链、延链，文登区商用车关键零部件产业集群成为国家级中小企业特色产业集群，青烟威船舶与海工装备、威海市医疗器械产业集群入选省级先进制造业集群名单，新增碳纤维、钓具2个省级中小企业特色产业集群（总数6个）。启动“智改数转”三年行动计划，常态化开展“标杆引路、培训赋智、诊断赋能”系列活动，新增国家级智能制造优秀场景2个，荣成康派斯新能源车辆股份有限公司入选2023年新一代信息技术与制造业融合发展示范名单，蓝海、三角轮胎等5个品牌（企业）入选“2023工业互联网500强”，环翠区、荣成市入选山东省数字经济“晨星工厂”试点县（市、区），威海市在“建设信息基础设施和推进产业数字化、数字产业化成效明显市”方面获得省级督查激励。

【全要素供给能力增强】 突出需求导向，统筹推进技术创新、平台建设，全年组织实施2批229个省级技术创新项目，在建成4个省级制造业创新中心的基础上，指导钓具、服装2个领域争创省级制造业创新中心建设，打造各类创新平台1295家，其中国家级28家、省级353家，10家企业获评省级技术创新示范企业。实施“新时代威海英才工程”，制定顶尖人才“一事一议”、头部企业“一企一策”和“威海英才”资助计划等定制化政策，促进紧缺人才集聚。10人入选工业和信息化领域国家人才项目，威海光威复合材料股份有限公司入选山东省人才引领型企业培育类试点名单。依托就业服务平台和公共人力资源市场，举办招聘活动415场次，为1.38万家次企业发布岗位16.87万个次。实施企业家“青蓝偕行”工程，建立青年企业家培养“导师制”，定期开展导师带徒交流活动，推动企业家精神接力传承，打造优秀的企业家队伍，10名民营企业家入选山东省民营企业家“挂帅出征”百强榜、24家企业入选山东民营企业100强、2家企业入选中国民营企业500强。加快完善融资服务体系，发挥企业应急转贷、融资担保平台功能，通过开展与银行等金融机构服务对接活动等方式，为500余家企业办理转贷业务60余亿元，为2000余家企业授信额500余亿元。优化上市服务体系，全市民营企业上市公司首发融资179.7亿元，年内，推进威海市泓淋电力技术股份有限公司、威海市天罡仪表股份有限公司完成上市，首发融资21.03亿元。通过优化流程，推进“标准地”“用地清单制”“农村集体经营性建设用地入市”等改革措施，推动高质量的民营企业项目落地，实现土地资源和产业项目精准对接、高效配置。

（李培伟）

精神文明建设

【文明城市创建】 健全创建机制，明确文明城市创建工作指挥部组成人员及重点工作责任分工，深化实施市民素质提升、交通秩序提升、市容环境提升等“九大提升行动”，组织召开全国文明城市创建暨国家卫生城市复审工作动员会议、“两城”创建工作培训会议等会议8次，细化工作安排，推进工作。加强常态管理，每天进行实地检查，每周组织问题整改“回头看”，每月通报有关情况，全年印发《文明城市创建工作指挥部工作简报》9期、《“两城”创建情况通报》2期，检查反馈各类问题1.60万个、整改完成1.58万个，整改率98.7%。建立市级领导分包区（市）制度，市领导开展实地督导7次，推动解决各类问题142个。组织233个文明单位包保责任区，着力提升重点路段日常管护水平。注重科技赋能，研发数字创城平台，实现问题“发现—转办—反馈—销号”一站式闭环管理；开展“文明威海‘啄木鸟’行动”，引导市民“挑刺”不文明行为2274条，全部整改完成，工作经验做法在中央精神文明建设办公室举办的精神文明建设工作调研座谈会上进行交流。聚焦乱拉乱设空中缆线、乱贴小广告、乱停放车辆及主次干道无障碍缘石坡道、校园周边环境等开展专项整治行动，清理小广告1.12万处，规范整治乱拉乱设缆线1683处，解决堆放杂物、垃圾堆积等问题4479处，增设停车位6865个，查处电动自行车交通违法行为2.3万余起，检查中小学校及周边区域58个，整改缘石坡道问题72处。

【文明培育】 加大培育选树先进典型力度，修订印发《威海市道德模范、“威海好人”评选与管理办法》，举办“威海好人”集中发布仪式4次，年内选出“威海好人”119人，入选“中国好人榜”3人、“山东好人榜”42人。宣传表彰第八届威海市道德模范30人，威海市道德模范提名奖获得者37人，并举办颁奖典礼；获评山东省道德模范3人、山东省道德模范提名奖7人。走访慰问生活困难的道德模范和身边“好人”，组织道德模范、“好人”免费健康查体，彰显好人好报的价值导向。深化实施全环境立德树人，印发《威海市实施全环境立德树人 加强和改进未成年人思想道德建设工作方案》《威海市全环境立德树人工作协调机制》，举办“以德润心 阳光成长”心理健康宣传教育活动启动仪式，开展“扣好人生第一粒扣子”“学雷锋 树新风”“传承红色基因 清明缅怀先烈”“小手拉大手 共同筑牢国家安全观”等教育实践活动5300场次。评选市级新时代好少年25人，获评省级新时代好少年3人，开展“争做新时代好少年”“讲身边的小英雄”等宣讲活动570场次。举办威海市第九届“国学小名士”中华经典诵读系列活动，在全省第十届“国学小名士”经典诵读电视大赛中，分别获得城市赛第二名和个人赛小学组二等奖、中学组三等奖。评选全环境立德树人品牌项目31个、优秀案例42个、特色活动42个，美德教育优秀案例29个。拓展文明市民培育工程，举办“让出文明风 行出威海范”活动，开展“文明交通我来说”融媒互动、“交警小熊大派送”等线上线下宣传活动，倡导广大市民做文明交通的践行者、守护者。开展公益广告提升行动，围绕社会主义核心价值观、“讲文明树新风”、未成年人思想道德建设等主题，在城区主次干道设置精神文明建设宣传栏和未成年人思想建设公益广告300块；利用电子屏、楼宇电视、灯箱等载体刊播公益标语210万余条（次）、平面类公益广告2.2万余幅，循环播放视频公益广告达1000万次。统筹推进美德和信用建设，印发《关于统筹推进美德威海和信用威海建设的意见》《关于倡树新时代美德健康生活方式的工作方案》《全面推进乡村美德积分金融转化机制建设的若干措施》，推动美德信用“新五进”（进机关单位、进村庄社区、进学校家庭、进企业行业、进网络空间）工程，倡树美德健康生活方式，开展“如此生活”宣传宣讲、餐饮“双减双升”、文明祭扫、“海誓山盟”集体婚礼等活动。年内，全市获评全国级美德信用工作案例22个，1个美德信用案例入选全省宣传思想文化工作守正创新典型案例，工作经验做法在全省倡树美德健康新生活工作推进会上进行交流，全省统筹推进美德山东和信用山东建设现场推进会在威海市召开，4个区（市）全部入选美德山东和信用山东建设试点县（市、区）。

【文明实践】 召开全市深化新时代文明实践中心建设现场推进会议，探索“邻村联建”“村企联建”“所站联建”等阵地建设新模式，通过实地测评督导全市文明实践中心、所、站不断提升“五有”（有场所、有队伍、有活动、有项目、有机制）标准建设运行水平。打造志愿服务项目，印发“五为”（为老、为小、为困难群体、为需要心理疏导和情感慰藉人群、为社会公共需要）志愿服务项目指南，组织各区（市）文明实践中心发布实施项目1100余个，全市实名注册志愿者85万人，全年开展志愿服务10万余场次。开展“讲诚信、做志愿，我与城市共提升”学雷锋志愿服务年和精致威海“四个一”（结对一个场站、认领一片海滩、联包一个公园、走进一个社区）志愿服务行动，沿千里山海自驾旅游线路确定热门景点41个，设置志愿服务站，常态化开展“搬行李、看行李、指路线、拍照片、供保障、急救护”和“疏人流、清海滩、规车辆、保安全”10项基本服务。12月，连续强降雪后，发布《清雪除冰倡议书》《关于集中开展清雪除冰志愿服务行动的通知》，开展清雪除冰、协助维护交通秩序等志愿活动，参与人数10万余人次。提升品牌影响力，承办“强国复兴有我”主题志愿服务活动、全省“五为”文明实践志愿服务项目大赛分会场活动、“文艺进万家 健康你我他——与人民同行·2023山东文艺志愿者在行动”启动活动、第二十届社科普及周及“到群众中去 社科你我同行”新时代文明实践社科普及主题活动启动仪式，设立中央音乐学院新时代文明实践威海基地并举办“5·23”艺术节。年内，获评全国志愿服务先进2个、省级志愿服务先进25个。其中，东方福爱心联盟获评全国最佳志愿服务组织，刘公岛消防救援站入选第八批全国学雷锋活动示范点。

【文化振兴】 加强规划统筹，印发《威海市乡村文化振兴工作实施方案（2023—2027年）》，召开全市乡村文化振兴工作现场推进会议，明确新阶段威海乡村文化振兴顶层设计和重点工作任务，推动工作全面开展。加大活动开展力度，印发《威海市“乡村振兴齐鲁样板——村村有好戏”活动实施方案》《2024山东乡村文化旅游节威海活动方案》，承办“正月里来气象新”全省“村歌嘹亮”大合唱暨小戏小剧精品展演，启动“我们的村晚·村村有好戏 回家过大年”系列活动，推出重点活动170个、精品旅游线路27条。举办“嘉善文明·美德威海”短视频挑战赛，作品点击量超过4000万次。强化示范联动，规划实施文化体验廊道文明实践展示带32条，串联实践所48个、实践站216个、实践基地118个，深化农业、文旅、文明资源融合发展，打响“千里山海·文明威海”品牌。

（隋学良）

生态文明建设

【概况】 2023年，全市坚持生态立市、环境优先、绿色发展，实施环境质量和环保工作“双领先”战略，以高品质生态环境支撑高质量发展，建设“精致城市·美丽威海”，争当绿色低碳高质量发展排头兵，建设美丽中国先行区。

【生态环境保护加强】 坚持“党政同责、一岗双责”，召开全市生态环境保护大会暨美丽威海建设推进会和2次生态环境委员会全体会议，调整生态环境委员会及专项小组组成人员，研究部署生态环境保护重点工作；市生态环境委员会主任、市委书记和副主任、市长认真履行第一责任人职责，对生态环保工作作出批示120余次并实地进行督导检查，市委常委会会议、市政府常务会议研究生态环保工作14次，印发环境质量巩固提升行动方案、海洋牧场发展规划等文件16件，推动生态环保工作落实落地。坚持生态环境综合治理、系统治理、源头治理，积极融入国家黄河生态保护重大战略、全省绿色低碳高质量发展先行区建设，编制应对气候变化2023年工作要点、碳达峰工作方案、“十四五”节能减排实施方案，开展碳排放权交易，发展海洋碳汇，完成12家发电行业企业全国碳排放权交易市场第二个履约周期碳排放配额清缴履约，威海市入选国家第一批减污降碳协同创新试点城市，争创国家气候适应型城市试点，7个单位获准开展省级近零碳试点创建，推动能源结构绿色低碳转型和生态环境质量协同改善。

【生态环境保护立法监督】 全市高度重视生态环境保护领域立法工作，市人大常委会审议通过《威海市城乡供水安全条例》《威海市域海岸带保护规划（2020—2035年）》，依法听取并审议市政府《关于全市环境状况和环境保护目标完成情况的报告》，召开会议对《威海市危险废物管理办法》等3部地方性法规实施情况开展专题询问，推动地方性法规落实落地。

【现代环境治理体系构建】 发挥市生态环境委员会办公室统筹协调和督促落实作用，严格落实部门单位生态环保责任清单和构建现代环境治理体系实施方案，制定2023年度区（市）、开发区高质量发展考核标准，将单位GDP二氧化碳排放降低、环境质量改善等作为区域发展的约束性指标，压紧压实区（市）属地责任、行业部门主管责任、生态环境部门统一监管责任和企业主体责任，构建党委领导、政府主导、企业主体、社会组织和公众共同参与的现代环境治理体系。优化生态环保工作专班，开展常态化驻区督查和专项督查，推进解决生态环境问题。严格落实排污许可制，开展环保产业统计调查，推进强制性清洁生产审核，完成2022年度县际间流域横向生态补偿资金清算，承办“全省六五环境日”“海湖河放鱼养水”“5·22国际生物多样性日”威海分会场活动，生态文明建设、自然生态保护监管工作经验做法分别在全省会议上进行交流。

【污染防治攻坚战】 构建“1+1+N”制度体系（1个《碳达峰碳中和若干措施》+1份配套《碳达峰实施方案》+N个分领域工作方案保障方案），印发《2023年大气、水、土壤环境质量巩固提升行动方案》《深入打好重污染天气消除、臭氧污染防治和柴油货车污染治理攻坚战行动方案》等10个文件，推进新一轮“四减四增”（调整产业结构、减少过剩和落后产业，增加新的增长动能；调整能源结构，减少煤炭消费，增加清洁能源使用；调整运输结构，减少公路运输量，增加铁路运输量；调整农业投入结构，减少化肥农药使用量，增加有机肥使用量）三年行动，在省新一轮“四减四增”2021—2022年度综合评估中获评“优秀”等次。打好蓝天保卫战，狠抓挥发性有机物、扬尘、移动源和重污染天气应对“四个关键问题”，落实专项督查、问题曝光、销号管理、预警约谈、考核问责、生态补偿“六项机制”，开展扬尘综合整治提升、挥发性有机物治理等4个专项行动，空气质量继续保持全省第1位，秸秆禁烧保持“零”火点。打好碧水保卫战，严格落实河湖湾长制，开展河流水质“增Ⅲ”攻坚、入海排污口巩固提升、岸滩垃圾污染防治、渔港码头环境整治提升和入海河流总氮治理专项行动，推进“两个清零、一个提标”（城市建成区雨污合流管网清零行动、城市建成区黑臭水体清零行动、城市污水处理厂提标行动），完成省定农村生活污水治理任务。打好净土保卫战，加强土壤和地下水污染防治，严把用地准入关、报告质量关，推进受污染耕地和重点建设用地安全利用。狠抓危险废物、核与辐射安全监管，承办全省核与辐射管理会议并作典型发言。高质量推进“无废城市”建设，争当引领标杆。实施海洋生态保护修复，落实项目资金1.8亿元；实施总投资3500万元的东楮岛二期海草床修复项目，新增海草床修复面积16.67公顷，新种植鳗草1720万株。推进“绿满威海·四季多彩”国土绿化行动，实施“四山一带”（伟德山、里口山、昆嵛山、正棋山和海岸林带）重点区域植被恢复提升，完成重点造林任务面积1333.33公顷。

【生态文明示范创建】 环翠区获评省级生态文明强县，威海经济技术开发区崮山镇获评省级“绿水青山就是金山银山”实践创新基地，文登区入选省级生态保护红线生态环境监督试点，乳山经济开发区入选省级整体清洁生产审核试点，文登区母猪河治理项目入选省级生态环境导向的开发（EOD）模式试点，国家电投新能源科技馆获评省级生态环境科普基地、省十佳环保设施开放单位，积极推进海驴岛黄嘴白鹭生物多样性养护观测站建设。威海临港经济技术开发区获评省级生态工业园区，荣成经济技术开发区获准创建省级生态工业园区，全市实现经济开发区创建省级生态工业园区“全覆盖”，生态工业园区数量居全省第1位。1人入选全国百名最美生态环境志愿者和全省十佳生态环境志愿者，哈尔滨工业大学（威海）环境保护协会“守护大天鹅”志愿服务项目入选省十佳生态环境公众参与案例。

【环境问题整改】 聚焦环保督察问题“清零”，坚持市委常委分区督导、市政府分管领导包案督导，强化市级综合督查、区（市）属地督查、部门专项督查，统筹推进历次环保督察整改，落实好区（市）销号、市直部门验收“双轨制”和市、（市）两级“双公示”整改销号制度，全力推动整改落实。聚焦生态环境重点领域问题“清底”，坚持铁腕治污、精准治污、科学治污、依法治污、主动治污，狠抓群众投诉举报问题整改，压实镇（街道）、村（居）网格员责任，坚持主动发现、及时解决问题，注重建立长效机制，从根本上解决突出环境问题。

（王厚海）

全面深化改革

【概况】 2023年，全市聚力推动重点领域、关键环节攻坚突破，中医药改革经验被中央全面深化改革委员会办公室简报刊发，18项经验被中共山东省委全面深化改革委员会办公室简报刊发并向中央推介，精致城市立法、绿色金融改革创新试验区等8项经验获省委、省政府主要负责人批示肯定。

【经济体制和生态文明体制改革】 牢固树立“大抓经济”导向，市委、市政府印发《关于进一步健全激励机制推动经济高质量发展的意见》及招商引资、企业扩张、财源建设、先进制造业发展、特色产业园区建设等“1+N”政策文件，统筹推进全市政策资源向经济领域倾斜；印发《关于深化开发区管理制度改革推动开发区高质量发展的实施意见》，引导开发区更好发挥主阵地、主战场、主引擎作用，激发高质量发展活力。围绕构建现代产业体系，大力培育八大产业集群和十条产业链，威海高端医疗器械产业集群入选中国民营经济百强产业集群，新增省“十强”产业集群领军企业3家、省“雁阵形”集群2个；实施“百亿企业”培育工程和新一轮企业冲击新目标行动，新增营业收入超过100亿元企业2家、国家级专精特新“小巨人”企业18家、省级制造业单项冠军企业14家。围绕科技创新驱动，市政府印发《关于印发威海市建设国家创新型城市实施方案的通知》，实施“拨投贷保”联动支持等政策，助推企业科技创新，全市高新技术企业发展到1700家，高新技术产业产值占比达74.2%、居全省第1位。围绕塑强开放新优势，启动中韩多式联运（威海—仁川）整车运输试运行，新开通威海至俄罗斯集装箱海上航线，欧亚班列稳定运行，华坦供应链东非商贸物流产业园入选第三届“一带一路”国际合作高峰论坛合作项目清单；加快培育跨境电商新业态，举办第五届中韩（仁川）跨境电商大会，打造跨境电商聚集区案例入选商务部“外贸新业态优秀实践案例”。围绕优化营商环境，印发《威海市深化营商环境创新提升行动实施方案》，推进政务服务“集成办”，企业全生命周期112个事项实现“一件事”集成办理，威海市获评2023国际化营商环境建设标杆城市。围绕生态文明建设，印发《威海市碳达峰行动方案》，抓好新一轮“四减四增”，完善减污降碳约束机制，入选国家第一批减污降碳协同创新试点城市；深入推进“无废城市”建设，环境空气质量继续保持全省领先，重点河流和城市集中式饮用水水源地水质达标率、近岸海域水质优良比例均保持100%，桑沟湾入选国家级美丽海湾优秀案例。

【民主法治领域改革】 施行《威海市客运出租汽车管理若干规定》《威海市城乡供水安全条例》，修订《威海市海上交通安全条例》，立法引领保障工作经验做法获得省委主要负责人肯定性批示。深化“有事多商量”协商平台建设，做强“界别同心汇”平台，“新威商·界别同心汇”“侨联四海·界别同心汇”“寻梦田园·界别同心汇”“参情为农·界别同心汇”4个创建品牌入选省政协试点。巩固和发展最广泛的爱国统一战线，切实维护宗教领域和谐稳定，威海市获评全国民族团结进步示范市、全省铸牢中华民族共同体意识示范市。开展涉企执法阳光监督改革试点，建立跨部门综合监管机制，推出“首违不罚”“首违轻罚”事项467项，为市场主体减免罚金1.31亿元，威海市获评全省法治政府建设示范市。

【文化体制改革】 全面推进文化“两创”（优秀传统文化的创造性转化和创新性发展），全域打造千里海疆爱国主义展示带，形成涵盖138处教学点、陆海联动的爱国主义教育阵地网络。推动国家公共文化服务体系示范区创新发展，通过示范区创新发展复核，万人拥有公共文化设施面积、文化站设施平均面积均居全省第1位，文化公益创投项目获评全国基层公共文化服务高质量发展典型案例。深化新时代文明实践，注册志愿者数量占常住人口数量比例居全省1位，所辖区（市）全部入选统筹推进美德山东和信用山东建设试点。推动文旅融合发展，建立涉旅问题快速联动处置机制，围绕“吃、住、行、游、购、娱”等方面持续提升服务质量，全年游客数量突破5600万人次，单日客流量最高突破85万人次，旅游收入超过600亿元，“千里山海”自驾旅游公路案例居2023全国首批交通运输与旅游融合发展典型十佳案例第1位。

【社会治理体制改革】 推进市域社会治理现代化，开展“一站式”矛盾纠纷多元化解试点，化解各类矛盾纠纷2.3万件，威海市获评全国市域社会治理现代化试点合格城市，环翠区孙家疃街道入选全国新时代“枫桥经验”先进典型。威海市入选国家级社会信用服务标准化试点和省级社会信用管理标准化创新城市试点。加强数字法治系统建设，经验做法在全国政法智能化建设成果展上进行交流，6个案例获评全国智慧政法优秀成果。健全完善政府、法院联动机制，通过破产重整帮助14家企业“破茧重生”，神飞船舶系列案件经验做法在全省推广。强化基层卫生综合改革，成立中医药健康发展促进会，3项改革任务入选全省国家中医药改革示范区“揭榜挂帅”项目。加大基本养老服务体系建设力度，推进国家居家社区基本养老服务改革试点，建立困难失能老年人低收费集中托养制度。推出以打造“精致就业360服务”品牌为主线的项目实施方案，威海市入选2023年全国公共就业服务能力提升示范项目，获得中央财政补助资金1亿元。

【党的建设制度改革】 深化干部人事制度改革，倡树用站位、用实绩、用口碑、用廉洁的用人导向，采取“亮点+短板”双填报、百企评部门等方式，全面立体掌握领导班子和干部情况，常态化推进干部“能上能下”。加大年轻干部培养选拔力度，优选115名年轻干部开展“双向”挂职历练。健全完善党的基层组织体系，以全省村党组织“跨村联建”重点跟踪指导市建设为契机，成立联合党组织72个、覆盖257个村。优化人才发展体制机制，实施“新时代威海英才工程”，加快“人才集聚节点”试点建设，完善“配额制”“举荐制”等激励机制，新增国家级人才引进计划专家17人。探索医疗器械产业链“四链”（以人才链为总牵引，优化教育链、激活创新链、服务产业链）融合机制，打造人才引领发展先行区，威海市获评全省“人才集聚节点”建设城市。推进党的组织机构改革，印发《机构改革组织实施工作方案》《机构改革推进配档表》等。

【纪律检查体制改革】 健全完善监督体系，一体开展“强监督·护民生”专项行动，查处群众身边不正之风和腐败问题313起、处分242人。深化派驻机构改革，制定派驻监督工作指引，持续完善“组组”协同监督、“室组”联动监督等工作机制。加强与人大监督、民主监督、财会监督、舆论监督等沟通对接，创设“纪检监察+金融监管”贯通协同工作体系。连续4年开展优化营商环境专项监督，查处部门责任落实不到位、加重企业负担等损害营商环境问题120起、处理165人。构建作风建设长效机制，开展基层治理不良现象及不担当不作为慢作为乱作为假作为问题专项整治，查处形式主义、官僚主义问题145起、处分141人；紧盯违规吃喝、违规收送消费卡、酒驾醉驾3类突出问题，查处享乐主义、奢靡之风问题91起、处分89人。

（李　纯）

组织机构及负责人名录（2023年12月）

【中国共产党威海市委员会】

书　记　闫剑波

副书记　孔凡萍(女)　刘树军

常　委　闫剑波　孔凡萍(女)　刘树军　姚玉辉　徐　杰　孙慧茹（女）　李　建　林　强　于　宁　刘裕斌　张宏璞

秘书长　李　建

市委办公室

主　任　张　璟

市委组织部

部　长　刘裕斌

分管日常工作的副部长　徐　力

市委非公有制经济和社会组织工作委员会

书　记　刘金军

市委宣传部

部　长　徐　杰

分管日常工作的副部长　毕晟磊

社会科学界联合会（与宣传部合署）

主　席　王治国

市委统一战线工作部

部　长　刘裕斌

分管日常工作的副部长（缺）

归国华侨联合会

主　席　杨志伟

市委政法委员会

书　记　于　宁

分管日常工作的副书记　曹志武*　宋华东

市委政策研究室

主　任　王洪洲

市委网络安全和信息化委员会办公室

主　任　刘　源

市委机构编制委员会办公室

主　任　朱建超

市委台港澳工作办公室

主　任　林　莅

市委市直机关工作委员会

书　记　李　建

分管日常工作的副书记　李　强

市委老干部局

局　长　许庆耀

市委离退休干部工作委员会

书　记　许庆耀

市委火炬高技术产业开发区工作委员会

书　记　梅延良

副书记　柯学民*　赵　林

市委经济技术开发区工作委员会

书　记　王　清

副书记　王　清*　王　启

市委威海临港经济技术开发区工作委员会

书　记　林　强*　宫本杲

副书记　梅延良*　梁　明

市委南海新区工作委员会

书　记　邢海文

副书记　张凌飞

【威海市人民代表大会常务委员会】

主　任　贾瑞霞（女）

副主任　张　竞（女）　李文基　于东海　乔　军　李振光

秘书长　于所航

办公室

主　任　张海英(女)

研究室
主　任　丛燕敏(女)
人事代表工作委员会
主　任　穆荣庆
预算工作委员会
主　任　岳　娜(女)
法制工作委员会
主　任　王海威
财政经济工作委员会
主　任　龙连荣(女)*　郭承宇
监察和司法工作委员会
主　任　姜　辉(女)
教育科学文化卫生工作委员会
主　任　李大超
城建环保工作委员会
主　任　王维强
农业与农村工作委员会
主　任　王京伟
民族侨务外事工作委员会
主　任　张建岭
社会建设工作委员会
主　任　刘树伟*　鞠宏宇
法制委员会
主　委　刘昌清
财政经济委员会
主　委　张立成*　（缺）
监察和司法委员会
主　委　李大伟*　（缺）
教科文卫委员会
主　委　李振光
城乡建设和环境资源保护委员会
主　委　宋修德
农业与农村委员会
主　委　傅世涛*　（缺）
民族侨务外事委员会
主　委　张瑞英(女)
社会建设委员会
主　委　王子明

【威海市人民政府】

市　长　孔凡萍(女)
副市长　林　强　张宏璞
　　　　杨　丽(女)*　孙付春*
　　　　董晓飞　邓　勇　徐　明
　　　　赵宝钢（挂职）　梁　皓
秘书长　梁　皓*　鞠　云
市政府办公室
党组书记　梁　皓*　鞠　云
主　任　杨华卫
发展和改革委员会
主　任　张宗浩

教育局
局　长　王　伟
市委教育工作委员会
书　记　徐　杰
常务副书记　王　伟
科学技术局
局　长　谭远国
工业和信息化局
局　长　邢海波
市委工业工作委员会
书　记　邢海波
公安局
局　长　董晓飞
政　委　王广跃
公安局交警支队（分局）
支队长（局长）　李　涛
政　委　于学龙*　邹向阳(女)
公安局海岸警察支队
支队长　高乃江*　林治博
政　委　王学龙*　苏卫军
民政局
局　长　孙玉建
司法局
局　长　刘士侠
山东省威海监狱
第一政委　刘士侠
监狱长　戚　健
政　委　高振平*　王春晓
财政局
局　长　宋忠勇
人力资源和社会保障局
局　长　马绪福
自然资源和规划局
局　长　鞠　云*　谷衍宁
住房和城乡建设局
局　长　李瑞玲(女)
生态环境局
局　长　毕建康
交通运输局
局　长　刘　勇
水务局
局　长　毕兴全
农业农村局
局　长　周　华
海洋发展局
局　长　陈丕松
商务局
局　长　宫本杲*　于明涛
文化和旅游局
局　长　许宏妮(女)

卫生健康委员会（中医药管理局）
主　任　王　文
局　长　王　文
退役军人事务局
局　长　荣传伟
应急管理局
局　长　刘　伟
审计局
局　长　于松涛*　周志远
外事办公室
党组书记　焦　华(女)*　丛龙海
主　任　赵广洪
国有资产监督管理委员会
主　任　丛龙海*　于松涛
行政审批服务局（市政务服务管理办公室）
党组书记　林　强
局长（主任）　徐　林
市场监督管理局
局　长　张术晓
体育局
局　长　姜进军
统计局
党组书记　刘　青*　周佳俊
局　长　周　宁
医疗保障局
局　长　苑　顺
国防动员办公室（人民防空办公室）
党组书记　王永池*　李　正
主　任　张宗浩
地方金融监督管理局（市金融办）
局长（主任）　张宗浩*　徐　静（女）
信访局
局　长　许德刚*　殷炳金
林业局
局　长　周德纯
威海火炬高技术产业开发区管理委员会
主　任　梅延良
副主任　柯学民*　孙法春*
　　　　赵　林　侯成阳*
　　　　巩玉滨（挂职）*　于维锋*
　　　　丛培杰　于志昂　沈燕萍
威海经济技术开发区管理委员会
主　任　王　清
副主任　王　清*　王　启　李英春*
　　　　梁　明*　马玉鑫（挂职）*
　　　　邵明光　邱鲁金　韩　帅
　　　　侯进荣（女）
威海临港经济技术开发区管理委员会
主　任　林　强*　宫本杲

副主任　梅延良*　梁　明　丛　涛
蔡曙光*　王维钢*　马练军
史　新（挂职）*　宋靖航
杨殿慧

威海南海新区管理委员会

主　任　邢海文

副主任　张凌飞　刘　杰*　迟永伟
王言明　丛　磊
胡　啸（挂职）
孙宝玉（挂职）　张　涛

【中国人民政治协商会议威海市委员会】

主　席　高旭光

副主席　吴永刚　周　宁　董晓阳
彭　霞(女)　韩文斐
赵广洪　朱文娟(女)

秘书长　宋修骞

办公室

主　任　于培涛*　许德刚

研究室

主　任　王警卫

提案委员会

主　任　王　晓

人口资源环境和经济委员会

主　任　赵广洪

农业和农村委员会

主　任　隋建波

教科卫体委员会

主　任　毕可德*　周　兵

港澳台侨和民族宗教外事委

主　任　李建军

社会法制委员会

主　任　丛华清

文化文史和学习委员会

主　任　郭世勇

委员联络工作委员会

主　任　谷建青*　刘　瑛(女)

【中国共产党威海市纪律检查委员会】

书　记　孙慧茹(女)

副书记　李存杰*　尹玉翠(女)*
孙洪毅　王建华(女)

市监察委员会

主　任　孙慧茹(女)

副主任　李存杰*　尹玉翠(女)*
孙洪毅　王建华(女)

派驻第一纪检组

组　长　邵洪涛

派驻第二纪检组

组　长　王　荣(女)

派驻第三纪检组

组　长　何　虹

派驻第四纪检组

组　长　宋修顺*　夏侯俊涛

派驻第五纪检组

组　长　曲建龙*　张海平*
刘晓宁（女）

派驻第六纪检组

组　长　张丰君*　张黎明

派驻第七纪检组

组　长　谷建萍(女)*　谷永青

驻市公安局纪检组

组　长　彭　兵

驻市卫生健康委纪检组

组　长　鞠爱君(女)*　王新阳

派驻第八纪检组

组　长　宋桂娥(女)*　姜　岩(女)

派驻第九纪检组

组　长　(缺)

【市委巡察办】

主　任　王建华(女)*
梁志杰

第一巡察组组长　臧红芳(女)

第二巡察组组长　由占胜*
刘湫毅

第三巡察组组长　栾国栋

第四巡察组组长　周高洁(女)

第五巡察组组长　陶　全*
戴宗进

【法院、检察院】

威海市中级人民法院

院　长　黄明春

副院长　杨文昌*　邱会军*
宋　光　梁　伟
侯进荣(女)*　申屠青(女)
赵　欣　毕建鹏

威海高技术产业开发区法院

院　长　宫云举

威海经济技术开发区法院

院　长　原永忠

威海市人民检察院

检察长　李　峰

副检察长　孟　莲(女)*　任建波*
毕新状　姜夕同*
刘海波　李洪新　王　衡
曹凌云(女)

威海高技术产业开发区检察院

检察长　姜志芳(女)*　连业文(女)

威海经济技术开发区检察院

检察长　刘万洋

【民主党派】

民革威海市委

主　委　刘德钧

民盟威海市委

主　委　周　宁

民建威海市委

主　委　于国胜

民进威海市委

主　委　陈卫萍(女)

农工党威海市委

主　委　徐　伟(女)

致公党威海市委

主　委　赵广洪

九三学社威海市委

主　委　朱文娟(女)

【群众团体】

总工会

主　席　乔　军

常务副主席　吴宏飞*　肖　怡(女)

中国共产主义青年团威海市委员会

书　记　李　正*　(缺)

妇女联合会

主　席　郝　芳(女)

文学艺术界联合会

主　席　邢　飞

科学技术协会

主　席　宋华东*　葛平修

工商业联合会

主　席　杨　丽(女)*

党组书记　李忠楠*　徐其成

中国国际贸易促进委员会威海市委员会（中国国际商会威海商会）

会　长　邵　伟

市残疾人联合会

党组书记　苗建臣

理事长　陈卫萍(女)

红十字会

会　长　林　强

党组书记　葛平修*　张　勇

常务副会长　葛平修*　张　勇

【市属事业单位、经济组织】

市档案馆

馆　长　周志远*　李世良

市接待事务中心

主　任　李世良*　于洪涛

市新闻传媒中心（威海传媒集团）

主　任　孙　东

威海日报社（威海报业传媒集团）
社　长　鞠宏宇*
市老年大学
校　长　刘　杰
中共威海市委党校
校　长　闫剑波
副校长　许祖强*　王绍臣*
　　　　尹玉翠(女)　王肖杰
　　　　秦立兴　王明勇　尹兴山
市行政学院
院　长　（缺）
副院长　孙　明*　（缺）
市社会主义学院
院　长　（缺）
市新闻传媒中心（威海传媒集团有限公司）
主　任　孙　东
胶东（威海）党性教育基地管理办公室
主　任　楚茂滨
市委党史研究院（市地方史志研究院）
院　长　耿祥星*　李庆民
市政府驻北京办事处
主　任　王海民
在京流动党员党委
书　记　王海民
市政府驻济南办事处
主　任　唐大鹏*　刘军利
市口岸事务服务中心
主　任　许英文
市大数据中心
主　任　荆　文
市机关事务服务中心
主　任　王治强
市政府决策研究中心
主　任　杨华卫*　（缺）
市能源事业发展中心
主　任　刘　琰*　卫　玮
山东省文登师范学校
党委书记　黄峻峰*　（缺）
校　　长　韩文斐
山东省威海艺术学校
党委书记　苗　雨*　高淑丽
校　　长　高淑丽(女)*　于明伟
职业中等专业学校
党委书记　连承平*　姜学成
校　　长　朱文娟(女)
科技创新发展中心
主　任　姜松波

市工业和信息化发展中心
主　任　唐文强
财政事业中心
主　任　梁　青*　（缺）
财政管理服务中心
主　任　王以威
公共就业和人才服务中心
主　任　王吉会*　（缺）
社会保险事业中心
主　任　郭良田
自然资源综合服务中心
主　任　于海涛
市住房保障公共服务中心
主　任　刘文杰
市城市管理综合服务中心
主　任　张晓光*　（缺）
市交通运输事务服务中心
主　任　于雪辉*　王大伟
市公路事业发展中心
主　任　吴　锋*　刘来宝
市水利事务服务中心
主　任　刘建国*　于常旺
市农业农村事务服务中心
主　任　徐发荣*　（缺）
市畜牧业发展中心
主　任　刘正杰
海洋发展研究院
院　长　程　剑
市疾病控制中心
党委书记　毕春光*　杨正辉
市立医院
党委书记　林治军*　王永池
院　　长　李振光
市中心医院
党委书记　黄峻峰
院　　长　隋海明*　（缺）
市中医院
党委书记　邹东明
院　　长　孙建新*　（缺）
市妇幼保健院（市妇女儿童医院）
党委书记　丁甫春
院　　长　张恩东
市体育运动学校
党总支书记　于年洪
校　　长　李小谦*　刘万强
市供销合作社联合社
主　　任　刘　鹏*　刘　青
监事会主任　李　珣
威海仲裁委员会秘书处
党组书记　倪国良
秘 书 长　于国胜

市广播电视台（威海广电传媒集团）
台　长　孙　东*
刘公岛管理委员会（市景区管理行政执法局）
党委书记　刘　震
主　　任　周德刚
局　　长　徐焱明
市住房公积金管理中心
主　任　宋　斌
威海职业学院（市技术学院）
党委书记　李耀华
院　　长　徐东晖
副 书 记　徐东晖　李建刚*
　　　　　李英春
副 院 长　孙忠峰*　董　先*
　　　　　陶崴嵬　车信超
　　　　　从迎九
纪委书记　从培明*　鞠爱君
威海海洋职业学院
党委书记　刘勤显*　吴宏飞
院　　长　张宗军*　王星淘
副 书 记　张宗军*　王星淘
　　　　　周承凯
副 院 长　王星淘*　王乾亮
　　　　　马永涛　张华芹
纪委书记　王树春*　谷建萍
威海技师学院
党委书记　姜茂徐
院　　长　石曰众*　柯学民
副 书 记　石曰众*　柯学民
　　　　　唐大鹏
副 院 长　程学兵*　李　宁
　　　　　龙新海*　徐连敏
　　　　　刘　琰
纪委书记　杨　君*　孙郁晓

【区、市】

中国共产党威海市环翠区委员会
书　记　张　刚
副书记　于晓东　于晓光（女）
常　委　张　刚　于晓东
　　　　于晓光（女）　张　勇*
　　　　沈燕萍（女）*　张海平
　　　　尹振山　张元波　王　志
　　　　刘永胜　郑　磊　王海刚
　　　　邹　伟
威海市环翠区人民代表大会常务委员会
主　任　孙　军
副主任　黄式璞　韩　静(女)
邹　杰　沙建强　陈英欣

威海市环翠区人民政府
区　长　于晓东
副区长　张元波　刘永胜
　　　　刘　斌* 王文萍（女）*
　　　　崔军强　邹　伟*
　　　　刘　帅（科技副区长）
　　　　李静茹（女）张明玺
　　　　毕晓波
政协威海市环翠区委员会
主　席　孙青松（女）
副主席　林青松　邓　洁（女）
　　　　于　超　宋　崴（女）
中国共产党威海市环翠区纪律检查委员会
书　记　张　勇
环翠区监察委员会
主　任　张　勇*　张海平

中国共产党威海市文登区委员会
书　记　乔新跃
副书记　单浩仁　刘　军
常　委　乔新跃　单浩仁　刘　军
　　　　张晓威　韩　帅*
　　　　刘新伟*　岳欣茹（女）*
　　　　刘　超（挂职）*　高桂阳
　　　　宋国华　周佳俊*　李延飞
　　　　杨波涛　刘希杰
　　　　林　蓉（女，挂职）
　　　　高怡菲(女)　刘兆垒
威海市文登区人民代表大会常务委员会
主　任　张建亭
副主任　王丽珍（女）王江炜
　　　　徐文建　姜福军　邢利明
威海市文登区人民政府
区　长　单浩仁
副区长　刘新伟*　李延飞
　　　　刘　超（挂职）* 宋国华*
　　　　尹　剑*　刘希杰
　　　　林　蓉（女 挂职）
　　　　刘兆垒*　顾甜甜（女）
　　　　吴彦超（科技副区长）
　　　　王建超　　秦浩舰
政协威海市文登区委员会
主　席　姜全文
副主席　刘　丽（女）杨学文
　　　　黄梅花（女）姜红江
　　　　王基杰
中国共产党威海市文登区纪律检查委员会
书　记　韩　帅*　宋国华

文登区监察委员会
主　任　韩　帅*　宋国华（代理）

中国共产党荣成市委员会
书　记　徐　明
副书记　郑跃文　申万兵*　刘明君
常　委　徐　明　郑跃文　申万兵*
　　　　刘明君　刘熙军　王得志
　　　　张　辉（挂职）* 张月明*
　　　　隋艳秋（女）　胡留生
　　　　刘华杰　李彦伟
　　　　王　君（挂职）　侯立尧
荣成市人民代表大会常务委员会
主　任　王洪晓
副主任　李洪霞（女）郭光远
　　　　田永霞（女）王志勇
　　　　张　威
荣成市人民政府
市　长　郑跃文
副市长　王得志　张　辉（挂职）*
　　　　刘华杰　王　君（挂职）
　　　　白雪松　戚　媚（女）
　　　　刘全良　王曙光*
　　　　姚圣杰(科技副市长)
　　　　宋伟锋
政协荣成市委员会
主　席　王　刚
副主席　李文海　王继静（女）
　　　　武华锋　王立新
中国共产党荣成市纪律检查委员会
书　记　张月明*
荣成市监察委员会
主　任　张月明*

中国共产党乳山市委员会
书　记　刘奎忠
副书记　王大治　李映华
常　委　刘奎忠　王大治　李映华
　　　　卫　玮* 刘建忠　刘培根
　　　　杨东鹤* 鞠鹏飞*
　　　　张兴武（挂职）*　姜春龙
　　　　孟凡勇* 巩　勋
　　　　鞠红燕（女）
　　　　田素青（挂职）　商小兵
　　　　张本成
乳山市人民代表大会常务委员会
主　任　李国徽
副主任　焉　涛　宫洪霞（女）
　　　　姚　飞　王世建　姜泽景
乳山市人民政府
市　长　王大治
副市长　卫　玮*　刘培根
　　　　张兴武（挂职）*
　　　　田素青（挂职）
　　　　姜春龙*　刘　新*
　　　　殷　静（女）　宋　磊*
　　　　李庆龙
　　　　刘海霞（女　科技副市长）
　　　　王基祥
政协乳山市委员会
主　席　许　鹏
副主席　张　平　李新权　丛宝云*
　　　　侯常青　马洪强
　　　　姜　华（女）
中国共产党乳山市纪律检查委员会
书　记　杨东鹤*　巩　勋
乳山市监察委员会
主　任　杨东鹤*　巩　勋（代理）
（中共威海市委组织部提供）

【中央、省驻威海单位】

威海市国家安全局
局　长　马　群
威海市气象局
局　长　于志青
国家税务总局威海市税务局
局　长　丛　琳
中华人民共和国威海海关
关　长　张东方*　赵　旸
中华人民共和国荣成海关
关　长　王吉宏
中华人民共和国威海海事局
局　长　张向上*　赵　耀
山东省威海船舶技术服务中心
主　任　王曙明
威海市邮政管理局
局　长　于　洋
中国邮政集团公司威海市分公司
总经理　裴周轶
中国联合网络通信有限公司威海分公司
总经理　宋文杰
中国移动通信集团山东有限公司威海分公司
总经理　王成杰* 孙凤华
中国电信股份有限公司威海分公司
总经理　张西峰
国网威海供电公司
总 经 理　陈志勇
党委书记　王志忠
国家金融监督管理总局威海监管分局
局　长　刘兰设

中国人民银行威海市中心支行
行　长　关志勇
中国农业发展银行威海市分行
行　长　万鲁峰
中国工商银行股份有限公司威海分行
行　长　鞠　雷
中国农业银行威海分行
行 长　孔令军
中国银行股份有限公司威海分行
行 长　丁瑞梁
中国建设银行股份有限公司
威海分行
行 长　李海建
中国邮政储蓄银行威海市分行
行 长　赵 林
交通银行股份有限公司威海分行
行 长　姜 宏
山东省农村信用社联合社
威海审计中心
主 任　苏明军
威海市商业银行
董事长　谭先国
行　长　孟东晓
监事长　邓　卫
山东威海农村商业银行股份有限
公司（威海农商银行）
董事长　刘韶伟
中国人民财产保险股份有限公司
威海市分公司
总经理　王祝炜
中国人寿保险股份有限公司
威海分公司
总经理　王秀泰
威海市烟草专卖局(公司)
局长(总经理)　张敬全

中国石化销售有限公司
山东威海石油分公司
党委书记、总经理　郭 楠*　刘卫华
中国石油天然气股份有限公司
山东威海销售分公司
经　理　王乃忠
华能威海发电有限责任公司
党委书记、执行董事　吴建国
厂长 、党委副书记　付　宁
山东省威海体育训练中心
主 任　谷永波
山东大学（威海）
党 工 委书记　尹作升
党工委副书记　李振奎　杜言敏*
周慧如
校　　长　刘建亚
副　校　长　赵玉璞　刘 海
夏利东　肖金明
哈尔滨工业大学(威海)
校　　长　徐晓飞
党委 书 记　张淑娣
党委副书记　王建文　赵国亮
王彦岩
副　校　长　钟诗胜　赵国亮
张文丛　姜永远
纪 委 书 记　王建文
山东药品食品职业学院
党 委 书 记　刘玉东*　李忠祥
院　　长　张 晖(女)
党委副书记　许学新
副　院　长　李淑霞(女)*
贾　强*　杜进元*
刘恒开　丛淑芹
王华丽
纪 委 书 记　车献庆*　孙学朋

山东交通学院威海校区党建工作
领导小组
组　　长　姜华平
山东外事职业大学
党委书记　徐东升
校　　长　孙承武
常务校长　刘先义
党委副书记、副校长
李恒强(主持工作)
副校长　张介公　王 建　孙彤宇
魏伯河
哈尔滨理工大学荣成校区
党　委　书　记　张立双
院长兼党委副书记　段宏伟
党　委　副　书　记　赵运平
副　　院　　长　杜　野　刘云峰
沈俊峰　董晶颢
北京交通大学（威海）
管委会主任　关忠良
党委书记、管委会副主任　孙文博
管 委 会 常 务 副 主 任　刘　颖
党委副书记、管委会副主任　李香山
林万梁
管　委　会　副　主　任　白延雷
肖贵平
山东铝业职业学院威海校区
院　　　　长　杜树宇
党委书记、常务副院长　李　波
党委副书记、纪委书记　贾永臣
副　　院　　长　王　磊
周焕启

说明：* 表示年内离任

（各相关单位提供）
编辑　闫拥军

中国共产党威海市委员会

综　述

【概况】 2023年，中国共产党威海市委员会坚持以习近平新时代中国特色社会主义思想为指导，把“威海要向精致城市方向发展”作为总目标、总方向、总遵循，树立“大抓经济”鲜明导向，坚定不移推动高质量发展，全域打造精致城市，持续增进民生福祉，切实守牢安全底线，“精致城市·幸福威海”建设实现新突破。

【机构设置】 中国共产党威海市第十六届委员会于2022年2月产生，任期5年。至2023年底，实有委员48人、候补委员9人，常务委员会委员10人。市委设置市纪律检查委员会监察委员会机关和市委办公室［市档案局、市委保密委员会办公室（市国家保密局）］、市委机要局（市密码管理局）、市委组织部（市委非公有制经济和社会组织工作委员会、市公务员局）、市委宣传部（市政府新闻办公室、市精神文明建设委员会办公室）、市委统一战线工作部（市民族宗教事务局、市政府侨务办公室）、市委政法委员会、市委政策研究室（市委全面深化改革委员会办公室）、市委网络安全和信息化委员会办公室（市互联网信息办公室）、市委机构编制委员会办公室、市委台港澳工作办公室（市政府台港澳事务办公室、市海峡两岸交流基地管理办公室）、市委市直机关工作委员会、市委巡察工作领导小组办公室、市委老干部局。

重要会议、决策和部署

【全市2023年工作动员大会】 1月28日召开。会议以习近平新时代中国特色社会主义思想为指导，深入学习贯彻中共二十大精神，全面落实中央决策部署和省委工作要求，表扬2022年度全市高质量发展突出贡献企业、单位和个人，动员全市上下埋头苦干，大抓经济，踔厉奋发，勇争一流，积极全面融入山东绿色低碳高质量发展先行区建设，全力打造共同富裕先行区，不断开创“精致城市·幸福威海”建设新局面，争当新时代社会主义现代化强省建设排头兵，努力为全省全国发展大局作出更多威海贡献。

【市委农村工作会议】 2月2日召开。会议以习近平新时代中国特色社会主义思想为指导，全面贯彻落实中共二十大精神和中央、省委有关会议精神，总结工作，分析形势，安排部署2023年全市“三农”工作。

【全市推动工业经济高质量发展大会】 2月27日召开。会议深入学习贯彻中共中央总书记习近平关于工业经济发展的重要论述，落实山东省加力提速工业经济高质量发展大会部署，安排部署企业大走访活动，发布解读推动经济高质量发展“1+N”政策文件，动员全市上下牢固树立大抓经济的鲜明导向，把工业经济摆在更加突出的位置，上下一心、埋头苦干，加快提振工业经济，推动全市经济高质量发展。

【全国文明城市创建暨国家卫生城市复审工作动员会议】 3月22日召开。会议围绕全国文明城市创建暨国家卫生城市复审工作，通报问题、明确责任、部署任务，动员全市上下认清形势任务，坚持问题导向，真抓实干，坚决打赢两城创建攻坚战。

【全市统筹发展和安全工作推进会】 3月26日召开。会议总结近期工作，部署下步任务，强调要突出经济高质量发展这一中心，扎实做好各领域防风险工作，以良好精神状态和过硬作风，推动各项工作不断迈上新台阶。

【全市统筹发展和安全工作推进会】 4月28日召开。会议传达学习省委常委会会议精神，分析研究一季度经济形势，部署下步工作，强调要坚定信心决心，咬紧牙关，埋头苦干，全力以赴大抓经济，严守各项安全底线，确保时间过半、任务过半，为实现全年目标任务打牢基础。

【全市统筹发展和安全工作推进会】 6月9日召开。会议交流外出学习考察体会，研究部署经济工作，安排2023年度考核工作，动员全市上下进一步统一思想、坚定信心，锚定目标任务不动摇，统筹发展和安全，全力以赴推动经济社会高质量发展，努力为全省大局多作贡献。

【全市党风廉政警示教育大会】 7月14日召开。会议深入学习贯彻中共中央总书记习近平关于全面从严治党的重要论述，认真落实全省党风廉政警示教育大会精神，教育引导广大党员干部进一步增强廉洁自律意识和拒腐防变能力，持续营造风清气正、干事创业的良好政治生态，为全市经济社会高质量发展提供坚强保障。

【全市统筹发展和安全工作推进会】 7月30日召开。会议贯彻落实省委十二届四次全会等会议精神，总结上半年工作，分析研判当前形势，研究部署下步工作，动员全市上下进一步统一思想、统一步调，攻坚克难、争先创优，确保圆满完成年度目标任务。

【市生态环境委员会全体会议】 8月15日召开。会议深入贯彻习近平生态文明思想，传达学习中共中央总书记习近平在全国生态环境保护大会上的重要讲话、在首个全国生态日之际作出的重要指示精神，分析形势，查找问题，研究部署下步工作，推动全市生态环境保护工作不断取得新成效。

【全市组织工作会议】 8月30日召开。会议深入学习贯彻习近平新时代中国特色社会主义思想和中共二十大精神，认真落实中共中央总书记习近平关于党的建设的重要思想，按照全国、全省组织工作会议部署，结合威海实际，研究部署全市党的建设和组织工作任务。

【中国共产党威海市第十六届委员会第四次全体会议】 9月4日召开。会议以习近平新时代中国特色社会主义思想为指导，深入贯彻中共二十大精神，认真落实党中央、国务院和省委、省政府关于开发区工作的部署要求，牢固树立大抓经济的鲜明导向，围绕发展实体经济为主的功能定位，以开发区管理制度改革、发展模式创新为主线，以制造业为主体，全域统筹，特色发展，着力推动开发区在产业转型升级、科技自立自强、绿色低碳转型、协调平衡发展、扩大对外开放等方面取得新的更大突破。会议听取和讨论闫剑波受市委常委会委托作的工作报告，审议通过《中共威海市委威海市人民政府关于深化开发区管理制度改革推动开发区高质量发展的实施意见》。

【威海市学习贯彻习近平新时代中国特色社会主义思想主题教育工作会议】 9月14日召开。会议深入学习贯彻中共中央总书记习近平重要讲话精神和党中央决策部署，认真落实省委主题教育第一批总结暨第二批部署会议精神，对全市主题教育工作进行安排部署。

【全市统筹发展和安全工作推进会】 9月25日召开，会议分析研判当前形势，研究部署下步工作，动员全市上下集中精力、埋头苦干，全力以赴完成全年目标任务。

【全市宣传思想文化工作会议】 12月5日召开。会议以习近平新时代中国特色社会主义思想为指导，深入学习贯彻中共二十大精神和习近平文化思想，落实全国、全省宣传思想文化工作会议精神，研究部署全市宣传思想文化工作。

【全市重点项目观摩总结会议】 11月3日—5日，威海市举行2023年重点项目观摩并召开会议，动员全市上下进一步增强信心，激发干劲，相互学习，凝聚合力，全力以赴攻坚冲刺，确保完成全年目标任务。

【威海市学习贯彻习近平新时代中国特色社会主义思想主题教育工作推进会议】 11月15日召开。会议深入学习贯彻中共中央总书记习近平关于主题教育的重要讲话和重要指示批示精神，认真落实全省第二批主题教育工作推进会议精神，梳理总结主题教育开展情况，研究部署下步工作，推动全市主题教育不断走深走实。

【全市生态环境保护大会暨美丽威海建设推进会】 12月13日召开。会议以习近平新时代中国特色社会主义思想为指导，深入学习贯彻中共二十大精神和习近平生态文明思想，认真落实全国、全省生态环境保护大会精神，总结经验、分析形势、部署任务，加快建设人与自然和谐共生的“精致城市·幸福威海”。

【中国共产党威海市第十六届委员会第五次全体会议】 12月28日召开。会议以习近平新时代中国特色社会主义思想为指导，深入学习贯彻中央经济工作会议和省委十二届五次全会暨省委经济工作会议精神，听取和讨论闫剑波受市委常委会委托作的工作报告，分析经济形势，研究部署2024年目标任务，审议《关于全市深入开展学习贯彻习近平新时代中国特色社会主义思想主题教育工作情况的报告》。

【重要决策和部署】 2月26日，市委、市政府印发《关于进一步健全激励机制推动经济高质量发展的意见》，对牢固树立大抓经济工作的鲜明导向，引导各级各部门将主要精力放到经济建设上来，在全社会营造凝心聚力谋发展、真抓实干求突破的浓厚氛围作出部署。

3月17日，市委、市政府印发《关于做好2023年全面推进乡村振兴重点工作的实施意见》，对加快建设精致化城乡融合发展先行区，谱写农业农村发展新篇章作出部署。

3月21日，市委、市政府印发《威海市深化新旧动能转换推动绿色低碳高质量发展三年行动计划（2023—2025年）》，对积极融入山东绿色低碳高质量发展先行区建设，全力打造共同富裕先行区，不断开创“精致城市·幸福威海”建设新局面，争当新时代社会主义现代化强省建设排头兵作出部署。

8月25日，市委、市政府印发《威海市优化生育政策促进人口长期均衡发展实施方案》，对实施三孩生育政策及配套支持措施，促进人口长期均衡发展作出部署。

9月14日，市委印发《关于在全市深入开展学习贯彻习近平新时代中国特色社会主义思想主题教育的实施意见》，对在全市深入开展学习贯彻习近平新时代中国特色社会主义思想主题教育作出部署。

（王耀煌）

组织工作

【概况】 2023年，全市组织系统大力倡树“强服务、争第一”的目标理念，强化理论武装，增强党组织政治功能和组织功能，打造高素质干部队伍，以高质量组织工作服务保障经济社会高质量发展。

【理论武装强化】 把开展好学习贯彻习近平新时代中国特色社会主义思想主题教育作为重大政治任务，聚焦“关键少数”，举办读书班4期，开展专题研讨907次，工作经验被中央主题教育工作简报、中央电视台《新闻联播》等宣传，在全省主题教育工作推进会上进行交流，省级以上领导6次给予批示肯定。强化基层理论学习，依托“三会一课”（定期召开支部党员大会、支部委员会、党小组会，按时上好党课）、主题党日等活动载体，发布党性教育红色地图，推出流动课堂、指尖课堂等，组织党员开展研讨交流9500余次、现场教学3590余次，有效推动理论学习全员覆盖。发挥各级党代表、榜样人物、领导干部带头作用，深入阐释习近平新时代中国特色社会主义思想，推进党课教育见效出彩，营造各级党组织深入开展主题教育的浓厚氛围。完善理论学习长效机制，召开全市组织工作会议，深入学习贯彻中共中央总书记习近平关于党的建设和组织工作的重要指示精神，举办全市组织系统专题培训班，帮助干部把学习成果转化为工作思路、破题办法。深入实施习近平新时代中国特色社会主义思想凝心铸魂工程，把“学思想”作为干部教育培训的中心内容，在主体班次开设专题单元，引导广大党员干部读原著、学原文、悟原理。完善习近平新时代中国特色社会主义思想课程体系，全面提升山东威海干部学院办学质量，开发“英雄地质队”等相关现场教学课程，打造现场教学点44个，开发教学案例54个，高标准打造民族复兴特色课程体系，举办“民族复兴·红色胶东”座谈会，承接省内外培训60期，培训3650人次。

【高素质干部队伍打造】 落实市委“用站位、用实绩、用口碑、用廉洁”的选人用人导向，持续完善干部选育管用工作体系。

干部队伍建设　常态化开展干部队伍建设专题调研，采取“亮点＋短板”双填报、百企评部门等方式，为干部精准“画像”。市委组织部印发《市管干部政治素质考察办法》，细化正负面清单30条、研判重点12项，实行“定量＋定性”“赋分＋扣分”评价方法，考准考实干部政治素质。优化区（市）及市直部门领导班子结构，完成高职高专院校党委换届工作，一批担当作为、实绩突出的干部得到提拔重用，市管干部交流轮岗比例常态化保持在30%左右。印发《大力培养选拔优秀年轻干部的若干措施》，建立年轻干部“谋选育管用督”全链条工作机制，探索年轻干部配备“红橙蓝绿”监督预警机制，建立300余名涵盖各层次的后备干部库。

干部素质提升　实施“推动高质量发展行家里手”培育工程，围绕“精致城市·幸福威海”建设、共同富裕先行区打造、绿色低碳高质量发展等主题，举办各类班次49期，培训1.7万人次。实施“双向历练”计划，选派115名优秀年轻干部在市直部门、区（市）和镇（街道）挂职锻炼，组织197名到村任职选调生开展“筑梦乡村”行动、“我为乡村代言”活动，提升实战能力。

干部监督激励　构建省市顺接、一体联动的考核体系，突出省考首位度和群众满意度，建立“固定联系人＋常态化走访＋集中入户遍访”满意度提升机制，将考核成绩与干部选拔使用、职级晋升有效挂钩。突出公务员职级激励作用，市、区（市）联动开展基层较高职级专项晋升行动，警员职级择优晋升经验在《组工参阅》刊发，省政府分管负责人作出肯定批示。公务员分级分类考核做法在中共中央组织部研讨班上进行交流。从严约束强化日常监管，发挥干部监督联席会议、信访举报等预警作用，及时收集涉及市管干部负面信息，对存在苗头性、倾向性问题的干部及时予以提醒。开展选人用人工作易发多发问题集中排查整改、干部人事档案有关问题专项整治，“全周期”做好个人有关事项报告工作，提升选人用人工作规范性。开展打击诬告陷害和澄清正名工作，加大信访举报“一信双查”力度（在对有关信访举报问题调查过程中，既依规依纪依法对被举报人进行调查，又依据有关规定对涉嫌诬告陷害他人的举报人进行调查，并根据调查结果，分别对被举报人和举报人作出相应处理的信访举报处置方式），保护干部担当作为积极性。

【党建战斗堡垒建设】 围绕增强党组织政治功能和组织功能，扎实做好抓基层、强基础、固基本工作。至年底，全市有基层党组织1.13万个、党员23.59万人。

“支部争星、党员争先”工作　开展党支部标准化规范化建设，分类推进党支部评星定级，对1839个五星级党支部进行资金奖补，对32个二星级以下党支部进行整顿。严把源头关和程序关，储备积极分子1.9万名，印发新业态新就业群体发展党员15条措施，承办全省入党积极分子示范培训班。健全党员教育标准体系，印发镇（街道）党校建设运行手册，分级组建师资课程库，储备优秀师资1000余名、课程1200余堂，3所镇（街道）党校获评省级重点校，6个基地获评省级党员教育现场教学基地。实施党员分类量化积分管理，开展“有困难找党员”等活动，帮助群众解决问题6572个，打造流动党员驿站8个，5人入选省级“发现榜样”名单。

乡村振兴促进　开展村党组织建设“全面规范年”行动，倒排百个“强基”村、百个“示范”和“创优”村推动整体“晋位”。以全省村党组织“跨村联建”重点跟踪指导市建设为契机，按照自然融合、强村带动、资源统筹、产业拉动等类型，在59个涉农镇（街道）组建联合党组织72个，以组织联建带动产业联营、治理联抓、服务联享。推进村干部“威雁竞飞”工程，印发加强村干部队伍建设15条举措，推动2300余名村干部免费接受大中专教育。330个村纳入省“万村共富”计划，落实上级资金4450万元，建成产业项目32个。完成新一轮第一书记和市直部门单位联系村轮换工作，选派第一书记515名，打造红色美丽村庄2个，带动集体收入超过20万元的村达50%。

城市基层治理效能提升　开展社区网格党组织集中覆盖行动，试点推广“契约化+信用”治理模式，深化“吹哨报到”“接诉即办”和“两库两组”志愿体系建设，化解矛盾纠纷23.8万件。举办“红色物业赋能高效治理”主题论坛，试点推进社区和国企领办物业模式，确定40个难点小区开展百日攻坚行动，6个项目入选“齐鲁红色物业”星级项目，红色物业做法被《党建研究》刊发。实施“威海红帆”两新组织党建计划，开展新兴领域党的组织覆盖质量不高问题专项整治，新建“两新”（新经济组织和新社会组织）党组织364个，规模以上企业党组织覆盖率达92%。实施“红心强基”攻坚行动，整体推进园区、商圈、市场等党建工作，省级以上园区全部配备5名以上专职党务工作者，印发加强商会党建工作的指导意见，举行“威商同行”党建品牌创建启动仪式。实施“红链赋能”提升行动，创新“产业链+”党建模式，推动延链、补链、强链。承办全省县级两新组织党建工作示范点党员出资人培训班、个体私营企业党建指导员培训班。

【人才集聚格局构建】　深入实施人才兴威战略，全面强化人才引育创新，推动人才资源和创新要素充分汇聚。

党管人才工作机制优化　召开市委人才工作领导小组会议，印发优化党管人才工作运行机制、完善领导小组议事内容程序等文件，建立领导小组运行情况报备制度，推动重点用人单位实现党的人才工作领导机构全覆盖。发挥市、区（市）两级党委书记带头作用，每人牵头实施人才工作项目1个，强化“引育用留”机制创新。完善督导考核机制，差异化设定区（市）年度目标任务，指导29个小组成员单位分类开展人才工作和服务品牌创建活动。建立人才重点工作推进情况、人才引育目标进展情况“两本台账”，实行纵横结合的联系发动和跟踪服务机制，合力突破海外人才引进、人才载体建设等重点工作。

人才兴威战略布局完善　打造以威海火炬高技术产业开发区为核心区，医疗器械、新材料、电子信息3个产业人才集聚区为骨干的人才引领先行区，威海市获评全省人才集聚节点建设城市。印发“新时代威海英才工程”人才政策20条，建立顶尖人才“一事一议”、头部企业“一企一策”等定制化支持措施，完善“配额制”“举荐制”等激励机制。探索以人才为引领的医疗器械产业链“四链”融合机制，开展“融链”对接活动60余场、解决技术需求288项。

产业人才精准引育　建立健全人才项目培育服务机制，17人入选国家级人才项目。实施“系列活动+总结展示”办会模式，举办2023中国威海·国际英才创新创业大会等专业化引才活动30余场。探索“科技副总”挂职模式，推动人才引育跨区协作，实施校企联合项目30余个。举办“郭永怀之星”医疗器械创新创业大赛暨第五届中韩创新大赛中国区赛等，参加全国博士后创新创业大赛，获奖数量居全省第1位。

最优人才发展生态塑造　优化人才政策与服务“五进”（进企业、进高校、进平台、进园区、进商圈）机制，面对面解读政策1500余次。探索人才工作市场化社会化路径，建立人才协会活动基地，举办经营管理人才南方研学等培训活动，“建立英才卡预配发机制助力双招双引”工作经验在全省推广，全国专家服务工作现场会在威海市召开。打造“威才融”人才金融品牌，260家企业纳入“人才贷”保障范围，9家人才企业获得股权投资1.45亿元。延伸青年人才实习补贴、购房补贴支持链条，打造青年发展友好镇（街道）10个、青年驿站24处，新引进青年人才2万余人，威海市列中国最具“95后”人才吸引力城市第43位。

（栾　鑫）

宣传工作

【概况】　2023年，全市宣传思想文化战线深入学习贯彻习近平文化思想，按照“所有工作都要坚守底线，所有工作都要创先争优，所有工作都要服务和促进全市经济社会发展”总体思路，扎实履行举旗帜、聚民心、育新人、兴文化、展形象使命任务，主题宣传、新时代文明实践、文艺精品创作展演等各项工作取得新进展、新成效。

【习近平新时代中国特色社会主义思想学习宣传贯彻】　扎实推进理论学习，推行中心组学习的量化管理、考评，全面落实集体研讨、学习报告等学习机制，市委理论学习中心组集体学习20次，带动全市县级以上理论学习中心组学习1400余次，《经济日报》《中国青年报》等刊发威海市理论学习经验文章。强化理论宣传，组织开展习近平新时代中国特色社会主义思想和中共二十大精神等各类宣讲活动1.6万余场次，组织成立威海市校地理论宣讲联盟，培树“天福山女子民兵连”“百人红色宣讲团”等基层宣讲先进典型，红色乳娘宣讲团到北京市、济南市等地宣讲，4个宣讲基地入选山东省新时代党的创新理论宣讲基地，山东省“中国梦·新时代·新使命”百姓宣讲大赛巡回示范宣讲活动在威海市启动。深化研究阐释，在《威海日报》、“山东宣传”和“威海宣传”微信公众号等发表理论文章，威海市广播电视台推出《理响威海》栏目，上线政民互动微访谈栏目73期。

【重大主题宣传】　聚焦中共二十大精神、学习贯彻习近平新时代中国特色社会主义思想主题教育、全市“大抓经济”和“精致城市·幸福威海”建设等重大主题、重大战略、重点工作，组织市域媒体策划播发各类稿件2万余篇，在中央主要媒体上稿1500余篇、省级媒体上稿1.7万余篇。威海精致城市建设情况被《人民日报》、新华社等主流媒体报道。改进提升新闻发布工作，组织召开市级新闻发布会130余场次，并在上海市召开新闻发布会，向全国推介精致城市品牌。

【城市形象宣传】　聚焦精致城市形象和旅游宣传，策划开展“e起来看精致威海”“潮拍千里山海”“畅拍冬日威海”等活动，推出“北极圈威海分圈”“威海冰河世纪”等网络话题，播放量突破

42亿次，“潮拍千里山海”全媒体推广活动获得2023广播电视融媒体营销创新大赛金奖。2023山东春节联欢晚会在威海市录制，全方位宣传展示威海市发展成就、人文情怀和自然风光，全网话题量和播放量达19亿次。策划实施“文化威海”“视听威海”“走读威海”系列项目，推出特色外宣视频460个，开展友城文化交流、外国友人感知威海体验活动等100余次，在海外媒体发稿160余篇，1件作品获得“第三只眼看中国·大美中华”国际短视频大赛优秀作品奖，“讲好中国故事”创意传播大赛颁奖典礼在威海市举行。深化“威海发布”矩阵建设，建立共120人的网络媒体账号队伍，发布信息5000余条，阅读播放量近1亿次。

【文化“两创”与红色基因传承】 落实全省红色基因传承工程和“四廊一线”（沿黄河、沿大运河、沿齐长城、沿黄渤海、沿胶济铁路线）建设部署，初步构建形成覆盖全域的千里海疆爱国主义展示带。梳理爱国主义教育、红色教育阵地资源，遴选确定爱国主义特质鲜明的基地阵地138处，策划推出研学游学精品线路10条、主题教培课程10堂，构建覆盖全域、陆海联动的威海爱国主义教育阵地网络。推进主题教育实践，举办主题宣讲、现场教育、“爱国故事我来讲”等活动7000余场次，编印《爱国基因 薪火相传——威海市爱国主义教育之阵地篇》《威海市爱国主义教育阵地导览图》《爱国习语——习近平总书记这样谈爱国主义》，吸引群众接受教育。加强品牌宣传推介，在报纸、电视等媒体常年开设《千里海疆 爱我国防》等栏目，在山东卫视播出威海市爱国主义教育主题晚会，中央电视台《正午国防军事》栏目宣介威海爱国主义教育工作，“刘公岛开学第一课”入选全国“大思政课”优质资源项目名单，“警钟长鸣 发愤图强”爱国主义教育座谈会在威海市召开，工作经验做法在红色文化论坛上进行交流。

【市民文明素养提升】 开展美德信用“五进”（进机关单位、进村庄社区、进学校家庭、进企业行业、进网络空间）工程，发放《如此生活》读本5000余册，开展美德健康新生活专题培训会和特色活动2700余场，打造美德信用示范商圈和社区10个，各区（市）均入选统筹推进美德山东和信用山东建设试点名单，全省现场推进会在威海市召开。中共威海市委教育工作领导小组、威海市精神文明建设委员会联合印发《关于印发〈威海市实施全环境立德树人加强和改进未成年人思想道德建设工作方案〉的通知》，建立全环境立德树人工作协调机制，优化未成年人成长成才环境，高质量落实立德树人根本任务。年内，开展“扣好人生第一粒扣子”主题教育实践活动5000余场次，获评“中国好人”“山东好人”及省级道德模范46名，获得山东省第十届“国学小名士”中华经典诵读电视大赛团体第2名。

【新时代文明实践】 2023年，全市打造文明实践展示带32条，组织发布“五为”文明实践志愿服务项目1000余个，开展文明实践志愿服务活动8.2万场、“乡村振兴齐鲁样板—村村有好戏”等活动11.8万场，获得省级及以上志愿服务荣誉27个，注册志愿者达84.8万人，占常住人口比例28.9%，成立中央音乐学院新时代文明实践山东威海（环翠）基地，承办中共中央宣传部志愿服务促进中心“强国复兴有我”志愿服务项目，新华网“文明中国”采访团到威海市专题采访。

【文明城市创建】 升格调整文明城市创建工作指挥部，组建专项工作组10个，加强组织领导、日常监管。建立推行学习培训、市级领导分包、日常督导检查等制度机制，实施文明城市创建提升行动，每天进行实地检查，每周进行问题整改“回头看”，每月模拟检查并通报情况，全年整改问题2.8万件。组织研发数字创城平台，开展“文明威海‘啄木鸟’行动”，发布“两城”创建志愿服务项目1000余个，引导广大市民“挑刺”不文明行为2274条。

【群众性文化活动开展】 积极开展文化活动，统筹安排“艺起来闹元宵 迎春艺术嘉年华游园会”“黄河大集‘我们的中国梦’——文化进万家暨威海市冬春文化惠民季系列活动”，山东歌舞剧院文化惠民公益演出、千里山海沙滩音乐节、“5·18国际博物馆日”系列活动和渔民开洋节、谢洋节等文艺活动77项722场次。聚焦群众需求，举办群星大课堂公益性文化辅导培训1500场次，开展“文化进万家”等文化惠民活动4.7万场次，“文艺进万家 健康你我他——与人民同行·2023山东文艺志愿者在行动”在威海市启动，环翠区文化公益创投项目获评基层公共文化服务高质量发展典型案例。举办中央音乐学院第五届“5·23”艺术节——威海市分站系列活动，开展文艺演出、艺术培训等活动66场，助推青少年美育事业发展。

【文艺精品创作展演】 市委宣传部修订《威海市文艺精品扶持奖励专项资金管理办法》，强化文艺精品创作生产激励引导。印发《全市文艺精品创作高质量发展工作安排》，聚力重点文艺作品创作，推出小剧小戏310部，4部作品入选山东省“齐鲁文艺高峰计划”重点项目名单，纪录电影《大洋追鱼记》入选山东省优秀文艺作品入库项目和2023年度国家精品专项资金拟资助项目名单，并获评第十九届中美电影节“年度最佳纪录电影”。

【文化旅游产业发展】 强化重点项目建设，推进重点文旅招商项目60个，2家企业获评省级文化产业示范基地，5个项目入选省新旧动能转换文化创意产业项目库，15个项目入选省文化体验廊道建设重点项目名单。筹办文旅消费活动，举办“黄河大集”680场次，销售额达1.8亿元，开展文化和旅游惠民消费季活动，拉动消费近1000万元。深化“手造”工程，新设“手造”销售专区60个，新认定市级“非遗工坊”16处，组织举办“手造”展销活动90余场次、带货直播60余场次，交易金额逾100万元。加强精准营销，推出精品主题线路20条和网红打卡点100个，举办2023千里山海自驾旅行者大会和G228交旅融合经验交流会，同步推出特色活动60余项，千里山海自驾旅游公路工作经验入选全国文化和旅游标准化示范典型经验名单。

（谭艳华）

统一战线工作

【概况】 2023年，中共威海市委统一战线工作部深入贯彻落实中共中央总书记习近平关于做好新时代党的统一战线工作的重要思想，推动统战工作与中心大局“同频共振”，各项工作取得新成效。威海市获评全国民族团结进步示范市、山东省铸牢中华民族共同体意识示范市，威海市归国华侨联合会获评全国侨联系统先进组织，全省铸牢中华民族共同体意识示范创建试点工作现场会、全省欧美同学会组织建设现场会等在威海市召开，工作经验做法被中共中央统一战线工作部、国家民族事务委员会、省委统一战线工作部等推广40余次，完成协助全国归侨侨眷知识分子国情考察团到威海等考察活动11场次。

【大统战工作格局完善】 健全市委统一战线工作领导小组运行机制，印发工作要点和运行规则，明确重点任务44项，建立闭环处置机制，召开统一战线工作领导小组会议8次，专项领域联席会议16次，市委主要负责人主持研究统一战线工作7次，批示重点领域工作42次，推动印发有关文件15个。市委统一战线工作领导小组办公室强化牵头协调工作，加强各部门的联系沟通，推动各领域统一战线工作创新发展。

【共同思想政治基础筑牢】 深入开展学习贯彻习近平新时代中国特色社会主义思想主题教育，严格执行“第一议题”制度，各民主党派开展政治理论学习80余次。开展“凝心铸魂强根基、团结奋进新征程”主题教育，举办专题培训班、读书班等6次，民营经济人士理想信念教育专题培训班、全市留学归国人员思想理论培训班等5次和“同心公益、温暖基层”等思想引领活动20余次。参与拍摄制作6集大型纪录片《港岛“威警”》（暂定名），纪念威海卫籍警察服务香港100周年。

【民主党派建设】 加强新时代参政党建设，完成中国国民党革命委员会威海市委员会、中国民主促进会威海市委员会的秘书长个别调整工作，协助2个党派完成4个基层组织个别调整工作，完成中国民主同盟威海市委员会有关市直支部、文登区支部、荣成市支部个别调整和南海新区支部新成立工作，基层组织委员会结构进一步优化，成员进一步年轻化。做好民主党派省级层面代表人士初步人选推荐工作，对民主党派市级层面代表人士进行动态调整。

【新型政党制度效能提升】 推进参政议政方面，市委办公室印发2023年度中共威海市委同各民主党派政党协商计划，推动协商民主广泛、多层、制度化发展。各民主党派围绕市委、市政府中心工作开展考察调研，形成高质量调研报告，其中39篇获得市委、市政府主要负责人批示。市委、市政府主要负责人主持召开民主协商会、征求意见座谈会6次，市委、市政府其他负责人主持召开政党协商会议9次，市委、市政府办公室书面征求民主党派意见建议12次，反馈协商事项24次。推进民主监督方面，各民主党派围绕重点改革事项开展专项民主监督，7个民主党派形成专项民主监督报告14篇，获得市委、市政府主要领导人批示。全年反馈民主监督事项16次。

【民族团结进步事业】 构建全链条宣传教育体系、一体化共同富裕体系、全方位互嵌融居体系、社会化综合治理体系、系统性研判应对体系，实施“五项工程”（精神家园共筑工程、发展成果共享工程、民族和谐共建工程、民族事务共治工程、风险隐患共防工程），有效铸牢中华民族共同体意识。探索铸牢中华民族共同体意识示范创建“威海路径”，承办全省铸牢中华民族共同体意识示范创建试点工作现场会并交流工作经验做法。开展全市第23个民族团结进步宣传月活动，引导各族群众共同团结奋斗、共同繁荣发展。召开“道中华·威海行”启动仪式，打造历史之旅、红色之旅、生态之旅、海洋之旅4条路线，促进各民族交往交流交融。提升“爱心拉面”“文登妈妈”“榴铸童心”等民族工作品牌引领效应，有效促进民族团结进步。

【宗教工作】 成立威海市佛教中国化研究中心，打造宗教普法宣传教育基地、宗教界文化交流品牌20个。聚焦基层宗教问题，组织干部现场办公500余次，印发管理制度8项，成效明显。稳妥有序完成6个市级宗教团体换届工作，依法管理宗教事务。组织宗教界人士开展中华优秀传统文化浸润行动，打造传统文化工作室7个，举办特色活动29场次。

【党外知识分子和新的社会阶层人士统战工作】 在全市74个镇（街道）成立新的社会阶层人士联谊会分会，实现全市基层新阶层联谊组织全覆盖。推行联谊组织会长轮值制度，提升组织运行效率和社会化运营能力。组织新的社会阶层人士举办“6·18惠民季”和“社组联·双惠月”活动，有200余家企业参与活动，拉动消费8000余万元。建立无党派人士入选数据库、国有企业和中学党外知识分子数据库，完善新媒体负责人、网络评论员和网络宣传员3支骨干队伍建设，新认定无党派人士25名，吸纳新媒体协会会长等10人到新阶层联谊组织。推动国有企业和中学党外知识分子统战工作，开展“百名专家教授联百企”和“知联乡村行”品牌活动。

【留学归国人员统战工作】 组织半导体、医疗健康、人工智能等领域的19名专家开展行业专题活动9次，市欧美同学会秘书处引进俄罗斯专家1名、留学人才17名。欧美同学会总会报道威海市留学归国人员统战工作6次，全省欧美同学会组织建设现场会在威海市召开，威海市典型经验在全省推广。年内，实现行政区域欧美同学会组织全覆盖，郭永怀事迹陈列馆获评山东省欧美同学会（山东省留学人员联谊会）爱国主义教育基地，荣成科技创业园获评山东省欧美同学会（山东省留学人员联谊会）留学人员创新创业基地。

【统战队伍调研】 对统一战线领域人员队伍状况、政策落实情况及存在问题等进行专题调研，召开工作推进会4次，查阅档案材料10余次，对2000余名党外代表人士进行统计建档，全面系统掌握全市统战领域人员队伍建设情况，推动统一战线干部队伍、党外代表人士队伍建设良性发展。

【民营经济统战工作】 组织“话乡情、谋发展”异地威海商会会长恳谈会等活动9场，着力提升企业发展信心。成立由18位经济领域专家组成的专家智库，围绕民营企业参与重点产业链建设、“专精特新”中小企业发展等开展专题调研，提报意见建议67条。

【港澳统战工作】 完成香港威海同乡会换届工作，注册成立澳门威海联谊会。组织开展香港专业人士威海行活动，邀请香港建筑测量、规划设计等领域10名专家学者到威海市交流，组织香港威海卫警察参访团到威海市返乡省亲。加强威海和香港、澳门间交流合作，澳门青洲中学与威海城里中学、香港孔圣堂中学与威海环翠中学签订姊妹学校协议。

【海外统战工作】 开展“邀请侨商看威海”“新年听侨声 一起向未来”、归侨侨眷知识分子国情考察、侨法宣传等涉侨活动100余场次，联络接待海外侨胞200余人次，接待重点团组39个，支持13个侨团开展和谐侨社建设，与3个海外侨团签订海外引资引智工作联络站协议，随团出访1次。指导文登区张家产镇张家产村开办“侨香花饽饽”企业，举办“为民办实事 金秋送健康”义诊、“侨联暖巢”关爱“空巢老人”行动，落实澳大利亚“魏基成天籁列车”捐赠助听器360台。

【“同心工程”实施】 创新实施“六大同心工程”（同心汇智、同心共创、同心暖企、同心发展、同心共富、同心和谐），推动统战工作与中心大局同向发力。同心汇智工程方面，实施议政建言“2+6+N”工程，确定重点调研课题方向，常态化开展建言献策活动。同心共创工程方面，汇聚创新资源，打造党外知识分子实践创新基地、归国留学人员创新创业基地等9个，促成专家团队与企业协同攻关项目153项。同心暖企工程方面，加大优秀企业家培养力度，推荐38名优秀民营企业家进入市级工商联（总商会）领导班子，推选270名民营经济代表人士担任人大代表和政协委员，表彰优秀中国特色社会主义事业建设者5名。同心发展工程方面，开展招商引资竞赛，印发招商引资考核办法，召开督导推进会，开展招商引资活动，全年全市统一战线系统开展招商引资、招才引智活动56次。参加山东省华商企业科技创新合作交流会，签约项目4个，投资总额50.3亿元。承办山东半导体商会一届六次理事会、2023山东半导体商会年会，半导体行业专家、企业代表等200余人参加会议。同心共富工程方面，开展“万企兴万村”活动，引导民营企业投入资金19亿元，帮助406个村打造“兴村”项目624个。依托“同心e联”等新阶层实践创新基地，开展惠农直播400余场，帮助销售农产品3000余吨，带动增收3800余万元。同心和谐工程方面，深入推进铸牢中华民族共同体意识示范创建，“榴铸童心”“三学六同”（笃学爱国、善学文化、乐学规矩，同工同酬、同吃同住、同心同德）等经验做法被中共中央统一战线工作部、国家民族事务委员会推广。

（王现茂）

政策研究

【概况】 2023年，中共威海市委政策研究室聚焦全市中心大局，树牢“大抓经济”鲜明导向，立足“大参谋、大服务、大落实”定位，认真履行文字服务、调查研究、信息服务等职能，推动各项工作取得新进步。

【文字服务】 高标准做好文字服务，坚持“身在兵位、胸为帅谋”，自觉站在市委高度和全市大局思考谋划各项工作，与市委办公室共同起草各类文稿710余篇。高质量完成中国共产党威海市第十六届委员会第五次全体会议、全市绿色低碳高质量发展动员大会、全市宣传思想文化工作会议、全市生态环境保护大会及全市统筹发展和安全工作推进会等会议的文字服务工作。完成威海市学习贯彻习近平新时代中国特色社会主义思想主题教育工作推进会议、主题教育调研成果交流暨典型案例剖析会、主题教育读书班、巡视整改专题民主生活会等的文字服务工作。起草学习贯彻中共中央总书记习近平视察威海重要指示精神情况等报告，做好市委常委会会议、市委理论学习中心组集体学习、议事协调机构会议、各类专题会议等的常规性综合文字服务工作。

【调查研究】 坚持把调查研究作为做好工作的基本功，推动全市调查研究常态化制度化，切实用调查研究促作风转变、促能力提升、促科学决策、促问题解决、促工作落实。起草《关于在全市大兴调查研究的实施方案》和《中共威海市委常委会调查研究方案》，确定20个方面的重点调研课题，全市县处级干部认领调研课题957个。组织各级各部门深入开展“百题调研”，收集调研成果270余篇，开展优秀调研成果评选活动。组织中共威海市委党校、驻威海高校和市直有关部门开展联合调研8次，做好“借脑引智”工作。围绕“小店经济”、机器人产业、交通物流成本、农村集体经济、新型研发机构等开展调研，形成《决策参考》14期，其中12期获得市委、市政府主要负责人批示。编发《谋事之基》，促进全市优秀调研成果交流转化运用。

【信息服务】 高质量办好《威海通讯》，突出政治属性和服务功能，在办好工作交流、调查思考、基层经验固定栏目的基础上，精心策划“一期一专栏”，开设《大抓经济》《招商引资》《推动绿色低碳高质量发展》《增进民生福祉》《企业大走访》《全面深化改革》等专栏，累计编发12期、稿件240余篇。

（刘东国）

网络安全和信息化工作

【概况】 2023年，中共威海市委网络安全与信息化委员会办公室（简称市委网信办）扎实做好网络舆情应对处置、网络综合治理、网络正能量传播引导、网络安全保障和信息化驱动引领等工作，推动网络安全与信息化事业高质量发展。

【网络内容治理】 发挥网络舆论引导正向作用，营造良好的网上舆论氛围。严格规范传播秩序，开展新闻单位年终考核、互联网新闻信息服务单位资质审查和社会效益评价考核，加强网络从业人员管理，开展威海市政务新媒体排查整治专项行动、全市党政机关微信、钉钉等互联网工作群组清理工作，有效破除“指尖上的形式主义”。推进“1+4+N”涉网管理部门联合执法，关闭涉黄、涉赌违法违规网站110家。用好市互联网违法和不良信息举报平台、辟谣平台，坚决治理网上有害信息。开展“清朗”系列专项行动，有效保障网络空间“天朗气清”。

【网上正能量传播引导】 持续做好习近平新时代中国特色社会主义思想网上宣传，总阅读量达1亿次，刊发贯彻落实中共二十大精神经验做法等报道900余篇。做好“网络中国节”系列主题宣传，承办“解码‘小巨人’——专精特新看中国”网络主题宣传活动启动仪式，组织“e起来看精致威海”“被威海人暖到的瞬间”话题挑战赛，总阅读量13亿次。策划文化“两创”网络主题宣传，开展“‘绿’动齐鲁‘碳’路未来”“蔚蓝计划‘海’好有你”网络主题创作活动，组织“好网民·在威海”榜样人物评选，推选“中国好故事”网络国际传播作品，推动正能量实现“大流量”。开展2023年网络安全宣传周威海市活动，提升全民网络安全意识和技能。成立威海市新媒体协会，搭建自媒体活动平台，举办2023年度威海网络盛典，打造品牌盛典活动。召开网络名人座谈会，组织线上线下宣传活动，引导网络名人担当正能量的宣传者和传递者。

【网络安全保障】 加大网络安全检查排查力度，开展网络安全走基层暨联合检查、网络安全工作责任制检查评估，建立党政部门数字化外包网络安全能力评估机制、网络安全和信息化审计联动协作机制，组织开展重点民营企业专项排查、网页篡改专项排查和区（市）重要系统专项排查，整改风险漏洞97项。举办网络安全攻防演练、应急演练，开展突发事件桌面推演，提升全市应急处置能力水平。加强网络安全人才队伍建设，威海火炬高技术产业开发区获评山东省网络安全人才与创新基地，组织网络安全宣传周威海市活动、“技能兴威”网络安全职业技能竞赛，打造网络安全社会实践基地、主题社区、主题广场、主题公园，推动形成网络安全人才培养、技术创新、产业发展的良性生态。开展常态化安全防护，建立网络安全领域目标清单、风险清单、防范化解措施清单、责任清单，做到动态管理、整改销号。编写《网络安全事件隐患防范应对指南》，指导各部门做好风险防范。完成网络安全协调指挥平台二期扩容项目，提升网页篡改、移动App监管能力。

【信息化发展】 推进全民数字素养与技能提升，开展提升月活动，打造数字素养主题公园，威海职业学院（威海市技术学院）获评全省全民数字素养与技能培训基地。开展全市信息化发展水平评估，对全市信息基础设施建设、数字经济发展、数字政府建设、数字社会治理等方面进行全面评估。推进数字乡村建设，做好省级数字乡村试点终期评估验收，加强数字乡村试点宣传推广。完善数据安全和个人信息保护，采取实地督导、现场观摩等方式，对重点领域进行数据安全专项检查。围绕安全使用手机App、防范个人信息泄露、法律法规宣传普及等方面，制作系列宣传短视频，增强社会公众的数据安全意识。做好企业申报数据出境安全评估，捷普电子（威海）有限公司通过国家数据出境安全评估。

【威海市新媒体协会成立】 4月6日，威海市新媒体协会成立，旨在规范网络秩序、优化网络环境，团结带领广大新媒体从业人士，做大做强主流舆论，推进全市新媒体行业健康快速发展。协会成立后，积极搭建活动平台，召开网络名人工作座谈会3次，组织协会成员、“网络大V”参与潮拍千里山海、“e起来看精致威海”、“千里山海自驾旅游公路”直播月、城市烟火气宣传等主题宣传活动20余场次，相关话题播放量超20亿次。至年底，协会会员达106家（人）、总粉丝量超过1.1亿人，涵盖政务媒体、文旅企业、影视传媒、电商直播等领域，覆盖今日头条、抖音、微博等社交平台。

（汤鹏飞）

机构编制工作

【概况】 2023年，中共威海市委机构编制委员会办公室（简称市委编办）突出大抓经济鲜明导向，主动融入和服务全市中心工作，聚力机构改革、完善体制、优化职能、创新管理、统筹资源，各项工作取得新成效。

【经济发展服务】 围绕“大抓经济”鲜明导向，开展经济部门大调研大走访活动，会商解决14个经济部门职能运行、协同分工等问题31项，厘清新兴行业领域职责分工27项，促进新兴业态健康发展。优化完善开发区管理体制、机构职能，编制开发区与市直部门、代管镇（街道）、国有平台公司的职责边界清单，健全“开发区吹哨、部门报到”工作机制，理顺“内外”“条块”关系，推动开发区高质量发展。主动服务科技创新，开展新型研发机构运行调研，系统分析58家机构政策配套、运行监管等方面问题，提出对策和建议，有关工作获得市委主要负责人批示。

【重点领域改革】 稳妥有序抓好机构改革，成立改革实施专班，印发实施工作方案、总台账，围绕市县机构改革、综合执法体制改革、镇（街道）体制机制改革等重点任务，实施3轮改革推演，编制威海市初步改革方案。完成国防动员体制改革，统筹优化市、区（市）两级防震减灾机构职能，做好市新闻传媒中心机构组建等工作。规范党性教育机构管理，明确山东威海干部学院机构编制配置，提升“红色威海”影响力。

【基层管理体制创新】 围绕基层治理“小马拉大车”“看得见的管不了”等系列问题，印发《机构编制服务保障镇（街道）基层治理能力建设十二条措施》，实施“减上补下”三年行动，市级统筹事业编制260名，分3年下沉中心城区街道，足额下达2023年度镇（街道）用编进人计划507名。推进县级执法力量“县管镇用”，统筹采取执法人员定点常驻、跨镇（街道）派驻、明确责任人等方式，向基层下沉执法人员，相关经验做法被《新华社山东要情动态》《半月谈》刊发。持续规范“属地管理”，编制镇（街道）党建办履职清单，细化5个岗位26项职责，明确其与县级15个部门、3个镇（街道）机构的协作配合机制，搭建“机构—岗位—职责”贯通式履职模式。针对上级部门简单以“属地管理”名义向基层转嫁责任等问题，在所辖区（市）均成立“属地管理”监管员队伍，对责任转嫁问题及时发现、快速上报、高效界定，为镇（街道）开展工作“撑腰鼓劲”。推动基层监管执法有效衔接，编制《县级行业监管与综合执法职责边界清单》，厘清9个领域1291条事项监管执法责任分工，配套完善监管执法协作机制。开展县级执法流程再造试点，印发《农业农村领域监管执法协作配合细则》，明确行政检查监管、移交立案查处、特殊情形处置等工作程序，确保监管执法无缝衔接。

【“优编强基”改革】 实施优编强才工程，印发《威海市高层次人才周转编制管理使用办法》，统筹编制400名，建立高层次人才周转编制专户，实行“精准投放、动态调整、有进有出、循环流动”用编机制，引进“双一流”（世界一流大学和一流学科）高校优秀毕业生及教育科技、海洋发展、数字经济等领域紧缺人才306名、博士17名。实施优编强教工程，针对未来10年全市中小学教职工编制缺口较大的难题，落实省委机构编制委员会周转编制1500余名，跨区域、层级调剂事业编制1152名，推动全市中小学教职工编制全面达标。实施优编强医工程，推进疾病预防控制体系改革，完成市、区（市）两级疾病预防控制局组建、疾病预防控制中心重组，在全市62处镇卫生院、18处社区卫生服务中心设立公共卫生科，从机构职能编制上推动疾病预防控制工作“横到边、纵到底”，威海市疾病预防控制体系改革省考指标成绩居全省第1位。

【机构职能管理】 组建职能运行监管观察员队伍，从市人大代表、政协委员及市直部门、新闻媒体工作者中选聘观察员22名，发挥外部“探头”作用，强化履职动态评估。针对事业单位点多面广的特点，压实主管部门、职能部门、考核成员单位监管责任，以事业单位法人登记管理、“双随机、一公开”（随机抽取检查对象，随机选派执法检查人员，抽查情况及查处结果及时向社会公开）、跨部门联合监管等为着力点，强化事业单位全过程履职监管。梳理12345政务服务便民热线反馈的群众反映高频事项，印发《12345政务服务便民热线争议事项办理流程》，探索建立履职分歧协商协调快处机制，提升民生诉求办理效能。区分为社会提供公益服务、为机关提供支持保障的职能定位，实施事业单位分型管理试点，分类编制履职清单，优化工作流程，厘清事业单位与主管部门职责衔接事项390余项，建立统筹制度27项，推动内外运行更高效。

【机构编制法定化建设】 强化法规制度宣传教育，发挥部门主要负责人“关键少数”领学促学作用，建立机构编制“一把手”函告制度，告知机构职能编制“家底”、政策法规纪律“红线”和工作程序规范，推动监督检查从“事后问责”向“事前预防”转变。拓宽“普遍多数”学法懂法覆盖面，推动机构编制法规制度进党校、进理论学习中心组，常态化宣传解读政策规定，引导各级强化“编制就是法律”意识。依托全市机关一网通办系统，实现80%机构编制政务服务事项“网上办”，威海市“数字编办”建设经验在全省推广。大力推广应用事业单位电子证照，实现33类高频事项“免证办”。

（刘昌鹏）

对台港澳工作

【概况】 2023年，中共威海市委台港澳工作办公室（简称市委台港澳办）围绕全市发展大局，聚力双招双引、交往交流、宣传引导、惠企服务，取得积极成效。

双招双引　年内，全市新设台港澳资企业38家，实际使用台港澳投资5.84亿美元，签约项目5个、注册项目5个、开工项目3个，到位资金1.05亿元。全国台湾同胞投资企业联谊会会长、东莞市台商投资企业协会会长等35批次、143位客商带队到威海市考察。参加第27届鲁台经贸洽谈会、2023两岸企业家峰会10周年年会，现场签约项目1个、签订战略意向合作书1份。举办海峡两岸医药医疗器械产业合作交流对接会，3个项目达成合作意向。

交往交流　年内，受理企业应邀赴台湾商务履约11项23人次，签发往来台港澳通行证及签注5.4万件次，办理14批49人次赴港澳交流。开展“携手同心 共谋发展”系列活动，邀请32批次550位台港澳同胞到威海市考察。市委台港澳办获评2023鲁台青年文化交流节活动优秀组织单位，威海明德艺术馆获批山东省对台交流基地，第二届海峡两岸（威海）棒球赛等6项交流活动获评2023年全省优秀对台交流项目。12月17日，威海香港两地合作交流会在威海市召开，全国政协副主席梁振英，省政协主席、党组书记葛慧君出席会议并讲话。

宣传教育　发挥“网络新媒体+传统媒体”的资源优势，构建全方位的涉台港澳宣传矩阵。年内，中央电视台报道交流活动4次，省级以上媒体刊发宣传稿件66篇次，工作经验做法在全国推广。在威海市召开全省对台宣传工作现场会，参加全省台属工作会议，相关工作经验做法在会上进行交流。山东省港澳青少年爱国主义教育基地挂牌仪式在刘公岛举行。

惠企服务　开展“惠企暖心”行动，强化服务实效，营造“亲商、便企”的投资环境。编制《惠企“一册清”》，方便台胞台商查阅政策信息、办理窗口业务。高效处结涉台港澳求助案件6起，为企业挽回经济损失4590万元，协助解决台商实事20余件。

【海峡两岸台胞台属联谊】　2月4日，威海市台胞台属联谊会、基隆市山东同乡会在威海市、基隆市两地同步举办2023“同心欢庆　网络传情”海峡两岸台胞台属线上线下过大年活动，共叙亲情乡情、共赏趣味年俗、共品音乐盛宴，两地的山东籍同乡、台胞台属等150余人参加活动。9月26日，威海市台胞台属联谊会与基隆市山东同乡会同步举办“月揽金秋　风华共赏”海峡两岸（威海基隆）台胞台属线上线下中秋联谊活动，畅叙乡情，共迎中秋佳节，两地的山东籍同乡、台胞台属等100余人参加活动。

【基隆市山东同乡会到威海市参访】　4月2日—6日，基隆市山东同乡会理事长刘建国一行20余人到威海市参访交流。参访团先后考察刘公岛海峡两岸交流基地、山东手造·威海中心、文登区天福街道棋山社区、环翠区里口山王家疃及重点企业等，参加威海（文登）投资环境说明会，与台属企业家进行互动交流。

【第二届海峡两岸（威海）棒球赛】　6月29日至7月4日，第二届海峡两岸（威海）棒球赛在威海市举办。比赛围绕“棒球文化”主题，以棒球比赛交流为纽带，加深两岸同胞情谊。台湾、深圳、威海的6支球队近100名选手参加比赛，台湾球员中45%第一次来大陆。台湾高雄市棒球协会棒球队获得男子组夺冠，台湾新北亿昌女子棒球队获得女子组冠军。

（卢桂洋）

机关党务工作

【概况】　2023年，中共威海市委市直机关工作委员会（简称市直机关工委）树牢“大抓经济、大抓基层”导向，谋划推动系列原创性首创性工作，工作经验做法在全国机关党建工作研讨会上进行交流，多项党建成果在《旗帜》《机关党建研究》刊发推广，1篇论文获评中央和国家机关工作委员会优秀理论征文，开展“支部联企”等做法入选全国第四届党建创新成果“百优案例”，威海市获评2023年度全省机关党建研究优秀组织单位。至年底，市直机关工委所属党委125个，党总支64个，党支部1357个，党员2.29万名。

【思想建设】　实施“四学四促”（主题教育”导学、促政治觉悟再提高，“红色教材”研学、促理论水平再提升，“专题讲座”精学、促专业素养再精进，云端课堂”深学、促综合能力再贯通）能力提升计划，组建市直机关理论学习中心组列席旁听队伍，实现84个部门单位列席旁听全覆盖。常态化举办青年大讲堂、党务云论坛，推出系列讲堂20余期。开展机关党建课题研究“揭榜攻关”行动，选定课题15　项，组织58个课题组深入调研，评选市直机关优秀课题一等、二等、三等奖45个，2项课题在中央和国家机关工作委员会开展的课题研究中立项，5项课题获全省机关党建优秀研究成果一等、二等奖，相关做法在《机关党的工作简报》刊发并全省机关党建理论研讨交流会上进行交流。

【中心大局服务】　开展“支部联企”活动，印发“支部联企”10条措施，指导70个党组织与910　余家企业建立常态联系，编发“支部联企”丛书2000余套，协调80个主题党日活动基地向市直机关、企业、驻军开放，820余个党支部、2万余人次赴基地开展教育实践活动。举办市直机关联学联建暨经济大讲堂活动21期，收听收看人数超过3万人次。开展身边榜样“讲树评”活动，全媒推介党员干部一线攻坚事迹28期，举办机关党建服务“大抓经济”阶段总结暨身边榜样展演打造惠企政策“一键式”共享平台，助推完善问题反馈闭环办理机制。相关经验做法在《机关党建研究》刊发推广。

【基层基础筑牢】　编写《机关党建基础工作提示》《典型案例汇编》，梳理巡视巡察反馈、日常走访调研中发现的“易漏项”“必做项”92个，汇编实践案例39个，为基层党组织提供规范参考。评选五星级支部210个，发展党员320名。推行机关工委示范培训、基层党支部日常培训、专业师资特色培训“三位一体”的培训体系，分批次举办党组织负责人、党员发展对象等系列培训，开展“灯塔”系统使用、党费收缴管理等专题培训，覆盖党员干部2000　余人次。动态调整62名市直机关兼职组织员队伍，开展兼职组织员“大比武”“大讲堂”活动，提升党务干部能力素质。相关经验做法在全省机关党建专题培训班上进行交流。

【模范机关创建】　开展“学比做”三项行动，争创“五型”（政治型、服务型、实干型、文明型、廉洁型）精致模范机关，完善评价体系，组建以市委办公室、市政府办公室、市委组织部等7家单位为成员单位的工作协调机制，评选精致模范机关建设突出单位35个。相关经验做法在《旗帜》《今日信息》（专报）等刊发推广，在山东电视台等媒体上播出，在威海市举办的全省模范机关创建工作骨干培训班暨经验交流会上进行交流。

【党群共建】　深化机关党建带群建“四带四联”（带思想建设、深化理论联学，带组织建设、强化活动联建，带阵地建设、推动资源联享，带制度建设、完善考核联评）机制，评选“活力工会”25家，复查、新增市直文明单位21个。结合“我为发展献良策、解难题、建新功”系列活动，协同推进“双报到”（市县机关、企事业单位党组织工作人员到所在地社区报到，实行共同建设社区；在职党员到居住地社区报到，组织开展志愿服务）、联系服务镇（街道）等，动员2.1万名党员帮扶群众2.6万人次，引领服务基层治理。发起精致威海“四个一”（结对“一个场站”、认领“一片海滩”、联包“一个公园”、走进“一个社区”）志愿服务行动，组织40余个单位、2000余名党员干部参与旅游市场秩序服务，提升城市形象。

【党建责任压实】 建立健全平时动态考核、年度述职评议联动式考核评价机制，制定责任清单37项，打造机关工委、党组、机关党组织责任清晰、职能衔接、同向发力的工作格局。将机关党组织服务经济建设情况与深化党支部评星定级、开展述职评议等工作相统筹，结合巡视巡察、日常调研等发现问题，完善党费收缴、党务干部管理等机制，压实党建责任。

（张佳伟）

老干部工作

【概况】 2023年，全市各级老干部工作部门以政治建设为统领，统筹开展离退休干部服务保障、作用发挥、文化养老、自身建设等工作，老干部工作创优提质取得新进展。市委老干部局在全省老干部工作评估评价中获评“优秀”等次，获评2023年度全省老干部工作部门信息宣传工作先进单位。

【离退休干部党建】 开展“学习二十大·奋进新征程”主题实践活动，组织老干部深入学习宣传贯彻中共二十大精神，开展“话传统、谈复兴、聚力量”专题调研，增强离退休干部的政治、思想和行动自觉。组织“本色家园”离退休干部宣讲团进机关、进企业、进社区、进校园开展主题宣讲。编印《参阅资料》24期，举办全市离退休干部党组织书记示范培训班、老干部情况通报会暨观摩活动，完善干部荣誉退休制度，增强老干部的荣誉感、归属感。开展“本色家园·树山”离退休干部党组织活动场所创评活动，推进社区“银龄先锋家园”建设，创建老干部社区工作室近100个，推动离退休干部党建全面融入基层党建大格局。

【离退休干部精准服务】 对离休干部居住环境进行适老化改造，为无工作离休干部遗属发放困难救助和取暖补贴45万元，工作经验做法被中共中央组织部老干部局、省委老干部局推广。发放《威海市退休干部明白册》《威海市离退休干部服务手册》，汇编政策解读、待遇保障等资料，方便老干部退休生活和学习。举办全市新退休市管干部适应期培训班，培训新退休市管干部45名。研究通过“五老”（老干部、老战士、老专家、老教师、老模范）工作补助发放工作，获得中国关心下一代工作委员会主要负责人批示肯定。

【离退休干部发挥作用】 市委老干部局印发《关于组织引导离退休干部发挥作用助力高质量发展的意见》，组织老干部在助力双招双引、乡村振兴、基层治理等方面发挥作用。召开全市离退休干部助力高质量发展工作推进会和新闻发布会，挖掘银龄人才团队、项目和个人53个。成立威海市老干部法律服务中心，组建法律服务团、科技服务团等专业团队，对接企业开展咨询服务活动。打造“五老”特色工作室品牌93个，新增威海市关心下一代教育基地5处。

【离退休干部文化养老】 市委老干部局印发《关于开展老年大学游学工作的实施方案》，助推老年教育与旅游产业融合发展，全年新增老年游学基地10处，在威海市举办的全省老年大学游学工作推进会上，威海老年大学游学工作经验做法进行交流。拓展老年远程教育网络，推动老年教育一体化协同发展，工作经验做法在全省老年大学一体化工作推进会上进行交流。抓好老年大学教学管理，常态化举办“智泉讲堂”，提升老年教育活力。参加全省老干部艺术节、全省老干部朗诵大赛等省级文化赛事活动，获得金奖、一等奖等40余个。

（林理杰）

党校工作

【概况】 2023年，中共威海市委党校深入贯彻落实中共中央总书记习近平关于党校工作重要论述，积极发挥为党育才、为党献策职能作用，在省委对全省各地市党委落实党校（行政学院）主体责任，推动党校事业内涵式高质量发展考核评价中位列全省党校系统“第一方阵”，建立的“三七融合”沉浸式党性教育新模式获评全省市委党校（行政学院）常务副校（院）长抓内涵建设重点突破项目“优秀”等次。

【教学培训】 开发中共二十大精神等系列专题47个，开设民族复兴、总体国家安全观教育专题课程8门，打造“千里山海·文化威海”统一战线共识教育现场教学点40余个，邀请13位市领导、23位市直部门主要负责人授课。创新教学方式方法，综合采用课堂讲授、领导讲堂、主题沙龙、现场教学、学员研讨“五位一体”方法进行教学呈现，举办“四敢”（让干部敢为、地方敢闯、企业敢干、群众敢首创）精神交流会12场、干事创业学员讲坛38场，帮助干部提升履职本领。全年举办各类培训班次91期，其中主体班次13期、培训学员884人，社会培训班次78期、培训学员5667人。举办威海市学习贯彻习近平新时代中国特色社会主义思想主题教育读书班4期，培训学员463人。新录取省委党校（山东行政学院）2023级威海在职研究生84人，培养在册学员284人。

【智库建设】 深化科研协作平台建设，市委党校与市总体国家安全观刘公岛教育培训基地管理办公室合作设立威海市总体国家安全观教育研究中心，与中共威海市纪律检查委员会、市监察委员会合作设立威海市廉洁文化建设研究中心，开展总体国家安全观和廉洁文化相关学术研究、决策咨询服务、课程打造、宣传推介等。围绕全市经济社会发展涉及的重大理论和实践问题，在《威海日报》编发《理论与实践》专版14期，呈报《咨政参阅》6期，开展校级以上科研咨政课题研究45项，发表理论文章60余篇，1篇文章获得省委常委、宣传部部长批示肯定。

10月，“传承家谱文化，弘扬优良家风”家谱展览举办

（中共威海市委党史研究院　提供）

【市域党校一体化发展】 市委组织部、市委党校等7个部门联合印发《关于统筹推进市域党校一体化高质量发展的意见》，聚力整合党校资源，推动全市党校系统一体化高质量发展。召开全市党校（行政学院）工作会议、区市委党校分管日常工作的副校长抓内涵建设重点突破项目汇报交流会暨贯彻落实全市党校（行政学院）工作会议精神座谈会，加快构建以市委党校为龙头，区（市）委党校、市委党校分校规范办学、精致发展、协作共促，具有鲜明地方特色的大党校发展新格局。

（王瑞环）

党史史志工作

【概况】 2023年，中共威海市委党史研究院（市地方史志研究院）强化主责主业意识，促进融合创新发展，党史史志研究编修、宣传教育、资料征集和方志馆建设等工作取得新成效。

【服务主题教育】 在威海党史史志网开设《习近平新时代中国特色社会主义思想主题教育》专栏，链接中央主题教育网站，传达中共中央总书记习近平重要讲话和重要指示批示精神，增设《地方党史》版块，充实党史故事、党史影像等内容，方便全市广大党员干部学习阅读。利用全市党性教育基地、红色场馆等资源，确定现场教学基地（教学点）50个，发布党性教育红色地图，开展现场教学5519场次，市方志馆接待第二批主题教育参观团体20余个，为全市主题教育开展提供活的“历史教科书”。组织“史敢当”志愿服务队开展“六进”（进机关、进社区、进农村、进学校、进企业、进军营）活动，赠送《红色胶东革命回忆录》等书籍1万册，让党史史志成果惠及更多干部群众。开展中共二十大精神主题宣讲活动，到威海技师学院进行主题宣讲。

【党史史志编研】 编撰发行《红色胶东革命回忆录（第三辑·抗美援朝专辑）》《红色胶东革命人物故事（第二辑）》，文字量40万字、图片426幅。出版发行《威海简史》，文字量20万字。助力全市招商引资和招才引智，发送信息征集函660余份，征集385名域外博士资料，编成《威海籍域外博士通讯录（一）》。强化年鉴编纂提质增效，树牢“控制文字数量、增加信息总量”原则，实施“边组稿边编纂边审核”模式，出版发行《威海年鉴（2023）》。开展“精品年鉴品读”活动，督导各区（市）高质量完成地方综合年鉴“一年一鉴”、公开出版。完成《山东年鉴（2023）》《中共山东年鉴（2023）》威海篇组稿工作。加强志书培训和指导，对编修《威海精致城市建设志（2018—2022）》《威海职业学院志》等进行培训。《中国共产党威海历史图集（第1卷）》获得全省党史优秀科研成果一等奖。

【红色胶东宣教】 加强与主流媒体合作，在《威海日报》刊发《红色胶东》专版10期（总计55期），在“Hi威海”新闻客户端发布红色胶东英烈故事30期（总计120期），点击量超过1200万次。规范威海市党史教育基地命名和管理，为7处市级党史教育基地授牌。与威海职业学院（威海市技术学院）联合开展的红色胶东教学研究项目完成结题。

【方志馆建设】 全面提升方志馆建设、导览、讲解水平，不断丰富馆藏资料，资料总量16万册。对接威海市职业中等专业学校等5所学校，开展研学基地共建，市方志馆入选第五批省级中小学生研学基地名单。举办“传承家谱文化，弘扬优良家风”家谱展览活动，展出全市姓氏家谱20余卷，讲好家族起源、传承、发展，留住乡愁记忆。年内，接待各类社会团体参观162场，累计接待3万余人，工作经验做法在全省方志馆高质量发展座谈会上进行交流。

（赵平洋）

编辑　闫拥军

威海市人民代表大会

综　述

【概况】　2023年，威海市人民代表大会常务委员会（简称市人大常委会）依法履职、担当作为，组织召开常委会会议7次、主任会议17次，制定、修改地方性法规3部，听取审议专项工作报告20项，开展专题调研、集中视察、执法检查、专题询问等活动50余次，配合全国人民代表大会常务委员会、省人民代表大会常务委员会开展调研活动40余次。威海市立法工作做法在“全国省市人大常委会负责同志学习班”上进行交流，立法工作、预算审查监督工作经验在省人民代表大会常务委员会举行的新闻发布会中进行交流。全国人民代表大会常务委员会委员长赵乐际到威海市调研人大工作并和基层代表座谈，对威海市代表工作给予肯定。省委主要负责人对威海市精致城市立法工作作出批示肯定。

【机构设置】　市十八届人大设法制委员会、财政经济委员会、监察和司法委员会、教育科学文化卫生委员会、城乡建设和环境资源保护委员会、农业与农村委员会、民族侨务外事委员会、社会建设委员会8个专门委员会。市人大常委会下设办公室、研究室、人事代表工作委员会、预算工作委员会、法制工作委员会5个工作机构。相关专门委员会设立办事机构，分别为财政经济工作委员会、监察和司法工作委员会、教育科学文化卫生工作委员会、城乡建设和环境资源保护工作委员会、农业与农村工作委员会、民族侨务外事工作委员会、社会建设工作委员会。法制委员会暂不设办事机构，日常工作由法制工作委员会承担。

常委会会议

【第八次会议】　3月3日举行。会议听取并审议市政府《关于全市国有自然资源资产管理情况的专项报告》、市人大常委会法制工作委员会《关于2022年度规范性文件备案审查工作情况的报告》。

会议经过审议，决定任命赵宝钢为威海市人民政府副市长，决定接受杨丽辞去威海市人民政府副市长职务的请求。会议还决定任免市政府有关工作人员。贾瑞霭颁发任命书。市十八届人大三次会议和市十八届人大常委会第七次会议选举任命的个别没有进行宪法宣誓人员，以及此次常委会会议新任命人员，进行宪法宣誓。

【第九次会议】　4月27日举行。会议听取审议市政府《关于〈威海市停车管理和服务条例〉实施情况的报告》《关于全市民族工作情况的报告》。会议听取审议市政府提请审议的《威海市国土空间总体规划（2021—2035年）（草案）》和《威海市域海岸带保护规划（2020—2035年）（草案）》，并作出相应决议。

会议听取中共威海市委组织部《关于省委对威海市监委主要负责人调整情况的说明》，并根据市人大常委会主任会议的提请，决定任命孙慧茹为市监察委员会副主任。会议经过审议，决定孙慧茹为市监察委员会代理主任，并举行宪法宣誓仪式。会议还决定任免市监察委员会、市人民检察院有关工作人员。

会议对市政府、市中级人民法院、市人民检察院落实2022年度市人大常委会作出的审议意见情况，进行满意度测评。

【第十次会议】　6月29日举行。会议听取并审议市政府《关于全市环境状况和环境保护目标完成情况的报告》《关于全市3岁以下婴幼儿照护服务发展情况的报告》、《关于〈山东省知识产权保护和促进条例〉实施情况的报告》。会议听取市政府《关于〈威海市客运出租汽车管理若干规定（草案）〉的说明》，市人大法制委员会审议规定（草案）后，作《关于〈规定（草案）〉审议结果的报告》，并向会议提交规定（草案表决稿），会议表决通过规定（草案表决稿）。会议还听取审议市政府提请审议的《威海市城乡供水安全条例（草案）》，常委会组成人员就修改完善条例（草案）提出建议和意见。

会议决定任免市政府、市中级人民法院有关工作人员，新任命人员进行宪法宣誓，贾瑞霭颁发任命书。

【第十一次会议】 8月29日举行。会议听取审议并表决通过市政府提请审议的《威海市海上交通安全条例修正案（草案）》《关于全市海洋种业和预制菜产业发展情况的报告》《关于全民健身工作情况的报告》。市发展和改革委员会、财政局、审计局等部门受市政府委托，分别向会议报告《2023年上半年国民经济计划和预算执行》《2022年市级预算执行和其他财政收支审计等工作情况》。会议经过审查，批准2022年市级决算和2023年市级预算调整方案。

会议经过审议，决定接受孙付春辞去威海市人民政府副市长职务的请求。会议还决定任免市人大、市监察委员会、市人民检察院有关工作人员。贾瑞霭颁发任命书，新任命人员进行宪法宣誓。

【第十二次会议】 10月31日举行。常委会组成人员听取市人大法制委员会《关于〈威海市城乡供水安全条例（草案）〉审议结果的报告》。会议听取审议市政府《关于全市科技创新工作情况的报告》《关于全市养老服务体系建设情况的报告》《关于全市农村产业发展情况的报告》，审议市政府书面提交的《2022年度全市和市级国有资产管理情况的综合报告》。

会议经过审议，决定任免市政府、市监察委员会、市中级人民法院、市人民检察院有关人员。贾瑞霭颁发任命书，新任命人员进行宪法宣誓。

【第十三次会议】 12月27日举行。会议听取审议市政府《关于代表建议批评和意见办理情况的报告》《关于“十四五”规划纲要实施中期评估情况的报告》《关于2022年度市级预算执行和其他财政收支审计查出问题整改情况的报告》。会议听取审议市政府《关于威海市2023年下半年地方政府债券分配使用意见及市级预算调整方案》，同意市政府提出的地方政府债券分配意见，决定批准2023年市级预算调整方案。会议书面印发《关于全市监察机关整治群众身边不正之风和腐败问题情况的调研报告》。

会议听取审议市十八届人大常委会代表资格审查委员会《关于个别代表的代表资格变动情况的报告》，确认补选代表的代表资格有效。威海市第十八届人民代表大会实有代表332名。会议作出《威海市人民代表大会常务委员会关于召开威海市第十八届人民代表大会第四次会议的决定》，决定威海市第十八届人民代表大会第四次会议于2024年1月中旬在威海市召开。

会议听取于所航作的《关于市十八届人大四次会议筹备情况的报告》，讨论研究拟提请市十八届人大四次会议审议的《市人大常委会工作报告》，讨论通过拟提交市十八届人大四次会议预备会议表决的会议建议议程、主席团和秘书长建议名单。

会议经过审议，决定任免市监察委员会、市中级人民法院、市人民检察院有关人员。贾瑞霭颁发任命书，新任命人员进行宪法宣誓。

常委会工作

【政治机关建设】 强化思想政治引领　严格落实“第一议题”制度，及时跟进学习中共中央总书记习近平重要讲话、重要指示批示精神，始终在思想上对标对表、行动上坚定坚决。开展学习贯彻习近平新时代中国特色社会主义思想主题教育，将学与悟相融合、调与研相促进、知与行相统一、查与改相贯通，一体谋划推进主题教育与人大工作。持续强化理论武装，开展读书班、专题党课、党性教育等活动50余次，广泛运用新媒体扩大学习覆盖面、增强实效性。深入调查研究，围绕重点调研课题和正反面典型案例，分析发现问题54项，提出建议76条，形成有价值的调研成果。注重协调联动，开展“我为发展献良策、解难题、建新功”系列活动，积极创建“五型”（政治型、学习型、效能型、服务型、清廉型）精致模范机关，推行创新举措10项。突出“动真碰硬”，系统梳理问题12项、列出整改措施38条，修订完善规章制度8项，切实推动整改落实。

坚持党的全面领导　带头维护市委总揽全局、协调各方的领导地位，严格执行请示报告制度，及时向市委请示报告重点领域立法、重要监督项目、重大会议和活动，确保在市委的领导下依法、有效推动人大各项工作。坚持党的领导与人大依法任免、决定相统一，作出关于批准《威海市国土空间总体规划》《威海市域海岸带保护规划》等决议决定7项，任免国家机关工作人员100余人次，使市委决策及时通过法定程序成为全市人民的共同意志，凝聚起推动高质量发展的强大合力。

贯彻市委决策部署　常委会班子成员带头联系分包项目和走访企业，积极参与市委招商引资工作；49名县处级以上干部联系分包61家规模以上工业企业，开展走访座谈等300余次，帮助解决实际问题80余个。市人大常委会8名领导干部在乡村振兴、全龄友好型城市建设、营商环境等重点工作指挥部和工作专班中担任相应职责，着力推动重点工作提质增效。对市委交办的招商引资、园区建设、第三产业发展、现代物流业高质量发展4个调研课题，常委会班子成员牵头组建专题调研组，与相关部门、高校院所联合开展调研，形成的调研成果均得到市委主要负责人批示批转，40余条建议被采纳，进入市委、市政府决策。

【社会治理法治化水平提升】 重点领域立法　着重突出问题导向、彰显地方特色，深入开展精细化、小切口立法，确保法规接地气、可操作、能落实。针对客运出租汽车司机反映强烈的从业年龄问题，创新“小快灵”立法形式，“量身定制”解决方案，印发《威海市客运出租汽车管理若干规定》，将出租汽车驾驶员从业年龄放宽至65周岁。针对城市二次供水设施建设管理多元化、运行维护不到位及农村规模化供水使用率不高、部分管网设施老化等问题，印发《威海市城乡供水安全条例》，精准做好制度设计，建立起从水源水到龙头水的全链条无缝隙监管体系，保障城乡居民用水安全。针对海上交通管理出现的新情况新问题，对《威海市海上交通安全条例》进行修改，新增重点船舶动态管控、休闲船舶夜间管理等多项规定，有效解决海上交通安全治理实践中的难点和重大风险点。将《威

10月9日，山东省人大调研组到威海市开展新时代科技强省建设工作调研
（威海市人民代表大会常务委员会办公室　提供）

海市森林防火规定》等4个项目列入常委会立法计划，广泛开展调研论证，增强立法的系统性、前瞻性。

法规贯彻实施　采取执法检查、专题询问等方式，对地方性法规进行常态化体检，检验法规实施效果。对《威海市停车管理和服务条例》实施情况进行执法检查，听取意见和建议，督促落实落地。对《威海市海岸带保护条例》《威海市山体保护条例》《威海市危险废物管理办法》实施情况开展专题询问，推动法规有效实施。委托第三方机构对《威海市精致城市建设条例》进行立法后评估，了解掌握法规实施效果，助推精致城市建设。

立法机制建设　完善起草、调研、审议等流程，制定基层立法联系点工作规则，配套出台相关制度，对设立条件、程序和职责等进行全面规范。探索推行人大代表工作站与基层立法联系点融合建设，新建基层立法联系点5个，总数达35个，搭建反映民情、倾听民意、汇聚民智的“立法直通车”。深化专家咨询论证机制，发挥立法专家库、立法研究服务基地智库作用，委托西南政法大学举办高层次专题研讨会，提高立法的引领性、实效性。加强备案审查工作，审查规范性文件19件，督促推动相关规范性文件修改，维护国家法治统一。

【精准监督】　经济高质量发展助推　紧盯经济发展重点领域和关键环节，对重点项目建设情况进行集中视察，对农村产业发展、海洋种业和预制菜产业发展、科技创新情况进行专题调研，对《山东省知识产权保护和促进条例》实施情况进行执法检查，从不同角度支持各级健全完善政策保障和推进体系，做好产业培育、招商引资、项目建设等重点工作，推动全市经济实现质的有效提升和量的合理增长。关注经济整体运行情况，跟踪监督上半年国民经济和社会发展计划、财政预算执行情况，听取审议“十四五”规划实施中期评估情况的报告，推动经济社会发展主要目标任务完成。

保障和改善民生　市人大常委会将生态环境保护列为监督重点，组织对全市环境状况和环境保护目标完成情况进行调研审议，助推全市生态环境质量持续向好。聚焦“一老一小”群体保障，对养老服务体系建设、3岁以下婴幼儿照护服务情况进行专题调研，对全民健身情况实施监督，让高质量发展成果更多、更公平惠及全体人民。围绕打造新时代民族工作的“威海样板”，专题组织对铸牢中华民族共同体意识示范创建工作进行视察，对民族工作情况进行调研，推动各民族广泛交往、深度融合。围绕促进社会公平正义，对全市监察机关整治群众身边不正之风和腐败问题工作情况开展调研，不断巩固基层风清气正的政治生态。

管好人民“钱袋子”　紧扣公共财政规范运行，审查和批准市级财政决算、预算调整方案，深化部门预算、重点支出和重点项目监督，对市应急管理局、外事办公室等6个部门进行重点审查，对莱荣高铁、黄垒河地下水库等7个重点项目进行跟踪监督，推动财政加大民生保障、乡村振兴、重大项目等支持力度。听取审议《全市国有自然资源资产管理情况专项报告》《国有资产管理情况综合报告》，促进国有资产保值增值。加强对审计查出问题整改的监督，深化人大监督与审计监督协同联动，开展审计查出问题整改专题询问和满意度测评，增强整改成效。

【代表工作活力激发】　代表履职服务保障　创新履职学习模式，采用线上与线下结合方式，组织各级人大代表履

3月27日，山东大学人大预算监督研究中心威海基地揭牌仪式举行
（威海市人民代表大会常务委员会办公室　提供）

10 月 17 日，威海市新生代企业家创新能力提升专题培训班在江苏省常州市举办

（威海市人民代表大会常务委员会办公室　提供）

职学习 400 余人次。在全市全面推开重大民生实事项目人大代表票决制，通过“群众提、代表定、政府办、人大促”，推进民生实事项目办理。有计划、分批次开展市人大代表向选举单位报告履职情况，组织代表述职 66 人次，增强代表履职的自觉性、责任感。组织部分住在威海市的全国和省人大代表视察“两院”（人民法院、人民检察院）能动司法工作、开展跨市专题调研、参与优化法治环境线上调研，邀请代表参与各类活动 300 余人次。

主题实践活动开展　市人大常委会印发《关于深入开展五项代表活动助力经济高质量发展的通知》，引导广大代表访民情、聚民智、解民忧、惠民生。围绕招商引资、招才引智、项目建设等方面，征集、筛选“金点子、好建议”82 件，部分建议被纳入党委、政府决策。组建市级代表专业小组 7 个，开展各类服务活动，促进各级惠民惠企政策落地。依托代表工作站开展相关主题实践活动，全市 4500 余名代表全部编组进站，实现代表工作站建设“全覆盖”，接待服务群众 1100 余人次、收集建议 500 余条、帮办实事 300 余件。

代表建议办理　从代表建议的提出、交办、承办、督办等各环节发力，提高问题解决率和代表、群众满意率，一批事关民生福祉和改革发展的建议得到落实和推进，市十八届人大三次会议以后代表提交的 127 件建议全部按时办结并答复代表。组织开展优秀代表建议评选，评选出 27 件优秀建议并予以通报表扬。

（于云龙）

编辑　闫拥军

威海市人民政府

综 述

【概况】 2023年，威海市人民政府以习近平新时代中国特色社会主义思想为指导，坚持稳中求进工作总基调，树立“大抓经济”鲜明导向，着力推动高质量发展，全面深化改革开放，统筹扩大内需和深化供给侧结构性改革，统筹新型城镇化和乡村全面振兴，统筹高质量发展和高水平安全，持续推动经济实现质的有效提升和量的合理增长，积极融入全省绿色低碳高质量发展先行区建设，全力打造共同富裕先行区，开创“精致城市·幸福威海”建设新局面。

【机构设置】 威海市第18届人民政府设市长1人，副市长8人。市政府工作部门34个，派出机构5个。

【重要决策和部署】 1月20日 印发《威海市人民政府办公室关于印发威海市2023年促消费政策措施的通知》，全面落实中央和省委、市委经济工作会议精神以及“山东消费提振年”决策部署，把恢复和扩大消费摆在优先位

2023年威海市人民政府常务会议内容一览表

表2

时间	会议	内容
2月3日	第18届人民政府第15次常务会	传达学习中共中央总书记习近平在二十届中央纪委二次全会上的重要讲话精神
		研究《威海市政府系统值班工作规范（试行）》
		听取关于2023年重点项目有关情况的汇报
		研究《威海市深化新旧动能转换推动绿色低碳高质量发展三年行动计划（2023—2025年）》《威海市深化新旧动能转换推动绿色低碳高质量发展2023年重点工作任务》《〈山东省建设绿色低碳高质量发展先行区三年行动计划（2023—2025年）〉分工落实方案》
		研究《关于促进体育产业高质量发展的意见（草案）》
		研究《2023年威海市人民政府立法项目计划》
		研究《威海市区既有建筑外立面更新管理办法（草案）》
		听取关于威海市2023年重点经贸促进活动计划安排的汇报
2月23日	第18届人民政府第16次常务会	传达学习中共中央总书记习近平在学习贯彻党的二十大精神专题研讨班开班式上的重要讲话精神
		研究《关于进一步健全激励机制推动经济高质量发展的意见（草案）》及相关配套政策
		研究《威海市企业大走访活动方案》《关于支持先进制造业强市建设的若干政策（草案）》
		听取关于省级督查激励事项对上争取情况和《关于对真抓实干成效明显地方给予督查激励的工作方案》的汇报
		研究《关于加强打击治理电信网络诈骗违法犯罪工作的实施意见（草案）》
		研究《威海市建设国家创新型城市实施方案》
		研究《威海市“拨投贷保”联动支持科技创新管理办法（试行草案）》
		研究《威海市国土空间规划管理技术规定（修订草案）》

续表 2

时间	会议	内容
3月31日	第18届人民政府第17次常务会	传达学习中共中央总书记习近平在全国“两会”期间的重要讲话和全国“两会”精神
		研究《关于做好第五次全国经济普查的意见（草案）》
		研究《2023年度重大行政决策事项目录（草案）》
		研究《2023年威海市法治政府建设工作计划》
		研究《威海市区2023年国有建设用地供应计划》
		研究《关于2023年现代水网建设项目的推进意见》
		听取关于市政府政策性文件清理情况的汇报
4月20日	第18届人民政府第18次常务会	传达学习中共中央总书记习近平在学习贯彻习近平新时代中国特色社会主义思想主题教育工作会议上的重要讲话精神
		听取关于防灾减灾救灾工作情况的汇报
		研究《实施先进制造业强市暨智改数转三年行动计划（2023—2025年）》
		研究《关于加快推进数字经济高质量发展的实施意见（草案）》
		研究《威海市国土空间总体规划（2021—2035年）》
		研究《威海市域海岸带保护规划（2020—2035年）》
		研究《威海市碳达峰工作方案》
		研究《威海市推进社会信用体系建设高质量发展促进形成新发展格局若干措施（草案）》
		研究《“网络入海”项目建设实施方案》
		研究《关于强化科技创新支撑国家创新型城市建设的实施意见》
6月7日	第18届人民政府第19次常务会	传达学习中共中央总书记习近平在中共中央政治局会议、二十届中央全面深化改革委员会第一次会议、二十届中央财经委员会第一次会议上的重要讲话精神
		听取关于2023年国家自然资源例行督察工作动员部署视频会议精神及威海市贯彻落实意见的汇报
		研究《2023年威海市东西部协作工作要点》
		研究《威海市城乡供水安全条例》《威海市海上交通安全条例修正案》《威海市现制现售饮用水卫生监督管理办法（草案）》
7月6日	第18届人民政府第20次常务会	传达学习中共中央总书记习近平在河北雄安新区考察并主持召开高标准高质量推进雄安新区建设座谈会、在河北考察并主持召开深入推进京津冀协同发展座谈会时重要讲话和重要指示精神
		研究《推进基本养老服务体系建设的实施意见》
		研究《威海市创建全国法治政府建设示范市实施方案》
		研究《威海市建设国家创新型城市实施方案》
		研究《关于强化科技创新支撑国家创新型城市建设的实施意见》
		研究《威海市化工行业安全生产整治提升专项行动实施方案（送审稿）》
		研究《贯彻落实〈威海市气瓶安全管理条例〉工作方案》
		研究《关于印发进一步发挥农业信贷担保作用推动农业农村高质量发展的实施意见》
		研究《关于促进文旅深度融合推动旅游业高质量发展的实施意见》
		研究《关于公布第七批市级非物质文化遗产代表性项目名录的通知》
		听取关于全市行政规范性文件清理情况的汇报
		听取关于对集体土地所有权登记成果更新有关情况的汇报

续表 2

时间	会议	内容
7月13日	第18届人民政府第21次常务会	传达学习中共中央总书记习近平对防汛救灾工作作出的重要指示精神
		法治专题讲座：《以习近平法治思想为指导 全面推进法治政府建设》
		研究《威海市“十四五”节能减排实施方案》
		听取关于以耕地保护责任目标考核为导向严肃开展永久基本农田“非耕地”整改处置工作的汇报
		研究《全市第三轮禁毒人民战争（2023—2025年）实施方案》
8月11日	第18届人民政府第22次常务会	传达学习中共中央政治局会议精神和中共中央总书记习近平在中央财经委员会第二次会议、中央全面深化改革委员会第二次会议上的重要讲话精神
		研究《威海市深化营商环境创新提升行动实施方案》
		研究《威海市推进民营经济高质量发展六大专项行动》
		研究《威海市加快推进电商产业高质量发展工作方案》
		研究《威海市贯彻落实〈关于加快国家省级水网先导区建设全面提升现代水网综合效益的意见〉重点任务分工方案》
		听取全市农村供水工作情况的汇报，研究《威海市农村供水水质提升专项行动工作方案（2023—2025年）》
		研究《威海市优化生育政策促进人口长期均衡发展实施方案》
		研究《关于统一南路、齐鲁大道起止点调整和部分路段更名方案》
		研究《威海市生态文明建设财政奖补机制实施方案（2023—2025年）》
		听取关于第六届威海工匠评选情况的汇报
		研究《关于建立健全根治欠薪长效工作机制提升源头治理能力的意见（草案送审稿）》
9月15日	第18届人民政府第23次常务会	传达学习中共中央政治局常务委员会会议精神和中共中央总书记习近平在听取新疆维吾尔自治区党委和政府、新疆生产建设兵团工作汇报时的重要讲话精神、视察78集团军时的重要讲话精神
		传达贯彻全省“高效办成一件事”大力提升行政效能相关文件、会议精神，研究《关于进一步规范政府系统议事决策程序的通知（审议稿）》《市政府“三重一大”决策事项清单》
		听取关于新一轮市级专项应急预案修编情况的汇报
		研究《关于建立企业破产处置府院联动机制服务绿色低碳高质量发展的实施意见》
		研究《威海市水文管理办法》
		研究《2022年度威海市城市体检报告》
		研究《关于开展财政金融协同支持乡村振兴试点工作的意见》
		听取关于设立威海市新动能投资基金的汇报
		研究《威海市职业技能竞赛管理办法》
9月26日	第18届人民政府第24次常务会	传达学习中共中央总书记习近平就推进新型工业化作出的重要指示和在党的二十届一中全会上的重要讲话精神
11月15日	第18届人民政府第25次常务会	传达学习中共中央总书记习近平在进一步推动长江经济带高质量发展座谈会上的重要讲话精神、在江西考察时的重要讲话和重要指示精神、在浙江考察和返京途中在山东枣庄考察时的重要讲话和重要指示精神、对新时代办公厅工作作出的重要指示精神、向中国与世界知识产权组织合作五十周年纪念暨宣传周主场活动致贺信
		传达学习国务院办公厅督查室《关于国务院办公厅推动经济持续回升向好督查调研发现问题的综合通报》《关于妨碍建设全国统一大市场有关问题的通报》和省领导批示

续表 2

时间	会议	内容
11月15日	第18届人民政府第25次常务会	传达学习省政府第二次全体会议精神
		法治专题讲座：《新行政复议法解读》
		研究《关于建立府院联动机制的意见》
		听取关于全市食品药品安全工作情况的汇报
		听取2023年以后全市火灾形势分析和下一步工作安排的汇报
		听取关于第十七批“威海市荣誉市民”评选情况的汇报
		研究《威海市促进民营经济发展壮大财政支持政策》
		研究《关于转发山东省财政厅等7部门〈关于进一步规范和加强消费券管理的若干措施〉的通知》
		研究《威海市海域使用金征收管理办法》
		研究《威海市地方储备粮管理办法》
12月8日	第18届人民政府第26次常务会	传达学习中共中央总书记习近平在北京河北考察灾后恢复重建工作时重要讲话精神、对山西吕梁市永聚煤矿一办公楼火灾事故作出的重要指示精神和中共中央政治局会议精神
		研究《威海市跨部门综合监管办法（草案）》
		研究《威海市燃气管理办法（草案）》
		听取关于《威海市国民经济和社会发展第十四个五年规划和2035年远景目标纲要》实施中期评估报告起草情况的汇报
		听取关于2023年全市耕地保护和粮食安全工作情况的汇报
		研究《关于进一步推动城市公共交通优先发展的实施意见》
		研究《关于规范城乡公共交通基础设施建养使用管理的实施意见》
		研究《关于深入开展长期护理保险试点工作的通知》
		研究《关于做好职工基本医疗保险省级统筹落实工作的通知》
		听取关于2023年度医保指标调整情况的汇报
12月14日	第18届人民政府第27次常务会	传达学习中共中央总书记习近平在上海考察和返京途中在江苏盐城考察时的重要讲话和重要指示精神
		研究《政府工作报告（讨论稿）》和2024年市级重点民生实事、补短板事项的安排意见
		研究《关于加强新形势下社会治安防控体系建设的实施意见》
		研究《威海市进一步加快推动教育高质量发展三年行动计划（2023—2025年）》
		研究《威海市城市更新三年行动实施方案（2023—2025年）》《关于扎实开展城市更新行动深入推进精致城市建设的实施意见》
12月25日	第18届人民政府第28次常务会	传达学习中央经济工作会议精神、中共中央总书记习近平对低温雨雪冰冻灾害防范应对工作、对甘肃临夏州积石山县6.2级地震作出的重要指示精神
		传达学习省委十二届五次全会暨省委经济工作会议精神
		研究《威海市市长质量奖认定办法（修订）》
		研究《威海市品牌和标准化战略奖励资助办法（修订）》
		研究《关于完善基本医疗保险门诊共济保障政策的通知》
		听取关于全市主要经济指标2023年预计完成情况及2024年初步安排意见的汇报
		研究关于2024年市级政府投资项目的安排意见
		研究《关于进一步深化企业大走访活动完善政企常态化沟通交流机制的十条措施》
		研究《威海市市级机关事业单位合同管理办法（草案）》
		研究《威海市乡村之星选拔管理办法》

置，提振消费信心，稳定消费预期，推动消费全面复苏。

2月13日　印发《威海市人民政府办公室关于印发威海市区既有建筑外立面更新管理办法的通知》，贯彻精致城市建设理念，进一步加强威海市既有建筑外立面更新管理，提升城市环境品质，彰显城市风貌特色，塑造良好城市景观，实现城市精细化管理。

2月15日　印发《威海市人民政府办公室关于促进体育产业高质量发展的实施意见》，促进体育产业高质量发展，加快打造国际休闲运动之都，使体育产业成为促进全市经济高质量发展的新动能、建设精致城市的重要力量。

2月25日　印发《威海市人民政府办公室关于印发威海市促进企业扩张激励办法（试行）的通知》，牢固树立大抓经济工作的鲜明导向，促进企业扩张发展，壮大实体经济规模。

2月25日　印发《威海市人民政府办公室印发关于进一步加强财源建设的若干措施（试行）的通知》，统筹推进财源建设和经济高质量发展，夯实威海市财源基础，加快新兴财源培育，持续提升财源规模，构建基础稳固、结构优化的财源体系。

2月25日　印发《威海市人民政府办公室印发关于支持先进制造业强市建设的若干政策的通知》，大力实施制造强国战略，加快推动先进制造业高质量发展。

2月25日　印发《威海市人民政府办公室关于印发威海市“拨投贷保”联动支持科技创新管理办法（试行）的通知》，大力实施创新驱动发展战略，加快科技金融模式创新，构建“拨投贷保”联动支持科技创新体系，进一步缓解高新技术企业研发投入压力，加速推动关键核心技术攻关。

3月17日　印发《威海市人民政府办公室印发关于推动特色产业园区发展的若干政策（试行）的通知》，发挥专业园区优化产业布局的载体作用，培育打造一批高端化、专业化、差异化、绿色化产业园区，塑成高质量发展新优势。

4月5日　印发《威海市人民政府关于修改、废止和宣布失效部分市政府政策性文件的决定》，根据工作需要，市政府决定对部分市政府政策性文件进行清理。

4月7日　印发《威海市人民政府关于公布威海市人民政府2023年度重大行政决策事项目录的通知》，为促进科学决策、民主决策、依法决策，根据相关规定，市政府确定5个事项为2023年度重大行政决策事项，实行目录化管理。

4月22日　印发《威海市人民政府关于印发威海市国土空间规划管理技术规定的通知》，推动国土空间规划编制和管理的法制化、标准化、规范化，提升城市品质和国际化水平。

5月28日　印发《威海市人民政府办公室关于公布威海市行政许可事项清单（2023年版）的通知》，严格依照清单实施行政许可，不断强化实施情况动态评估和全程监督，扎实有效做好全面实行行政许可事项清单管理工作。

7月13日　印发《威海市人民政府关于强化科技创新支撑国家创新型城市建设的实施意见》，深入实施创新驱动发展战略，不断增强区域创新综合实力，更好推进国家创新型城市建设。

7月13日　印发《威海市人民政府办公室关于进一步发挥农业信贷担保作用推动农业农村高质量发展的实施意见》，进一步发挥政策性农业信贷担保“增信、分险、赋能”作用，有效提升农业信贷担保工作质量和成效，破解农业农村发展中的资金问题，推动农业农村高质量发展。

7月14日　印发《威海市人民政府关于废止部分市政府规范性文件的决定》，根据有关规定，经过评估，市政府决定废止9件市政府规范性文件。

8月19日　印发《威海市人民政府办公室关于印发数字威海建设2023年工作要点的通知》，扎实推进数字产业化、产业数字化、数据价值化、治理服务数字化，全面提升数字威海建设水平。

8月24日　印发《威海市人民政府关于命名“威海工匠”的决定》，为激励先进、树立榜样，市政府决定命名20人为“威海工匠”。

9月6日　印发《威海市人民政府关于统一南路、齐鲁大道起止点调整和部分路段更名的通告》，根据《威海市地名管理办法》，确定调整统一南路、齐鲁大道起止点，部分路段更名。

9月17日　印发《威海市人民政府关于印发威海市水文管理办法的通知》，加强水文管理，发挥水文工作在防汛抗旱、水资源管理和水生态保护中的作用，促进经济社会平稳健康发展。

9月20日　印发《威海市人民政府办公室关于印发威海市职业技能竞赛管理办法的通知》，充分发挥职业技能竞赛在技能人才培养、使用、评价、激励等方面的引领作用，规范职业技能竞赛组织管理，完善职业技能竞赛体系。

9月26日　印发《威海市人民政府 威海市中级人民法院关于建立企业破产处置府院联动机制服务绿色低碳高质量发展的实施意见》，进一步做好企业破产处置工作，积极推进新旧动能转换，服务绿色低碳高质量发展，营造法治化营商环境。

11月18日　印发《威海市人民政府关于印发威海市地方储备粮管理办法的通知》，加强全市地方储备粮管理，确保粮食安全，维护粮食市场稳定。

11月22日　印发《威海市人民政府关于印发威海市海域使用金征收管理办法的通知》，规范威海市海域使用金征收与管理，维护海域所有者和海域使用权人合法权益。

11月27日　印发《威海市人民政府办公室关于印发威海市促进民营经济发展壮大财政支持政策（试行）的通知》，支持民营企业扩张，壮大民营经济规模，提振市场主体信心，激发民营经济组织活力和创造力，促进全市民营经济高质量发展。

12月10日　印发《威海市人民政府办公室关于印发威海市跨部门综合监管办法的通知》，进一步提升行政监管的精准性和有效性，提高监管效能，优化营商环境，推动政府职能转变。

12月12日　印发《威海市人民政府办公室关于规范城乡公共交通基础设施建养使用管理的实施意见》，进一步提高城乡公共交通基础设施配套建养效率，更好促进城乡公共交通有序便民发展。

12月25日　印发《威海市人民政府办公室关于扎实开展城市更新行动深入推进精致城市建设的实施意见》，推进城市更新工作，促进城市高质量发展，加快打造优质均衡发展的精致城市样板。

12月26日　印发《威海市人民政府办公室关于印发威海市乡村之星选拔管理办法的通知》，加快实施人才强市战略，充分发挥农村实用人才在引领和服务全面推进乡村振兴、加快农业农村现代化中的重要作用。

12月27日　印发《威海市人民政府关于印发威海市市长质量奖认定办法的通知》，大力实施质量强市和品牌战略，激励在质量工作中取得卓越绩效的单位和个人。

12月27日　印发《威海市人民政府办公室关于印发威海市品牌和标准化战略奖励资助办法的通知》，加快培育知名品牌，推进品牌高端化发展，提高市场竞争力，提升标准化创新发展水平，促进经济社会持续健康发展。

12月29日　印发《威海市人民政府办公室关于进一步推动城市公共交通优先发展的实施意见》，深入贯彻城市公共交通优先发展战略，落实绿色低碳理念，不断提高城市公共交通服务品质，更好满足经济社会发展和人民群众出行需求。

【政务信息】　市政府办公室全年采用各区（市）、开发区和市直有关部门、单位信息2215篇。其中，采用各区（市）、开发区信息918篇，采用市直有关部门、单位信息1297篇。编发《威海政务》77期，其中23篇被市委、市政府领导批示。上报国务院办公厅和省政府办公厅信息607篇，被省级以上政务信息刊物采用381篇（其中国务院办公厅采用43篇、省政府办公厅采用338篇），获得国务院领导批示16篇、省政府领导批示69篇。市政府办公室在全国100个基层政务信息直报点排名中列第4位，获评全国政务信息工作先进单位、全省政务信息工作成绩突出单位。

【决策服务】　2023年，市政府决策研究中心围绕市委、市政府中心工作，完成重点调研报告28篇，获得省、市领导批示48篇次，获得全省政府系统优秀调研成果奖6篇、全市优秀调研成果奖4篇、市第二十五次社会科学优秀成果奖3篇、全市政府系统优秀调研成果奖17篇。

聚焦大抓经济的工作导向，推动印发《关于进一步健全激励机制推动经济高质量发展的意见》等文件，为经济高质量发展提供政策支撑。聚焦绿色低碳高质量发展，开展企业绿色转型、绿色制造等重点调研，推动印发《关于做好企业绿色转型服务工作的通知》，结合企业大走访活动，精准落实到具体企业。聚焦政策动态做好研究谋划，形成降低工商业用户用电价格、欧盟“碳关税”等方面的调研报告，推送3797家“四上企业”（规模以上工业企业、资质等级建筑业企业、限额以上批零住餐企业、国家重点服务业企业），为企业提供指导服务。聚焦改革创新，全面总结全市治水、管水、节水经验做法，推动山东省河湖长制和水旱灾害防御专题培训会暨全省节水工作现场会在威海市召开。聚焦关键领域加强研究探索，开展地方债务化解、旅游经济发展、新医药与医疗器械产业培育、跨部门综合监管等专题调研，推动相关领域工作高质量开展。聚焦大兴调查研究，组织“同题共研、助力高质量发展”调研大赛，全市政府系统形成调研报告669篇，评出优秀调研成果388篇，按5个专题汇编成册、分批刊发，获市委主要负责人肯定性批示。

【政务服务热线】　2023年，市12345政务服务热线中心围绕“量减质升”总体目标，强化资源整合、问题整改、作风转变、效能提升，全年企业群众诉求解决率96.45%、满意率96.13%。其中，受理电话诉求比上年下降23.24%，受理市长信箱等网络平台信件下降5.08%。群众关注的热点问题主要集中在住房与房地产、市场秩序、交通运输、居民生活、劳动关系、农村工作、社会治安、城市管理、法律服务、企业工资福利等方面。

市12345政务服务热线中心坚持问题导向，梳理职责界定、工作机制、综合保障等方面堵点难点问题52个，逐一推进有效解决。深入区（市）开展调研，交流疑难问题，刊发典型经验专刊6期，促进全市政务服务热线系统互学互鉴、共同提升。完善工作机制，建立“好差评”工单评选通报机制，编发评选通报5期，发挥引导和提醒作用。建立“条块结合、同题共答”的“一单双转”机制，对区（市）和市直部门分清主办与协办责任，实行“双派单、双评价”，凝聚合力办好企业和群众诉求。全年市领导坐班接听45人次，区（市）、部门主要负责人上线接听39人次，现场接听热线电话1204次，对8870件难点问题进行落实。坚持数据赋能，深入开展热线大数据分析，印发热线专刊62期、热线专报15期，市领导批示90件次，参谋辅政作用显著增强。多维度挖掘数据规律，向有关区（市）、部门提供高频热点问题及“两城”创建、涉旅服务等专项数据分析873次，为找准问题症结、提升办理质效提供支撑。坚持“接诉即办”，建立企业诉求“2112”工作机制（各承办单位接到企业诉求后2小时到达现场或取得联系，1个工作日内提出办理意见，12个工作

市级政府公物仓仓内实景　　（威海市机关事务服务中心　提供）

日内解决问题或服务确认），统筹做好受理、办理、督办、评价等各个环节，全程跟踪保证涉企服务效率和效果，全年受理企业诉求153件，按时办结率100%，问题解决率89.44%，企业满意率96.48%。成立工作专班，梳理群众不满意诉求，开展不满意诉求“回头看”行动，建立台账动态销号，定期通报办理结果，调动各级承办单位主动性、能动性。完善“4+1”（热线中心、新闻媒体、政务督查、纪检监察＋市级领导）督办体系，推动群众诉求正向转化。年内，市12345政务服务热线中心被人民网评为2023年度网上群众工作民心汇聚单位。

（张兰馨）

【机关事务管理】 办公用房保障　运用行政事业单位办公用房管理系统，汇集院落楼座、使用面积等办公用房信息数据，通过分支机构集中办公等方式，推动办公用房资源合理配置和节约集约使用，统筹解决29个部门、市级重点工作专班的办公需求。坚持“非危不修、非影响正常办公不修”的基建维修原则，实行“以养代修治未病”方式，实施20万元以下办公用房零星维修项目90余个、大中修项目5个，日常维保服务2000余次。

公务用车保障　优化升级公务用车信息平台，强化公务用车全生命周期管理，完成公车平台与市大数据平台数据实时对接共享。实地巡检公务用车4000余辆，更换设备384台，推进公务用车绿色转型，新购置车辆中新能源车辆占比100%。

公共机构节能　强化公共机构能源节约，2个合同能源管理项目建成落地，创建节约型机关337家、“无废机关”462家。通过申报推荐、督促辅导，5家单位获评全省公共机构生活垃圾分类示范单位，市机关事务服务中心在省公共机构节能“十四五”中期考核工作中被通报表扬。

市级机关后勤保障　公开招标物业服务公司6家，统筹服务市级机关281家单位、约80万平方米办公区。聚焦《机关办公楼物业服务与管理规范》落实，开展走访活动18次，实施人性化服务10项，推广品质服务案例13个，推动物业服务提质增效。推动发布市地方标准《实体公物仓建设与运行规范》，建成面积1600平方米的市级政府实体公物仓，收储办公家具、电脑等20类物品，规范资产借调处置流程，实施办公资产全周期管理机制，为70余家单位及临时机构提供办公设备4900余件，节省资产购置经费2200万元。为全市1万余名干部提供维修和用餐服务，保障党政机关高效运转。

（吕亚施）

大数据建设与发展

【概况】 2023年，市大数据中心紧抓数字化发展机遇，推进数字政府、数字社会、数字基建和数字生态建设，各项工作取得积极成效。在清华大学发布的《2022中国数字政府发展指数报告》中，威海市列全国普通城市（除省会城市和副省级城市外）第2位。新型智慧城市建设、数字机关建设、“齐鲁智脑”建设等7个专项工作获得省大数据局表扬通报。

【数字威海建设】 聚焦数字政府、数字经济、数字社会、数字基础设施和数字生态5个领域，编制《数字政府建设规划（2024—2026年）》，以数字化转型助推全市经济高质量发展。市政府办公室印发《数字威海建设2023年工作要点》《智慧社区建设实施方案》《“无证明城市”建设2023年工作要点》《加快推动“城市大脑”建设工作方案》等文件，全域推进城市智慧化转型。召开数字威海建设重点工作推进会议，举办数字威海建设专题研讨班、全省大数据安全培训班，开展“无证明城市”、机关内部“一网通办”和“城市大脑”等系列业务培训，启动2023年数字威海宣传月活动，凝聚合力推动数字威海建设。

【数据赋能公共服务】 完善“爱山东”掌办服务功能，上线数通家校、12345政务服务热线、军人退役报到登记等应用88项，累计1180项，市本级分厅、荣成市分厅、文登区分厅入选“爱山东”政务服务平台移动端50强分厅。加快“无证明城市”建设，4181个市级高频事项可应用电子证照证明办理，打造“无证明镇街”试点16个，上线“证明直通车”，统一证明模板68个，在政务服务、文化体育、培训教育等17个社会化场景中实现“亮证亮码”服务。塑造“我数我用”亮点品牌，推动38万条公共数据上链，为农民工发送电子工资条35万余人次，发放电子健康证1万余人次，支持60余类企业办事事项在线智能填报，办理信贷业务5300余笔，该项目在2023中国国际大数据产业博览会上获得公共大数据优秀成果奖。全域推进“一码通城”，搭建市域一体“鲁通码”平台，6880个服务事项在9个政务服务大厅、52个便民服

8月17日，数字威海建设重点工作推进会议召开

（威海市大数据局　提供）

务中心、1944个村居级网点实现扫码办事；全市1700余家酒店实现扫码“无证入住”，220家加油站实现散装汽油扫码登记，29个城市书房、69个小区门禁、385个供电所等合计29项服务场景、2636个应用场景可使用“鲁通码”扫码通行、办事。

【政府履职效能提升】 打造数字机关应用体系，建成“机关内部一网通办”总平台，上线17类422项机关通用事项、87项部门协同事项。接入254个部门自建系统，实现事业单位人员职业生涯全周期管理“一件事”。利用无纸化会议系统，实现会议组织管理线上办、会议材料线上流转，利用市县镇一体化视频会议系统，召开会议3000余次，公文运转数字化覆盖率、市级领导无纸化签批率均达100%。提升“城市大脑”建设成效。新增数据3.5亿条，接入系统18个、视频4万余路，打造智慧政法、数字创城等特色应用场景，建成综合业务专题27个，完成防汛抗旱、森林防火、市场监管3个重点领域省级试点建设任务。创新开发人房关联功能，实时发现处置“两城创建”事件1.23万件。“政通威海”App接入数据2亿余条，打造财政税收、利用外资、社会治理等23个专题，其中营商环境重点数据监测平台和旅游专题，为领导决策提供精准服务。推进“互联网+监管”工作，推广应用“山东通”移动监管，汇聚移动监管数据27.6万条，应用信息协同系统汇聚行政处罚数据1644条，监管数据汇入省库52万余条，事项覆盖率99%，数据及时率100%。强化项目统筹集约管理，建成政务信息化项目管理系统，构建智能匹配分析模型、专家库和项目画像数据库，科学测算项目投资规模、精准匹配论证专家，全年论证信息化项目152个，审核压减资金811万元。

【数字基础支撑能力建设】 全面建强数字基础底座，创新云原生技术应用，搭建业务中控管理平台，实施“政务云”异地容灾项目，基本完成“一网多平面”升级改造和IPv6规模化部署。全年新增视频4万路，总量14万路，在线率、出图率均保持在85%以上。完善数据资源流通体系，市大数据平台新增数据26亿条，累计汇聚126亿条，实现县级节点全域覆盖。开放24个领域18.8亿条公共数据，威海市列2023年中国开放数林指数综合排名第13位，市大数据平台获得2023年赛迪网“数字政府优秀实践案例”奖。推动数据算力能力提升，11家数据中心入选省级新型数据中心试点，打造数据开放创新应用实验室4个。强化网络安全保障能力，完成政务云网国产密码应用安全性评估，全省电子印章可信应用试点通过验收。优化政府网站服务功能，政府网站高效办理回复网民留言、全站完成适老化改造等工作经验做法获得省政府办公厅通报表扬，威海市在清华大学发布的《2023年网上政府创新发展报告》中列全国地级市第4位。

【智慧城市应用创新】 提质提速智慧城市建设，全域开展省级新型智慧城市试点建设，在渔船管控、医疗健康、交通出行等领域重点打造170余个应用场景。市本级、荣成市、乳山市通过新型智慧城市省级验收，实现四星级新型智慧城市全域覆盖。推进智慧社区提标扩面，搭建智慧社区综合信息平台并接入“城市大脑”，加快布设高空抛物监测、燃气报警等感知终端，创新信用超市、远程医疗等便民应用场景，在养老、家政、物业等领域打造“一码通、一站式”服务，3个智慧社区入选省级标杆型智慧社区。

（伯彩霞）

应急管理

【概况】 2023年，市应急管理局统筹发展和安全，落实好安全生产、防灾减灾救灾、应急救援等工作，科学处置突发事件14起、妥善应对恶劣天气58轮，事故起数、死亡人数比上年分别下降29.3%、10%。

【安全生产制度落实】 开展“安全生产制度落实年”行动，推动安全生产制度落实到基层一线。全面梳理21个新兴和职责尚不明晰的行业领域（业态）监管状况，市应急管理局印发《有关行业领域安全生产监管职责分工》，解决监管空白、监管交叉、职责不清等问题。建立安全总监培训教育、考核奖惩等制度，督促其协助企业主要负责人抓实安全生产，取得明显成效，全省安全总监培训会议在威海市召开。开展安全生产培训，利用实训基地集中培训企业负责人、安全管理人员等关键人群2800人次，打造企业内训师团队，由内训师组织开展公司、车间、班组三级全员培训。将小微市场主体业主全面纳入安全教育培训体系，打造12个镇（街道）培训样板，示范带动各镇（街道）通过购买专家服务方式，常态化开展培训。创新开发“手指口述”App，培养规范操作，破除传统作业习惯。强化执法评估，对8个区（市）、76个镇（街道、功能区）及生产经营单位开展安全生产督导评估，并量化赋分排名，抽查企业620家、“九小场所”（小饭店、小公共娱乐场所、小教学机构、小旅馆、小商场、小生产加工企业、小网吧、小休闲健身场所、小医院）847处，整改问题隐患4774项。建立异地执法、全员执法、暗访执法等多元化执法模式，解决“人情执法”、执法“宽松软虚”问题。通过每月召开分析会、下发通报等措施，督促区（市）加大执法力度，全市立案处罚企业500起，其中行刑衔接3起。

【安全生产综合整治】 发挥综合统筹协调作用，开展多轮次行动，强化事故预防和风险防范。开展全行业领域重大事故隐患专项排查整治行动，建立“周调度、月通报”机制，组织各级各部门清单化排查整治重大隐患2702项。对危险化学品、非煤矿山、工贸、烟花爆竹等行业领域，通过企业自查、部门检查等方式，加大整治力度，管控重大隐患1529项。基于历史同时期事故规律和季节性安全生产特点，压茬开展百日攻坚行动4轮，检查企业6.99万家，查改问题隐患6.28万项。针对旅游旺季溺水问题，打造防护、预警、救助、警示“四张网”，工作经验做法入选全国应急实践典型案例。对涉及违规电气焊、有限空间作业、高处坠落的重点企业、场所、人员逐个检查，摸排特电气焊设备4816台，有限空间企业5311家、场所6.62万个，涉高处作业企业1.69万家，逐一明确监管责任。以“四不两直”（不发通知、不打招呼、不听汇报、不用陪同接待，直奔基层、直插现场）、明察暗访等方式进行检查，查处典型违法案例26个，“一案双罚”（既罚违法单位又罚违法个人）8个，曝光、约谈、联合惩戒企业40余家。

【安全生产水平提升】　开展化工行业安全生产整治提升专项行动，市及各区（市）成立由书记、区（市）长担任“双组长”的领导小组，组织负责领导干部86名、驻点人员134人次、专家67人次，对企业实施“联系＋包保＋驻点”监管模式，推动工作落实。指导化工园区开展安全生产整治提升专项行动，3个园区全部达到D级（较低安全风险等级）。开展地下矿山外包施工队伍清理工作，解除2家外包施工队伍的合同，破解外包施工管理难题。深化工贸行业安全专项整治，采取专家诊断、联合检查、“两高”（高耗能、高排放）项目联审等方式，检查企业1897家，整治问题隐患4093项，督促18家不符合条件的机械铸造企业关停退出。强化技防措施落实，持续推动“机械化换人、自动化减人、智能化无人”，实现82处高危场所现场作业人数控制在2人以下，减少非煤矿山企业井下作业人员160余人。市应急管理局印发《威海市毒性物料（液氯）双层套管安全技术改造指南（试行）》等3个规范，开展安全技术改造，工作经验做法获得国务院安全生产委员会办公室督导帮扶组肯定。聚焦风险过程管控，建立“循环式”诊断机制，按照分类分级，选取150家不同类型企业，梳理共性、个性问题，通报指导同类企业整改提升，并以执法检查方式开展“回头看”活动。加强专家驻点监督，选派专家固定结对重点危险化学品、矿山企业，参与关键流程管控。对94项危险作业实行“旁站式”监督，开展高危细分领域专家“体检式”检查，妥善解决专业性、深层次问题。

【防灾减灾救灾】　加强灾害分析，开展监测预警预报，每月结合气候预测、典型事故案例等情况，分析研判重点行业安全风险，针对性制定、落实安全防范措施。组织主要涉灾种部门开展灾害风险会商评估6次，发布自然灾害风险预警提示58期，及时下发防范应对工作通知，向公众发送各类灾害预报提示短信，组织防范应对。实施风险隐患治理，深化自然灾害综合风险普查成果运用，开展普查数据回流工作，精准防范高风险点位，荣成市入选省第一次全国自然灾害综合风险普查成果应用试点。开展防汛、森林防火综合检查，排查、整改问题隐患6500余项。加大救灾物资储备力度，投入资金3300余万元采购救灾物资，并通过回收方式充实物资储备，年内增加保障人数5.3万人。

【应急处置能力提升】　推进“三化”（指挥体系模块化、应急预案标准化、应急演练实战化）建设，完善应急指挥体系。以森林火灾救援为试点，建设现场可视化传输链路模块、指挥地图模块、一线扑救队伍通信模块、一线扑救队伍指挥模块“四个模块”，并配备氢动力无人机及各类星光夜视无人机镜头，初步攻克“人在哪”“火在哪”“如何救”等难题。系统更新预案体系，编制预案操作手册、现场指挥“一张图”，定人定岗定责，快速实现“挂图作战”。编制《基层应急预案体系建设工作指南》《基层应急预案数字化应用指南》等规范，有效指导基层预案编修，工作经验做法被《大众日报》报道。以不预先设定演练时间地点、不明确演练内容的“双盲”演练为主要方式，常态化开展演练，提升实战能力。围绕50个市级专项应急预案，分类分级梳理重要设施、危险源等风险要素583个，完善地形图、分布图等基础要素66项，夯实应急基础要素库支撑。将325名涵盖80余个行业领域的专家纳入专家库，提升应急辅助决策能力。深化专业应急救援队伍规范化、标准化建设，推荐2支队伍纳入省级专业应急救援队伍管理体系，并新培育社会救援队伍4支。开展基层应急能力建设，通过整合、共建、联勤等方式，建成镇（街道）应急救援站25个、综合救援队伍

6月16日，威海市暨环翠区2023年“6·16安全宣传咨询日”活动举办　（威海市应急管理局　提供）

36支，提升基层先期处置能力。深化宣传教育，提升全民应急素质。持续深化“威海应急侠”宣教品牌，制作并全媒体循环播放森林防火、防汛防台风等主题微视频，“雨季防汛篇”微视频被应急管理部评为优秀应急科普作品。推行“保险+宣传”模式，组织灾害民生综合保险承保机构联合社会救援力量开展宣讲，普及安全知识。打造威海应急科普教育云平台，实现一部手机、一个平台即可学习多个媒体上的应急科普知识，增强群众安全意识和自救互救能力。全省救援预案工作创新观摩会在威海市召开，全领域全要素提升应急能力工作经验向全省推广。

（甘涌泉）

行政审批服务

【概况】 2023年，全市进驻市政务服务中心的部门、单位有31个，水务、供电、热电、燃气、广电等公共服务企业8家，设立车辆管理、出入境、不动产、公积金、社会保障、医疗保障、人力资源、公证8个部门分中心。市行政审批服务局办理各类服务事项5万件，收到锦旗、感谢信70面（封）。市行政审批服务局以深化“放管服”改革、优化营商环境为主线，推进改革创新、深化流程再造，各项工作取得积极成效。威海市商事制度改革领域获得省级激励奖励，市行政审批服务局团队获评全省赋能聚力突破重大项目推动绿色低碳高质量发展先行区建设竞赛活动表现突出团队，政务服务“微创新”做法在《山东地方改革动态》刊发，工程建设项目审批“九证合一”改革获评全省“高效办成一件事”暨优化营商环境创新优秀案例，工作经验做法在全省政务服务大厅转型升级工作专题研讨会、山东省建设工程消防审验系统上线运行暨纳入工程审批系统启动仪式上交流，被省持续深入优化营商环境和推进政府职能转变领导小组办公室、省核定工业企业改制服务办公室、省住房和城乡建设厅推广。

【相对集中审批权改革】 积极做好承接事项和省级委托下放事项办理，持续减环节、降层级、压时限。重新梳理并认领行政许可事项清单135项，认领发布办事指南452件，将依法设定的行政许可事项全部纳入清单管理。年内，办理各类行政许可业务5万余件，实际办理用时较改革前部门承诺用时节省40.7%。

【政务服务环境建设】 围绕全力支持项目建设、全力服务招商引资、推动改革措施落实落细等6个方面，印发便企利民服务措施27条，打造“有求必应、无微不至”政务服务品牌。继续推行高中阶段教师资格证网上办理，增加普通货运道路运输证前移办事窗口。优化巡游车道路运输证办理流程，调整中心城区网约车运输证办理政策，解决文登籍车辆不能申办中心市区网约车运输证的问题。

【营商环境优化】 牵头完成省级“揭榜挂帅”、攻关项目任务12项和市级优化营商环境任务64项。深入推进“高效办成一件事”，企业、个人全生命周期“一件事”事项110项实现集成办理，全市依申请政务服务事项全程网办率升至89.52%。提高企业开办便利化水平，将“一照多址”的改革范围由同一县域扩展到威海市域内。开展市场主体住所（经营场所）标准化登记省级试点工作，采用“标准化地址申报+住所承诺制”登记改革模式，推进电子营业执照全面应用。推行施工综合许可“九证合一”，实现施工许可阶段办理一个事项即可开工建设。实施建设工程规划类许可“五证合一”、建筑工程施工许可分阶段办理、市政公用外线接入工程事项集成办理、5G基站建设“一件事”集成办等举措，提升项目审批效能。助力精致城市建设，市行政审批服务局印发市场主体住所（经营场所）禁止设立区域清单，联合市住房和城乡建设局建立涉餐饮行业审管联动机制，从源头上解决油烟污染扰民等问题。

【政务服务水平提升】 深化政务服务“一次办好·一窗受理”改革，开展政务服务标准化提升行动，全面修订政务服务事项基本目录，全市各级各部门认领省级设立事项1126个，发布市级设立事项60个，实现政务服务事项全覆盖。深化“双全双百”（围绕企业、个人全生命周期，各推出不少于100项高频事项极简办、集成办、全域办）工程，企业全生命周期实现企业开办、企业变更等84个“一件事”线上线下集成办理服务，个人全生命周期实现出生、入学等26个“一件事”线上线下集成办理服务。建设市级电子证照库，推进政务服务“免证办”，深化电子证照应用，市政务服务平台、山东政务服务网（威海站）调用电子证照8.5万次。开展整治形式主义为基层减负、群众身边不正之风和腐败问题专项整治、医药领域腐败问题集中整治、“一次性告知不到位”问题专项治理等，落实“好差评”“窗口无否决权”和“办不成事”反映等制度，实现现场服务“一次一评”。构建政务服务音视频督察网络，通过“四不两直”方式，对各级办事大厅窗口进行明察暗访。全市政务服务满意度达99.9%以上。

【公共资源交易服务】 扩大权益类公共资源交易范围，实现企业国有产权、行政事业单位资产、农村集体产权等类别项目进场交易。创新“信用+保函”服务模式，全年帮助企业减少资金占用1亿余元。全年完成进场交易项目3080宗，增长16.01%；交易总额141亿元，节约财政资金2.6亿元。威海市公共资源交易平台入选山东省数字政府“创新示范应用”名单，威海市公共资源交易中心在全省18个公共资源交易平台评价中列总分第4位，获评2022年度省级会计基础规范化先进单位。

（杨　健）

机关事业单位人事管理

【概况】 2023年，市人力资源和社会保障局积极开展事业单位人事管理、工资管理、评比达标表彰等工作，完成各项工作任务。

【事业单位人事管理】 公开招聘　公布2023年度威海市事业单位高层次急需紧缺岗位（专业）目录175条。全年各级事业单位开展各类招聘77批次，发布招聘计划2684个，招聘事业单位工作人员2235名，其中博士研究生11人、硕士研究生521人、大学本科及以下毕业生1703人。

县以下事业单位管理岗位职员等级晋升　稳步推进职员等级晋升，全市有316名管理岗位人员晋升职员等级，其中晋升六级职员25人、七级职员69人、八级职员137人、九级职员85人。

工作人员奖励　指导各区（市）、部门（单位）根据年度考核结果开展定期奖励，按照权限完成2022年度市直事业单位年度考核结果和嘉奖奖励情况审核备案，给予全市事业单位工作人员672人（其中市直事业单位329人）记功奖励。

【机关事业单位工资管理】 优化医疗卫生机构收入分配机制，推进公立医院薪酬制度改革。全面贯彻关心关爱医护人员政策，落实临时工作补助。核增一次性绩效工资总量，指导卫生机构做好内部考核分配，发挥薪酬激励作用。完善工资总额核定办法，保障义务教育教师待遇。将义务教育学校课后延时补助纳入绩效工资总量管理。对全市各级义务教育教师与公务员工资收入情况开展比较调查，确定义务教育教师工资待遇调整办法，确保不低于公务员工资收入。落实山东省事业单位绩效工资监督检查办法，建立健全监督检查长效机制。

【评比达标表彰】 完善表彰奖励制度体系，规范评比达标活动，发挥表彰激励作用，申报2024年度市县两级评比达标表彰项目9项，推荐省级及以上先进集体35个、先进个人53名。贯彻落实《创建示范活动管理办法（试行）》，指导1项创建示范活动规范开展。

（于清华　王　蕾）

外事工作

【概况】 2023年，市外事办公室发挥外事资源渠道优势，抢抓机遇、主动作为、推动落实，助力高水平对外开放。全市外事工作取得一系列新进展、新成效。接待基里巴斯议会代表团、韩国济州道考察团等高级别团组到访38批229人次。

【经济发展服务】 聚焦“经济外事”，组织企业代表团拜访英国、埃塞俄比亚等外国驻华使馆，对接商务部、中国人民对外友好协会等机构、团体，推介威海市产业优势，为招商引资和企业“走出去”提供外事支持。助推中韩“四港联动”物流通道建设，促成签署《中韩多式联运（威海—仁川）试运行的谅解备忘录》，并于12月19日启动中韩多式联运（威海—仁川）整车运输试运行。举办威海—坦桑尼亚经贸投资座谈会、威海—谢尔吉耶夫“丝路名城”对话会等涉外经贸活动10余次，为贸易投资、海洋渔业、城市建设等多领域对外交流搭建平台。以中国—尼加拉瓜自由贸易协定签署为契机，引进尼加中国际事业公司，邀请尼加拉瓜驻华大使访问威海市，召开中尼（威海）经贸合作交流会，助力企业发展。引进中信外包集团金融服务外包项目、威海红山峰国际商贸有限公司等项目10个，到位资金约1.5亿元。

【对非洲合作】 聚焦高层交往、民间交流、服务经济等方面，积极开展对非洲交流。全年接待毛里求斯、坦桑尼亚、津巴布韦、贝宁、南非、塞舌尔、科摩罗等非洲11国21位驻华使节及政要参访威海。举办山东—非洲海洋合作发展对话会等对非经贸洽谈活动，40余家企业与坦桑尼亚、津巴布韦等非洲驻华使馆、企业对接合作。完成多用途船“佩洛斯巴纽斯”轮交付，助推毛里求斯海洋经济发展。荣成市富顺渔工贸有限公司毛里塔尼亚渔业产业链项目、山东精诚生物科技有限公司尼日利亚绿色工业发展项目入选中非高质量共建“一带一路”成果展，威海华坦供应链东非商贸物流产业园综合服务合作区项目获评第三届“一带一路”国际合作高峰论坛务实合作项目。

【友好交往】 立足提高城市国际化和对外开放水平，拓展国际友好合作关系城市“朋友圈”。参与2023世界友好合作关系城市论坛、中非青年对话会等省级外事活动，新增罗马尼亚图尔达、韩国济州、塞内加尔瓦卡姆、俄罗斯谢尔吉耶夫4个友好合作关系城市，市级友好合作关系城市增至25个。加强与世界城市和地方政府联盟、博鳌亚洲论坛、中日韩合作秘书处等国际组

9月26日，2023“友城走进威海”对话会召开

（威海市外事办公室　提供）

7月5日，山东—非洲海洋合作发展对话会在威海市举办

（威海市外事办公室　提供）

织联系，威海市成为世界城市和地方政府联盟物流委员会创始会员。拓宽青少年国际交流，“模拟上合组织”活动成为中国（山东）—上海合作组织国家友好合作交流季活动品牌。年内，3人获评山东省荣誉公民，1人获评山东省人民友好使者，11人获评第十七批威海市荣誉市民。

【涉外管理】　强化涉外安全“上中下游”治理，为经济发展提供外事保障。承办省“外事惠企·公安护航”系列活动启动仪式暨境外安全保障工作培训班，常态化开展领事保护知识宣传，推广“平安丝路”App，发放宣传材料2000份，有效提升企业海外安全风险防范意识和应急处置能力。加强风险防控，摸排威海市在高风险国家和地区人员情况，积极提供领事保护与协助。加大调度处置力度，召开专题会议研究部署全市在外非必要人员安全撤离工作。年内，妥善处置领保和涉外案（事）件20余起。

【对外宣传】　依托“友城”“友人”资源，全面展示城市国际化形象。邀请联合国驻华协调员常启德、南非驻华大使谢胜文等参加精致城市论坛，促进精致城市建设案例在国际平台交流传播。开展“外眼看威海”等活动，举办“我如此热爱威海”外语短视频大赛，推出《对话大使》系列电视专访，鼓励国内外友好人士宣传威海市。积极开展友好合作关系城市对外宣传，在马来西亚美里市设立“中华文化之角”并捐赠中文图书。

【外事服务】　持续优化外事审核审批流程，加强事中事后监管，审核审批因公出国团组81批338人次，办理因公护照304本、因公签证396人次。加强外事惠企便民政策宣传，办理APEC商务旅行卡325批548人次、领事认证1335批3096份，办理到中国邀请核实单131批274人次、日本因私签证1050人次。

（董　茜　秦娅丽）

信访工作

【概况】　2023年，全市党政信访部门受理群众信访事项2.57万件，新发生的信访事项90%以上化解在基层和属地，信访形势呈现平稳有序态势。乳山市获评全国信访工作示范县，环翠区获评全省信访工作示范县。

【信访专项攻坚】　实施新一轮“治重化积”攻坚行动，对中央信访工作联席会议办公室交办的213件重复信访事项，逐一厘清诉求、落实领导包案、明确“一案一策、一案一卷”要求、执行“两见面、双签字”工作流程，通过专班攻坚、集中会商等方式，深入调查处理，严格规范办理，做到“案结事了、事心双解”。聚焦房地产、拖欠工资、农村农业、涉法涉诉等6个重点领域，开展信访问题攻坚化解行动，批量解决存量问题，杜绝新问题产生，房地产、劳动保障、涉法涉诉和农村农业等重点领域信访事项总量均实现下降。

【信访问题源头治理】　深入开展信访问题源头治理三年攻坚行动，市信访局印发《威海市信访问题源头治理三年攻坚行动实施方案（2023—2025年）》，明确工作任务、细化目标措施。各级以建立控制增量、消减存量、防范变量“三张清单”为着力点，完善首接首办、接诉即办、直转快办、跟踪督办、会商联办“五办”机制，抓实公开听证、复查复核工作，促进问题化解在基层、隐患消除在萌芽。

【《信访工作条例》宣传贯彻】　开展《信访工作条例》集中宣传月活动，发放明白纸3万份、《信访工作条例》宣传册1万份。举办全市信访工作培训班，围绕解读《信访工作条例》、复查复核和信访听证、到访接待等，对全市800余名信访干部进行专题培训。市信访工作联席办公室以《信访工作条例》为纲，健全完善配套措施，推进市级信访工作制度文件“立改废”工作，废止与形势任务不适应、与《信访工作条例》规定不相符的文件13件，修订完善制度、规范12项。

（于　谦）

编辑　闫拥军

中国人民政治协商会议威海市委员会

综　述

【概况】　中国人民政治协商会议第十四届威海市委员会（简称政协第十四届威海市委员会）常务委员会以习近平新时代中国特色社会主义思想为指导，团结引领参加政协的各党派团体和各族各界人士，发挥专门协商机构作用，聚焦中心工作开展调查研究、协商议政、民主监督，推动全市经济社会高质量发展。

【机构设置】　政协第十四届威海市委员会于2022年2月换届产生。至2023年底，有委员325名，常委会组成人员57名，其中中共委员130名、非中共委员195名。下设办公室、研究室及提案委员会、人口资源环境和经济委员会、农业和农村委员会、教科卫体委员会、港澳台侨和民族宗教外事委员会、社会法制委员会、文化文史和学习委员会、委员联络工作委员会。

常务委员会会议

【第七次会议】　4月14日召开。会议传达学习中共中央总书记习近平在全国两会期间的重要讲话和全国两会精神。

【第八次会议】　7月25日召开。会议传达学习中共中央总书记习近平在全国生态环境保护大会、文化传承发展座谈会、中共中央政治局第五次集体学习时的重要讲话精神，听取市政府《关于上半年全市经济社会发展情况及威海市"降低企业成本，吸引投资创业"情况的通报》，16个部门介绍工作情况，6位市政协委员作大会发言，4位市政协委员与有关部门负责人进行交流。会议还听取市政府办公室《关于市政协十四届二次会议以来提案办理情况的报告》，审议通过有关人事事项。

【第九次会议】　11月1日召开。会议深入学习贯彻习近平生态文明思想，积极融入全省绿色低碳高质量发展先行区建设，围绕"放大生态比较优势，推动经济绿色低碳高质量发展"协商议政。会议听取有关部门《关于推动经济绿色低碳高质量发展情况汇报》，5位市政协委员作大会发言，4位市政协委员与有关部门负责人进行交流。会议还审议通过有关人事事项。

协商议政会议

【基层协商会】　7月5日，市政协召开"有事多商量·在基层协商"会，组织部分市政协委员和市民代表围绕"强化多方协作，推动《中华人民共和国家庭教育促进法》落实落地"议题与有关部门进行民主协商。会议听取市政府办公室《关于家庭教育工作情况的介绍》，5位市政协委员和2位市民代表围绕协商议题提出意见和建议，市政府办公室、妇女联合会、教育局等6个部门负责人针对意见和建议进行现场答复、提出具体办理措施。

7月31日，市政协召开"有事多商量·在基层协商"会，组织部分市政协委员和市民代表围绕"加强燃气安全信息化建设，提高城镇安全保障能力"议题与有关部门进行民主协商。会议听取市住房和城乡建设局《关于威海市城镇燃气工作情况的介绍》，3位市政协委员和1位市民代表围绕协商议题提出意见和建议，市住房和城乡建设局、商务局、大数据中心、市场监督管理局4个部门负责人针对意见建议进行现场答复、提出具体办理措施。

9月20日，市政协召开"有事多商量·在基层协商"会，围绕"发挥爱国爱港社团作用，加强威港两地联络联谊"协商议政。会议采取网络议政的方式进行，威海设主会场，香港设分会场。会议听取中共威海市委统一战线工作部、市委台港澳工作办公室等部门《关于威海市对港社团工作有关情况的介绍》，香港威海同乡会负责人和4位港区市政协委员围绕协商议题提出意见和建议，市委统一战线工作部、台港澳工作办公室和市文化和旅游局、刘公岛管理委员会4个部门负责人针对意见和建议进行现场答复、提出具体办理措施。

【对口协商会】 4月10日，市政协召开“有事多商量·对口协商”会，组织部分市政协委员和市民代表围绕“发展电商经济，打造经济增长新动力”议题与有关部门进行民主协商。会议听取市商务局《关于威海市发展电商产业有关情况的介绍》，6位市政协委员围绕协商议题提出意见和建议，市农业农村局、妇女联合会、海洋发展局等4个部门负责人针对意见和建议进行现场答复、提出具体办理措施。

6月28日，市政协召开“有事多商量·对口协商”会，组织部分市政协委员和市政协智库专家围绕“补齐农村突出短板，加快共同富裕进程”进行协商议政。会议听取7位政协智库专家《关于乡村振兴、渔业产业、海洋碳汇等方面工作情况的介绍》，11位市政协智库专家（含5位市政协委员）围绕协商议题提出意见和建议。

9月1日，市政协召开“有事多商量·对口协商”会，组织部分市政协委员和市民代表围绕“加大设施配套产业互联力度，全力打造千里山海乡村振兴路”议题与有关部门进行民主协商。会议听取环翠区、荣成市《关于设施配套产业互联相关工作情况的介绍》，2位市政协委员围绕协商议题提出意见和建议，市农业农村局、自然资源和规划局、住房和城乡建设局、交通运输局、文化和旅游局等7个部门负责人针对意见和建议进行现场答复、提出具体办理措施。

9月26日，市政协召开“有事多商量·对口协商”会，组织部分市政协委员和市民代表围绕“加快科技型企业培育，促进经济高质量发展”议题与有关部门进行民主协商。会议听取市发展和改革会、科技局《关于科技型企业培育方面的工作情况介绍》，4位市政协委员围绕协商议题提出意见和建议，市发改委、科技局、财政局等7个部门负责人针对意见和建议进行现场答复、提出具体办理措施。

10月18日，市政协召开“有事多商量·对口协商”会，组织部分市政协委员围绕“发展智慧交通，推进精致城市建设”议题与有关部门进行民主协商。会议听取市交通运输局《关于威海市智慧交通工作有关情况的介绍》，7位市政协委员围绕协商议题提出意见和建议，市交通运输局、公安局、公路事业发展中心3个部门负责人针对意见和建议进行现场答复、提出具体办理措施。

视察调研活动

【委员企业调研】 2月7日，市政协主席高旭光率调研组到威海经济技术开发区部分市政协委员所在企业走访调研。调研组先后到山东双城电力有限公司、威海艾迪科电子科技股份有限公司，了解企业运营发展、产品研发销售等情况，并召开座谈会与委员进行交流，听取意见和建议。

【分包联系企业调研】 3月15日，市政协主席高旭光率调研组到分包联系企业走访调研。调研组实地考察威海市海王旋流器有限公司、威海魏桥科技工业园有限公司，并与企业负责人座谈交流，详细了解企业主营业务、发展目标、投资计划、技术创新、市场开拓等情况，就企业需求和存在困难，听取企业家意见和建议，共同探讨解决方案。

【森林防火工作调研】 3月30日，市政协主席高旭光以市副总林长身份，到责任区域环翠区棉花山、刘公岛林场调研森林防火工作。调研组先后到威海火炬高技术产业开发区怡园街道陈家后沟村、环翠区孙家疃街道沙窝至靖子段防火通道、刘公岛林场等地，察看森林防火通道建设、火情警报设备配备、林下可燃物清理、消防物资储备、上山人员管控等情况，并就有关问题与相关负责人进行交流。

【重点项目调研】 4月6日，市政协主席高旭光率调研组到环翠区调研重点项目建设情况。调研组先后到威海连城智谷产业园、威海邦德散热系统股份有限公司、威海喜盈门乳品有限公司，考察项目推进和企业发展情况，了解项目建设存在的问题困难和企业诉求，与相关负责人共同探讨解决方案。

【乡村振兴和渔船管控工作调研】 4月18日，市政协主席高旭光率调研组到文登区调研乡村振兴和渔船管控工作。调研组在“耕读小镇”样板片区大水泊镇团山村与干部进行交流，了解样板片区打造、基础设施建设、文旅设施配套等情况；在泽库镇港船管理服务中心，调研组与工作人员进行交流，了解渔港规范化管理、驻港值守、智慧渔港平台使用等情况。

【电子信息产业调研】 7月5日，市政协主席高旭光率调研组到威海火炬高技术产业开发区调研电子信息产业发展情况。调研组在威海爱思特传感技

7月12日，市政协视察组开展“降低企业成本，吸引投资创业”专题视察
（中国人民政治协商会议威海市委员会办公室　提供）

术有限公司、奎科激光半导体（威海）有限公司、亿和威海产业园A4高端打印机及配套生产项目等地，与相关负责人进行交流，了解企业产品研发、市场销售、人才队伍建设等情况，并召开座谈会询问企业遇到的问题，听取有关意见和建议。

【企业成本降低专题视察】 7月12日，市政协主席高旭光带领部分市政协委员，围绕“降低企业成本，吸引投资创业”开展专题视察。高旭光一行先后到威海热电集团有限公司、国网山东省电力公司威海供电公司、威海市城市规划展览馆、威海临港经济技术开发区行政审批服务大厅、山东浩然特塑有限公司和威海拓展纤维有限公司，听取有关部门和单位情况介绍，了解供热供电保障、营商环境优化、惠企政策落实等情况，并就企业降本增效、吸引投资创业等征求意见和建议。

【创新发展专题调研】 8月17日，市政协主席高旭光带领部分市政协委员，围绕“‘1+4+N’创新平台体系及科技型企业创新发展”开展专题调研。调研组先后到威海创新园海洋智能装备研究中心、哈工大威海创新创业园、威海宝威新材料科技有限公司和威海市产业技术研究院（威海郭永怀高等技术研究院），与相关负责人深入交流，了解企业发展、科技成果转化、企业培育孵化及对威海市相关产业经济支撑情况，并召开座谈会听取情况汇报，与部分委员进行交流。

【经济绿色低碳高质量发展专题调研】 10月10日，市政协主席高旭光带领部分市政协委员围绕“推动经济绿色低碳高质量发展”开展专题调研。调研组先后到乳山市明阳高端海洋装备智能制造、中车同力海上风电管桩制造、豪迈科技海工装备制造、南唐家牡蛎融合发展示范区等项目现场，察看建设进度，了解海上风电及乳山牡蛎产业发展情况，并召开座谈会进行交流，广泛听取意见和建议。

【温泉资源情况调研座谈会】 11月10日，市政协召开温泉资源情况调研座谈会，围绕威海市温泉资源规划与管理、开发与利用、康养与旅游融合发展交流座谈。市自然资源和规划局、水务局、商务局、文化和旅游局、卫生健康委员会5个部门汇报有关情况，部分市政协委员和市政协智库专家参加研讨。

其他重要活动

【威海香港两地合作交流会】 12月17日在威海市召开。全国政协副主席梁振英出席会议并讲话，省政协主席、党组书记葛慧君，省政协副主席王修林，市领导闫剑波、高旭光等出席会议。闫剑波介绍威海市经济社会发展和与香港交流合作情况。

【王书坚到威海市调研】 3月8日—9日，省政协副主席、党组副书记王书坚带领委员联络工作委员会人员和部分委员到威海市，就“优化民营企业发展环境，促进民营经济发展壮大”开展专题调研。王书坚一行先后到台依湖国际酒庄生态文化区、山东力久特种电机股份有限公司、威海伯特利汽车安全系统有限公司、威海拓展纤维有限公司、三角集团股份有限公司、云洲无人船艇等企业（项目），了解企业生产经营、产业布局、科技创新等情况，并召开座谈会，与相关负责人进行交流。

【孙继业到威海市调研】 10月26日，省政协副主席孙继业率调研组到威海市，围绕“推动冰雪运动高质量发展”开展专题调研。调研组先后到威海冰球馆、威海拓展纤维有限公司、开泰体育用品制造（威海）有限公司、威海临港经济技术开发区全民健身中心进行调研，了解场馆运营、企业生产经营等情况，并与相关负责人进行交流。

【张新文到威海市调研】 4月19日—20日，省政协副主席张新文率调研组到威海市，围绕“加快建设宜居宜业和美乡村”开展专题调研，并召开座谈会。调研组先后到环翠区里口山管理服务中心王家疃村、嵩山街道小镇村等地，深入乡村美学堂、民宿等特色项目和石窝剧场、休闲公园等，听取威海市在乡村特色产业培育、人居环境整治提升及推动生态修复与产业、文化发展有机融合等方面的做法。11月15日，省政协副主席张新文率调研组到威海市，围绕“推动海洋经济高质量发展”工作开展调研。调研组先后到远遥浅海科技湾区海洋科技馆、浅海综合试验场管理服务中心、海洋智能装备研究中心，山东船舶技术研究院、威海福瑞机器人有限公司进行调研，了解海洋产业发展规划、科技创新平台建设、科技型企业培育、科研项目建设、人才队伍建设、成果转化等情况，并围绕产业链创新链融合发展、产学研

10月10日，市政协调研组开展“推动经济绿色低碳高质量发展”专题调研
（中国人民政治协商会议威海市委员会办公室　提供）

8月24日，全市政协文史工作座谈会召开

（中国人民政治协商会议威海市委员会办公室　提供）

合作等方面问题进行交流。

【省政协调研组到威海市调研】　6月12日—14日，省政协调研组到威海市，围绕“推进居家社区养老服务”开展专题调研，并召开座谈会。调研组先后到荣成市夏庄镇甲夼马家村暖心食堂、荣成市万福苑社区居家为老服务中心、荣成市万福苑医养综合体、文登区中药配送中心、文登区环山街道综合养老服务中心、威高天伦苑养老有限公司、威海市云智慧养老便民服务中心等进行考察，听取情况介绍并就有关问题与相关负责人进行交流。8月7日—8日，省政协调研组到威海市，围绕“界别同心汇创建和完善委员联系界别群众制度机制”开展专题调研，召开座谈会并作专题辅导交流。调研组先后到“新威商”“青春智创”“侨联四海”“寻梦田园”“文登星火相传”“文登参情为农”6家界别同心汇进行考察，听取情况介绍并就有关问题与相关负责人进行交流。

【王修林到威海市调研】　5月17日，省政协副主席、中国民主同盟山东省委员会主委王修林率调研组到威海市，围绕“关于创建海洋国家文化公园的建议”和“海洋工程产业高质量发展”开展专题调研。在威海长青海洋科技股份有限公司，调研组参观藻类育苗养殖车间、海洋牧场体验馆，了解海洋牧场生物资源、浅海多营养层次生态养殖模式等情况，并听取青鱼滩社区情况介绍；在威海海洋科技馆、威海国家浅海综合试验场管理服务中心，调研组与相关负责人进行交流，听取相关情况介绍，并就海洋工程产业高质量发展高端论坛筹备工作举办座谈会。

【全市政协文史工作座谈会】　8月24日召开。会议深入学习贯彻中共中央总书记习近平在文化传承发展座谈会上的重要讲话精神，传达学习全省政协文史工作座谈会精神，总结交流经验，研究部署工作，推动全市政协文史工作创新发展。会上观摩全市政协优秀文史书刊展览，4个区（市）政协作交流发言，6位市政协智库文史专家提出工作意见和建议。

【“奋进新征程　建功新时代”政协委员画家作品邀请展】　5月16日举办。展览汇集45位全国知名政协委员画家的90幅作品，旨在体现人民政协的大团结大联合，展现政协委员和艺术家们的时代担当。

【全市政协重点工作推进会】　6月2日召开。会议传达学习省政协“有事多商量”协商平台建设工作东部片区座谈会和“界别同心汇”创建工作推进会精神，通报市政协协商议政成果转化情况，并围绕推进“有事多商量”协商平台建设、“界别同心汇”创建、实行委员协商议政成果分类办理等工作进行部署。

【《港岛“威警”》开机】　6月20日—25日，由市政协牵头，市委统一战线工作部、市委台港澳工作办公室、香港威海同乡会参与，威海电视台承制的大型纪录片《港岛“威警”》（暂定名）在深圳市开机拍摄。此次拍摄采访13位香港威海卫警察后裔及香港威海卫警察历史研究的相关专家，累计拍摄时长900余分钟，收集历史实物、照片、视频资料3000余件（张），旨在结合“香港威海卫警察”产生的特殊历史背景，深入挖掘典型人物、事件、历史片段，映射香港与威海由英国租借地回归祖国怀抱、绽放城市魅力的历程，彰显家国一体、国昌民祚的主题。

（王　超）

编辑　闫拥军

纪检监察

综　述

【概况】　中国共产党威海市纪律检查委员会与威海市监察委员会（简称市纪委监委）合署办公，实行一套工作机构、两个机关名称，履行纪律检查、国家监察两项职能。市纪委监委机关内设16个职能室（部）及机关党委，1个直属事业单位。市纪委监委设11个派驻纪检监察组。2023年，市纪委监委扎实开展纪检监察干部队伍教育整顿，以严的基调强化政治监督、正风肃纪反腐、深化自身建设，发挥监督保障执行、促进完善发展作用，纪检监察工作高质量发展取得新成效。

【重要会议及活动】　3月10日，市纪委监委召开市一级纪检监察干部队伍教育整顿推进会议。

3月31日，全市巡察工作会议暨十六届市委第三轮巡察工作动员部署会召开。

4月7日，市纪委监委召开全体干部会议，传达省委关于市纪委监委主要负责人调整的决定。省委决定：孙慧茹任威海市委常委、市纪委书记，提名为市监委主任候选人。

4月12日，中国共产党威海市第十六届纪律检查委员会第二次全体会议召开。会议以习近平新时代中国特色社会主义思想为指导，全面落实中共二十大精神，认真学习贯彻二十届中央纪委二次全会和十二届省纪委二次全会精神，总结全市全面从严治党工作，分析形势，部署任务。

5月31日，市纪委监委召开全市纪检监察干部队伍教育整顿工作推进会议。

6月20日，市纪委监委召开激励干部担当作为、优化营商环境监督工作推进座谈会。

6月28日，市纪委监委召开全市基层治理不良现象及不担当不作为慢作为乱作为假作为问题专项整治工作会议。

8月29日，全市对村（社区）巡察工作推进会议暨十六届市委第四轮巡察工作动员部署会召开。

9月15日，市纪委监委机关、市委巡察机构召开学习贯彻习近平新时代中国特色社会主义思想主题教育工作会议。

11月2日，市纪委监委机关主题教育党课暨廉政教育报告会召开。

11月2日，威海市监察委员会监察官首次宪法宣誓仪式举行。市委常委、市纪委书记、市监委代理主任，二级高级监察官孙慧茹主持宣誓仪式并监誓。

11月11日，市纪委监委举办廉政历史舞台剧《一代廉吏徐士林》演出。

12月13日，市纪委常委会召开主题教育调研成果交流暨典型案例剖析会。

监督执纪

【政治监督】　专项监督　以开展黄河重大国家战略专项监督为牵引，统筹开展乡村振兴、粮食购销、国有企业等领域的腐败和作风问题专项整治。聚焦市委大抓经济中心任务，开展“清风护航”助力优化营商环境专项行动，贯穿开展政策落实大抽查、问题诉求“大清零”等专项检查，查处损害营商环境问题120个、165人，企业满意度达94.8%。

突出问题纠治　聚焦重点岗位、重点领域、重要工作、重要环节，坚决纠治上有政策下有对策、做选择搞变通打折扣等问题。开展市属高职院校建设工程招标采购领域突出问题专项整治，配合开展统计造假屡禁难绝专项治理、医药领域腐败问题集中整治，切实纠正政治偏差。精准做好威海市永久基本农田“非粮化”问题、文登区夏尔王国娱乐城消费卡退费推诿扯皮问题、乳山市“4·22”山火事件等问责工作，深入查找失职失责、违纪违法行为，全市问责党组织6个、党员领导干部和监察对象111人。

监督成效保障　坚持以常态求长效、以长效促长治，印发《推进政治监督具体化精准化常态化二十条工作指引》，用好“一台账、两清单、双责任、双问责”监督机制、政治监督活页监测机制和政治监督提示提醒机制3项机制。深化运用《廉情通报》，通过即时抄告、定期专告、半年函告，向市级领导班子成员制发通报7期。印发《政治监督活页建设管理使用细则（试行）》，坚持市、区（市）两级同步建、线上线下一起推、建管用一体抓，建成政治监督“活页”731本。年内，全市纪检监察机关规范审慎回复党风廉政意见1.76万人次。

【“三不腐”一体推进】　严肃惩治　保持惩治腐败高压态势，全市纪检监察机关处置问题线索2366件、立案668件、留置39人、给予党纪政务处分723人，挽回经济损失2.1亿元。紧盯"关键少数"和重点领域，查处乡科级以上干部133人，其中处分市管干部27人。优化案件结构，精准把握、规范受理酒驾等一般行政处罚类案件，自办案件占比达66%。坚持受贿行贿一起查，查处行贿人员21人。在强大震慑和政策感召下，8人向纪检监察机关主动投案、47人主动交代问题。

"蝇贪蚁腐"查处　一体开展"强监督·护民生"专项行动，统筹推进乡村振兴领域不正之风和腐败问题专项整治、"清廉村居"建设、民生领域不正之风和腐败问题专项整治、常态化惩治涉黑涉恶腐败和"保护伞"4项重点工作。深化"一县一领域""一领域一专项"整治模式，选取群众看病就医难、行政审批不便利等76个"小切口"开展专项治理，全市查处群众身边腐败和作风问题313个、242人。畅通群众监督渠道，深化"初次举报及时办、重复举报重点办、上级交办马上办"工作法，开展乡村振兴领域信访举报突出问题专项整治，建成覆盖区（市）、镇（街道）的远程视频接访系统，切实解决群众合理合法诉求，接收重复举报比上年下降41.4%。

源头治理　探索推行"以案五促"（以案促教、促省、促改、促治、促建）工作法，树立"警""改""治"一体推进理念。深挖案件背后的深层次问题，印发纪检监察建议书216份，督促完善制度80余项。创编展演廉政历史舞台剧《一代廉吏徐士林》，举办"清廉之路·你我同行"廉政情景党课，开展"'非遗·文物'里的清廉"专题展；设计制作"线上"威海廉洁文化地图和"线下"威海廉洁文化活页，推动形成统一规范的廉洁文化建设体系，工作经验做法在全省廉洁文化建设推进交流会上进行交流。

【作风建设】"四风"严查　紧盯"甩锅式"不担当、"躺平式"不作为、"蜗牛式"慢作为、"任性式"乱作为、"应景式"假作为5类突出问题，结合基层治理不良现象开展专项整治。创新建立以下看上"直通车"、问题线索"大起底"等7本问题台账，实施与习近平新时代中国特色社会主义思想主题教育其他专项整治贯通联动机制，靶向纠治落实中共中央决策部署不担当不用力、简单化"一刀切"等形式主义、官僚主义问题。聚焦违规收送消费卡、违规吃喝、酒驾醉驾背后的作风问题3类突出问题，靶向监督、精准施治。全市查处形式主义、官僚主义问题145起、226人，享乐主义、奢靡之风问题91起、124人，分8期通报曝光典型问题27个。

"廉通一线"察访品牌打造　建立专业化察访队伍，分领域、分主题开展常态化明察暗访，同步制作《廉通一线》专题片，组织市、区（市）、镇（街道）三级领导干部集中观看。全年通过察访发现问题76个，围绕干部作风、民生保障、营商环境、乡村振兴等摄制专题片4部，贯通区（市）党委主体责任、市直部门监管责任、纪委监委监督责任，推动问题整改、作风转变。

干部激励担当作为　市纪委监委召开工作推进会，探索建立容错免责清单、免责事前备案、内部协同会商等机制，容错纠错23起24人，为1个党组织和58名党员、干部澄清正名，打击诬告陷害3起3人。市纪委监委、市委组织部联合印发《关于对受处分处理人员开展关爱回访的工作意见》，关爱回访608人次。组织开展追责问责精准性规范性专项评查，反馈整改问题89个。在房屋产权确权颁证历史遗留问题专项整治中，注重监督加压，突出信任助力，支持部门依靠纪检监察力量破解工作难题，化解完成项目291个，惠及群众6.91万户，追缴各类税费5.34亿元。

【党的纪律建设】纪律教育常态化　市纪委监委编印《落实中央八项规定精神60条纪律红线提示卡》，严守纪律红线，增强干部遵纪守法意识。创新"五统筹"警示教育工作法（统筹构建警示教育贯通协同工作机制、统筹挖掘警示教育案例"富矿"、统筹组织开展警示教育、统筹打造警廉教育之路、统

11月2日，威海市监察委员会监察官首次宪法宣誓仪式举行　（威海市纪委监委办公室　提供）

11 月 11 日，市纪委监委举办廉政历史舞台剧《一代廉吏徐士林》演出
（威海市纪委监委办公室　提供）

筹推动做深做实“以案五促”，分领域建立典型案例库，编印严重违纪违法干部忏悔录，摄制《“捏土成金”的敛财路》等警示教育片 6 部，以案明纪、以案说法、以案示警。召开全市党风廉政警示教育大会，全域联动开展“廉政警示教育月”活动，组织 2.5 万名干部开展纪法警示教育。建成启用威海监狱警示教育基地，串联威海廉政警示教育馆等展馆 5 处，打造“警廉教育之路”，1.6 万人次接受教育。督促各级党委（党组）开展“一把手”讲廉政党课 156 次，召开警示教育会 243 次。

日常监督　综合运用走访调研、会议监督、约谈督促、专项检查等方式，监督发现问题线索 646 个。深化市纪委负责人与下级党委（党组）“一把手”党内谈话制度，对系统、部门信访举报问题较多、廉洁风险较为突出的 17 名主要负责人进行优先谈、重点谈、及时谈。全市纪检监察机关约谈各级领导班子成员、重点岗位人员 2991 人次。探索形成“配合式”“联动式”“嵌入式”等派驻监督模式，全市纪检监察机关派驻机构立案 117 件，处分 115 人。

“四种形态”运用　落实《省纪委监委机关侧面了解工作规范》，改进谈心类谈话、谈话函询、初步核实工作。开展纪检监察统计工作调研检查，纠治“四种形态”（第一种：经常开展批评和自我批评，让“咬耳扯袖”“红脸出汗”成为常态；第二种：党纪轻处分、组织调整成为违纪处理的大多数；第三种：党纪重处分、重大职务调整的成为少数；第四种：严重违纪涉嫌违法立案审查的成为极少数）运用不规范、第一种形态占比“有水分”等问题。全市纪检监察机关运用“四种形态”批评教育帮助和处理 2454 人次，其中四种形态分别占 69.9%、20.7%、3.7%、5.7%，涉嫌职务犯罪、移送检察机关 17 人。

【政治巡察】　巩固深化政治巡察，修订《十六届市委巡察工作规划》，召开全市巡察工作会议，推进巡察工作高质量发展。完成十六届市委第二、第三、第四轮巡察，对国有资产和医疗卫生领域的 4 个市直部门、10 家市属国有企业、39 个事业单位开展常规巡察和领域巡察，对 2 个镇、62 个村（社区）开展提级巡察和专项巡察，发现问题 2058 个、问题线索 55 个。首次对 19 个被巡察党组织“一把手”情况形成专题材料，为市委决策提供参考。

强化巡察整改和成果运用，建立巡察集中整改进展情况报告“三方联审”、成效评估、问责通报等机制，召开“一对一”反馈会议，对照“红脸出汗”问题清单约谈“一把手”12 人次。对第一轮巡察整改情况进行现场评估，发现问题 50 个，通报典型问题 21 个。围绕群众交通出行、环境卫生、饮水安全等，推动立行立改问题 29 个，惠及群众近 3 万人。深化成果运用，形成专题报告 12 份、巡察建议 18 份，督促相关职能部门开展专项治理 10 项、纠治问题 557 个，建立健全制度 120 项；通报全市共性问题 187 个，有效促进未巡先改、系统整改、标本兼治。

深化巡察上下贯通联动机制，加强对区（市）巡察工作的指导督导，各区（市）、开发区巡察党组织 1142 个，其中村（社区）1046 个，覆盖率达 54.7%。推进巡察监督与纪律检查、监察、派驻监督统筹衔接，完善情况通报、线索移交、成果运用、整改监督等工作机制。印发巡察机构与组织部门协作办法，加强与市委宣传部、市委政法委员会、市财政局等部门监督协同协作，整合监督力量、共享监督成果。

【自我革命制度规范体系完备】　完善党和国家监督体系，健全“组组”协同监督、“室组”联动监督、“室组地”联合办案机制，在中小学配餐（食堂）管理专项整治中，“室组地”联动处置问题线索，立案 14 人，处分 12 人，留置 1 人。与人大监督、民主监督、财会监督、舆论监督等监督主体对接，建立“纪检监察 + 金融监管”贯通协同工作体系，全面提升金融风险识别、防范、处置效能，全市处置不良贷款增长 28.48%。统筹用好区（市）、镇（街道）监督力量，推动基层纪检监察组织和村务监督委员会有效衔接，探索“一村一码”监督模式，提升基层监督质效。

健全纪检监察制度规范体系，印发《关于开展全市纪检监察机关案件质量日常评查的工作办法》《市纪委监委机关临时党支部管理办法》等制度机制 22 项。开展规范性文件评估清理，对 59 件制度类文件提出予以废止、宣布失效或继续有效等处理意见，及时消除“制度对冲”“制度空转”等现象。开展法规制度、处分决定执行不到位问题专项检查，对检查发现的有制度不执行、有规定不落实等问题逐一反馈、推动整改，确保制度优势更好转化为治理效能。

（王秉力　傅振华）
编辑　闫拥军

应知应会党纪法规·《中国共产党纪律处分条例》

1. 新修订的《中国共产党纪律处分条例》发布时间？

2023年12月19日，中共中央发布新修订的《中国共产党纪律处分条例》。

2. 新修订的《中国共产党纪律处分条例》自什么时候开始施行？

自2024年1月1日起施行。

3. 新修订的《中国共产党纪律处分条例》有多少条？

共3编、158条。

4. 新修订的《中国共产党纪律处分条例》适用范围？

适用于违犯党纪应当受到党纪责任追究的党组织和党员，是规范党组织和党员行为的基础性法规，不仅为惩治违纪违法行为提供了定性量纪标准，也为广大党员提供了科学、合理的行为规范，使党员能够明确是非界限、清楚自律标准、守住行为底线。

5. 新修订的《中国共产党纪律处分条例》将党的纪律归纳为哪几类？

政治纪律、组织纪律、廉洁纪律、群众纪律、工作纪律、生活纪律。

6. 违反政治纪律行为主要包括哪几类？

在重大原则问题上不同党中央保持一致；发表、传播有严重政治问题的言论；不执行党中央决策部署；对党组织不忠诚不老实；不坚定理想信念；涉外活动中存在有政治问题的言行；履行管党治党政治责任失职；违反政治规矩等。

7. 违反组织纪律的行为主要包括哪几类？

违反民主集中制原则；不落实组织决定；不按规定说明和报告；搞非组织活动；违规选任干部；违规谋取人事利益；侵犯党员权利；违规发展党员；违反出国（境）管理规定等。

8. 违反廉洁纪律行为主要包括哪几类？

违规为特定关系人谋利；实施可能影响公正执行公务行为；违规操办婚丧喜庆事宜；违规从事营利活动；离岗离职后违规从业、违规谋利；对配偶、子女及其配偶违规从业行为拒不纠正；假公济私；挥霍公款；搞权色交易、钱色交易等。

9. 违反群众纪律的行为主要包括哪几类？

侵害群众利益；民生保障显失公平；涉黑涉恶欺压群众；漠视群众利益；侵犯群众知情权等。

10. 违反工作纪律的行为主要包括哪几类？

工作失职；搞形式主义、官僚主义；相关工作中不履行或者不正确履行职责；滥用问责或者问责工作中严重不负责任；统计造假；违规干预和插手；泄露组织秘密；涉外工作违规等。

11. 违反生活纪律的行为主要包括哪几类？

奢靡享乐、追求低级趣味；发生不正当性关系；对配偶、子女及其配偶失管失教；违背公序良俗等。

12. 对党员的纪律处分种类主要包括哪几类？

警告、严重警告、撤销党内职务、留党察看和开除党籍。

13. 违规从事营利活动行为主要包括哪几类？

经商办企业；拥有非上市公司（企业）的股份或者证券；买卖股票或者进行其他证券投资；从事有偿中介活动；在国（境）外注册公司或者投资入股；其他违反有关规定从事营利活动的行为。

14. 哪些情形可以从轻或者减轻处分？

主动交代本人应当受到党纪处分的问题；在组织谈话函询、初步核实、立案审查过程中，能够配合核实审查工作，如实说明本人违纪违法事实；检举同案人或者其他人应当受到党纪处分或者法律追究的问题，经查证属实，或者有其他立功表现；主动挽回损失、消除不良影响或者有效阻止危害结果发生；主动上交或者退赔违纪所得；党内法规规定的其他从轻或者减轻处分情形。

15. 哪些情形应当从重或加重处分？

强迫、唆使他人违纪；拒不上交或者退赔违纪所得；违纪受处分后又因故意违纪应当受到党纪处分；违纪受处分后，又被发现其受处分前没有交代的其他应当受到党纪处分的问题；党内法规规定的其他从重或者加重处分情形。

16. "主动交代"指什么？

涉嫌违纪的党员在组织谈话函询、初步核实前向有关组织交代自己的问题；在谈话函询、初步核实和立案审查期间交代组织未掌握的问题。

17. 违纪行为所获的利益如何处理？

对于违纪行为所获得的经济利益，应当收缴或者责令退赔。对于主动上交的违纪所得和经济损失赔偿，应当予以接收，并按照规定收缴或者返还有关单位、个人。对于违纪行为所获得的职务、职级、职称、学历、学位、奖励、资格等其他利益，应当由承办案件的纪检机关或者由其上级纪检机关建议有关组织、部门、单位按照规定予以纠正。

18. 违反民主集中制原则的行为有哪些？

拒不执行或者擅自改变党组织作出的重大决定；违反议事规则，个人或者少数人决定重大问题；故意规避集体决策，决定重大事项、重要干部任免、重要项目安排和大额资金使用；借集体决策名义集体违规。

民主党派与工商联

中国国民党革命委员会威海市委员会

【概况】 2023年，中国国民党革命委员会威海市委员会（简称民革威海市委会）发展新党员10人，党员总人数149人。其中，大学及以上学历131人，占党员总数的87.9%；中、高级专业技术职称70人，占党员总数的47%。18人担任各级人大代表和政协委员。民革威海市委会获评全国民革助力脱贫攻坚工作先进集体、山东省参政议政先进集体，所属各支部被中国国民党革命委员会山东省委员会（简称民革山东省委会）评为优秀示范支部。

【组织建设】 加强干部队伍建设，考察培养入党积极分子19位，举办培训班3次，注重后备干部队伍和代表人士队伍培养，人才举荐力度进一步加大。强化内部监督意识，成立内部监督委员会并召开会议，研究有关事项。提高制度保障能力，健全工作表彰和奖励办法。开展“示范支部”“党员之家”创建活动，威海经济技术开发区支部、市直支部建立“党员之家”，威海火炬高技术产业开发区、环翠区、文登区支部升级完善“党员之家”。

【参政议政】 围绕直播电商、打造威海日韩食品集散地、对日本经贸合作等方面开展专题调研，提交反映社情民意信息32篇、提案17篇和议政建言材料3篇。其中，7篇被民革山东省委会采用，1篇被省政协采用，1篇被民革山东省委会选为集体提案报省政协，并被省政协确定为重点提案，27篇提案被市政协评为优秀提案。2篇调研报告获得市委、市政府主要负责人批示。围绕打造“荣归故里·成就未来”营商品牌、打造威海临港经济技术开发区智慧农业产业园区开展民主监督。

【宣传工作】 民革威海市委会在各级媒体发表文章近20篇，其中6篇被《大众日报》、“山东统一战线”微信公众号等省级媒体采用。通过“威海民革”公众号，大力宣传组织亮点工作、社会服务工作和民革党员优秀事迹。将线上线下学习教育相结合，利用微信公众号、“钉钉”群等载体，发布民革前辈、领导人关于多党合作的理论文章等系列专题。参加纪念中共中央发布“五一口号”75周年征文活动，报送歌曲视频1份、征文5篇，其中1篇文章被“山东统一战线”微信公众号采用。

【社会服务】 “博爱·牵手”社会服务品牌打造 持续打造“博爱·牵手 民革西洋参乡村振兴服务品牌”，助力乡村振兴示范点建设，积极参与“我为帮扶下一单”活动，促进销售贵州省纳雍县特色农产品2万元。开展“博爱·牵手 爱心文具包 考试送祝福”品牌活动，11年累计受益考生8万人次。创建“博爱·牵手 民革威海市委会法律服务站”品牌，开展法律进企业、进社区活动，进行普法讲座6次，260余人参加。创建“博爱·牵手 民革威海市委会文化传承社会服务品牌”，开办书法公益课、素描基础课，开展“非遗”进课堂活动。创建“博爱·牵手 民革威海市委会慈善社会服务品牌”，向慈善机构、学校和有关灾区捐款捐物15万元，为152名儿童提供精准医疗服务。

科技创新和成果转化平台打造 与中国国民党革命委员会黑龙江省委员会科技工作者联谊会签署战略合作协议书，以哈尔滨工业大学（威海）、中关村科技园区等为重要支撑，在威海市搭建科技创新和成果转化平台。与中国国民党革命委员会西安市委员会共同推进西北工业大学等6所高校与威海市有关机构开展战略合作。助推无人船艇产业化项目落实落地、北京首创生态环保集团股份有限公司到威海市投资。

（卫海民）

中国民主同盟威海市委员会

【概况】 2023年，中国民主同盟威海市委员会（简称民盟威海市委会）发展盟员16人，调入4人，调出2人，盟员总数425人。其中中、高级专业技术职称或相应职务盟员264人，占盟员总数的62.1%。有省政协委员2人、市政协委员16人（其中副主席1人、常委3人）、市人大代表2人、环翠区政协委员11人（其中常委3人）、文登区政协委员5人（其中常委2人）、荣成市政协委员2人(其中常委1人)。民盟威海市委会下设支部13个、直属小组1个，另有7个专委会、9个内设机构。民盟威海市委会获得盟务工作突出贡献奖，1名盟员、1名机关工作人员被中国民主同盟中央委员会表彰，5个基层组织、14名盟员被中国民主同盟山东省委员会（简称民盟山东省委会）

表彰。

【组织建设】 以主题教育推进中心工作，承办民盟山东省委会“凝心铸魂强根基、团结奋进新征程”主题教育动员会，民盟威海市委会领导班子带头深入学习，召开市委会3次、主题教育专题会议2次、主题教育宣讲1次，各基层组织相继召开主题教育动员学习会议13次，举办自身建设、参政履职活动41次。组织13位骨干盟员赴山西省进行主题教育培训，组织书画院4位副院长赴菏泽市联合主办山东七市民盟书画名家作品展，组织书画院、艺术团19位盟员赴乳山市采风写生。加强组织建设，对文化艺术支部、市直教育支部、文登区支部、荣成市支部、经济专委会进行届中调整，选优配强支部人员力量，任命支部主委1名，专委会主任1名、支部副主委1名、支部委员7名。年内，新发展盟员16人，其中博士3人、硕士5人，大学及以上学历占比100%，重点分工领域占比75%，中上层人士占比80.5%。提升盟务宣传实效，刊发民盟威海市委会、基层组织、优秀盟员的主要活动和典型事迹47篇，向民盟山东省委会、中共威海市委统一战线工作部推送宣传信息17篇，其中14篇被采用。

【参政议政】 围绕绿色低碳、海洋产业，向中共威海市委、市政府提交年度重点调研报告2篇。围绕国家技术标准创新基地（医疗器械）建设情况、威海市城乡交通运输一体化发展情况开展实地调研、交流座谈，有效开展民主监督。积极开展建言资政，向全市两会提交提案、议案34篇，其中集体提案4篇。在全市经济工作、政府工作、安全生产、开发区改革、双拥工作、爱国主义教育工作等14个党外人士座谈会议上提交调研成果、意见建议39条，多项建议被有关部门采纳。向民盟山东省委会、市政协、市委统一战线工作部报送社情民意信息45篇，其中省级以上采用25篇。

【社会服务】 加强民盟和美社区服务站品牌建设，全年授课344节近700课时，参与固定授课的盟员近20人。5月，民盟山东省社会服务实践基地在田和街道同心和美社区服务站揭牌成立。10月，省委常委、统一战线工作部部长徐海荣调研和美社区服务站并对服务站运作模式、惠民成效等给予高度评价。与山东省威海监狱就加强帮教志愿队伍建设、开展社会帮教活动等方面签订合作框架协议，成立“黄丝带帮教”基地。邀请法律、医疗、经济、文艺界盟员到威海监狱开展法律援助、义诊咨询、现场创作等帮扶活动。各基层组织、职能机构积极履职，书画院、艺术团举办个人画展1次，举办慰问、扶贫演出4场，开展写春联、送书画下基层活动3次，各支部先后开展或参与社会服务活动20余场，参与人数近200人次。

（毕明艳）

中国民主建国会威海市委员会

【概况】 2023年，中国民主建国会威海市委员会（简称民建威海市委会）发展新会员13名，会员总数186人。其中，大学及以上学历会员179人，占会员总数的96.24%；中、高级以上专业技术职称或相应职务会员51人，占会员总数的27.42%。设总支1个、支部10个，有工作委员会7个和会员服务中心1个。民建威海市委会获评民建山东省委会信息宣传工作先进单位、市政协参政议政优秀单位，2家会员企业获评区（市）级地方纳税50强，3人获评中国民主建国会山东省委员会宣传信息工作先进个人。

【组织建设】 以开展“凝心铸魂强根基、团结奋进新征程”主题教育为契机，树立用制度管人、管事、管权的思想，先后印发《民建威海市委会发展会员办法》和《民建市委会关于强化各级班子履职考核的意见》，修订完善会内议事决策机制，通过构建工作全面覆盖的制度体系，推动会务运行的科学化、制度化、规范化。坚持政治首位标准，把好入口关、优化结构、保持界别特色，发展纳新会员13名，并举办入会培训，提高思想觉悟和履职能力。结合基层支部工作需要，调整增补威海经济技术开发区支部和威海临港经济技术开发区支部的班子，充实基层组织力量。按照支部“会员之家”标准化、规范化建设要求，持续在基层组织中推行“轮值活动主委”制度，激发会员参与组织活动的积极性。加强会内监督工作，对贯彻民主集中制情况、落实民主生活会和述职评议制度、信访和违纪处置等开展重点监督。

【参政议政】 强化调查研究，聚焦经济发展的堵点、改革攻坚的难点和社会民生的热点，报送社情民意信息27篇。组织会员深入基层，掌握实情，提高调研的科学性和实效性，提报调研报告2篇、民主监督报告2篇，均得到中共威海市委主要负责人批示。全年参加会议协商和书面协商18次，提出意见和建议40条；全市两会期间，提交建议、提案20件，被市政协评为参政议政先进单位。

【社会服务】 打造“彩虹·筑梦”社会公益品牌，依托健康查体、法律援助和助残帮扶3个服务平台，服务基层群众，助力乡村振兴。全年开展送医下乡活动7次、义务健康讲座6场次，免费体检200余人次；以农村妇女儿童为主要服务对象，参与司法公益援助案件5起；走访慰问农村残疾群众90余户，捐助物资价值40余万元，并为300名残疾人士培训各项技能。组织会员捐资助学，向威海市桥头小学捐赠教学设备价值1万元，为威海经济技术开发区泊于中学捐赠体育用品价值1万元。向甘肃省积石山地震灾区捐赠急需物资价值20余万元。开展“助力文明创建 展示威海之美”大型社会公益活动，100余名会员志愿者到威海客运中心威海站，为旅客提供购票指导、搬运行李、路线指引、爱心帮扶等服务。举办“企业合规经营”培训系列讲座，服务民营经济高质量发展；启动“民建之旅”活动平台，通过“走出去”和“请进来”的方式，加强各地会员企业的联系交流，服务全市经济建设。

（曲志华）

中国民主促进会威海市委员会

【概况】 2023年，中国民主促进会威海市委员会（简称民进威海市委会）新发展会员20人，会员总数189人。其中，大学及以上学历会员182人，占会员总数的96.30%；中、高级专业技术职称或相应职务会员82人，占会员总数的43.39%。有省政协委员1人、市政协委员18人（其中常委3人）、环翠区政协委员5人（其中区副主席1人）、文登区人大代表1人、文登区政协委员3人。民进威海市委会获评民进山东省市级组织社会服务工作先进单位、2023年市政协反映社情民意信息工作表现突出集体，2人获评民进山东省优秀教师。

【组织建设】 开展“凝心铸魂强根基、团结奋进新征程”主题教育，成立领导机构、工作机构，编制活动方案并组织实施。举办主题教育培训班，50余人参加。推进“作风建设”主题年工作，承办民进华东六省一市第二十四次工作研讨会，中国民主促进会中央委员会副主席高友东出席开幕式并讲话。组织会员收看《大道薪传—中国的民主党派:民进篇》，提升政治理论素养。设置成立民进内部监督委员会，加强清廉建设，促进重点工作推进。

【参政议政】 全年完成政党协商15次、书面协商12次，1篇调研报告被中国民主促进会山东省委员会采纳，并提报至全省两会上，4篇调研报告分别获得中共威海市委、市政府主要负责人批示，1篇建议被市委办公室采纳。在市政协十四届二次会议和三次会议上，分别提交提案和集体提案21件、28件，1件提案入选市政协议政大会发言材料，1件提案入选市政协议政书面发言材料，5件提案获评2023年度优秀提案，5人获得市政协表彰。2件提案入选市政协常委会口头和书面发言材料。

【社会服务】 开展壮大民企行动，组织企业界会员收听品牌赋能讲座；走访调研会员企业5家，宣传推动企业高质量发展的举措和优惠政策，助力企业发展。开展“共享阳光·同绘彩虹”共同富裕行动，与“如康家园”深度合作，担任法律顾问，开展美术、电商培训，开展元旦联欢会、篮球赛等文化体育活动，捐款捐物，免费提供查体，共同富裕行动工作做法在民进山东省八届四次常委会议上进行推广。打造“携手同行·共享阳光”公益助残服务品牌，开展“春联万家”活动，赠送村民春联200余副，慰问困难家庭7户。

（刘 辉）

中国农工民主党威海市委员会

【概况】 2023年，中国农工民主党威海市委员会（简称农工党威海市委会）有党员137人，其中大学及以上学历123人，占90%；中、高级专业技术职称或相应职务党员69人，占50%。有省人大代表1人，市人大代表1人，市政协委员9人（其中常委3人），环翠区人大代表1人、政协委员5人，文登区政协委员4人。设有3个专委会、6个基层支部。

【组织建设】 完善领导班子议事规则和决策程序，发挥领导班子组织统筹、联系基层、指导实践、推动工作的作用。坚持“三个为主”（以重点分工为主、以大中城市为主、以有一定代表性的人士为主）方针，健全组织发展机制，规范组织发展程序，严把党员发展的政治关、廉洁关、质量关，加大对代表人士的发现、培养、使用和管理。完善“农工党党员之家”运行管理制度，推动党员之家与社区共建共享，积极参与健康服务、社会公益等工作，增强组织凝聚力和向心力。制订考评办法，开展年度评比，形成比学赶超、奋勇争先的氛围。通过优化组织设置、健全工作制度、创新活动方式等，加强基层组织建设，增强基层组织活力。强化内部监督，于9月20日成立内部监督委员会并召开第一次会议。

【参政议政】 围绕中共威海市委“大抓经济”中心任务，报送的2篇调研报告获得市委、市政府主要负责人批示。农工党威海市委会确定的全市水网建设再生水利用系统和有关农村宅基地盘活2个民主监督方向，完成调研报告2篇，获得市政府主要负责人批示。参加会议协商、书面协商20余次，提出意见和建议60余条。市政协第十四届二次会议期间，提交集体和个人提案12件，20余篇信息被市政协采用。市政协农工党界别政协委员与山东药品食品职业学院专家联合打造“同心惠康”界别同心汇，推动委员工作室建设与党派工作、学院教学研究结合发展。

【社会服务】 中共威海市委统战部主办、农工党威海市委会等联合承办的2023第一届海带文化节启动仪式，通过文创作品展示、摄影作品和海洋预制菜展览等活动，助力全市海带产业与文化创意融合发展。农工党威海市委会、市民政局等联合举办“天鹅·泛”国际艺术季影像设计展，助力全市生态旅游高质量发展。与相关民营企业对接，及时推送政策，回馈意见和建议，促进民企壮大发展。针对2022年荣成海带受灾问题，建立企业海带种质资源库，为全市海带重大灾害后快速恢复当地海带种群提供珍贵种质，建立现代化海带“育繁推”一体化技术体系，为企业增加生产收益。坚持以“六进”（进机关、企业、学校、社区、乡村、场所）活动为载体，打造“齐鲁农工·威海惠康”服务品牌，走访养老院、儿童福利院和高龄失能老人家庭，开展健康义诊、健康宣讲、专业技术和健身公益培训，实施脊柱侧弯筛查，诊治脊柱侧弯学生70余人。围绕群众医疗健康需求，与山东药品食品职业学院联合建立“齐鲁农工·威海惠康”社会服务基地，举办2023年老年乐龄大学开班仪式并开展系列活动，开展“环境与健康宣传周”健康宣讲，以“健康生活”助推经济社会高质量发展。

（杜　平）

中国致公党威海市委员会

【概况】　2023年，中国致公党威海市委员会（简称致公党威海市委会）新发展党员11人，党员总数153人。其中，具有“侨”“海”身份的党员96人，占63%；大学及以上学历132人，占86%；中、高级专业技术职称职称或相应职务党员73人，占48%。设有支部11个、专委会9个。致公党威海市委会获评省级宣传思想工作先进集体及专题调研工作先进集体，环翠区支部获评省级参政议政工作先进集体，威海火炬高技术产业开发区支部获评省级社会服务工作先进集体，市直一支部获评第一批“书香支部”，市直二支部获评第五批省级示范支部，威海经济技术开发区支部、文登区支部挂省级第二批“致公党员之家”牌子。1篇社情民意获评省级参政议政优秀成果，14人获评省级“创先争优”优秀致公党党员，1人获评省级“创先争优”优秀机关工作者。

【组织建设】　开展“凝心铸魂强根基、团结奋进新征程”主题教育，制定实施方案，召开动员部署会，通过线上学习讨论、线下座谈走访相结合的方式，组织各基层组织制定整改方案，提升工作质效。召开民主生活会，深入开展批评和自我批评，促进自身能力有效提升。开展老党员、老领导走访慰问活动，并向基层统一战线部门和党员所在单位邮寄感谢信，给予党员温暖和关爱。组织市委会班子成员参加全省民主党派进修班、省委会主题教育培训班以及红色教育培训等，提升领导干部政治判断力、政治领悟力、政治执行力。召开专题学习会议，组织党员开展理论学习，并开展实地教学及新党员培训活动等，提高全体党员的理论政治素养和履职能力。完善基层组织架构设置，健全专委会组成结构，筹划成立威海致公书画院。强化制度建设，以制度规范组织建设、促进组织发展、引导党员履职尽责。全面落实党员积分制、主委领题制等制度，调动各基层组织负责人和广大党员的履职积极性。开展省级“示范支部”“致公党员之家”等创建活动，累计建成省级示范支部5个、“致公党员之家”3个、书香支部3个，书香支部建设经验在全省推广。着力打造文登区支部活动室，制定统一的基层组织工作记录簿，推进基层组织规范化建设。

【参政议政】　积极开展政党协商工作，围绕市政府工作、开发区建设、安全发展等方面，提出建议材料22份，报送重点、精品课题15项，申报市委统一战线工作部百题调研课题6项、同题调研4项。聚焦城市中水回用、民营企业发展、双碳产业发展及文旅融合发展等主题开展调研，提报专题征文和建议16项、社情民意信息92篇，其中25篇被中国致公党中央委员会、省政协等采用，3篇入选市政协大会议政发言材料，5篇调研课题获得市委、市政府主要负责人批示，1篇论文获得省级表彰。全国两会期间，提交建议30余条。以创新跨境电商专业人才、自驾游公路旅游体验为主题开展民主监督，2篇监督报告得到中共威海市委主要负责人签批。

【海外招商联谊】　积极对接海外相关组织和企业，助力全市招商引资和招才引智工作。组织日本株式会社、台商企业到威海市考察营商环境和洽谈合作，促成多项合作意向。接待国际洪门中华总会、济南台湾同胞企业协会等团体，介绍全市经济社会发展情况、营商环境以及招商引资政策。积极开展海外招商推介，先后在菲律宾、日本和韩国组织和参与商贸洽谈和联谊活动，拓展对外合作新空间。用好交流平台，以科技交流引进、合作研发及国际学术会议等方式，推进海外先进技术引进和高素质人才引入。组织澳门城市大学到威海市开展文旅新业态调研、威海职业学院（威海市技术学院）参加韩国文化交流活动，推进合作交流。

【社会服务】　加强威海临港经济技术开发区汪疃镇乡村振兴爱心驿站建设，运营好“吾老洗衣站”，为老年人提供洗衣服务。开展送温暖、送政策、送医送诊、“乡村振兴实践基地——老年餐桌”捐助、乡村振兴文化行等活动，提升服务能力和水平，丰富群众精神文化生活，助力乡村振兴。举办“致力为公　专家进企业”和“致公助企沙龙”活动，以山东大学（威海）支部、哈尔滨工业大学（威海）支部专家为主体，搭建交流平台，促进“产学研”深度融合。开展“法润万家”高区企业法律专题、“企业法律大讲堂　致公护航助发展”等系列讲座，营造良好营商法治氛围。打造文登区张家产镇张家产村“侨胞之家”，创立“侨香花饽饽”品牌，推动村级企业发展。开展促进“共同富裕”社会公益活动，组织“电力技术”系列培训、文化服务进校园、普法进社区、防溺水讲座进校园进社区、气象科普进基层、“关爱星星天使”捐助等活动，对接北京青爱教育基金会和青海省门源回族自治县开展捐资助学活动，为困难学生解决学习生活问题。实施贵州省毕节市和重庆市酉阳土家族苗族自治县消费帮扶，助力当地经济发展。全年开展社会服务活动20余次，捐款捐物30余万元。

（刘京璞）

九三学社威海市委员会

【概况】　2023年，九三学社威海市委员会（简称社市委会）发展新社员12人，社员总数204人。其中，省政协委员3人，市人大代表5人，市政协委员16人（其中副主席1人、常委3人）。中、高级专业技术职称或相应职务社员159人，占77.9%。社市委会被九三学社山东省委员会授予2022—2023年度机关工作先进集体二等奖、理论（社史）研究先进集体二等奖、参政议政工作先进集体二等奖、组织工作先进集体三等奖、宣传工作先进集体三等奖、信息工作先进集体三等奖，威海经济技术开发区支社获评九三学社山东省委员会先进基层组织，9名社员获评九三学社山东省委员会先进个人，威海经济技术开发区崮山镇被九三学社山东省委员会授予“全省乡村振兴实践基地”称号。

【组织建设】 开展“凝心铸魂强根基、团结奋进新征程”主题教育，围绕“学思想、强根基、重履职、建新功”总要求，各级社组织开展形式多样的学习实践活动。在“威海九三”微信公众号设立主题教育专题专栏，刊登各级组织开展主题教育的工作动态和典型经验，相关稿件被联合网和《联合日报》各采用1篇、被“九三学社山东省委员会”微信公众号采用16篇。举办“凝心铸魂强根基、团结奋进新征程”主题教育专题培训班，完成省统战理论政策研究重点课题和2023年度九三学社中央参政党理论研究委托课题，2人分别被聘为九三学社中央思想建设研究中心研究员、顾问。坚持“人才强社”战略，重点发展主体界别和教育、文化领域中的旗帜性人物和优秀人才、代表人士，年内发展新社员12名。哈尔滨工业大学（威海）支社、威海火炬高技术产业开发区支社开展届中调整，支社班子结构更加合理。印发《九三学社威海市委员会社务工作评价管理办法》，配套研发社务工作评价管理软件系统，开展社务工作评价考核，激发基层组织和社员的工作活力。组织“互学互促、对标提升”交流观摩活动，实地观摩10处基层组织实践基地和社员“双岗建功”业绩突出单位，为加强基层组织建设、扎实履职尽责提供样板。打造特色基层组织，九三学社山东省委员会副主委李国琳赴威海经济技术开发区支社开展领导班子联系基层组织活动，对威海经济技术开发区支社加强自身建设，聚焦社区服务等工作表示肯定。

【参政议政】 围绕培育壮大战略性新兴产业、力促文旅产业提档升级、激发科技创新活力等方向深入调查研究，积极议政建言，开展民主监督，7篇调研报告、2篇监督报告获得中共威海市委主要负责人批示。全市两会期间，提交

5月12日，九三之光·宝威书房儿童阅读空间公益项目走进崮山镇园区党群服务中心启动仪式举行　　（九三学社威海市委员会　提供）

提案24件，其中10件获评2023年度优秀提案。提交的社情民意信息被九三学社中央委员会采用并报送全国政协1篇、九三学社山东省委员会单篇采用6篇、省政协采用5篇。4个调研课题被九三学社中央委员会立项。开展“我为大抓经济献良策”活动，收到各类意见和建议29篇，其中16篇报送市委统一战线工作部。开展纪念中共中央发布“五一口号”75周年主题征文、书画摄影艺术作品征集等活动，创作歌曲《民族脊梁》并被《词刊》《联合日报》和搜狐网等发布或转载。

【社会服务】 打造“九三智汇·乡村富美”乡村振兴服务品牌，在威海经济技术开发区崮山镇设立乡村振兴服务站，确立“农产品电商培训直播、海洋科创专家挂牌领衔、乡村文旅品牌共建”3个行动，制定配套工作机制9项，引导社员企业植入乡村振兴和镇域经济建设。加入崮山镇党建共富联盟，以科技赋能助力镇域企业创新发展。举办中韩自贸区地方经济合作示范区实体园区产业链党建联盟成立仪式暨崮山镇第十期企业沙龙，社市委会有关专家20余人与镇域企业代表进行研讨交流。举办农业经营主体融资政策宣讲会，促进政府、企业和金融机构三方深化合作，解决新型农业经营主体融资难、融资贵、风险高等问题，至年底，为崮山镇发放政策性农业担保贷款1100余万元，解决融资2400余万元。举办“岁月·足迹——威海社会历史变迁照片展走进北交大”“岁月·足迹——威海建市以来教育事业发展照片展”，展出老照片300余幅，展示全市社会变迁和教育发展历程。开展乡村教师培训威海行、中韩国际美术邀请展、九三学社公益讲堂、“送医送健康”大型义诊、九三之光·宝威书房儿童阅读空间公益活动、“九三智汇·关爱青少年”心理健康讲座、“探秘太阳系”科普讲座、书画家进社区送春联等特色社会服务和社会公益活动，践行社会责任，服务经济社会发展。

【九三学社全国社会服务工作会议】 7月24日—25日，九三学社全国社会服务工作会议在威海市召开。会议围绕“助力发展新型农村集体经济，促进共同富裕”主题进行交流，环翠区农业农村局工作经验进行交流。会议期间，与会人员到文登区西洋参产业点、环翠区张村镇王家疃村股份经济合作社和里口山乡村会客厅等进行考察。九三学社中央委员会副主席、中国工程院院士丛斌出席会议并讲话，全国91位代表参会。

（曲　兴）

威海市工商业联合会

【概况】 2023年，威海市工商业联合会（威海市总商会）有会员1.72万个（人），其中企业会员1.41万个、团体会员98个、个人会员3050人。威海市工商业联合会（简称市工商联）被中共威海市委、市政府评为2023年度招商引资先进单位。

【民营企业家培养】 邀请专家为市工商联十二届执行委员会委员作专题讲座，组织市青年民营企业家商会举办“牢记总书记嘱托 奋斗新征程”主题活动。采取专题教学、现场教学、体验式教学与交流研讨相结合方式，举办民营经济人士理想信念教育专题培训班。聚焦新生代企业家探索企业创新发展路径需求，组织35名年轻企业家赴常州市、无锡市举办全市新生代企业家创新能力提升专题培训班。通过网络直播、专家现场授课等形式，围绕企业战略选择、大类资产配置策略和高质量发展等主题，举办专题讲座3场，培训200余人次。年内，5位企业家获评第八届山东省非公有制经济人士优秀中国特色社会主义事业建设者。

【民营企业发展服务】 常态化开展走访联系活动，编印《〈关于促进民营经济壮大的意见〉系列文件（I）》《推动经济高质量发展政策文件汇编》等，引导企业用好政策、大胆发展。落实《威海市党委、政府及部门、单位与经济类行业协会商会、民营企业沟通协商细则（试行）》，建立健全“工商联+”工作机制，及时就企业、商会反映的问题与相关区（市）、部门沟通协商，解决企业实际困难。推荐的3家企业入选中国民营企业500强系列榜单、28家企业入选山东省民营企业100百强系列榜单。

【“双招双引”】 2023年，先后在北京市、成都市、南京市、上海市举办“双招双引”推介活动4次，举办威海闽商大会和异地威海商会会长、秘书长座谈会，调度推进招商项目18个，到位资金3.2亿元。牵头做好威海市参与2023中国民营企业500强峰会暨助力山东高质量发展大会有关工作，举办“牵手500强、共谋新发展”威海产业合作推介会，调度、推进民营500强企业项目66个，26个省外500强项目获得省组委会认定。

【参政议政】 成立由18位经济领域专家组成的市工商联专家智库，壮大参政议政力量。建立参政议政提示机制，落实领题调研制度，举办“做好调查研究 提高参政议政水平”专题培训，议政建言针对性、主动性、实效性明显提升。2篇调研报告分别得到市委、市政府主要负责人批示，上报的社情民意信息被全国工商业联合会采用3条、被省政协、省工商业联合会采用12条，市工商联获评2023年度反映社情民意信息工作表现突出集体，工商业联合会界别获评2023年度优秀界别。

【商会建设】 实施“红帆领航·威商同行”党建品牌建设行动，引导全市工商联所属商会以党建创新突破引领商会发展。加强商会党员教育管理，开展走进制造业企业暨“庆七一”主题党日活动，增强企业家党员党性意识。全年吸收16名民营企业家加入党组织，市总商会党委管理党员达100名。举办商会工作培训班，通过专题讲座和现场辅导，推动商会在引导会员企业依法经营、依法治企、共谋高质量发展等方面提质增效。组织直属商会开展互学互促活动，共同提升“四好”（政治引领好、队伍建设好、服务发展好、自律规范好）商会建设水平，威海福建商会、威海浙江商会、威海市江苏商会、威海市川渝商会、威海市福州商会5家商会获评2023年度全国“四好”商会。

【“万企兴万村”行动】 召开“万企兴万村”行动推进会议，部署工商联系统持续推进“万企兴万村”行动重点任务。举办推进“万企兴万村”行动暨助力共同富裕专题培训班，组织赴潍坊市、临沂市考察，为民营企业参与产业项目建设提供有益参考。至年底，有464家民营企业参与“兴村”项目641个，“兴村”总数408个，8家单位分别获评山东省“万企兴万村”行动典型县（区）、典型商（协）会、典型镇（街道）、村和典型企业。

【扶贫协作和对口支援】 赴枣庄市开展省内协作交流，召开联席会议，签订结对协议书，围绕加强会务交流、建立常态化协作帮扶机制等方面达成共识，向枣庄市台儿庄区明远实验小学捐赠助学金及物资计6.5万元。以消费帮扶为着力点，帮助重庆市云阳县果农拓宽销售渠道，团购橙子总价值3.36万元，帮其销售冉菊花等特产28.2万元，推动市青年企业家商会和云阳县清水土家族乡建兴村结对帮扶，捐赠笔记本电脑2台。与青海省门源回族自治县工商业联合会签订帮扶协议，捐赠助学金2万元。

（杨建宁）

编辑 闫拥军

群众团体

威海市总工会

【概况】 2023年，威海市总工会辖2个区（环翠区、文登区）、2个市（荣成市、乳山市）、3个国家级开发区（威海火炬高技术产业开发区、威海经济技术开发区、威海临港经济技术开发区）和威海综合保税区、威海南海新区总工会，全市建有基层工会组织5040个，有专兼职工会干部1.48万人、工会会员56.18万人。威海魏桥科技工业园有限公司获得全国五一劳动奖状，2人获得全国五一劳动奖章，1人获评全国工会系统先进工作者，30人获评山东省劳动模范，13人获评山东省先进工作者，1人获评齐鲁最美职工，1人获评省巾帼建功标兵，3人获评省级农民工之星。

【理论宣讲】 加大宣传宣讲力度，采取“网络培训＋专题培训班”模式，对全市工会干部开展轮训。开展劳模工匠宣讲214场次，直接受众5万余人次。打造“匠心向党·劳动筑梦”思想政治引领品牌，举办职工主题演讲、百姓宣讲活动，创作故事类、曲艺类、视频类作品40余个。围绕“大抓经济·助企惠工”工作主线，挖掘各级工会动员职工建功立业的典型做法，在各级媒体发表宣传稿件1100余篇，在《工人日报》等国家级媒体发稿33篇。开设《典型威海·劳动力量》《劳动我最美》《闪亮的名字》等新媒体专栏，引导树立“劳动创造幸福”的理念，“齐鲁工惠”平台用户达33.5万人，“威海工会在线”微信公众号粉丝达19.8万人。

【“中国梦·劳动美”主题活动】 市总工会开展“中国梦·劳动美——匠心向党 劳动筑梦”职工演讲比赛，组织参加“中国梦·劳动美——凝心铸魂跟党走＋团结奋斗新征程”全国职工学习中国工会十八大精神知识竞赛等系列活动。全市职工参与“五为”文明实践（为老、为小、为困难群体、为需要心理疏导和情感慰藉群体、为社会公共需要）、扶贫济困等志愿服务活动2000余场次。结合“送万福·进万家”书法公益活动，组织开展书画比赛。举办首届职工羽毛球比赛，全市217家单位、1738名职工参加。

【劳动竞赛开展】 创新职工群众劳动竞赛组织方式，采取“征集—申报—立项—评比”的闭环工作法，开展“大抓经济 勇争一流”职工创新创效劳动竞赛，在全市重点企业、绿色低碳行业、镇（街道）等开展百项竞赛，全市职工参与率83%，镇（街道）参与率100%。开展全市职工创新创效竞赛，评选市级优秀成果100项。

【职工创新创效】 以争创省级工匠、全员创新企业和创新工作室的“一匠双创”工作为着力点，组织职工开展创新创效工作。根据“产业链上选工匠，技术能手树先锋”的原则，围绕全市十大优势产业链和八大优势集群选树威海工匠20名。年内，1人获评山东手造大工匠，2人获评山东手造工匠，6人获评齐鲁工匠，3家企业获评山东省全员创新企业，2家工作室获评山东省劳模和工匠人才创新工作室。

6月20日，威海市工会第十八次代表大会召开

（威海市总工会　提供）

【先模评选】 围绕全市重点领域，有针对性地推荐选树各类先进工作者，3人（单位）获评全国五一劳动奖章（奖状），43人获评省劳动模范和先进工作者。建立全市地方纳税50强、瞪羚、“专精特新”等企业典型培育选树动态管理数据库，全市各类先模人物梯次成长体系基本建成。

【和谐劳动关系构建】 完善工会劳动关系发展态势监测体系，开展职工队伍稳定专项排查23次，排查并处理隐患53条。打造“工会法治服务赋能高质量发展”工作品牌，开展普法宣传、法治体检、法律监督430余场次。推广工资（薪酬激励）集体协商“一样本两指引”（协商要点参考样本、协商重点事项指引、协商工作流程指引），规模以上企业集体合同建制率达91%，工作经验在全国工会集体协商会议上进行交流。处理“12351”热线工单150件，及时受理率、办结率、满意率均达100%。加大法律援助、争议调解力度，荣成港湾街道劳动关系全响应中心获评全国第一批基层劳动关系公共服务样板站点，市职工综合服务中心获评2023年度山东省标准化劳动人事争议调解组织，文登区小蚂蚁社工服务中心获评全省协调劳动关系金牌社会组织，1个法律援助案件入选2023年度全省“十佳法律援助案例”。

【服务关爱职工】 以职工综合服务中心赋能增效和开展职工幸福企业试点为重点，整合工会户外劳动者服务站点、妈妈小屋、职工子女托管班等职工服务阵地，打造“职工15分钟优质服务圈”。实施常态化梯度精准帮扶，向702户困难职工发放慰问金375.09万元，走访慰问一线职工和新就业形态劳动者7000余人次。实施“四季服务”、一线职工疗休养、心理健康服务、“工会佳缘”等服务项目，威高集团有限公司入选第二批提升职工生活品质全总试点单位，荣成市职工服务中心入选省级职工服务中心赋能增效试点。优化“惠工保”互助保险政策，覆盖职工近50万人次，开通线上理赔系统，全年受益职工2万余人次，理赔金额1800余万元。聚焦新就业形态劳动者权益保障，5706名新就业形态劳动者获得免费医疗保障。

【组织体系建设】 围绕支柱产业布局“工会链”，推动全市地方纳税50强与新落地企业成立工会。按照“先服务职工再发展会员、先工作覆盖再组织覆盖”的思路，建立项目工会17个，吸纳9741名农民工入会。建立13家行业联合工会，覆盖344家社会组织，组建商会工会联合会、直播电商行业工会联合会。召开威海市工会第十八次代表大会，指导4个区（市）按期完成换届工作，领导班子全部落实到位。理顺市级产业工会体系，加强领导班子配备，健全工作机制，助推产业工人队伍建设改革。

【基层工会活力激发】 实施“加强镇域工会组织建设推进乡村振兴”行动，着力加强镇域工会建设，推动工会服务下沉，促进城乡要素流动，推进乡村振兴。全省加强乡镇（街道）工会建设助力乡村振兴现场推进会议在威海市召开，威海市“小三级”工会建设、“工友创业助力乡村振兴”“田间课堂技能培训”“一镇一品”劳动竞赛和产业联合工会工资集体协商等工作实践向全省推广。开展“十佳职工信赖的职工之家”“活力工会”创建活动，争创覆盖面达80%，267家基层工会获评星级活力工会，98家基层工会获得市级以上荣誉。年内，2家基层工会获评全国模范职工之家，1家基层工会获评全国模范职工小家。

【威海市工会第十八次代表大会】 6月20日召开。会议深入学习贯彻中共中央总书记习近平关于工人阶级和工会工作的重要论述，强调要把准政治方向，强化使命担当，坚持以人为本，切实抓好工人队伍建设，关注职工学习生活，构建和谐劳动关系，加快构建联系广泛、服务职工的工作体系，扩大工会组织有效覆盖，推动工会事业高质量。大会选举产生市总工会主席、常务副主席、副主席、经费审查委员会主任，全市254名工会代表参加会议。

（孙筱楠）

中国共产主义青年团威海市委员会

【概况】 2023年，全市有团员10万人，中国共产主义青年团威海市委员会（简称共青团威海市委）下设市直团委58个，基层团委286个，基层团工委44个，团总支229个，团支部8315个；有专兼挂职团干部4096名，其中专职团干部118名、兼挂职团干部3978名。威海职业学院（威海市技术学院）团委获评2022年度全国五四红旗团委，山东威达集团股份有限公司团支部获评2022年度全国五四红旗团支部，7个集体获评全国青年文明号，1人获评2022年度全国优秀共青团干部，2人获评2022年度全国优秀共青团员，4人获评2022年度山东省乡村好青年，4个中学团委、5名教师分别获评共青团山东省委2023年度“070勇敢者行动”先进集体、优秀工作个人，10个高校团组织、9个镇（街道）团（工）委、2名教师、20名大学生分别获评共青团山东省委2023年度“百万大学生进社区”社会实践活动先进集体、先进个人，2人获评中国大学生自强之星，48名大学生、22名教师和10个实践团队分别获评2023年山东省暑期“三下乡”社会实践活动优秀学生、优秀指导教师、优秀服务团队。

【青年理论学习提升工程实施】 以团员和青年主题教育为主线，紧扣“铸牢对党忠诚、坚定理想信念、发扬斗争精神、勇于挺膺担当”目标，深入学习宣传贯彻中共二十大精神，通过开展“4+1”（围绕思想旗帜、坚强核心、强国复兴、挺膺担当4个主题，分别开展专题理论学习1次）专题学习活动，发动全市8027个团支部开展基层主题团日、微团课等活动4万余次，覆盖团员11.7万人。开展各类宣讲84场次，覆盖团员和青年1.2万人次。

【青年发展友好型城市建设】 完成全国青年发展型城市建设试点中期评估，成绩居全国第2位。威海市青年发展型城市建设工作经验在中共中央宣传部、国家发展和改革委员会、住房和城乡建设部等17部委联合印发的《关于开展青年发展型城市建设试点的意见》的《青年发展型城市建设首批典型经验和创新举措》中表述4次，并在全国青年发展型城市专题研讨会、论坛中交流4次，中国共产主义青年团中央委员会、中国共产主义青年团山东省委员会、省政协等先后14次到威海市开展专题调研。市、区（市）两级召开2023年青年工作联席会议，公布首批青年发展友好型城区、镇（街道）等，并给予资金支持，工作经验做法获得省青年工作联席会议办公室通报表扬。成立威海市青年发展服务中心，在中心城区建成青年发展服务窗口4个，提供政策咨询、就业创业、优居保障、健康查体等服务，开展主题活动96场次。全面实施青年优居计划，布局"青年驿站"24处，服务青年1593人次。建设"优徕青年社区"，开发青年优居线上平台，实现在线看房选房、预约入住，缓解青年住房困难。

【县域共青团基层组织改革】 依托党建带团建工作机制，深化县域共青团基层组织改革，中国共产主义青年团威海市环翠区委员会在全国县域共青团改革中获评"优秀"等次。坚持大抓基层工作导向，扎实开展镇（街道）青年工作委员会工作，印发《镇街青年工作委员会工作规则》《镇街青年工作委员会评议指标》，开展2023年镇（街道）青年工作委员会评议，着重把资源和力量向基层倾斜。

【"村村都有好青年"选培】 深化"村村都有好青年"选培工作，打造乡村好青年升级版，全年选树各级乡村好青年805名（自2018年起累计5280名），其中推荐进入村（社区）"两委"（村党支部委员会、村民委员会）班子336名。文登区入选全省乡村好青年选培计划整县提升试点单位名单，1人获评第二届全国乡村振兴青年先锋。

【"青鸟计划 汇聚威海"行动】 开展"青鸟计划·就业服务季"系列活动，举办招聘活动24场次，覆盖大学生6.9万人次。开展"青鸟计划·实习实践季"活动，全国203所高校的686名大学生到威海市实习实践。开展"青鸟计划·技能提升季"活动，开设青春职引力高校就业指导公益课，打造大学生职业生涯规划和就业指导实训课程，服务大学生1200人次。开展"青鸟计划·人才对接"活动，赴浙江大学、哈尔滨工业大学（深圳）、深圳大学开展青年人才对接工作，推介威海市青年友好相关政策。在清华大学、北京大学等高校建立"青鸟驿站"123个，聘任"青鸟驿站"站长、副站长192人。开展百名博士威海行活动，与山东博士生联谊会在环翠区、威海临港经济技术开发区共建"博士小院"2处，链接高等人才及高校资源，为高层次青年人才提供实践平台。

【青年创新创业】 全力打造"青创威海"工作品牌，举办第二届大学生创业大赛，设置职业生涯规划、青年创业导师赛道，吸引243个项目参赛，挖掘典型项目39个。举办乡村振兴规划设计等县级大赛4场次，其中107个项目参加山东青年创新创业大赛，7个项目获奖，共青团威海市委获得优秀组织奖。开展青年优惠贷款工作，发放"鲁青惠企贷"3815.9万元，惠及企业19家。组建新一轮青年创业导师团，开展就业创业培训等。

【青年岗位建功】 组建安全生产青年突击队71支，开展注册安全工程师公益培训，1152名青年职工参训。培育全国青年文明号集体7个、威海市青年文明号集体47个，围绕"三亮三比·争做模范"（亮标准、亮身份、亮承诺，比技能、比作风、比业绩）主题，开展"青年文明号开放周"活动，200个集体参与，发挥青年文明号示范作用。

【青年参与基层社会治理】 开展与人大代表、政协委员面对面活动，邀请人大代表、政协委员等20余人进行实地调研、座谈交流，围绕青年婚育服务、宜居安居需求等问题提出意见和建议，形成调研报告。共青团威海市委、市政协办公室、教育局联合开展青少年模拟政协提案征集活动，2479个团队（个人）报名参赛，征集有效作品1061件，其中1件作品获评省级中学组最佳提案、4件作品获评省级优秀提案。

【青年志愿服务】 开展暑运、"超级黄金周"旅游志愿服务，招募青年志愿者8386人次，总服务时长2.4万小时。招募青年志愿者5000余名，参与精致城市论坛、2023年中国·威海超级铁人三项系列赛暨2023年威海铁人三项世界杯赛等近10场重大活动，负责礼宾接待、语言翻译、赛事筹备等志愿服务工作。举办第二届威海市青年志愿服务项目大赛，82个项目参赛，涵盖文明实践、阳光助残等领域，推动青年志愿服务项目化、品牌化、专业化。聚焦社会治理创新，启动大学生社区实践行动，组织全市高校的724个团支部与121个社区结对，2.4万名大学生到社区开展文明城市创建等8类社会实践活动，惠及群众6.24万人。

【青少年校外素质教育】 立足青少年成长需求，开展青少年校外素质教育专业培训，全年培训学员5500余人次。搭建校外教育学习交流平台，与青岛市、烟台市、潍坊市和日照市等地市的青少年宫联合成立校外教育协同发展联盟，共同推进胶东经济圈校外教育一体化进程。聚焦青少年思想引领，举办"奋进复兴征程 书写青春篇章"文艺晚会、"流动少年宫"进校园、文艺进社区、送文艺下乡等社会公益活动，开展"同心向党，红领巾更鲜艳""艺起向未来""红领巾宣讲"等青少年主题教育实践活动18次，参与学员近3000人次，150余名学员在省级、市级比赛中获奖。年内，市团校（青少年活动中心）获评全国青少年宫系统2023年度流动少年宫示范单位、山东省青少年校外教育工作示范单位。

【共青团威海市第十九次代表大会】 10月18日召开。会议强调要把坚持党的领导作为做好共青团工作的根本保证，坚定理想信念，练就过硬本领，强化使命担当，注重修身立德，认真落实党建带团建制度，全力推动共青团事业高质量发展。会议听取和审议共青团威海市第十八届委员会工作报告，选

举产生共青团威海市第十九届委员会。（莫鑫煜）

威海市妇女联合会

【概况】 2023年，全市有镇（街道）妇女联合会（简称妇联）组织72个，村（社区）妇联组织2751个，党政机关、事业单位妇委会233个，专职妇联干部195人。

【妇联基层组织建设】 积极向“四新领域”（新领域、新业态、新阶层、新群体）拓展妇联组织，打造“四新领域”妇联组织105个，在卫生健康系统建立系统妇联。按照“一微家一品牌”工作思路，打造美育、民宿、维权、创业就业类特色“妇女微家”53个，打通妇联联系妇女群众的“最后一公里”。市妇联印发《关于加强女性社会组织服务中心（枢纽平台）建设的指导意见》，成立威海市女性社会组织发展中心，建立枢纽平台13个，联系引领女性社会组织153个，服务妇女儿童和家庭近3万人次。在威海市社会组织创新创业园成立妇联，引领培育女性社会组织发展。坚持以党建带妇建，助推妇联工作与社会治理互融互促，开展森林防火巾帼行动，聘任42个防火重点镇的5847名妇女为巾帼林长，参与森林防火宣传、巡逻等工作。深化巾帼领头雁淬炼行动、强基增效工程、基层妇联组织成员素质提升工程，培训基层妇联干部1.3万人，举办全市妇联干部培训班，打造高素质、专业化的妇联干部队伍。

【儿童友好城市建设】 凝聚儿童友好工作合力，印发《2023年威海市儿童友好城市建设十大行动》，围绕儿童健康保障、儿童教育促进、困境儿童权利保障提升、儿童友好空间建设等10个方面开展系列行动。推动儿童友好空间提质扩面增效，发布《威海市儿童友好城市建设导则》，重点围绕公共服务设施、道路空间、校外活动场所、游憩设施建设等方面，细化具体建设指标516条。加强儿童友好交流互鉴，儿童友好城市建设在全国儿童友好城市建设交流培训会、第三届中国儿童友好行动研讨会和在威海市召开的山东省儿童友好城市建设现场会上进行交流，并被纳入《中国儿童友好城市发展报告（2023）》。打造儿童成长友好空间，改造提升试点单元110处，开发“威海市儿童友好地图”微信小程序，串联儿童友好空间、母婴室和预防接种门诊点位120处，推荐“拾趣农耕”等研学路线37条。优化儿童优先公共服务。实施儿童友好服务项目10个，开展活动274场次，直接受益儿童5863人次。“六一”国际儿童节期间，市领导分别率队到部分学校、儿童友好社区走访慰问，引导社会各界更加关心关注少年儿童。举办第二届中国食育发展大会等，参与“11·20”联合国世界儿童日活动，在224处城市标志性建筑进行“亮灯＋宣传语”展示。

【妇女儿童发展规划实施】 推动《威海市“十四五”妇女儿童发展规划》落实，实施婴幼儿养育照护等实事项目12个。市妇联印发《2023年妇女儿童工作要点》，细化分解妇女儿童工作目标和任务。全面摸底和填报威海市妇女儿童发展规划监测统计直报系统指标，提升监测评估专业化水平。做好中期评估，组织召开汇报会、专题座谈会，开展实地考察，省评估组对威海市“十四五”妇女儿童发展规划实施情况给予肯定。

【“三八”节庆祝活动】 以“巾帼心向党 奋进新征程”为主题，召开威海市纪念“三八”国际妇女节113周年大会，同步召开全市妇女服务文明城市创建动员大会，全市1.6万余人线上线下参加会议。各级妇联组织开展主题鲜明、凸显特色的“三八”节系列庆祝活动近2000场，参与妇女10万余人。

【巾帼大宣讲活动】 立足队伍多元化、受众精准化、内容成果化，打造形成“一区（市）一特色、一区（市）一品牌、一区（市）一示范”的宣讲格局，围绕中共中央总书记习近平对妇女儿童和妇联工作的重要指示批示精神、中共二十大精神等，深入农村和企业开展“巾帼心向党 奋进新征程”群众性宣传教育800余场次，惠及10万余人。承办“喜迎妇女十三大‘红色乳娘’大宣讲”活动，赴北京市、济南市、东营市等地宣讲乳娘故事和巾帼事迹。

【家庭家教家风建设】 聚焦引领家庭文明和绿色生活，开展“最美家庭”“好婆婆”“好媳妇”寻找选树工作，鼓励基层通过召开评选会、宣讲会、故事会等形式，推选先进家庭典型和优秀家庭角色，全年命名“最美家庭”102户、“好婆婆”和“好媳妇”各100名。凝聚家庭教育工作合力，市妇联、教育局等9个部门联合印发《威海市关于指导推进家庭教育的五年规划（2021—2025年）》，构建家庭教育指导服务体系，健全学校家庭社会协同育人机制、促进儿童健康成长。市妇联印发家庭教育“百千万”工程实施意见和示范项目管理办法，推行“家庭会议”“家长读书会”“亲子阅读”等家庭教育指导服务模式，常态化、规范化开展活动。启动威海市“润童成长”家庭支持计划亲职教育项目，优选示范社区家长学校，探索开展立足于儿童保护发展和家庭关爱支持的亲职教育实践。市妇联、广播电视台开办《空中家长课堂》家庭教育电台栏目，打造家庭教育“空中”宣讲阵地，为家长提供便捷有效的学习成长平台。加强家庭教育普及宣传，市妇联、教育局联合举办家庭教育宣传周启动仪式，邀请专家进行专题授课，开展《中华人民共和国家庭教育促进法》普及宣传等系列活动328场次，参与人员2万余人次。举办第三届中国少年儿童健康论坛，挖掘儿童健康教育科普新方法、新技术，引导少年儿童和家庭成员掌握健康理念、践行健康生活方式。强化优良家风传承，持续开展“好家庭好家教好家风”宣讲，常态化推进“学论述·正家风·树清风”家庭助廉活动，引领广大家庭做优良家教家风的传承者、引领者、守护者。

【妇女儿童权益维护】 开展“建设法治威海 巾帼在行动”普法巡讲活动，开设《幸福护航 与法同行》普法专栏，全年开展法治宣传活动近300场，惠及群众4万余人。践行新时代少年保护理念，市妇联、中级人民法院在学校设立校园安全司法先议办公室，实现区域全覆盖。市妇联、人民检察院开展困难妇女群体司法救助，从线索发现到关爱帮扶，帮助困难妇女走出困境。市妇联、公安局开展反家暴、打拐、防性侵等活动，为家庭暴力受害人等提供关爱帮助。开展“幸福护航”婚姻家庭辅导服务，将家庭教育纳入婚姻家庭辅导，改造升级婚姻家庭辅导中心2处，全年开展婚前辅导活动58场，2818人参与，对6761对申请离婚夫妻开展婚姻家庭辅导，劝和3435对。市妇联、民政局在“5·20”、七夕节等时间节点开展集体颁证等活动，向新婚夫妇开展婚姻家庭相处技巧等专题宣传活动，倡导新时代婚育文化理念。

【乡村振兴巾帼行动】 人才振兴方面，向全市有劳动能力、有技能培训需求的妇女举办就业技能培训241场次，惠及妇女3.7万人次；深化“科技赋能巾帼助农”服务，开展“送科技下乡”活动30场次，惠及妇女8000余人次；优化“分类培训+上岗就业”闭环就业服务体系，线上线下举办女工、农村妇女、女性劳动者就业服务等女性求职者招聘会14场，提供岗位5816个，吸引2.8万名女性参与。产业振兴方面，实施巾帼电商赋能行动，完善市、区（市）、村三级巾帼电商服务体系，立足威海巾帼电商学院、威海市巾帼电商创业实践基地，常态化开展电商培训、直播带货、社群团购活动，举办直播助农活动38场次，助销农特产品519.3万元。文化振兴方面，强化思想引领，发布宣讲视频20余个，开展“巾帼之声”大宣讲，受众人数近4万人；强化典型示范，选树先进家庭典型302个，举办家庭文明宣讲会等90余场次；强化法治宣传，利用农村大集、普法巡讲等开展法治宣传进乡村、进家庭活动100余场。生态振兴方面，推进“精致农家·美丽庭院”建设，创建示范户14.78万，培育“隐山麓院”等巾帼民宿、农家乐等特色庭院100余处，开展“巾帼家政进农家”活动45场次，培训妇女1369人次。

【弱势妇女儿童关心关爱】 实施低收入妇女“两癌”（乳腺癌和宫颈癌）救助项目，围绕预防、治疗、保障环节，持续关爱女性健康，市妇联、卫生健康委员会等部门为城乡适龄妇女进行“两癌”免费筛查9.3万人次；深化女性安康工程，举办关爱女性保险捐赠活动，向全市2388名低收入妇女赠送总保额7164万元的女性安康保险；落实“两癌”救助资金54万元，救助低收入“两癌”患病妇女79名，构建“以两癌筛查为先导、以女性安康保险为保障、以两癌救助为补充”的女性健康保障体系。开展“社会妈妈”关爱困难儿童活动，常态化进行寒暑假儿童关爱服务活动，聚焦安全防护、活动引领、家教指导、关爱帮扶等方面，线上线下开展活动2104场次，受益家长和儿童3万余人次。各区（市）妇联开展“社会妈妈”帮扶活动及“99公益日”齐鲁润春蕾活动，通过实地走访、组织研学、线上募集善款等方式，捐款捐物200万元，资助困难儿童1500余名。

【山东省巾帼电商发展大会】 9月27日在威海市召开。会议选树一批电商达人、好品“推荐官”和优质供应链企业，促成山东省妇女创业发展服务中心与快手、微信等平台服务单位签订战略合作框架协议，同步举办齐鲁“巾帼好品”达人选品对接会、“畅游齐鲁乐购乡村”巾帼消费助农公益直播、巾帼创新创业智享汇等活动，近1000款巾帼好品在会上展示展销，省、市有关部门负责人、巾帼电商达人、平台机构和品牌商家代表等3000余人参会。

【威海市女企业家协会建设】 举办“传承·创新·发展”女企业家实训营3期，组织女企业家150余人次先后到烟台市、淄博市、深圳市等地知名企业实地观摩、现场教学，搭建新生代企业家向优秀企业学习、交流的平台，助力女企业家提振信心、拓展思维、提升能力。搭建创业女性创新服务平台，举办第三届“巾帼创业 圆梦威海”女性创新创业大赛，全国13个省、21个市的136个女性创业项目参赛。举办“创业巾帼汇”主题沙龙、“优秀项目园区行”等主题活动10余场，扶持女性创业项目高质量成长，促成1个自动驾驶项目落地威海市。搭建科技入企平台，举办胶东经济圈巾帼科技成果对接会及优秀项目展示活动，展示“妇”字号企业和科技项目成果，促成初步科技成果转化合作意向2个。引领企业家关注公益事业，推出“雏凤伴成长”公益服务项目，开展女大学生爱心助学、温暖护航等活动，为10名入学困境女大学生每人赠送助学金5000元。

【妇女儿童活动中心工作】 坚持公益性、普惠性原则，致力于“立德树人，以美育人，以文化人”的核心理念，不断创新服务形式，提高引领服务能力，打造儿童友好型活动中心。采用与学校学期同步的方式，开设书画、歌舞、器乐、科技、体育、阅读6类17个专业的文体特长培训项目，完成培训课时8786节，培训学员3793人次。常态化举办“幸福威海·精致女性”妇女公益活动，培训妇女500余人。承接“润童成长”家庭支持计划亲职教育项目、《空中家长课堂》家庭教育电台栏目，开展家庭教育项目管理运行等工作，举办家庭教育活动近1000场，参与家长和儿童2.2万人次。参与中国儿童中心“双有”“双好”“双美”等系列品牌主题活动和省妇女儿童活动中心“食育”“爱心大篷车”“少儿艺体科创大赛”“泱泱黄河水 小小代言人”等系列品牌主题活动，均获得优秀组织奖。注重发挥社会引领作用，加强共建共享，对接各类校外教育机构300余所，指导和引领亲子部落、校外联络、儿童友好等当地自发性儿童工作社群。年内，市妇女儿童活动中心获评山东省家教家风建设教育基地，获得亲子食育家庭教育案例征集活动优秀组织奖，通过“中国儿童中心家庭教育研究与实践基地”复审。

（刘俊阳）

威海市科学技术协会

【概况】 2023年，威海市科学技术协会（简称市科协）所属市级学会18个、高校科学技术协会8个、企业科学技术

5月26日，庆祝2023年“全国科技工作者日”暨“威海最美科技工作者”颁奖仪式举行
（威海市科学技术协会　提供）

协会56个。市科协以“拉高标杆、脚踏实地，踔厉奋发、勇争一流”为主线，在履行“四服务”（为科技工作者服务、为创新驱动发展服务、为提高全民科学素质服务、为党委和政府科学决策服务）方面持续发力，获评2023年全国科普日活动优秀组织单位、山东省2023年全国科技工作者日优秀组织单位，3篇调研成果进入市委决策视野。

【组织建设】　推进新型学会组织发展，依托驻威海高校，联合相关企业，建立校企联合的新型学会组织，促进高校科研和企业技术需求的有效衔接。新成立市科技成果转化促进会、市心理学会，成为市科协服务企业科技创新和联系科技工作者的重要平台。推进企事业科协提质增量，支持学术技术交流活动17项，新增企业科协4家，3家企业科协入选全省企业科学技术协会试点单位名单。推进科协基层组织建设，1项工作获评全省基层科协组织建设创新工作典型案例，5项工作获评全省科协系统“典型好案例”，3项工作获评改革品牌项目。

【科技人才选树】　组织“威海最美科技工作者”、第十六届威海市优秀自然科学成果奖评选活动，评选“威海最美科技工作者”8人、团队2个，76项成果获得第十六届威海市优秀自然科学成果奖。其中，3人获评第十一届山东省优秀科技工作者，4人获评省企业“创新达人”，1人获评省杰出工程师，1人获评省优秀青年工程师。通过网站、微信公众号等媒体广泛宣传先进事迹，增强科技工作者的荣誉感。

【助企赋能服务】　引入省核学会、保健科技协会在威海市创建省级协同创新基地，助力产业升级。推广科技信息企业应用服务项目，新增注册企业26家，总数达255家，1家企业获得2023年“科创中国”专利信息创新应用大赛（山东专场）二等奖。组织省科协“科创金桥”专利信息创新应用及企业专利应用工程师研学活动，110余人到威海临港经济技术开发区碳纤维产业园参观，有效促进项目推广。举行省科协新能源新材料学会集群与威海市科协对接会暨集群秘书长联席会议，10家省级学会与区（市）科协及企业代表共商合作。

【全民科学素质提升】　履行市全民科学素质领导小组办公室作用，修订《威海市全民科学素质工作领导小组办公室工作规则》，落实上级无偿资金359万元，用于科技馆展品及科普项目建设。年内，新建户外主题科普公园4处、户外科普大屏1个、科普主题馆1处，创建省级科普教育基地3处、省科普专家工作室4个，认定市级科普教育基地21家，遴选科普研学基地26处，基本形成以市科技馆为龙头、辐射基层的现代科普设施体系。

【科普活动】　全力打造“全国科普日”活动品牌，构建全社会动员、全领域参与、全方位覆盖的大科普生态，全年开展线上线下科普活动1900余场次，全国科普日活动填报平台通过活动1600余项，市科协连续4年获评“全国科普日”活动优秀组织单位。“全国科技工作者日”期间，围绕“点亮精神火炬”主题，开展科学家精神宣讲30余场，凝聚科技工作者思想共识。实施科普智囊团“五进”（进农村、进社区、进校园、进基地、进企业）赋能行动，组织100名专家服务团成员，围绕美德健康、绿色低碳、营养保健等内容，开展活动500余场次，推出农技科普视频号150期，发放各类宣传资料5.5万份，受众6万余人次。

【青少年科创教育和竞赛】　举办市青少年科技创新大赛、首届山东省青少年科技节（威海赛区）等科技创新赛事3场，评选奖项663个，参与人数3900余人次。参加省青少年科技创新大赛等，获得省级以上奖项154个。创办“威海科学大讲堂”，线上线下受众6000余人次。开展“科普伴成长　创新向未来”科普巡游、青少年科普报告百校行希望行、高校科学营等线上线下科普研学游活动300余场次，受众人数10万余人次。承办中国科协党校“领航计划”青年科技领军人才国情研修活动（山东班），围绕党的创新理论学习、理想信念教育、科情考察与科技服务等方面开展研修活动，为推动科技进步贡献青年力量。2个科创教育工作经验做法入选全国“‘科创筑梦’助力‘双减’科普行动”优秀案例集。

（邹志鹏）

威海市文学艺术界联合会

【概况】　2023年，威海市文学艺术界联合会（简称市文联）在精品创作、主题大展、品牌活动、文艺惠民、基层组织等方面工作取得较好成绩，市文联机关获评2023年度基层组织建设优秀单位，新时代文明实践文艺志愿服务活动做法获评山东省文联优秀工作创新成果。7月31日至8月4日，鲁迅文学院山东作家培训班在威海市举办。

【闹元宵·迎春艺术活动】 农历正月十五，市文联系统在幸福门广场、环翠楼广场等地举办“艺起来闹元宵 迎春艺术嘉年华游园会”，向市民赠送书法、美术、剪纸、文学图书等艺术作品700余件，文艺工作者1000余人参与，受众3万余人。

【文艺进万家活动】 5月23日，“文艺进万家 健康你我他—与人民同行·2023山东省文艺志愿者在行动”主题活动启动仪式在威海市举办，同步举办2023中国（威海）合唱节开幕式。其间，为9家环翠区基层文联授牌，举办专家座谈会、合唱指挥大师班、闭幕式暨颁奖晚会等活动114场次。

【文艺志愿服务行活动】 市文联全年开展文艺志愿服务行活动近100次，受益市民10万人次。连续7年举办“向人民汇报”——威海市美协国画艺委会走基层写生展，组织以“精致城市·幸福威海”为主题的书法、美术、摄影3个展览，助力“精致城市·幸福威海”建设。开展“艺”动威海·“艺”美盛夏“艺起来”主题活动，倡导和带动文艺工作者到各大景区、公园开展文艺志愿服务行活动。

【文艺品牌活动】 持续开展文艺品牌活动，与人民同行·2023山东文艺志愿者在行动——山东省四地城市大书法联展、庆祝改革开放45周年——胶东经济圈美术、书法、摄影作品巡回展、“山海情缘”——绵阳市书协威海书法交流展、《曲韵墨痕》书画展相继在威海市举办。市文联围绕“用镜头讲好家乡故事、用图片展现家乡美景”，开展“精致城市·幸福威海”系列之大天鹅摄影主题走进青岛市、济南文化馆和趵突泉等系列特色展览，组织本土书画文艺名家到北京市展览，展出精品佳作。

【特色文艺活动】 10月17号，2023中韩国际书画学术邀请展在威海市举办，展出中国、韩国艺术家作品近120件，涵盖水墨画、油画、书法、雕塑等。11月4日，“瑰丽海疆”2023中国写意油画海洋主题学术邀请展在威海市举办，展出112位油画家创作的112幅海洋主题油画。11月25日，荣成好运角大天鹅摄影作品展在山东省文化馆举办，展出获奖摄影作品60余幅。

【文艺平台建设】 探索文艺发展道路，反映全市文学艺术活动动态和文艺成果，“威海市文联”公众号全年发表文章97篇，阅读次数4.28万次、人数2.79万人次。增强《威海文艺》杂志中《文艺评论》《新人新作》等栏目的选稿力度和发稿质量，扶持本土具有创作实力和潜质的文学创作新秀；重点推出“走文化廊道，看山东发展”（威海）主题采风作品选、鲁迅文学院山东作家班作品小辑2个专题。全年编辑出版《威海文艺》6期，刊发各类文艺作品70万字。

（史怀宝）

2月4日，嗨乐元宵“艺起来“活动举办　　（邹峰　摄）

中国国际贸易促进委员会威海市委员会

【概况】 2023年，中国国际贸易促进委员会威海市委员会（简称市贸促会）把服务企业作为立身之本，延伸拓展业务链条，着力培育“活力贸促·开放桥梁”品牌，推动全市贸促工作高质量发展。市贸促会连续3年获评全省贸促系统调研工作优秀组织单位，工作经验做法先后在自贸协定专家智库成立暨全国RCEP服务中心交流研讨大会、2023年RCEP经贸合作高层论坛、共享RCEP红利推动沿黄流域高质量发展圆桌会上进行交流。

【FTA政策红利开发】 依托中国贸促会FTA（威海）服务中心，挖掘RCEP（《区域全面经济伙伴关系协定》）政策资源，优享协定“文本红利”、尽享协定“衍生红利”，赋能企业高质量发展。推出优化原产地证签证服务3项措施，有效提高外贸企业出口产品通关便利度。承办原产地业务培训2次，线下线上受众2000余人次。全年签发原产地证书9.69万份，签证金额13.8亿美元，比上年增长21%。其中，签发区域自贸协定优惠原产地证书8.66万份，签证金额7.4亿美元，增长19%；RCEP项下原产地证书1万份，增长18%。优惠原产地证、RCEP项下原产地证签发量2项指标均居全省贸促系统第1位。发掘RCEP红利经验做法被《贸促工作参考》刊发并向全省推广。

【经贸促进】 市贸促会先后参与筹办或组织参加2023境外驻华机构乳山行暨产业推介海外专场活动等经贸促进活动21场次，其中3项工作获得中国国际贸易促进委员会山东省委员会通报表扬。牵头组成威海市经贸代表

11 月 1 日，威海钓具产业推介会（越南专场）召开

（中国国际贸易促进委员会威海市委员会　提供）

团，赴日本、韩国开展经贸促进活动，参加“对话山东—日本·山东产业合作交流会”和“对话山东—韩国·山东产业合作交流会”，拓宽对日本、韩国合作渠道，4 个项目签约。组织企业参加 2023 外贸优品展销会、2023 山东威海钓具品牌境外推广活动（越南专场），完成 2023 跨国公司与中国主题展威海组展工作。落实全员招商机制，全年招引注册项目 12 个，签约项目 7 个，开工或到资项目 9 个，到位资金 1.52 亿元，促成沙特 TIJAN 集团与市政府签订战略合作协议、与 2 家企业签订业务合作协议。

【会展业发展】　围绕全市八大产业集群和十条优势产业链条，加大品牌展会培育、招引力度，着力打造“会议之城”。主办第五届中国威海国际户外休闲产业博览会、第十五届中国威海国际渔具博览会，其中第十五届中国威海国际渔具博览会达成国际贸易意向成交额1.4亿美元、国内贸易意向成交额5.2亿元人民币。引进电机产业绿色低碳创新发展研讨会、第三届中国通信光电缆学术会议、第三届医疗器械供应链国际会议等会议项目。策划举办山东威海国际服装供应链博览会等展会项目，促进相关产业延链补链强链。全年全市举办各类会展活动 129 场次，比上年增长 18.3%。

【中国国际商会威海商会第六次会员大会】　3 月 30 日召开。会议采取主会场加 3 个分会场（文登区、荣成市、乳山市）视频会议方式，听取第五届理事会工作报告，选举产生新一届理事会、监事会领导机构，412 名会员参加。

【多元化纠纷解决与原产地规则专题培训】　6 月 20 日，山东省贸促会商事法律服务直通车——多元化纠纷解决与原产地规则专题培训在威海市举办。培训以“贸促惠企　商法护航”为主题，开展法律培训、专题研讨和专题调研等系列活动，发挥贸促商事法律平台作用，为企业国际化经营提供保障。威海市各律师事务所、外经贸企业 190 余人现场参会，全省贸促系统及外经贸企业相关代表、律师近 2000 人通过线上线下方式参加培训。

【国际商事调解机构成立】　3 月，经中国国际贸易促进委员会商事法律服务中心批复同意，设立中国国际贸易促进委员会／中国国际商会威海调解中心（简称中国贸促会威海调解中心）。中国贸促会威海调解中心为中国国际贸易促进委员会调解中心在威海市贸促会设立的分中心，市驻威海市首家专业的国际商事调解机构，按照《中国贸促会／中国国际商会调解工作管理办法》及国家有关法律、法规开展商事调解等法律服务工作，做好威海市辖区内的法律服务宣传推广和商事纠纷调解，助力打造市场化、法治化、国际化营商环境。6 月，中国贸促会威海调解中心揭牌成立，20 名专业律师被聘为调解员，市贸促会与市中级人民法院签订《协作建立涉外商事纠纷诉调对接机制助力优化营商环境》合作备忘录。年内，成功调解涉外经贸纠纷案件 3 起，收到荷兰贸易促进委员会青岛办事处首席代表的感谢锦旗。

【威海钓具产业推介会（越南专场）】　11 月 1 日，2023 山东品牌境外推广行动——威海钓具产业推介会（越南专场）在越南胡志明市举办，搭建威海市与越南钓具企业交流合作平台，助力威海市钓具企业开拓越南市场。10 家威海市企业、15 家越南钓具采购商及众多观众参加推介会，2 家威海市企业进行产品推介。以该活动为依托形成的自贸协定推广及应用案例获得服务 FTA 高质量实施推广示范案例三等奖。

（邹清晓）

威海市残疾人联合会

【概况】　2023 年，市残疾人联合会（简称市残联）以贯彻落实《威海市残疾人事业发展“十四五”规划》为着力点，以促进残疾人全面发展和共同富裕为目标，主动作为，各项工作取得新成效。

【组织建设】　加强组织建设，召开威海市残疾人联合会第八次代表大会，完成市残联第八届主席团、执行理事会、残疾人专门协会领导班子换届工作，为残疾人事业高质量发展打牢组织基础。加强基层残疾人组织建设，配齐配强工作队伍，为做好残疾人工作提供组织保障。提升持证残疾人基本状况调查质量，入户走访持证残疾人 6.83 万名，为精准服务残疾人、进行科学决策提供重要依据。组织选手参加第七届全国残联专职委员知识竞赛，1 名选手获得“学习之星”个人一等奖。

【残疾人共同富裕】　市委办公室、市政府办公室印发《威海市“精致暖心·助残共富”专项行动计划》，重点实施

4 月 11 日，威海市残疾人联合会第八次代表大会召开

（威海市残疾人联合会　提供）

6 个行动，为残疾人就业、康复、托养等工作提供遵循。做好巩固拓展残疾人脱贫攻坚成果同乡村振兴有效衔接，脱贫享受政策和防返贫监测帮扶的残疾人达 570 户。市残联、财政局等 5 个部门联合印发《威海市残疾人托养服务实施细则（2023—2025 年）》，提升残疾人基本公共服务水平，支持和引导残疾人托养服务工作发展。开展"如康家园"筹款活动，募捐 277.31 万元，新建"如康家园"残疾人之家 22 家。提升社会救助政策保障水平，困难残疾人生活补贴标准提高至 201 元／人／月，重度残疾人护理补贴标准提高至 181 元／人／月，0.88 万名困难残疾人、3.47 万名重度残疾人享受政策，5421 名残疾人提前 5 年领取养老保险，2.18 万名残疾人参加基本养老保险，6.78 万名残疾人参加医疗保险。

【残疾人就业】　贯彻落实《山东省促进残疾人就业三年行动实施方案（2022—2024 年）》，加强残疾人就业服务和管理，为残疾人就业创造更好的条件和环境。推进党政机关、事业单位、国有企业按比例安排残疾人就业工作，为 2 名残疾大学生参加事业单位招录考试提供合理便利条件，招录残疾人大学生 1 名。开展访企拓岗促就业活动，走访企业 112 家，提供岗位 1054 个。开展春风行动暨就业援助月活动，对 471 名未就业残疾人开展职业能力测评，组织残疾人就业招聘会 4 场，提供就业岗位 130 余个。开展残疾人职业技能培训，免费培训残疾人 469 人。开展"基层党组织结对帮扶・助力残疾人居家就业"活动，结对帮扶 665 户农村困难残疾人家庭。创设帮富帮扶残疾人公益性岗位，全市公益性岗位安置残疾人 776 人。

【残疾人康复服务】　市残联、财政局等 5 个部门联合印发《关于印发〈威海市基本型辅助器具适配服务办法（试行）〉的通知》，修订《威海市残疾人基本型辅具适配补贴目录（第六版）》，发布《肢体残疾人辅助器具适配服务规范》地方标准，为全市残疾人辅具适配工作提供政策保障和服务规范。全年为 5.82 万名残疾人提供康复服务，有需求的残疾人康复服务率 100%。实现残疾儿童康复救助"应救尽救"，康复服务满意率达 99.4%。认定市级残疾人康复专业技术人员规范化培训基地 3 家，举办残疾儿童康复技术和管理能力提升培训班 4 期。高质量开展省级试点工作，指导荣成市做好"贯彻落实《山东省残疾预防和残疾人康复条例》重点联系地区"创建工作，推动《山东省残疾预防和残疾人康复条例》落地落实；督导荣成市"山东省残疾人辅助器具适配服务创新试点"和乳山市"全省孤独症和智力残疾全程服务试点"工作，2 个试点均获评"优秀"等次。

【残疾人权益保障】　聚焦为残疾人提供优质高效政务服务，市残联制定《山东省优化残疾人政务服务规范指引》，由省政府办公厅印发实施，规范政务服务平台、服务方式、场地设施要求、便利化措施等。畅通残疾人维权通道，通过下发律师函、村居调解、社会帮扶等办法，做好矛盾化解工作。通过阳光问政热线、市长信箱和新媒体平台解答和处理群众反映问题，全年接待残疾人到访 34 批 72 人次，问题处结率 100%。推进无障碍环境建设，为 588 户残疾人家庭进行无障碍改造。

【扶残助残活动】　落实中国残疾人联合会专项经费 30 万元，升级改造市残联融媒体直播中心，通过新媒体平台发布视频 270 余条。引导东方福爱心联盟、长城爱心大本营等社会组织开展系列助残活动，动员民主党派及镇（街道）商会结对"如康家园"，联合开展助残活动 300 余次，荣成市志愿助残工作经验做法在 2023 年全国志愿助残阳光行动主题日・全省志愿助残工作分享交流活动上进行交流。丰富残疾人文化体育生活，举办乳山市第三届"梦想跑者"轮椅半程马拉松赛事，承办"美丽威海　幸福之约"沙滩文化节，开展残疾人文化周主题宣传活动、"同心筑梦・典耀中华"首届残疾人中华经典诵读选拔赛、全省残疾人跆拳道训练营、残疾人趣味运动会等残疾人赛事活动。在全省残疾人事业发展创新试点工作评价中，环翠区残疾人"文创工坊"试点获评"优秀"等次。

（吴　溪）

威海市红十字会

【概况】　2023 年，威海市红十字会扎实开展"三救三献"（应急救援、应急救护、人道救助和献血液、献造血干细胞、献人体器官组织）核心业务，获得山东省红十字会表彰，器官遗体捐献、应急救护、造血干细胞捐献、"5・8 人道公益日"互联网众筹、组织建设、志愿服务 6 个单项业务均被评为"先进"等次。

【组织建设】 召开威海市红十字会第三次会员代表大会，选举产生市红十字会第三届理事会、监事会，审议通过《威海市红十字事业发展规划（2023—2027年）》，新发展团体会员30个。加强红十字会透明度建设，在2023年全国红十字系统透明度指数指标体系评价中并列排名全国第1位。

6月27日，威海市红十字会第三次会员代表大会召开

（威海市红十字会　提供）

【筹资救助】 加大筹资力度，年内接收社会捐款141万元。开展“5·8人道公益日”互联网众筹活动，实现网络众筹38万元。筹措价值16.39万元的帮扶物资，开展博爱送温暖活动。开展“红十字爱眼公益行”活动，投入43万元，帮扶生活困难眼疾患者430名。落实救助款51万元，救助白血病患儿11人。

【应急救护培训】 2023年，全市培训红十字救护员2.9万人，开展公益知识宣传教育和技能培训24.38万人次。举办2023年威海市红十字应急救护大赛，威海代表队获得全省红十字应急救护大赛团体三等奖。文登区红十字生命安全教育基地获评中国红十字会首批生命教育示范基地，威海市红十字生命健康安全体验馆入选山东省红十字生命教育基地试点建设名单，威海市第七中学、威海世昌中学获评全国学校急救教育试点学校。

【无偿献血宣传】 与市总工会联合发出《关于成立红十字无偿献血志愿服务队的倡议》，动员机关事业单位、工商企业和服务业企业依托各级工会组织成立红十字无偿献血志愿服务队，引领和感召工会会员参与无偿献血活动。全市成立红十字无偿献血志愿服务队208支，志愿者3923人。市红十字会与威海市中心血站联合开展威海市首届红十字无偿献血暨造血干细胞宣传月活动，推进无偿献血和造血干细胞捐献事业协同高质量发展。

【造血干细胞捐献】 2023年，实现造血干细胞“随到随采”全市覆盖，完成干细胞志愿者采样1170份，捐献造血干细胞10例，累计捐献108例，万人捐献率居全省第1位。举办山东省造血干细胞捐献威海突破100例宣传推广会议，工作经验做法向全省推介，并在全国造血干细胞捐献网络安全与信息化培训班、中华骨髓库志愿服务交流活动、全省“三献”工作推进会议上进行交流。

【器官遗体捐献】 荣成市红十字会入选中国人体器官捐献管理中心实施的人体器官捐献工作项目试点名单，威海市红十字会、乳山市红十字会入选山东省人体器官捐献宣传推广项目试点名单。年内，全市实现器官捐献登记9821人，居全省第1位，完成眼角膜捐献17例、遗体捐献17例、器官捐献35例。

【红十字志愿服务】 广泛吸纳社会各界爱心人士，新成立各类红十字志愿服务队伍227支，志愿者4233人。市红十字会开展志愿服务集中培训3次，强化服务理念，提升服务能力。投入资金36万元，扶持基层单位和公益组织开展“三献进社区”“校园守护”等生命教育项目21个。

（苗延颂）

编辑　闫拥军

法　治

人大立法

【概况】　2023年，威海市人民代表大会常务委员会（简称市人大常委会）坚持科学立法、民主立法、依法立法，完善党委领导、人大主导、政府依托、各方参与的立法工作格局，发挥立法引领推动保障作用，制定完成《威海市城乡供水安全条例》《威海市客运出租汽车管理若干规定》2部地方性法规，修改《威海市海上交通安全条例》，对《威海市精致城市建设条例》进行立法后评估，对《威海市森林防火规定》《威海市生活垃圾分类管理办法》等4个立法项目进行调研论证，持续优化人大法治供给，为建设“精致城市·幸福威海”、推动经济社会高质量发展提供法治保障。

【重点领域立法】　深化“小快灵”立法，创新“一审表决”的审议模式，以“小切口”“打补丁”的方式对放宽出租汽车驾驶员从业年龄作出规范。6月29日，《威海市客运出租汽车管理若干规定》经市人大常委会第十次会议通过；7月26日，经山东省人民代表大会常务委员会（简称省人大常委会）批准，7月28日公布施行。适应全市海洋经济发展新业态，与新修订的《中华人民共和国海上交通安全法》协调一致，对《威海市海上交通安全条例》进行修改。8月29日，市人大常委会第十一次会议通过《威海市人民代表大会常务委员会关于修改〈威海市海上交通安全条例〉的决定》；9月27日，修改后的《威海市海上交通安全条例》经省人大常委会批准，9月29日公布施行。加强城乡供水管理，保障供水安全，维护人民群众身体健康。10月31日，《威海市城乡供水安全条例》经市人大常委会第十二次会议通过；11月30日，经省人大常委会批准，自2024年1月1日起施行。

【《威海市精致城市建设条例》立法后评估】　委托第三方机构开展《威海市精致城市建设条例》立法后评估，邀请国内相关领域专家学者参与，发放调查问卷7200余份，走访调研部门单位50余家，利用技术手段获取关键信息10万余条，对条例实施中有关问题进行深入分析研究、加强跟踪监督，推动条例更好进入执法、融入司法、列入普法。

【基层立法联系点制度建设】　市人大常委会制定基层立法联系点工作规则，对设立条件、工作职责、设立程序和服务保障等事项进行全面规范。研究起草基层立法联系点工作指引、立法联络员岗位职责等相关配套制度，明确其组织架构和工作流程，并通过实地调研、电话沟通等方式，对各基层立法联系点的规范化建设进行工作指导。

【《威海市刘公岛保护条例》施行】　《威海市刘公岛保护条例》自3月1日起施行。该条例是深入贯彻落实中共中央总书记习近平视察威海重要指示精神，做好与省人大常委会立法衔接的重要举措，围绕保护、管理、利用等各个环节，构建刘公岛保护长效机制，为全面加强刘公岛生态环境和历史文化资源等的保护提供法治保障。

【《威海市城乡供水安全条例》出台】　4月24日—25日，市人大常委会法制工作委员会（简称市人大常委会法工委）召开《威海市城乡供水安全条例（送审稿）》修改论证会议，会议围绕框架结构、主要制度设计、立法技术规范和与上位法衔接等方面提出相关修改意见和建议。7月21日，市人大常委会法工委到环翠区竹岛街道办事处翠竹社区进行调研并召开座谈会，听取社区负责人和居民代表等对《威海市城乡供水安全条例（草案）》的意见和建议。7月27日，市人大常委会召开《威海市城乡供水安全条例（草案）》立法专家座谈会，听取部分立法专家对草案的意见和建议；与会专家围绕立法原则、主要制度设计、部门职责划分、法律责任等方面提出意见和建议，并就城市二次供水设施建设维护、农村供水安全等进行专题讨论。7月28日至8月1日，市人大常委会对城市二次供水设施建设维护和农村供水安全情况进行专题调研并召开座谈会，听取各区（市）有关部门和供水企业工作情况汇报及有关部门、供水企业、物业企业和居民代表对草案的意见和建议。8月15日，《威海市城乡供水安全条例（草案）》专家论证会在重庆市举行。会议采取线上线下相结合的方式，邀请10名国内知名理论和实务专家，对条例（草案）进行专题论证。专家围绕条例（草案）的合法性、合理性、规范性、可行性等方面发表观点，针对条例题目、立法原则、部门职责和立法技术等提出修改意见和建议。12月8日，市人大常委会召开《威海市城乡供水安全条例》新闻发布会，通报条例的立法背景、过程和主要内容。

【《威海市客运出租汽车管理若干规定（草案）》立法调研】 5月下旬至6月上旬，市人民代表大会法制委员会（简称市人大法制委）、市人大法工委就《威海市客运出租汽车管理若干规定（草案）》开展立法调研。其间，调研组先后到文登区、乳山市进行实地调研并召开由出租汽车企业代表及驾驶员代表参加的座谈会。

【规范性文件备案审查】 市人大常委会坚持“有件必备、有备必审、有错必纠”，将同级监察委员会、人民法院、人民检察院制定的有关规范性文件纳入备案审查范围，推动实现备案审查范围、备案审查报告制度全覆盖。2023年，接收报送备案并审查的规范性文件19件，督促推动相关规范性文件修改，维护国家法治统一。

（于云龙）

政法工作

【概况】 2023年，全市政法系统以“狠抓落实·勇于担当”为主题，忠诚履职、苦干实干，以全省第1名的成绩被确定为全国市域社会治理现代化试点合格城市，创建经验获评全国优秀创新经验；化解涉海涉渔纠纷的“海上枫桥工作法”获评全国“枫桥式工作法”，推荐的基层典型人物得到中共中央总书记习近平接见；入选山东省新时代“枫桥经验”先进典型经验3项。

【社会稳定维护】 坚持总体国家安全观，强化对各类风险的排查预警防范，相关工作获得中共山东省委政法委员会（简称省委政法委）肯定，全省维护社会稳定工作培训班在威海市举办。维护政治安全，开展反恐怖等工作经验在全国会议上交流。防范重大涉稳风险，常态化运转社会稳定工作指挥部，完成全国两会、杭州第19届亚洲运动会期间重大安保任务。做好重大决策社会稳定风险评估登记备案工作，备案重大决策事项近400项。做好人民信访工作，规范落实《进一步加强和改进信访工作十条措施》，强化“一案一策、一案一卷”“两见面、双签字”工作标准，工作经验在全省会议上进行交流3次。开展涉法涉诉信访问题专项整治，印发《关于规范做好涉法涉诉信访工作的实施意见》等制度性文件，攻坚化解涉法涉诉信访案件，工作经验被中共中央政法委员会、省委政法委、省信访联席办公室简报刊发，首席法律咨询专家参与涉法涉诉信访案件化解经验在全省会议上交流。

【平安威海建设】 以争创社会治安防控体系省级示范城市为目标，一体推进“打防”管控，持续提升群众安全感满意度，创建工作通过“十四五”平安中国建设规划中期评估。强化新兴业态管理，探索建立网约房“旅馆式”管理模式，堵塞治安管理漏洞。加强低空警务建设，组建低空警务专业队8支，在森林防火、海防管控等方面发挥重要作用。开展枪爆危险品安全监管“瞪视行动”，全市未发生因漏管失控引发的安全生产事件。开展严打整治行动，常态化开展扫黑除恶斗争，金融放贷领域行业治理经验被《平安山东建设简报》刊发。推进5类突出违法犯罪专项整治行动，电诈类案件破案数、抓获数比上年分别增长81.6%、92.6%；发案数、损失数分别下降7%、20%。加强社会治安综合治理，加大重点区域停车整治攻坚和电动自行车综合治理力度，查处电动自行车交通违法行为2.4万起，排查整改道路安全隐患4.1万处。推进社会治安重点地区重点问题集中治理，组织集中排查活动25轮（次），市级关注重点问题整改率达100%。开展平安创建活动，护路联防工作经验在全省会议上进行交流。

【市域社会治理】 坚持全域统筹、全面融合、全员参与、全民共享，深化市域社会治理创新。在浙江省诸暨市举办学习“枫桥经验”加强基层社会治理培训班，学习“枫桥经验”科学内涵，提升政法干警化解矛盾风险能力水平，威海市被确定为全省建强“一站式”矛盾纠纷多元化解功能先行试点市。

网格化服务管理　聚焦网格工作强基增效，优化调整城市网格737个、农村网格235个，网格工作基础更加牢固。强化网格员队伍建设，新招录专职网格员366人，“一格一员”保持全覆盖。开展网格员培训645个班次6.2万人次，收集上报网格事项298.8万件，网格员发现解决问题、服务提升群众满意度工作连续保持全省前三位。

“一站式”矛盾纠纷化解　创新推出矛盾纠纷调解中心分级管理和案源汇集“两个办法”，化解各类矛盾纠纷2.3万件，化解率99.6%。推进“调解员队伍素质提升年”和调解工作“十百千”示范创建活动，全市新增专职调解员1031人，轮训专兼职调解员1.2万人，在诉前成功化解纠纷2.2万件，行业性专业性调解工作经验入选全省司法行政改革十大典型案例。

数字法治系统建设　按照“抓重点、破难点、育亮点”的思路，推进重

2月6日，平安威海建设暨市委政法工作会议召开　（威海日报社　提供）

点任务落实，完成承担的统建事项、自建事项，威海市涉案财物管理中心获评2023政法智能化建设创新案例；全市获评全国智慧政法优秀成果案例6个、全省数字法治优秀创新应用案例12个，工作经验在2023政法智能化建设技术装备及成果展上进行交流。

【高质量发展服务】 威海市坚持“大抓经济”导向，印发服务经济发展措施108条，全力营创法治化营商环境，经验做法被《法治日报》头版头条宣传推广；第十八届环渤海区域法治论坛在威海市举办；威海市获评法治政府建设省级示范市。服务企业健康发展，组织开展政法机关“进企业促发展”活动，市、区（市）两级政法单位领导班子成员全部联系企业，帮助企业解决问题235个。加大涉企案件办理力度，依法审结涉企纠纷8300余件，帮助企业兑现债权近9亿元。推动3家企业合规整改，稳定纳税近400万元；健全“府院联动”机制，通过破产重整盘活企业14家。维护良好市场秩序，聚焦企业反映强烈的问题，健全部门联动和区域协作机制，加大经济案件办理力度。强化知识产权刑事保护，严打侵权类案件。推行以信用和风险等级为依据的涉企分级分类监管模式，涉企检查次数降低35.3%，问题发现率提高9.1%。全方位服务经略海洋战略，海草床公益修复项目获评全国检察机关服务保障“双碳”典型案例，全省海洋公益诉讼检察现场会在威海市召开。加强涉外法治建设，成功化解涉外商事纠纷。

【政法队伍建设】 强化干警教育培训，严格落实“第一议题”和理论学习中心组学习制度，开展“政青春·政法大讲堂”“政法队伍进网格”等理论学习活动42场次，举办全市政法领导干部专题研讨班。落实党管政法制度，修订完善条例配套制度6项，召开市委政法委员会全体会议4次，推动工作开展。开展省委巡视和中央政法委督查反馈问题整改，严格落实各项制度。组织开展“双百”政法干部交流挂职活动，选派10名干部轮岗历练。强化警示教育，组织干警到威海廉政警示教育馆等教育基地接受警示教育，持续巩固政法队伍教育整顿成果。强化正面典型选树，举办“2022年度政法人物”颁授等主题宣传活动。威海市公安局获得全国公安图侦比武竞赛第4名、全省首届辅警职业技能竞赛团体第1名，乳山市辅警张鑫圆先进事迹被多家中央级媒体报道。

（张 昱）

法治政府建设

【概况】 2023年，全市司法行政系统围绕精致城市和绿色低碳高质量发展先行区建设，聚焦经略海洋、社会治理等重点领域，修订地方性法规3件、政府规章2件。市司法局联合相关部门在全省首创文件合法性审查与审计监督协作配合机制，审查涉及精致城市、先进制造业强市等文件80余件；印发保障开发区高质量发展的措施18条。“聚焦高质量发展、高品质生活、高效能治理，擦亮精致城市法治底色”的经验做法被省法治工作简报刊发推广。围绕打造共同富裕先行区，开展课题研究，明确法治保障的实现路径。实施乡村法治建设“四个一”工程［在每个镇（街道）成立一套法治工作专班、一个矛盾纠纷调解中心，在每个村（居）组建一支法律服务队伍、一处普法宣传阵地］，助力乡村振兴，法治乡村建设经验在全省会议上进行交流并被司法部向全国推广。推动“府院联动”机制，威海市工作经验在全省会议上进行交流；突出抓好涉海法治保障，工作经验被司法部向全国推广。全面开展第三批全国法治政府建设示范市创建活动，召开全市创建全国法治政府建设示范市工作推进会，中共威海市委全面依法治市委员会印发《威海市创建全国法治政府建设示范市实施方案》，配套制定创建全国法治政府建设示范市指标任务分解表，组建示范创建工作专班，威海市获评全省法治政府建设示范市，并被推荐至中央全面依法治国委员会办公室。

11月30日，第十八届环渤海区域法治论坛在威海市召开

（中共威海市委政法委员会 提供）

【政府机构职能优化】 落实《山东省政府部门权责清单管理办法》，及时认领、调整权责事项，公布权力事项4820项、公共服务事项267项、对应责任事项2.74万项。深化镇（街道）行政管理体制改革，实施编制“减上补下”三年行动，市级统筹事业编制260名，分3年精准下沉至中心城区街道。足额下达2023年度镇（街道）用编进人计划507名，占全市的29%。成立由120名干部组成“属地管理”监管员队伍，对以属地管理之名转嫁责任问题及时发现、快速上报、高效界定。落实市场准入负面清单，开展市场主体隐性壁垒专项排查清理工作，推动市场主体“非禁即入”。

【“放管服”改革】 推进政务服务标准化建设，更新行政许可事项清单、实施规范和办事指南，将依法设定的行政许可事项和依申请政务服务事项纳入清单管理，完成山东政务服务事项标准化梳理和管理系统内政务服务事项的认领和办事指南的编制发布工作。全市依申请政务服务事项可全程网办率93.1%，平均承诺办结时限压缩至3.7个工作日。加强推进“无证明城市”建设，统筹推进“减证办”“免证办”“一码办”应用，4148个市级服务事项实现电子证照证明办理，“企业码”覆盖率100%。

【营商环境优化】 开展优化营商环境创新提升行动，威海市获评2023国际化营商环境建设标杆城市、2023（区域）最具投资营商价值城市。建立“三问两送一促”（问需、问计、问效，送政策、送服务，促进高质量发展）机制，全方位助企纾困解难典型做法被省政府办公厅简报刊发。树立“大抓经济”的导向，组建招商引资和项目建设法律服务团，在尽职调查、风险防范、项目谈判、协议履行等方面提供全过程法律服务。开展政法机关“进企业促发展”活动，常态化推进涉企法律服务“十百千”工程，推出“惠企政策集成卡”和“‘大抓经济·护航发展’政策包”，定制“法治体检”套餐520项，开展法律服务活动778次，帮助企业解决法律难题495个，相关经验被《法治日报》头版头条刊发推广。加强法律服务业标准化建设，律师参与政府和社会公益服务案例获评全国典型案例。提升涉外法治能力，组建涉外律师专家库和法律服务团，设立国际仲裁院、中韩自贸区法庭和中国贸易促进会威海调解中心，成功化解涉外商事纠纷20余件。强化涉海法治保障，提升涉海制度供给、执法监管和法律服务能力，相关经验被司法部简报推广。

【依法行政制度体系建设】 加快重点领域立法，聚焦供水、交通和安全生产等重点领域，制定地方性法规2件、修改1件，制定政府规章2件；“1+N”精致城市建设法规体系经验在全国会议上进行交流；“发挥立法引领保障作用，推进威海精致城市建设”经验获得中共山东省委主要负责人批示肯定。发挥基层立法联系点作用，在企业、协会商会和基层组织中新增联系点33个，推动全过程人民民主理念融入立法实践。开展市政府规章和政策文件译审工作，公开遴选英文翻译机构对2022年印发的3件市政府规章、5件规范性文件进行翻译，向相关部门、单位免费发放2023年《威海市政府规章和政策文件（中英文对照版）》。加强行政规范性文件制定的监督管理，创设合法性审查与审计监督协作配合机制，提高规范性文件的制定质量。落实政策文件动态管理机制，清理各类文件886件，修改40件，废止和宣布失效119件。

【重大行政决策程序落实】 执行重大行政决策事项目录管理制度，在广泛征集建议项目的基础上，聚焦融入全省绿色低碳高质量发展先行区建设、全力打造共同富裕先行区、推动“精致城市·幸福威海”建设和争当新时代社会主义现代化强省建设排头兵4个方向，确定节能减排、禁毒、海岸带保护等领域重大行政决策事项5件，全部按期完成。落实《关于推进乡镇（街道）合法性审查全覆盖工作的意见》，制定镇（街道）合法性审查制度指引和重大执法决定法制审核流程图，强化督促指导，及时解决疑难问题，推动镇（街道）合法性审查全覆盖工作要求落地落细。开展镇（街道）重大行政决策提升年活动，提升基层决策法治化水平。

6月6日，中共威海市委依法治市办公室、市司法局召开“面对面·听企业讲”座谈会 （威海市司法局 提供）

【法律顾问和公职律师管理】 发挥法律顾问和公职律师作用，完成第五届党政一体法律顾问换届工作，市级党政机关法律顾问出具法律意见书800余件，参与规范性文件草案和立法草案审查77件，代理诉讼案件70件。依托跨部门跨层级统筹使用机制，实现党政机关公职律师工作“全覆盖”，全市公职律师办理各类法律事务1100余件。其中，为重大决策事项提供法律意见5次，为规范性文件和合同审查出具法律意见书430余份，参与办理行政复议诉讼、行政处罚、投诉信访等案件240余件。

【行政执法体制改革】 加强和改进行政执法工作，全面梳理部门权责清单，推动各区（市）编制《行业监管与综合执法职责边界清单》，理清城乡规划等9个领域1291项监管执法事项，配套制定协商会商等协作机制6项，基层监管执法效能大幅提升。加大区（市）执法力量下沉力度，统筹采取执法人员定点常驻、跨镇（街道）派驻、明确责任人等方式，下沉执法人员1739人。

【行政执法行为规范】 推行理性执法、柔性执法，加强旺季电动自行车治理，规范民宿经营管理，妥善处理游客投诉。开展涉企执法阳光监督改革试点，推行涉企分级分类监管，建立跨部门综合监管机制，调整市级“不罚”“轻罚”事项清单，全市涉企检查次数比上年下降12.3%，被检查企业数量压减27.8%，相关经验在全省会议上进行交流。

【社会矛盾纠纷化解】 提升矛盾纠纷多元化解效能，坚持把非诉讼纠纷解决机制“前置”，打造“和合有威”诉源治理品牌，开展调解工作典型培树、调解员素质提升年等活动，推进全市“一站式”矛盾纠纷多元化解平台建设，调解纠纷2.9万件。“推进诚信体系建设，促进矛盾纠纷预防化解”工作经验获评全国市域社会治理现代化试点优秀创新经验，并在全省会议上进行交流；化解涉海涉渔纠纷的“海上枫桥工作法”获评全国“枫桥式工作法”。

【行政权力制约监督】 加强对行政执法的制约监督，建立纪检监察机关与复议机构、执法监督机构联席会议制度，开展“巡察＋复议＋执法监督”案卷评查活动，对多个部门开展专项巡察，检查行政执法案卷400余本，发现涉企执法问题50余个，提出改进建议30余条，形成专项报告3篇，着力解决执法不公、随意性执法、选择性执法等问题。全面应用信用分类结果，形成“市域一体、部门联合、分类监管、精准高效”的一体化差异化监管体系，监管效能得到明显提升。市司法局印发规范行政执法检查规定，建立行政执法监督与12345政务服务热线合作机制，开展《中华人民共和国行政处罚法》贯彻落实、涉企执法规范化等专项监督和重点领域行政执法案卷评查工作，强化对行政执法的监督。全面规范行政处罚裁量基准，对24部地方性法规和政府规章涉及的119项处罚事项，逐项梳理制定裁量基准，确保裁量适当，避免出现同案不同罚、过罚相当等问题。全面推进政务公开，升级改造全市政府信息依申请公开一体化处理平台，深化基层政务公开及公共企事业单位信息公开，定期开展专项考核评议，加强线下公开场所、政策咨询等渠道建设，满足公众的个性化需求。丰富政策解读形式，提升主要负责人解读和动漫、视频等多种形式解读的占比度，促进政策落地落实。开展“阳光透明·公开入威”政府开放日活动，采取“线上＋线下”“横向＋纵向”“办事全流程”等形式，全面展示政府工作运行机制和城市日常管理流程，全年组织开放日活动201场，邀请公众代表1.2万人，现场答疑解惑，开展政策评价，实现政民互通“零”距离。

【政务诚信建设】 建立政务诚信监测评价机制和诉讼全流程信用激励、预警及修复机制，围绕信用承诺及履约践诺、政务失信等各类信息数据，对政务诚信情况进行监测，每季度形成政务诚信评价报告，推动政府机构履职尽责、履约践诺。市中级人民法院、发展和改革委员会联合印发《关于建立诉讼全流程信用激励、预警及修复机制的指导意见》，在诉前调解、立案、审判、执行各个阶段，通过信用预警、激励、修复等方式，鼓励相关单位主动履行裁判义务，形成自动履行和强制执行双向发力、相互促进的司法环境。加大行政允诺审查和机关事业单位合同管理力度，审查允诺事项3件，提出修改意见3条；审查各类合同3586件，涉及金额约37.62亿元，未发生诉讼、仲裁案件。

（孙荟萃）

公 安

【概况】 2023年，威海市公安局以固本强基、改革创新“十个项目”为重点，全力守“底线”、创“高线”、打造最牢“平安线”，为全市高质量发展创造安全稳定环境。上报战略情报2次，获得中共中央负责人批示；护航高质量发展、交通管理、低空警务、职级晋升等工作获得省政府负责人、省公安厅和中共威海市委、市政府主要负责人肯定性批示37件次；17项工作被省公安厅评为“优秀”等次，威海市公安局获评全省优秀市级公安局；齐鲁网络安全论坛和全省交警、经侦、治安、特巡警等系统会议在威海市召开；涉险公共区域安全防护和恶劣天气交通预警处置经验在全国会议上交流，海岸海防、警务保障、派出所等20项工作在全省、全市会议上推广；辅警技能、新特警五项等科目在全国、全省比武竞赛中位居前列；1个集体被公安部记一等功，8个集体、10名个人受到省部级以上表彰，76个集体、184名个人受到地市级以上表彰。

（张长春）

【安保维稳】 守牢政治安全底线，始终把防范政治安全风险放在首位，严密防范、严厉打击各类渗透颠覆捣乱破坏活动，深化严打暴恐专项行动，政治安全防线更加牢固。守牢安保维稳底线，完成全国两会期间安保等系列任务，完成党和国家领导人到威海市考察调研等重要警卫任务，完成大型活动安保任务27场。守牢公共安全底线，开展重大事故隐患专项排查整治行动，排查整改各类道路安全隐患5.5万处，整

8月，威海市公安局火炬高技术产业开发区分局特巡警大队民警在威海国际海水浴场通过无人机开展安全宣传 （孙大伟 摄）

改验收市级督办事故多发路段11处，威海市获评推动全省道路交通安全工作高质量发展先进市。扎实做好危爆物品、消防等安全监管工作，公安监所持续安全稳定。

（李恩涛）

【警务体系完善】 强化低空警务建设，实施“低空警务·蔚蓝守护”计划，组建低空警务专业队8支、作战单元3个，培育低空交管、四位一体近岸救援等典型应用场景10个，为基层单位配发装备36件套，发现铲除罂粟原植株1.96万株，快速响应山林火灾、渔船倾覆等突发事件10余次，推动警务政务航空高质量融合发展。打造“千里山海平安游”旅游警务品牌，设立联勤工作站21个、执勤点45处，经验被《人民日报》、中央电视台等报道。开展重点区域停车整治攻坚和电动自行车综合治理，新建、改建停车位2800余个，查处电动自行车交通违法4.9万起。加强智创警务建设，健全“Z+数智”联创工作机制，强化数字资源“一本账”管理，丰富数字化治理场景应用，探索建立“视频战队”和“图侦110”支援工作机制，1项成果获得全国基层技术革新二等奖，5项成果被列为2023年度山东公安创新计划项目。加大法治公安建设力度，开展“对标无瑕·精益求精”执法突出问题专项整治，建立“31410”执法监督管理调度机制，积案清仓1133起。开展执法大监督格局构建、办案积分管理、智慧监督建设等试点工作，推进执法指数模型建设，为执法质效提升注入新活力。

（孙家文）

【经济发展服务】 成立服务发展专班，印发护航发展措施30条，推进企业大走访活动，落实副处级以上领导干部联系服务重大项目和“项目警长制”，帮助解决困难问题49个。开展招商引资工作，到位资金2.34亿元。实体化运行民生诉求办理中心，统一归口公安政务服务各项业务，打通便民利企通道。

【治安防控】 推进夏季治安打击整治行动和“云剑”“断卡”“清源断流”等专项行动，查处走私、偷渡等涉海案件302起，侦办破坏生态资源案件46起，现行命案破案率保持100%；打击治理电信网络诈骗实现“两升、两降”。与大连市、丹东市、烟台市等地建立警务协作机制，工作做法获得省政府负责人批示肯定。加强治安防控，以社会治安防控体系“省级示范城市”创建为牵引，市政府办公室印发实施意见、工作方案，推进实战应用平台建设，统筹6个公安检查站、239个巡逻网格及视频监控、无人机全域巡航等资源手段，“海陆空”一体化防控体系不断完善。

【基层派出所建设】 基层治理提档升级，开展“派出所工作精益化提升”品牌创建活动，全域推进派出所工作标准化建设，撤并派出所11个、释放警力130人，完成“老破小”派出所升级改造12个。坚持和发展新时代“枫桥经验”，推动将各类矛盾纠纷纳入“一站式”化解轨道，3个派出所被命名为第三批省级“枫桥式公安派出所”，石岛派出所“四海一家”工作法获评全省新时代“枫桥经验”先进典型。

（张　涵）

【公安队伍建设】 牢牢把握“学思想、强党性、重实践、建新功”总要求，一体推进理论学习、调查研究、推动发展、检视整改，举办专题读书班4期、学习研讨会60场，确定重点调研领域17个，形成调研报告52篇，搜集可行性意见建议197条，检视整改问题11个，细化整改措施26项，推动解决一批制约发展的急难问题。坚持“六有”（有魂、有根、有质、有情、有声、有廉）发展，树牢“党建带队建、党务促警务”理念，推进基层党组织精益化管理，36个党支部获评“五星级党支部”。探索建立警员职级晋升工作体系，建立“金点子”制度，走访因公牺牲、受伤和困难民（辅）警275人，健康休整民（辅）警267人。拓展公安融媒体发展新路径，在省级以上媒体发稿4458篇。深化全警大练兵活动，举办第三届警察体育运动会、第七届枪王选拔赛，有针对性地开展派出所所长、专业警种培训，将“‘红蓝对抗’+复盘评析”纳入比武科目，命名首批基层所队示范“训练角”8个，举办首批辅警层级晋升培训1800余人。构建大监督工作新格局，强化“从严办”实体运行，建立“曝光台”制度，高效运行联席会议机制，创新数字督察模式，建设队伍监督管理平台，推出警示教育“十个常态化措施”。

（王　禹）

检　察

【概况】 2023年，全市检察机关全体干警保持“争先和实干”的奋斗姿态，各项工作持续“加强和改进”。实现省人民检察院考评的45项可测算指标“满堂彩”。承担全省试点任务4项，在全省会议上作经验交流5次，被上级转发推广工作经验13项，获得省、市政府负责人批示肯定22次。

【经济社会发展服务】 坚决维护国家安全和社会安定，审查批捕各类刑事犯罪878人，提起公诉3183人。贯彻总体国家安全观，严惩危害国家安全犯罪。常态化推进扫黑除恶斗争，提起公诉38人。对电信网络诈骗犯罪提起公诉972人。参与防范化解金融风险，起诉非法集资、走私、洗钱等犯罪229人，追赃挽回损失4400余万元。营造安商稳企法治化营商环境，在“爱山东”客户端开设“威海检察”便民专区，印发助企政策16条，开展涉企刑事“挂案”清理等专项5个，监督批准26名遵守监管规定、表现良好的社区矫正对象外出经营，对5家涉案企业启动合规整改。办理侵犯注册商标等犯罪22件79人，办理知识产权综合履职案件8件。与市市场监督管理局等8家单位会签《强化知识产权协同保护实施意见》，以刑事追责和公益诉讼手段办理“乳山牡蛎”等地理标志产品被侵权案。推进企业大走访活动，会同有关部门召开“检媒”“检银”“检企”恳谈会，对金融、民营企业等开展法律风险提示，中共威海市委、市政府主要负责人给予批示肯定。创新海洋生态法治保护，获评全国、全省典型案例4起，全省海洋保护公益诉讼现场推进会在威海市召开；立案办理涉海洋生态等案件33件。加强海上漏油等专项监督，督促职能部门补征海域使用金200余万元，规范海域使用面积2666.67公顷。对某项目超期占用林地问题，督促补植复绿面积8.7万平方米。加强公益诉讼与海洋生态环境损害赔偿衔接，追缴生态修复资金1100余万元，在全省创设"鳗草种植"碳汇替代修复方式，获评全国检察机关服务"双碳"典型案例。

【法律监督】 优化做强刑事检察，全市认罪认罚从宽适用率88%，确定刑量刑建议采纳率98%。加强侦查活动监督，对有案不立、有罪不究、以罚代刑等问题提出监督纠正意见，侦查机关采纳率100%。加强刑事审判监督，提出刑事抗诉16件、刑事审判活动纠正意见6件。强化刑事执行监督，实现全市监狱、看守所"巡回检察"全覆盖，纠正违规违法情形84件，对71件"减假暂"案件提出监督意见。加大社区矫正、财产刑执行监督力度，提出纠正意见219件。精准做细民事检察，办理民事监督案件578件，比上年增长17%。对确有不当的民事裁判，依法督促再审21件；强化民事诉讼和执行活动监督，提出检察建议113件；对拒不执行法院判决裁定构成犯罪的提起公诉4人。依法纠正"假官司"11件，对涉嫌犯罪的2人提起公诉。拓展做强行政检察，办结行政监督案件147件，对不当情形提出纠正意见70件。加大非诉执行监督力度，纠正财产执行不规范等问题14件。推进行政执法与刑事司法双向衔接，督促行政机关移送刑事线索13件，对作出不起诉决定的移送行政机关给予行政处罚57人。规范做实公益诉讼检察，聚焦生态环保等重要领域提出诉前检察建议123件，诉前整改率达98%，依法提起行政公益诉讼2件、民事及刑事附带民事公益诉讼13件。开展"公益诉讼守护美丽威海"专项监督，推动主管部门对174家网约房规范登记备案、配全安防设施。主动做好职务犯罪检察，查处司法人员徇私枉法、玩忽职守犯罪3人，均作出有罪判决。办理市监察委员会移送职务犯罪21人，其中县处级3人；办理上级指定管辖的重大职务犯罪8人，其中厅级1人，累计追赃6700余万元。用"数字检察"强化"智慧监督"，建成数字检察"一中心四系统"，围绕海域权使用等领域打造数字模型27个，成案230余件，带动主要监督数据增长110%，挽回损失900余万元。

【民生保障】 守护群众身边的安全，开展食用农产品"治违禁控药残促提升"行动，办理危害食药安全案件48件；对危害大、影响大的食品安全民事公益诉讼案，追缴惩罚性赔偿金1800余万元，落实从业禁止被判刑人员46名。助力防范安全生产风险，提出加强监管检察建议，推动主管部门对34家烟花爆竹销售单位责令改正，整治液化石油气充装隐患18处，对5028名离岗乡医加强管理。中共威海市委主要负责人对检察建议促进社会治理工作给予批示肯定。践行新时代"枫桥经验"，全面推行领导干部公开接访、预约接访、带案下访，"三类案件"全部由院领导包案办理，群众信访人访按期答复率保持100%。推进涉法涉诉信访专项整治，化解"老大难"案件79件，纳入省专项整治的重点案件全部化解。深化案件全流程全要素闭环管理，全市检察机关信访总量和重复访实现"双下降"。对侵害未成年人犯罪"零容忍"，批捕70人，起诉133人。对情节轻微、有悔罪表现的涉罪未成年人依法不起诉22人。协同职能部门落实强制报告、从业禁止等制度，强化校园、网络及"剧本杀"等新兴业态安全管理。对弱势群体追讨赡养费、劳务报酬等案件依法支持起诉162件，司法救助被害人及其近亲属300余万元。

【检察队伍建设】 坚持以政治建设为统领，落实"第一议题"制度，开展理论中心组学习以及专题读书班等活动67次。市人民检察院"专案攻坚支部工作法"获评全省检察机关党建与业务融合典型案例。接受省人民检察院政治督察、中共威海市委政法委员会"三项督查"，统筹推进执法司法突出问题专项整治。创建"无违纪违法、无责任事故"检察院，全市检察干警严重违纪违法实现"零立案"。提升队伍素能，开展习近平法治思想体悟实训，推进"百庭观摩、千庭评议""青蓝计划"等活动，线上线下轮训4100余人次。全市获评全国、全省典型案例20个；在省级以上竞赛中获奖干警8人，入选全国、全省检察业务人才库干警22人，1人获评全国个人一等功，1人获评全省检察业务专家；获得市级以上表彰集体23个、个人51名。

（王红丽）

10月10日，全市检银恳谈暨金融风险提示工作会议召开

（威海市人民检察院　提供）

法　院

【概况】 2023年，威海市两级人民法院忠实履行宪法法律职责，府院联动、破产审判等15项工作经验在全国、全省人民法院推广。全市人民法

院受理各类案件7.1万件、办结6.9万件，其中威海市中级人民法院受理5278件、办结5269件。坚持“从政治上看、从法治上办”，开展“小案事不小、小案不小办”系列活动，公正高效办理案件。以现代化审判理念为先导，坚持“抓前端、治未病”理念，针对性制发规范海景房销售、监管信贷发放等司法建议43份，发布破产、金融、环境资源审判等白皮书，推动源头预防。坚持“双赢多赢共赢”理念，建立市级层面府院联动机制，在法治政府建设、生态环境保护等领域协同联动，合力解决难点堵点。坚持“案结事了政通人和”理念，全过程调解和释法明理，50.2%的纠纷以调解、和解方式解决，98.3%的纠纷经审理后“定分止争”。以“公正与效率”为主题，坚守依法办案底线，一审过程中突出查明事实、实质解纷，强化院庭长审判监督管理，一审服判息诉率90.3%；二审过程中突出审级监督、对下指导，依法改判、发回重审356件。推进案件繁简分流、快慢分道，对1.4万起小标的纠纷实现一审终审，平均办案用时缩短至50.9天；严格审限管理，审限变更由“一把手”审批，正常审限内结案率99.93%。

【经济发展服务】 优化法治营商环境，印发“无威不至　益企发展”服务措施18条，参与深化营商环境创新提升行动，制定解决商业纠纷和办理破产配套措施13项，审结一审商事案件1.9万件。促进市场要素资源高效配置，与威海市政府建立企业破产处置府院联动机制，审结破产案件25件，盘活闲置资产34.1亿元。保障民营经济发展，引导企业守法合规经营，走访规模以上工业、服务业企业419家，开展法律培训1600余人次。保障民营企业和企业家合法权益，审结相关案件459件。与市工业和信息化局等建立司法协作机制，开展涉中小微企业集中执行行动90次，回笼账款16.2亿元，全市涉党政机关、国有企业拖欠中小微企业债务案件动态清零。助推绿色低碳发展，依法支持传统产业改造升级和新兴产业培育壮大，审结相关案件1709件。严格知识产权司法保护，聘请19名专家担任技术调查官，审结知识产权案件355件。设立咨询专家库，审结环境资源案件534件，助力生态修复。促进城市更新发展，依法稳妥办理涉“保交楼”纠纷，助力16个项目复工、交付住房4500余套。参与房屋产权确权颁证历史遗留问题专项整治，为6200余户业主确权颁证打通渠道。助力“红色物业”深化提升，示范性裁判物业服务合同纠纷438件，以和解方式解决物业纠纷2000余起。

【国家安全和社会稳定维护】 树牢总体国家安全观，审结一审刑事案件2400件，判处罪犯2865人。常态化开展扫黑除恶斗争，审结涉黑恶案件5件88人，执行到位涉黑恶财产1402万元。保障群众生命财产安全，审结故意杀人、抢劫等严重暴力犯罪案件278件。从严惩治电信网络犯罪，审结“帮信”“掩隐”等案件585件833人。依法惩处贪腐犯罪，审结职务犯罪案件17件19人。营造学法守法用法浓厚氛围，助力全国法治政府示范市创建，审结一审行政案件444件，审查行政非诉案件309件，行政机关负责人出庭应诉率100%。推进社会主义核心价值观融入司法裁判，强化释法说理。采取巡回审判、法院开放日等方式宣讲法治故事，推出“小案不小办”“小威说法”系列短视频，发布典型案件320余个。

11月7日，威海市企业破产处置府院联动联席会议召开

（威海市中级人民法院　提供）

【社会风险防范化解】 各级政府与法院建立会商研判机制，协同应对重大风险，市中级人民法院与荣成市政府合力兑现涉申请执行人和140余名破产债权人4.3亿元债权。与金融监督管理部门建立风险预警和信息共享机制，审结民间借贷、金融借款、信用卡纠纷等9405件，严惩涉众型经济犯罪案件56件87人。开展涉法涉诉信访问题专项整治，落实“两见面、双签字”要求，妥善化解一批涉诉信访案件。积极融入市域社会治理，增强群众司法获得感，对接入驻“一站式”矛盾纠纷调解中心，强化重点领域司法协作，收案增幅居全省最低位。汇聚纠纷化解合力，成立涉外资外贸、中小企业等行业性纠纷调处中心，邀请262个调解组织、658名调解员入驻“人民法院调解平台”，在立案前化解纠纷2.7万起。创建“枫桥式人民法庭”，设立“微法庭”、诉讼服务E站等，与基层组织共同化解纠纷。

【民生保障】 贯彻实施《中华人民共和国民法典》，审结一审民事案件1.7万件，创设“家长里短”解纷模式，健全心理疏导、法官寄语等机制，审结家事纠纷6561件。推进司法先议改革试点工作开展，实现校园安全先议办公室市域全覆盖，审结涉未成年人案件901件。参与根治欠薪行动，审结劳动争议、劳务合同等案件3236件。优化诉讼服务，完善便民举措，依法救助困难当事人553万元。及时兑现胜诉权益，深化综合治理执行难工作大格局，与相关部门建立执行协作机制，共享信息。常态化开展“威执亮剑”凌晨执行行动，拘传、拘留被执行人437人，执结案件

2.1 万件，兑现当事人胜诉权益 35.5 亿元。开展信用修复专项行动，与市发展和改革委员会建立信用激励修复机制，为 5017 名已履行法定义务的被执行人修复信用或解除限制高消费行动。

【法院队伍建设】　突出思想政治引领，严格落实意识形态工作责任制，分层次开展政治轮训，确保干警永葆政治忠诚。发布首届“威海最美法官”，39 个集体、69 人获得省级以上表彰。提升能力素质，举办知识产权、非法集资等主题培训 22 期，完成府院联动等调研课题 52 个，承担的最高人民法院重大课题结项，34 篇调研成果获得国家级、省级奖项。推进司法规范化建设，开展“用身边事警醒身边人”集中警示教育，涵养清风正气。

（刘钰琳）

司法行政

【概况】　2023 年，全市司法行政系统统筹推进法治威海、法治政府、法治社会一体建设，实现依法治市和司法行政工作高质量发展。威海市获批全省法治政府建设示范市，并被推荐为全国法治政府建设示范候选市，威海市司法局获评全国公共法律服务先进集体、市域社会治理先进集体。优化营商环境、人民调解、历史遗留问题化解等 6 项工作获得中共威海市委、市政府主要负责人批示肯定，全域府院联动、阳光执法监督等 9 个方面的典型经验在全省会议上进行交流，30 项经验做法在全国、全省推广。

【依法治市】　统筹推进全面依法治市，中共威海市委、市政府主要负责人履行法治建设第一责任人职责，通过录制《书记话法治》节目等形式，宣讲威海市法治建设经验做法。开展党政主要负责人述法工作，将述法范围拓展至部门领导班子成员，以述法促进责任落实。强化统筹调度，完成“十四五”法治建设规划纲要方案中期评估工作，开展上级政策落实情况督导工作，在全市落实落地上级政策文件 404 件。注重法治人才培养，打造“法润威海·名家大讲堂”品牌，举办专题讲座 22 场、各类培训 8 期。抓好督察整治，对 4 个区（市）和市直重点部门进行年度综合性法治督察，开展道路交通安全和运输执法领域突出问题专项整治行动，提升重点领域依法治理水平。

【行政立法】　坚持科学立法、民主立法、依法立法，从“小切口”入手，加强重点领域、新兴领域立法。推动修订《威海市客运出租汽车管理若干规定》《威海市城乡供水安全条例》《威海市海上交通安全条例》3 件地方性法规，市政府印发《威海市现制现售饮用水卫生监督管理办法》《威海市燃气管理办法》，为推进共同富裕先行区和精致威海建设提供有力法治保障。开展行政立法联系点增设工作，在企业、协会增设行政立法联系点 24 家，在开发区增设行政立法联系点 9 家，全市行政立法联系点总数 55 家，拓展立法征求民意渠道。

【备案审查及合同管理】　强化政策文件规范管理，落实党政规范性文件联合审查机制，严格执行审核材料清单，修改完善行政规范性文件合法性审核文书范本，审查市委、市政府文件 134 件，为党委政府依法决策提供法治保障。着力提升重大行政决策工作规范化水平，完成市政府 5 个重大行政决策事项，为经济社会高质量发展提供法治保障。开展镇（街道）重大行政决策提升年活动，完成第五届党政一体法律顾问换届工作。开展行政规范性文件全面清理，清理各类文件 886 件，其中修改、废止和宣布失效 159 件。加大行政允诺审查和机关事业单位合同管理力度，审查允诺事项和合同 3586 件，涉及金额约 37.62 亿元，未发生诉讼、仲裁案件，政府失信问题和“半拉子”工程得到有效治理。

【行政执法监督】　开展涉企执法阳光监督改革试点工作，建立跨部门综合监管机制，全市涉企检查次数比上年降低 12.3%，相关经验在全省阳光执法工作推进会议上进行交流。建立行政执法监督与 12345 政务服务热线合作机制，加强电动自行车、民宿经营领域执法监督，妥善处理游客投诉。“创新审批评估、涉企执法、法律服务三个机制营造良好法治环境”做法被中共山东省委全面依法治省委员会办公室转发推广。

【行政复议应诉】　推进行政复议机制改革试点工作开展，印发行政复议决定履行监督办法，强化行政复议监督行政执法、规范行政行为。举办“法治政府建设与行政争议化解”实务研讨会、依法行政能力提升培训班，编印《行政复议和行政诉讼典型案例选编》，提升行政复议应诉工作人员办案技能。年内，全市依法办理行政复议案件 468 件、行政应诉案件 455 件，行政复议案件数量超过一审行政应诉案件数量，行政案件一审胜诉率 98.8%。其中，市本级办理行政复议案件 121 件，比上年增长 34.4%；直接纠错率为 16%，下降 13.6%。依法办理行政应诉案件，行政机关负责人出庭应诉率保持 100%，行政诉讼案件一审败诉率 1.38%，下降 67.3%。建立府院联动机制，召开破产处置联席会议，通过预重整、简易审等新模式，提升破产处置工作质效，相关经验在全省会议上进行交流。行政复议和行政应诉案件情况分析报告获得市政府主要负责人批示肯定。威海市被列为完善行政复议机制试点地区，乳山市获评全省行政复议与应诉工作创新示范点。坚持系统观念、法治思维，成功处置一批涉及历史遗留问题的案件，避免经济损失 5 亿元，获得市政府负责人批示肯定。

【监狱工作】　坚守安全底线，开展影响监狱安全稳定问题隐患排查整治专项行动、监管安全隐患大排查大整治百日安全专项行动，有效遏制监管安全事故苗头。巩固安全管理底线，开展“以案固安”风险防范等主题活动。开展罪犯精准教育转化行动，深化“心防工程”建设，发布《“心防工程”案例选》，建立三级心理矫治网络，完善“心防”工作格局。落实案件实质化办理要求，建立减假暂案件办理工作法和案件办理事项动态预报制度，提升精准办案水平。

【社区矫正】 市司法局、海洋发展局等部门联合印发涉海涉渔和涉企社区矫正对象外出活动管理办法，为相关社区矫正对象出海作业和参与正常经营活动开通"蓝色通道"。打造以"小蚂蚁"志愿服务为代表的社区矫正新模式。威海市创新"信用+"社区矫正工作模式在全省社区矫正工作会议上进行交流，获评全国信用典型案例。

【公共法律服务体系建设】 树立"大抓经济"的导向，构建多元导入、集成受理、挂帅办理、联动处置的园区式公共法律服务模式，组建招商引资和项目建设法律服务团，常态化推进涉企法律服务"十百千"工程和惠企政策精准推送工程，推出法治体检套餐520项，相关经验被《法治日报》头版头条刊发推广。推动公共法律服务融入"一刻钟"便民生活圈，建立社区"一站式"公共法律服务亭，打通服务群众的"最后一米"，利用实体、网络、热线3个平台，累计为群众提供法律服务5.8万人次。

【普法与依法治理】 深入学习宣传习近平法治思想，将习近平法治思想纳入各级党委（党组）理论学习中心组和党校主体班次培训内容。举办专题报告会和法治专题讲座，提升领导干部运用法治思维和法治方式深化改革、推动发展、化解矛盾、维护稳定、应对风险的能力。推进"八五"普法工作，"千里海岸线，一条普法链"的法治宣传格局基本形成。在文登区宋村镇举办"法润齐鲁创作扶持计划"优秀作品巡演活动，群众线上收看近60万人次。组织6.5万名工作人员进行学法考法，开展法治宣传活动1412场。实施法治乡村建设"四个一"工程，在每个镇（街道）成立一套法治工作专班、打造一个矛盾纠纷调解中心，在每个村居组建一支法律服务队伍、建立一处普法宣传阵地，夯实基层法治工作基础。全市成立法治工作专班72个、矛盾纠纷调解中心72个；有村（居）法律服务队7722个、普法宣传阵地2572个。

【人民调解】 贯彻落实行业性专业性人民调解工作管理办法，新设中小企业纠纷调解中心等行业性专业性调解机构6个。打造"四平四说"（以平和的心态把事说清、以平实的语言把法说明、以平等的人格把理说透、以平易的方式把情说近）调解品牌，全市调解组织调解各类纠纷2.6万件，调解工作经验得到市政府主要负责人批示肯定，1个调解委员会、3名调解员被司法部表彰为全国模范人民调委会、模范人民调解员，"信用+调解"、商事调解和"小蚂蚁"志愿服务参与调解的经验做法在全省推广。"小事不下船、大事不出港"工作法被中共中央政法委员会通报表扬。

【司法所建设】 落实司法所规范化建设"提质增效年"行动要求，对全市司法所建设情况进行全面摸底，召开全市司法所规范化建设推进会，制订全市司法所岗位练兵活动实施方案，督导各区（市）、开发区司法所列出时间表、施工图，推动司法所政治、业务、组织队伍、保障能力等建设，全面提升司法所工作综合效能。

【基层法律服务】 市司法局印发《威海市基层法律服务所标准化建设指引》，开展基层法律服务所标准化建设年活动，制订标准化建设评估指南，推进基层法律服务所标准化建设。召开市基层法律工作者协会第四次会员代表大会，完成协会换届工作。加强协会自身建设，设立市基层法律服务行业党委、4个专门委员会，健全完善协会相关工作制度。强化执业监督管理，印发《威海市基层法律服务投诉处理办法》，加强投诉处理工作。

【人民监督员选任管理】 完成2022年度人民监督员考核工作，获评"优秀"等次7人、"合格"等次38人，推荐5人参评省级优秀人民监督员。通过威海市学法考法平台对人民监督员进行年度专项业务培训。抽选人民监督员133人次，对检察院76件次办案活动进行监督。省司法厅、人民检察院调研组到威海市调研，对威海市人民监督员管理工作给予肯定。

【法律职业资格管理】 强化法律职业资格管理，制订并落实法律职业资格考试组织实施工作方案、应急预案和疫情防控工作方案，做好各项考务工作。年内，客观题报名1460人、参考1122人，主观题报名529人、参考513人；威海市在全省法律职业资格考务工作经验交流会议上进行交流。依法办理2022年度申请授予法律职业资格受理审查和证书发放，全市通过审查并领取资格证书322人。

【司法鉴定】 推进司法鉴定行业高质量发展，提高鉴定公信力。开展山东省司法鉴定行业发展规划实施情况中期评估工作，提高司法鉴定机构、司法鉴

7月，威海智慧谷"一站式"公共法律服务矛盾纠纷调解中心民和多元调解室工作人员进行调解服务

（威海日报社　提供）

定人依法依规执业的自觉性。健全完善司法鉴定行业党委指导行业党建工作机制，市司法局印发《开展司法鉴定案卷质量大评查活动实施方案》，按照“分领域、全覆盖”的原则，对全市司法鉴定机构开展案卷评查活动，通过以评促学、以评促改，提升司法鉴定工作质量。开展司法鉴定机构诚信等级评估工作，对全市9家司法鉴定机构进行诚信等级评估，促进全市司法鉴定机构依规诚信执业，推进司法鉴定行业健康有序发展。

【法律援助】 开展刑事案件审查起诉阶段律师辩护全覆盖试点工作，中共威海市委依法治市委员会办公室（简称市委依法治市办）、市人民检察院等部门联合印发《关于开展刑事案件审查起诉阶段律师辩护全覆盖试点工作的实施方案》，推动试点工作开展。2023年，全市办理审查起诉阶段全覆盖四类试点案件100余件。常态化开展“法援惠民生”系列品牌活动，加大对老年人、农民工等群体的法律援助力度，落实落细各项优抚政策，推行重点群体“三优先”服务和经济困难情况个人诚信承诺告知机制，提升服务便利化水平。拓宽法律援助服务渠道，推行法律援助服务“线上办、掌上办”，发挥法律援助联络员的作用，使法律援助惠及更多的困难群众。全市受理法律援助案件6469件，减免法律服务费用3500余万元，挽回经济损失7200余万元。

【律师工作】 市司法局印发《威海市律师事务所标准化建设指引》，指导律师事务所提高规范管理、诚信执业、优质服务水平。规范引导村（居）法律顾问融入党群服务中心，提升基层治理的法治化水平，开展农村集体“三资”（资产、资源、资金）侵占挪用问题专项整治，相关经验在全省会议上进行交流。加强法律服务业标准化建设，践行司法部有关律师工作“五点希望”要求，“律师参与政府和社会公益服务”案例获评全国典型案例。

【公证工作】 市委依法治市办、市司法局联合印发《关于开展公证参与行政执法事务的指导意见》，打造“公证+行政执法”新模式，办理公证参与行政执法案件85件。推行法院滞留执行案款公证保管新模式，有效化解执行案款滞留难题，提高案件执行效率。参与“无证明”城市建设，扩大电子证照“无证明”社会化应用场景使用范围，推进100项公证服务事项全部实行“免证办”“码上办”，增强企业群众办理公证的体验感和便捷度。年内，全市各公证处办理办理公证3.6万件，其中办理国内公证1.7万件、涉外公证1.8万件、远程视频公证1500余件，代办不动产登记业务400余件，“为民办实事”300余件，减免费用近3.5万元。

（孙荟萃）

仲 裁

【概况】 2023年，威海仲裁委员会秘书处以提高案件审理质效为契机，努力提升仲裁服务经济社会高质量发展水平。威海仲裁委员会受理各类民商事仲裁案件730件，涉案标的额12.33亿元，结案897件，比上年分别增长34%、116%、92%，调撤率53.9%。

【海洋仲裁专业平台建设】 威海仲裁委员会海洋仲裁院于10月18日在荣成市揭牌成立，聚焦船舶和涉海装备、远洋渔业、远洋运输等海洋产业，探索海事海商纠纷解决新模式，为涉海企业打造公平、有主场优势、更符合市场主体认知的解纷平台。威海仲裁委员会海洋仲裁院与荣成市司法局、威海市海事海商法研究中心联合签订《推进海事海商纠纷解决战略合作协议》，发挥仲裁解决海事海商纠纷的优势，协同构建海事海商纠纷解决新机制。建立通晓国际规则、具有国际影响力的一流海事海商仲裁员队伍，增聘全国知名涉海专业专家仲裁员20人（累计38人）。

【涉外仲裁服务能力提升】 在威海经济技术开发区智慧谷园区设立威海国际仲裁院，修订《威海仲裁委员会仲裁规则》，新增威海国际仲裁院机构设置和管辖条款，完善涉外仲裁程序。增聘通晓国际仲裁规则、善于处理涉外经济贸易事务的仲裁员；扩大国际仲裁院涉外仲裁员队伍，推荐仲裁员候选人76名。

【建设工程领域纠纷化解】 威海仲裁委员会与中国建设工程造价管理协会达成推进建设工程纠纷解决战略合作协议，着眼于保护建设工程纠纷参与主体的合法权益，促进建设工程领域多元化纠纷解决机制发展，打造国内

10月18日，《推进海事海商纠纷解决战略合作协议》签约暨威海仲裁委员会海洋仲裁院揭牌仪式举行
（威海仲裁委员会 提供）

知名建设工程领域仲裁机构，对建设工程造价领域产生的争议提供专业化的仲裁与调解服务。

【金融仲裁规则完善】 2023年，第六届威海仲裁委员会第二次会议召开，审议通过《威海仲裁委员会金融仲裁规则》，该规则是全省首部独立金融仲裁规则，大幅缩短立案、答辩、审理等程序期限，并扩大电子送达的范围，提高金融案件的仲裁效率，满足金融案件当事人的争议解决诉求。

（高鑫雨）

典型案例

【“2·08”生产、销售有毒有害食品案】 2020年起，犯罪嫌疑人张某华等人在湖北省武汉市蔡甸区设立窝点，非法组织、生产含有西布曲明、酚酞等成分的“QueenSo”“The Goddess”“纯中药减肥胶囊”等减肥产品10余种，通过网络平台发展代理销往北京市、河北省等地，涉案金额3000余万元。2023年，威海市公安局文登分局抓获犯罪嫌疑人27名，打掉窝点5个、团伙4个，查扣西布曲明、酚酞原料10余千克，辅料500余千克，减肥产品10余种8万粒（片），生产设备1宗，涉案价值3000余万元。该案件获得省政府负责人批示肯定，被列为公安部“昆仑2023”专项行动督办案件。

【“4·10”组织领导传销活动案】 2021年10月至2022年11月，侯某申、毛某红、王某刚、刘某等人，以“购买黄金送黄豆兑换黄金”为噱头，通过App、推介会宣传等方式吸引参与人注册会员、发展下线投资获利，涉案金额1.5亿元。威海市公安局文登分局抓获犯罪嫌疑人7人，逮捕7人，2023年12月移送移诉。2023年12月4日，公安部下发组织领导传销活动案数据协同，部署打击全国8个省（市）的传销活动并获得重大战果。

（张金平）

【开设赌场案】 2023年4月12日，威海市公安局、市公安局经济技术开发区分局侦破开设赌场案1起。打掉以董某珍、崔某国为首的赌博团伙，抓获犯罪嫌疑人35人，现场查获赌桌、扑克、筹码等赌具1宗，扣押涉案电脑8台。经查，该团伙自2月成立竞技扑克俱乐部后，以组织参赛选手购买入场券参加MTT（多桌联赛淘汰制）、SNG（单桌即时锦标赛）等德州扑克比赛为由，采取私设奖池、提供入场券兑换现金服务并抽头渔利的方式进行赌博活动，非法获利60余万元。该团伙董某珍、崔某国等35名犯罪嫌疑人因开设赌场被依法采取刑事强制措施。山东省公安厅治安总队专门向威海市公安局发出贺电。

【销售假冒注册商标商品案】 2023年8月4日，威海市公安局经济技术开发区分局在辖区车库查获“crocs”标识洞洞鞋1.01万双、“new balance”标识运动鞋900双、“vans”标识运动鞋160双，经鉴定均为假冒产品。经查，2023年3月—6月，犯罪嫌疑人欧某云经营的公司销售假冒“crocs”标识洞洞鞋1.7万双、“new balance”标识运动鞋478双、“vans”标识运动鞋3158双，销售金额315万元，非法获利约238万元。欧某云等14人因涉嫌销售假冒注册商标被采取刑事强制措施。该案被列为山东省公安厅督办案件。

（刘俊君）

【销售伪劣产品、串通投标案】 2023年8月14日，威海市公安局环翠分局接到线索，某公司实际控制人寇某栋有涉嫌销售伪劣产品、串通投标的违法犯罪嫌疑。经查，犯罪嫌疑人从2016年起采取借用他人公司资质、伪造相关业绩合同、代交投标保证金等手段，勾连国有企业内部工作人员串通投标，中标后向该公司大肆销售伪劣电缆，造成经济损失3290余万元。该案涉及人数多（移诉犯罪嫌疑人18人），涉案金额大，被省公安厅列为督办案件。

（范育松）

编辑　李传强

军　事

威海军分区

【概况】　2023年，威海军分区（简称军分区）强化政治引领固根本，聚焦应对强敌抓备战，坚持守正创新谋发展，围绕“三个过硬”（听党话、跟党走的过硬基层，能打仗、打胜仗的过硬基层，法纪严、风气正的过硬基层）强基层，持续正纲肃纪严法治，完成年度工作任务，获评山东省军区全面建设先进单位。

【政治教育】　军分区深入学习宣传贯彻中共二十大精神，印发军分区“威‘话’二十大·微‘言’学讲话”系列措施，推行“微课堂、微宣讲、微研讨、微展播”研学模式，推动中共二十大精神在各级贯通落地。开展学习贯彻习近平新时代中国特色社会主义思想主题教育和“四信”（对党科学理念的信仰、走中国特色社会主义道路实现“中国梦”的信念、对党和政府的信任、对以总书记为党中央的信赖）专题教育，配合开展军队和地方共学共建活动，相关做法3次被山东省军区转发。推进“学习强军思想、建功强军事业”教育实践活动，坚持分层组教、分类施教，持续开展“理论大讲堂”活动，落实军分区讲大课、团级单位上小课、基层单位有微课，配合开展“重走主席视察路、奋进强军新征程”现地教学。全面贯彻军委主席负责制，印发贯彻落实军委主席负责制学习教育规划措施，严格执行“三项机制”（全国武装力量由军委主席统一领导和指挥、国防和军队建设一切重大问题由军委主席决策和决定、中央军委全面工作由军委主席主持和负责）。组建威海红色女子民兵，采取多种形式开展交叉宣讲活动，举办第二届“强我国防”民兵主题演讲比赛，增强民兵政治教育效果。广泛开展国防教育进课堂、进校园、进社区等活动，取得良好效果。运用“双清单、三助力”机制（部队需求清单、地方需求清单，助力拓宽后路、助力巩固后院、助力扶持后代），军地双方合力解决问题65个，推进助力乡村振兴，军政军民关系更加团结巩固。统筹做好新闻宣传工作，全年在各类媒体发表稿件646篇。

【武装动员】　积极推动国防动员委员会联合办公室建设，军分区、市国防动员办公室拟制国防动员委员会工作规则和成员单位职责，逐步建立工作运行机制。军地双方联合完成国防动员潜力调查、重点潜力调研、军事设施普查和重大建设项目征求意见等工作，扩大国防动员潜力的覆盖面。深化民兵调整改革，推动民兵工作领导小组按职责运转，印发基层武装工作统筹图，规范整组秩序、走实规定动作、做好过程管控，完成体格检查、政治考核、专业技能考核、民兵干部资格认证和集合点验等工作，优化基干民兵编组结构。着眼提升兵员征集质量，军地双方联合印发《关于市属国有企业员工入伍激励措施的意见（试行）》，不断完善征兵优惠保障体系。依托山东外事职业大学开展大学生士兵预征预储机制试点，探索精准指导、精准培养、精准服务的方法，打造优质兵员“蓄水池”。区分不同学历层次制定定兵原则和兵员分拨方案，完成大学生和大学毕业生征集指标，合理分布征集兵员学历，夯实部队战斗力建设基础。

【基层建设】　军分区开展基层治理规范化建设“五治五力”活动（治组织功能弱化提升凝聚力，治战备训练简化提升战斗力，治纪律意识淡化提升法治力，治动员基础虚化提升援战力，治工作作风散化提升原动力），开展集中帮抓帮建活动3次，立项为基层办实事20件，夯实基层建设基础。加强基层武装阵地建设，在14家行政事业单位、国有企业和高等院校建立基层人民武装部，组织第三批基层武装建设达标考评，参评单位“示范级”达标率达93.1%。对新任基层武装部长实现轮训全覆盖，军分区在山东省军区“砺剑杯”比武竞赛中获得总评第1名。畅通民兵教练员队伍进出渠道，岗位在编率提高至92.3%，队伍结构不断优化。深化全区“四个秩序”（战备秩序、训练秩序、工作秩序和生活秩序）规范化建设观摩成果运用，开展“正秩序、严作风、守纪律”“百日安全”等专项整治活动，常态组织安全隐患排查，分批完成各级保密档案室正规化建设，基层秩序持续规范。实施“暖心工程”，救济困难官兵、看望慰问老干部和遗属，协调解决退役军人安置、随军家属就业、军人子女入学等各类需求。每季度举行“聚焦榜样·定格最美”身边典型推介发布会，发挥榜样引领作用。加强老干部服务保障，开展多项服务实践活动，干部休养所经验做法在山东省军区老干部工作会议上进行交流。

【综合保障】　军分区聚力面向战勤保障，完成全省国民经济动员规范化集训和无人装备援战保战课目演练。开展后勤重点行业领域“五治八查树形象”专题教育整治活动，重点整治资产管理监督、军事设施建设等9个方面22个问题，推动形成风清气正行业生态。

（朱　雷）

武警威海支队

【概况】 2023年，武警威海支队（简称支队）坚持向心凝聚抓铸魂，向战而行抓战备，向难攻坚抓转型，向下着力打基础，向严尚实正作风，部队建设实现高质量发展。支队、支队保障处分别被武警山东省总队评定为军事训练一级单位、后装工作先进单位，1人获得武警山东省总队优秀政治教员比武竞赛第2名。

【思想政治引领】 支队深化理论武装，借助微课和“三个半小时”活动等载体，学习全国两会、全军党的建设会议等会议精神，推动党的创新理论直达基层、官兵。开展政治教育，研学《中国人民武装警察部队军事职业教育实施细则》，深化“五微”（微辅导、微问答、微背记、微交流、微讲评）教育方法，开展教育实践活动，落实“抽点授课、推门听课、网上查课”督教手段，打牢官兵献身强军事业的思想根基。打造新时代强军文化，推进政治文化环境建设，完成支队史馆、支队机关和8个基层中队书香军营项目的升级改造。培养红色讲解员8名，持续将驻地红色资源优势转化为官兵行动自觉。开展“强军风采”文化活动，建强“一队一品”文化队伍，举办“七一”沉浸式党课、军事文化体育运动会、“春蕾计划”捐款，以文化人、以文育人质效持续提升。坚持“传递正能量、唱响好声音、树立好形象”目标，支队特战官兵抗寒训练正能量视频获得点赞近400万人次，相关视频作品获评山东“双百”正能量网络精品。紧盯官兵思想动态，积极开展预防工作，持续提升知兵爱兵质效。突出意识形态领域斗争和“四反”（反渗透、反心战、反策反、反窃密）工作，开展“涉网行为大家谈”活动，邀请专家进行保密宣讲，有效防范化解风险。

【备战执勤】 支队全面推行按纲施训周期运行法，以基础体能、单兵技术、部（分）队战术、创（破）纪录和群众性练兵为重点，夯实部队训练基础，全年组织4批勤训轮换、2批教练员集训，在武警山东省总队特战侦察、教练员、“运筹”参谋、“八一枪王”比武中，分别获得团体第1名、第2名、第5名、第6名。树牢一切为战的工作导向、用人导向和舆论导向，采用龙虎榜、荣誉墙等激励方式，落实“一票否决”和年度奖励指标要求，着力引导官兵由“要我训”向“我要训”转变。开展“学用执勤法规、整治执勤隐患”活动，落实日交班、周讲评、月通报、季分析机制，常态组织执勤“三优”（优秀士兵、优秀士官、优秀班长）评比。推动“智慧磐石”工程平台升级、数据融合和应用拓展，实现干部查勤、哨兵执勤指纹打卡记录，信息化条件下“四勤”（执勤、查勤、管勤、联勤）能力不断增强。年内，开展联勤武装巡逻65天，行程1万余千米，完成哈尔滨工业大学（威海）、山东药品食品职业学院等高等院校学生军训承训任务及押解勤务92起、一级警卫1起、二级警卫任务1起，成功处置执勤险情5起。

8月1日，武警威海支队官兵在训练　（孙大伟　摄）

【强基固本建设】 支队坚持“基层至上、士兵第一”原则，开展系列“暖心”行动，每季度组织官兵恳谈会，设置《你问我答》专栏，受理、解决官兵关切问题，立项为官兵办实事12件。开展医疗、心理、法律服务下基层活动，定期看望慰问住院官兵和亲属，解决官兵子女择校问题，救济困难官兵，提升官兵幸福感。结合蹲点帮建、考核评定工作，持续帮建党支部、帮带书记、帮抓骨干，增强各基层党组织“三个能力”（解决自身问题的能力、领导单位全面建设的能力和带领官兵遂行任何作战的能力），3个基层党组织获评“好”等次。聚焦军队好干部标准，全年推荐使用干部15名。开展党规党纪学习教育，通过观看警示教育片、学习典型案例的方式，汲取经验教训，严守思想“底线”“红线”。聘请21名基层风气监督员，持续纠治官兵“微腐败”和不正之风，推动基层风气整治常态化。

【综合保障】 支队认真贯彻《联合作战后勤和装备保障纲要》，修订专项任务保障方案，开展“一组五队”（后勤指挥组，综合物资保障分队、给养保障分队、卫勤保障分队、运输保障分队、维修保障分队）和基层战勤编组拉动演练，提高组织指挥和应急战备水平。加强后勤队伍建设，开展“一专多能、一兵多用”岗位练兵活动，组织卫生员定期培训、驾驶员轮训和后勤专业兵集训，在武警山东省总队后装专业比武中获得团体第7名。强化服务保障效能，开展“伙食帮扶”“每周一菜”“厉行节约”活动，升级改造公寓房，为基层完善生活设施。开展“后勤管理年”

活动，组织“五治八查树形象”教育整顿，坚持教育与管理一起抓、党务与业务全面严、惩治与预防同发力，统筹推进伙食保障、物资采购等领域治理，整改问题39个。

（吴明皓）

退役军人事务

7月13日，威海市暨环翠区“荣军联盟”集中授牌及拥军惠民月活动启动仪式举行

（威海市退役军人事务局 提供）

【概况】 2023年，全市退役军人事务系统以“推进退役军人工作高质量发展”为主题，推动退役军人工作决策部署落实落地。退役军人思想政治工作、退役军人服务保障等6项经验做法在省级以上会议上进行交流，退役军人志愿服务、军休服务2项经验做法在全省推广，全省退役军人服务中心主任会议、退役军人志愿服务和新媒体宣传工作现场推进会、军休政策业务培训会议在威海市召开，完成《基层退役军人服务站思想政治工作实用手册》编写任务。

【移交安置】 2023年，市退役军人事务局组织协调完成相关转业军官和退役士兵的安置任务，符合条件转业军官安置到公务员或参照公务员管理岗位的比例为97.8%，由政府安排工作退役士兵安置到事业单位的比例为56%。开展军休信用体系建设，乳山市入选全省军休信用体系建设试点名单。年内，按时足额发放自主择业军转干部退役金1.8亿元。

【优待抚恤】 严格落实优待抚恤政策，发放义务兵优待金，健全优抚对象医保“一站式”结算机制，连续5年为优抚对象购买意外伤害和重大疾病保险，全年为优抚对象理赔200万元。加大优待力度，全国退役军人持优待证在威海市均可免费乘坐公交车，享受游览国家A级以上旅游景区门票减免优惠。组织1770家企业、商铺成立威海荣军联盟，为现役军人、退役军人提供优待服务。加大烈士褒扬工作力度，印发《加强新时代烈士褒扬工作的若干措施》，常态化开展为烈士寻亲工作，全年开展向烈士敬献花篮、清明祭英烈等纪念活动近800场，有10万余名市民参与，工作经验做法被中央电视台等媒体报道。

【就业创业】 助力退役军人实现高质量就业，探索“企业提需求、士兵选岗位、政府搞培训”全链条、一体化就业培训服务模式，组织“军岗日”等专场招聘活动38场，组织自主就业退役士兵适应性培训和技能培训，近170人免试参加普通高校专升本考试招生。扶持退役军人自主创业，举办退役军人创新创业大赛和自主择业转业军官创业能力提升培训班，发放创业扶持贴息贷款1.58亿元。

【双拥工作】 全力服务部队建设发展，解决国防战备道路改扩建、部队营房建设等问题83个，与中国人民解放军69315部队开展城连共建，完成年度军供保障任务，全覆盖走访慰问驻威海部队、赴闽驻训官兵等。大力培树双拥示范典型，发挥先进典型引领带动作用，1人获评齐鲁最美拥军人物，1人入选第十三届山东省十佳兵妈妈。营造双拥浓厚氛围，中央电视台《爱我人民爱我军·走进双拥模范城》文艺演出首站在文登区举办，展示文登区双拥工作的发展与创新。开展庆“八一”大型无人机公益表演，超过1万名群众现场观看，活动被中央电视台、环球网等媒体报道，网络点击量达2000万人次。

【服务保障体系建设】 按照“一站一品”工作思路，打造川渝商会等拓展型服务站82家，延伸服务至商圈、高校，经验做法获得退役军人事务部推介。市退役军人事务局印发《关于试点建设“老兵工作室”的实施意见（试行）》，推动“老兵工作室”规范化运行，为退役军人提供优质服务。开展示范创建巩固提升“回头看”专项行动，夯实基层退役军人服务保障工作基础。加大退役军人宣传格局，开展“忠诚老兵”系列宣传活动，在各类新媒体平台发布优秀退役军人事迹80个，举办“威耀军魂·海韵戎情”退役军人服务保障工作大型融媒体直播，在线观看人数达120万人次。

附：获二等功以上奖励的退役军人

姜东坡　男，汉族，1986年4月出生，山东荣成人，中共党员。2009年12月入伍，2019年12月被部队授予二等功，2022年12月退役。

邓伟琦　男，汉族，1992年11月出生，山东威海人，中共党员。2010年12月入伍，2021年11月被部队授予二等功，2022年12月退役。

（周　茜）

国防动员

【概况】 2023年，威海市国防动员办公室扎实推进国防动员体制改革，全面做好指挥体系建设、人防工程管理、宣传教育等各项工作。全省人防工程建设管理培训暨精细化管理现场会在威海市召开，提升人防工程精细化管理水平经验做法在全省推广，1项成果获评省大数据优秀创新成果。

【指挥体系建设】 完善人防指挥体系建设，完成市级人防基本指挥所改造提升并投入使用。建立信息通报和值班联动机制，依托语音、视频、数据融合共享平台，实施不间断指挥。编制完成威海市辖区的人民防空方案计划，对战时人民防空行动具有指导意义。建立完善战时人员网格化疏散机制，实现临战疏散到户、紧急疏散到楼宇的疏散格局。开发基于人口大数据、以网格化为支撑的人口疏散掩蔽系统，疏散效率可提升3倍，被省重点大数据创新应用场景推广。利用人防无线宽带集群传输专网，与市应急管理局搭建跨体系指挥平台，实现国防动员与应急管理2个指挥体系融合共享。强化重要目标防护，探索新型防护技术模式并开展设计论证。常态化保持战时预警报知能力，确保警报器鸣响完好率100%，完成全市第25次防空防灾警报试鸣工作。扎实做好短波电台、卫星通信、宽带集群等训练工作，确保设备随时处于完好状态。参加全省第四季度机动通信省内拉练暨交流活动，通过“一市一科目”实战化演练，增强机动指挥通信应急协同保障能力。组织相关单位参加北部战区国防动员要素演练，有效检验军地联合体系下的国防动员支援保障能力和要素协同能力。

9月23日，市国防动员办公室在刘公岛党旗飘扬训练场进行实战化训练
（威海市国防动员办公室　提供）

【人防工程管理】 加强重点人防工程建设，竣工验收人防改造提升工程，开工建设防空专业队工程，完成市区人防工程人口改造工程的规划审批、图纸审查等。完成人防工程质量抽查暨防护部分质量通病治理、人防工程普查工作，人防工程视频监控建设进展情况获得省国防动员办公室通报表扬。实施隧道消防改造工程，完成设施更新。人防工程精细化管理系统项目被省国防动员办公室批准立项，项目可行性研究通过专家评审并获得批复。编制完成人防工程“四位一体”管理信息平台研究科研课题课题大纲并完成评审，为实现工程管理数字化转型、提高人防管理效率提供理论依据。全年开展安全生产检查36次，排查整改问题隐患18处。

【国防动员与经济社会融合发展】 聚焦企业信息供求，建立“国防动员之家”平台，收集、定向推送供需信息，加强企业的供应链、服务链、业务链合作，经验做法被国家国防动员委员会联合办公室和省委主要负责人批示肯定。利用重要时间节点，联合社区、学校开展国防教育宣传活动，在威海市中小学生综合实践教育中心夏令营开设国防教育实践课程，确保国防动员教育规范化、常态化。在华田体育公园、南山游园等人防宣教基地布置宣传刊版30余个，发放《人民防空基本知识》和《人民防空基本知识图册》5000余本。强化军地双方联系沟通，开展国防动员需求对接、落实活动11次，为10余家单位和企业解决问题。加大军事设施保护力度，军地双方联合印发《威海市军事设施保护工作方案》，印制发放军事设施保护知识手册4000册。打造“千里山海　国动相伴”国防动员宣传教育品牌，经验做法在全省国防动员宣传教育工作会议上进行交流。

（李　静）

编辑　闫拥军

经济监督与管理

发展规划与综合调控

【经济平稳健康运行】 2023年，面对经济恢复关键期和国际环境不确定性，发挥宏观管理和综合协调职能，准确把握经济走势，多措并举应对经济下行风险，编制印发《威海市2022年国民经济和社会发展计划执行情况与2023年国民经济和社会发展计划》，全力以赴稳定经济基本盘，确保全市经济社会平稳运行。创新抓好上级政策落实，持续优化"威海市惠企政策集成卡"，增设调查问卷等功能，逐步将区（市）政策纳入集成卡，梳理国家、省、市重要惠企政策247条，指导9个区（市）梳理本级政策完成243项，实现市域重要惠企政策全部归集。深入开展企业大走访活动，3797家"四上"（规模以上工业企业、有资质的建筑业企业房地产开发经营企业、限额以上批发零售住宿餐饮单位、规模以上服务业企业）企业实现全覆盖，办理企业问题建议1616个。精准调度抓好经济平稳运行，完善经济运行协调推进机制，深化落实主要经济指标监测预警制度，按照责任分工、时间节点及时调度13项主要指标进展情况，逐个区（市）、逐个行业开展分析，制定操作性强、精准高效的对策措施，销号式解决推进。全市经济呈现稳中有进、进中提质发展态势，实现地区生产总值3513.5亿元，比上年增长5.7%。

【产业转型升级】 加快推动八大产业集群（新一代信息技术、新医药与医疗器械、先进装备与智能制造、碳纤维等复合材料、海洋生物与健康食品、时尚与休闲运动产品、康养旅游、新能源）、十条优势产业链（医药医疗器械、打印设备、碳纤维、专用汽车、海洋食品、船舶、纺织服装、电机、轮胎、钓具）发展壮大，新获批山东省"雁阵形"集群2个、山东省领军企业3家，推动威海火炬高技术产业开发区新一代信息技术产业集群获得省战略性新兴产业集群督查激励。年内，制造业产业集群规模以上企业实现营业收入2715.43亿元，增长19.7%；全市"四新"（新技术、新产业、新业态、新模式）经济增加值占比达35.2%。深入推进"两业"融合（先进制造业与现代服务业融合），新增省级"两业"融合试点2家、省级服务型制造示范企业12家、山东省生产型服务业领军企业2家、山东省现代服务业集聚示范区1个、山东省服务业创新中心1家，天润工业技术股份有限公司经验做法被国家发展和改革委员会推广，威海市获评国家级服务型制造示范城市（综合类）。深入实施新一轮企业冲击新目标行动，开展"政策惠企、服务助企"全员帮扶活动，指导冲击新目标重点企业完善年度行动计划，为23家企业及5个项目落实2022年度奖励资金2716万元。不断提升创新发展能力，新增国家级企业技术中心1家、省级企业技术中心10家；协助威海万丰镁业科技发展有限公司通过泰山产业领军人才工程蓝色人才专项中期评估，争取威海百合生物技术股份有限公司、威海市宇王集团有限公司分别入选2022年度、2023年度泰山产业领军人才工程蓝色人才专项；指导4个项目通过省新旧动能转换重大产业攻关项目中期验收，获得省专项奖励补助资金1420万元。

【重点项目建设】 创新项目策划生成模式，印发项目策划生成管理办法、生成规程，落实市、区（市）领导和部门联系帮包机制，推动70余个重点项目通过策划生成实现"拿地即开工"。加快重大项目建设，推动794个省、市、区（市）三级重点项目全部开工，完成投资1065.9亿元，投资完成率108.3%。全年固定资产投资增长4.3%。其中，高技术产业投资增长64.2%，占全部投资的比重30.3%。强化项目要素保障，落实无偿资金、政府专项债、特别国债、投资设备购置和更新改造贷款等各类政策资金近140亿元，刘公岛景区、威高广场2个项目被列入国家公募REITs试点意向库，19家企业获评山东省创业投资明星、优秀备投企业，威海市在中央预算内投资计划执行情况综合评价中连续3年蝉联全省第1位；12个省重大项目纳入省级保障范围，新增计划指标115.87公顷。发挥重大项目带动作用，67个基础设施"七网"（综合立体交通网、现代物流网、能源保障网、城市市政公用设施网、现代水网、新型基础设施网和农村基础设施网）重点项目纳入省级项目清单，莱荣高速铁路正式通车，昆嵛山机场项目前期工作顺利推进。

【重大战略实施】 推进区域城乡协调发展，统筹推进黄河国家战略、新型城镇化、胶东一体化等战略实施，有序推进国家骨干冷链物流基地建设，威海华坦坦桑尼亚东非商贸物流产业园综合服务合作区项目被列入第三届"一带一路"国际合作高峰论坛务实合作项目清单。环翠区获评全省2022年度县域经济高质量发展先进县，乳山市入选省级以县城为重要载体的城镇化建设试点，新获批威海临港经济技术开发区碳纤维、文登区蓝色种业2个特色小镇（累计10个），加快推进103个年度省级新型城镇化重点项目建设。

【重点领域改革】 创新完善社会信用体系，制定市推进社会信用体系建设高质量发展促进形成新发展格局的若干措施，建立政务诚信监测评价机制，推动市场监管等65个领域建立行业信用评价制度，信用调解工作经验入选全国市域社会治理现代化试点优秀创新经验，21个“信易+”等经验做法被全国推广。不断规范公共资源交易，制定实施进一步降低招标投标交易成本若干措施，创新“信用+保函”模式入选全省“揭榜挂帅”重点任务，统一公共资源交易服务流程、建立市场主体信用评价机制2项工作被列入全省试点，3项招标投标经验做法被全国推广。持续优化涉企服务，稳妥推进资源性产品价格改革，落实民生采暖型燃煤背压机组容量电价补贴、沼气发电项目生物质发电补贴资金近1100万元；深入开展“三访三送”（访疑、送政策，访难、送方案，访患、送安全）电力保障服务活动，解决企业涉电诉求124个、排查整改隐患556处。

【绿色低碳高质量发展】 全面积极融入省绿色低碳高质量发展先行区建设，市委印发《威海市深化新旧动能转换推动绿色低碳高质量发展三年行动计划（2023—2025年）》，科学构建“1+5”（1份行动计划+5份工作台账）行动计划体系，统筹推进168项重点任务落实落地，争取23家试点单位获批省绿色低碳高质量发展先行区建设试点。精准发力新能源产业，编制能源资源布局图，推动新能源产业纳入全市第八大产业集群进行重点培育，推动核能产业集群入选省首批未来产业集群，明阳智能、远景能源等项目投产，新能源产业集群实现营业收入130亿元。大力发展可再生能源，推动国网新源山东文登抽水蓄能电站提前投产发电、文登海上光伏项目一期工程完成备案；国电投半岛南U1场址和国华半岛南U2场址海上风电项目开工建设，国电投U1一期45万千瓦和国华U2一期、二期60万千瓦建成并网。至年底，全市新能源和可再生能源装机超过500万千瓦，占全市发电装机比重超过60%。安全有序推动核能开发利用，华能石岛湾高温气冷堆核电站示范工程实现商业运行，华能石岛湾核电扩建一期工程获得核准，“国和一号”1号机组全面调试、2号机组有序推进。加快新型储能设施建设，荣成市成山200兆瓦/400兆瓦时磷酸铁锂储能项目、乳山市贝肯100兆瓦飞轮储能独立调频项目等4个新型储能项目被列入省新型储能项目库。编制印发市碳达峰行动方案，制定威海市“两高”（高污染、高能耗）行业企业改造提升方案，推进能耗“双控”（控制能源消耗的总量和强度）、煤炭压减工作，指导21家重点耗煤企业完成“一企一策”节煤改造方案编制，完成7个园区新一轮循环化改造方案编制，推动乳山引入海阳核能供热一期工程建成投运，年可替代标准煤消耗11万吨、减排二氧化碳30万吨。

【民生福祉增进】 加快建设共同富裕先行区，制定年度重点任务63项，形成典型案例46个，相关工作被纳入省委经济工作会议报告、省政府工作报告予以支持。开展国家儿童友好城市、全国青年发展型城市和全国积极应对人口老龄化重点联系城市“三城联创”，印发“一老一小”整体解决方案、人口发展中长期发展规划等，制定各类公共设施全龄友好相关建设标准或指引，指导环翠区建立全龄友好型城区建设工作机制和组织体系，把全龄友好型城市创建从市级延伸到区（市）、镇（街道），构建覆盖全生命周期的服务体系和生活环境。强化社会民生保障，加快充电基础设施建设，全市充电基础设施保有量超过1.6万台，中心城区充电半径小于1.5千米；开展2023年政策性粮油库存检查，完成绿色仓储升级改造项目和应急供应网点项目建设，完成县级储备增储收购入库和地方储备年度轮换计划；编制迎峰度夏负荷管理方案、煤炭成品油保供清洁取暖及环保督导工作计划，帮助企业落实2023年长协煤合同65万吨，增长140%。完善东西协作体制机制，协调各级财政援助资金约1.14亿元，加快建设青海省门源回族自治县冷水鱼繁育和育苗基地二期、重庆市云阳县人居环境综合整治等40余个产业、民生项目，实现对口部门结对帮扶全方位覆盖。

【调查研究】 市发展和改革委员会坚持为市委和市政府科学决策服务、为经济社会发展服务的原则，加大跟踪调研力度，力求准确把握经济发展走势，做好信息和调研各项工作，全年编发各类发展和改革工作简报、绿色低碳高质量发展工作简报、重点项目建设简报、共同富裕简报、全龄友好型城市建设工作简报等150余期，向市委、市政府报送政务信息、意见建议230余篇，被上级部门采用近150篇。加强对事关经济社会发展全局的重大问题的研究，围绕绿色低碳高质量发展、现代化产业体系构建、共同富裕先行区建设等形成调研报告近30篇，提出具有针对性的政策建议，为市委、市政府决策和经济社会发展提供科学依据。接待上级领导或学术机构到威海市检查督导调研活动近20批次，及时向上级部门反映威海市关于重大项目支持政策、资金扶持、精致城市建设、共同富裕先行区建设的诉求及意见建议。加强对特色园区发展研究，制定支持专业园区发展的奖励激励政策，配套出台特色产业园区评估评价工作指南，按照“项目必须集聚、聚焦形成园区、园区要有特色”的目标要求，依据各区市优势产业，分类培育打造一批资源配置效率高、专业分工明确、产业链条完善的特色园区，完善产业生态，促进产业集群集聚膨胀和产业链优化。

（姜富井）

固定资产投资管理

【概况】 2023年，全市牢固树立大抓经济的工作导向，聚焦高质量发展，全力冲击新目标、培育新优势、实现新突破，加大重点项目建设推进和谋划储备力度，用好宏观政策，加快补短板、强弱项，积极扩大有效投资，调动民间投资积极性，促进投资结构不断优化。

【投资增速和结构】 全市投资形势逐步回升向好，自6月起投资增速连续7个月保持正增长，扭转自2022年9月后的投资下滑态势。全年固定资产投资比上年增长4.3%。民间投资的意愿和能力逐渐恢复，民间投资增长6.1%，拉动全市投资增长4.1个百分点。民间投资占全部投资的比重为69%，高于全省7.5个百分点。高技术产业投资增长64.2%，高于全省28.9个百分点。高技术产业投资占比30.3%，高于全省16.9个百分点。制造业投资增长15.9%，提高23.4个百分点，高于全市固定资产投资11.6个百分点，制造业投资占全市固定资产投资的比重为41.4%，拉动全市投资增长5.9个百分点。基础设施投资增长36.6%，提高64.2个百分点，增速高于全市固定资产投资32.3个百分点，基础设施投资占全市固定资产投资的比重为25.9%，拉动全市固定资产投资增长7.2个百分点。房地产开发完成投资205.64亿元，下降19.7%，降幅收窄13.3个百分点，下拉全市投资增速3.9个百分点。

【三次产业结构】 全市第一产业投资下降0.9%，降幅收窄35.5个百分点。第二产业投资止跌反弹，增长29.9%，提高39.2个百分点；第三产业投资下降16.2%，降幅收窄8.8个百分点。三次产业投资占比调整为1.8 ∶ 54.7 ∶ 43.5，二产占比提高9.5个百分点。

【重点项目建设】 按照“1+6”项目推进体系（把重点项目分为科技创新、工业、城乡建设、乡村振兴、海洋产业、基础设施及公共服务6个板块，由各行业主管部门牵头推进），推进省市县三级重点项目建设。成立重点项目建设工作指挥部，由市委常委、常务副市长林强任指挥长，实行集中办公、实体化运作，强化市级领导、专班或部门、区（市）分类分级联系服务，推动项目建设提速增效。年内，开工建设794个项目，546个项目投用；完成投资1065.9亿元，投资完成率108.3%。其中，100个实施类省级重点项目完成投资395.7亿元，投资完成率107.7%。

【项目建设保障机制落实】 坚持“要素跟着项目走”导向，完善项目策划生成协调机制，用好领导分包、要素保障联席会议等机制，着力解决项目推进中土地、能耗等要素保障问题。年内，全市完成65个批次建设用地的审查报批工作，用地面积693.8公顷，其中新增建设用地611.07公顷；获批上级无偿资金、专项债、特别国债等政策性资金136.6亿元，通过银企对接发放贷款108.3亿元，满足238个重点项目的资金需求。

【新立项项目投资】 2023年，全市立项投资500万元以上投资项目1929个，比上年增加55个；项目总投资4548.4亿元，增长8.5%。其中，审批项目225个，增加19个，总投资362.2亿元，增长9.7%；核准项目61个，增加13个，总投资363亿元，增长122%；备案项目1643个，增加23个，总投资3823.2亿元，增长3.4%。

（姜富井）

国有资产监督管理

【概况】 2023年，威海市国有资产监督管理委员会（简称市国资委）强化国有资产监管，致力于经济效益提升，推动国有经济实现平稳健康可持续发展。至年底，18家市属国有企业资产总额923亿元，所有者权益372亿元，实现营业收入104亿元。

【国资监管体制改革】 针对国有资产监管制度不健全、监督效能不高等问题，全面评估现行92项制度，废止文件8个，修订文件16个，印发监管制度15项，将国有企业运营全面纳入制度框架。针对监管措施不完善，风险防控不到位等问题，市国资委印发《关于加强市属国有企业重大风险防控体系建设工作的实施方案（试行）》《威海市市属国有企业高风险业务管控暂行办法》，构建财务管控、投资监管、高风险业务管控等6个风险防控机制；对国有企业对外担保、借款和非主业投资等经营活动进行全面约束，确保不发生重大经营风险。加强出资人审计监管，公开择优选聘中介机构9家，对19家市属国有企业及各级子企业开展全面审计，发现2022年度重大违规、经营管理、财务管理等5类153个问题，推动企业建立问题台账，实施销号管理。

【国资国企改革】 扎实推进国企改革三年行动，全面评估26项改革任务，举办“国企改革大讲堂”活动，组织对标提升行动标杆企业开展经验交流，改革成效明显提升。按照“因企制宜，一企一策”的原则，推动15家市属各级次企业分类改革，完成山东振威安保押运有限公司企业改制、威海市好园妇女儿童文化交流与发展中心和威海市红十字应急救护培训中心清算注销、市公安局推进所属企业威海培训中心清理退出等改革任务。开展对标一流企业价值创造行动，市国资委印发《市属国有企业价值创造行动实施方案指引》，指导企业聚焦主责主业认定、布局优化调整、“两非两资”（非主业、非优势业务和低效、无效资产）处置、亏损企业治理等方面，形成价值创造行动实施方案。

【现代企业制度建设】 规范企业董事会运行，市国资委印发《关于进一步规范和保障市属国有企业外部董事行权履职的若干措施》《威海市属国有企业专职外部董事工作规范实施细则》，健全外部董事重大决策事项事前报告、重点关注事项报告等工作流程，推动集体决策更加科学、规范、民主。全年审核把关企业重大事项139项，否决不合规事项9个。强化财务总监派驻监督职能，完善财务总监对企业财务状况经营成果的分析报告制度；设置财务总监专家组参与国有企业审计报告初审，提出专业意见，揭示企业问题；研究融资政策，把握融资节奏，保证企业资金链安全。加强全面预算管理，加大年初预算审核力度，对企业全面预算方案中的资产、负债、收入、利润等主要指标进行审核汇总，提高经济效益，防范债务风险。切实做好预算考核评价，提高预算的刚性约束。

【企业运营管理】 开展市属及权属企业亏损问题专项整治，市国资委印发《市属及权属企业亏损问题整治专项行动工作方案》，通过深挖盈利点、堵住亏损点、坚持内部挖潜等方式，推动企业止损减亏，提高经济效益。至年底，54家亏损企业扭亏，比上年减亏额7.3亿元，减亏幅度45.5%，清算注销市场竞争力弱、经营停滞萎缩的子公司5家，市属国企经营困境初步改善。加强企业投融资管理，科学编制年度投资计划，严格控制企业计划外投资、非主业投资和高风险投资。全年实施投资项目188个，完成投资额55.6亿元；发行债券9笔62.5亿元。全力推动招商引资，将央属企业、省属企业作为招商主方向，先后开展外出招商活动5次，参加第三届儒商大会、第六届中国企业论坛等，对接中国东方电气集团有限公司、山东能源集团有限公司等知名企业33家，推动在谈项目58个，实际使用外资200万美元，重点推动招商局工业集团有限公司对金陵威海船厂增资项目，引入增资款12亿元。加强应收账款清收，推动市属国有企业通过发送催缴函、律师函、司法诉讼等方式，对账龄超过一年的应收账款进行催收，市属国企全年清收挂账一年以上的应收款项5.15亿元。聚焦资产盘活，盘活闲置土地、厂房4处，新增对外销售、出租资产19处，盘活资产金额2.1亿元。

【市场化经营机制建设】 完善考核机制，市国资委修订《威海市市属企业负责人经营业绩考核办法》，突出效益优先，强化分类考核，对商业类企业重点考核“一利五率”（利润总额，资产负债率、营业现金比率、净资产收益率、研发经费投入强度、全员劳动生产率）指标，提升利润相关指标分值，推动企业高质量发展。将利润指标纳入公益类企业考核，提高考核分值至40%，引导企业提高公共保障能力和服务质量，并提升人均劳效。加大对市属企业激励力度，市国资委《推动市属国有企业高质量发展的七条措施（试行）》，对实现超额贡献的企业负责人实施超额贡献奖励，对普通员工实施工资总额超额奖励，对骨干人员实施中长期激励，激发企业内生动力。做好企业用工和工资总额备案管理工作，对威海产业投资集团有限公司、威海市水务集团有限公司等10家企业招聘方案进行把关审核，提出备案意见，10家企业备案招聘123人。年内，15家市属国有企业减员269人，减少工资支持总额2238万元。

·市属国有企业简介·

【威海国有资产经营（集团）有限公司】 2023年，公司全面落实“稳增长、提效益、促改革、防风险”的要求，实现营业收入7848.48万元，比上年增长29.13%。公司有各类出资企业14家，资产总额12.86亿元，净资产7.71亿元，资产负债率40.05%。

国有资本投融资服务平台功能发挥 立足投融资主业，加强与深圳市创新投资集团有限公司、哈尔滨工业大学（威海）、中国海洋大学等投资机构及高等院校的合作，着力提高投资能力和成效。挖掘并投资山东英科环保再生资源股份有限公司、山东长信化学科技股份有限公司和威海西立电子股份有限公司，投资的哈工大威海创新创业园加快政产学研金服用深度融合，先后投资天云净品（威海）环保科技有限公司、山东逐战智能装备有限公司、威海天赫智能科技有限公司，促进科技成果转化。与中国海洋大学合作开展的海洋生物提取技术取得实质性进展。入选市级财政资金股权投资托管机构名单，助力财政资金通过投资入股等方式支持科技型企业发展，投资高新技术企业2家，投资金额2000万元。完成省应急转贷平台备案工作，取得应急转贷机构资质。

特色化经营 积极寻求新的业务增长点，确保平稳发展。威海国际商务大厦有限公司专注打造婚礼和写字楼服务品牌，威海市阳光大厦有限公司全力打造高端商务、特色养生品牌。威海阳光永好酒店管理公司承接国家开发银行山东省分行威海研发基地物业管理服务、新威附路历史文化街区管理项目，打造国有企业物业管理品牌。在市属国有企业建设运营社区食堂5家，打造服务民生品牌。山东（威海）企业家培训基地全年承办各类培训活动300余场，受训人数超过3万人次，打造威海中小企业家“家门口”上的培训学校。

历史遗留问题解决 依法依规彻底整治亏损企业，完成威海爱威制药有限公司、山东省托威达电气有限公司、威海元盛生物科技有限公司、威海威洋石油有限公司、山东富帅无辐射技术股份有限公司的清理退出，化解累积多年的经营风险。有效盘活闲置资产，2019年—2023年，盘活存量资产2.63亿元，其中处置存量资产2.17亿元，清收不良债权及利息0.46亿元。至2023年底，集团速动比率95%，比2019年底提高30个百分点，有效促进资产由低效向高效转变，增强企业流动性。

【威海城市投资集团有限公司】 2023年，公司推进重点工程全线加速、资源资产有效盘活、深化改革转型发展、风险防范全面夯实，推动集团实现高质量发展。全年实现营业收入26亿元、利润总额4.61亿元，分别增长65.1%、8.25%，纳税2.14亿元。

重点项目建设 加快推进11项新建续建重点工程早开工、快投产，全年完成投资约8亿元。至年底，威海湾城市综合体项目北区完成地下主体框架，南区完成桩基施工。栖霞街特色街区项目北区完成屋面和地下车库施工，南区各主体全部封顶。市民中心项目基本完成幕墙和室外铺装工程。

城市服务效能提升 突出精细管理、品质管控，以服务促经营、增效益。新增物业管理面积9万平方米，总量达139万平方米。加强“全市一个停车场”建设，管理车位数2.3万个，完成智能平台2.0系统升级，注册用户超过26万人。提升餐厨垃圾收运量和处理效能，全年处理餐厨垃圾2.9万吨、污水6.6万立方米，分别增长67%、29%。完善文化旅游公共服务设施，完成威海客运中心威海站地下停车场改造，提升环翠楼公园、逍遥湾国际海水浴场等重点景区的绿化美化效果。

产业发展赋能 稳健发展地产主业，全年施工面积72万平方米，实现营收10.4亿元，增长156%；推出现房销售模式，春和里项目开盘当月成为全市销售冠军，绿轴商务区加快形成总部办公集群。加速转型传统产业，开展资质升级、智能化升级改造等工作，业务量稳步增长，规划设计的千里山海自驾旅游公路获得多个国家级奖项。推进会展等新兴产业发展，威海国际经贸交流中心接待会议展览活动57场，参会参展人员超过20万人次，千人以上大会占比25%，累计展览面积112万平方米，完成精致城市论坛、第三届韩国（山东）进口商品博览会等大型活动的服务保障工作。拓展商贸物流领域业务，与威海综保区合作实施面积5万平方米的速卖通仓储物流项目，促进高水平对外开放。

【威海城建集团有限公司】 2023年，公司坚持稳中求进工作方针，致力于项目交付、工程建设、市场销售等工作，取得显著成效，全年实现销售收入2.08亿元、净利润1160万元。

企业经营　统筹协调设计单位、总包单位、分包单位，通过倒排工期、细化工作方案等方式推动项目建设，新苑壹号项目提前交付，新苑阳光项目于8月完成主体验收。针对多处闲置资产影响公司发展的现状，采取租售并举、抵顶销售等多种方式，新租资产12处、续租资产29处，租赁回款金额209.98万元。与青岛合作方磋商解决长期搁置的“半岛印象”商业网点问题，至年底，入驻商户17家，实现租赁2520平方米。对经营停滞、无发展前景的权属企业予以清算注销，对业务同质化的权属企业予以整合重组，对遗留问题多、纠纷矛盾不断的权属企业予以股权退出。年内，完成1家企业破产清算、2家企业吸收合并，推进2家企业股权退出，收回不良债务1100万元。

成本管理　降低财务成本，落实“保交楼、稳民生”资金9000万元。通过签订存款协议增加利息收入、置换高息贷款降利率以及压低贷款总额等措施，严格控制资金成本，节省财务成本开支3390万元。与相关部门对接筹划税收工作，节省税款125万元。优化集中采购管理，将不同部门或子公司的采购需求集中化，增加询价空间。借助阳光采购平台和国有企业网上采购商城等，以较低采购价格压缩成本开支，全年完成招采工作42宗，节约资金81万元。

民生服务　承担威海市“保交楼”专项借款资金运营主体责任，参与项目申报、评估、审查等任务，完成“保交楼”贷款的专项借款划拨13.121亿元。深入帮扶镇、村调研走访，为乳山市午极镇捐助价值2万元的树苗，投入资金近20万元，支援帮扶村建设爱心食堂、党建活动室等。

【威海城市燃气集团有限公司】 2023年，公司销售天然气2.35亿立方米，增长12.06%；实现营业收入10.39亿元、利润总额9057万元、净利润6819万元，分别增长9.36%、9.13%、8.63%。

燃气设施管理　公司印发老旧管网改造方案，明确改造目标与改造实施责任，落实专项资金，安排专业队伍，完成老旧管道改造8千米，全面提升整体管网安全运行水平。对民用燃气设施推行“智能物联网表＋自动报警切断装置＋不锈钢波纹管”的安装使用模式，完成15.49万户老旧燃气表泄漏报警切断一体化、智能化更新改造，完成9.33万户波纹管更换工作。加大室内燃气设施隐患排查力度，做好室内燃气设施的安检工作，建立隐患台账并限期落实整改，做到闭环管理，严防隐患变为事故。年内，为1697户改造立管和入户管，对40.43万户开展入户安检，发现安全隐患1365项，重大隐患整改率100%。

资源供应　加大资源保供能力，公司落实中国石油化工集团有限公司的销气配额，年度配额7400万立方米，5月1日开始接收供气，至年底接收5298.26万立方米。投资1亿元，开工建设泰青威威海分输站（汪疃）至地文头管线，完成汪疃至地文头管线及门站招标采购工作并开工建设，有效解决威海市天然气气源限制和压力限制问题，提高城市供气的稳定性、可靠性。

【威海产业投资集团有限公司】 2023年，公司夯实产业战略布局，以自身高质量发展为全市产业转型升级和高质量发展提供强大助力。公司维护“AA+，展望稳定”的主体信用评级结果，发行债券32.5亿元，取得授信额度48.15亿元；实现营业收入14.89亿元，增长65%，考核利润减亏3525万元，纳税4800万元；资产总额211.8亿元，资产负债率43.32%，下降0.6个百分点；压降小贷存量风险业务逾7000万元，收回不良资产1.5亿元。

产业投资　通过“加大融资力度、压缩金融规模、力促不良清收、推进投资退出”的方式筹集资金，设立10亿元规模的产投母基金和两只QFLP基金，全面加强投资团队建设和制度建设，实现由LP被动投资向GP主动投资管理的重大转变，全年完成项目投资8个，金额6.31亿元。其中，投资当地项目5个，投资额5亿元。

投资合作　公司与环翠区、威海火炬高技术产业开发区分别签订战略合作协议。与威海火炬高技术产业开发区合作设立3亿元的项目基金，实现出资到位并并购鸿泰鼎项目，实现国有资本并购实控外地企业、实施总部迁址并在当地投资扩产模式的破题。与山东发展投资控股集团有限公司、威海经济技术开发区和荣成市合作设立规模5亿元的绿色发展基金，出资1亿元投资威海市电动公交车项目。

招商引资　公司通过产投前海专户基金1000万元的投资，撬动前海系其他基金投资威海威硬工具股份有限公司3000万元。盘活开发闲置多年的海域，招引市外资金1530万元。引进外资3800万美元，通过股权转让等方式拉动招商局工业集团有限公司为招商局金陵船舶（威海）有限公司增资12亿元。

【威海市交通发展投资有限公司】 2023年，公司围绕“全面提升服务全市交通基础设施建设能力”主线，持续深化市场化转型、市场化运营，企业整体发展呈现良好态势。全年实现营业收入3.49亿元，利润总额3018.36万元、增幅21.22%；完成固定资产投资2634.84万元；利润指标连续4年保持10%以上增长速度。

公司立足交通基础设施建设主责主业，巩固完善五大经营板块（以公司本部为依托的项目投资、以工程公司为基础的建设施工、以物资公司为基础的材料供应、以交通科技公司为基础的智慧交通、以资管公司为基础的交通运营），打造集项目投资、建设、运营于一体的产业链与价值链，公司产业体系日趋完善。坚持靠优靠强、联智联技原则，与山东高速集团有限公司、山东省科创集团有限公司围绕智慧交通、智慧公路、智慧能源和交通产业科技成果转化，合资设立山东翠湾交通科技有限公司。坚持市场导向、提质升级原则，推进物资贸易做精做优，积极探索全要素物资供应，提高高附加值产品占比；实施源头采购，降低采购成本，实现电线电缆业务源头直采比例100%、钢材业务源头直采比例85.08%，物资贸易毛利率达8.46%。积极承揽市场化工程施工项目，中标济南先行区大桥片区1.1亿元施工份额。

公司统筹发展和安全，防控各类风险隐患。加强合规管理，着力强化审计、法务、纪检合规风险控制“三道防线”，健全合规风险保障机制；修订《法律事务管理办法》等制度，有效避免法律风险。聚焦应收账款管理，建立覆盖全领域、全过程的合同审核和应收账款台账，通过协商调解、发送提醒函和律师函等途径，加大应收账款回收力度，提高应收账款周转率。守牢安全生产底线，落实“开工第一课”“安全生产月”专题培训、安全生产培训及应急演练等，开展多种形式宣传教育活动，提高干部职工的安全管理意识；针对重点场所、重要时段开展安全生产隐患排查整治行动，构建共建共治共享的安全治理格局。

【威海市东山宾馆有限公司】 2023年，公司完成特一级接待任务2次、一级接待任务2次，接待省部级以上领导100余人次、各类型会议1300余次，实现营业收入4797万元、增长52%，利润总额减亏1329万元。

公司全力做好政务接待工作，打造“管家式”“一对一”服务，做好重点客人“跟盯”工作，加大对长住客人关注度，让客人感受到家的温暖；打造“秘书式”会议服务，细化会前、会中和会后接待服务流程，实现“以会带餐促房”；对网络客人提供“个性化”服务，全年网络“五星”好评数达1000条，网评分数4.7分。强化与网络平台的合作，推出会员优惠享等活动，根据市场需求，及时科学调整房价，全年通过携程旅行网实现营业收入534万元。推进扭亏增盈，控制成本费用。强化节能降耗，减少能源费用支出；加强餐饮成本管理控制，最大效能发挥原材料的使用率；做好费用支出管理，严格审批流程；深化薪酬制度改革，合理压缩人员编制，做好人力成本控制。利用阳光采购平台节约采购成本，规范采购行为，促进提质增效；拓宽采购渠道，通过同质类或服务集约采购，提高采购质量；与大型供应商签订供货协议，降低采购成本。全面清理清收应收账款，设专人更新账款余额，确保清欠效果，提高现金流动效率。

【威海粮油发展有限公司】 2023年，公司坚持“以防为主、综合防治”的方针，储备粮“四无粮仓”（无虫、无霉、无鼠、无雀）率保持100%，实现粮食数量真实、质量良好、存储安全。公司资产3.15亿元，负债1.39亿元，所有者权益2.28亿元，资产负债率27.54%，实现销售收入2853.78万元（其中成品粮油销售收入1038.72万元）。

公司聚焦数据赋能，开展智慧粮库建设，国储库云平台数据质量获得85.7分。召开粮情分析会52次、小麦收购定价会议12次，印发《政策性粮食购销定价管理制度》，全面应用“一卡通”信息管理系统，实现各环节业务公开透明，国储库轮换小麦全部通过省粮食交易中心进行交易。开展亏损整治工作，亏损额减少450余万元。开展“靠企吃企”专项整治，查找并整改问题12个。深化粮食领域腐败问题专项整治，查找风险点63项。强化安全生产，发现各类安全生产隐患190余处，整改率100%。开展线上安全生产学习培训9次，培训500余人次。开展各种应急演练21次，参加人员220人次。

（王海兰）

市场监督管理

【概况】 2023年，威海市市场监督管理局（简称市市场监管局）围绕大抓经济工作的鲜明导向，牢固树立“监管为民 服务发展”理念，各项工作成效显著。举办中国（威海）医药与医疗器械创新发展大会，威海火炬高技术产业开发区获批成立国家技术标准创新基地（医疗器械），威海市和环翠区分别获评国家知识产权强市建设试点市、国家知识产权强县建设试点县，深化商事制度改革、质量强省、知识产权3项工作获得省委省政府督查激励，省级食品、药品、质量安全工作评议及知识产权保护工作评议考核等次均为A级，落实国家级、省级试点示范29项，完成市级重点民生实事3项和补短板事项全部1项，获得市委、市政府主要负责人肯定性批示14件次。

【食品安全监管】 *系统治理* 推动食品安全“两个责任”（食品安全属地管理责任和企业食品安全主体责任）包保督导，季度包保督导完成率、五类食品企业总监安全员配备率、主体包保覆盖率、包保数据归集率、督导问题整改率均为100%；开展食品安全放心工程八大攻坚行动，强化全领域全环节治理，检查食品业户4.7万家次，抽检食品食用农产品2.6万批次，完成地方特色食品风险监测190份。推行食用农产品承诺达标合格证制度，建立主体名录库800余家，开具合格证60万张。开展政策性粮食交叉检查，完成粮食质量监测359批次。深化食品添加剂“两超”（超范围、超限量使用食品添加剂）问题治理，指导45家企业建立“三定三查一检”（定食品分类、定用量、定配方，查进货、查使用、查标签，每款产品上市前都要开展全部项目检验）制度。推行农产品批发市场实施“驻场监管、“互联网＋快检”、定量抽检、扫码追溯、半年检查”5项制度，快检食用农产品30.7万批次，处置不合格产品368批次。

餐饮质量提升 打造餐饮集聚示范区11处，督促指导全市学校食堂100%配备食品安全总监和食品安全员，严格落实“日管控、周排查、月调度”制度。推动校外供餐单位HACCP或ISO 2200管理体系认证率达80%、“互联网＋明厨亮灶”覆盖率达100%、集中消毒餐饮具抽检合格率达100%。深化“清洁厨房”行动，督促引导餐饮服

务单位创建“五净”（场所净、设施净、工具净、人员净、食材净）达标的清洁厨房，完成验收227家。

流通监管　建设食品摊点备案系统和信息化监管平台，创新数字化食品摊点公示模式，实行“一摊一码”管理，打造信息化可视化食品摊点示范区3处。健全县域农村食品流通经营体系，升级改造配送中心4处和生鲜超市25处，建设县域供销综合集配中心3处。严格进口食品检验检疫，检出并处置不合格进口食品17批次，深化开展“铁拳”“昆仑”行动，查处食品违法案件1112件，侦办犯罪案件22起。

风险防范能力提高　深化“食安护航”行动，组织19名业务骨干开展“一对一”会诊，指导企业排查风险隐患31个，制定整改措施38项。组织“三级联动惠民企　营商助力促发展”特医食品培训会，赴企业现场培训。实施特殊食品“双升”（质量安全管理水平提升和特殊食品监管水平提升）工程，1家企业通过特殊医学用途配方食品产品注册。

【药品医疗器械安全监管】　药品安全监管　开展农村药品质量提升试点工作，整合13个监督管理部门的57项执法流程和235项监管事项，推动药品经营使用单位规范率达100%。开展家庭过期药品集中销毁行动，回收销毁药品6.88吨。研发零售药店风险预警模型，实现全市1704家零售药店分级分类自动化、风险预警智能化、监督检查差异化，问题发现率提高至31.46%。

医疗器械监管能力提升　对全市96家第一类医疗器械生产企业进行全覆盖检查，限期整改15家，立案查处1家，注销27家，主动报告停产17家。检查医疗器械经营企业、使用单位3692家次，责令整改324家，立案17起，查处违法违规行为为107家。市市场监管局印发《威海市医疗器械质量安全专项整治工作方案》，开展区域特色专项治理，根据企业分布特点，通过暗查暗访及第三方评估等方式对集贸市场和学校周边眼镜店、美妆店进行摸底检查，打击无证经营隐形眼镜等行为；强化网络销售监管，检查网络销售经营企业675家次，其中疫情防控医疗器械企业571家次、彩色隐形眼镜企业17家次，责令改正22家次，查处违法违规案件3件；聚焦重点产品开展专项整治，检查集中采选、无菌和植入性医疗器械经营使用单位2260家次，责令改正220家次，查处违法违规案件8件。

【医药医疗器械产业发展】　举办中国（威海）医药与医疗器械创新发展大会，发布医药与医疗器械领域突破“卡脖子”技术产品5项，成立威海医药与医疗器械产业基金群，设立10亿元资金规模的医药医疗器械产业基金，打造数字化产业园区，为产业发展注入活力。举办威海医药医疗器械产业供应链大会，全面启动全市医药生产企业与省内医药零售连锁企业产销对接。建设医疗器械创新服务站，产品检验周期缩短至45个工作日，助力企业快速取证。年内，全市取得第三类创新医疗器械注册证2件。

【特种设备安全监管】　完成特种设备常规监督检查、证后监督检查计划，开展重大事故隐患排查整治、城镇燃气安全专项整治、百日攻坚等专项整治行动，检查各类单位5177家次，查办特种设备案件85起，罚款154.6万元。落实特种设备“应登尽登”“应检尽检”，全年未发生特种设备事故或重大影响事件。推动电梯“互联网＋维保”的按需维保模式，新增“互联网＋维保”模式电梯1371部，推动全市电梯安全由事后维修向事前预防转变。全国人大常委会执法检查组对威海市《中华人民共和国特种设备安全法》实施情况予以肯定，电梯自检测工作经验在威海市召开的全省电梯自检测工作现场推广会上进行推广，气瓶安全工作相关经验先后在《今日信息》《山东改革专报》等刊发。

【消费环境治理】　消费维权共建共享　扩大消费维权服务站布设范围，新布设29处，全市消费集中场所建站总数达198处，受理消费投诉、咨询5649件，服务站消费纠纷自行和解率96.42%。培育各级放心消费示范单位4402家，新增省级示范单位53家。开展“无忧退货”扩展行动，新发展七天无理由退货单位2777家，实现中心城区商场全覆盖，完成“无忧退货”金额922万元。启动“精致城市　放心消费”消费信心提振年活动，联合互联网消费平台开展“威海”线上促消费活动，投放消费和优惠券补贴1300余万元。

网络难点整治　开展全市合同专项整治行动，完成市级拍卖企业检查。查处侵害消费者合法权益案件6起，完成8起格式合同条款违法行为的包容审慎监管。推行合同范本治理，市市场监管局、体育局联合制定《威海市体育健身行业会员服务合同范本》，规范重点领域合同格式条款。

价格监管　开展通信运营商、商业银行、口岸经营单位、行业协会商会、涉企行政事业性收费等领域“双随机、一公开”（随机抽取检查对象，随机选派执法检查人员，抽查情况及查

5月20日，中国（威海）医药与医疗器械创新发展大会召开

（威海市市场监督管理局　提供）

处结果及时向社会公开）检查，重点查处不执行政府定价、政府指导价，不按规定明码标价，擅自增加收费项目等涉企违规收费行为，维护价费市场秩序，检查涉企收费单位18家。开展粮食领域专项整治，打击违法行为，督促粮食收购主体守法自律，查办案件1起，退还粮农款项13.4万元，罚没款2.6万元。

违法传销打击　2023年，全市开展打击传销“除斑”行动69次，查处涉传小区96个、窝点178处、涉传人员693人，警示告诫446人，查办案件274件，罚没款184万元。

反不正当竞争、反垄断　开展全市重点领域反不正当竞争执法行动，查办案件18件，罚没金额129.32万元。对全市爆破企业、供水企业等开展反垄断调查、线索摸排，向省市场监督管理局报送线索2条。建立商业秘密保护示范基地1个、联系点3个、示范企业4个。

【质量品牌建设】　质量提升　市政府印发《关于印发威海市市长质量奖认定办法的通知》，市政府办公室印发《威海市品牌和标准化战略奖励资助办法》，激励广大市场主体积极参与国家质量品牌示范区建设，提升质量管理水平，威海广泰空港设备有限公司获得第九届省长质量奖提名奖，威海市泓淋电力技术股份有限公司等6家企业入选第二批“好品山东”品牌名单，威海光威集团有限公司等15家企业入选省高端品牌培育企业名单，8家企业参加“好客山东·好品山东”北京推介活动，山东威高集团医用高分子制品股份有限公司质量总监兼首席质量官入选第一届山东省企业首席质量官典型名单。威海市获得全省公共服务质量监测综合评价第2名，荣成市获得质量强省建设工作成效突出地方省级督查激励。

计量监管典型示范　全力做好国家级、省级试点示范工作，威海市入选国家级计量技术机构分级分类评价试点名单，计量器具强制检定和加油机计量监管2项省级试点通过验收，智慧计量监管工作经验做法在全省计量工作会议上进行交流，诚信计量典型案例向全省推广。

“三同”企业认定　市市场监管局、商务局联合印发《关于公布第三批威海市同线同标同质企业的通知》，公布第三批通过认定的“三同”（同线、同标、同质）企业7家，鼓励“三同”企业充分发挥行业引领和共享经济的传帮带作用，助力经济高质量发展。

产品质量安全监管　市市场监管局印发《2023年威海市重点工业产品质量安全监管目录》，系统分配抽检权重，抽检市级重点工业产品1111批次，发现不合格产品62批次，全部依法处置。开展燃气器具、电动自行车及配件、儿童和学生用品及农用地膜的质量专项监管，检查相关单位1645家次，抽查406批次，立案查办违法案件39起，警示约谈相关单位353家，其中乳山市农膜整治案例被国家市场监督管理总局列入十大典型案例。

3月13日，“精致城市　放心消费”消费信心提振年活动启动仪式举行

（威海市市场监督管理局　提供）

【知识产权发展与保护】　知识产权保护试点示范　文登区、威海火炬高技术产业开发区获评全省知识产权保护示范区，文登区威海国际建材城获评山东省第一批知识产权保护规范化培育市场。省级专利侵权纠纷行政裁决示范建设试点通过验收，工作经验向全省推广。

知识产权行政保护　市市场监管局印发《知识产权行政保护方案》，开展知识产权保护专项行动3次。优化受理程序，建立行政裁决智慧庭审系统，办理专利行政裁决案件34件，其中1份案卷被省市场监督管理局评为优秀案卷。发布《知识产权维权援助站服务规范》地方标准和《地理标志产品威海海参地方标准》。

知识产权运用　2023年，全市新增发明专利授权1578件，拥有有效发明专利6708件，万人发明专利拥有量23.02件，国家知识产权局商标业务威海受理窗口被国家知识产权局批准设立。开展千企百城商标品牌提升行动，7家企业商标和13家商标品牌指导站被国家知识产权局确定参加“千企百城”商标品牌价值提升行动。加大地理标志推广使用，拨付资金57.1万元用于地理标志产品推广，组织文登西洋参、乳山牡蛎参加中国国际商标品牌节、第十二届中国知识产权年会地理标志论坛及地理标志展等，全市新申请地理标志专用标志使用单位170家，地理标志商标专用标志使用率52%，地理标志保护产品使用覆盖率100%。

专利转化运用　搭建山东省开放许可专利信息发布平台威海分平台，开放许可专利189项，转移转化专利120件。全市专利权质押登记461项，质押专利1548件，获批省级资金1342万元，相关经验入选山东省市场监督管理局2023年第二批十大创新工作优秀案例。“城市垃圾的裂解气化装置”“互联网智能家电技术系统”获得数据知识产权存证登记证书，全市数据知识产权存证登记实现突破。

知识产权协同保护　强化知识产权海外维权，成立海外知识产权公共服务工作站3家，开展海外知识产权布局、海外维权援助指导、商标国际注册监测、海外参展跟踪服务等工作，编制发布海外知识产权保护操作手册4部。发挥4家海外维权援助驿站作用，指导36家企业应对海外纠纷。建立“跨域”联动保护体系，与山东省国家知识产权保护中心签署《关于加强知识产权快速协同保护的框架协议》，共同调解案件13件。

精准化服务　市市场监管局发布《高价值专利培育工作指南》地方标准，建立国家知识产权局专利审查员实践工作站9个、省首批专利预审员实践基地5家。打造“威知讲堂”公益服务品牌，组织知识产权宣传周和服务万里行活动，开展涵盖全市优势产业集群、优势产业链的培训，2700余人次参加。市市场监管局印发《威海市加快推动知识产权服务业高质量发展的工作方案》，培育专利代理机构26家，实现知识产权申请代理、侵权诉讼代理、托管等业务全覆盖，探索推动对19家企业开展知识产权托管服务。

【标准化战略实施】　2023年，全市获批创建绿色轮胎智能工厂标准应用试点等国家级标准化试点2个，新增汽车空气悬架关键技术标准化战略性重点项目等省级标准化项目15个，国家级标准化项目总量达46个、省级项目总量达149个。国家技术标准创新基地（医疗器械）等3个国家级标准化项目通过国家标准化管理委员会考核评估，10个省级标准化试点通过评估验收。落实标准化激励政策，审核发放奖补资金401.5万元。立项威海市地方标准45项，发布实施32项，完成制修订国际标准1项、国家标准98项、行业标准20项。

（慈芳芳）

政府审计

【概况】　2023年，威海市审计局依法全面履行审计监督职责，一体推进揭示问题、规范管理、促进改革，全力服务全市改革发展大局。全年审计部门单位56个，查出主要问题金额299.8亿元，揭示非金额计量问题702项，移送案件线索及处理事项15件。

【政策跟踪审计】　加大对各项重大政策措施落实情况的审计力度，推动惠企利民政策更好地落实落地。聚焦经济社会高质量发展，开展海洋产业发展及生态保护修复、外贸外资高质量发展、中等职业教育发展改革、高标准农田建设管护、绿色低碳高质量发展相关政策落实情况等14项跟踪审计，发挥政策落实“督查员”作用，提升政策的执行效果。

【预算执行审计】　开展市本级及3个国家级开发区预算执行和其他财政收支情况审计，实现市本级81个一级预算单位和198个二级预算单位全面覆盖。年内，查出12类238个问题，追缴资金2.79亿元，归还原渠道资金192.84万元，统筹盘活资金35.83亿元，促进资金拨付4.07亿元，推动制定完善各类制度办法18项。在市人大常委会上报告国有企业资产、行政事业性国有资产和国有自然资源资产的审计情况，促进全市国有资产安全和保值增值。

【经济责任审计】　围绕民生实事落实和重点改革任务推进，对农业农村、教育、水务、公积金、热电等领域开展经济责任审计，推动查处政策及决策执行类问题160余项，促进领导干部规范用权、依法用权。深化任中审计为主和绩效审计理念，将任中审计比例提高到近70%。市审计局、市委组织部联合向新任职领导干部发放任前告知书88份，做好“提醒+预警”工作。经济责任审计经验做法在全省经济责任审计和干部监督工作高质量发展会议上进行交流。

【自然资源资产审计】　聚力守护千里海岸线，厚植全市生态优势，有序开展市本级海域资源管理保护及利用、自然资源资产管理和生态保护责任情况3项自然资源资产审计，助力海洋经济高质量发展。探索新技术、新装备在资源环境审计中的应用，运用无人机、地理信息系统和卫星遥感等新技术手段辅助审计，提高审计效率，相关经验做法在全省大数据审计重点攻关选题交流会上进行交流。

【公共投资审计】　以投资审计转型为契机，加大对公共投资建设项目、资金的审计力度，助力发挥公共投资在稳经济中的“压舱石”作用。组织对57个市级重点项目实施竣工决算、绩效审计等，对373亿元公共资金管理使用情况实施全过程监督，完成4个竣工决算及绩效审计项目，完成44.24亿元的造价审核，节约工程投资5.14亿元，向市委、市政府报送审计要情或专报11篇，3篇次获得批示。坚持管理方式创新，制订投资审计管理办法2项，用制度管人、管事、管流程，把制度效能转化为监督效能。强化审计技术方法创新，拓展11个工程领域前沿技术方法，将疑点核查效率提高约80%，大幅提升审计质量效率。

【国有企业审计】　拓展国有企业“常态化”审计监督路径，创设“定期分析+专项分析”工作模式，对18家市属国有企业开展定期审计分析和采购专项审计分析，2份汇总分析报告获得市委主要负责人肯定性批示，市政府组织召开专题会议落实审计分析发现问题整改工作。创新国企“常态化”审计监督的经验做法获得省审计厅厅长肯定性批示，2个改革创新案例获评全省审计机关优秀改革创新案例，1个审计项目获评省级优秀审计项目。

【审计信息化建设】　树立“智慧审计”理念，市审计局印发《全市智慧审计重点任务清单》，统筹推进智慧审计重点任务79项。年内，采集审计电子数据6太字节，实施“双主审”审计项目24个，分析落实审计疑点166类3.83万条，建立8个行业大数据审计“7张清单”，向审计署报送审计案例和方法模型10篇，1篇大数据审计攻关选题在全省大数据审计重点攻关选题交流研讨会上进行交流，2个大数据创新应用场景被推送至省大数据局。市审计局、市委网络安全与信息化办公室建立网络安全和信息化建设审计联动机制，形成监督合力。组织54人参加并通过省审计厅计算机审计中级考试。市审计局、人力资源社会保障局联合举办首届“技能兴威”大数据审计技能竞赛，1人获评威海市技术能手。

【内部审计指导】 以省级内部审计工作规范化建设示范单位创建为契机，推进内部审计工作规范化、信息化、专业化，加大对内部审计单位的指导和监督工作力度，威海市立医院、威海热电集团有限公司获评山东省内部审计工作规范化建设示范单位。市审计局与市教育局、卫生健康委员会等重点行业主管部门建立协作机制，构建国家审计与内部审计协同发展的“大审计”监督格局，增强监督合力。统筹内部审计力量，完善内部审计人才培养与激励评价机制，促进内部审计质量和服务水平提升。

【审计整改】 市审计局印发《关于审计查出问题即审即改工作办法》，推动审计发现问题即知即改，及时把审计成果转化为治理效能。加大部门联动力度，提升监督合力，将市级预算执行审计整改工作纳入市政府办重点提醒工作中，提升审计整改的积极性；与市人大常委会开展联合督查，市人大常委会对各部门审计整改情况开展线下专题询问，推动审计查出突出问题整改落实。加强整改工作创新，采取“全面整改＋专项整改＋重点督办”三位一体整改模式，有效提升审计权威性和公信力。

（王会兵）

自然资源和规划管理

【概况】 2023年，全市自然资源和规划系统强化资源要素保障，优化国土空间格局，严守资源安全底线，完成各项任务。全市纳入房屋产权确权颁证历史遗留问题专项整治的291个项目全部化解。严格耕地和永久基本农田保护，“非农”违法占用耕地比例连续3年大幅下降，实现法定国土空间总体规划全域覆盖。完成64个批次和1个单独选址项目建设用地的审查报批工作，实现项目用地需求应保尽保。参与承办全国性高层次学术大会3次，乳山市探获全市资源储量规模最大的金矿床。推行不动产抵押登记全流程无纸化办理、“不动产登记＋公积金”集成云办理模式，“交房即办证”“交地即办证”服务实现常态化。推进自然资源数字赋能，基础测绘项目建设、框架数据市县一体化更新等工作取得突破。1个项目入选省自然资源厅2023年第一批自然资源科技项目清单、获得省自然资源厅“数遥杯”数字赋能大赛一等奖，1个项目获得三等奖。1项工作获得全省数字赋能创新应用大赛一等奖，1个项目获得2022年山东省数字变革创新大赛三等奖，1个案例获评2022年度山东省公共视频智能应用五星优秀案例，1个案例入选2023年山东省地理空间数据十大应用创新案例。

【国土空间规划】 《威海市国土空间总体规划（2021—2035年）》于10月31日经省政府批复实施，成为城市可持续发展的空间蓝图及各类开发保护建设活动的基本依据。指导推进区（市）级国土空间总体规划及67个镇（街道）国土空间规划编制，实现法定国土空间总体规划全域覆盖。完成国土空间基础信息平台和国土空间规划“一张图”实施监督信息系统建设，汇集现状、规划、管理、社会经济4类计270余项数据图层。完成《威海市域海岸带保护规划（2020—2035年）》《威海市海岸建筑退缩线划定成果》《精致城市视角下的国土空间规划传导及实施路径》，发布实施《威海市国土空间规划管理技术规定》《威海市区既有建筑外立面更新管理办法》等，提高规划管理精细化水平。完成华夏山海生态廊道规划设计，打造通山达海生态廊道和景观轴线。全方位深化栖霞街、威海湾·城市客厅、金线顶区域、半月湾区域等重点地段项目方案论证、功能定位，打造城市建设精品。开展控制性详细规划的编制和管理，完成市辖区控制性详细规划实施性、符合性、支撑性、安全性、品质性5个方面评估。指导村庄开展规划编制工作，年内，38个村开展村庄规划编制，其中荣成市虎山镇五龙嘴村等11个村庄规划成果完成备案及数据入库。

【土地管理】 耕地保护 严格耕地和永久基本农田保护，开展全市2023年耕地保护专项行动、“蹲点督导”专项行动，赴全市72个镇（街道）进行调研座谈及政策宣讲，强化镇（街道）耕地保护主体责任落实，推动市、区（市）、镇（街道）、村四级联动，荣成市获评2022年度省级耕地保护激励县（市、区）。强化耕地保护政策宣传，拍摄耕地保护微电影《新时代的牛百岁》，通过自然资源部手机客户端、山东省电视台等宣传展演。开展“巾帼护田”志愿服务活动，营造浓厚的保护氛围。开展永久基本农田“非耕地”问题整改处置，稳妥有序进行耕地复耕，全年全市耕地净增加1760公顷。扎实开展卫片执法检查，严肃核查整改违法违规行为，“非农”违法占用耕地比例连续3年大幅下降。“零容忍”遏制农村乱占耕地建房问题，新增问题发生数量比上年下降32%。环翠区、荣成市、威海经济技术开发区卫片执法和乱占耕地建房整治中发现的违法占用耕地实现“双清零”。荣成市稳步推进非住宅类房屋整治试点工作，超额完成年度目标任务。

土地要素保障 坚持“土地要素跟着项目走”机制，强化土地要素精准配置，全年完成64个批次和1个单独选址项目建设用地的审查报批工作，用地面积986.2公顷，其中新增建设用地912.5公顷。全力服务省级重大基础设施项目用地审查报批，完成G18荣乌高速威海文登区至双岛湾科技城段项目（威海段）先行用地报批工作，保障项目单体工程顺利开工。落实“增存挂钩”机制，全年处置批而未供土地1203.9公顷、闲置土地499.5公顷。深化农村集体经营性建设用地入市试点工作，印发《荣成市深化农村集体经营性建设用地入市试点工作方案（试行）》《农村集体经营性建设用地入市资金管理暂行办法》，完善农村集体经营性建设用地入市制度体系。开展房地产市场调研，对中心城区房地产库存、销售情况及未动工地块进行全面摸排，涉及20个镇（街道）、412个楼座，综合分析房地产用地形势，形成调研报告并获得全市政府系统优秀调研成果一等奖。创新土地供应机制，有序推进土地出让，以招拍挂形式供应国有建设用地 315 宗、980.1 公顷，保障重点项目实施。探索“标准地”改革与“用地清单制”“承诺制”“拿地即开工”等改革措施有效衔接，印发《威海市工业用地“标准地 + 承诺制”改革实施方案》，推行标准地 + 审批承诺制全链条审批流程和服务模式，助力企业“拿地即开工”。探索将用地清单制实施范围拓展至社会投资类以外的其他项目，印发《关于进一步深化“用地清单制”改革的通知》，实现改革成果全区域全项目覆盖。深化“标准地 + 用地清单制”改革，该项改革任务被列为山东省工程建设审批制度改革“揭榜挂帅”创新试点任务，经验做法在全省推广。年内，全市重点区域内新增工业用地全部按照“标准地”制度出让，计 82 宗 392.6 公顷。

【地质矿产管理】 参与承办第二届全国矿产勘查大会等 3 次全国性学术大会，10 余名院士参会。成立威海市陆海统筹地质资源环境研究院，聚焦找矿科技攻关、地热能开发利用等领域开展研究。开展打击“洗洞”盗采金矿专项整治行动，建立全链条监管体系，“一类一策”做好废弃矿井管理工作，相关经验被《中国自然资源报》报道。规范砂石资源开发利用秩序，夯实人防、技防、联防全链条监管，建立规范砂石资源“地上查、空中看、共同管”的综合管控体系，乳山市获评全国矿产资源类自然资源节约集约示范县。践行绿色发展理念，《威海市国土空间生态修复规划（2021—2035 年）》通过专家评审，探索生态产品价值实现的转化路径，环翠区里口山生态产业化经营案例、荣成大天鹅保护与经济发展实现双赢案例入选山东省自然资源领域生态产品价值实践典型案例(第二批)。强化地质灾害防治等安全生产工作，核销地质灾害隐患点 3 处。

【测绘地理信息管理】 加强测绘行业服务与监管，举办威海市测绘地理信息职业技能竞赛，承办山东省测绘地理信息协会五届二次理事会议，夯实事业发展基础。开展省新一代地理信息公共服务平台在线协同工作试点工作，推进地理信息资源共享开放。聚焦自然资源数字赋能，开展威海市无人机实时视频融合项目建设，重点攻克森林山火场景下火点定位难、视频回传难的技术痛点，快速建立实景三维模型和实时视频的融合，夯实应急测绘服务保障。推进 2022 年威海市自然资源卫星应用项目，研发卫星遥感智能解译系统，将人工智能引入卫星影像解译，开展冬小麦和西洋参种植监测、海上养殖网箱和海筏监测、全市填海造地监测等 8 项卫星遥感专题应用。建立“市县一体化”框架更新体系，绘制地理空间框架数据 14.6 万条，采集地名地址数据 9.8 万条，调绘专题数据 2.7 万条，关联融合 21 家部门单位 30 余类专题属性信息，推动空间地理库与人口库、法人库等基础库的互联互通，为城市公共资源服务管理、城市一体化指挥平台等提供基础数据。

【调查监测】 完成 2022 年度国土变更调查工作，变更图斑 6.96 万个、8.46 万公顷，上传举证图斑 6.33 万个、举证照片 75.67 万张，国土变更调查“二上”（第二次上报国家）、“三上”（第三次上报国家）成果均通过省级核查，工作经验做法在全省自然资源调查监测工作会议上进行交流。深化日常变更工作探索，乳山市入选 2023 年度全省全域性季度日常变更试点县名单。推进 2023 年林草湿调查监测，全面摸清林草湿资源家底，完成 708 个国家下发遥感变化图斑监测、27 个草原省级加密样地调查、23.45 万个林草湿图斑全量更新、1355 个标准地和 1449 株标准木的调查等，各项成果均通过省级核查。

【不动产登记】 优化登记财产营商环境，推进“一件事一次办”。聚焦企业和群众办证难点堵点，实现“交房即办证”“交地即办证”服务常态化，惠及 254 个项目、4.08 万户购房户。推行不动产抵押登记全流程无纸化办理、“不动产登记 + 公积金”集成云办理模式，实现不动产登记“一表申请、无纸办理、一窗通办”，不动产抵押登记申请资料压缩 80%，办理效率提升 50%。探索开展一手房“带押过户”、海域使用权立体分层设权和登记等工作，完成“不动产 + 信用”简化纳税信用 A、B 级企业间不动产交易涉税环节省级“揭榜挂帅”项目。着力破解房屋确权颁证历史遗留难题，化解“办证难”项目 291 个，惠及群众 6.91 万户。全面优化服务举措，针对已化解“办证难”项目首次登记、分户办证实行 24 小时线上会审、一对一帮办代办，实现即来即办、即时办结。拓展服务范围，实行“不动产登记 + 社区（村镇）”“不动产登记 + 房企”服务，上门为 2584 户群众提供政策解读、办证服务。在各级不动产登记大厅设立房屋确权颁证专项整治窗口和群众满意度首问负责席，发放测评表 6200 份，群众回访满意度 100%。

【执法监察与信访】 强化日常自然资源执法，早发现、早制止、早查处违法违规行为，全市组织开展巡查 5500 余次，有效制止和整改违法违规行为 200 余起。注重提升行政执法的规范化、专业化、精细化，环翠区 1 宗案卷被自然资源部评定为全国优秀自然资源执法查处案卷。做好自然资源和规划领域信访工作，严格按照规范程序和时间节点完成办理、回复、上报等工作，提升办理质效。持续开展信访问题“治重化积”攻坚行动，化解省自然资源厅交办的重点信访问题 63 件，推动信访问题“控增量、减存量、防变量”。开展全市自然资源和规划领域信访业务培训 1 次，落实“一案一卷”和“两见面、双签字”等要求，规范信访工作程序和标准。

【法治品牌建设】 推进“法润自然”法治文化品牌建设，环翠区自然资源局、荣成市自然资源局、乳山市自然资源局、威海市不动产登记中心获评省自然资源厅自然资源法治宣传突出单位，环翠区、荣成市法治文化广场获评省自然资源厅自然资源法治宣传示范基地。

（梁珍玮）

统计管理

【概况】 2023年，威海市统计局以党的政治建设为统领，高标准履行统计调查、统计报告、统计监督职能，发挥统计服务保障作用。

【普查调查】 组建由市委、市政府主要负责人任“双组长”的领导小组，先后召开第五次全国经济普查工作动员会议、推进会议、紧急推进会议，落实人员、经费、场所等普查保障，有序推进各项普查工作。落实要素保障，统筹开展涉及4个镇（街道）、115个普查小区、3600余家普查对象的省级综合试点和200余家行政事业单位资产统计问题专项试点，完成2768个普查区、4178个普查小区、9.4万个建筑物的普查区划分与绘图工作，编制14.6万家单位，30.9万户个体户的清查底册，对全市6000余名“两员”（普查指导员和普查员）开展清查业务培训。开展单位清查，落实“地毯式”清查工作要求，组织一线普查员入楼、入户、入企业，清查单位11.25万家、个体户23.96万户，通过国家、省级数据验收。实施督导指导，建立领导分片包干机制，组建督导组8个，开展2轮督导，发放《五经普重点工作情况通报》4期、《工作简报》6期，制定经济普查收入法增加值明白纸、各专业查询模板、涉及13个部门的重点任务清单，规范基层普查相关工作。做好宣传发动工作，采取普查宣传服务外包方式，设计1分钟宣传视频，制作宣传横幅1000条、“易拉宝”100份、宣传海报10余种，召开新闻发布会3次，接受电视采访2次，组织第十四届“中国统计开放日”活动，提高经济普查宣传的热度、力度和深度。

【监测预警】 打造全周期全链条监测服务体系，采取数据报送前重预警、报送中抓质量、报送后强分析的工作方法，开展企业综合运营指数测算工作，编印《经济运行重要指标数据表》和《全市经济运行情况分析汇编》各10期，为领导提供决策参考。聚焦信息报送，发布《威海统计》信息简报29期，其中22期获得市委、市政府主要负责人批示；在“山东通”App开设统计数据专栏，将月度、年度主要统计指标数据及时推送至市领导及部门主要负责人。提升统计服务广度和深度，深入企业开展“点对点、面对面”调研走访，全年完成调研分析188篇、约稿280篇、各类信息300余篇。

【企业升规纳统】 建立全市升规纳统［将达到规模（限额）统计标准的企业，纳入国家统计局联网直报范围］工作推进机制，印发《威海市企业升规纳统攻坚突破行动方案》，召开全市升规纳统工作推进会议3次、培训会议1次，推动企业升规纳统工作高质量开展。定期开展在库“四上”（规模以上工业、有资质等级建筑业、限额以上批零住餐业、规模以上服务业）企业动态监测和“种子”“准四上”企业监测，全年反馈退库风险单位158家、“种子”和“准四上”企业2600家，梳理、汇总申报异常问题并反馈行业部门协调解决。印发《升规纳统知识汇编》，重新编印《升规纳统工作指导手册》，将升规纳统工作扩展至对各区（市）、开发区及相关行业主管部门的高质量发展综合考核，每月调度、通报进展情况。至年底，全市新增纳统单位807家。

【统计监督】 开展统计造假屡禁难绝专项治理行动，市统计局印发《威海市统计造假屡禁难绝专项行动实施方案》《统计造假专项治理行动自查自纠方案》，建立“周调度、周通报”、现场督导等工作机制，核查企业和项目7000家，完成71家投资项目的执法检查。对144家企业和项目开展统计执法检查、部门联合抽查，对20家入库企业开展入库退库专项检查，清理文件2份。有序推进1%人口变动调查、人口追踪调查及常规统计调查工作，强化“事前”“事中”“事后”数据管控，夯实统计数据源头质量。研发“操作便捷，通用性强，易于拓展，安全可靠”的工业统计电子台账，实现“数出有源、数出有据”目标，全市使用率达70%以上。

【统计基层基础建设】 开展“大调研、大比武、大服务”活动，优化统计职业技能学习平台，深入开展练兵比武、业务轮讲，举办第二届统计系统职业技能竞赛及全市统计分析大赛，获得第二届山东省统计系统职业技能竞赛统计分析大赛优秀组织奖。持续开展“统计能力提升”工程，举办全市强化统计监督职能专题培训1期、统计建模专题培训2期，参加全省统计工作专题研讨培训班1次、全省市县统计局长培训会1次、市级现场培训25次、线上培训5次。聚焦“统计基层基础建设提升年”主题，调研53个镇（街道）和16家联网直报企业，开展现场观摩活动2次，利用各专业培训会议、座谈交流、实地走访、数据核查及线上培训等方式，开展工作培训、业务提醒、在线答疑，推动全市统计基层基础工作向纵深、平衡发展。

（吴 斌）

编辑 闫拥军

农村·农业

综述

【概况】 2023年，全市农林牧渔业总产值687.3亿元，比上年增长5.2%；全市农村居民人均可支配收入29013元，增长7.3%。全市有耕地面积243.8万亩，其中永久基本农田面积215.4万亩、高标准农田面积185.6万亩。威海市是国家优质农产品的传统产区，有苹果、西洋参、无花果、花生、茶叶、甘薯、大姜、梨、葡萄、樱桃、浆果（草莓、蓝莓）、食用菌12个特色优势产业。其中，苹果栽培面积71万亩，产量110万吨，现代果园发展到33万亩；西洋参面积7万亩，年产鲜参7500吨，占全国总产量70%以上；无花果面积5.4万亩，产量7万吨；花生播种面积73.8万亩，产量20.2万吨；茶叶面积2.2万亩，干茶产量508吨；甘薯面积13万亩，产量36万吨；大姜面积5.3万亩，产量21.8万吨；梨面积3.4万亩，年产量6.6万吨；葡萄面积2.4万亩，产量3.3万吨；大樱桃面积1.5万亩，产量1.3万吨；草莓面积1.9万亩，产量3.9万吨；蓝莓面积1.2万亩，产量4000吨；食用菌产量6500吨。全市有现代农业产业园10个、农业产业强镇35个、农业产业化龙头企业199家、知名农产品品牌190个；有农民合作社5132家、家庭农场2844家；有镇级农业社会化服务中心42个、服务组织1757个，实现涉农镇（街道）全覆盖；农业机械保有量24.6万台；有"三品一标"农产品（无公害农产品、绿色食品、有机农产品和农产品地理标志）324个、标准化生产基地58个，农业标准化生产面积184.4万亩，"三品一标"产品产地认定面积占当地食用农产品总面积的75.5%。全市有乡村振兴样板片区87个；省级清洁村庄964个，覆盖率达40.5%。全市村（居）全部完成农村集体产权制度改革，农村土地确权登记颁证率97.1%。有农村宅基地83.3万宗，面积19.5万亩。农村家庭承包耕地总面积201万亩，其中流转土地面积124.1万亩，土地规模经营化率提升至68%。

【粮食生产】 全市粮食播种面积187.8万亩，比上年增长0.4%；产量75.7万吨，增长2.9%；单产403.1千克/亩，增长2.5%。其中，小麦播种面积73.7万亩，总产量28.2万吨，单产382.3千克/亩；玉米95.8万亩，总产量40.8万吨，单产425.6千克/亩。

【优势特色产业链发展】 聚焦苹果、西洋参、无花果等12个农业优势特色产业，按照"六个一"（一片产业基地、一套生产标准、一群龙头企业、一批知名品牌、一支专家队伍、一个行业组织）标准，不断完善产业链条。开展品种选育和技术攻关，培育的"浙文花1号"高油酸花生新品种获得农业农村部非主要农作物品种登记证书；"文玉173""好日子838"2个玉米品种通过省级审定。渤海湾产区苹果轻简高效生产技术集成示范基地获评国家农业技术集成创新中心示范基地。实施无花果产业提质增效行动，创设无花果立架栽培模式，开发无花果现代保鲜贮运技术，破除产业发展梗阻。落实农产品加工补助政策，对符合条件的经营主体进行补助。全市龙头企业发展到193家，知名农产品区域公用品牌发展到16个。举办威海市庆祝第六届农民丰收节暨相约乡村振兴路、2023年威海知名农产品展暨苹果擂台赛、"威海农产西部行"专题推介等活动，拓宽农产品销售渠道。文登区获批创建国家级现代农业产业园，荣成市获评全省农业绿色发展先行县，环翠区获评全省农产品加工业高质量发展先行县。

【政策性农业保险】 全市开展小麦、玉米、花生等12类政策性农业保险，财政补贴资金6893.8万元，受益农户40.5万户次。全域推广小麦、玉米完全成本保险，小麦、玉米投保覆盖率达90%以上，拓展提升农业生产抗风险能力。

【新型经营主体培育】 加强规范化建设，开展市级示范社、示范场和示范服务组织评定工作，年内新增市级以上示范社21家，增长13%，累计183家；新增市级以上示范家庭农场15家，增长13.5%，累计126家；在县级以上示范场中推广家庭农场"随手记"软件，引导家庭农场实现财务收支、生产销售等信息化。加强新型经营主体日常名录库管理，清理异常名录合作社359家。

【农业社会化服务】 规范农业社会化服务体系建设，发挥政府主导作用，依托镇域农业社会化综合服务中心，吸引村集体和社会化服务组织广泛参与，打造小农户与现代农业有机联接的便捷通道，开展农业生产全过程、全领域、全链条服务，全市服务小农户40余万户，服务面积500余万亩次。乳山市获批中央资金支持社会化服务项目，获得扶持资金900万元，完成9万亩绩效目标任务。

【农产品品牌建设】 注重品牌培育，开展威海市第七批市级知名农产品品牌评选活动，新认定“文登丑梨”“荣成绿茶”“乳山蓝莓”知名农产品区域公用品牌3个、知名农产品企业产品品牌12个；文登西洋参入选农业农村部2023年农业品牌精品培育名单、全国“土特产”推介名录。促进产销对接，举办威海市庆祝第六届农民丰收节暨相约乡村振兴路活动、2023年威海市知名农产品展暨苹果擂台赛、“威海农产西部行”专题推介活动；组织全市60余家知名农产品企业参加“好品山东”农产品展示推介、中国国际农产品交易会等活动，拓宽全市特色农产品销售渠道。

【产业融合】 助推农产品加工业转型升级，实施农产品加工补助政策，补齐农产品加工短板，支持农产品分拣、加工等设备投入，对年度设备投入50万元以上的农产品加工企业，按照不高于40%的标准补助，最高补助300万元。认定2022年农产品加工补助申报主体16个，发放补助资金475.5万元。环翠区获评2022年山东省农产品加工业高质量发展先行县，获得省级奖励资金500万元。加快产业融合发展，荣成市俚岛镇烟墩角村获评2023年中国美丽休闲乡村；认定2023年省级智慧农业应用基地农业经营主体12家，文登区高村镇等9个镇成功申报省级农业产业强镇，环翠区桥头镇所前泊村等66个村成功申报省级乡土产业名品村，新元果业苹果产业化联合体等7家联合体成功申报省级农业产业化示范联合体。推动预制菜产业高质量发展，成立威海市预制菜产业联盟，涵盖预制菜生产加工、食材供应、冷链保鲜等企业137家。推动预制菜产业园建设，石岛高端预制菜产业示范园区入驻企业38家、产品650余种，乳山市预制菜产业园区入驻企业20家、产品150余种。威海市获评“中国海洋预制菜之都”区域特色品牌，文登区、荣成市获评全国预制菜产业基地百强，获评山东省预制菜“百强企业”10家、山东省预制菜“千优产品”预制菜产品150个。

【“齐鲁乡村之星”评选】 聚焦乡村振兴和现代农业发展人才需求，加强农村实用人才队伍建设，开展农村优秀人才选拔工作，挖掘培育“本土”优秀人才，营造农村优秀人才发展的良好氛围。2023年，推荐评选“齐鲁乡村之星”36人（至年底，全市有“齐鲁乡村之星”146人）。

【农民教育培训】 开展农民教育培训，举办市级经营管理培训班21期，完成高素质农民培训2016人次，农民评价率与满意度均为100%。实施农民素质素养提升培训行动，举办素质素养提升专题班，培训小农户、留守村民等2775人次。加强农民教育培训成果宣传，在省级以上主流媒体发表宣传报道51次。创新开展党建引领农民教育培训，采取“支部建在班上”的培训模式，构建“临时党支部—党员小组—党员”3级组织管理体系，成立临时党支部21个、班级学习小组180个，实现党建工作与培训全过程目标同向、思想同心、工作同步；实施“师傅带徒”项目试点，依托2个省级“农民大师”工作室，培育农民师傅30人次，带动300余人次农民学员发展农业产业；开展高素质农民培育与职业教育贯通衔接试点，遴选20名农民学员参加学历提升培训班，颁布国家承认学历的专科毕业证书，实现高素质农民技能与学历“双提升”。

【高标准农田建设】 2023年，全市投资2.07亿元，完成高标准农田建设项目7个，新建高标准农田面积4.6万亩，改造提升面积7.5万亩。其中，土壤改良地力培肥面积12万亩，修建塘坝51座、农用井28座，新建泵站23座、农桥50座，疏浚沟渠25.8千米，硬化田间机耕路121.5千米，极大改善项目区农田水利设施条件。

【农产品质量安全】 推行农产品质量安全网格化管理，全市划分网格2538个，确定网格监管员131人、村级协管员2544人，获评全省农产品质量安全“过硬监管人员”30人。开展涉农镇（街道）农产品质量安全速测能力提升行动，实施镇（街道）监管人员全员技能培训，为61个涉农镇（街道）配备胶体金速测设备，推动实现速测检测数据信息化管理，督促落实农产品质量安全日常巡查和速测筛查等工作任务。推行食用农产品承诺达标合格证，全市开具合格证65万张。推进有标可依、按标生产，公布实施地方标准6项，乳山草莓、乳山大花生成功申报全国名特优新农产品。举办农产品质量安全知识问答挑战赛，全市参加答题活动约3000人次。推进农产品质量安全信用分级分类管理，6家企业获评威海市农产品质量安全守信主体。开展农产品质量安全的隐患排查，全市各级开展定量监测2848批次；开展胶体金速测，检测农药风险参数7.4万条，风险监测合格率99.7%以上。威海市创新构建农产品质量监管体系典型经验获得省政府负责人肯定性批示。

【农药包装废弃物管理】 健全完善回收处理体系建设，指导区（市）调整优化回收站（点）设置运行，确保满足回收需求，全市设置回收站（点）3989个。加强日常调度和督导检查，发现问题及时反馈属地，督促整改落实。针对泵站、塘坝、河流等水源区域和田间地头等，开展集中回收行动，全市回收农药包装废弃物90余吨。

【种质资源保存】 新引进并保存农作物新品种183个，其中花生品种26个、小麦品种11个、甘薯品种8个、马铃薯品种15个、黄瓜品种95个、无花果品种16个、苹果品种8个、大樱桃品种4个。开展脱毒种苗扩繁工作，扩繁完成品种种苗144个，其中马铃薯60个、甘薯60个、草莓13个。

【农作物品种选育】 加快新品种选育，通过西洋参杂交试验，取得人参与西洋参杂交种10份，筛选甘薯优良株系108个、优良品系88个，筛选马铃薯优良株系6个，获得综合性状表现优良的西洋参单株选育材料535份，对新引进的51份杂交黄瓜品种完成4轮自交系稳定筛查工作，完成以“威海金”为主的4个苹果品种18个杂交组合的授粉试验。推动新品权申请，对筛选出的苹果“威红4号”、无花果“紫黛”、花生“威花1号”“威花2号”、甘薯3个品系、马铃薯5个品系12个新品种（品系）进行品种登记和品种权申请，选育的苹果“威红1号”进入农业农村部植物新品种保护现场考察阶段。

【农业科技创新】 依托山东省农业科学院中日韩精致农业研究院，开展威海市花生无公害高产集成技术研究与推广、马铃薯保护地栽培土壤环境优化技术研究、无花果“全产业链”品质提升技术研究等技术攻关20余项，“现代苹果绿色轻简化生产关键技术集成与推广”获得2023年山东省农业技术推广成果优选计划三等奖。获批农业实用新型专利10项，发表农业科技论文19篇，立项农业地方（团体）标准4项。推进无花果病害防治，针对无花果黑点病、枝枯病、锈病3大病害的致病菌，筛选出高效防控药剂并制定综合防控方案。创设无花果现代栽培模式，借鉴全市现代矮砧苹果宽行密植栽培成功经验，实现无花果集约化省力化栽培，破解传统无花果生产费工费力、土地利用率不高、产量低等问题，亩栽植密度较传统模式提升3～4倍，预计亩产量较传统模式提升2～3倍，每亩可节省劳动成本2000元。探索威海无花果贮运流通及产销对接技术，在荣成市，威海经济技术开发区崮山镇、泊于镇无花果生产基地试点开展多种保鲜技术试验，将八成熟无花果保鲜期延长至7天。破除西洋参重茬障碍，开创无土栽培新模式，试验探索不同组合基质栽培模式，减轻西洋参病害的感染，减少农药的施用和污染，生产高品质中草药产品，筛选4种基质组合用于开展田间试验推广。首次对“威海金”苹果开展无人机授粉技术研究，花序座果率可达80%以上，花朵座果达65%以上，授粉效果良好，可完全替代人工授粉。

【农业行政执法】 扎实推进制度建设，市农业农村局制定重大行政执法决定集体讨论制度，完善行刑衔接工作机制，推行行政处罚案件内部讨论制度，提高办案质量和水平。聚焦专项执法，针对农产品质量、农业投入品、畜牧兽医3个专项领域，全年立案10起，罚没金额12.5万元。开展各类专项执法检查行动，检查农产品经营主体64家，抽检农产品样品1244个，完成肥料产品抽检任务20批次，检查畜牧兽医、动物诊疗机构38家。深化“双随机、一公开”监管，多个部门联合抽查企业56家，覆盖农药、化肥、种子、种畜禽以及动物诊疗等事项17个。市农业农村局“双随机、一公开”监管抽查79家，覆盖农药、绿色食品、畜禽养殖等领域事项5个。所有“双随机、一公开”检查事项实现信用监管全覆盖，在农药、种子、畜禽屠宰等监管事项中，创新采用市级公共信用综合评价结果开展信用分级分类监管，弥补监管结果空缺，提高信用监管的应用率。

【农产品抽检】 聚焦重点品种、重点时段、重点对象，开展农产品质量安全监测工作，全年抽检农产品1244批次，其中国家级例行监测66批次、省监督抽查486批次、省例行监测385批次、市级307批次，合格率99%。开展“治违禁、控药残、促提升”三年行动、“双随机、一公开”豇豆残留治理等专项执法检查行动，打击农产品质量安全领域违法违规行为，全年检查农产品生产经营主体66家，出动执法人员252人次，纠正不规范行为32处，立案查处案件1起，罚没金额1024元。畅通行刑衔接机制，向公安部门移送农产品质量安全案件1起。

农村工作

【概况】 2023年，威海市坚持农业农村优先发展，把精致乡村建设作为全域精致城市建设的重要内容，着力打造宜居宜业和美乡村。全市有涉农镇（街道）62个、村2371个，农村居民人均可支配收入29013元，居全省第2位。

【和美乡村建设】 始终把和美乡村建设作为提高农村群众幸福感、获得感的重要着力点，突出历史文化传承，严把建设质量，全年创建省级和美乡村25个、市级和美乡村100个。坚持先规划后建设，充分尊重农村群众意愿、反映农村群众诉求、突出地域特色的原则，编制《威海市村庄建设及和美乡村精品带规划》。面向社会招募7支规划师团队赴乡村开展和美乡村建设规划指导、文创设计和细节提升。立足村庄基础，注重挖掘村庄文化内涵，保护历史文脉，传承和弘扬具有地方特色的海草房文化、红色文化、兵营文化等，并避免“大拆大建”，适度保留农

和美乡村——荣成市宁津街道东褚岛村

（威海市农业农村局　提供）

户门前小菜园、小鸡舍等乡野特色，守护好“乡土味”“烟火气”，使和美乡村建设既提高质量又接地气。

【农村人居环境整治】 坚持完善长效管护机制，集中解决农村群众反映强烈问题，持续改善农村人居环境。开展村庄清洁行动“春夏秋冬”系列活动，在重要农时、节日期间实施专项整治活动，在做好“三清一改”（清垃圾、清塘沟、清畜禽粪污等农业生产废弃物，改变影响农村居民环境的不良习惯）工作的基础上，对农村群众反映强烈的线路杂乱、残垣断壁等问题进行重点整治。全市2373个村全部开展线路杂乱整治，拆除残垣断壁6000余处，重建房屋700余处，建设口袋花园、口袋广场1200余处，实现“整治一处、洁净一处、靓丽一处”的效果，省级清洁村庄覆盖率达40.6%，市级清洁村庄实现全覆盖。推进“信用＋环境整治”，把农村人居环境整治各项工作纳入信用积分管理，把推进农村人居环境整治的过程，变成组织农民、引导农民、教育农民的过程，通过法治、德治、自治相结合，培养农民群众养成良好的环境卫生习惯。全市建成农村环境志愿服务队2400余支，由村民自发负责村内卫生清扫保洁，全市有300余个村的1500余名保洁员“下岗”，初步建立群众主动参与、自我监督的农村人居环境整治长效管护机制。

【乡村治理】 完善乡村治理体系，提升乡村治理效能，环翠区、文登区、荣成市、乳山市获批山东省农村“信用＋”体系建设试点，确定试点镇56个、试点村2011个。至年底，4个区（市）均完成创建，累计组织志愿活动5.23万次，兑现信用激励资金1136万元，发放实物21.5万件，全市获评省级乡村治理示范镇1个、国家级乡村治理示范村4个。

【农村综合改革】 扎实做好农村土地承包到期再延长30年试点工作。建立横向完善联动会商、纵向健全督查指导等机制，抓好土地调查、公示、确认、合同证书发放关键环节，探索解决“不打乱重分”政策之下的人、地矛盾，推进文登区泽头镇、大水泊镇、界石镇的5个村开展土地延包工作，完成合同签订703户，签订率91%，承包农村土地面积4023亩，未发生矛盾纠纷事件。

【农村土地三权分置】 引导农村土地有序流转，全市全年土地流转面积124.1万亩，占农村家庭承包耕地面积的61.7%。在乳山市探索“小田变大田”“承包权不变、经营权互换”等方式解决承包地细碎化问题，完成拆零并整土地面积6551亩，将1200余块地块整合成191块，地块平均面积从0.4亩提升至3.3亩，增加有效耕种面积近500亩；小米、玉米等主要粮食作物亩产量平均提升13%；涉地农民平均年增收2000元，实现耕地扩面、粮食提产、农民增收。

【农村财务与集体资产管理】 开展“农村集体经济不规范合同、农村债权债务、农村集体托管资金”3项深度清理活动和农村集体“三资”（资金、资产和资质）专项整治，整改完成不规范合同8129份，清理债权21.57亿元、债务24.99亿元。2715个农村集体经济组织完成“一村一账户”分设，并投入使用。

【农村集体经济发展】 推进农村集体经济发展，提升股份经济合作社管理效能，围绕农村“空地、空房、空间”，盘活利用闲置资产资源。全市1206个村开展农村集体招投标项目6342宗，成交金额5.2亿元，村均收入达43.9万元。年内，全市农村集体经济收入全部达到10万元以上，收入20万元以上的村集体达到54.4%。

乡村振兴

【概况】 2023年，全市全面落实各级决策部署，学习运用“千万工程”经验，以建设精致化城乡融合发展先行区为统领，巩固扩大乡村振兴样板片区建设优势，推动乡村产业、人才、文化、生态、组织“五个振兴”全面发展。

【产业振兴】 以科技创新助推精致农业发展，渤海湾产区苹果轻简高效生产技术集成示范基地获评国家农业技术集成创新中心示范基地，新培育花生品种1个、玉米品种2个。以乡村振兴样板片区建设为契机，通过抓村带片、抓片带面方式，推动全市87个样板片区提档升级。文登区、荣成市分别获批创建国家级现代农业产业园、国家乡村振兴示范县，荣成市渔家风情示范区、乳山市台依湖示范区获评创建乡村振兴齐鲁样板省级示范区。

【人才振兴】 壮大乡村振兴人才队伍，“乡村振兴首席专家”队伍突破2000人，实现乡村振兴示范片区首席专家全覆盖。统筹推进专项补贴性职业技能培训与“乡村振兴技能培训直通车”等培训活动，广泛开展农民工和农村居民技能培训。

【文化振兴】 提升农村公共文化服务水平，开展“农家书屋我来读”等主题阅读活动3135场，开展“我们的中国梦——文化进万家”送戏下乡演出2920场。推动“送文化”向“种文化”转变，实施农村公共文化公益创投项目63个，开展活动886场次，相关经验入选全国基层公共文化服务高质量发展典型案例。

【生态振兴】 实施农村人居环境整治提升五年行动，新创建省级清洁村庄964个，覆盖率40.6%；新创建省、市级和美乡村示范村125个，省定86个村农村污水治理全部完工。加强农村改厕后续管护，建立改厕服务站183处，逐步建立覆盖改厕农户的管护服务体系。推进“四好农村路”提质增效，农村公路县乡道三级及以上公路比例达79.5%，威海市获评“四好农村路”省级示范市。

【组织振兴】 试点推进村党组织“跨村联建”工作，组建联合党组织72个，涉及村庄257个，以组织联建带动产业联营、治理联抓、服务联享。通过农村集体产权制度改革、党支部领办合作社等措施带动村集体增收，农村集体经济收入20万元以上的村占比超过50%。

【巩固脱贫攻坚成果同乡村振兴有效衔接】 加强防止返贫监测帮扶工作，坚持线上部门数据筛查和线下基层干部摸排相结合，按月开展入户核实和分析研判，确保符合条件的困难群众“应纳尽纳”，至年底，全市脱贫享受政策人口1万户1.53万人，监测帮扶对象136户272人。强化项目建设管理，整合财政衔接资金1.7亿元，发展年度项目133个，全市395个建成产业项目到账收益4104.44万元，带动帮扶对象户均增收1221元。持续提升内生发展动力，投入衔接资金7505万元，新建荣成市“伟德山”省级衔接推进区、威海火炬高技术产业开发区初村镇市级衔接推进区，续建文登区高村镇—张家产镇省级衔接推进区，新增发放“齐鲁富民贷”3.2亿元，推动帮扶对象务工就业3123人，其中安置乡村公益性岗位和脱贫专岗1079人。年内，全市脱贫享受政策人口人均纯收入达1.49万元，比上年增长13.2%。

（刘甜甜）

种植业

【概况】 2023年，威海市农业农村事务服务中心印发《威海市2023年小麦春季管理技术意见》《2023年威海市小麦中后期管理技术意见》等生产技术指导意见20余份。选择农作物生长发育关键时期和防灾减灾节点及时开展宣传指导，先后6次通过威海广播电视台《希望田野》栏目、威海日报社和市委组织部远程教育平台等途径为农民提供栽培管理和防灾减灾技术服务，提供电话咨询服务12次，实地进行技术指导20余次。做好小麦、玉米和花生高产攻关服务，从选种到各个生长时期给予技术支撑指导，实现良种良法配套，发挥作物高产的潜力，小麦单产达801.3千克／亩，玉米单产达1003.76千克／亩，花生单产达739.5千克／亩。

（姜　勇）

【病虫草鼠害防控】 2023年，全市农作物主要病虫害呈中等发生程度，病虫草鼠防治面积82.85万公顷，挽回粮食作物1.02亿千克、油料作物2970.43万千克、果品损失1.69亿千克、蔬菜损失8979.22万千克、茶叶损失1.49万千克。全市物理防治面积达3.28万公顷，生物防治面积18.71万公顷，生态调控7.26万公顷。

【重大病虫防控】 小麦条锈病监测期间出动技术人员3273人次，累计大田调查面积16.64万公顷。小麦赤霉病防治面积1.63万公顷，小麦茎基腐病防治面积4333.33公顷，实施小麦“一喷三防”（将杀虫剂、杀菌剂、植物生长调节剂混配，一次施药，防病虫害、防干热风、防倒伏）面积6.92万公顷，玉米南方锈病防治面积2.94万公顷。

【植物检疫】 设置重大植物疫情监测点15个，开展重大植物疫情监测和防控。实施农作物种苗产地检疫面积515.33公顷，检疫合格种子及植物产品285.05万千克、苗木220万株，签发产地检疫合格证12份，调运植物检疫证书13份。

【植保专业化防治与绿色防控】 全市建档立卡规范化专业防治组织25个，从业人员822人，日作业能力7992.67公顷。有可使用的植保无人机119架。年内，实施小麦、玉米防治总面积达32.79万公顷次，统防统治面积18.44万公顷次，绿色防控面积12.66万公顷，绿色防控覆盖率56.2%。

（董向丽）

【种业发展】 加快培育适宜当地的优质高效粮油新品种，自主选育的高油酸花生新品种“浙文花1号”获得农业农村部非主要农作物品种登记证书，玉米品种“文玉173”“好日子838”入选山东省2023年第一批农作物审定品种，实现威海市2005年后主要粮食作物首次过审。完成种质资源普查工作，种质资源普查采集提交并入库国家种植资源圃资源179份，各区（市）提交的项目数量均符合要求。建设农作物新品种试验示范基地，全市建设花生新品种试验示范基地、高油高油酸花生核心示范区、新品种展示示范基地4处，在文登区、荣成市、乳山市建设小麦新品种展示基地3处，小麦新品种展示观摩会、玉米和花生新品种展示观摩会分别在乳山市、文登区举办，全市3个基地获评山东省农作物品种展示评价基地。

（姜　勇）

【测土配方施肥】 2023年，全市采集化验土壤300份，开展小麦、花生、玉米、苹果和茶叶等田间试验25项。在春播秋种时，及时发布玉米、花生、小麦和果树大配方20份。组织科学施肥培训4次。建设化肥减量增效“三新”（施肥新技术、肥料新产品、施用新机具）示范区10万亩，全市配方肥应用面积156万亩次。

【有机肥替代化肥推广应用】 减少化肥用量，大力推广商品有机肥和堆肥，增加有机肥资源利用，减少不合理化肥投入，提升耕地质量。2023年，全市有机肥、堆沤肥施用面积达146万亩次，商品有机肥施用量17.9万吨。举办培训班4期，培训300人次，引导和带动全市有机肥替代化肥技术的推广应用，提升全市耕地土壤有机质含量，促进全市农业绿色发展。

【水肥一体化技术推广】 依托土地流转大户、家庭农场、农业龙头企业、农业示范园等基础条件较好的现代农业新型经营主体，通过推广示范水肥一体化技术，大力发展节水农业。促进粮田水肥一体化技术推广，组织开展培训班2期。全年推广水肥一体化技术2.2万亩，实现水肥的高效利用。

【第三次全国土壤普查】 举办威海市第三次土壤普查表层土壤调查采样培训班，市、区（市）、镇（街道）3级第三次土壤普查办公室负责人、工作骨干及18家外业机构（公司）代表约300人参加培训。召开招投标工作会议，督促和指导各区（市）按时完成招标工作。指导各区（市）按时完成外业采样工作，全市采集表层样点4030个。

（孙洪助）

果茶业

【概况】 2023年，威海市有水果园面积50.22万亩，比上年下降0.6%；水果总产量125.88万吨，增长2.8%。在主要树种中，苹果面积38.50万亩，下降1.2%，产量112.25万吨，增长4%；梨面积2.02万亩，产量3.8万吨，分别增长1.8%和10.2%。全市有茶园面积8720亩，下降1%，其中采摘园面积6974亩，下降0.3%；茶叶产量691.16吨，增长1.1%。年内，“苹果矮砧优质大苗繁育与轻减集约栽培关键技术推广应用”获评全国商业科技创新二等奖，“生态茶园高效智能管理技术与系统”获评全国农技中心短视频“最具推广价值奖”，“设施葡萄品种选育及高效栽培技术集成应用”获评山东省农业农村厅成果优选计划三等奖，“高质高效苹果苗木繁育及栽培关键技术的标准化建设与推广应用”获评优秀农技推广成果竞赛三等奖，“北方茶提质增效栽培技术创新与应用”获评中国茶叶学会科技创新二等奖等。“一种茶园高效打药机”“一种田间作业前臂防护装置”等多项成果获得国家知识产权局授权的实用新型等专利。威海市农业农村事务服务中心获评山东省2023“山东农技杯”樱桃大赛优秀组织奖，威海九润农业科技股份有限公司的“美早”大樱桃获评优质奖；金瑞农业专业合作社的阳光玫瑰获评“山东农技杯”葡萄大赛优质奖。威海市农业农村局、市苹果行业协会联合举办威海市第十三届苹果擂台赛，评选出金奖3个、银奖6个和铜奖10个；开展第三届名优茶叶评比活动，评选出优秀组织奖1个、特等奖2个（绿茶类1个、红茶类1个）、一等奖6个（绿茶类3个、红茶类3个）、二等奖22个（绿茶类13个、红茶类9个）、创新奖2个。举办威海市特色产业高质量发展专家座谈会，推进特色产业高质量发展。

【水果产业发展】 承担国家或省级重大工程，研创行业的引领性技术。市农业农村事务服务中心和山东樱聚缘农业科技发展股份公司作为国家苹果育种联合攻关成员单位与中国农业科学院果树研究所、山东省农业科学院等14家单位共同致力于苹果优良品种选育与推广。7月22日，威海市组织实施的国家农业技术集成创新中心渤海湾产区苹果轻简高效生产技术集成示范基地通过农业农村部科技教育司和全国农业技术推广服务中心组织的验收并授牌。11月2日—5日，全国现代苹果技术推进会暨荣成苹果品鉴推介会在荣成市召开。“现代苹果园应用多功能网减灾技术”被省农业农村厅、省科学技术厅等单位遴选为省农业主推技术。参加南疆苹果产业高质量发展研讨会，宣传推介威海苹果产业。承担参与省农业农村厅“葡萄提质增效绿色生产关键技术集成示范与推广”协同推广项目。

【气候品质证明】 市气象局、农业农村局联合开展青皮无花果“无花果气候品质身份证明”认证，采集相关数据，编制部分技术规范与报告。年内，9家企业基地参加认证，主要分布在荣成市、乳山市和威海经济技术开发区等地，认证面积3000亩。乳山市继续开展茶叶气候品质身份证明认证工作。

【成龄茶树越冬技术推广】 依据山东次适生区立地气候特点，威海市总结提出北方成龄茶树露天条件下安全越冬关键技术6项（适地选址建园、选栽抗逆品种、绿篱林网防护、行间覆盖或生草、冬前贮养充足、越冬土墒正常），形成的《北方成龄茶树露天条件下安全越冬关键技术》在《落叶果树》杂志发表。省茶产业技术体系威海综合试验站印发《北方生态茶园行间生草技术指导意见》《关于茶园秋季栽培管理技术意见》等，推广茶园栽培技术。

【茶叶产业发展】 在环翠区桥头镇举办“南茶北引”保护性茶园揭牌仪式暨正棋山采茶节活动，为全市“南茶北引”时期栽植且生长发育正常的9处标志性老茶园举行揭牌仪式。举办威海市茶产业高质量发展难题调研暨种质资源圃建设技术培训班，对产业高质量发展中的难题进行调查研判，梳理出茶树本土化品种、安全越冬、轻减栽培等6类30余个难题，并提出可行性解决意见。举办气象赋能威海茶产业高质量发展座谈会，探讨“气象＋茶业”赋能茶产业的有效方法及为实现共同目标效果所应采取的有效手段。2个团队入选2023年山东省农业“生态茶园技术体系集成创新与示范推广”重大技术协同推广计划，对全省生态茶园建设提供支撑。威海市牵头申报的省级重大研发项目“山东省茶区适宜性优质高抗茶树品种选育及配套技术”成功立项和实施。举办2023春季威海国际茶文化博览会和秋季威海国际茶文化博览会，打造专业性茶文化展示贸易平台。

7月22日，国家农业技术集成创新中心渤海湾产区苹果轻简高效生产技术集成示范基地通过专家验收　　（威海市农业农村事务服务中心　提供）

【种质资源创新】 开展群众性苹果、茶叶等优良品种筛选工作，各区（市）上报新优品种12个，筛选出具有品种基因特异性和市场价值的新品种4个[“威红1号”“威红3号”“威红4号”（荣成红）和“威黄2号”(MINI威海金)]。举办全市苹果新优品种选育和高质量发展培训班、威海市苹果新品种品评会等活动，实地观摩高接坐果及树体生长发育等状况，建立品种动态库，推动新品种、新技术、新模式、新理念的交流与应用。推进“雪茶”系列抗逆性茶树新品种的筛选、繁育等工作，观察的重点品种数量达30余个。

【标准化生产】 2023年，威海市发布山东省团体标准2项（《矮砧集约栽培苹果园多功能网系统及架设技术规范》《北方茶园大豆压茬带状间作技术规程》)、威海市地方标准1项（《乳山葡萄》)。新元果业苹果产业化联合体、威海威茗茶产业联合体入选省级农业产业化示范联合体名单。“山东省北方生态茶园内生物质覆盖技术”和“优质抗病中早熟苹果‘鲁丽’的选育、转化与推广”入选2023年度全省“新技术集成创新应用案例10项”名单和“新产品集成创新应用案列10项”名单。威海市新增水果绿色生产基地面积5180亩、水果绿色认证品牌21个。

【机械装备研制】 年内，山东省茶叶产业技术体系威海综合实验站、威海科润综合实验站编制发行《山东省茶园栽培通用机械与装备（总第二期)》《山东北方茶园通用栽培机械与装备（生态茶园专刊·总第三期)》2期电子版期刊，每期收录10余家企业的产品信息100余项，主要包含育苗、动力机械、田间栽培与管理、修剪等产品信息14类，推动解决茶产业栽培环节中的机械装备严重不足与信息不对称等问题。市农业农村局与相关单位合作研发推出弥雾机、水泥支柱、多功能网、撒粪车、果树修剪机等系列产品批量出口到新西兰等国家。在自动化智能化机械人采摘果实和茶叶方面，提升研发制造能力。

【柞蚕产业发展】 威海柞蚕产业发展成绩经验在全省桑蚕人工饲料工厂化饲育技术培训暨蚕种产业高质量发展研讨会上进行交流。市农业农村事务服务中心与市农业科学院、山东省蚕业研究所达成联合开展蚕品种选育的意向，共同开展优异的蚕新品种和配套放养技术研发工作，为威海市蚕产业发展提供良种与技术支撑。

（王林军 王梓清）

畜牧业

【概况】 2023年，威海市全力推动畜牧业转型升级，开展标准化、规模化、生态化生产，逐步建立标准化生产、规模化养殖、产业化经营的畜禽养殖现代化产业体系，畜牧业发展实现稳中有进、稳中提质、稳中增效。至年底，全市生猪存栏68.06万头，出栏124.34万头；牛存栏2.15万头，出栏0.74万头；羊存栏4.23万只，出栏4.13万只；家禽存栏2131.35万只，出栏6863.59万只；肉蛋奶总产量37.89万吨，比上年增长7.7%。

【畜牧产业发展】 优化全市畜牧业生产布局，文登区重点发展生猪、奶牛、特种动物产业，荣成市重点发展蛋鸡、奶牛、特种动物产业，乳山市重点发展肉鸡产业。全市有市级农业产业化重点龙头企业11家、省级屠宰标准化厂2家、部级饲料质量安全管理规范示范企业2家。推动养殖标准化、生态化、绿色化发展，指导各区（市）开展国家级、省级养殖标准化示范场创建和市级精致牧场、农牧循环一体化企业创建。引导中小养殖场户提高养殖档次，全市有规模化养殖场1169个，规模养殖比重87%、禽类养殖机械化率90%、畜禽良种覆盖率94%、畜牧业科技贡献率67.5%。

【稳产保供】 认真落实各级畜禽稳产保供措施，加强监测预警，每月调度生猪存栏、出栏数据，逐级压实责任，防止生猪生产大起大落。认真落实国家、省制定的有关稳定畜禽生产扶持政策，分配生猪调出大县奖励资金资544万元，用于生猪生产环节的饲草料基地建设和新发现黑猪品种资源性能测定。全市有国家级生猪产能调控基地6个、省级7个、市级13个。稳定生猪产能，将4.76万头能繁母猪保有量等指标分解至各区（市），加强监测预警，全市能繁母猪存栏量4.83万头，为省定考核量的101.4%，处于正常水平。

【疫病防控】 积极落实防疫工作经费并完成预算资金拨付工作，全市落实市级以上动物防疫等补助资金2529万元，调拨疫苗296.21万毫升，免疫畜禽2734.01万只，应免畜禽免疫覆盖率达100%。科学推进流行病学调查，完成14个病种的28个实验室检测项目，检测样品8.08万份，应免畜禽群体免疫合格率均达到国家规定标准，病原学检测均为阴性。持续做好非洲猪瘟防控，对监管兽医实施网格化管理，累计排查各类场所1961场次、生猪1480.34万头次，监督抽检样品5357份，洗消猪养殖场户、车辆1.25万辆次，用药36.66吨。充分发挥重大动物疫病联防联控机制作用，签署《威海市人兽共患病防控合作备忘录》，形成人兽共患病综合防控新局面。净化畜间布鲁氏菌病，全市牛羊布鲁氏菌病非免疫净化工作成效显著。

【畜产品安全监管】 加强饲料兽药企业风险管控和分级管理，加大监管检查力度，开展饲料兽药生产、经营企业日常监督巡查，市、区（市）两级出动检查人员1027人次，检查饲料、兽药企业183家次，提出整改建议97条。开展违法使用“瘦肉精”打击行动，强化养殖、收购贩运和屠宰等各环节的监管，“瘦肉精”快速检测4.46万批次，合格率100%。开展兽用抗菌药使用减量化行动，推进减抗无抗安全养殖，山东恒大化工（集团）有限公司大疃奶牛养殖场等2家养殖场获批兽用抗菌药使用减量化省级达标养殖场。以中小养殖场为重点，加强畜产品质量安全监测，完成饲料兽药产品、养殖环节“瘦肉精”、畜禽产品兽药残留、动物源细菌耐药性监测等定量监测计划756批次，监测畜产品416批次，合格率均为99%。

【动物检疫监督】 明晰检疫申报、产品检疫、畜禽调运及落地监管等工作流程，依托智慧畜牧业系统回收落地动物信息1.7万条，总计畜禽1.52亿只。产地检疫畜禽3.86亿万头(只)，屠宰检疫畜禽3.85亿头（只）。强化动物卫生日常监管力度，全市处理病死猪18.78万头、家禽5347.41吨。开展威海市动物卫生工作规范年活动，通过宣传培训、开展专项行动等方式，压实动物防疫主体责任，强化依法履职能力，提升动物卫生管理工作效率。全年进行媒体宣传20次、巡查宣讲7次，培训从业主体1719人次，发放宣传资料8333份，签订承诺书1064份，摸底排查从业主体1542个，查办违法违规调运生猪行为8起。

【粪污治理】 深化种养结合，引导种植、养殖主体双向联动发展，做好畜禽废弃物综合利用的技术指导和服务。加强与市生态环境局会商联动，指导督促养殖场（户）依法依规落实设施配建及运行管护、粪肥利用计划和台账等措施。确保全市畜禽规模场粪污设施配建率100%，畜禽粪污综合利用率保持在90%。文登区畜禽粪污资源化利用整县推进项目获得农业农村部批准，获得上级资金3000万元。乳山市畜禽粪污资源化利用整县推进项目成功纳入农业农村部2024年后备项目储备库。指导各区（市）开展重点流域的沿河畜禽养殖排查，配合省畜牧兽医局、生态环境厅开展联合调研抽查，县级自查养殖场户2499个，实现全覆盖；市级重点抽查80个，发现并整改问题73项。

【科技创新】 推动产学研深度融合，开展饲用玉米豆粕减量替代行动；与山东省牧草产业技术体系、青岛农业大学联合搭建饲草料产学研示范基地3处，通过种植苜蓿、青贮玉米等150亩高蛋白饲草作物开展种植实验和饲喂实验，推进饲草全株高效利用。指导饲料生产企业加强技术攻关，文登六和饲料有限公司猪场1号小猪配合饲料被认定为山东饲料行业提效减量节粮示范产品。举办“鲁牧云课堂”40学时，累计培训基层工作人员1000余人。加强关键技术攻关，遴选8项产业需求强、应用价值高、技术成熟度好的技术在全市推广。实施岗位练兵，开展全市动物疫病防治员、兽医化验员等技能竞赛。推进山东省智慧畜牧大数据平台建设及推广应用，加强与畜牧兽医相关数据融通，实现全环节覆盖、全链条可溯、全过程管控。

【种质资源保护】 统筹专项资金30万元，开展新发现地方猪种类群——正棋黑猪黑猪种群测定，提高种质资源保护能力，改善正棋黑猪的遗传资源保护条件，种源保护实现新突破。加大种畜禽保护力度，完成烟台黑猪、文登黑鸭、文登奶山羊的畜禽遗传资源保种总结及保种效果评估工作。结合第三次畜禽遗产资源普查登记结果，配合国家级、省级专家完成生产性能测定品种3个，做好对纯种个体鉴定与收集保护工作，确保纯种资源不流失。配合上级开展烟台黑猪、文登黑鸭、文登奶山羊等品种相关志书编写。推动地方特色品种深度开发，促进资源优势转化为产业优势，威海鼎牛牧业有限公司（文登奶山羊原种场）获批申报2023年山东省省级畜禽核心育种场（扩繁基地）。

（邢莉莉）

林　业

【概况】 2023年，威海市林业局践行“绿水青山就是金山银山”和林草兴则生态兴、森林是水库钱库粮库碳库等重要理念，统筹推进山水林田湖草沙一体化保护和系统治理，推动林业高质量发展和高水平保护。全市完成修复造林面积3006公顷，森林抚育面积1333公顷，创新建立镇办“特色林场”和“巾帼林长”等机制。

【生态修复】 开展“绿满威海·四季多彩”国土绿化行动，重点实施伟德山、里口山、昆嵛山、正棋山和海岸林带“四山一带”等重点区域植被恢复提升。开展“互联网+全民义务植树”和市直部门单位到联系帮扶镇（街道）义务植树活动，动员社会各界参加义务植树活动，全市参与义务植树活动8.1万人次，栽植各类苗木93万株。开展荣成大天鹅国家级自然保护区泻湖口潮汐通道贯通等保护修复工程，实施内容河道防护堤修898.8米、河道疏浚621米、河道岸线植被修复面积6515平方米、大叶藻人工修复面积90亩。开展五垒岛湾国家湿地公园湿地修复工作，完成芦苇清理面积500余亩。

【林长制改革】 发布威海市第1号总林长令，开展“林长尽责年”活动，市、区（市）、镇、村4级林长累计巡林4万次。充分发挥“林长+检察长+警长”和“林长+河湖长+湾长”作用，联合开展森林违法案件查处和湿地排查整治等专项行动，全面加强森林、湿地等资源管护。建立“巾帼林长”护林队伍，市林业局、妇女联合会联合在42个森林防火重点镇（街道）选聘“巾帼林长”5720人，实施“森林防火巾帼行动”，协同开展森林防火宣传、监督和森林资源保护等。

【林业产业管理】 大力开展招商引资，试点种植射干、菊苣等林下中草药面积6000余亩。开展国家储备林项目申报，荣成市国储林项目通过省级论证，项目拟投资规模达17亿元。环翠区、文登区编制《国家储备林建设方案（草案）》。发布威海市地方标准《林业碳票碳减排量计量监测指南》，试点开展国有林场森林碳汇遥感指数保险，引导部分企业办理森林碳汇遥感指数保险。举办第二届山东省“技能兴鲁”职业技能大赛——花境职业技能竞赛、全省花卉高质量发展研讨会暨花卉产业发展培训班。环翠区、荣成市入选山东省森林可持续经营试点单位，环翠区里口山生态产业经营案例、荣成大天鹅保护区与经济发展实现双赢案例入选山东省自然资源领域生态产品价值实现实践典型案例。

【森林资源管护】 建立森林资源管护监测机制，构建日常巡查与森林督查相结合的立体化巡护方式，确保及时发现、及时制止、及时查处破坏森林资源行为。年内，国家林业和草原局下发全市疑似变化图斑328个。提前介入全市涉林重点项目，主动做好政策引导、服务保障、节约利用等工作。在省级下达林地定额26公顷的基础上，新落实省级林地定额近97公顷，全力保障市级重点项目57个。

【松材线虫病防控】 采用卫星、无人机遥感、人工地面踏查相结合方式，精准实施疫木普查活动。年内，采取直升机与无人机结合方式，实施飞机施药防治松材线虫病媒介昆虫活动，施药面积140余万亩次。

【森林防火】 构建森林防火闭环防控体系，市林业局、森林防火工作专班联合印发《冬春全市森林防火重点工作安排》，精准研判各个阶段森林防火形势，及时下发工作提醒并跟踪督导落实。开展森林火灾隐患排查整治“百日攻坚”行动，打击制止野外违规用火45起，排查和整改火灾隐患148处。健全机动巡防体系，新建高点红外热感自动报警高清监控101处、低点无人值守卡口415处，重点林区基本实现监控全覆盖。采取“固定值守＋机动巡逻”方式，3000余名护林员和1900名管护队员全天值守岗位开展摩托车带装巡逻，及时发现并消除风险隐患。加快推进基础设施建设，科学制订重点山系“一山一策”方案，新建森林防火通道206千米、维护修缮873.5千米，按照消防车辆、农用机械、消防队员3种可通过标准，对森林防火通道进行编码分类。新配置森林消防水车74辆、基础泵和串联泵265台，开展实战拉练114次，有效提升全市森林防灭火应急保障和处置能力。

【镇办“特色林场”改革】 以推进林长制改革为总着力点，以深化林业改革为突破口，统筹整合涉林政策、资金、人员等要素，在荣成市试点组建镇办“特色林场”，并逐步在全市推广，建立“山有人管、林有人护、火有人防、责有人担”的网格化管理新机制，探索集体林地管护和经营新模式，推动基层社会治理创新和农业农村综合改革。威海镇办“特色林场”改革经验得到国家林业和草原局和山东省政府肯定，并先后在新华社《内部参考》和《山东省政务信息》刊发。

（戚俊杰）

水　利

【概况】 2023年，全市水利水务系统积极践行“节水优先、空间均衡、系统治理、两手发力”的治水思路，统筹推进“六水共治”（广蓄水、引客水、淡海水、用中水、治污水、节约水共治）、“五化提升”（水资源治理系统化、水系连通网络化、河湖管护规范化、城乡用水同质化、供水排水一体化提升）。“零新增”治水模式被省政府研究室刊发，得到省政府负责人批示肯定，山东省河湖长制和水旱灾害防御专题培训班暨全省节水工作现场会在威海市举办。水利建设和运行管理、城市排水“两个清零、一个提标”（城市建成区雨污合流管网清零、城市建成区黑臭水体清零、城市污水处理厂提标）、河湖长制、水资源集约节约利用4项工作获得中共山东省委、省政府督查激励奖励，威海市是全省唯一获得水利领域督查激励“满堂红”的地市。

【水旱灾害防御】 完成9座小型水库除险加固和7座水库安全鉴定工作，补齐防洪薄弱短板。成功应对出海气旋、台风“杜苏芮”及20轮降水，启动水旱灾害防御Ⅲ级应急响应1次，精准下达调度指令77次，全市拦洪泄洪2亿立方米，没有发生大的洪涝灾害，避免3万人口转移。全力支援农业秋季抗旱，增加抗旱用水1.22亿立方米，保障周边农业灌溉需求。试点建设孪生流域、孪生水库、孪生河道各1处，建成全市统一的水利数据中心和水利专题数据库。数字孪生黄垒河先行先试项目被水利部列为全国优秀应用案例，水资源精细化管控平台入选山东省数字水利先行先试推荐应用案例。试点建设的防洪、水资源调配“四预”（预报、预警、预演、预案）应用陆续投入使用；在8月开展的洪水调度中，流域洪水预报精度提升8%，预见期延长至24小时以上，为探索更高层级数字应用积累经验、打下基础。

【水利规划计划】 威海市印发贯彻落实关于加快国家省级水网先导区建设全面提升现代水网综合效益的意见重点任务分工方案，推进建设重点水利工程50个，石家河拦蓄、东母猪河拦蓄等一批水利工程完工，增加拦蓄水量近400万立方米。年内，威海市水利建设完成投资17.6亿元，投资计划完成率100%。

【河流治理】 实施母猪河等重点河段治理工程，治理河长70千米。推进国家水系连通及水美乡村建设试点建设，完成河道清淤和景观提升13.44千米。

【水库闸站建设】 2023年，黄垒河、母猪河地下水库完工并正式下闸蓄水，新增蓄水能力6600万立方米。威海市河库水系连通工程基本完工，初步形成市域中线水资源调配体系，新增区域水资源调配能力5000万立方米。

8月，黄垒河地下水库工程竣工　（威海市水务局　提供）

【农村水利建设】 选取能够反映全市灌溉整体特点的样点灌区 11 个、典型地块 35 个，完成农田灌溉水有效利用系数测算，测算工作和分析报告通过省级审核。

【水生态建设】 深入推进城市排水“两个清零、一个提标”，威海临港经济技术开发区污水处理厂完成提标改造，建成水生态监测实验室，改造市政雨污合流管网 132.49 千米，市域建成区雨污合流管网全部清“零”，城乡黑臭水体实现动态清“零”。强化国家水系连通及水美乡村建设试点建设，完成河道清淤和景观提升 13.44 千米。实施省级水土保持重点工程 2 个，治理水土流失 18 平方千米，有效改善周边乡镇景观环境和农业生产条件。

【水资源管理与保护】 建立市、区（市）两级用水总量指标体系，市水务局、发展和改革委员会、财政局等部门联合印发《威海市计划用水管理办法（暂行）》《落实和完善节水激励政策若干措施》，规范计划用水流程，计划用水下达率 100%；创建省级节水标杆 5 个、市级节水型单位（社区）9 个，节水高校建成率达 70%。威海市获批重点市应急水量调度预案试点、水资源评估试点等省级试点，国家典型地区再生水利用配置试点工作在水利部中期评估中获评“优秀”等次。

【河湖管理】 组织各级河湖长完成巡河巡湖 14.5 万人次，整治问题 1037 个。实施健康河湖评价，建立河湖健康评价数据库，新创建省级美丽幸福示范河湖 4 条、淮河流域幸福河湖 2 条，全域 504 条河流全部完成省级达标任务，效益河湖建设经验在全省推广。

【工程建设和运行管理】 以赛促建打造精品工程，威海市黄垒河地下水库工程（三期）获得 2023 年山东省工程建设泰山杯奖，威海市河库水系连通工程小观泵站获评 2022 年度山东省工程质量管理标准化示范工程。贯彻安全生产创新举措，开展警示教育 16 次，受教育群众 1.5 万人次。推行安全生产标准化和安全风险管控机制，开展有限空间作业等领域专项行动 18 次，派出检查组 54 组 129 人次，发现整改问题 145 个。全市水利水务安全生产形势稳中向好，连续实现“零”事故、“零”伤亡。利用威海市农民工工资支付监管平台及时处理各类预警信息，确保水利行业无欠薪案件发生。修订完善管理制度、操作规程、标识牌，水利工程标准化创建工作通过省检查组抽查复核，龙角山水库获评山东省标准化管理水利工程。

【城乡供水】 强化城乡供水保障水平，10 月 31 日，《威海市城乡供水安全条例》经威海市第十八届人民代表大会常务委员会第十二次会议通过，为规范供水工作提供法治保障。启动农村供水水质提升三年行动，农村规模化供水覆盖率提升至 75% 以上，其余村庄实现直饮机及消毒设备 100% 覆盖。成立威海市城镇供排水协会。全年改造城市供水管网 15.2 千米、二次供水设施 10 处、“一户一表”小区 9 个。

【城市排水】 推进初村污水处理厂扩建工程、环翠区污水处理厂新建工程前期手续办理。初村污水处理厂 2 万立方米／日扩建工程开工，稳步推进环翠区污水处理厂前期工作。提升建制镇污水治理能力，全市新增镇级污水处理管网 21.5 千米，荣成成山污水处理厂 5000 立方米／日扩建工程于 10 月完工。

（张　超）

农业机械

【概况】 2023 年，威海市农机总动力达到 514.07 万千瓦，农用拖拉机 24.63 万台，各种配套机具 52.86 万台（套）。全市农作物耕种收综合机械化率 93.1%，其中小麦综合机械化率 99.9%、玉米综合机械化率 97.4%。

【农机惠农政策】 2023 年，威海市落实中央财政农机购置补贴资金 2245 万元，通过手机 App 申请受益农户和生产经营组织达 100%，补贴各类农机具 1779 台（套）。

【农机化推广】 以全面提升粮油农产品供给装备保障为重点，促进农机农艺融合，推动农业机械化向全程全面高质高效发展。开展全市农机化短板弱项情况调研，通过交流座谈、问卷调查、实地考察等方式，对全市粮食烘干现状、花生机械化发展现状、果蔬初加工机械化、中药材机械化等情况进行调研并撰写调研报告。结合“四分”（分区域、分产业、分品种、分环节）农机化研究，围绕果园机械、花生、中药材等不同产业的薄弱环节，聚焦关键环节引领性技术、重点环节提升性技术，新建机艺融合示范基地 10 个，引领先进适用的机械装备与农艺相结合，探索农机装备从有到全、从全到好、从好到强的转变途径。

【农机安全保障】 全年办理农机车辆业务 4817 次、驾驶证业务 6068 次，完成新增车辆挂牌办证、到期农机审车换证及农机驾驶员的培训和考试工作。选派优秀农机手和农机技术员参加山东省“技能兴鲁”职业技能大赛——第三届高素质农民（农机技术员、农机驾驶操作员）职业技能竞赛，获得农机技术员比赛团体优胜奖 1 个，个人二等奖、优秀奖各 1 个；在农机手比赛中，获得团体优秀组织奖 1 个。荣成市和乳山市，环翠区桥头镇等 7 个镇、文登区华鑫农机专业合作社等 4 个农机经营组织分别被山东省农业农村厅、省应急管理厅联合评为“平安农机”示范市、“平安农机”示范镇和“平安农机”示范经营组织。

（王　丽）

编辑　李传强

海洋与渔业

综 述

【概况】 2023年，市海洋发展局坚定扛牢经略海洋政治责任，牢固树立大抓经济鲜明导向，着力稳增长、塑优势、增后劲、防风险、开新局，海洋强市建设取得新成效。全市实现海洋生产总值1305.44亿元，比上年增长5%，占全市地区生产总值比重37.2%。水产品产量328.4万吨，增长3.6%。有涉海规模以上企业1158家，渔业船舶9705艘。由市海洋发展局、威海海事局牵头组建的市海上安全工作专班获评山东省改革创新团队。

【水产原良种场创建】 1月10日，农业农村部印发《农业农村部关于批准象山港湾水产苗种有限公司等5家单位为国家级水产原良种场的通知》，批准山东好当家海洋发展股份有限公司为国家级刺参良种场（命名为国家级山东荣成刺参良种场），威海长青海洋科技股份有限公司为国家级海带良种场和皱纹盘鲍良种场（命名为国家级山东荣成海带良种场、国家级山东荣成皱纹盘鲍良种场），并颁发验收合格证书，有效期5年。

【异地休渔共管机制建立】 4月30日，天津市滨海新区与威海市签订异地休渔渔船共管协议。双方就常年在威海市停靠的37艘天津籍渔船休渔监管事宜进行商讨，分析休渔监管中的问题及解决措施，对双方共管责任进行明确划定，确保各项共管举措落实落地、跨省异地休渔工作全面完成，并签订《2023年天津市滨海新区与山东省威海市“津籍渔船”休渔共管协议》。

【威海市海洋预制菜科技文化节暨威海海鲜品牌推介会】 7月30日，“走遍四海 鲜在威海”威海市海洋预制菜科技文化节暨威海海鲜品牌推介会启动仪式在威海国际经贸交流中心举行。活动对威海海鲜预制菜品牌进行推介，并举办威海海鲜品牌推介主题沙龙、威海海鲜特色企业采风、“Hai”威海——威海海鲜美食体验者全网招募3项活动，宣传威海海鲜品牌。海洋企业、采购商、高校、科研机构和媒体等单位代表参加活动。

【东北亚海洋绿色低碳高质量发展大会】 9月22日，东北亚海洋绿色低碳高质量发展大会在威海市召开。大会以“绿色引领·数字赋能”为主题，共同探讨海洋绿色低碳高质量发展的新路径、新模式。东北亚地区地方政府联合会会员省、涉海国际组织、行业协会、教育科研机构和企业界代表约300人参加大会，副省长范波、东北亚地区地方政府联合会秘书长林秉镇出席开幕式并致辞。

【海洋生态保护修复交流大会】 12月18日—19日，2023海洋生态保护修复交流大会在威海南海新区举办。会议以“加强海洋科技创新引领，推进海洋生态保护修复”为主题，围绕海洋生态保护修复的发展规划、科技创新、技术成果应用等方面进行探讨，威海市海洋生态保护修复工作经验在会上进行交流。自然资源部、山东省海洋局、中国海洋工程咨询协会、北京交通大学、中国海洋大学等部门、高校代表500余人参加会议。

【中国海带产业发展大会】 12月25日，2023中国海带产业发展大会在荣成市召开。会议以“海带高质量发展”为主题，从海带产业状况、可持续发展、生态养护、质量安全与管理、加工技术革新和高值化利用等多方面探讨研究海带产业高质量发展之路。国内海带育苗、养殖、加工、流通、贸易等企业、机构、科研院所代表200余人参加会议。

海洋经济

【概况】 2023年，全市准确把握海洋经济、海洋科技、海洋生态、海洋对外开放合作及海上安全等方面的内在联系，坚持科学用海、科技兴海、产业强海、生态护海、开放活海、安全靖海的原则，以陆海统筹、科技创新驱动海洋绿色低碳高质量发展。实现海洋生产总值1305.44亿元，比上年增长5%，占全市地区生产总值比重为37.2%。

【海洋第一产业发展】 水产种业方面，加快实施海洋种业“倍增计划”，年育苗量突破600亿单位。创建省级以上水产原良种场24处，其中国家级7处、省级17处，新增“海农1号”海带新品种1个，全市水产新品种达14个，威海市获评中国海洋种业之都；海水养殖方面，推进海洋牧场建设，建设国家级海洋牧场示范区 16 处、省级海洋牧场示范区 33 个，海洋牧场总面积突破 11 万公顷，建成重力式深水抗风浪养殖网箱 246 个，开展海参深水网箱自然养殖；近海捕捞方面，新增近海专项捕捞渔船 26 艘，完成近海捕捞产量 66.8 万吨，增长 4.7%；远洋渔业方面，南极磷虾捕捞加工船投产，新增阿曼远洋渔业作业渔场和俄罗斯西白令海作业渔场，新引进远洋渔船 5 艘，实现远洋渔业捕捞类型全覆盖。全年全市水产品产量 328.4 万吨，增长 3.6%；远洋渔业产量 46.7 万吨，增长 1.9%；渔业总产值 465 亿元，增长 4.9%。

12 月 7 日，荣成市俚岛湾海洋牧场渔民在更换养殖浮漂　（威海日报社　提供）

【海洋第二产业发展】　项目建设方面，全年确定海洋产业重点项目 76 项，总投资 144.6 亿元，年度计划投资 52.7 亿元，实际完成投资 54.2 亿元，市级海洋产业重点项目全部开工建设；对上争取方面，落实 2023 年中央专项资金 1200 万元，支持 6 家企业实施水产品初加工和冷藏保鲜设施设备建设项目。加强特种反渗透膜元件制备、应用技术研究与产业化项目建设，推动实现产业化；产业集群方面，全市有海洋食品产业链规模以上企业 195 家，实现营业收入 236.5 亿元、利润 21.2 亿元，分别增长 7.6%、12.8%，海洋预制菜产业集群获评省“十强”产业“雁阵形”集群。市海洋发展局印发《威海市海洋生物与健康食品产业集群高质量发展三年行动计划（2023—2025 年）》，明确海洋生物与健康食品产业发展目标、重点任务、推进举措和保障措施，全面指导产业发展。全市有海洋生物与健康食品产业规模以上企业 249 家，全年实现营业收入 309.97 亿元、利润 20.66 亿元，分别增长 9.4%、21.6%。

【海洋第三产业发展】　滨海旅游业方面，升级“千里自驾游威海”“千里海上观威海”等文旅消费载体，推出“趣威海　过夏天”等精品主题线路 30 条和 100 个网红打卡点，千里山海自驾旅游公路项目入选第一批交通运输与旅游融合发展十佳案例；海洋交通运输方面，实施市域一体、国内通达、联通海外“三大交通圈”发展战略，新开通“威海—俄罗斯”国际航线，增加威海—韩国釜山海上航线运力，全市开通国际、国内班轮航线 35 条。至年底，全市港口货物吞吐量 5154.4 万吨、集装箱吞吐量 148.8 万标准箱，分别增长 14%、6.5%；海洋碳汇产业方面，着力发挥焦念志、唐启升院士工作站平台引领作用，获批国家发明专利 2 项、行业标准 2 个、团体标准 1 个。建成盐生植物种质繁育产学研基地 5 处，恢复盐地碱蓬湿地 66.67 公顷，收获碱蓬青苗 3 吨、种子 6 吨，加快培育碱蓬籽食用油等海洋生态产品。支付宝“神奇海洋”公益平台上线海草床公益修复项目，有 1 亿人次参与。落实国家海岸带修复项目资金 3 亿元、社会公益基金近 1 亿元，在天鹅湖海域启动海草床修复项目，荣成市成立全国海洋自然资源调查与应用示范基地。

海洋渔业转型升级

【概况】　2023 年，市海洋发展局围绕海洋牧场示范创建、深远海养殖发展、水产种业振兴、远洋渔业转型、水产绿色健康养殖等工作开拓创

2023年威海市海洋及相关产业增加值情况表

表 3

产业名称	海洋渔业	海洋水产品加工业	海洋矿业	海洋盐业	海洋船舶工业	海洋工程装备制造业	海洋化工业	海洋药物和生物制品业	海洋工程建筑业	海洋交通运输业	海洋旅游业	海洋科研教育管理服务业	海洋上游、海洋下游相关产业	海洋生产总值	涉海规模以上企业（家）
增加值（亿元）	275.85	180.17	4.76	0.35	42.78	39.26	2.94	30.46	21.25	44.52	302.32	45.31	296.4	1305.44	1158
增幅（%）	4.9	6.9	−7.4	−6.6	21.0	13.0	1.3	21.1	10.8	8.7	8.4	4.0	−7.0	5.0	
比重（%）	21.13	13.80	0.36	0.03	3.28	3.01	0.23	2.33	1.63	3.41	23.16	3.47	22.70	37.2	

新，持续推动海洋渔业转型升级。全市实现水产品产量328.4万吨，比上年增长3.6%。其中，海水养殖产量212.9万吨、近海捕捞产量66.8万吨、远洋渔业产量46.7万吨，分别增长3.8%、4.7%、1.9%。水产养殖面积11.9万公顷，增长3.5%。

·海洋捕捞·

【概况】 2023年，全市深入推进远洋渔业扩规提档，新增远洋渔业作业渔场2处，强化远洋渔船更新改造和沙窝岛远洋渔业建设，南极磷虾捕捞加工船正式投产，全市远洋渔船总数330艘，远洋产业链产值突破100亿元。

【渔场开发和渔业基地建设】 拓展远洋渔业发展空间，新增阿曼远洋渔业作业渔场和俄罗斯西白令海作业渔场，3艘远洋渔船赴阿曼海域作业，2艘拖网渔船完成俄罗斯西白令海全年配额任务。加快极地渔业发展，南极磷虾捕捞加工船正式投产。加大沙窝岛国家远洋渔业基地建设力度，推进10万吨冷链物流库建设，远洋渔业人才培训中心于3月开班使用，3家远洋渔业企业的200余名船员参训。

【远洋船队建设】 加大远洋渔船引进力度，山东蓝越远洋渔业有限公司购置远洋拖网加工船2艘，作业区域为北太平洋公海大型拖网和俄罗斯西白令海鳕鱼，年可捕水产品3万吨，实现产值1.5亿元。威海市瀚洋远洋渔业有限公司引进金枪鱼围网渔船5艘（其中外籍金枪鱼围网渔船3艘），实现全市远洋渔船作业类型全覆盖。山东蓝越远洋渔业有限公司引进外籍金枪鱼围网渔船2艘，5艘外籍金枪鱼围网渔船均纳入国内远洋渔船管理。申请2023年中央远洋渔船更新改造补助资金2240万元，实施17艘远洋渔船更新改造项目，至年底，改造完成15艘。

荣成市桑沟湾海洋牧场　　（威海日报社　提供）

【远洋渔业规范生产】 提升从业人员安全意识和专业技能，举办威海市远洋渔业从业人员履约提升及安全生产培训班，围绕远洋渔业渔船作业安全及应急处置、远洋渔业企业履约评估工作实施情况分析、国际履约及渔捞日志数据报送、远洋船舶安全检验规范、远洋渔业管理和政策宣讲、远洋渔船保险理赔程序与规范等进行培训，全市25家远洋渔业企业的91名管理人员和职务船员参加培训。对全市远洋渔业企业进行全覆盖安全风险隐患排查、督导检查和集中整治，建立整改台账，签订责任书，消除风险隐患。

·水产养殖·

【概况】 2023年，全市深入推进海洋牧场、深远海养殖项目建设，新创建国家级海洋牧场示范区1个，新建重力式深水抗风浪网箱40个，开展海参深水网箱自然养殖，海水养殖面积11.59万公顷，实现海水养殖产量213万吨。威海市被中国水产流通与加工协会评为中国海洋种业之都，乳山市获评国家级水产健康养殖和生态养殖示范区。

【海洋牧场建设】 新创建国家级海洋牧场示范区1个，落实国家级海洋牧场示范区人工鱼礁项目3个，获得补助资金6000万元。落实2023年中央资金2400万元，建设重力式深水网箱300个。市海洋发展局印发《威海市海洋牧场项目建设管理办法》，围绕海洋牧场项目储备、论证、遴选、建管、验收、退出等方面，健全海洋牧场建设管理机制；印发《威海市海洋牧场发展规划（2023—2028年）》，围绕"高效、优质、生态、健康、安全"的发展目标，明确海洋牧场发展空间布局，实施绿色示范工程等8个重点任务，打造全国海洋牧场建设示范市和海洋牧场发展精致样板。

【水产种业发展】 新增"海农1号"海带新品种1个，全市水产新品种达14个。引进中国海洋大学包振民院士团队与威海汇海科技有限公司合作开展海参良种培育。新增好当家刺参、长青海带、皱纹盘鲍国家级水产良种场3处，西霞口海胆省级水产良种场1处，威海文登红鳍东方鲀省级原种场、威

2023年威海市渔业生产基本情况表

表4

水产品总产量（万吨）					养殖面积（万公顷）			渔业船舶拥有量		
合计	海洋捕捞	远洋渔业	海水养殖	淡水养殖	合计	海水养殖	淡水养殖	艘数（艘）	总吨位（万总吨）	功率（万千瓦）
328.4	66.8	46.7	213.0	2.0	11.85	11.59	0.26	9705	66.83	102.37

2023年威海市海水养殖主要产品产量情况表

表 5　　　　单位：万吨

合计	鱼类	甲壳类	贝类	藻类	其他类	
					合计	其中海参
212.9	0.84	2.03	137.12	67.22	5.76	4.54

海慧源绿鳍马面鲀省级原种场通过复查。开展长牡蛎三倍体苗种生产技术优化和集成生产性试验，室内长牡蛎苗种培育获得成功。实现石斑鱼高价值鱼类陆基规模化养殖，年培育珍珠斑、老鼠斑、金虎斑等石斑鱼苗种突破1000万尾，年产值达3627万元，主要销往海南省、福建省等，形成“南鱼北繁、北繁南养”跨区域苗种合作新模式。

【生态健康养殖】　建设陆基标准化水产育苗基地2处，推广工厂化全封闭循环水、“工厂化＋池塘”综合利用等4种养殖尾水处理，建立高效、节水、节能、节地、减排的水产育苗与养殖陆基精准清洁生产新模式。落实补助资金2400万元，实施超过473.33公顷的海参池塘标准化改造及尾水治理项目。桑沟湾多营养层次综合养殖模式被列入山东省现代化海洋牧场建设综合试点经验向全国推介。全年完成更换海上生态浮漂57万个。

【水产养殖机械化应用】　实施牡蛎养殖机械化设备推广应用项目，实现牡蛎清理、倒笼、装笼、清笼生产流程全机械化；支持威海长青海洋科技股份有限公司试制海带机械化采收装置，于12月完成验收，在爱伦湾海洋牧场初步投产使用。

·水产品市场与品牌建设·

【概况】　2023年，市海洋发展局深入实施渔业品牌战略，巩固提升“1+3+N”渔业品牌体系（1个整体区域品牌，3个特色区域品牌和N个企业产品品牌），开展威海海鲜品牌提升行动，积极引导水产企业融入双循环发展新格局，从全国、山东省和威海市3个维度，“线上＋线下”2个方向布局，借助媒体和平台渠道，依托线下城市巡展和线上电商平台全方位宣传推介威海海鲜品牌及产品，增强全市海洋食品的市场竞争力。加强海洋渔业经贸合作，市海洋渔业经贸代表团赴日本、韩国访问考察企业、商协会机构等10余家，助力渔业经贸发展。

【水产品进出口贸易】　2023年，全市有364家企业发生水产品进出口实绩，出口业务涵盖71个国家和地区，完成水产品进出口总额142亿元。其中，出口额99.6亿元、进口额42.4亿元，分别增长0.6%、9.6%；出口量35.9万吨、进口量21.6万吨，分别增长0.1%、15%。

【品牌建设】　在泰安市、临沂市启动“千里海岸线　最美威海鲜”品鲜季活动。活动设置威海海鲜展览区、亲子游戏互动、海鲜试吃等环节，宣传推广威海海鲜。在济南市举办“走遍四海　鲜在威海”威海海鲜与海洋预制菜品牌提升论坛，围绕“威海海鲜”及海洋预制菜的产业发展变革和品牌升级进行交流，打造“走遍四海　鲜在威海”品牌。年内，威海市获得“中国海洋预制菜之都”区域特色品牌，“荣成海带”入选2023年农业品牌精品培育名单，“威海刺参”入选2023年全国“土特产”推介名单，“威海海鲜”“乳山牡蛎”入选2023中国农业百强标志性品牌，威海浦源食品有限公司获评农业国际贸易高质量发展基地。“乳山牡蛎”品牌以价值193.85亿元列国家地理标志牡蛎品牌价值排行榜第1位、“荣成牡蛎”品牌以价值11.06亿元列第10位。

·海洋科技创新·

【概况】　2023年，市海洋发展局强化海洋科技创新，推进国家海洋综合试验场（威海）省部共建，提升试验场服务保障能力。开展海洋对外合作，举办东北亚海洋绿色低碳高质量发展大会，取得良好成效。加强渔业技术推广建设，增强海水绿色养殖“五大行动”骨干基地技术辐射带动能力，着力开展病害防治和技术培训，提升渔业发展质效。

【涉海创新平台建设】　国家海洋综合试验场（威海）海域扫测、背景场环境监测系统和数据中心搭建，水下机器人、综合观测浮标等关键设备投入使用，完成哈尔滨工程大学UUV水下协同测试海上试验等试验任务20余组。落实资金750万元，铺设海底光电复合缆2千米，维护试验场稳定运行。组织召开试验场建设与发展会议，成立国家海洋综合试验场协同创新中心并召开第一次会议；6家高校认定威海试验场为学生实习实训基地。

【海水利用科研机构建设】　威海市海水综合利用产业技术研究中心被省科学技术厅备案为山东省级新型研发机构，并与山东双轮股份有限公司、江苏大学共建“高效节能离心泵”山东省工程研究中心。对国家远洋渔业基地远洋渔船的海水淡化机开展更新改造、配件更换及后期维护，协同山东大学完成“海水淡化柱塞式增压泵能量回收装置及性能测试平台”项目。引进注册涉海科技型企业1家，开展对接交流活动10次，发表文章3篇，申请专利2项。

【渔业技术推广】　市海洋发展局印发《2023年水产绿色健康养殖技术推广“五大行动”实施方案》，增强海水绿色养殖“五大行动”骨干基地技术辐射带动能力，推进渔业产业结构调整和转型升级，13个骨干基地均通过省级复核，新增省级骨干基地1个。总结海水绿色养殖的经验、技术、模式，并在威海电视台、“学习强国”学习平台等媒体发布宣传报道6期。围绕优势主导品种，开展不同季节海参养殖管理与病害防治、对虾主要病害防控技术及养殖模式等专题培训班12次，受众1300余人次。针对病害发生规律，邀请专家20人次进行指导，做好针对性预防；组建优质服务团队，走访刺参工厂化、池塘、网箱养殖企业20余家，有效减少病害损害。

海洋综合治理

【概况】 2023年，全市海洋综合管理工作以自然岸线监管、海洋生态保护修复、互花米草治理、海洋监测预警等工作为重点，着力强化依法管海用海，推动海洋资源节约集约利用，推进海洋生态文明建设，形成海洋资源高效利用、空间格局逐步优化、生态环境持续改善的海洋综合管理事业新格局。

·海域海岛管理·

【概况】 2023年，市海洋发展局加强自然岸线动态监管，加快实施海洋生态修复项目，科学治理互花米草、处置浒苔，提高海域海岛管理规范化、科学化水平，促进海域海岛资源的合理利用。

【自然岸线监管】 以依法管海、依法用海、生态用海为指引，组织各区（市）按季度开展自然岸线监管和项目用海监管，对全市178段自然岸线进行逐段巡查，对3000余个项目用海进行现场监管，促进全市海域开发有序进行，保障海洋资源合理利用。

【海洋生态保护修复】 以实施海洋生态保护修复项目作为践行海洋生态文明建设的主要发力点，推动双岛湾蓝色海湾整治行动项目，荣成朝阳港、石岛湾海岸带保护修复工程项目通过省级审查验收。加快实施2023年中央财政支持海洋生态保护修复项目，拆除养殖塘182公顷，治理互花米草976公顷，种植海草床8公顷，修复岸线2200米，疏通潮沟82万立方米；获批2024年中央财政支持海洋生态保护修复项目，获得中央财政支持资金3亿元。

【互花米草治理】 坚持科学治理、精准施策，通过“刈割＋翻耕”“刈割＋深埋”和使用生态制剂等方式，治理互花米草面积1356公顷，清除率达85%以上。加强监视监测，随时清除复生和新增的互花米草，有效遏制互花米草入侵趋势。

【浒苔绿潮处置】 按照“早关注、早部署、早准备、快处置”的原则，开展浒苔处置工作，筑牢浒苔近海防御打捞线、重点海域拦截线、岸边清理线“三道防线”，全市布设海上拦截网60千米，出动人员965人次、机械设备242台次、车辆200车次，清理处置浒苔378.5吨。提升近海浒苔监视监测能力，在南部海域新布设海洋生态浮漂1套、智能化视频监控点位5处，建成浒苔综合监测系统。

·海洋监察·

【概况】 2023年，市海洋发展局严格落实岸线巡查制度，对全市管辖海域持续开展常态化执法巡查，对违法用海行为做到“早发现”“早制止”，依法查处破坏海域、海岛、岸线资源的违法违规行为，全市未发生重大违规用海行为。

【监察执法】 市海洋发展局印发《关于进一步加强海域海岛执法监管工作的通知》，全面加强海域海岛执法巡查；印发《2023年海域海岛专项执法行动实施方案》，重点围绕自然资源督察（海洋部分）发现的问题、海洋生态整治修复项目、重点用海项目、重点海岛保护、围填海疑点疑区等开展执法检查。开展2023年“美丽海湾”专项执法行动，重点围绕全市4处重点海湾内海洋生态修复项目、自然保护地、海洋倾废、海砂采挖等开展执法检查。市海洋发展局。年内，全市出动陆地执法人员1873人，开展陆地巡查706次，行程5万千米；出动海上执法人员，755人海上巡查231次，航程5050海里，检查涉海工程建设项目374次、涉海自然保护地37次、海岛251次。

·海洋预报减灾·

【概况】 2023年，市海洋发展局以能力建设为核心，保障海洋观测设施稳定运行，规范开展海洋预报业务，强化海洋灾害预警与灾害过程评估，为全市海洋经济高质量发展服务。

【海洋预报】 加强海洋预报会商工作，建立周、季度会商工作机制，全年发布预报周报、节假日预报等各类会商信息50余期。强化威海近岸海域和重点保障目标的预报保障，通过网站、政务微博、微信公众号等渠道，全年发布常规海洋预报及海洋牧场、海洋公园、重点渔港、海水浴场等专项预报单1800余期。

【海洋观测运维】 严格落实海洋观测设施的维护、比对与检定，对海洋观测站进行定期和灾害过程期间的应急巡视维护，对小石岛、逍遥港2个海洋台站开展比对维护30余次。每月定期巡检海洋观测网，保障海洋观测设施稳定运行和海洋观测数据的顺利获取。

【海洋防灾减灾】 加强年度海洋灾害统计分析和海洋灾害风险防范，完善海洋灾害应急预案体系，修订印发《威海市风暴潮、海浪、海啸和海冰灾害部门应急预案》及中心台站管理制度等，梳理和完善相关单位、科室的责任和分工，明确海洋灾害预警工作措施和流程，为海洋灾害应急响应提供科学指导。全年开展海洋灾害期间现场调查并编制过程分析报告10余期、灾害情况专项通报4期。编制完成2023年度海洋灾害分析报告，为海洋防灾管理提供数据支撑。

· 海洋生态预警监测 ·

【概况】 2023年，市海洋发展局着力开展近海生态趋势性监测，强化赤潮、水母等海洋生态灾害预警监测，完善海洋生态预警监测内容，不断提升海洋生态预警监测能力。

【近海生态趋势性监测】 市海洋发展局印发《2023年威海市海洋生态预警监测工作实施方案》，在全市近岸海域布设近海生态趋势性监测站位32个，开展水环境、沉积环境和海洋生物监测。全年出海12个航次，航行600余海里，采集各类样品1200余个，获取监测数据5000余个。

【赤潮灾害应急监测】 针对上半年市区北部出现的局部海域中肋骨条藻丰度异常情况，市海洋发展局通过海上巡视、陆地无人机监测等方式，出动人员10余人次，开展外业监测2个航次，编制赤潮灾害快报及预警报3期，及时掌握近岸海域赤潮灾害分布范围及变化情况。

【水母灾害早期预警监测】 5月—8月，市海洋发展局在近岸海域开展水母灾害早期预警监测，通过肉眼观察及拖网监测的方式，对海水浴场、增养殖区、华能威海发电有限责任公司取排水口等敏感区域进行监视监测。年内，全市近岸海域未发生水母大规模爆发灾害。

【大型藻类监视监测】 市海洋发展局通过卫星遥感解译、无人机监测、海域视频监控及志愿服务等多种手段，全面掌握近岸海域绿潮浒苔状况。拓展"岸—海—空—天"四位一体监测体系，新增乳山杜家岛、和尚洞和挂子场，文登南海港区及荣成沙窝岛5处视频监控点位，对南部海域大型藻类聚集情况开展监视监测，编制大型藻类监视监测专报3期，为及时掌握灾害情况和精准处置提供技术支撑。

【海水入侵及土壤盐渍化监测】 市海洋发展局在枯水期（3月—4月）和丰水期（7月—8月）分别开展海水入侵和土壤盐渍化监测与评价工作。在双岛湾两侧及乳山区域布设断面3个、站位12个，采集海水样品24份、土壤样品24份，完成相关项目实验室分析工作并形成《2023年威海市海水入侵监测评价报告》《2023年威海市土壤盐渍化监测评价报告》。

【生态预警监测任务通过验收】 市海洋发展局承担全省近海生态趋势性监测、典型生态系统现状调查和海洋生态灾害预警监测等7项任务，全年出动监测车船20个航次，航程600余海里，采集各类样品1500余个，获得监测数据1万余组，编制海洋生态预警专报等报告15期。顺利通过专家验收。11月23日，2023年山东省海洋生态预警监测任务验收会（威海）在威海市召开，生态预警监测任务通过专家组验收。

· 渔业生态监测 ·

【概况】 2023年，市海洋发展局强化重点海水增养殖区监测，探索开展海洋生态灾害预警可行性研究、全市重点养殖品种环境调查，渔业生态环境监测与评价工作取得新进展。

【海水增养殖区监测】 在烟威近岸养殖区、荣成片区及乳山文登片区分别选取36个、33个和41个监测站位，开展海水增养殖区和海洋牧场区生态状况评价，编制季度养殖海域环境状况专报和海洋牧场区状况专报各4期，掌握全市重点海水增养殖区环境现状。

【海洋生态灾害预警可行性研究】 开展浮游生物幼体生长对全市近岸海星等海洋生态灾害预警的可行性研究，完成20个站位、60个水质和160个浮游生物样品采集和实验室分析工作，为海洋生态灾害预防与预警提供数据支撑。

【牡蛎养殖区专项监测】 在乳山市选取牡蛎养殖片区3处，开展牡蛎与海水水质样品的采集，研究牡蛎胃含物和区域海洋环境中浮游植物的对应关系，了解牡蛎选择性摄食规律，关注海水中浮游植物生物多样性对牡蛎质量的影响。在乳山市近岸海域，新投放海洋生态浮标1套，实现海水常规要素连续监测，实时掌握牡蛎养殖区内海洋生态基础状况，及时发现潜在风险。

渔业管理

【概况】 2023年，市海洋发展局围绕渔业渔政管理、渔业安全生产管理、水产品质量安全监管和渔业资源修复等方面积极开展相关工作，确保渔业生产秩序稳定。

· 渔政管理 ·

【概况】 2023年，市海洋发展局创新渔政管理机制，开展"中国渔政亮剑2023"威海市系列专项执法行动，推进"依港管船"制度和渔船包保责任制实施，全面强化渔船管控和船员培训，打击渔业违法行为。科技赋能精准查处逃避监管行为工作案例入选"中国渔政亮剑2022"执法典型案例，渔船管控机制创新案例入选全省统筹发展和安全工作典型案例。

【渔政管理机制创新】 建立定港查船制度，逐艘比对渔船信息，重点整治涉渔"套号""假号""三无"（无船名船号、无船舶证书、无船籍港）船舶违规行为，查获涉嫌违法违规渔船20艘。实施"一斗一档"管理制度，对全市在册捕捞渔船及在威海市休渔的外省籍渔船定位设备终端信息进行登记，并开展全方位、多角度拍照存档，建立渔船北斗档案2730册，严防渔船私拆北斗等违法违规行为。推行渔船代理负责制，对到威海市的外省（市）渔船及其代理人进行全面摸排，登记渔船代理人138人、外省（市）渔船554艘，建立管理台账，强化渔船管理。

【渔业专项执法行动】 以"中国渔政亮剑2023"专项执法行动为主线，实施"春雷""净海""凛冬"系列专项执法行动，保持海陆执法高压态势。强化执法联动，市海洋发展局、公安局、威海海事局等部门联合开展海洋渔业联合执法、海洋伏季休渔、“商渔共治2023”等专项行动，严厉打击各类船舶伏季休渔违规行为。加强海陆巡查，组织适航执法船艇在全市周边海域进行巡查，出动执法船艇1667艘次、执法人员1.16万人次，巡航4.9万海里，检查渔船2874艘；着力开展渔港、码头、自然港湾、岸线日常巡查，出动车辆3.30万辆次、执法人员5.61万人次，巡查48.68万公里，检查渔港码头5.11万处次、渔船6.68万艘次。实施海上“清网”行动，坚持禁渔区线内、线外“内外同管”，伏季休渔期间抽调33艘大马力渔船作为“护渔船”，执法船艇伴航监管，对全市“地笼网”“老牛网”“袖子网”“锚流网”等违禁渔具进行全面清理。年内，全市查获违法违规渔船715艘（其中涉渔“三无”船舶83艘），没收违禁渔具6840套。

【涉外渔业管控】 全年有352艘渔船获得涉韩国入渔指标，入渔渔船339艘，通报入渔数量4435艘次，通报准确率100%，完成2024年度351艘渔船涉韩国入渔指标分配工作。开展涉韩国入渔教育培训，培训人员797人，增强渔民合法守规生产意识，年内未发生严重涉外违规事件。

【渔港规范化管理】 压实“依港管船”工作责任，市海洋发展局印发《关于全面加强渔港管理工作的通知》，对全市渔港管理工作进行全面督导检查，检查渔港49处；印发《威海市渔港环境综合整治提升专项行动实施方案》《关于做好“渔港环境综合整治回头看”工作的通知》，重点对42处渔港进行全覆盖检查，并对全市人工渔港、渔船集中停泊点和有渔船停泊的自然港湾开展渔港环境综合整治专项检查，全面提升渔港环境卫生清理整治效果。推进渔港项目建设，配合开展乳山口渔港和桃园渔港2处建设项目验收、沙窝岛渔港泊位启用验收，并对12处渔港环境综合整治项目进行验收。编制《威海市渔港管理工作指南》，举办渔港管理专题培训，对全市主要渔港相关人员105人进行培训，全面落实安全生产责任，加强渔船监管。规范开展渔业港口经营许可工作，全年发放渔业港口经营许可证44本(累计51本)。年内，荣成市人和渔港获评全国文明渔港，荣成市沙窝岛渔港、赤山渔港、院夼渔港和环翠区远遥渔港通过全国文明渔港复核。

【渔业船员培训管理】 加强对渔业船员培训和考试发证管理，规范培训开班审批，全年开展渔业船员培训314期，培训1.34万人。规范渔业船员培训机构管理，对渔业船员培训机构开展监督检查，检查培训机构10家，并督促问题整改。

【渔船过户和包保责任制实施】 规范跨市县购置渔船审批程序，确保渔船过户便利化，着力根治“船证分离”“异地挂靠”顽疾，全市办理跨市县过户渔船195艘，其中省内跨市过户184艘、市内跨县过户11艘。推动渔船包保责任制有效实施，开展渔船包保责任人培训和监督抽查工作，市海洋发展局印发《2023年威海市渔船包保责任人培训工作方案》《关于全市渔船包保责任制落实情况的通报》，全年培训渔船包保责任人1766人，抽查渔船包保责任人435人次，印发通报5期。

【水生野生动物保护】 开展威海市水生野生保护动物“清风行动”，加大对水生野生动物保护的执法力度，全年检查人工繁育、经营利用、水产品批发市场、渔港、码头等场所411处。开展“进四区”（进学区、进社区、进渔区、进景区）科普宣传活动，全面宣传和普及水生野生动物保护知识及法律法规。12月1日，以“关爱水生动物，共建和谐家园”为主题的山东省2023年水生野生动物保护科普宣传月活动主会场启动仪式在荣成市举办，现场开展科普宣传及4头斑海豹野外放生活动。

【惠渔政策落实】 组织实施伏季休渔期间鱿鱼、海蜇2个专项捕捞项目，实现鱿鱼专项捕捞总产量8635.29吨、海蜇专项捕捞总产量55.444吨。做好渔业资源养护补贴、渔船更新改造、渔民减船转产等惠渔资金项目实施工作，落实2023年度海洋渔业资源养护补贴资金6908万元、2023年度近海渔船更新改造项目资金3530万元。

·渔业安全生产管理·

【概况】 2023年，市海洋发展局以“事前安全防范、事中应急处置、事后警示教育”为核心，压实渔业安全生产全责任，开展渔业事故隐患排查整治，强化渔业安全宣传教育，全市渔业安全生产形势持续稳定，未发生渔业生产安全事故，渔业安全生产工作经验做法在全省推广。

【渔业安全检查】 开展渔业重大事故隐患专项排查整治暨渔业平安守护2023专项行动、安全生产隐患排查整治专项行动、“百日攻坚”、包区（市）督导检查、督导评估等行动，检查渔业生产经营单位2.67万艘次，查改隐患1702个；检查行业部门22个、镇街24个、生产经营单位264个，查出问题79处。摸排登记养殖渔船1.28万艘，划定集中停泊点187处，全市588个养殖渔船编组全部落实编组管理和编队生产。

【渔业安全技术防控】 推进“网络入海”项目试点运行，市海洋发展局印发《威海市海洋渔业船舶“网络入海”设备使用管理暂行办法》，开渔前在164艘试点渔船上完成设备安装，并开展常态化抽查检查，及时解决设备及平台运行中的问题。推动全市789艘44.1千瓦以下小型在册捕捞渔船配备北斗卫星导航系统终端或北斗卫星示位仪，实现捕捞渔船船位动态监控全覆盖。申请资金640.7万元，实施6000余套定位保暖救生衣项目。加强技术研发和软件升级，推动船舶安全保障集中监控管理平台升级和国产化适配，新增或升级改造功能模块30余个，优化北斗卫星导航系统入网、变更、注销等流程。

【渔业安全应急值守】 将渔业应急值班值守业务整体迁移至市海上搜救中心，与威海海事局开展联合值班，实现信息融合、资源共享、实时研判、精准指挥。通过渔船北斗卫星导航系统终端、北斗卫星示位仪、AIS（船舶自动识别系统）终端对渔船进行24小时监控，抽查比对航迹渔船5770艘次，印发未正常开启北斗终端的通报596期，劝离距边线1海里渔船5349艘，发送短信、语音提示信息12.8万余条。伏季休渔期间，发现并通报疑似作业渔船、海上网位仪目标26艘（个），以技术手段强化渔船安全管理。

【渔业安全预警救援保障】 市海洋发展局印发《威海市海上渔业安全突发事件应急预案》，提升海上渔业安全应急保障能力。发布海上重要天气预警信息392期、渔区分区气象预报69期；组织调度渔船集体返港避风51次，开展海上各类救援行动45起，救助渔民51人、渔船3艘。

【渔业安全宣教】 开展"开工第一课""安全生产月"及"安全生产法宣传周"等活动，宣传渔业安全法律法规。市海洋发展局、威海海事局联合印发《2023年防范商渔船碰撞安全警示教育活动暨"商渔共治2023"专项行动方案》，在伏季休渔期，宣传商渔船碰撞典型案例、成山角"两制"（成山角船舶定线制和船舶报告制）、石岛东南通航密集区信息及通航作业要求等安全知识。全年开展各类宣教活动327场，培训渔业从业人员2.44万人次，发放宣传材料1.3万份。

·水产品质量监管·

【概况】 2023年，市海洋发展局严防、严管、严控水产品质量安全风险，不断完善体制机制，丰富监管措施手段，强化全市水产品全过程、全链条监管，水产品质量安全监督抽检合格率达99%以上。

【基层质量监管体系建设】 推动镇（街道）水产品质量安全监管能力提升，建成"横向到边、纵向到底"的市、区（市）、镇（街道）、村四级齐抓共管的扁平化监管格局。建立"区域定格、网格定岗、岗位定责"工作机制，健全质量安全网格监管员、村级协管员以及生产主体名录，形成上下贯通，立体覆盖、反应快捷、运转高效的"监管网"。全市31个涉渔镇（街道）设置镇街网格监管员67名、村级协管员360名，实现水产品质量安全监管全覆盖。

【水产品质量安全监测】 2023年，全市完成各级抽检任务945批次，采集速测风险点1.18万条。其中完成国家、省、市、区（市）四级产地监督抽检任务669批次，风险监测任务276批次。按照科学分配、合理采样的要求，分阶段完成国家级水产品监督抽检样品22批次、投入品风险监测1批次，省级水产苗种监督抽检样品53批次、水产品监督抽检样品176批次、产地水产品风险监测62批次、投入品风险监测32批次、贝类卫生与风险监测104批次，市级水产苗种监督抽检样品104个、水产品监督抽检样品56个，区（市）级监督抽检190批次、风险监测90批次。抽检的品种以海参、大菱鲆、贝类、对虾、蟹类等大宗养殖品种为主，总体合格率99.5%。

【水产品质量安全整治】 开展"水产养殖用投入品""治违禁、控药残、促提升"等专项整治行动，实行"四个一"（一个问题品种、一张整治清单、一套攻坚方案、一批管控措施）精准治理模式，强化养殖品质及渔业投入品监管。市海洋发展局印发《全面开展养殖水产品风险隐患排查整治工作的紧急通知》，加强养殖水产品巡查检查和隐患排查，重点查处违法使用禁限用渔药、不遵守用药安全间隔期和违规使用农药等违法违规行为，依法查处案件4起。组织水产品质量安全执法培训4期，培训82人次。召开全市水产品质量安全监管暨执法工作会议，开展水产品质量安全专项执法行动，出动执法人员723人次，检查育苗养殖企业及个体养殖户392家、水产投入品经营店15家，严厉打击违法违规行为。

·渔业资源修复·

【概况】 2023年，市海洋发展局通过渔业资源增殖放流、外来入侵物种普查等方式，有效保护涵养海洋生物资源，改善海洋生态环境，提升全市渔业资源种群结构和数量。

【增殖放流】 举办2023第九届全国"放鱼日"山东主会场、第二届全国"碧水责任·云放鱼"暨威海市第四届海洋放鱼节活动，共放流中国对虾、褐牙鲆等优质水产苗种超过1700万单位。全年放流虾、蟹、海蜇、海水鱼等水产经济苗种16.14亿单位，开展90余个增殖放流苗种验收，有效补充全市近海渔业资源。提升水生生物增殖放流的科技支撑能力，新增"测水配方"应用试验点1处（黄垒河水库），全市"测水配方"试验点数量达5处。

【外来入侵物种普查】 落实外来入侵水生动物普查经费27万元，指导各区（市）科学开展外来入侵物种普查、数据录入工作，完成汇交踏查路线239条、标准样地150个、标本12个。

（邓基伟）

编辑　于鹏飞

工　业

综　述

【概况】 2023年底，全市有规模以上工业企业1329家、从业人员24万人，总资产4270.7亿元，涵盖35个工业行业大类、127个工业行业中类、289个工业行业小类。全市规模以上工业企业实现营业收入2690.6亿元，比上年增长16.4%，营业收入利润率达7.3%。威海市获评国家消费品工业“三品”（增品种、提品质、创品牌）战略示范城市、国家级服务型制造示范城市（综合类），环翠区、荣成市获评山东省工业强县。

【产业结构】 2023年，全市三次产业比重为10.5∶37.9∶51.6，制造业占地区生产总值比重达30%。全市重点

2023年威海市主要工业产品产量一览表

表6

产品名称	计量单位	产量	产品名称	计量单位	产量
饲料	万吨	54.71	商品混凝土	万立方米	287.57
精制食用植物油	万吨	1.23	平板玻璃	万重量箱	894.83
冷冻水产品	万吨	61.39	日用玻璃制品	万吨	2.49
焙烤松脆食品	吨	3938.50	生铁	万吨	22.91
乳制品	万吨	4.29	钢材	万吨	1.60
罐头	万吨	3.59	黄金	千克	1397.68
味精（谷氨酸钠）	万吨	1.16	钢结构	万吨	4.93
酱油	吨	637.65	钢丝绳	万吨	18.47
营养、保健食品	万吨	1.02	铸钢件	万吨	2.02
饮料	万吨	3.08	金属切削机床	台	1478.00
纱	万吨	1.61	起重机	吨	1187.00
布	万米	1909.06	泵	万台	7.91
口罩	亿个（只）	2.01	液压元件	万件	19.80
服装	亿件	1.26	工商用制冷、空调设备	万台（套）	67.76
轻革	万平方米	509.79	改装汽车	辆	1698.00
鞋	万双	588.40	民用钢质船舶	万载重吨	41.82
家具	件	2719.00	电动机	万千瓦	891.19
纸制品	万吨	47.11	电力电缆	万千米	3.00
烧碱（折100%）	万吨	5.28	光缆	万芯千米	655.01
涂料	吨	5096.89	显示器	万台	96.95
化学试剂	万吨	4.34	打印机	万台	1104.75
中成药	吨	527.81	电子元件	亿只	9.36
化学纤维	万吨	2.45	印制电路板	万平方米	5.62
橡胶轮胎外胎	万条	4340.84	工业仪表	万台（个）	494.50
塑料制品	万吨	5.91	船舶修理	万载重吨	677.80
水泥	万吨	93.62			

（刘伟浩）

5 月，成山集团有限公司轮胎智能化生产车间　（纪　哲　摄）

培育新一代信息技术、新医药与医疗器械、先进装备与智能制造、碳纤维等新材料、海洋生物与健康食品、时尚与休闲运动产品产业、康养旅游、新能源 8 个产业集群，初步形成医药医疗器械、打印设备及智能服务终端等 10 条优势产业链。文登区商用车关键零部件产业获评国家级中小企业特色产业集群，全市有省级中小企业特色产业集群 6 个，青烟威船舶与海工装备产业、威海市医疗器械产业获评省级先进制造业集群。

【企业培育】 至年底，全市工业领域营业收入过 10 亿元企业有 46 家、过 50 亿元有 9 家、过 100 亿元有 5 家（威海威高国际医疗投资控股有限公司、荣成歌尔科技有限公司、迪尚集团有限公司、成山集团有限公司、三角集团有限公司）。累计培育国家级制造业单项冠军企业（产品）13 家、省级 56 家，国家级专精特新“小巨人”企业 56 家、省级“专精特新”中小企业 503 家、省级瞪羚企业 82 家，山东威高血液净化制品股份有限公司、山东亘元新材料股份有限公司获评山东省独角兽企业。7 家企业获评山东省制造业领航培育企业、山东省先进中小企业。

【创新能力建设】 2023 年，全市高新技术产业产值占规模以上工业产值比重达 72.65%。至年底，围绕医疗器械、轮胎、碳纤维、房车、钓具、服装等领域，建成省级制造业创新中心 6 家，全市有国家级工业设计中心 6 家、省级 39 家，国家级技术创新示范企业 9 家、省级 40 家，省级“一企一技术”研发中心 131 家，培育首台（套）技术装备及关键核心零部件 99 件、首版次高端软件产品 18 件、首批次重点新材料应用示范产品 23 件。

【数字转型】 实施“智改数转”三年行动计划，创建省级智能工厂和数字化车间 39 家、市级 110 家，打造省级“产业大脑”建设试点 2 个，蓝海、三角轮胎等 5 个品牌（企业）获评“2023 工业互联网 500 强”，威海市获得“建设信息基础设施和推进产业数字化、数字产业化成效明显市”省级督查激励。至年底，全市建成 5G 基站 6831 个，实现市、区（市）核心区域、重点区域室外连续覆盖，威海市获评国家“千兆城市”。

【绿色制造】 至年底，全市有国家级绿色工厂 15 家、绿色供应链管理企业 11 家、绿色设计示范企业 3 家，威海火炬高技术产业开发区获评国家级绿色园区；22 家企业获评省级绿色工厂，12 家企业获评省级绿色供应链管理企业，威海南海经济开发区获评省级绿色园区；累计认定市级绿色工厂 58 家、绿色供应链管理企业 18 家、绿色园区 2 家。建成文登化工产业园、南海化工产业园、临港塑料助剂产业园 3 个省级化工园区和三角（威海）华盛轮胎有限公司、浦林成山（山东）轮胎有限公司等 5 个化工重点监控点，化工企业入园率达 41.35%。

重点产业集群发展

【概况】 2023 年，全市加大新一代信息技术、新医药与医疗器械等制造业产业集群培育力度，实施产业集群能级提升行动，统筹龙头企业、行业协会等资源，加快引进和建设一批高端产业项目，打造在国内具有重要影响的产业基地。

【新一代信息技术产业】 至年底，全市有规模以上工业企业 169 家，实现营业收入 781.14 亿元、利润 16.94 亿

3 月，山东新北洋信息技术股份有限公司智能新终端产业车间

（朱春晓　摄）

元。主要产品有打印设备、智能终端、电子元器件、电子信息机电产品、通信设备等。新一代信息技术产业集群、打印设备产业集群入选山东省"十强"产业"雁阵形"集群名单，威海火炬高技术产业开发区办公自动化设备产业入选山东省特色产业集群名单。

【新医药与医疗器械产业】 至年底，全市有规模以上工业企业50家，实现营业收入225.1亿元、利润52.6亿元。主要产品有医疗器械、医用耗材、化学原料药及制剂、新型中成药及植物药、生物药物及基因工程药物等10个系列2000余个品种规格。医疗器械产业入选山东省先进制造业产业集群名单，威海火炬高技术产业开发区医疗器械产业入选山东省特色产业集群名单。

【先进装备与智能制造产业】 至年底，全市有规模以上工业企业355家，实现营业收入740.8亿元、利润68.3亿元。主要产品有大型数控机床、压力容器、电机、风机、航空地面设备、特种船舶、房车、各类子午胎、曲轴、钻夹头等。先进装备与智能制造产业入选山东省"十强"产业"雁阵形"集群名单，青烟威船舶与海洋工程装备产业入选山东省先进制造业集群名单，文登区商用车关键零部件产业入选国家级、省级中小企业特色产业集群名单。

【碳纤维等新材料产业】 至年底，全市有规模以上工业企业149家，实现营业收入277.4亿元、利润23.8亿元。主要产品有碳纤维及复合材料、金属制品材料、高分子材料、生物医用材料、光电信息材料、无机非金属材料等新材料产品。碳纤维等复合材料产业入选山东省"十强"产业"雁阵形"集群名单，威海临港经济技术开发区碳纤维及复合材料产业入选山东省特色产业集群名单。

【海洋生物与健康食品产业】 至年底，全市有规模以上工业企业249家，实现营业收入310亿元、利润20.6亿元。主要产品有海洋生物医药、海洋保健品、冷冻调理食品、即食休闲食品等，其中冷冻调理食品、浓缩果汁产量位居全国前列。海洋预制菜产业入选山东省"十强"产业"雁阵形"集群名单，荣成海洋生物食品产业入选山东省特色产业集群名单。

【时尚与休闲运动产品产业】 至年底，全市有规模以上工业企业247家，实现营业收入250.6亿元、利润27.2亿元。主要产品有服装、纺织、钓具、房车、游艇等。现代纺织产业、时尚与休闲运动产品产业入选山东省"十强"产业"雁阵形"集群名单，环翠区钓具及休闲运动产品入选山东省特色产业集群名单。

【新能源产业】 至年底，全市有规模以上企业36家，实现营业收入130.4亿元、利润12.5亿元。全市着力打造核电装备制造和配套产业基地、海上风电大功率整机制造及运维应用基地，主要产品有风电、光伏发电、生物质发电以及风机、叶片材料等装备制造。

优势产业链发展

【概况】 2023年，全市围绕打印设备与智能服务终端、碳纤维及复合材料等10条优势产业链，精准梳理产业链短板、弱项和缺失环节，开展产业链、供应链对接活动，提升产业链供应链韧性和安全水平。发挥骨干企业引领作用，带动创新链前后端和产业链上下游协同攻关，"串珠成链"加速产品开发和迭代升级。

【医药医疗器械产业链】 至年底，全市有规模以上工业企业61家，实现营业收入231.2亿元、利润53.2亿元。威海威高国际医疗投资控股有限公司为全省医疗器械产业链"链主"企业，开发10个系列2000余个品种规格主导产品，其中医疗器械进入全球15大细分市场中的11个，空心纤维透析器市场占有率居全球前5位、全国第1位。

【打印设备及智能服务终端产业链】 至年底，全市有规模以上工业企业43家，实现营业收入626.2亿元、利润11亿元。龙头企业主要有捷普电子（威海）有限公司、联想图像（山东）科技有限公司、山东新北洋信息技术股份有限公司、荣成歌尔科技有限公司等，配套企业包括山东华菱电子股份有限公司、威海恒科精工有限公司等，各类打印机年产能达1700万台，智能终端产品年产能达1300万台，94%以上的零部件实现本地化生产。

【碳纤维及复合材料产业链】 至年底，全市有规模以上工业企业52家，实现营业收入68.4亿元、利润15.2亿元，具备涵盖"原丝—碳纤维—织物—预浸料—复合材料制品—分析检测—装备制造及循环应用"的全产业链研发生产能力。威海光威复合材料有限公司获评全省碳纤维先进材料标志性产业链"链主"企业。

【海洋食品产业链】 至年底，全市有规模以上工业企业195家，实现营业收入236.5亿元、利润21.2亿元。龙头企业有好当家集团有限公司、荣成泰祥食品股份有限公司、威海市宇王集团有限公司等，构建生物遗传育种、养殖、精深加工、冷链物流、品牌培育等于一体的产业链条，全年水产品产量达328.4万吨。

【轻纺服装产业链】 至年底，全市有规模以上工业企业180家，实现营业收入190.6亿元、利润18.9亿元。龙头企业有迪尚集团有限公司、金猴集团有限公司、威海市联桥国际合作集团有限公司、威海海马地毯集团有限公司、威海市山花地毯集团有限公司等，产品涵盖服装服饰、家用纺织、地毯、皮革制品、产业用纺织等。迪尚智慧时尚生活方式集成创新平台获评全国纺织服装创意设计示范园区（平台）。

【船舶与海工装备产业链】 至年底，全市有规模以上工业企业54家，其中修船、造船企业15家，实现营业收入231.9亿元、利润14.4亿元。龙头企业有招商局金陵船舶（威海）有限公司、黄海造船有限公司等，产品涉及多用途集装箱船、客滚船、重吊船、科考船、豪华邮轮、半潜船等15类40余个品种。威海市成为国内重要的游艇出口生产基地和玻璃钢船艇生产基地，被认定为国家级船舶出口基地。

【汽车产业链】 至年底，全市有规模以上工业企业96家，其中19家企业被列入工业和信息化部汽车生产企业公告目录，实现营业收入509.4亿元、利润56.5亿元。龙头企业有威海广泰空港设备股份有限公司、荣成康派斯新能源车辆股份有限公司等，拥有天润工业技术股份有限公司、威海伯特利汽车安全系统有限公司、山东双连制动材料股份有限公司、明池玻璃股份有限公司等关联配套企业，优势产品涉及曲轴、转向节、刹车片、玻璃等。威海市是全国房车生产集聚区、空港地面设备生产基地，荣成市获评中国房车产业出口基地。

【电机产业链】 至年底，全市有规模以上工业企业34家，实现营业收入32亿元、利润1.9亿元。龙头企业包括有研稀土（荣成）有限公司、山东华力电机集团股份有限公司、文登奥文电机有限公司、山东力久特种电机有限公司等，产品涵盖船用民用三相异步电动机、高效电动机等1500余个品种，形成产品研发、整机装配、分工协作相对完整的产业链条。威海市是国内重要的电机制造基地。

【轮胎产业链】 至年底，全市有规模以上工业企业21家，实现营业收入234.4亿元、利润30.3亿元。龙头企业有三角集团有限公司、成山集团有限公司等，配套企业包括贝卡尔特（山东）钢帘线有限公司、腾森橡胶轮胎（威海）有限公司、威海市润通橡胶有限公司等，拥有6类5000余个品种产品，涵盖乘用、商用等多个领域，远销全球180余个国家和地区。三角集团有限公司、成山集团有限公司分列世界轮胎百强排行榜第22位、第28位。

【钓具产业链】 至年底，全市有规模以上工业企业46家，实现营业收入32.3亿元、利润3.7亿元。龙头企业有威海光威户外装备有限公司、山东环球渔具股份有限公司等，形成涵盖原材料、制造设备、配件、成品、电子商务、会展赛事等多要素的全产业链发展体系，钓竿销售量占全球市场份额60%以上，党地配套率达80%以上。威海市是全球重要的钓具研发、制造、出口、展洽基地，先后获评中国钓具之都、中国钓竿之城等。

（孙铭钏）

企业选介

【山东金洲矿业集团有限公司】 2023年，公司辖金青顶、英格庄和宋家庄3个生产矿区，资产总额16.5亿元，有职工820余人，生产黄金1251.31千克，实现营业收入5.59亿元、利润总额2.58亿元，上缴税费1.07亿元，获评威海市地方纳税50强企业、乳山市地方纳税30强企业、冲击新目标达标企业、山东黄金集团年度功勋单位等。

公司聚焦年度责任状指标任务，对全年采掘、出矿、选矿等重要指标进行分解细化，以压进式施工、激励化奖惩落实，并通过多维度、多层次优化劳动竞赛、重点工程考核等保障措施，提前实现全年生产计划目标。坚持“依矿找矿”思路，以“理论＋实践”“坑探＋钻探”为手段，持续加大地质探矿力度，为公司可持续发展提供资源保障。

公司开展隐蔽致灾因素普查治理、风险管控、隐患自查自纠及重大事故隐患排查整治等工作，组织“安全生产月”“消防月”“夏季、冬季四防”等各类活动，对支护全流程开展管控，各矿区生产中段全支护至迎头作业率达100%。树立“安全投入就是安全投资”理念，重点加大对绿色矿山建设、环保设施等投入力度，有效改善井下作业环境，提高井下安全生产系数，实现安全“零事故”、环保“零事件”目标。实施矿区井下设备更新，年度更新率达98%；完成金青顶矿区34台矿用低压开关柜、10台水泵高压启动柜更换及精准人员定位、环境监测系统建设等工作；提升井下系统装备自动化、机械化水平，新增凿岩台车4台、锚杆台车2台、撬毛台车1台，更新电瓶车、铲运机41台。以“员工为中心，奋斗者为本”的价值理念，推动公司调度指挥中心、教育培训中心建设，实施各矿区“硬化、绿化、亮化、美化”提升改造工程，着力打造“高颜值”绿色生态矿区。

公司强化科技赋能，利用内部充填实验室，优化充填配比，增加胶结面充填料强度，减少尾砂铲装混入，采出矿贫化率降低1.04%，并组织实施下向充填采矿技术、充填站工艺及吊罐法施工等试验，取得良好效果。3个项目获得中国黄金协会科学技术成果二等奖，1个项目获得山东黄金集团科技进步奖三等奖，4个技术创新项目获得推广。

（于川　刘晓欣）

4月，威海高丽亚专用汽车制造有限公司汽车生产车间

（威海日报社　提供）

【三角轮胎股份有限公司】 2023年，公司以科技创新、国际营销、智能制造

为支撑，把握内贸需求恢复和外贸需求旺盛的市场机遇，实现轮胎产量、销量“双增长”，轮胎产量2417万条、销量2568万条，分别增长7.5%、15.6%。全年实现总收入104.22亿元、归属于上市公司股东净利润13.96亿元，分别增长13.03%、89.29%，入选首批参加“千企百城”商标品牌价值提升行动的企业商标品牌名单、中国工程机械Prime Suppliers 500、2023工业互联网500强、2023年中国品牌力指数SM(C-BPI®)汽车轮胎品牌排行榜、2023中国汽车供应链百强，获得中国工业大奖表彰奖、卡特彼勒公司优秀供应商质量认证（SQEP）最高等级奖——铂金奖、第八届山东慈善奖，国家级工业设计中心、国家认定企业技术中心通过复核。

公司坚持技术创新，对产品结构、花纹、配方设计等方面进行升级，生产、研发适用于不同需求的轮胎产品，全年投放新产品117个。积极推广应用新技术、新工艺，“超高性能轮胎全电磁感应加热直压硫化智能制造技术”通过山东省重点研发计划（重大创新工程）项目验收评定，“高效低锌橡胶硫化活性剂制造关键技术及产业化”项目获得教育部科学技术进步奖二等奖。年内，公司获得专利授权105项（其中发明专利8项、外观设计专利18项、实用新型专利79项），参与制订国际标准3项、国家标准13项、团体标准2项，获评2023年度中国石油和化工行业技术创新示范企业、第四届山东省全员创新企业、2023年山东民营企业创新100强，入选山东省标准创新型企业计划项目名单。

公司实施品牌全球化战略，持续开展品牌推广系列活动，参加第133届中国进出口商品交易会、意大利维罗纳工程机械展览会、俄罗斯国际矿业展览会、拉丁美洲（巴拿马）国际汽车配件＆轮胎展览会、德国Steinexpo国际工程机械展览会、中东国际汽车配件展览会等，在匈牙利、新加坡举办三角轮胎新品发布会，赞助德国施韦林20er Jollenkreuzer级帆船赛、冠名2023年中国·威海超级铁人三项系列赛及高铁品牌专列，全方位开展宣传。

公司坚持“低碳、绿色、环保”发展理念，开展节能降耗新机技术研究应用，开展节能技术改造和设备革新活动，实现全年单位产品能耗降低3.3%。公司获评国家级绿色工厂、绿色供应链管理企业、轮胎行业能效标杆示范工厂，获得中国绿色产品认证。

（端木晨明）

7月，三角轮胎生产车间　　　　（朱春晓　摄）

【威海中玻镀膜玻璃股份有限公司】 2023年，公司强化技术创新，科学提高玻璃拉引量，实现经济效益5067万元；注重降本增效，提高棒磨砂使用比例，节约成本722万元；研判石油焦价格趋势，节约采购成本3945万元；深入开展合理化建议活动，提报合理化建议41项，创造效益1590万元，增长44.55%；扎实开展安全生产，三条线全年累计总成品率94.69%。拓宽销售渠道，开拓海外市场，出口玻璃产品435.44万重量箱，增加121.32万重量箱，增长38.63%，其中宝石蓝系列产品出口188.17万重量箱，增加74.10万重量箱，增长64.96%，增加经济效益5961.67万元。年内，公司先后获评建材行业数字化转型贯标试点企业、建材行业智能制造示范工厂、山东省瞪羚企业、山东省级绿色供应链管理企业、山东省数字化车间、山东省DCMM贯标试点企业等，申领政府项目奖补资金304.45万元。

（蒿　菡）

【招商局金陵船舶（威海）有限公司】 2023年，公司占有陆域面积140万平方米，可使用海域面积165万平方米，码头岸线2841米；有3万吨级船台1座，10万吨级船坞2座，分别配套800吨、400吨龙门吊等设施，主要从事大中型船舶和海洋工程装备设计、制造和维修改装业务，重点聚焦高端客滚船、汽车滚装船、海洋工程平台建造及装备维修保养服务等领域，获评山东省制造业领航培育企业、山东省服务型制造示范企业。

公司坚持“精造强修”发展战略，积极推进造修业务转型升级，全年新签造船订单8艘，交付船舶4艘（其中邮轮级高端客滚船2艘），出口欧洲高端客滚船交付量和手持订单量在全球细分市场均处于第1位；完成船舶及海工平台维保项目100个（其中大型海工平台22座）；实现产值37亿余元、利润1亿余元。

公司推进绿色制造体系建设，获评国家级绿色工厂、山东省减污降碳协同创新试点企业、山东省绿色低碳高质量发展先行区建设试点企业。加大科技创新力度，获评山东省2023年技术创新项目3个、山东省科学技术进步奖二等奖1项；参与制定国家行业标准4项，授权发明专利33项，发表科技类论文28篇；高端客滚船获评2023年“山东制造·齐鲁精品”，高端客滚船市场开发团队获得招商工业2023年度特殊贡献奖。

（宫本旭）

【威海市山花地毯集团有限公司】 2023年，公司下辖控股子公司4家和温泉、桥头2个工业园，占地面积60

余公顷，有员工1200余人，其中技术研发人员200余人。企业主要生产阿克斯明斯特地毯、威尔顿地毯、单面威尔顿地毯、彩印地毯、方块地毯、簇绒地毯、手工地毯等高端地毯及汽车地毯等产品，有地毯毛纱、尼龙及丙纶长丝、纱线及地毯染整、地毯PP纬纱等原材料配套产品，年综合生产能力1800万平方米。通过2个国际贸易部门、21个驻外分公司、数百家经销商及合作伙伴，建立覆盖全球主要地毯消费地区的销售网络。公司秉持“兴民族产业　创世界名牌”的发展战略，先后为中国—中亚峰会、杭州第19届亚洲运动会、国产大型游轮、新加坡樟宜机场2号航站楼等提供优质服务，实现营业务收入9.6亿元。

（江雨薇）

2月，威海海马地毯集团有限公司地毯智能化生产车间　　（孙大伟　摄）

【威海海马地毯集团有限公司】　2023年，公司以市场为导向开展生产经营工作，调整奖励激励措施，提升全员劳动生产率；坚持靠制度管人、管事的理念，制定完善各种规章制度，全面提升生产经营管理水平，实现营业收入26.48亿元、利税8860.86万元，分别增长15.46%、55.41%。

公司强化科技创新，参与制定国家和行业标准9部，申报省级创新项目16项，完成发明专利申请20项，获得2023年度中国纺织工业联合会产品开发贡献奖。子公司海马环能地毯有限公司、威海海马科创纤维有限公司被科技部评为科技型中小企业、被省工业和信息化厅评为山东省“专精特新”中小企业，威海德瑞合成纤维有限公司被省工业和信息化厅评为山东省新材料领军企业培育库入库企业。海马PE底方块地毯被中国纺织工业联合会评为2023年十大类纺织创新产品。

（褚志伟）

【迪尚集团有限公司】　2023年，公司加强纺织服装垂直生态供应链平台建设，构建数字化供应链管理体系，联动行业内上下游企业共同提高纺织服装业的现代化、数字化水平。公司在2022年服装行业百强企业”名单中列“营业收入”百强企业第8位、“利润总额”百强企业第6位，山东迪尚职业工装集团有限公司获评五星级标准校服生产基地，威海迪尚医疗科技有限公司获得妇幼健康产业合作发展奖。

公司实施智能化改造和数字化转型，与用友网络科技股份有限公司签署战略合作协议，围绕深度数业融合、数智化转型、行业平台打造等方面开展合作；与3M中国有限公司签订战略合作暨产品联合孵化协议，达成战略伙伴关系，在科技创新、可持续发展、品牌共创、产品研发等方向开展合作。公司与北京服装学院共同完成多所高校学位服设计研发与制作，共建北服迪尚智能制造与生产实验室，强化服装智能制造。9月24日，“与时光同行”迪尚校园服2024新品发布。

公司强化高技能人才培养，开展相关职业技能等级评价与职称评审，打造惠及全员在岗培训体系，营造良好的人才发展环境，先后引进培养青年科技人才1000余名，在2023中国威海·国际英才创新创业大会上获得创新人才培养奖。

（丛　一）

【威海威高国际医疗投资控股有限公司】　2023年，公司以“三个转变”（产业观念的转变、治理模式的转变、价值体现的转变）发展战略为指引，强化创新支撑，发力产业转型，深化数字赋能，致力于打造国际一流企业。公司居中国企业500强第452位、中国制造业企业500强第236位、中国民营企业500强第226位、中国民营制造业500强第153位，获评2023高质量发展企业“品牌竞争力”优秀案例、山东省社会责任企业、山东省本土跨国公司重点培育企业，获得第八届山东慈善奖。

公司强化研发创新，丰富产品结构。启动国家重点研发计划“碳纤维/聚醚醚酮（CF/PEEK）复合骨科植入材料及器械研发与产业化”项目，科学技术部国家重点研发计划“绿色生物制造”重点专项2022年度项目“医用增塑剂绿色生物制造与应用关键技术”获批立项，医用聚砜、氧化锆复合氧化铝等8项产品入选生物医用材料创新任务揭榜挂帅（第一批）入围揭榜单位名单。Xinsorb生物可降解心脏支架在第23届中国国际工业博览会上获得CIIF大奖，“妙手S”三臂手术机器人系统、绿激光手术系统等获得三类医疗器械注册证，颅脑外引流套装、远端通路导管等产品获准注册，“赛稳Xteady”牙种植体等新产品发布上市。

公司不断完善技术、标准一体化发展机制，强化创新平台建设。公司入选山东省标准创新型企业计划，承担建设的国家技术标准创新基地（医疗器械）通过国家市场监督管理总局专家组验收，山东省医疗器械共性技术标准创新平台入选山东省共性技术标准创新平台计划。

公司加速数字化转型，推动产业提质升级。1个数字化质量管理案例在第五届中国质量大会上获评数字化质

6月，威高医用高分子制品股份有限公司输液器生产车间　（孙大伟　摄）

量管理创新与实践案例，山东威瑞外科医用制品有限公司获评国家级专精特新“小巨人”企业，威海威高富森医用材料有限公司获评山东省瞪羚企业。威高血液净化制品股份有限公司在国内血液透析器领域的市场份额占比为32.5%、在血液透析管路领域的市场份额占比为32.8%，并向上海证券交易所递交IPO受理。

（王保明）

【迪沙药业集团有限公司】 2023年，公司全力发展医药主业，不断完善医药产业链条建设，缴纳税金比上年增长15.8%。公司及下属子公司迪嘉药业集团股份有限公司再次被认定为国家高新技术企业，公司获评药物结晶技术山东省工程研究中心、山东省“专精特新”企业、山东省瞪羚企业，迪嘉药业集团股份有限公司获评国家级专精特新“小巨人”企业、山东省制造业单项冠军企业、山东省瞪羚企业，获得中国专利优秀奖。3人获评山东省泰山产业领军人才。

公司坚持“研发主宰未来，创新决定成败”理念，建立以企业为主体，产学研相结合的自主创新体系。制剂方面，4个品种通过一致性评价，完成发明专利申请15件，获得专利授权8件；原料药方面，7个项目获批转“A”状态，完成发明专利申请35件，获得专利授权6件。推进线上、线下营销体系建设，通过新零售电商平台实现销售额增长1倍。强化绿色制造体系建设，提高精细化管理水平，实现安全生产、绿色生产。

（于丽丽）

【威海北洋电气集团股份有限公司】 2023年，公司有事业部3个、分公司3家和子公司20余家，包括上市公司1家（山东新北洋信息技术股份有限公司），业务涵盖物联网、信息服务、智能制造等领域，是集研发、服务、投资、制造于一体的大型国有企业。公司有国家级、省级、海外技术中心和国家级博士后工作站等研发平台，在专用打印和扫描、光纤传感、射频识别（RFID）、微波线阵、专用电源、分布式储能、数字经济等专业技术领域进行重点研究，承担或参与“863”计划、科技支撑计划和产业振兴计划等国家级重大科研项目30余项，主持或参与起草国家标准、行业标准85项，授权专利2177项，其中发明专利596项。

公司坚持“创新驱动，技术先行”的发展理念，不断提升产品竞争力。在专业打印扫描领域，小型热转印打印机获得国家科学技术进步奖二等奖，面向全球各行业提供领先的产品和完整的一站式应用解决方案，着力打造一体化自主可控产业链条。在物联网领域，智能档案、光纤传感、智能安防等自主研发产品成为行业标杆，自主研发的高精度分布式光纤传感器（DTS）完成空间分辨率达到0.4米的机型原理验证。在云计算领域，设立云计算中心为全市300余家单位提供网络服务，实现网络安全“零事故、零差错”。在智慧城市领域，实施项目300余个，打造电子政务、智慧校园、智慧公交、智慧档案等一批样板工程。在电子制造领域，业务包括基础加工、核心部件、整机产品全链条，基本实现上下游产业全覆盖；研发的热敏打印头陶瓷基板缺陷智能检测技术，图像采集精度10微米，识别准确率达90%以上。在数字经济领域，打造集“交易”“创业”“展览展示推广”等功能与一体的数字经济地方共享发展平台。在新能源领域，开展基于“光、储、充”的工商业微电网解决方案和户用储能系统的产品研发。光学传感领域，开发微型一维平行光路，实

2月，迪沙药业集团有限公司研究人员在做药品研发实验　（刘志鹏　摄）

现激光位移传感产品的国产化研发，部分指标超过国外竞品水平。

（范立波）

【国核示范电站有限责任公司】 2023年，公司以工程建设为中心，把握安全控制、质量控制、进度控制、投资控制，全方位实施“稳＋精细化”管理，各项工作取得良好成效。

项目建设与管理　稳步推进核电工程HSE国际标杆建设，“国和一号”示范工程在2023年年中HSE国际标杆评估中被评定为8.1级。开展“大质保”监督及质量管理提升专项行动，覆盖各领域监督项目199项、质量专项提升252项，提升公司质量管理水平。提高QC小组（质量控制小组）活动质量，全年开展课题研究69份，其中4项成果获奖。完成“国和一号”示范工程创优第二阶段施工质量评价，综合得分94.96分，为全国核电公司阶段性施工质量评价最高分。

风险管控体系建设　强化项目建设过程监督和支持，组织总包方及承包商高质量推进示范工程建设。优化调整项目TOP风险管控体系，形成覆盖13个业务领域的项目TOP风险管理机制，高效化解关键制约风险。每月召开项目TOP风险管控例会，实施资源统筹协调，防范和推动重大风险问题解决。

经营发展与创新　聚焦生产经营发展，推进科研创新赋能项目。满足EPRI标准的“国和一号”数字孪生核电站一期工程第一阶段于12月投用。实施“核动未来”科技示范工程，获批省财政经费1.5亿元，18家单位参与10个课题36个子项研究，形成创新成果50余项，推动构建技术、产业、人才集聚的“中国核谷”。

（宋倩怡）

【华能威海发电有限责任公司】 2023年，公司围绕提升核心竞争力和增强核心能动力，全力完成能源保供、安全生产、绿色转型等工作，获评全国碳市场优秀交易实践企业、中国华能集团有限公司安全生产先进单位、中国华能集团有限公司山东分公司先进企业、山东省电力行业安全生产工作先进单位和宣传工作先进单位等。

公司加强煤炭稳量控价和提质工作，强化补库提量，优化保供措施，确保迎峰度夏、迎峰度冬等重要时期煤炭储购持续充足和机组多发稳供。全年完成发电量85.40亿千瓦时，供热量、供热面积分别比上年增长10%、5%。

公司强化经营生产各要素协同配合，成立专业管理组13个，编制提质增效措施89项，提质增效全方位推进，提前4个月净利润实现扭亏为盈。全面开展“三创＋安全生产管理体系强化执行”专项治理和“生产安全事故防范年”活动，开展重大事故隐患专项排查整治，全年未发生机组非停和考核事故，在全国火电机组能效对标竞赛中获得奖项7个，通过省级反恐一级重点目标达标验收。

公司聚焦绿色低碳转型目标，强化新能源开发，备案新能源项目容量1187兆瓦，签订新能源开发合作协议9个，促成中国华能集团有限公司与中国大唐集团有限公司签订海上风电合作协议，完成11.76兆瓦光伏发电项目预招标，好当家、海埠二期光伏发电项目获得支持性文件。

公司全力推进科技创新，全国产睿渥可信DCS系统投运，20个科技项目获得省部级以上科技奖励，发布行业专著3本、团体行业标准2项。全年申请专利257项，授权专利178项。

（祖金川）

【威海热电集团有限公司】 2023年，公司以“管理提升年”行动为主题，以创新管理推动提质增效，以高效服务优化营商环境，全力推进供热事业绿色低碳高质量发展，全年对外供汽269万吨，年上网电量11.1亿千瓦时，年营业总收入22亿元。至年底，公司总资产169.8亿元，总装炉容量5231吨每小时，总装机容量578兆瓦，在网供热用户85万户、建筑面积1.04亿平方米，实际供热用户51万户、面积6700万平方米。

供暖保障　按照保障居民供热安全稳定的要求制定用热方案，合理控制运行参数，稳定热量输出，累计供热167天。对供热锅炉、发电机组进行全面维护改造，改造锅炉、汽机、换热及辅助系统148项；改造供热管网长度约278千米，改造58个老旧小区的供热设施。

供热服务　开展进社区活动271次，发放《居民供暖常识一本通》1.71万份、供暖调查问卷3000余份，收集线上问卷1万余份，现场办理供暖收费卡950张，通过“一对一”上门服务，解决用户供热问题2042个，全面提升群众满意度。优化供热服务机制，在各社区网格群安排供暖管家450余名，将供热客服电话座席增至60个，提升供热服务水平。

工程建设　推进华能余热利用工程，全年完成总投资3.82亿元。在威海临港经济技术开发区苘山镇新建2×660兆瓦超超临界热电联产燃煤机组项目，开展可行性研究报告、指标测算等前期工作。投资1.6亿元的文登区热水锅炉项目于8月开工建设，进一步提升文登区的供热能力。

新能源产业布局　坚持“走出去、请进来”的工作思路，先后与国家能源投资集团有限责任公司、中国中煤能源股份有限公司等20余家大型能源类目标企业探寻合作机遇。与协鑫能源科技股份有限公司合资建设威海焊工学校站、博通站2座乘用车换电站。

（高　阳）

编辑　于鹏飞

信息产业

综　述

【概况】　2023年，市行政审批服务局、工业和信息化局、自然资源和规划局等7个部门联合印发《威海市关于推行5G基站建设“一件事”集成办工作实施意见》，建立5G基站建设“一件事”集成办工作机制，助推5G基站建设项目高效审批，畅通5G基站全流程建设管理。持续开展5G基站建设攻坚行动，全年新建5G基站1725座（累计建成6831座），居民社区地下停车场及电梯信号覆盖率超过60%。挖掘标识解析二级节点发展潜力，新接入企业102家（累计254家），新增注册解析业务量592万条（累计4004万条）。

【工业互联网发展】　支持平台项目建设，对11个工业互联网平台建设项目合计给予奖补资金185万元，轮胎行业研产销集成管控平台、天润智能制造工业互联网平台、基于工业互联网的轮胎智能制造平台获评省级工业互联网重点平台，山东蓝海工业互联网有限公司、三角轮胎股份有限公司、迪尚集团有限公司、山东观海数据技术有限公司、山东阅芯电子科技有限公司入选2023工业互联网500强名单。加强示范标杆培育，康派斯房车平台项目入选工业和信息化部新一代信息技术与制造业融合发展示范名单，山东新北洋信息技术股份有限公司、威海瑞沐精工科技有限公司、腾森橡胶轮胎（威海）有限公司等9家企业的项目入选山东省新一代信息技术与制造业融合发展示范名单，新认定市级工业互联网应用示范项目16个。威海市在“建设信息基础设施和推进产业数字化、数字产业化成效明显市”方面获得省级督查激励支持。

【数据应用价值发挥】　开展工业企业数字赋能专项行动，海洋食品加工“产业大脑”和创意服饰“产业大脑”分别入选山东省“产业大脑”建设试点和入库培育名单，毛衫纱线产业链“数字经济总部”、海洋预制菜产业链“数字经济总部”房车产业链“数字经济总部”、办公自动化（打印机）产业链“数字经济总部”入选山东省产业链“数字经济总部”入库培育名单。遴选市级“晨星工厂”49家，100家企业获评省级“晨星工厂”。威海市获评省级DCMM贯标试点市，环翠区、威海经济技术开发区获评DCMM贯标试点县（市、区），山东阅芯电子科技有限公司、威海百合生物技术股份有限公司等26家企业获评DCMM贯标试点企业。荣成科技创新园、威海医疗器械与生物医药产业园、威海南海新区电子信息产业园、碳纤维产业园入选省级数字经济园区试点名单，获得省级支持资金250万元。

（邱新彬）

智慧威海建设

【概况】　2023年，全市深入推进全域智慧化建设、数字化转型，探索形成数字威海精“智”城市典范，数字政府发展指数位列全国地级市第一梯队，实现四星级新型智慧城市全域覆盖，威海经济技术开发区万象城社区、文登区新城社区、环翠区兴威社区获评省级标杆型智慧社区。

【全域智慧化建设】　深入推进数字威海建设，编制《数字政府建设规划(2024—2026年)》，聚焦数字政府、数字经济、数字社会、数字基础设施和数字生态5个领域，以“一网通办、一网统管、一网协同”为着力点，营造共建共享新生态，以数字化转型助推全市经济高质量发展。市政府办公室印发《数字威海建设2023年工作要点》，确定25项年度重点突破行动，涉及民生服务、城市运行、数字经济和辅助决策4个领域，不断提升城市管理、社会治理、民生服务的数字化水平，同步印发《“无证明城市”建设工作要点》《威海市提质提速推进新型智慧城市建设实施方案》《威海市智慧社区建设实施方案》等，全域推进城市智慧化转型。年内，市本级、荣成市、乳山市均达到省四星级新型智慧城市建设标准，威海市实现四星级新型智慧城市全域覆盖。

【智慧城市服务体系优化】　优化“智慧政务”服务体系，上线100项便企利民“一件事一次办”服务，实现工程建设项目“电水气暖讯”线上联办，拓展“无感审批”“秒批秒办”“免申即享”等应用范围。“爱山东”App上线应用服务1180项，上线“一网通办”特色应用项目88个，年度服务用户1.17亿人次。强化“无证明城市”建设，可用电子证照证明办理高频事项4181个，全年减免各类证明材料95万份，在政务服务、文化体育等领域打造电子证照应用场景17个。丰富“一网协同”部门应用，推动全市254个系统接入“山东通”App，上线通用事项462项、协同事项91项，公文运转数字化覆盖率、市级领导无纸化签批率均达100%。增强“数字智治”综合能力，构建“海陆空天”一体化智慧渔船管控体系，打造智慧政法、数字创城等特色应用场景。依托“城市大脑”（城市智慧管理平台），完成森林防火等3个省级试点工作，建成视频AI、物联感知等通用能力平台10个，赋能基层治理；“政通威海·领导驾驶舱”栏目上线财政税收、重点项目、旅游专题等专题23个，服务领导科学决策。

【智慧城市生活体系建设】 拓展“数字惠民”应用范围，打造应用场景60余个，开发“我的数据”应用项目，汇聚40余个部门、202类企业数据和153类个人数据，实现企业和个人数据授权使用，随用随取，该项目在2023中国国际大数据产业博览会上获得公共大数据优秀成果奖。在威海客运中心威海站设置网约车寻车系统，助力旅客和网约车“匹配”时间缩短70%以上，经验做法被《人民日报》报道。开发“数通家校”应用项目，整合教育资源3000万套，实现课后托管等多项服务掌上办理，惠及学生和家长47万人次。建成市级影像云平台，接入二级以上公立医院16家、基层卫生院40家，实现市域影像数据“互联互通、共用共享”。优化“互联网＋医保”模式，推动医疗保障工作提质增效。强化智慧社区建设，坚持需求导向，丰富信用超市、远程医疗等便民应用场景，在养老、家政、物业、消费等领域打造“一码通”“一站式”社区服务应用项目，加快布设高空抛物监测、电梯智能识别、燃气报警、一键求助等感知终端，全面重塑基层治理模式。至年底，全市建成智慧社区141个。

【智慧城市支撑能力提升】 加快“千兆城市”建设，实现重点场所5G网络通达率100%、城乡用户100兆字节以上光纤宽带接入率100%，建成5G基站6831座。优化升级新型数据中心，8家数据中心入选2023年度省级新型数据中心试点名单，全市23个数据中心总算力规模达260P FLOPS（每秒1千万亿次的浮点运算）。推进数据“汇聚用”，市大数据平台汇聚各类数据126亿条，年提供数据共享调用6.7亿次。开展数据直达基层服务，实现县级节点全域覆盖。年内，市大数据平台获得2023年度赛迪网“数字政府优秀实践案例”奖。

（徐榕蔚）

无线电管理

【概况】 2023年，威海市无线电监测中心依法规范开展各项业务活动，不断加强监测技术设施建设，持续提升无线电台站管理服务水平，切实做好重大活动和各类考试无线电安全保障，深入开展打击“黑广播”“伪基站”专项行动，及时查处无线电干扰，全市电磁环境不断优化，空中电波秩序保持良好态势，连续16年保持省级文明单位称号，获得全省无线电监测技术竞赛和全省无线电管理行政执法演练三等奖。

【频率台站管理】 至年底，全市有设台单位85个、各类无线电台（站）1.54万部（个）（其中广播电视台29部，甚高频、特高频电台976部，卫星地球站3个，公众移动通信基站1.43万个，微波接力站18个，无线接入基站2个，其他台站12个），主要分布在航空、广电、海事、通信、气象、交通、燃气、建筑、宾馆酒店、小区物业等行业和领域。年内，市无线电监测中心受理台站设置变更等行政许可99项，全部按时实现“一网通办”，指导57家设台单位办理频率延续，提供行政审批咨询服务200余次；组织业余无线电操作资格验证考试2次，为38名考试合格人员核发操作资格证书。规范无线电发射设备销售备案管理，新增备案销售主体24家，备案总量576家。保持打击“黑广播”“伪基站”高压态势，查处“黑广播”案件1起，查获非法设台行为4起，依法没收对讲机11部。

【监测保障】 强化重要频率监测，市无线电监测中心与市民用航空管理局、威海海事局等部门建立长效保护机制，加大对航空导航、广播电视、水上通信等重要频段的重点监测监听，保障相关业务正常进行。完成高考、法律职业资格考试等28类重要考试的无线电安全保障任务。及时排查无线电干扰及不明信号16起，均妥善处置。组织开展胶东五市无线电监测联合演练活动和军地联合技术演练，加强民用航空在用频率台站检查，对机场周边及航路沿线进行巡回监测，完成机场周边安全隐患整治专项任务。

9月1日，威海市望海园中学学生使用智慧课堂终端进行学习

（威海日报社　提供）

7月21日，市无线电监测中心到威海国际机场排查信号干扰

（威海市无线电监测中心　提供）

【技术设施建设】　加强技术设施建设。对21个监测站、32台套监测检测设备进行定期维护和保养，保障各类设备正常运行；对DDF550移动监测站和DZH200P便携式监测设备进行升级改造，提升无线电技术支撑水平。提升课题创新水平，研发GNSS干扰分析定位系统并通过专家论证，提高民用航空干扰排查效率。

【法律法规宣传】　开展“世界无线电日”“无线电宣传月”等活动，宣传无线电频谱资源在服务经济社会发展、服务国防建设、服务党政机关等方面的作用。开展无线电科普法规宣传进社区、进校园、进广场、进机场等活动，发送公益短信350万条，利用电子屏滚动播放宣传标语，在广播电台开展公益宣传，收到良好效果。

（蔡媛媛）

电　信

【概况】　2023年，全市加快5G网络建设及应用，推进宽带网络升级改造，统筹提高城乡宽带网络普及水平和接入能力，提升服务质效，严厉打击治理电信网络诈骗及其关联违法行为，保障网络信息安全。

【中国联合网络通信有限公司威海市分公司】　2023年，公司围绕网络强国建设目标，切实提升信息通信服务供给能力，助推全市通信行业高质量发展。

基础设施建设　移动网络设施建设方面，建成5G基站2524个，城区行政村5G网络通达率100%，实现4G网络全域信号广覆盖、653个地下停车场的网络覆盖。建成莱荣高铁通信基站195个，实现6条隧道信号全覆盖。宽带网络设施建设方面，宽带网络核心出口总带宽超1太字节，全网实现IPv6改造，千兆以上用户占比达28%，千兆小区覆盖率超过70%。建成带宽100吉字节的政企精品网络，实现超低时延接入。

数智赋能　聚焦智慧城市建设，协助有关部门实施信息化项目近100个，为130家企业提供“5G+工业互联网”数字化转型服务。全面承接威海市电子政务网建设项目，打造“政务网络高速公路”。助力智慧海洋建设，打造基于5G及AI大数据“双脸同验”技术的渔船核查核录系统，提升执法效率。推动企业数字化转型，为“新基建”行业提供综合性信息化解决方案，实施“5G+AI”行为监测，保障企业安全生产。

服务提质增效　严厉打击治理电信网络新型违法犯罪，发送反诈公益短信，开展反电诈宣传活动10余次。助力乡村全面振兴，发挥“数字乡村”平台作用，通过乡村数据大屏实现一图感知、一屏管理，为全市近2000个行政村提供数字化服务。常态化开展利民、惠民、便民服务，开展以“我为党旗添光彩，争当行业排头兵”为载体的免费网络测速、智能产品演示活动近400场。开展“银发无忧　智慧助老”活动，面对面辅导老年客户掌握各种通信业务。设立“爱心专席”，配置助老设施，为老年客户提供进厅无障碍服务、预约上门服务等。

（宋怡莼）

6月，“成山头基站”通信塔

（中国联合网络通信有限公司威海市分公司　提供）

【中国移动通信集团山东有限公司威海分公司】 2023年，公司发挥信息服务能力优势，加大数字基础设施投资力度，推动数智赋能千行百业，较好地服务全市经济社会发展。

基础设施建设 持续加大“双千兆”网络建设力度，全年新开通5G基站近1000个，实现镇（街道）信号连续覆盖，高速铁路、近海等重点场景全覆盖，行政村覆盖率超过95%。提升千兆光网服务能力，新建10G PON口8000余个，全网具备千兆宽带接入能力。推动算网协同，将计算、存储、网络等能力从移动云中心云资源池下沉至城域网，为用户提供与移动云相同体验的属地化云服务，年内，移动云边缘智能云节点通过验收并上线。

数智赋能 推动5G、算力、标识解析等向多行业、多领域渗透，在智慧文旅、智慧海洋、智慧医疗、智慧工厂、智慧社区等领域打造“黑灯工厂”、5G远程医疗实验室等标杆项目数十项，其中1个项目获得第六届“绽放杯”5G应用征集大赛全国综合总决赛三等奖。加快推动智慧小区改造，整合移动大数据平台、物联网应用等资源，打造智能物业管理系统、智慧社区系统等集成化管理平台，有效提升社区综合治理能力。

客户服务能力提升 参与阳光问政、总经理接待日等活动，每周召开客服工作提升会议，重点解决群众反应强烈的问题，全年解决网络、资费等问题超过100个。持续开展“断卡”“打猫”专项工作，完善技术防控手段，对“高低龄入网”“高危漫游”等情况进行实时监控。开展电信反诈进社区、进校园、进集团、进商圈活动，针对易受骗人群加强风险提示，全年打掉“猫池”窝点12处，缴获涉案“猫池”、GOIP等设备18台。推进乡村振兴，搭建“网络+”乡村振兴新模式，建设乡村振兴数智化工程项目近30个。

（鹿 鸣）

【中国电信股份有限公司威海分公司】 2023年，公司以建设网络强国和数字中国、维护网信安全为使命，实施“云改数转”战略，推进服务型、科技型、安全型企业建设，各项工作实现全面发展。

基础设施建设 持续开展5G移动网络建设，重点完善城区覆盖、延伸农村区域覆盖，深化电信普遍服务，建成开通5G移动基站835个，全市自然村5G网络覆盖率52%。建设开通室内分布系统582处，实现重点场所和人流密集区域室内深度覆盖。实施千兆网络建设，农村宽带整体覆盖率提升10%，城区宽带覆盖率提升2%。城区机房全部具备10G PON能力，建成10G PON端口3524个，109万个家庭客户具备千兆接入能力。

数智赋能 实施“云改数转”战略，以赋能信息化应用推动数字经济发展。利用5G、云计算、大数据、物联网等技术推进社区治理创新，实现社区人、车、房、物联网感知设备的统一可视化管理和服务。通过天翼视联网、云电脑、天翼大喇叭、智慧翼屏等产品切入，推进现代信息技术在农业农村各领域、各环节融合应用，为乡村振兴提供信息化支撑。在渔业、林业、物流等行业开发和推广物联网、大数据等新产品、新技术，降低运营成本，提供通信保障。

“信交付”服务品牌打造 着力优化全流程服务体系，提升信息服务能力，为客户提供便捷化、智能化的服务体验。加强营业、安装维护和销售队伍建设，打造“四高”（业务技能高、营销能力高、服务质量高、客户体验高）队伍，其中智慧家庭工程师队伍通过工业和信息化部通信企业协会的三星级服务现场认证，交付维护中心获得服务现场标准践行奖。开展送服务到一线、宽带网络义诊、宽带质差修复等活动，持续提升用户满意度，年内，公司综合业务、移动业务及宽带业务满意度均列行业第1位，公众客户满意度领先值列全省电信系统第1位。

用户权益保障 结合用户线上常用功能及线下门店功能，梳理完成线上服务能力清单，实现线上全能办、营业厅常用业务线上渠道均可办理，提升服务便利化水平。全面落实业务资费方案和公示制度，确保资费公示透明化、公开化。持续开展精准降费工作，对农村区域、特殊群体推出特定优惠措施。助力打造无证明城市，PUK码查询、补卡、电子发票等业务可使用电子身份证办理。

手机直连卫星业务首发 9月23日，“天地一体，时刻守护——中国电信手机直连卫星业务发布会”在济南市举行，推出基于“天通一号”卫星提供的卫星通信服务。手机直连卫星业务实现大众消费类手机直连卫星，提供双向语音通话和短信收发服务，为用户在户外旅行、野外探险、遭遇极端灾害时配备保护生命安全的“护身符”。

（孙连钊）

编辑 闫拥军

交通 · 邮政

综　述

【概况】　2023年，全市交通运输系统全面创树“精致交通·开路先锋”行业品牌，打造交通强国山东示范区威海样板，开创交通运输高质量发展新局面。年底公路通车里程6993.11千米（含农村公路、国省道）。地方铁路完成客运量160.46万人次、货运量127.87万吨，分别比上年增长235.94%、37.47%。民航运输完成旅客吞吐量256.94万人次、货邮吞吐量1.98万吨，分别增长131.85%、30.5%。水路运输完成客运量941.48万人次、货运量1580.28万吨，分别增长302.15%、增长0.12%。完成港口货物吞吐量5154.5万吨、集装箱吞吐量148.82万标准箱，分别增长14.03%、6.56%。道路客运完成客运量640.2万人次，增长42.46%。邮政行业完成业务收入24.70亿元、寄递业务量2.08亿件，分别增长18.02%、增长23.53%。

【项目建设】　有序推进规划编制，开展新一轮威海港总体规划修订，启动威海市轨道交通网规划编制，取得阶段性成果。贯彻落实《山东省综合立体交通网规划纲要》《山东省世界港口群建设三年行动方案》《山东省旅游交通网主骨架布局规划》，启动全市相关规划研究工作。推进重点项目快速建设，14个在建重点项目完成投资76.4亿元。莱西至荣成高速铁路于12月8日通车运营，形成普速铁路、城际铁路、高速铁路齐头并进的发展格局。完成荣乌高速威海至烟海高速段改扩建项目主线建设，并于12月29日开通运营。在先行用地范围内启动荣乌高速文登至双岛湾科技城段建设。乳山口大桥项目全面转入上部结构施工阶段。推进威海新机场、荣成通用机场、环山快速二期、中韩路北延、荣乌高速威海荣成至烟台牟平段等重点项目前期工作，形成“储备一批、开工一批、建设一批、竣工一批”的良性循环。举办全省旅游公路建设推进会和交旅融合高质量发展推进会，千里山海自驾旅游公路入选交通运输与旅游融合发展全国十佳案例，7月，交通运输部党组书记、部长李小鹏到威海市调研，对全市旅游公路建设、交旅融合发展等方面的经验做法给予肯定。强化招商引资、招会引展，举办首届民航绿色发展论坛暨民航绿色发展设施设备展、第一届两碱一盐国际贸易洽谈会，10个项目完成签约、注册和资金到位。全年落实上级奖补资金8.3亿元。

【运输通道畅通】　拓展国际运输通道，中韩多式联运（威海—仁川）整车运输试运行于12月19日启动，运输全程提速5小时，降低物流成本约30%。开通威海至俄罗斯集装箱海上航线，实现俄罗斯经威海市中转至韩国的国际转运业务。推动欧亚国际班列稳步运行，全年发运班列箱量1.51万标准箱，增长16.15%。有序恢复国际航班，威海—韩国仁川客运航班每周加密至18班，威海—韩国仁川全货运航班每周14班，威海—日本东京全货运航班每周7班。恢复中韩客货班轮客运业务，保持对韩客货班轮航线密集度。优化国内运输通道，开通威海—黄岛集装箱班列，实现两地物流资源融合共享和市场资源优势互补。开通秦皇岛内贸航线，打通河北北部区域至威海市的内贸物流通道。恢复省际客滚运输，“渤海

3月30日，首届民航绿色发展论坛暨民航绿色发展设施设备展举办

（孙大伟　摄）

恒生”轮投入威海—大连航线运营。推进国内水路旅游客运精品航线试点工作开展，开通刘公岛—小石岛跳岛航线，恢复开通刘公岛—鸡鸣岛航线，试航鸡鸣岛—海驴岛航线。推动地方铁路转型发展，复兴号动力集中动车组于12月15日在威海桃威铁路首发。提升出行服务品质，建立靠前服务、应急调度、综合执法、设施改造、专项整治一体推进的综合服务保障机制，完成暑运等重点时段运输保障任务。

【民生工程实施】 推进“四好农村路”建设，完成新改建工程48千米、路面状况改善工程404千米、危桥改造工程17座、重要或三级以上村道安保工程328千米，威海市获评省级“四好农村路”示范市，文登区、乳山市入选“四好农村路”全国示范县创建名单，西部环山路获评第三届全国“美丽乡村路”。推动公交优先发展，市政府办公室印发《关于进一步推动城市公共交通优先发展的实施意见》《关于规范城乡公共交通基础设施建养使用管理的实施意见》，构建以城市公共交通为主的机动化出行方式，促进城市公共交通健康可持续发展。年内，中心城区新增新能源公交车66辆，开通和优化常规公交线路15条、定制公交线路28条，新增虚拟电子站牌1170个，威海市获评国家公交都市建设示范城市，相关经验做法在全省推广。聚焦农村客货邮融合发展，加强交通客货运场站、邮政网点、商务农村服务点资源共享、客货兼顾、交邮融合，推动农村物流纳入现代“大物流”，乳山市获评全省客货邮融合发展样板县。

【行业管理】 加强道路运输、工程建设、海港引航等领域安全防范，开展各类整治活动，强化驻点监管和安全信用建设，保持安全生产形势稳定。规范行业管理，推进出租汽车行业立法，《威海市客运出租汽车管理若干规定》经市第十八届人大第十次会议审议通过并施行。试点开展小微型客车租赁行业备案，规范租赁行业发展。推进巡游出租车载运营设备更新换代，提高行业监管服务能力。巩固综合监管“一件事”机制，提升网络预约出租车“双合规完成订单率”。开展驾培一体化服务平台应用，保障用户权益。强化创新发展，2个项目获评全省交通运输行业数据创新应用成果，1个项目获评交通运输改革创新优秀案例。深化法治建设，推进简政放权，严格落实证明事项告知承诺制、“跨省通办”“互联网＋监管”等制度，优化营商环境。推进信用体系建设，文登区和乳山市入选第二批“信用交通县（市、区）”创建试点名单，荣成市交通运输局“信用有价”公务员考核经验做法在全国公务员绩效管理会议上进行交流。加大综合执法力度，实施执法领域突出问题专项整治，开展城市公共交通和道路客运大规范、大整治、大提升行动，查处各类违章案件1000余件。助推文明创建工作，常态化开展志愿服务活动，聚焦先进典型选树，培育全国“司机之家”建设单位1个、山东省感动交通十大年度人物1个、全省交通运输系统“百佳文明窗口”3个。

（夏国栋）

10月9日，工作人员向旅客介绍网约车寻车系统　　（杨　正　摄）

【威海交通场站管理有限公司】 2023年，公司聚焦“客运中心＋公务用车调度中心”双主业，致力打造旅客满意度高的城市“会客厅”和服务全市大抓经济团队的“飞毛腿、助跑器”，社会满意度连续7年居市属国有企业第1位。

威海客运中心　用数字赋能提升旅客寻车效率，创新推出网约车智能寻车系统，人车匹配时间缩短至3分钟内。封堵出租车上客区1160平方米并加装空调机组，解决旅客候车冬冷夏热问题。发挥省级青年志愿服务站、退役军人服务站、“小海豚”志愿者服务队、“WE先锋”党员志愿服务队等志愿服务平台优势，全方位为旅客提供换乘指引、行李搬运、爱心帮扶等服务。年内，旅客到发量1356.59万人次（其中到达量656.07万人次、发送量700.52万人次），单日最高到发列车120列次，疏导进站车量525.75万辆次，开展公益服务1.5万小时、帮扶重点旅客1万人次，暖心服务经验做法被中央电视台《新闻直播间》《东方时空》等4个栏目报道。

威海市级公务用车调度中心　以打造“管家式”贴心服务为着力点，发挥全域覆盖的应急网络和“市直一张网”的平台优势，高质量完成各项用车服务保障任务。丰富服务内容，创新开展“用车＋接送站”贵宾式服务模式，为全市招商引资用车提供全方位保障。全年完成用车服务保障任务2.57万辆次，服务全市党政机关、企事业单位220家，保障大中型会议及活动23场，最高日出车206辆次，安全行车394万千米。

网约车智能寻车系统启用　9月22日，由公司主导开发的网约车智能寻车系统上线运行。该系统通过在威海客运中心（威海站）进站口、待客区安装9个高清摄像头，捕捉进站车辆信息及停靠区域，利用图像识别技术

和语音播报技术，实现图像和语音同时提醒，让到站乘客及时获取预约车辆进场情况，并快速找到停靠位置，提升乘客出行效率。

（宋　巍）

交通运输综合执法

【概况】　2023年，威海市交通运输综合执法支队不断创新执法模式，严厉打击交通运输违法违规行为，保障全市交通运输市场健康稳定发展。全市交通运输执法机构查处各类违法违规车辆2666辆次，收缴罚款403.7万元（其中支队查处违章车辆975辆次，收缴罚款220.6万元）。

【运政专项执法】　聚焦“黑车”“无证网约车”问题，开展各类专项整治行动，促进客运市场合法合规经营。实施客运行业打非治违专项行动，通过“日间检查＋夜间突击检查”方式，强化游客集散区域检查。开展全省统一联合执法行动、胶东5市跨区域联合执法检查，有力震慑跨地市违规经营行为。全年全市查处非法营运“黑车”和违规网约车615辆次，查处违规旅游包车和班线客车107辆次。针对部分巡游车车辆经营权使用合同到期的情况，组织开展巡游出租车客运市场专项整治行动。围绕重点区域开展联动设卡、流动巡查行动，通过固定检查与流动巡查相结合、区域打击与重点布控相结合等方式，对使用无效道路运输证从事出租汽车经营行为进行查处。以提高出租车服务质量为重点，对出租车不按规定使用计价器、议价、拒载、甩客等乱象进行治理，营造良好城市形象。全年查处使用无效道路运输证的出租车85辆次、议价和甩客等违规车辆156辆次。

【路政专项执法】　强化货物运输车辆超限超载治理，成立威海市治理货物运输车辆超限超载工作专班，加强对超限超载治理工作的组织领导，形成部门联动、综合治理的治超格局。深化路警联合治超执法机制，加大对水泥厂、沙石料场、港口、物流园区等货物集散地的检查力度，全年联合开展全市夜间联合治超行动1次，查处非法超限超载车辆864辆次。加强路域环境治理，对部分路段存在的占道经营现象持续进行清理整治，采用说理式执法方式加大对农户的法律宣传，引导农户主动将摊点搬离公路。全年清理整治管辖公路占路经营、摆摊设点、打场晒粮等涉路违法行为190余起。

【港航专项执法】　针对旅游旺季游客增多，在沿海自然滩点不断新增各类海上游玩项目及渔船违规载客等现象，市交通运输综合执法支队、海洋与渔业监督监察支队、公安局海岸警察支队等部门召开联席会议，研讨适应新业态新事物的执法方式及适用法律法规，确定各部门的职责范围及执法行动协调机制，并对刘公岛旅游码头、小石岛码头、海水浴场等重点码头、港湾、岸线开展联合执法。市交通运输执法支队、海洋与渔业监督监察支队、公安局海岸警察支队等6个部门签订合作协议，开展2023护航行动，对“三无”（无船名船号、无船舶证书、无船籍港）休闲船舶及水上违法违规行为进行整治，保障海上运输秩序安全稳定。

（张　鹏）

港　口

【概况】　全市港口统称为威海港，是《全国沿海港口布局规划》确定的全国沿海地区性重要港口，由威海湾港区、南海港区、石岛港区、龙眼湾港区和乳山口港区组成。全市有港口经营企业29家（含修造船企业13家和陆岛运输企业5家），有经营性泊位94个，其中商用泊位51个（含万吨级以上泊位35个，泊位最大靠泊等级为7万吨级）、修造船等专用装卸泊位23个、陆岛及旅游泊位20个，有船舶港口服务类企业53家。2023年，全市港口完成货物吞吐量5154.4万吨（外贸1208.8万吨）、集装箱吞吐量148.8万标准箱、旅客吞吐量109.4万人，分别比上年增长14.0%、6.5%、259.6%。港航安全生产形势持续稳定，实现“零安全生产责任事故”目标。

【威海港引航站】　2023年，引航站引领船舶5549艘次、8508万总吨、4466.8万净吨，分别下降2.06%、13.2%、12.21%，其中引领250米以上船舶80艘次（成功引领长339.9米

7月20日，威海港自动化轨道吊操作台　　（刘志鹏　摄）

的散货船“裕元”轮、长293.19米的集装箱船“海领彼格莉”轮）、钻井平台37艘次（成功引领长120.78米“国电投001”轮），保障海上物流畅通和港口船厂高效运转。

【威海湾港区】 山东港口威海港码头作业区 东邻华能威海发电有限责任公司，西邻杨家湾，南邻海埠村、沟北村，北邻威海湾，码头岸线总长3340米，陆域面积为210万平方米，水域面积为471万平方米，有泊位16个、各种主要港口装卸作业设备200余台（套）。开通每月200余个班次的至韩国、日本和中国青岛、大连等港口的国际国内集装箱班轮航线和至韩国仁川、平泽及至中国大连等港口的国际国内客滚班轮航线，被列为中韩陆海联运试点口岸；开通多条至潍坊、东营、滨州、秦皇岛、营口、丹东等环渤海港口的散杂货和集装箱中转航线。2023年，完成货物吞吐量3071.2万吨、集装箱吞吐量125.0万标准箱、国际国内旅客吞吐量105.4万人次，分别增长3.0%、8.7%、246.6%。

华能威海发电有限责任公司煤码头作业区 位于威海湾港区东南端，是华能威海发电有限责任公司投资建设的企业自用煤炭专用码头。码头全长375米，有泊位2个，防波堤长180米，设计年吞吐能力560万吨。码头配备卸船机及输煤系统5台。2023年，完成货物吞吐量422.8万吨。

威洋石油有限公司码头作业区 位于威海湾港区东南端，西邻华能威海发电有限责任公司煤码头，是威洋石油有限公司投资建设的石油专用码头、国家一类开放作业区，主要接卸成品油、液化石油气、燃料油、液体化工品，有经营性泊位2个，配置输油、输气设备和配套的消防、污水处理等辅助设施，设计年吞吐能力200万吨。码头成品油罐区容积18.2万立方米。2023年，完成成品油吞吐量52.6万吨。

【石岛港区】 石岛港作业区 位于荣成市石岛湾西侧，是集客货、集装箱、散杂货冻品等功能于一体的现代化港口，有经营性泊位19个（其中5万吨级泊位2个），开通国际客滚班轮航线2条（石岛港—韩国仁川港、石岛港—韩国群山港）、国际集装箱班轮航线3条（石岛港—日本关东港、石岛港—日本关西港、石岛港—韩国釜山港—日本东京港—日本名古屋港）、国内集装箱航线1条（石岛港—青岛外贸内支线港）。2023年，完成货物吞吐量587.2万吨、集装箱吞吐量18.4万标准箱。

鑫弘港作业区 位于荣成市人和镇山西头村靖海湾畔，主要从事普通散货的装卸，有5000吨级泊位1个、1000吨级泊位1个、轮胎式起重机1台。2023年，完成货物吞吐量60.7万吨。

好当家港（凤凰尾）作业区 位于荣成市西南端、靖海湾畔，主要从事普通散货的装卸，有3000吨级泊位1个、16吨电动汽车轮胎式起重机1台。2023年，完成货物吞吐量5265吨。

【龙眼湾港区】 龙眼港作业区 位于荣成市成山镇西霞口龙眼湾港区内，是全国第一家村办国家一类开放港口，以石油、煤炭、矿建、木材、水产品等散杂货运输为主，有泊位10个（其中万吨级泊位6个），经营龙眼港至韩国平泽客滚班轮航线，先后获批中韩陆海联运试点口岸、进口冰鲜水产品指定口岸、进口食用活水生动物指定口岸。2023年，完成货物吞吐量155万吨、集装箱吞吐量5.4万标准箱。

【南海港区】 位于文登区靖海湾西岸、泽库镇前岛村南，是新建港口作业区。一期工程建有码头岸线长305米、杂货泊位2个，年设计吞吐量107万吨。2023年，完成货物吞吐量88.9万吨。

【乳山口港区】 位于乳山市乳山湾南端，码头岸线长390米，有泊位2个，设计年通过能力194万吨，配备16～25吨散杂货装卸门机4台、装载机10台、叉车2台和清扫机2台，最大起重能力25吨，主要从事砂石、大件、煤炭、矿石等散杂货作业。2023年，完成货物吞吐量624.3万吨。

【张家埠港点】 位于文登区靖海湾北岸，码头岸线总长220米，有泊位3个，年设计吞吐量30万吨，主要经营柴油、液碱、稀盐酸、煤炭、沙石等。2023年，完成货物吞吐量19.9万吨。

海 运

【概况】 2023年，全市有航运企业47家，经营船舶130艘。省际水路运输企业方面，有省际水运企业24家、省际运输船舶64艘（37.2万总吨、4260客位、332车位、381标准箱），其中6家企业从事国内沿海各港间成品油船运输（2家兼营国内沿海普通货船运输）、19家企业从事国内沿海及长江中下游普通货船运输（1家兼营外贸集装箱内支线班轮运输）、1家企业从事威海至大连客滚运输业务。中韩客货班轮企业方面，有注册地在威海市的中韩客货班轮企业4家、注册地在韩国的中韩客货班轮企业1家，有中韩客货班轮航线5条、营运船舶5艘（5804客位、1628箱位）。市内水路旅客运输企业方面，有市内水路客运企业11家、营运船舶60艘（5462客位），开辟陆岛游航线5条、环岛游航线3条、近海游航线2条、跳岛游航线2条、小艇观光航线6条。国内船舶管理企业方面，有管理企业7家、受委托管理船舶20艘。无船承运人方面，有备案企业129家。国际船舶代理企业方面，有备案企业53家。全年全市水路运输完成客运量941.5万人次、旅客周转量1.80亿人千米、货运量1580.3万吨、货物周转量129.78亿吨千米，分别比上年增长302%、388.7%、0.1%、－2.9%。

【威海市海大客运有限公司】 注册资本6000万元，固定资产4.37亿元，船舶总客位4260个，车道线长度3700米，有员工161人，主营威海—大连航线的滚装客船运输，是交通运输系统安全生产标准化建设一级达标企业。2023年，公司运营1034航次，运送旅客59.37万人次、车辆7.44万辆。

【威海胶东国际集装箱海运有限公司】 主营威海—韩国平泽的客货班轮运输业务，兼营进出口货物的国内、国外运输代理业务。2023年，公司运营149

航次，运送旅客 1.88 万人次、集装箱 4.65 万标准箱。

【荣成大龙海运有限公司】 主营中国龙眼港至韩国平泽港的客货运输业务，是与韩国平泽港航程距离最短且最早通航的航运公司，是交通运输系统安全生产标准化建设二级达标企业。2023 年，公司运营 149 航次，运送集装箱 5 万标准箱。

【威海市旅游码头有限责任公司】 有各类船艇 17 艘（其中威刘航线营运船舶 14 艘、环岛航线营运船舶 1 艘、游艇 1 艘、登陆艇 1 艘）、客位 2938 个，主营威海至刘公岛、环刘公岛观光游等旅游客运业务，是交通运输系统安全生产标准化水路旅客运输二级、港口客运二级达标企业，并通过威海海事局 NSM 体系审核。2023 年，公司运送旅客 660 余万人次。

【荣成市鸡鸣岛旅游开发有限公司】 有客渡船 5 艘 454 客位，主营鸡鸣岛码头至朝阳角码头间陆岛客渡运输、环鸡鸣岛指定航线海上观光业务，是交通运输系统安全生产标准化二级达标企业。公司码头位于荣成市港西镇虎头角港，总长 150 米，占地总面积 3000 平方米，有泊位 3 个。2023 年，公司完成客运量约 23 万人次。

【荣成新锦成海上旅游有限公司】 位于荣成市成山镇龙眼湾，注册资本 5210 万元，有船艇 15 艘 881 客位，主营范围为海上旅客运输、海上休闲观光服务、码头经营等，是交通运输系统安全生产标准化二级达标企业。2023 年，公司完成客运量约 62 万人次。

（夏国栋）

道路运输与管理

【概况】 2023 年，全市有客运车辆 896 辆（含客运包车 630 辆），二级以上客运站 6 个（其中一级客运站 2 个、二级客运站 4 个），公交线路 373 条、公交车 2212 辆，出租汽车（含巡游出租汽车、网络预约出租汽车）8000 余辆，营运货车 2.22 万辆，危险货物运输车辆 410 辆，教练车 1063 辆。全市完成客运量 601.7 万人次，周转量 7.53 亿人千米；规模以上道路运输企业完成货运量 368.93 万吨，周转量 5.22 亿吨千米。

【行业管理】 推进出租汽车巡网融合发展，《威海市客运出租汽车管理若干规定》经市第十八届人大第十次会议审议表决通过，明确《出租汽车驾驶员证》获取条件、巡游出租车载运营设施设备等。市政府印发《关于印发〈威海市网络预约出租汽车经营服务管理实施细则〉的通知》，重点解决网约车经营区域问题，建立网约车统一大市场。市交通运输局印发《关于开展中心城区小微型客车租赁行业备案工作的通告》，发放《中心城区小微型客车租赁行业备案工作明白纸》《小微型客车租赁行业规范经营要点》，指导小微车租赁行业规范发展。推进驾驶培训监管服务平台与互联网交通安全综合服务管理联网对接，实现预约考试时自动审核培训记录，加强驾驶培训质量监管。

【行业改革】 开通运行威海市驾培一体化便民服务平台，推广“计时培训、先培后付”新模式，实施学员培训资金监管。推动县际客运升级改造，建立县际客运升级改造协调工作机制，市交通运输局印发《县际客运升级改造实施细则》，拟定总体线网规划，制定运营成本核算参考标准，打造市域公共交通一体化示范工程。

【行业发展】 创新推动威海市与韩国仁川市两地海港、空港开展多式联运，《关于中韩多式联运（威海—仁川）试运行的谅解备忘录》于 2 月 24 日生效，中韩“四港联动”陆海联运整车运输进行首次测试，中韩多式联运（威海—仁川）整车运输试运行发车仪式于 12 月 19 日举行。全域推进农村客货邮融合发展，乳山市获评全省客货邮融合发展样板县。开展公交都市和绿色出行“双城联创”，提高城市公共交通服务品质，威海市获评国家公交都市建设示范城市。搭建巡游车行业监管平台，深化重点营运车辆动态监控平台应用，提高车辆管理水平和效率。

【安全生产】 强化安全生产责任落实，建立完善纵到底、横到边的安全生产责任体系，推进安全生产风险分级管控和隐患排查治理双重体系及安全生产标准化建设，提升企业安全生产管理能力。加强重点营运车辆动态监控，运用车辆上线率、轨迹完整率、超速报警、疲劳驾驶报警等监控指标，强化联网联控系统考核，推动企业主体责任落到实处。推进安全信用建设，在“两客一危”（从事旅游的包车、三类以上班线客车和运输危险化学品、烟花爆竹、民用爆炸物品的道路专用车辆）领域开展一类企业安全生产信用建设，在道路普通货物运输、机动车维修、机动车驾驶员培训、巡游出租汽车等领域开展二类企业安全生产信用等级确定工作，健全完善交通运输安全生产守信激励和失信惩戒机制，发挥安全生产信用评价结果“敲门砖”和“高压线”作用，推动安全生产监管精细化。开展安全生产驻点监管，强化安全管理人员和企业主要负责人两类关键人员考核，夯实企业安全管理基础。

【驾培一体化便民服务平台启用】 1 月 1 日，威海市驾培一体化便民服务平台上线运行。平台采用“计时培训、先培后付”学驾新模式，集驾校对比、择优报名、线上支付、学时查询、评价投诉等功能于一体，学员通过“威海易驾”微信小程序或“威海交通”微信公众号可实现报名、缴费、培训等各环节业务“一平台、一站式、不见面”办理。至年底，累计报名学员 1.54 万人，6264 万元培训资金实现第三方银行托管。

（孙佳鑫）

【威海交通运输集团有限公司】 2023 年，公司聚焦安全发展、精细管理，推进资源整合，优化产业布局，呈现稳中向好的发展态势。公司经营层多次分组带队深入各单位调研，推进企业转型升级。各客运分公司、汽车站不断强化运营管理，完善网络及自助售票程序，调整超市、餐饮和旅游业务，提升服务，降本增效；旅游汽车分公司多渠道拓宽通勤班车、旅游包车业务；交运公交公司以服务为中心，提升智能化服务水平，拓展公交业务；校车管理服务有限公司强化校车管理，普惠更多中小学；石油分公司、金鸽保险代理、驾培中心等经营单位通过加大网络营销力度，维持业务稳定。

（陈 莹）

【威海市联运有限公司】 2023年，公司强化内部管理，梳理、完善岗位业务流程，打通岗位交流壁垒。加强企业制度和文化建设，完善用工和分配机制，不断提升规范化管理水平。全力做好出租行业经营合同续签、经营权审批、规费价格确定、合作经营合同签订等工作，稳定出租车人员队伍。子公司威海市货运市场运输服务有限公司完善货运信息服务、设施配套及服务保障等功能，推动产业转型升级；威海市联运有限公司快运分公司运用信息技术助力企业发展，规范业务操作，提高设备使用率，保障服务车、专线车行车和人身安全。

（傅 俊）

城市公共交通

【概况】 2023年，全市公交运营线路373条，运营线路总长度1.17万千米，公交车辆2212辆，完成客运总量1.29亿人次。全市有巡游出租汽车企业15家、取得资质网约车平台公司110家、出租汽车（含巡游出租汽车、网络预约出租汽车）8000余辆。

【公共交通优先发展】 深入贯彻城市公共交通优先发展战略，提高城市公共交通服务品质，市政府办公室印发《关于进一步推动城市公共交通优先发展的实施意见》，确定6个部分35项重点工作任务，指导全市公共交通规划编制和实施、城市公共交通基础设施建设、城市公共交通财政投入、城市公共交通路权优先、城市公共交通服务品质提升、公共交通创新协调发展等方面工作。市政府办公室印发《关于规范城乡公共交通基础设施建养使用管理的实施意见》，明确城乡公共交通基础设施范围和建养职责，分类理顺城乡公共交通基础设施配套建设审核程序，为规范城乡公共交通基础设施建养和使用管理提供政策保障。开展公交都市和绿色出行“双城联创”，经交通运输部技术组评估、专家组实地验收，威海市获评国家公交都市建设示范城市。

【行业管理】 开展客运出租汽车管理立法工作，《威海市客运出租汽车管理若干规定》于7月28日施行，围绕驾驶员从业年龄延长、巡游网约从业资格证件统一、巡游车企业规模化经营3个方面，规范客运出租汽车经营服务行为，促进出租汽车巡网融合发展。市交通运输局印发《关于做好中心城区巡游出租车车载运营设备更新换代的通知》，明确车载运营设备更新换代范围、截止日期、达标核验等，推进巡游出租车载运营设备的更新换代。年内，3家社会化服务平台接入出租汽车市级监管平台。加强小微型客车租赁行业管理，开展市区小微型客车租赁企业联合检查，发放《中心城区小微型客车租赁行业备案工作明白纸》《小微型客车租赁行业规范经营要点》，强化行业备案宣传，规范租赁行业发展。至年底，全市备案小微型客车租赁15家、租赁车辆22辆。开展城市公共交通领域大规范、大整治、大提升行动，聚焦群众反映强烈的热点难点问题，采取行业通报、执法检查、联合约谈等方式，严厉打击各类违法违规行为，构建安全、文明的行业运营秩序。

【旅游服务保障】 市交通运输局成立旅游服务保障专班，组织交通运输系统成员单位着力提高到站旅客疏运效率，提升游客体验感。在威海客运中心威海站、威海北站新开通定制巴士和高峰时段周边3～5千米内的免费定制公交线路，梳理途经网红打卡地的常规公交线路，增开至半月湾、火炬八街、那香海等热门景区景点的定制公交线路。开展“公交带你去打卡”等主题宣传活动，方便游客选乘公交出行。运用信息技术手段加强巡游出租车运力调度，对接到站班次，通过车载定位终端发送信息，引导车辆进站疏客。升级改造威海交通场站管理有限公司停车场，设置网约车上车点，开发网约车智能寻车系统，提升网约车站内换乘效率。优化巡游出租车和私家车进站通道设置，高峰时段开设巡游出租车专用通道，并安排安保人员和志愿者加强现场指挥疏导，提高出租车进出站效率和出租车驾驶员进站疏客积极性。在出站口、公交车站台等区域增设导乘服务员50名，引导旅客选择公交或定制巴士出行。

（李慧霞）

【威海公共交通集团有限公司】 2023年，公司聚焦“建设高质量人民满意公交”目标，全面提升运营效能，推进企

7月1日，纯电动空调公交车上线 （威海市交通运输局 提供）

业多元化发展，完成营运里程 3188.48 万千米、客运量 7936.32 万人次（其中承载免费客流 3425 万人次）。

公司围绕“公益性 + 市场化”发展定位，推动主业转型升级，探索“公交 + 旅游”融合，推进辅业提质增效，着力构建现代公交运营模式。公司优化线路 15 条，新开通公交 11 路线，减少重复里程 21.3 千米，填补统一南路南侧、海南路、流亭路等路段公交服务空白区。完善定制公交运营模式，开通校园定制公交线路 16 条，覆盖中心城区 23 所学校，全年接送学生 56 万人次。投入运营纯电动公交车 61 辆，年均可减少碳排放量 546 吨、二氧化碳排放量 2000 吨。规范公交站点名称，更改市区站名 30 个，增设站点 81 个，新建公交港湾站、候车亭 70 余个。运用大数据系统探索高效服务模式，推广虚拟电子站牌 1700 个，方便群众查询实时信息；取消持续 16 年的特殊公交卡种审核制，实行“一次办理，终身免审”，惠及全市 30 余万人；实现“鲁通码”扫码乘车，有效提高服务社会满意度。探索“公交 + 旅游”运行新模式，在市区北部、东部环海路段开通“侨乡号”“明珠号”等旅游季特色观光线 15 条，运送乘客 50 余万人次。提升本质安全水平，试用驾驶员安全管理智能一体机，推行驾驶员安全生产网格化管理，压实管控责任，行车责任事故发生率下降 30.48%，责任经济损失率下降 8.68%。

（张　黎）

8 月，乳山口大桥盖梁施工现场　　（威海市交通运输局　提供）

公路建设与管理

【概况】　2023 年，全市公路系统强化交通强国山东示范区威海样板建设，全力打造“精致公路”，推动公路工作高质量发展。全市落实中央和省级补助资金 4.79 亿元。其中，普通国省道修复养护项目落实资金 2.9 亿元，比上年增 153%。完成施工总里程 154 千米，增长 152%。1 个案例被文化和旅游部、交通运输部、国家铁路局等 6 个部门联合评为交通运输与旅游融合发展十佳案例。3 月 25 日，全省旅游公路建设推进会在威海市召开。

【重点项目建设】　2023 年，全市实施普通国省道项目 26 个，总投资 21.86 亿元，年度完成投资 4.92 亿元。乳山口大桥项目完成先导索、猫道架设，转入上部结构施工阶段。完善旅游公路智慧系统的路况感知、安全预警、信息发布等功能并完成验收。提高交通安全管理水平，普通国道公路安全设施和交通秩序管理精细化提升工程完工。实施长会口特大桥、香水河大桥桥梁健康监测项目，增设传感器测点 335 个，实现桥梁的实时检测、动态检测，为大桥维护和管理提供科学依据。提升普通国省道路况质量、通行效率、服务水平，22 项修复养护项目基本完工。年内，重点项目建设、停车服务区打造等相关经验在全省普通国省道“重点建设项目精品创建”现场观摩暨工程建设交流活动和全省普通国省道公路驿站服务品质提升现场会上进行交流。

【路况品质优化】　提升公路路域通行环境，完成路面挖补 1.32 万平方米，处治路面裂缝 5.25 万米，修复路基挡墙 503 立方米，施划标线 1.13 万平方米，更换护栏 6174 米，维修桥涵 8 座。扎实做好迎“国检”（国家公路网技术状况监测）工作，根据 2 座“迎检”桥梁的路况调查和技术状况评定结果，制定路面质量提升专项整治方案，提高全市大型桥梁监测、检测、维护的数字化、信息化水平。完善跨海桥梁的视频监控系统、可变限速设备、雾区警示提醒标志，预防恶劣天气下交通事故的发生。实施 5 座隧道消防设施维保项目，检查维护应急灯、消防泵、排烟风机、灭火器等消防设施，确保隧道运营安全。

【安全保障】　建设集监测、调度、管控、应急、服务为一体的智慧路网云控平台，构建“1 + N”伴随式服务体系，获得第二届胶东五市交通运输科技创新应用大赛三等奖。开展公路领域安全生产大检查和安全生产强化年活动，以公路在建项目、桥梁隧道、安全生命防护工程为重点，全年开展专项检查 6 次，查处各类安全生产隐患 69 处，整改完成率 100%。全面排查普通国省道范围内急弯陡坡、连续下坡、视距不良、公路临水临崖、易塌方等路段，消除安全隐患，确定易积水点 4 个，并在重要地点定人、定岗，确保强降雨天气发生时及时缓解道路积水。强化防汛准备，配备应急抢险设备 140 台（套），储备石子 2000 吨、碎石 1000 立方米、混凝土块 400 块，确保全市平安度汛。成立防汛应急队伍 4 支、人员 438 人，开展防汛应急演练 3 次，提高应急队伍的快速反应和协同作战能力。

【路产路权保护】　开展行政许可审批辅助工作，组织普通国省道涉路许可现场勘察、审核、论证、听证等事宜 60 余次，辅助审批涉路工程许可 46 项，征收国有资源有偿使用收入 147.53 万元。依法依规对未经许可在公路用地范围内擅自占用、挖掘、建设等行为进行制止，要求施工方按照涉路工程许可标准办理相关手续。严格履行路赔费收缴程序，及时调查处理路产损坏等情况，全方位维护路产路权，全年处理路赔事案393起，收缴路赔费140.03万元。强化日常巡查，发现并查处违规平交道口、桥下空间集市等事项6起，下达责令改正通知书2份。

【"四好农村路"建设】 打造"四好农村路"齐鲁样板，推动"四好农村路"高质量发展，实施"四好农村路"提质增效工程，全年完成新改建工程48千米、路面状况改善工程416千米、危桥改造工程17座、安防工程328千米，交（竣）工项目合格率100%。年内，威海市获评2023年度"四好农村路"省级示范市，西部环山路获评第三届"最美农村路"。

铁路建设与运输

【概况】 2023年，威海桃威铁路有限公司坚持铁路高质量发展、安全发展，着力提高铁路综合运输能力、整体经济实力和服务水平，全面完成各项工作任务。全年完成货运量127.9万吨，比上年增长37.5%。

【安全生产】 落实安全生产组织领导机构，成立安全生产委员会，提升安全生产工作水平；明确57个重点岗位的安全生产责任清单和各岗位安全生产责任制，建立以各级主要负责人为核心、覆盖全员的安全生产体系。公司印发《安全生产风险考核办法》，建立三级薪酬安全联挂制度，实行安全生产"一票否决"制，全年处罚违章违纪人员55人次。设立安全生产监控系统，监控道口43处、行车及车站作业重点部位151处，发现各类违章违纪行为256起。投资150万元，在36处无人看守道口设置监控设施，配齐标志标识和应答呼叫设备，消除非法通道12处。派驻专职驻站段专职安全监察员，实时监督检查生产部门安全状况。以客车安全为重点，在重要时期派专人看护特大桥、隧道、明洞等地段，确保列车运行安全。加强隐患排查，全年开展添乘检查95人次、各类安全检查51次，检查问题435个，下发整改通知书24份。实施安全问题整改，整改完成国家铁路局反馈问题180项、上海铁路监督管理局反馈问题57项。

【铁路沿线环境治理】 排查桃威铁路沿线油气管道17条、公跨铁立交桥35座，签订安全管理互保协议3份，补设燃气管道标志桩2处。开展铁路道口、公跨铁桥梁、公铁并行地段治理，签订公铁并行段安全协议1份，整治非法道口4处，改造道口公路与铁路路面结合部1处，喷刷停止线2处，安装警示标志4处，加固防抛网、护栏11处，解决上跨线隐患3处。排查治理轻、重漂浮物安全隐患，制止违法施工行为9次，解决铁路地界内群众种地问题18个，清理沿线倾倒垃圾22处、危树366棵，消除树枝侵限隐患570延长米，拆除违法建筑1处。

【运输市场发展】 积极拓展海铁联运业务，聚焦煤炭供需企业需求，制定集疏港作业方案，优化"门到门"物流服务网络，提高煤炭装运效率和货运服务质量，推进铁路煤炭集疏港业务常态化开展，可节省物流成本约10%，提升物流时效约20%。拓宽物流通道，开通威海至黄岛集装箱班列，至年底开行39列，运输货物2646标准箱。依托威海国际物流多式联运中心，开行中欧、中俄等国际集装箱班列35列，运输货物5582标准箱。投资1200万余元购入自备车30辆，完成煤炭、机制砂等管内运输68.9万吨。加大客运营销力度，提升客运服务供给质量，全年完成旅客发送量84万人次，全程载客量345万人次，完成客运收入2.59亿元。暑运期间，发送旅客26.8万人次，日均发送4314人，平均单车发送旅客1079人次／趟。投资5.4亿元，购置复兴号动力集中动车组4组并于12月15日试运行，桃威铁路成为全国第一家运行复兴号动力集中动车组列车的地方铁路。

【管理机制完善】 优化完善公司治理机制，全面执行股东会、董事会、党委会、经理层会议决策程序，明确子公司经营决策、财务、采购合同等权限管理，建立覆盖全公司的合规管理制度。修订管理规章、技术规章285项，促进依法依规依纪治企。完善公司采购、合同管理办法，规范物资采购和使用流程，全年节省直接生产成本近200万元。严格财务管理，降低综合融资成本。开展内部审计，查出并整改采购类、合同类、工程类问题43个。适时推行"瘦身"计划，压缩客运岗位，每年可节省支出500余万元。推行机辆段机车乘务人员量化取酬试点，人均收入最低增幅14%。稳妥积极推进岗位

12月15日，复兴号动力集中动车组首发仪式举行　　（孙大伟　摄）

管理，采用市场化、多元化用工方式，形成以业绩定薪酬、多劳多得分配模式。

（夏国栋）

民用航空

【概况】 2023年，山东省机场管理集团威海国际机场有限公司（简称威海机场）加快主业恢复发展，全面夯实安全生产根基，持续提升真情服务品质，服务全市经济社会发展能力得到增强。全年完成运输起降2.51万架次，比上年增长76%；完成旅客吞吐量256.93万人次，增长131.8%，其中国内旅客吞吐量243.33万人次；完成货邮吞吐量1.98万吨，增长30.5%，其中国际货邮吞吐量1.64万吨。

【航线开发】 全面拓展客货主业，稳步恢复国际航班，韩国客运航班量恢复到每周18班；全面加密国内航网，开通、加密盐城、浦东等热点航线11条，全年运行国内客运航线44条。加快货运业务发展，引进B737-800F驻场全货机，加密仁川、东京全货运航班，货运航班量增至每周21班，货物类型增加第九类危险品；开通威海—杭州“樱桃航班”，开拓日韩快件、电商运输业务；推出“无鲜不达”航空物流特色服务，助力全市牡蛎、海胆、无花果等特色生鲜产品销售。推进ARJ21基地建设，引进成都航空有限公司ARJ21驻场飞机5架，开展ARJ21机型维修能力培训，14人考取执照，8人获得成都航维修放行授权。10月，威海机场获得成都航空有限公司ARJ21维修能力授权，成为获得成都航空有限公司ARJ21航前、航后和过站维修放行资质的机场。

【安全管理】 强化事前防范和核心风险管控，加强安全风险分级管控和隐患排查治理双重预防机制建设，开展重大安全隐患专项排查整治，威海机场连续2次在全国运输机场运行安全保障能力综合评估中列全国C类机场中第1位，威海机场机务风险可视化案例获得中国民用机场协会安全管理优秀案例优秀奖。健全制度体系，夯实安全根基，修订《机场使用手册》等规章，坚持“四会”（安全生产晨会、晚点评会、周例会和月度安全形势分析会）制度，自主研发安全责任履职管理系统，压实安全生产责任。加强安全教育培训，开展技能练兵比武，威海机场获得第三届“工匠杯”全省航空器地面设备操作技能竞赛团体一等奖。完善应急预案，强化应急处置能力，编制防汛防台、除冰雪等各类应急预案、处置程序80余项，建立上下联动、分工明确的应急救援预案体系；自主研发应急预案管理系统，实现应急预案的电子化、精细化管理。

6月，京东航空威海首季樱桃航班启航　　（威海市交通运输局　提供）

【基础设施建设】 全面强化硬件保障能力，航管设施设备升级改造工程于3月投入使用，空管设备运行保障能力得到提高。国际航站楼新建连廊及局部改造查验区于5月启用，查验监管流程更加顺畅。机务场务及特种车库工程于6月投入使用，特种车辆常年室外停放的问题得到解决。

【服务品牌建设】 推出“精致入威”中转服务品牌，为中转旅客提供优质服务。增设自助查验设备，旅客凭身份证即可快速过检。优化“首乘旅客”“无成人陪伴儿童乘机”等特色服务，对候机楼母婴室、无障碍设施设备进行升级改造。推进服务质量管理体系建设，完善服务质量培训大纲、服务风险数据库建设，每月开展服务质量监督检查，每季度进行旅客投诉分析。5月，威海机场获得2022年度中国民用机场服务质量评价航空公司保障优秀奖。

【经营管理】 不断深化改革，理顺体制机制，经营水平实现上档升级。持续规范内部运转流程，修订机场决策制度实施办法和党委会研究决定、前置研究讨论事项清单，明确议事范围，规范审批程序。完善机场会务接待、内部审计等专项制度，确保各项工作有章可循、按规办事。提高智慧化管理水平，自主设计研发的智能航空油料存储管理系统获得国家实用新型专利授权，塔台防“漏忘错”警示系统获得山东省交通运输行业职工优秀技术创新成果三等奖；开展机务维修工卡电子化试点，提高航班运行保障效率，威海机场入选中国国际航空股份有限公司电子工卡试点单位名单。开展“作风能力提升年”活动，践行“严真细实快”工作作风，全年获得集体荣誉30余项、个人荣誉120余项。

（祝旦帅）

邮　政

【概况】 2023年，全市邮政行业完成业务收入（不包括邮政储蓄银行直接营业收入）24.70亿元、寄递业务量2.08亿件，分别比上年增长18.02%、23.53%。有快递服务企业49家、分支机构140家、末端网点832家，快递服务企业完成业务量（不包含邮政公司包裹业务）1.69亿件，增长30.02%。其中，完成同城快递业务量1462.92万件，下降12.35%；完成异地快递业务量1.37亿件，增长23.53%。快递服务企业完成快递业务收入17.84亿元，增长18.22%。其中，完成同城快递业务收入0.84亿元，下降10.17%，完成异地快递业务收入9.98亿元，增长16.62%。

【“两进一出”工程建设】 全力推进“两进一出”（快递进村、快递进厂、快递出海）工程建设，提升快递业服务水平。快递进村方面，文登区、荣成市、乳山市均获评农村客货邮融合发展样板县，全市建成县级物流园区3个，建立以客货邮县级分拨中心为基础，镇级客货邮综合便民服务站为支撑，辐射至各村邮政服务点的区（市）、镇、村三级物流网络，开通客货邮线路42条。快递进厂方面，推动企业建立“收转运派”于一体的全链条服务，强化产品运输线和快件追踪能力建设，增加渔具寄递出港班次，全年全市快递服务企业为渔具生产企业发出快递1400万件，完成业务收入5300余万元，支撑产业总产值9.8亿元。快递出海方面，加强国际寄递物流体系建设，推动中国邮政集团有限公司威海市分公司开通威海至日本、韩国直达航线，每班运能约10吨。助力跨境寄递服务发展，改造中国邮政集团有限公司威海市分公司国际互换局，申请新设立水陆监管场所1个，自主开展鲁韩海运电商专线现场查验。

【绿色快递体系建设】 推进行业绿色低碳发展，全年全市电商快件不再二次包装比例达93%，使用可循环包装的邮件快件140万个，回收复用完好瓦楞纸箱116万个。参与市“无废城市”建设细胞创建行动，打造“无废快递”网点5家。加强执法监督，开展生态环保专项监督检查6次，检查快递服务企业及网点32家，予以行政处罚1起。

【寄递安全监管】 市邮政管理局、公安局等15个部门印发《威海市平安寄递专项行动方案》，召开全市平安寄递专项行动协调推进会议，建立联合监管机制，严查严处寄递枪爆物品、毒品、危险化学品、烟草等违法违规寄递行为。市邮政管理局与市烟草专卖局建立烟草寄递渠道联合监管协作机制，开展严厉打击寄递渠道涉烟违法犯罪行为专项行动，查办烟草类案件5起，查获卷烟751条。市邮政管理局成立专项检查组，通过实地检查、电话摸排的方式，开展电商快件寄递服务专项整治检查，实地检查企业19家、查看留存协议51份，致电快递企业协议客户11家、核实协议11份。

7月7日，工作人员向游客展示“威海邮心”文创产品　（王彦博　摄）

【服务质量提升】 规范开展快递业务经营许可指导、审批工作，全年依程序完成10家企业的许可申请指导和60家企业的变更申请，增设分支机构18家、变更分支机构13家、撤销分支机构5家，在线登记备案末端网点428家，增设快递柜177组，审核29家快递企业的年度报告。参加阳光问政热线活动，现场处理快递服务问题，并建立市级“12305”（邮政业消费者申诉专用特服号码）热线平台，完善处理流程，维护用户合法权益。强化快递从业人员权益保障，全市基层快递网点从业人员优先参加工伤保险“应保尽保”人数达492人。

（郑好越）

【中国邮政集团有限公司威海市分公司】 2023年，公司坚持服务地方经济和城乡居民，为建设“精致城市·幸福威海”贡献力量。

普遍服务能力提升　全市邮政网点均开通普遍服务和特殊服务业务，建制村直接通邮率、《人民日报》当日见报率、高考录取通知书投递完成率均达100%。

国际邮路建设　完善威海邮政国际互换局口岸建设，达成“三关合一”（跨境电商监管、邮关、商关业务整合）合作框架。实现鲁韩海运快线全部在威海邮政口岸场站现场装柜和自主报关，全年对日本、韩国出口商品115万件，增长45%。

乡村振兴和文旅发展助力　拓展普惠金融服务深度和广度，全年引荐贷款客户402个，提供贷款金额9809万元，纾解农户“贷款难”问题。开展“线上社群＋线下社区”社区团购营销活动，打造原产地“邮政农品”品牌，实现农产品交易额9514万元。打造“直播＋寄递”发展模式，联合开展直播带货活动，销售板栗2750千克、花饽饽670余件。积极融入城市旅游市场发展，研发“威海邮心”文创产品，为2023千里山海自驾旅行者大会、2023年威海市知名农产品展等提供用邮服务，提升游客体验感。

（荣　茜）

编辑　于鹏飞

城乡建设与生态环境保护

综　述

【概况】　2023年，全市围绕“威海要向精致城市方向发展”总目标总方向总遵循，推进城市有机更新，提升精准服务水平，统筹发展与安全，持续保障和改善民生。威海市连续4年获评中国最具幸福感城市，获得山东省适宜人居环境奖，入选公园绿地开放共享等省级试点名单，全国传统村落集中连片保护利用示范工作推进会在威海市召开，红色物业经验被住房和城乡建设部向全国推广，环境空气质量连续8年稳定达到国家二级标准并继续保持全省领先，重点河流和城市集中式饮用水水源地水质达标率100%，近岸海域水质优良比例100%。

【城市建设】　通过年中科学调整，全市城建重点项目由127个增至145个，当年计划投资由170.5亿元增至193.8亿元，全年实际完成投资208.6亿元。加速推进栖霞街特色街区、威海湾城市综合体等重大项目，6个项目入选省级城市更新示范项目，老旧街区改造经验被住房和城乡建设部推广。推动建成跨地级市核能供热工程，实施海滨南路、福州路南延、老环山路改造等重点市政道路项目29个，在建项目总长度35.5千米。加强公共停车设施建设，推进威海临港经济技术开发区智慧停车场、环海路沿线停车场等项目，新增停车位2500个。威海市生活垃圾焚烧厂PPP项目完成竣工验收，进入商业试运行期。

【营商环境优化】　实施施工综合许可“九证合一”，将建筑工程施工许可、工程质量监督手续、特殊建设工程消防设计审查、防空地下室建设许可等9个事项合并为“建筑工程施工综合许可”1个事项，审批用时压缩至1小时，效率提高90%，实现施工许可阶段只办理1个事项即可开工建设，工作做法获评山东省地方改革案例、全省“高效办成一件事”暨优化营商环境创新实践优秀案例，向全省推广。试点推行竣工联合验收“五证合一”，将规划核实、消防验收、人防验收、工程质量验收等5个事项，整合为部门联动1次验收，申报材料精减27%，办理时限压缩30%。推行城建档案“一键归档”，优化威海市城建档案信息管理系统，与相关管理系统互联互通，实现档案在线提交、审查归档和项目基本信息、审批档案资料、竣工图纸实时共享。

【民生实事办好】　2023年，全市改造老旧小区61个，惠及城区居民3.16万户。新开工棚户区改造项目2249套，建设保障性租赁住房5769套，为533户居民发放城镇住房保障家庭租赁补贴。改造老旧燃气管网66.4千米，为20.2万户居民更换管道燃气附属设施。新建口袋公园9处、城市绿道25.9千米，更新修复老旧破损健身器材400件，增设各类休憩、康体休闲等设施1685台（套）。

【法治建设】　市住房和城乡建设局（简称市住建局）印发《2023年法治建设

11月，乳山市引入海阳市核能零碳供暖项目投产　　（孙大伟　摄）

工作方案》和《2023年城管执法队伍规范化建设工作方案》，推动城管执法对外规范化建设。全年评查行政执法案卷119卷，办理行政诉讼、复议案件27件，行政诉讼案件行政机关负责人出庭应诉率100%。实施“信用+监管”模式提升执法效率，建设工程、房地产、物业等领域实现信用监管全覆盖，根据评价结果开展分级分类监管。印发《关于在住房城乡建设领域推广应用信用报告的通知》，在行政许可、检查、处罚和合同签订等方面推广应用信用信息报告。“互联网+监管”事项覆盖率、及时率、移动端监管事项覆盖率均实现100%。制订2023年“双随机、一公开”执法检查计划并按计划完成抽查、检查工作。坚持“执法与说理”并行，开展劝导式执法60次。依托网站、微信公众号等新媒体，开设《居住满意 你呼我应》栏目，在线互动近37万人次，调解事项1500余个。参加《安居威海》直播节目21期，在线宣传解读相关政策。编制《自建房房屋安全事故警示录》12期，向市民发放宣传材料4万余份。

精致城市建设

【概况】 2023年，市精致城市建设办公室围绕“全域精致·共富共美”主题，推动精致城市建设全领域、全要素、全环节突破，成功举办精致城市论坛，发布精致城市可持续发展指数和精致城市战略研究，精致城市建设工作获得省委主要负责人批示肯定，城市更新工作被中央电视台《焦点访谈》报道。

【精致城市论坛】 6月12日，由联合国人居署、山东省住房和城乡建设厅、威海市人民政府共同主办的精致城市论坛举行。论坛以“建设精致城市·创享美好生活”为主题，旨在共同探讨思考在新时代下推动精致城市建设的理念思路和实施路径、研究探索相似规模和类型城市的发展规律和转型方向，助力推广中国式现代化城市发展方案，推动实现联合国2030可持续发展目标和新城市议程。论坛包含“1+1+2”4个论坛活动（精致城市论坛、人居节暨建筑设计论坛、红色物业论坛、精致城市企业论坛），同期举办“精致城市·幸福生活”博览会，联合国以及国内有关部门、高校院所、企业代表等300余人参加活动。

【获评中国最具幸福感城市】 11月24日，2023中国幸福城市论坛在四川省成都市举办。论坛以“高质量发展让城市更幸福”为主题，对中国城市的幸福感进行调查，公布第十七届中国最具幸福感城市调查推选活动结果，威海市连续4年获评中国最具幸福感城市（地级市），荣成市获评中国最具幸福感城市（县级市）。

【精致城市可持续发展指数发布】 10月28日，由住房和城乡建设部、联合国人居署、上海市人民政府共同主办的2023年世界城市日中国主场活动在上海市举办。威海市“以精致为底色推进城市可持续发展”工作经验在论坛上进行交流，并发布依托全市精致城市探索实践形成的精致城市可持续发展指数。该指数被纳入“上海指数”创新应用主题指数序列，作为遴选《上海手册》案例和“上海奖”获奖城市的重要依据，逐步培育为联合国人居署指导和监测全球同类型城市发展的权威标准。

【全域精致政策体系健全】 对中心城区10个片区进行策划，从战略层面明确片区定位、更新策略、投融资机制等，推动城市更新由“点状更新”向“片区更新”转变，为全域精致城市建设提供引擎和样板。市政府办公室印发《关于印发威海市城市更新三年行动实施方案（2023—2025年）的通知》，把城市更新行动作为精致城市建设重要着力点，聚焦全域治山、系统治水、综合治城，着力改善城市人居环境。推动政策体系向镇、村延伸，立足资源禀赋、交通区位、产业发展等，编制全域精致小城镇建设规划导引、建设规范，为全市48个建制镇错位发展提供战略引导，明确各类型小城镇的建设重点和管理标准。

【城市更新】 以开展省级城市体检和城市更新“双试点”为契机，印发城市更新专项规划、行动方案、实施意见、中心城区重点片区城市更新导引，健全城市体检与更新衔接机制，开展社区环境焕新、蓝绿空间提质、精致空间塑造等8个特色行动，打造卫城—金线顶、小石岛—西海岸等10个重点片区，高标准建设卫城、西苑2个省级城市更新试点片区，全力推进栖霞街特色街区、威海湾城市综合体等10个城市更新重点工程，全方位提升城市功能品质和发展能级。

【城市体检】 坚持“无体检不项目、无体检不更新”原则，在城市更新重点领域实施城市体检全覆盖。创新开展市—

9月，栖霞街及周边地区综合整治工程 （朱春晓 摄）

区—住宅小区3级城市体检，对全市1004个住宅小区全面体检评估，并探索建立城市体检和城市更新的衔接机制，强化城市体检成果应用，建立城市体检问题整改台账，结合更新项目和政策制定做好预警问题和“城市病”整改。

【“设计营城”计划发布】 6月12日，威海市政府、中国建筑学会联合发布“设计营城”计划。该计划依托城市设计创意资源，通过设计师驿站、首席街长制等新载体新机制，吸纳全球设计师深度参与精致城市建设，发掘城市天然禀赋，以优秀设计为城市发展赋能。至年底，通过闲置项目盘活等方式，挂牌运营设计师驿站3处，吸引常驻威海市设计师30余人。

【不精致问题整治】 市精致城市建设办公室、公安局通过“四不两直”（不发通知、不打招呼、不听汇报、不用陪同接待，直奔基层、直插现场）和无人机航拍的方式，对中心城区重点区域开展不精致问题专项排查整治，并组织各区（市）开展不精致问题自查自纠，查摆并整改完成不精致问题175个。印发《威海市中心城区“三线”不精致问题整治工作方案》，开展铁路线、山体线和环山路沿线专项整治行动，通过无人机航拍、乘坐火车巡查和实地检查相结合的方式，对全市乱堆乱放、山体裸露、卫生死角、空中飞线、占地种菜等12类不精致问题进行整治，整治各类问题499个。

【重点项目建设】 着眼全域精致，坚持系统谋划，实施千里山海自驾旅游公路提升改造、千里滨海步道建设、核能供热管网建设、“三线”（铁路线、山体线和环山路沿线）整治等对全域均衡发展具有重大支撑、整合和引领功能的大项目。坚持问题导向，围绕城市风貌和群众需求，组织实施城区积水点整治、老旧小区改造、卫生死角整治、农贸市场环境提升、背街小巷整治等民生项目。年内，全市实施城建重点工程145项，年度计划投资193.65亿元，完成年度计划投资208.64亿元。

城市管理

【概况】 2023年，全市坚持创新治理理念、治理手段、治理模式，着力提高城市管理科学化、精细化、智能化水平。以地方标准形式发布住宅设计、城市立体绿化、城市桥梁检测、预拌砂浆质量管理等住宅规范、市政园林规划、施工技术导则6项，其中《住宅设计规范》地方标准获得山东省建设科技创新成果一等奖。对全市1004个住宅小区进行全面体检评估，建立城市体检问题台账，持续实施整改。持续开展违法建设、废弃汽车、停车秩序、餐饮油烟、户外广告、电动车等10余项专项整治活动。威海市在住房和城乡建设部对全国地级以上城市生活垃圾分类工作评估中获评“第二档”等次。

【建筑全过程管理】 严格执行城市建筑垃圾处置核准制度，规范建筑垃圾消纳处置行为，市住建局、公安局、交通运输局、水务局、行政审批服务局等部门联合印发《关于将建筑垃圾处置核准审批合并到建筑工程施工综合许可实行“八证合一”及进一步加强事中事后监管的通知》，明确建筑工程的项目建设单位和承接建筑垃圾运输的运输单位均应申请办理建筑垃圾处置核准手续，项目建设单位应将建筑垃圾交给依法取得建筑垃圾处置核准资格的运输企业进行清运和处置。加强建筑垃圾处置核准事中事后监管，强化建筑垃圾源头管控，实行源头分类管理。对家庭装修垃圾强化管理，由物业服务企业运送至指定地点临时堆放。

【红色物业主题论坛】 6月12日，“红色物业赋能高效治理·共建共享精致美好家园”主题论坛举办。论坛系统总结威海市红色物业建设的典型经验，共同探讨新时代齐鲁红色物业建设的新理念、新思路和新路径，全力推动红色物业助力社区基层治理。专家学者结合全市红色物业工作实践，从创建红色物业党建品牌、红色物业党组织体系、红色物业融入基层治理、红色物业建设推进中的问题等角度，对红色物业作用发挥、未来发展方向目标及深化提升基层治理创新等方面提出建议。

【数字城管系统运行】 扩大数据采集范围，数字城管覆盖范围373平方千米。拓展案件应用类型，新增“井盖类”“行道树”2类新型核查结案案件类型。全年受理解决城市管理案件22.7万件（含自行处置案件7.3万件），结案率99.8%。完成城乡环卫一体化等3个专项检查和烟头、沙场、建筑物外立面等10个专项普查，普查问题3900余件。

9月9日，威海经济技术开发区新都小学老师在教授垃圾分类知识 （纪 哲 摄）

【生活垃圾分类】 市住建局印发《威海市城乡生活垃圾分类专项规划（2022—2035年）》《2023年度区市、开发区生活垃圾分类考评细则》，全市逐步建立健全垃圾分类收集、分类运输、分类处置全过程管理体系，与国内第一批生活垃圾分类示范城市水平逐步接轨。开展省级生活垃圾分类示范创建工作，1个街道、10个社区、5家公共机构分别获评省级生活垃圾分类示范街道、社区、单位。开展“垃圾分类齐点亮”答题活动，全市13.94万人参与。年内，威海市在住房和城乡建设部对全国地级以上城市生活垃圾分类工作评估中获评“第二档”等次，获得全国城市生活垃圾分类全民活动城市组二等奖，1个生活垃圾分类案例在《绿色中国 文明答卷》宣传片中展示。

【城市精细化管理】 市住建局印发《威海市餐饮油烟整治专项行动方案》，对产生油烟污染的餐饮服务场所进行整治，严肃查处各类油烟污染行为，确保餐饮油烟达标排放。市住建局、行政审批局印发《关于在餐饮服务业实施审批联动机制的通知》，建立餐饮服务业审批联动机制，共同把好餐饮经营业户选址关，避免业户因选址不当造成油烟扰民。年内，全市摸排餐饮经营单位1.14万家，发现并督促整改问题隐患3128个，开展油烟达标排放检测403次，立案查处油烟污染37起、罚款12.61万元。以规范城区道路、居住小区、公共场所停车秩序和消除道路交通安全隐患为重点，将城市建成区道路范围以外的居住小区、背街小巷、公共绿地等公共区域纳入排查范围，将长期占用公共停车资源，具有车身外观残破、部件缺失、未悬挂号牌等特征的机动车辆纳入治理范畴，全面开展废弃汽车清理整治行动。年内，摸排具体相关特征的汽车1076辆，核查确认为废弃汽车的693辆，其中车主自行清理470辆、报废处置27辆、履行公告程序处置137辆。市住建局印发《关于开展春季铁路沿线环境安全隐患治理专项行动的通知》《开展铁路沿线环境容貌整治工作的通知》，重点排查治理铁路沿线轻硬漂浮物、违章广告、乱贴乱画、乱堆乱放等问题，排查整治各类问题近800处。市住建局印发《关于规范管理摊点和夜间烧烤的工作方案》，设置便民摊点2189个，并对自发形成的摊点聚集区进行规范管理，在威海公园、海颂广场沿海步道临时性划定免费摊位150余个。坚持烧烤店铺“连点成线、聚线成面”原则，打造中心城区夜间烧烤经济带23处、室外摆桌区域530处，丰富市民夜间生活。市住建局印发《关于开展5G基站整治工作的通知》，召开5G基站美化整治工作会议5次，统筹推进5G基站美化改造，全年美化改造5G通信基站20处。

村镇建设

【概况】 2023年，全市24处民居入选山东省传统民居保护利用试点名单，环翠区、羊亭镇等5个镇入选山东省小城镇创新提升试点名单。实施农村危房改造12户，完成户厕改造653户，基本实现农村改厕管护服务全覆盖。

【农村危房改造】 市住建局印发《2023年威海市农村低收入群体等重点对象住房安全保障工作实施方案》，组织各区（市）对农村低收入群体等重点对象房屋进行全覆盖摸排，加强对B级房屋的动态监测，全年发现和改造危房12户。印发《关于切实做好提升危房改造、农村改厕群众满意度有关工作的通知》，组织各区（市）开展集中培训，明确核查和危房鉴定时限，提升群众工作满意度。在省级现场评估检查中，环翠区、文登区、荣成市农村危房改造工作成效显著。

【传统民居保护利用】 4月，荣成市宁津街道留村程光彩旧居等24处民居入选2023年度山东省传统民居保护利用试点名单，获拨省级财政奖补资金240万元。市住建局梯次开展传统民居普查建档工作，并针对不同类型不同现状的传统民居，通过翻建、修缮等方法，采用“绣花”“织补”等微更新、微改造方式，改造提升传统民居建筑风貌，开展文化创意、休闲旅游等特色经营活动，提高活化利用水平。11月，全市对传统民居保护利用试点建设工作获得省级核查组肯定。

【小城镇创新提升行动试点建设】 4月，环翠区羊亭镇、威海火炬高技术产业开发区初村镇入选山东省小城镇创新提升行动卫星镇试点名单，乳山市白沙滩镇入选山东省小城镇创新提升行动县域次中心镇试点名单，文登区张家产镇、荣成市俚岛镇入选山东省小城镇创新提升行动特色专业镇试点名单。各试点镇强化规划引领，编制试点行动方案，开展试点镇建设，探索可推广、可借鉴的小城镇创新发展模式。

【农村改厕后续管护】 加强农村改厕服务站管理，运用智能管护平台提升改厕服务站服务质量和效率，全市建设改厕服务站183个、配备管护服务人员406人、配置抽粪车辆230辆，基本做到“粪液满了有人清、厕具坏了有人修”。荣成市、威海火炬高技术产业开发区、威海南海新区探索实施后续管护整县制市场化运营管理，提高管护服务质量；威海经济技术开发区推进农村改厕提档升级，全年完成158户改厕提档升级改造工作；威海经济技术开发区、威海临港经济技术开发区探索实践农村户厕粪污资源化处理和利用工作，建设粪污资源化利用项目2处，提升改厕粪污资源化利用效率。开展农村改厕问题摸排整改“回头看”工作，发现问题厕所2万余个，年内整改完成1.9万余个。坚持农村厕所“应改尽改”原则，完成户厕改造653户。

【全国传统村落集中连片保护利用示范工作推进会暨传统村落保护利用和乡村风貌保护提升培训班】 9月25日—26日，全国传统村落集中连片保护利用示范工作推进会暨全国传统村落保护利用和乡村风貌保护提升培训班在荣成市举办。会议现场考察荣成市宁津街道办事处东楮岛村、俚岛镇烟墩角村等6个传统村落，专家学者围绕传统村落保护利用、非物质文化遗产保护传承、美丽宜居村庄建设、乡村风貌保护提升等进行授课，荣成市传统村落保护利用工作经验做法在会议上进行交流。各省住建部门相关负责人、10个传统村落集中连片保护利用示范市（州）住建部门主要负责人，75个传统村落集中连片保护利用示范县（市、区、旗）政府负责人等230余人参加会议。

房地产开发与管理

【概况】 2023年，全市秉持保交楼、稳民生、因城施策和精准施策的原则，以促进购房消费为核心，持续完善调控政策，积极拓展销售渠道，有效消化房屋存量，精准引导市场预期，推动房地产市场平稳健康发展。全市新建商品房销售面积、商品住房销售面积分别比上年增长14.5%、18.1%，全年保交楼项目和恒大项目实现交付房屋1.39万套。智慧小区"威海案例"获得联合国人居署推介。

【房地产调控政策优化】 为提振市场信心、消化房屋存量，全市出台阶段性契税补贴、二孩及以上家庭购房补助等13项促进房地产市场良性循环和平稳健康发展的调控政策，对购买新建商品房的购房者给予最高2万元契税补贴，二孩及以上家庭给予最高5万元补助。并在购房补贴、公积金政策、保交楼、住房保障等方面对房地产市场给予政策支持，住宅去化周期持续下降。至年底，全市商品房库存面积下降16.9%，其中商品住宅库存面积下降22.2%，住宅去化周期下降10.8个月。

【房产营销】 采用"数字＋房产"形式，举办新春线上房交会和线下春季房交会，发放房产优惠券1300张2600万元，100余家优质房地产企业参加，线上浏览量达100万余人次。超过3万人次参加线下春季房交会，签约房产174套。开展"人才安居节"活动，组织教师、医务工作者、企业急需人才等到项目现场探盘，成交150套。在车站、机场等设置驿站服务点，为高校新生和家长介绍学校周边地产项目，成交100余套。拓展房产外销市场，打造"山海浪漫·精致温暖"移动房交会品牌，定期到外销热点城市开展精品楼盘推介活动。年内，在北京市、石家庄市、济南市等6个城市举办推介会，营销机构负责人、房产中介、意向客户等4000余人参加。

【房地产市场监管】 全市统筹做好"保交楼"项目交付与预售资金监管，积极稳妥化解房地产风险，做到"去存量、防增量"。落实好恒大项目、保交楼项目专项借款资金，建立健全市区存量房交易资金监管银行招标机制，将"保交楼金融服务承诺"作为招投标重要赋分项，星海外滩等项目获得银行融资3.55亿元。对在建在售项目加大预售资金监管力度，开展预售资金大检查3次，向不按规定存入预售资金的38家开发企业下发催存通知书，追缴预售资金2.8亿元。推动监管银行落实监管责任，市住建局印发《威海市商品房预售资金监管银行监管服务评价暂行办法》，要求各金融机构建立普通账户大额异动监控机制，对开发企业抽逃资金等行为及时发出监管预警，筑牢预售资金监管防线。启用存量房交易资金监管系统，保障房屋产权和交易资金安全，保护买卖双方合法权益，为全社会提供"自主交易＋居间服务＋资金监管＋银行贷款＋不动产登记"的全流程、多元化服务，4家银行被确定为存量房交易资金监管银行。市住建局印发《关于开展房地产经纪机构网上备案管理的通知》，推动房地产经纪机构网上备案系统上线，实现房地产经纪机构备案电子证照应用，至年底，全市备案房地产经纪机构2439家。

【房地产企业和中介机构信用评价】 开展2022年度房地产开发企业和中介机构信用评价工作，经过自评、初审、复核、评审等环节，公布信用评价结果，评出"信用AAA级"企业43家、"信用AA级"企业85家、"信用A级"企业196家，"信用AAA级"经纪机构3家、"信用AA级"经纪机构42家、"信用A级"经纪机构1185家，"信用AAA级"估价机构3家、"信用AA级"估价机构10家、"信用A级"估价机构1家。

【保障性安居工程建设】 2023年，全市新建保障性租赁住房5769套，基本建成4690套；新开工棚户区改造住房2249套，基本建成1218套；发放住房租赁补贴1119户。保障性租赁住房、人才住房工作获得省委、省政府真抓实干成效明显市级督查激励。

【住宅小区体检】 将住宅小区体检纳入2022年度威海市城市体检体系，精细化识别小区建设成效及不足，提升精致城市建设水平。围绕小区物理环境、红色物业管理，设置一级指标（党建引领、服务专业、环境美好、群众满意、设施完善）5个、二级指标48个，对住宅小区进行指标评估，全市1004个住宅小区平均得分79.37分，评分60分以上住宅小区占比97.80%。

【电梯加装】 市住建局、公安局、财政局等部门联合印发《威海市既有住宅加装电梯实施意见》，鼓励通过业主自筹和社会投资等方式筹集资金，鼓励有资质的设计、安装、施工企业为业主加装电梯业务提供审批、设计、采购、验收等一体化服务。至年底，全市既有住宅加装电梯111部。

市政基础设施建设和园林绿化

【概况】 2023年，全市不断完善路网结构，加强公园、绿道建设，提高交通便捷度，美化城市环境。实施海滨南路大修、福州路南延、老环山路改造等市政道路项目29个，在建项目总长度35.5千米；推进威海临港经济技术开发区智慧停车场、环海路沿线停车场等公共停车项目，新增停车位2500个；建成绿道25.9千米、口袋公园12处，完成12条道路绿化工程；配置便民服务设施1685处（套）。

【昆明路、海滨南路路段大修工程完工】 强化路段通行条件和服务能力提升，昆明路（隧道东口—新威路）、海滨南路

（齐鲁大道—珠海路）道路大修工程完工通车。昆明路（隧道东口—新威路）全长857.7米，路面宽度38米，设计标准为城市主干道、双向四车道、沥青混凝土路面，大修内容包括道路的路面铣刨加铺、雨水口提升、更换检查井自调试井盖、路缘石修复及局部人行道修复等。海滨南路（齐鲁大道—珠海路）全长910米，道路红线宽度40米，设计标准为城市主干道、双向四车道、沥青混凝土路面。大修内容包括行车道向西拓宽3米、向东拓宽1米，挖除原路面结构并重新铺设，优化主要路口及交叉口、公交港湾、路灯等，拆除人行道并重新铺设，重新设置雨水管道等。

【公园和绿道建设】 2023年，全市建成口袋公园12处，其中文登区1处（康成公园）、荣成市2处（文化路口袋公园、桑干河植物园改造）、乳山市3处（维利亚口袋公园、北斗湾体育公园、滨水口袋公园），威海火炬高技术产业开发区1处（世昌大道北游园），威海经济技术开发区5处（崇文游园、九龙湾儿童区改造、阳光游园、五渚河公园管理驿站及周边绿化、摩天岭郊野公园）。建成绿道25.9千米，其中环翠区1.3千米（望岛河绿道）、文登区5.9千米（康成公园附属绿道）、荣成市5.1千米（泰祥路绿道1.4公里、荷田路绿道1.7公里、大岚河绿道2.0千米）、乳山市5千米（浦东路绿道）、威海火炬高技术产业开发区0.8千米（柴峰顶绿道）、威海经济技术开发区1.8千米（摩天岭郊野公园绿道）、威海南海新区6千米（滨海路健身绿道）。

【绿地开放共享】 在公园草坪、林下空间以及空闲地等区域划定开放共享区域，完善配套服务设施，创建公园绿地开放共享区域25处，开放面积94.5万平方米。威海市公共绿地开放共享单双日轮流开放模式在全国公园绿地开放共享培训会议上作为典型范例重点推广。

【公园管理】 针对旅游旺季人流量增加的情况，强化公园管理，在公园主要出入口设置温馨提示牌、设置隔离栏杆、预留求助电话，推动养护工作人员从管理者向服务者转变。更新公园便民设施，增设直饮水机、便民衣架、果皮箱、休闲座椅等，全年全市新增便民设施1685处（套）。开展公园游乐设施、健身器材专项检查，加强便民设施维护管理，为市民游客提供舒适的游园体验。

【园林绿化技能竞赛】 举办威海市园林绿化专业性修剪技能竞赛，全市13支代表队45名选手参加。组织参加全省城市精细化管理园林绿化行业技能竞赛决赛，市城市管理综合服务中心获得优秀组织奖，2支代表队获得优秀奖。

【中国风景园林学会城市绿化专业委员会2023年会】 5月12日—14日，中国风景园林学会城市绿化专业委员会2023年会在威海市举办。年会以“城市·自然·共生——多样化的城市绿色空间”为主题，围绕城市绿化的科学性内涵、城市生态空间的数量拓展及质量提升等方面进行交流。全国25个省（直辖市）的450余人参会。

（张华宇）

公用事业

【概况】 2023年，全市完成全社会用电量182.62亿千瓦时，城市公共供水总量1.29亿立方米，天然气供应量3.62亿立方米，集中供热入网面积1.53亿平方米，中心城区焚烧处理生活垃圾50.8万吨。

【城乡供电】 2023年，全市完成全社会用电量182.62亿千瓦时，比上年增长18.1%。其中，工业用电量112.37亿千瓦时，增长25.4%。

电网建设　坚持“让电等发展”理念，加大电网投资力度，重点实施东部电网补强升级工程，全面提升荣成市区域供电能力，全年完成电网投资14.22亿元，增长72.36%。简化优化电网项目审批流程，常态化开展大走访活动，做好配套供电服务保障工作，营造优质营商环境。

供电保障与服务　面对全市度夏负荷创新高、度冬保供持续时间长等情况，细化电力保供方案，集中完成电网春秋检任务991项，消除设备隐患488处，保持电力设备“零跳闸、零故障”。

“威您办·电好办”品牌打造　聚焦自管小区安全用电，建立包括824个自管小区、43.55万户居民的“一区一册”台账，落实资金实施改造，确保全市居民享受到同质化的“直供到户”优质服务。依托镇（街道）、社区便民服务中心，建成彩虹网格会客厅18家，解决涉电诉求1568件，客户满意率提升至99.64%。成立电力市场交易政企协同服务示范点，举办电力市场交易和电价调整政策培训会3次，构建省市联动、政企协同的现代电力市场服务体系。

乡村振兴助推　优化《农村电网三年提升方案》，投资1.38亿元，强化农村电网升级改造，农村户均供电能力增长20%，文登区环山街道办事处帽埠耩村获评国家电网助力乡村振兴示范村，乳山市南黄镇靠山村获山东省农民乡村振兴示范站，爱伦湾多能互补智慧管控平台开发及应用项目获全国三农科技服务金桥奖项目奖一等奖。服务新能源汽车下乡活动，承办全省充电基础设施建设推进会，印发《市域县乡公共充电基础设施布局提升三年计划》，构建“城区五千米、城郊全覆盖”便捷充电圈。

能源转型服务　全力化解新能源爆发式增长与电网接网消纳的矛盾，推进能源发展与电网建设政企协同规划，优化烟威半岛220千伏网架结构，推动全市第2座500千伏变电站落地，持续提升新能源送出水平。高效服务新能源并网消纳，开展“清风暖阳”行动，全力服务海上风电、分布式光伏、储能等各类电源协调发展。至年底，全市清洁能源装机501.58万千瓦，占电源总装机63.78%。

（李鹏飞）

【城市供排水】 2023年，全市城市公共供水总量1.37亿立方米；生产运营用水量3931.82万立方米，占城市公共供水总量的28.7%；居民家庭用水量5793.25万立方米，占城市公共供水总量的42.3%；人均日生活用水量116.65

升。其中，市区公共供水总量 8660.17 万立方米；生产运营用水量 2343.24 万立方米，占市区公共供水总量的 27.1%；居民家庭用水量 3321.12 万立方米，占市区公共供水总量 38.3%；人均日生活用水量 119.92 升。

威海市水务集团有限公司　2023 年，公司完成供水总量 1.18 亿立方米，增长 6.3%。处理污水 9225 万立方米，增长 1.5%，污水处理率 98.6%。处置污泥 19.1 万吨，增长 9.1%，污泥处置率 100%。中水回用量 3120 万立方米，增长 2.8%，中水回用率 33.8%。实施供排水重点工程 34 项，铺设供排水管道 301 千米。

污水处理厂建设。完成污水处理能力为 2 万立方米／日的环翠区污水处理厂一期项目初步设计，对配套排海泵站管道工程开展尾水排放论证。实施污水处理能力为 2 万立方米／日的初村污水处理厂三期扩建工程，完成威海临港经济技术开发区污水处理厂准四类提标改造工程，推进威海火炬高技术产业开发区污水处理厂和威海经济技术开发区污水处理厂准四类提标改造工程前期工作。

市区污水管网普查。搭建污水管网智慧信息管理平台，摸排管网 1037 千米、污水井 3 万余座，发现雨污合流及私接、破损等问题 3600 余处。

戚家庄污水泵站及配套管道迁移工程建设。工程于 6 月 16 日启动，泵站需向南迁移至威海市文化艺术中心东南侧，设计污水处理能力为 6 万立方米／日。完成旧泵站拆除、新泵站土建、新旧管道连接和配套管线施工，提前 1 个月具备通水运行条件。

市区老旧管网设施改造。实施海滨南路（齐鲁大道—珠海路）给排水管道改造工程，敷设各类供排水管道 1559 米、检查井 31 座，提前 1 个月竣工通水。改造 38 个老旧片区供排水管网，更换供水管道 51.96 千米、污水管道 19.9 千米，惠及居民 2 万余户。

营商环境优化。开展水务走访服务活动，走访用水企业近 3000 家、居民 33.6 万户，解决问题超过 1000 件。加强智慧水务建设，优化水务热线线上服务，由人工电话客服向网络在线客服转变，受理解决咨询、诉求 10 万余件。增强水、电、气、暖、通信、广电“共享营业厅”的集成服务度，为用户办理各项业务 500 余件。聚焦企业和群众常用服务事项，推行用水报装、更名过户等用水事项“无证明”服务 16 项，提高用户用水满意度。

（刘英　乔灵敏）

【城市供气】　2023 年，全市完成天然气供应量 3.62 亿立方米，比上年下降 1.9%。各类燃气管网总长度为 8929.08 千米（其中低压管网 5188.22 千米，中压管网 3327.19 千米，次高压以上管网 413.67 千米），有燃气用户 100 万余户。

供气安全管理　市住建局印发《关于开展城镇燃气行业有限空间安全工作专项整治的通知》《威海市餐饮经营场所瓶装燃气安全专项整治实施方案》《全市城镇燃气领域重大事故隐患专项排查整治 2023 行动实施方案》《威海市城镇燃气安全专项整治实施方案》等，围绕燃气企业、餐饮场所、居民用户等领域开展燃气排查整治，全年开展燃气安全专项督导检查 13 次，出动人员 136 人次，抽查燃气企业、用气场所等 264 家，发现并整改隐患 508 处。

《威海市燃气管理办法》公布　《威海市燃气管理办法》于 12 月 8 日经市政府第 26 次常务会议审议通过，于 2024 年 2 月 1 日起施行。该办法共三十五条，以问题为导向，以对燃气工作全覆盖管控、全链条管理和全方位监管为目标，对燃气的规划建设、经营服务、使用、设施保护以及相关管理活动中存在的制度短板，有针对性地进行规定、补强和细化，全面保障公民生命财产和公共安全，维护燃气用户和燃气经营企业合法权益。

燃气应急管理　市政府办公室修订印发《威海市城镇燃气突发事故应急预案》，建立健全城镇燃气突发事故应急机制，强化部门联动，调动社会各方力量实施应急处置的城镇燃气突发事故。全市燃气经营企业成立应急抢险队伍 11 支，专门负责燃气应急抢险维修。组织开展张村加气站反恐应急演练、小区燃气泄漏应急抢险演练，提升应急处置能力。

燃气表更换　组织各区（市）和燃气经营企业申报中央预算内专项资金，开展更换超期燃气表工作，全年完成 20 万户超期表更换为物联网表工作，并更换后免去了居民缴费后还需圈存提气的环节，其中中心城区 17 万户更换为物联网表与连锁报警控制装置，具备燃气泄漏时报警自动切断气源功能，进一步提升用户端本质安全水平。

燃气安全宣传教育　开展“安全用气宣传咨询日”活动，举办知识讲座，为群众讲解安全知识。开展燃气安全“五进”（进企业、进农村、进社区、进学校、进家庭）宣传教育活动，发放安全用气手册、安全宣传单张 20 万份，发送安全用气短信提醒 280 万条。组织 79 家燃气经营企业开展安全教育培训，培训员工 1294 人次。市住建局印发《威海市 2023 年度燃气从业人员继续教育实施方案》，455 人通过新取证培训考核，601 人通过继续教育培训考核。

【城市供热】　至 2023 年底，全市集中供热入网面积 1.53 亿平方米，实际供热面积 9256.07 万平方米，有换热站 1732 座、热水管网 8175.94 千米、蒸汽管网 359.56 千米。

供热项目建设　实施乳山引入海阳核能供暖项目，完成北郊能源站、西郊能源站及 21.1 千米供热管网建设，项目于 11 月投入运营，实际供暖面积达 630 万平方米。推进华能余热供暖利用工程建设，建成中继换热站 2 座，敷设供热管线 25.99 千米，2023—2024 采暖季替代供热面积约 2300 万平方米，可压减供暖煤耗近 12 万吨标准煤。实施荣成中心城区核电供暖项目，建成供暖管道 25 千米。完成 61 个老旧小区供热设施改造工程，改造管网 176.58 千米、供热站房 52 个、楼内立管 1491 根。完成 33 个新建小区、面积 196.01 万平方米的供热设施建设。

供热服务　打造“一对一”“点对点”的社区“供暖管家”服务模式，强化“首问负责制”服务机制，构建“管理部门、企业、供暖管家”三级服务体系，由被动解决诉求转变为主动前置服务。年内，全市有 916 名“供暖管家”入驻微信社区群、物业群 3296 个，基本实现“供暖管家”全域覆盖。建成“与社区网格员联络”微信群 203 个、“与社区负责人联系”微信群 77 个，聘请供暖社会监督员211名。开展上门服务活动，组织供热企业深入社区989次，解决问题5176个。开展“边角底顶户”供暖专项整治活动，为用户清理过滤网阀门、提供供暖设施改造方案等，解决室内供暖问题824个。

供热安全管理　强化应急管理，市政府办公室印发《关于印发威海市供热突发事故应急预案的通知》，指导供热企业完善供热应急预案，建立专业应急抢修队伍，配备抢修设备和材料，确保在供热出现故障时能够及时、高效地进行抢修。指导供热企业开展应急演练及相关培训，全年开展应急演练412次、参演人员5538人次，组织各类培训280余次、参训人员5.6万人次。加强供热工程施工管理，重点督导电气焊作业、有限空间作业等现场操作审批管理和施工现场安全管理，防止事故发生；常态化排查隐患，企业整改安全隐患633个。指导供热企业利用停暖空档期对设施设备进行“体检”、开展集中供热“冬病夏治”。年内，对全市1732座换热站、7697.01千米热水管网、242.46千米蒸汽管网的水泵、气候补偿器、阀门、检查井等供热设施进行全覆盖排查，检修维护供热管网142千米。

【城市环境卫生】　2023年，全市城市道路清扫面积为4109万平方米，其中实现机械清扫3840万平方米，机械清扫率93.5%。清运生活垃圾124.73万吨，日均3417吨，全部日产日清，无害化焚烧处理率100%。威海市中心城区焚烧处理生活垃圾50.8万吨，其中市垃圾焚烧厂处理46.6万吨、文登区生活垃圾焚烧厂处理4.2万吨。

旅游旺季环境卫生保障　全力提升旅游旺季卫生服务保障水平，持续巩固城区主次干道深度保洁100%全覆盖成果，重点区域实行错时延时保洁，人工保洁时间延长至23时。在重点区域增设生活垃圾收集设施600余个，每日增加清运4～6次，确保生活垃圾日产日清。组织人员实地督导检查，根据高重复率问题开展各类针对性行动，定向提升市容环境水平。年内，环境卫生工作典型经验2次被省住房和城乡建设厅向全省推广。

环卫工人休息驿站建设　秉持“以人为本、民生为先，因地制宜、简便实用”原则，对公共厕所管理间进行升级改造，至年底，全市258座环卫公厕均实现环卫工人休息点配套建设全覆盖，所有环卫工人休息驿站达到“四有四样”（四有：有统一的标识名称、有合适的场地空间、有健全的服务设施、有完善的服务功能；四样：饮水机或水壶、座椅、手机充电器、急救药箱）基本建设标准。

10月23日，威海艾山环境再生能源有限公司垃圾焚烧中控室　（沈道远　摄）

建筑业

【概况】　2023年，全市有规模以上建筑业企业692家，具有建筑工程类别资质的施工总承包企业385家（其中新增建筑总承包一级企业3家、专业承包一级企业11家、建筑业升规纳统企业71家）。完成建筑业总产值为370.9亿元，比上年增长5.7%。威海建设集团股份有限公司获评山东省建筑业综合实力30强企业，中铁十四局集团威海工程建设有限公司落户威海市。威海国际经济合作股份有限公司施工的“塞内加尔联合国组织办公楼”项目获得山东省工程建设泰山杯奖。

【建筑市场监管】　规范建筑市场秩序，营造公平化、法治化和便利化的营商环境，市住建局印发《关于开展2023年全市建筑市场“双随机、一公开”监管检查的通知》，对全市建筑市场主管部门及部分项目企业进行抽查检查，累计抽查项目69个，施工、监理企业105家，发现问题隐患134个，下发整改通知书8份、建设行政执法建议书2份。

【建筑领域农民工工资治理】　以在建项目为检查重点，开展根治欠薪专项检查、建筑市场专项整治行动，全年开展专项检查5次，覆盖工程项目268个，排查欠薪隐患项目17个，督导追加人工费拨付3600万元，补充工资支付3400万元。实施工程款支付担保制度，全市办理工程款支付担保的项目达247个。推动全市所有在建工程项目纳入平台监管，工程建设项目上线率100%，住建领域项目经理和总监理工程师到岗率92.23%。

【工程招标投标监管】　开展工程建设招投标领域突出问题专项治理，对586个项目进行自查自纠、专项督导，排查疑似问题项目67个。发挥电子监管系统效能，记录代理机构不良行为25

条，将12家企业列入“黑名单”，查处疑似围标案件2起，7家企业被取消投标资格，在线监管覆盖率达100%。推行“评定分离”招标方式，建立公平竞争审查制度，压实招标人主体责任，营造“公平公正、诚信透明、高效便捷”的招标投标营商环境。全市招标投标指标在省优化营商环境考核中获评“一等”。

【建筑工程施工管理】 市住建局印发《全市住建系统“安全生产制度落实年”专项实施方案》《安全生产制度措施清单》，以执法检查、行业督查为着力点，深入开展“安全生产制度落实年”活动，明确重要安全生产制度29项，扎实做好培训教育、风险管控、隐患治理、基础建设、安全奖惩、应急处置等。印发《关于加快推进威海市建筑施工企业（项目）安全生产分类分级监督管理工作的通知》《威海市建筑施工企业分级评定细则（试行）》，对全市建筑施工企业和项目进行综合评价，实施差异化管理。着力培育安全文明标准化工地，创建省级标准化工地24个、示范工地2个。

【装配式建筑提质扩面】 全面推广预制内隔墙板、楼梯板、楼板，加大竖向构件推广应用力度，提高装配式建筑在新建建筑中占比度。探索钢结构校舍建筑构件和部品部件、接口标准化设计等，推广应用钢结构建筑技术体系，推进全市新建校舍应用钢结构建筑。积极推动超低能耗建筑规模化发展，推进环翠区公共文化服务中心、威海国际新材料创新中心项目以及威海临港经济技术开发区智慧天地中心C3项目建设。年内，全市新开工装配式建筑面积80.33万平方米，占城镇新建民用建筑41.65%。

【绿色建筑发展】 市住建局印发《2023年威海市绿色建筑与新型建筑工业化工作要点》，推动全市城乡建设绿色转型、实现高质量发展。年内，全市新增绿色建筑面积645.36万平方米，占城镇新建民用建筑比例达100%。海信君澜项目获评山东省建设科技示范工程创建项目，威海市民中心及5A\5B\6A\6B商务办公楼获评山东

环翠区公共文化服务中心　　（孙大伟　摄）

省二星级绿色建筑，威海国际新材料创新中心项目6# 展示中心、7# 创新商务中心和威海环翠区公共文化服务中心（一期）项目2# 楼文化中心获评山东省超低能耗与近零能耗建筑，环翠区公共文化服务中心（一期）项目1# 楼获评山东省新型建筑工业化（绿色建造方向）示范计划项目，1项研究成果获评山东省住房城乡建设科技计划项目。

【工程勘察监管云平台上线】 加快推进工程勘察行业质量管理信息化、数字化、网络化，提高全市工程勘察质量水平，自8月1日起，全市所有新开工的工程（以工程勘察进场作业时间为准）按照工程勘察质量管理信息化工作相关流程录入工程勘察监管云平台，全市从事建设工程勘察活动（新建、扩建、改建）的全部勘察单位、试验单位和图审机构均统一纳入平台管理。

【山东设计·大师讲堂】 山东设计·大师讲堂是2023年威海市勘察设计行业“揭榜挂帅”重点项目课题，共举办4期，先后邀请两院院士3名、国家级勘察设计大师1名、省级勘察设计大师6名到威海市授课，通过研究当代国际建筑业的发展趋势，探索城乡建设绿色低碳发展和转型路径，针对全省勘察设计行业共同关注的话题，交流建筑设计行业前沿设计理念和实践。

（张华宇）

6月13日，山东设计·大师讲堂举办　　（朱春晓　摄）

生态环境保护

【概况】　2023年，全市坚持生态立市、环境优先、绿色发展，实施环境质量和环保工作“双领先”战略，以高品质生态环境支撑高质量发展。威海市入选国家第一批减污降碳协同创新试点城市，桑沟湾入选国家级美丽海湾优秀案例。环境空气质量连续8年稳定达到国家二级标准并继续保持全省领先，重点河流和城市集中式饮用水水源地水质达标率100%，近岸海域水质优良比例100%。双岛湾—威海湾、阴山湾—马栏湾2个湾区入选省级美丽海湾优秀案例，北部海域全域建成美丽海湾，威海市在2022年度湾长制实施效果综合评估中获评优秀等次。受污染耕地和重点建设用地安全利用率连续4年达100%。环翠区入选省级生态文明强县，文登区入选省级生态保护红线生态环境监督试点，威海经济技术开发区崮山镇获评省级“绿水青山就是金山银山”实践创新基地，乳山经济开发区入选省级整体清洁生产审核试点，文登区母猪河治理项目入选省级生态环境导向的开发（EOD）模式试点，国家电投新能源科技馆获评省级生态环境科普基地。威海临港经济技术开发区获评省级生态工业园区，荣成经济技术开发区获准创建省级生态工业园区，实现经济开发区创建省级生态工业园区“全覆盖”，生态工业园区数量居全省第1位。年内，生态环境部部长黄润秋到威海市调研并对生态环境保护工作给予肯定。

【高质量发展支撑】　强化项目建设和招商引资服务保障，健全要素跟着项目走机制，统筹使用污染物排放和碳排放总量替代指标，对重点项目、民生项目开辟环评审批绿色通道。加强“三线一单”（生态保护红线、环境质量底线、资源利用上线，生态环境准入清单）生态环境分区管控，对新上“两高”项目（高耗能、高排放建设项目）履行省级窗口审批或指导，坚决遏制“两高”项目盲目发展，全年完成乳山山水水泥等5个“两高”项目提级审批或指导。积极应对气候变化，编制应对气候变化2023年工作要点，协同推进降碳减污，完成12家发电行业企业全国碳排放权交易市场第二个履约周期碳排放配额清缴履约，7个单位获准开展省级近零碳试点创建。加快构建现代环境治理体系，召开全市生态环境保护大会暨美丽威海建设推进会和2次市生态环境委员会全体会议，强化统筹协调、督促生态环境保护工作落实。严格落实排污许可制，开展排污许可核发、复核、培训，参加排污许可培训2143人次，复核排污许可证733张、执行报告202个，新核发排污许可证106张、变更261张、延续273张。培育7家企业入选省生态环保产业百家龙头骨干企业，并参加全省生态环境科技成果转化和环保产业发展综合服务平台启动会。加强生物多样性保护，积极推进海驴岛黄嘴白鹭生物多样性养护观测站建设。

【蓝天保卫战】　狠抓挥发性有机物、扬尘、移动源和重污染天气应对“四个关键问题”，落实专项督查、问题曝光、销号管理、预警约谈、考核问责、生态补偿“六项机制”，开展扬尘综合整治提升、挥发性有机物治理、散煤治理、餐饮油烟整治4个专项行动，建立涉餐饮行业审批联动机制。实施挥发性有机物排放问题排查整治，排查企业575家，调查单元1289个，发现问题361个；制定扬尘综合整治提升方案和工业企业、非煤露天矿山扬尘整治提升工作方案，开展秋冬季专项整治，排查燃煤锅炉、生物质锅炉、工业炉窑污染治理状况，开展水泥粉磨站超低排放改造；加强移动源污染防控，开展非道路移动机械执法检查7671台次、柴油车尾气抽测628辆；强化重污染天气管理，印发应急预案，修订应急减排措施清单，建立空气污染过程应对工作机制，完成应对工作9次、编制工作简报12份，出动人员1702人次，检查点位1806个，督促整改问题560个。执行镇（街道）环境空气质量排名和通报制度，对连续不达标的2个镇（街道）进行约谈，推动解决生态环境问题。

【碧水保卫战】　召开全市国控河流水质改善提升工作会议，对乳山市国控河流水质严重恶化问题实施挂牌督办并现场约谈。严格落实河湖湾长制，开展重点河流水质“增3”攻坚、入海排污口巩固提升、岸滩垃圾污染防治、渔港码头环境综合整治提升和入海河流总氮治理等专项行动，建立健全水质预警、通报、督办、帮扶机制，开展养殖类、生活类污染源专项整治和汛前河湖水质超标隐患排查整治，强化河道采砂和河道施工管理、入河排污口监督管理、饮用水水源地规范化管理，全市总氮治理工作经验做法在全省推广。

【净土保卫战】　加强土壤和地下水协同治理，严把准入关、报告质量关，动态更新并公布土壤污染重点监管单位67家，对38家重点企业开展土壤污染隐患排查“回头看”活动，国控地下水考核点位水质全部消除5类，关闭搬迁企业地块监管工作经验做法在全省土壤和地下水污染防治推进会上进行交流。强化危险废物、医疗废物和核与辐射安全监管，开展危险废物拉网式起底式排查整治“百日攻坚”行动，依法打击危险废物环境违法犯罪行为，排查工业企业355家、重点场所1868处，全部问题均立查立改或限期整改；完成“使命－2023”核应急联合演习任务，承办全省核与辐射管理工作会议并作交流典型经验。推进“无废城市”建设，举办专题培训班，坚持“1+6+N”工作机制、“4+2”工作模式不动摇，筛选6个类型（无废工厂、无废航区、无废景区、无废农业、无废岛屿、无废小镇）12个“无废细胞”并制定创建工作方案，打造典型样板。

【乡村生态振兴】　开展农村生活污水治理，坚持因地制宜、因村施策，探索采用低成本、易运维、效果好的治理新技术和运维新经验，完成省定86个行政村的生活污水治理任务，2个农村生活污水治理案例入选省级典型案例汇编并向全省推广。巩固农村黑臭水体全域动态“清零”成果，实现秸秆禁烧“零火点”。

（王厚海）

编辑　于鹏飞

商 贸

综 述

【概况】 2023年，威海市社会消费品零售总额1364.4亿元，比上年增长6.0%；网络零售额251.2亿元，增长26.2%。完成货物进出口总额2006.8亿元，下降3.3%。全市服务进出口额12.21亿美元，下降6.91%。全市内资项目形成到位资金1042.9亿元，形成实物工作量91亿元；实际使用外资7.9亿美元，下降26.3%。全市备案设立境外企业32家，威海市协议投资额6亿美元、实际投资额4.9亿美元。

【市场秩序建设】 市商务局修订《威海市商务领域信用管理办法》，发布家政、对外劳务、成品油流通和境内外参展4类计748家企业分类分级清单，实施差异化监管。办理并公示行政许可信息180余次，开展信用核实1400余次、信用承诺170余家次。开展成品油零售经营资格年度检查，年检合格加油站379座。牵头市成品油监管领导小组成员单位开展成品油市场整治，查处非法流动加油车2辆，移诉涉成品油刑事案件3起，打掉犯罪团伙1个，侦办涉成品油行政案件4起，处罚4人。

【市场体系建设】 加强农产品流通基础设施建设，升级改造乡镇商贸中心3处，全市乡镇商贸中心覆盖率达100%；改造完成县域配送中心4处和城乡便利店（或生鲜超市）25处，惠及居民30万人。强化报废机动车回收拆解行业管理，全市报废机动车回收拆解企业增至6家，全年回收拆解报废机动车6万辆。全面开展农产品供应体系建设，扶持农产品供应链项目14个，建成大姜、苹果、西洋参、牡蛎、鲍鱼等特色农产品供应链7条。

【消费促进】 市政府办公室印发《关于印发威海市2023年促消费政策措施的通知》，以事后奖补等形式支持开展消费促进活动，优化消费供给，增强消费动能，推动消费全面复苏。开展汽车消费促进活动，发挥政府消费券撬动作用，印发2023年促进汽车消费方案，上半年发放乘用车消费券596.9万元，促进汽车消费2.68亿元，拉动消费占比为1∶44.8；引导金融机构、汽车广场有限公司赞助80余万元用于汽车展销活动，拉动消费额约1.1亿元。全市发放餐饮消费券707万元，累计核销537.2万元，实现交易约8.3万笔，获得省级餐饮促消费活动专项支持资金50万元。围绕“惠享山东消费年”主题，聚焦旺季节点、重点领域，开展“青春嗨GO威海”“暑期欢乐购”“夏季家电消费节”“威海2023青岛啤酒节”等系列促销活动，打造全方位消费场景，促进消费市场繁荣。开展促消费宣传活动，利用“Hi威海”新闻客户端、短视频平台等同步开展多平台、全方位的促消费政策宣传解读，发布“新春消费市场暖意十足”等消费火热场景视频新闻，提振消费信心。

【开发区建设】 2023年，深化开发区管理制度改革，调整组建市推动开发区高质量发展领导小组，为市委议事协调机构，市委、市政府主要负责人任双组长。市委、市政府印发《关于深化开发区管理制度改革推动开发区高质量发展的实施意见》，围绕开发区主责主业和激发动力活力，在开发区体制机制、要素保障、统筹发展等方面明确17条措施。深入开展开发区东西合作共建，推动威海火炬高技术产业开发区与山东临邑经济开发区、威海南海新区与山东岱岳经济开发区开展各项合作共建工作，威海火炬高技术产业开发区在全年评估中结果为“好”。组织威海火炬高技术产业开发区、威海经济技术开发区、威海南海新区3个联动创新区与自贸试验区片区开展交流合作，威海经济技术开发区、威海南海新区联动创新发展案例入选2023年全省前三季度联动创新发展案例，威海经济技术开发区制度创新成果案例入选山东自贸试验区39项制度创新成果最佳实践案例。年内，威海火炬高技术产业开发区入选山东省国际合作特色园区培育名单，威海经济技术开发区、威海综合保税区、威海南海新区入选山东省外贸新业态特色园区培育名单。

对外及对中国港澳台地区贸易

【概况】 2023年，全市4783家企业与222个国家（地区）有贸易往来，合计进出口额2006.8亿元，比上年下降3.3%。其中，出口额1501.7亿元，下降2.9%；进口额505.1亿元，下降4.5%。对中国台湾进出口总额28.8亿元，下降19.4%；对中国香港进出口总额49.5亿元，增长54.7%；对中国澳门进出口总额2407.5万元，增长

116.3%。

【外贸基本盘稳固】 完善外贸政策体系，出台稳外贸政策20条，健全骨干企业发展台账，助推企业高质量发展。加强市、区（市）两级联动，及时分析外贸发展情况，准确摸清各区（市）及重点企业外贸订单变化，全年货物进出口规模整体稳定。全力培育歌尔科技、打印机产业链等项目，发挥外贸骨干载体作用。至年底，全市有进出口实绩企业4783家，进出口额2006.8亿元，居全省第6位。荣成歌尔科技有限公司进出口额近220亿元，打印机产业链进出口额达160亿元，船舶产业、轮胎产业进出口额突破100亿元。

【跨境电子商务发展】 分别在韩国仁川市、首尔市举办第五届中韩跨境电商大会和中韩跨境电商企业对接会，提升威海跨境电商知名度。开展跨境电商操作、惠企政策宣讲、知名电商平台对接等宣传推介及培训活动30余次，宣传威海跨境电子商务发展资源和优势，推动跨境电子商务平台和贸易企业对接洽谈。赴日本、韩国及深圳市、北京市、青岛市等地对接跨境电商知名企业，面积6万平方米的菜鸟自营仓落户威海市，日发货量超过5万单，韩国酷澎电商平台设立的优选仓日发货量超过3万单。5月，威海跨境电商综试区工作经验做法在全国跨境电商综试区现场会上进行交流，相关跨境电商建设经验获评外贸新业态优秀实践案例。

【国际市场多元开拓】 市商务局印发《2023年国际市场开拓计划》，筛选重点境外展会120个，引导企业多元化开拓国际市场。组织860家次企业参加日本亚洲纺织成衣展、欧洲国际水产展等境外重点展会88场，组织620余家次企业参加中国国际进口博览会、中国进出口商品交易会等国内重点展会。举办第三届韩国（山东）进口商品博览会，吸引24个国家（地区）的960家参展商参会，拉动进出口额40亿元，并成功获得国际展览联盟认证。市政府与中国出口信用保险公司山东分公司签署战略合作协议，共同推动更高水平对外开放。开展“商务＋金融”政策宣讲活动，综合运用出口信用保险、鲁贸贷、齐鲁进口贷等政策，帮助企业减轻流动性资金压力，提升企业应对汇率波动风险能力，惠及企业310余家。强化“惠企直通车”培训服务，举办市场开拓、贸易摩擦等培训活动20余场，参训人员3600余人次。持续开展RCEP（《区域全面经济伙伴关系协定》）规则研究和探索实践，借助RCEP政策优

2023年威海市进出口综合情况表

表7

项　目	进出口（亿元）			出口（亿元）			进口（亿元）		
	金额	比上年增长（%）	比重（%）	金额	比上年增长（%）	比重（%）	金额	比上年增长（%）	比重（%）
合　计	2006.8	−3.3	100.0	1501.7	−2.9	100.0	505.1	−4.5	100.0
按企业性质划分									
内资企业	1480.0	−3.5	73.7	1162.1	−4.3	77.4	317.9	−0.4	62.9
其中：民营企业	1258.7	−4.2	62.7	975.6	−5.3	65.0	283.0	−0.4	56.0
外商投资企业	526.8	−2.8	26.3	339.6	2.2	22.6	187.2	−10.7	37.1
按贸易方式划分									
一般贸易	1084.3	−14.7	54.0	861.4	−13.9	57.4	222.9	−17.8	44.1
加工贸易	819.9	11.4	40.9	609.2	20.9	40.6	210.7	−9.1	41.7
其他贸易	102.6	49.1	5.1	31.1	−27.4	2.1	71.5	175.1	14.2
按商品构成划分									
初级产品	203.4	7.2	10.1	148.9	8.2	9.9	54.5	4.6	10.8
工业品	1802.6	−4.2	89.8	1352.0	−3.8	90.0	450.6	−5.5	89.2
按大类商品划分									
纺织服装	292.6	−1.6	14.6	287.8	−1.3	19.2	4.8	−16.6	1.0
农产品	208.1	7.8	10.4	149.0	8.2	9.9	59.1	6.7	11.7
轮胎	104.2	14.6	5.2	104.2	14.6	6.9	0	−52.8	0
渔具	30.7	−29.7	1.5	30.3	−29.7	2.0	0.4	−30.2	0.1
机电产品	984.3	13.2	49.0	783.5	16.9	52.2	200.8	0.5	39.8
高新技术产品	210.1	−7.6	10.5	94.6	6.8	6.3	115.6	−16.8	22.9

势提升贸易便利化水平的经验做法被中央电视台《焦点访谈》栏目播发。

【外贸营商环境优化】 市商务局、威海海关、国家税务总局威海市税务局等部门建立合作机制，推进企业享受“商务＋金融”、跨境贸易便利化等措施，助力企业减负增效。鼓励企业申请AEO认证，对获得AEO认证的企业给予资金支持，帮助企业提升国际竞争力。依托省外贸外资服务平台，开展企业走访调研活动，帮助企业解决难题。探索开展二手车出口业务，协助企业获批二手车出口企业资质，开拓全市出口业务新范畴。

中韩自贸区建设

【概况】 2023年，全市以RCEP全面实施为契机，全方位开展对韩国交流合作，推进威海中韩自贸区地方经济合作示范区建设，取得良好成效。

【威海—仁川地方经济合作深化】 加强与韩国对接交流，市政府负责人3次率团赴韩国仁川市开展考察交流活动，推进地方经济合作。深化对韩合作工作机制，参加中韩自贸协定第五次联委会会议，汇报中韩自贸区地方经济合作示范区建设情况，争取支持和指导。赴仁川市召开威海—仁川地方经济合作联委会第六次工作会议，双方围绕产业、知识产权、跨境电商等领域议题进行交流。在仁川·威海馆搭建“山东手造·威海好品”展区，展示具有威海地域特色的手造文创产品；举办中韩创新大赛获奖企业中国战略说明会、2023年中国化妆品食品法规培训会等活动10余次，推进威海市与仁川市的深度合作。

【“四港联动”物流大通道建设】 交通运输部、海关总署与韩国国土交通部、关税厅签署的《中韩多式联运（威海—仁川）试运行的谅解备忘录》于2月24日生效，中韩整车运输试运行业务在威海市启动，打通国际陆海联运运输通道，设立虚拟陆路口岸，威海市成为拥有“海陆空铁邮”进出口全监管模式的城市。威海至韩国空中客运航班恢复至每周18班，威海港恢复至仁川市、群山市等地的韩国国际客运业务；完成威海亚欧全运物流中心项目基础设施建设，中欧、中亚、中蒙、中俄班列常态化运营，形成“日韩—威海—欧亚”东西双向多式联运大通道。围绕加快推进智慧口岸建设、加快打造国际物流枢纽、加快提升通关便利化等7个方面，威海海关印发优化营商环境促进跨境贸易便利化30条措施，推行“提前申报”“两步申报”，实行“船边直提”“抵港直装”无感通关模式，营造高效、便捷的口岸营商环境。

【对韩国贸易投资合作】 市、区（市）两级组团赴韩国开展经贸促进活动，参加2023对话山东—韩国·山东产业合作交流会，举办威海（韩国）投资环境推介会等活动，对接韩国世界500强及行业领军企业，签署重点项目。深化对韩跨境电商合作，构建“9610+1210”跨境电商出口集拼模式，启动平台增量扩仓建设，菜鸟自营仓库落户威海市；举办第五届中韩（仁川）跨境电商大会、中韩（首尔）跨境电商企业对接会等活动，跨境电商经验做法被商务部评为外贸新业态优秀实践案例。举办第三届韩国（山东）进口商品博览会，吸引32家世界500强和行业头部企业及13家韩国机构和商协会参加。至年底，全市新设立韩资企业125家，占全市新设外商投资企业的63.5%，威海对韩国进出口额545.1亿元，占全市进出口总额的27.2%。

【多领域对韩交流】 推动韩国友城合作，威海市与韩国济州市正式缔结友好合作城市关系，在招商引资、海洋产业、宗教等领域开展全方位交流；邀请华城市休闲文化教育局、海洋学院研究会等到威海考察交流，乳山市与韩国河南市签订互派公务员协议书；威海综合保税区与韩国光阳湾圈经济自由区签署地方战略合作协议，推进商贸物流、先进制造等领域合作。举办第六届中韩创新大赛，签约合作意向项目18个，启动中韩医疗器械产业创新服务联盟。推动山东大学（威海）、山东外事职业大学等10余所中国高校与韩国汉阳大学、启明大学、釜山外国语大学等韩国高校签署科技交流和人才培养合作协议。举办“山东(威海)—韩国名校人才直通车”、威海—韩国博士留学生线上专场对接会等活动，推介威海市人才发展环境和青年人才政策。启动“韩国人游威海”系列活动，邀请仁川市旅游发展局到威海考察并签署合作协议；威海临港经济技术开发区与韩国仁川市体育会联合举办“开港·蓝鲸”杯中韩青少年国际棒球大赛品牌启动及揭牌仪式，举办或参加中韩国际美术交流展、亚洲青少年棒球锦标赛、中国威海国际棒球邀请赛、仁中论坛等活动，推动双方人文交流合作深入发展。

服务贸易创新发展

【概况】 2023年，威海市全面深化服务贸易创新发展试点工作进展顺利，试点方案和128条行动计划基本完成。全市完成服务进出口额12.21亿美元，比上年下降6.91%。其中，服务出口额7.35亿美元，下降16.18%；进口额4.86亿美元，增长11.79%。

【深化服务贸易创新发展试点推进】 完善服务贸易管理体制，定期评估试点方案推进情况，并在市委常委会会议上专题研究存在问题；优化服务贸易创新发展试点工作联席会议成员单位，推进试点工作顺利开展。建立“条块结合，以块为主”的考核机制，将服务进出口总额和增速作为全市督查考核的重要指标，提高全市发展服务贸易的积极性。扩大对外开放，全面落实与韩国仁川市签署的《两市加强服务贸易发展战略合作备忘录》，助力中国、韩国服务贸易发展；推动交通运输部、海关总署在威海市与韩国国土交通部、关税厅签署中韩陆海联运整车运输谅解备忘录，开展中韩整车运输试运行业务，构建国际陆海联运运输通道。山东大学（威海）、北京交通大学（威海）等5所高校与境外高校开展中外合作办学机构2个、合作办学项目10项，有在校外籍学生4000余人。威海市立医院、威海市中心医院开设国际门诊、国际病房，满足国际友人的医疗服务需求。加强专业园区载体建设，健全服务贸易促进体系。威海智慧谷服务贸易产业园聚焦“服务贸易标杆区、数字经济引领区、总部经济首席区”的功能定位，打造创新型产业和高端人才聚集区，带动服务贸易、数字经济等创新型产业聚集性发展，入驻运营项目492个，获评山东省特色服务出口基地（数字服务类）。荣成数字经济产业园入驻企业32家，有员工1200余人，实现年营业收入2.6亿元，纳税1200万元。优化服务贸易政策体系，落实国家级服务贸易专项资金814万元，用于公共服务平台建设及承接国际服务外包业务、品牌建设、创新发展等方面。开展高层次人才创业保险服务，推出9项人身保障保险和6项研发补偿保险产品，激发高层次人才创业创新的积极性。探索搭建惠企资金服务平台，为企业提供专项扶持资金申报、信用贷款担保、政府引导基金对接等方面的“一站式”综合服务。探索创新技术贸易管理模式，将企业办理自由技术进出口合同登记时限由“三个工作日内办结”优化为“当天办结”，提高企业生产经营效率。健全服务贸易统计体系，升级服务贸易直报系统地方板块，增加异常数据监测预警、企业催报提醒管理、合同一键导入等功能；定期发布威海市服务贸易情况通报，市、区（市）两级建立专业服务贸易统计队伍，推进服务贸易统计创新发展。

（魏显萍）

粮食购销与加工

【概况】 威海市发展和改革委员会（简称市发改委）及所辖文登区、荣成市、乳山市发展和改革局，履行管理和服务全社会粮食流通职能。2023年，圆满完成粮食收购、加工任务。

【粮食安全保障】 推进粮食安全党政同责落实，印发《中共威海市委常委会及其成员粮食安全工作职责清单》《威海市政府领导班子及其成员粮食安全工作职责清单》，成立耕地保护和粮食安全工作组，印发《2023年度耕地保护和粮食安全重点工作职责清单》和《落实耕地保护和粮食安全责任制2023年度考核指标评分细则》《评分办法》《工作方案》，做好对上级“迎考”和对下级考核各项工作，压实区（市）、部门粮食安全主体责任。严格落实安全生产部门监管和企业主体责任，印发《安全生产督导检查计划》《重大事故隐患专项排查整治2023行动方案》等，采取企业自查、区（市）集中检查、市级重点督查和聘请安全专家诊断检查等形式，全面加强安全生产、安全储粮管理，以高水平安全保障粮食行业高质量发展。

【粮食收储调控体系构建】 加大粮食购销力度，统筹市内、市外两种资源，引导各类收购主体入市收购，组织企业参加粮食产销协作福建洽谈会等，拓展玉米、大米、杂粮等优质粮源多层次入威海通道，保障粮油市场供应。提高企业融资增信能力，全市认缴粮食收购贷款信用保证基金规模达800万元，实际发放贷款2300万元，分别增加100%、130%，全年粮食购销总量达86.02万吨，增长7%。强化储备粮油管理，优化储备粮规模、布局和品种结构，完成地方储备粮增储和轮换计划，落实国家进口调节储备大豆代储计划；市政府印发《关于印发威海市地方储备粮管理办法的通知》，实施粮食购销领域监管信息化建设，完成粮库系统升级和等保测评工作，构建全时在线、互联互通、数据共享的穿透式信息化监管体系。推进粮食应急保障体系建设，加强粮情监测，印发《关于完善粮食供应保障体系建设的实施方案》，编制《威海市突发粮食事件应急预案应急操作手册》，改造应急供应网点108处，开展应急演练，提升突发粮食事件应对能力。

【粮食产业高质量发展】 强化“胶东花饽饽”品牌建设，组织花饽饽企业参加第五届中国粮食交易大会、“齐鲁粮油”中国行推介会等，持续提升品牌知名度。年内，威海市获得第三届齐鲁粮油花样面点大赛二等奖1个、三等奖2个，“胶东花饽饽”获评“齐鲁粮油”最具影响力市级公共品牌，威海长林生态农业有限公司获得“齐鲁粮油”最具特色产品奖。持续推进优质粮食工程建设，市发改委印发《关于做好地方政策性储备粮库绿色仓储升级改造和粮食应急供应网点建设项目验收工作的通知》，推进项目建设，强化粮食质量安全监管，年内，全市仓储升级改造和应急供应网点建设项目完工并通过验收，完成新收获小麦质量调查和食品安全监测样品359个。持续深化粮食节约行动，开展粮食储存环节损失损耗和粮食产后服务中心运营情况调查，指导农户科学储粮和粮食产后服务中心做优“五代”（代清理、代干燥、代储存、代加工、代销售）服务，宣传爱粮节粮知识，引导全社会树立“科技储粮、爱粮节粮”良好习惯。

【粮食物资储备治理能力提升】 深化粮食购销领域专项整治，市发改委印发《全市发展改革系统深化粮食购销领域腐败问题专项整治工作方案》，组织召开工作动员会、警示教育会、智慧粮库现场观摩会，开展联合督导检查、涉粮岗位风险排查、涉粮人员自查自纠和廉政约谈提醒等，推进专项整治，完善内控机制，强化对权力运行的监督制约。加强粮食流通监管，开展“以案为鉴警示教育月”活动、“严监管强执法重处罚行动年”活动，印发《关于做好政策性粮油库存检查工作的通知》，实施粮食购销定期巡查4次和夏秋粮收购、政策性粮食出库和统计制度执行等情况监督检查93次，完成12325全国粮食和物资储备监管热线转办事项2件，查处涉粮违法违规案件14起，确保粮食市场平稳有序。

（姜富井）

供销合作

【概况】 2023年，市供销合作社围绕高质量发展主题，加快构建县域流通服务网络，搭建综合服务平台，增强市场主体服务功能，各项工作取得新成效。

【为农服务综合能力提高】 积极培育市级流通骨干企业，投资设立威海市供销社农资供应链有限公司，采取直供加盟的模式拓展流通服务网络，加强农资经营。控股威海供销大数据服务有限公司，以农村和社区为目标市场，畅通日用品下行和农产品上行渠道，助农增收。完善县域三级流通服务网络，依托威海佰年荣供商贸有限公司、威海供销大数据服务有限公司等商贸流通企业，加快构建县、镇、村三级流通服务供销"一张网"，建成县域供销综合集配中心3处、乡镇供销综合服务站10个、供销农村综合服务社72个。搭建"互联网+第四方物流"集配中心，依托荣成市电子商务进农村综合示范园项目，为电商企业、消费者及快递物流公司搭建快递分拣、寄递服务、电商服务、物流配送等综合服务，日收发快递4万单。开展产销对接活动，组织19家企业参加2023首届山东供销预制菜产业博览会，文登西洋参、乳山牡蛎获评山东各地名优"土特产"。烟威地区"832"扶贫销地仓落户威海供销大数据服务有限公司。与新合作邻里商业管理有限公司、天津好鲜优商贸公司等流通企业合作，助力文登西洋参销售。召开产销对接洽谈会，组织相关企业与山东供销供应链管理集团有限公司对接。3月30日，全省供销社县域现代流通服务网络建设现场会在威海市召开。

【为农服务领域拓展】 搭建农业社会化服务平台，推广"土地股份合作+全程托管服务"模式，开展粮食生产适度规模经营。启动荣成市大疃为农服务中心二期工程和乳山市滨海为农服务中心建设，日烘干能力达1120吨。全系统农业社会化服务面积达5.67万公顷次，完成农业保险土地面积2766.67公顷。搭建农资中转平台，中国农业生产资料集团有限公司在文登区设立农资中转仓2处，销售农资超过1000吨，增长超过150%，文登区入选全省供销系统农资流通服务示范县培育名单。搭建综合培训平台，在荣成市大疃镇打造供销为农服务综合培训基地和党建活动中心，面向村土地股份合作社、农业社会化服务公司、种植大户等开展实践培训，培育新型三农专业人才，累计观摩培训1200余人次。

【为农服务组织体系完善】 推进社有企业健康发展，严格落实《社属企业经营事项报告和备案制度》，提报"三重一大"（重大事项决策、重要干部任免、重大项目投资决策、大额资金使用）事项7项、主任办公会议题4项。规范运作社有资产管理委员会，全年完成企业事项前置审核5项。持续调度2022年以前未整改到位问题推进情况，1个督办问题完成整改。强化内部审计监督职能，聘请第三方机构完成5家社有企业2022年度专项审计，促进企业规范经营管理。指导出资企业严格按照公司章程行使出资人职责，及时掌握参股企业经营情况和财务状况，分析研判经营风险，保障供销社资本合法权益。对2022年度企业综合业绩进行考核，核定社有企业主要负责人薪酬并组织兑现。对2022年度为农服务中心建设专项资金项目绩效目标完成情况进行自评。激发基层供销社发展活力，通过鼓励镇供销社自主经营、租金减免、签订长期租赁合同等方式，基层社年可增加租金收入70万元。与威海天之源新能源科技有限公司合作，利用基层社闲置场地安装光伏板283张，增加基层供销社收入近4万元。年内，文登区大水泊供销社获评2022年度全省系统基层社示范社。

【发展根基夯实】 精准服务企业发展，为有关企业争取反担保贷款2200余万元，协助企业办理贷款4230万元，1个项目进入省社发展基金项目库，2家农服务企业获得农业社会化服务专项资金扶持，核定补贴土地面积600公顷。强化安全生产，开展督导检查18次、宣讲活动32场次，排查整改各类问题隐患39个。

（梁志鹏）

烟草专卖

【概况】 2023年，威海市烟草专卖局（公司）坚持稳中求进工作总基调，严格落实"抓重点、补短板、树亮点、促提升"策略，实现行业高质量发展。全年实现税利8.18亿元，比上年增长2.8%；上缴地方税金1.53亿元。

【卷烟营销】 落实"总量控制、稍紧平衡，增速合理、贵在持续"方针，开展两级班子常态大走访活动，精准把脉市场，动态调整策略。开展"客户服务规范年""让客户更满意，我们在行动"等主题营销活动，协调银行机构为1500余名零售户授信4.9亿元，解决经营资金6300万元。推进市场化投放新模式试点工作，提升货源供给与消费需求的匹配度，试点区域零售户卷烟销量增长29.8%，毛利额增长48%。实施"大市场、大品牌、大企业"发展战略，落实品牌活力评价体系和"红黄牌"预警进退机制，重点品牌销量占比居全省第1位，鲁产卷烟销量增幅居全省第2位。丰富"我与客户共成长"载体，搭建业务学习、客户培训、终端维护3个平台，2350名零售户加入"成长计划"，零售户户均卷烟年收入5.5万元，增长7.8%。

【市场监管】 坚持"政府领导、部门联合、多方参与、密切协作"工作机制，建设使用警烟数据研判中心，筹办召开全省铁路专卖标准化现场会，持续深化"海陆空网"全域监管模式，形成"打得准、防得严、拦得住"的协同作战新局面。全年查办1万元以上涉烟案件531起，查获各类非法卷烟1796万支、涉案案值1414万元（其中"7·04"案件涉案金额518.2万元），破获符合公安部、国家烟草专卖局标准网络案件4起，涉案人员刑事拘留8人、逮捕7人、判刑12人，“2·08”电子烟刑事案件入选国家烟草专卖局刑事案件典型案例。优化卷烟零售点合理布局，加强许可证后续监管，责令停业整顿、注销零售户576户，劝退中小学校周边零售户446户。深入推进“八五”普法工作，健全执法监督机制，开展普法活动20余场，提供法律服务200余次。

【企业管理】 组织“精致威烟”高质量发展现场观摩会，29项核心竞争力对标指标平均居全省系统第4位。创建发布“我在威烟必有为”工作品牌，在2023年山东省企业文化优秀成果评选中获得一等奖，与“七彩同辉”党建品牌、“真情福万家”服务品牌、“雁行者”志愿服务品牌共同构成企业文化体系。通过“商品经营服务”认证，14项创新成果获得省烟草专卖局（公司）表彰，授权实用新型专利、计算机软件著作权15件。11个基层服务站全部通过标准化建设验收，2个服务站获评省级优秀服务站。

（岳 龙）

石油供应

【概况】 2023年底，全市在营成品油仓储企业1家（威海威洋石油有限公司）、批发企业5家、在营加油站381座（含高速加油站，其中中国石化销售股份有限公司山东威海石油分公司108座、中国石油天然气股份有限公司山东威海销售分公司30座、其他社会加油站243座）。年内，全市车用汽柴油机出量（加油机销售量）约47.87万吨，成品油日供应量约1311.5吨，其中汽油957.3吨、柴油354.2吨。

【中国石化销售有限公司山东威海石油分公司】 公司严格落实安全生产主体责任，全面提升本质安全水平。坚持开展“四不两直”检查，加强现场安全监管。强化员工安全教育培训，定期开展法律法规、相关制度教育培训和各类逃生应急预案演练，提升职工的安全意识和自救能力。推进安全生产分级管控隐患排查治理双体系和标准化建设，以“识别大风险、消除大隐患、杜绝大事故”为主线，全面识别安全环保风险，依法依规做好企业安全环保工作。

公司按照“以最严格的管理、最严格的执行、最严格的追责来强化数质量管理”的要求，加强油品、非油商品质量管理，形成全员、全天候、全方位抓数质量安全的局面，确保油品质量合格。开展数质量检测、宣传等系列活动，获得群众好评。贴心服务社会劳动者，建成爱心驿站14座、司机之家9座，提供暖心服务。公司全年实现销售成品油35.93万吨，其中机出总量24.5万吨。

【中国石油天然气股份有限公司山东威海销售分公司】 公司着力销售网络开发建设，探索推进社会资源融合，稳定区域油品价格，保障社会资源供应。探索新能源业务转型布局，完成10余座站点光伏发电及充换电项目。落实QHSE政企融合要求，开展安全培训及隐患治理，实现安全生产零事故。全年成品油销量达7万吨。

投资促进与经济技术合作

【概况】 2023年，全市内资项目形成到位资金1042.9亿元，形成实物工作量91亿元。其中，实物工作量超过1亿元项目24个，工作量48亿元，占比52.8%；制造业项目97个，工作量70.3亿元，占比77.3%。全市累计实际使用外资7.9亿美元，其中制造业实际使用外资3.5亿美元，占比44.1%；高技术产业实际使用外资2.4亿美元，占比30.7%。全市备案设立境外企业32家，威海市协议投资额6亿美元，威海市实际投资额4.9亿美元。 新签对外承包工程合同额5.3亿美元，比上年增长14.2%，完成营业额5.4亿美元，下降1.3%。派出各类劳务人员5036人，增长14.8%。

【招商引资优化提升】 市委、市政府印发《2023年威海市招商引资考核办法》，将全市121家单位及各区（市）全部列为招商引资责任单位，鼓励部门参与项目引进，提供协调服务，推动全市一体化招商引资力量一体化。市商务局印发《威海市2023年境内外重点经贸促进活动计划》，全年组织市委、市政府主要负责人带队赴日本、韩国、北京市、上海市等招商20余次，举办第三届儒商大会威海产业合作推介会、第三届韩国（山东）进口商品博览会、第六届威海市市长国际经济咨询委员会年会等招商活动400余场次，全方位推介威海投资机会。实施重大项目专项督导，建立市级领导分包机制、要素保障联席会议制度，依托市招商引资项目信息管理系统实时调度管理，全年有26个重大项目被列入专项督导，其中过100亿元项目4个，开工项目15个，形成实物工作量22.9亿元。编制《威海市重点产业招商图谱》，对电子信息、医疗器械、新能源等重点产业的发展情况、优势资源、上下游配套情况深入分析研究，明确招引方向，梳理目标企业，精准开展产业链招商。

【外商投资管理服务水平提升】 加强《中华人民共和国外商投资法》宣讲，落实外资准入前国民待遇加负面清单管理制度，推动落实外商投资信息报告制度，夯实外商投资信息报告数据质量。组织外商投资企业开展年度投资经营信息联合年报，开展外商投资初始报告、变更报告和年度报告的“双随机、一公开”监督检查，做好服务和监督，全年有1841家外资企业参加年报申报。落实国务院印发的《关于进一步优化外商投资环境 加大吸引外商投资力度的意见》，保障外商及外资企业合法权益。举办招商“服务大使”送政策线上讲堂活动3期，外资企业300余家参会。开展“以商招商”投资促进活动，举办优化外资利用质效工作座谈会等，强化对外开放营商环境建设。

【企业“走出去”发展推动】 健全促进和保障对外经济合作的政策和服务

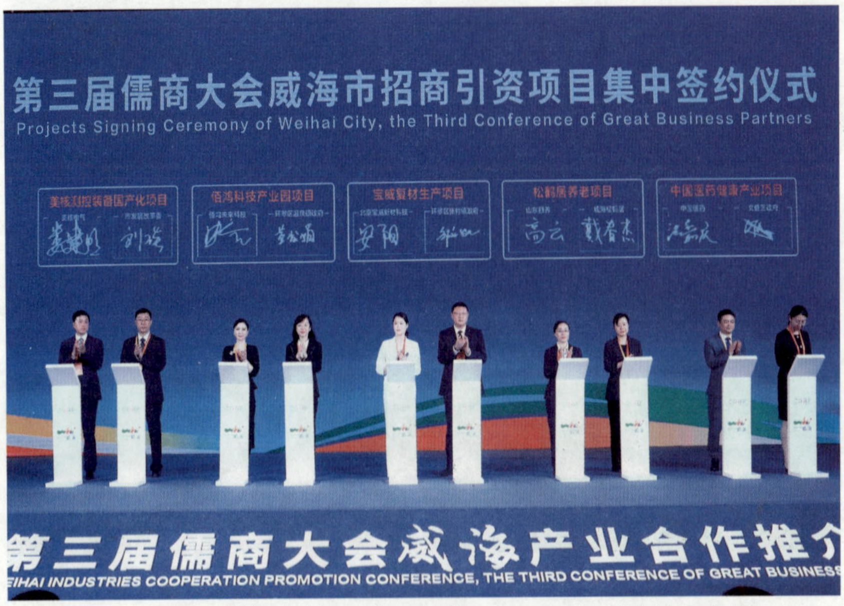

3 月 28 日，第三届儒商大会威海市招商引资项目集中签约仪式举行

（威海市商务局　提供）

体系，有效防范和应对境外风险，推动对外投资、对外承包工程和对外劳务合作发展。全年对外实际投资 4.9 亿美元，对外承包工程营业额 5.4 亿美元，外派劳务人员 5036 人。举办首届对外承包工程行业投资发展大会暨第十届山东—央企经贸合作对接会，200 余家企业、400 余人到威海市参加对外投资、对外承包工程、境外经贸合作区建设等经贸促进活动；举办拉美、加勒比、南太国家海洋空间规划与蓝色经济发展官员研修班，15 个国家的 38 名官员到威海市参加活动，加强全市与大西洋、太平洋各国在远洋捕捞、海水养殖等领域的合作。组织全市 100 余家企业参加山东省境外经贸合作区对接交流会、山东省“走出去”业务大讲堂等培训活动 20 余次，加强对外投资合作普法宣传，引导企业理性开展对外投资合作。年内，东非商贸物流产业园综合服务合作区被列入第三届“一带一路”国际合作高峰论坛务实合作项目清单和第三届中国—非洲经贸博览会山东主题形象展，毛里塔尼亚渔业产业链项目、尼日利亚绿色工业发展项目入选中非高质量共建“一带一路”成果展，刚果金城市供水项目、刚果布玛雅玛雅国际机场项目入选第三届中国—非洲经贸博览会山东主题形象展；成山集团有限公司获评山东省本土跨国公司，威高集团有限公司、迪尚集团有限公司等 4 家企业被列入山东省本土跨国公司重点培育企业认定名单。

【威海国际物流多式联运中心建设】 威海亚欧全运物流中心项目二期工程基本完工，新建邮政快递分拨中心，加强与重庆市、西安市等地相关平台的沟通协作，稳定“渝新欧”国际铁路联运大通道，确保每月 4 班的发运计划。重点开发俄线和中亚市场，围绕国家级多式联运示范工程、创新多式联运多支点集拼组织模式试点和省多式联运“一单制”试点工程，着力开发内蒙古新通道，为揽取新客户提供舱位保障，测试胡志明—钦州—重庆—莫斯科海铁联运过境通道，为越南过境到俄罗斯的业务开发提供“纯铁”和“海铁”双通道，全年发运集装箱 1.51 万标准箱，增长 16.2%。

（魏显萍）

电商产业发展

【概况】 2023 年，全市聚焦线上经济发展，健全完善“政府推动、市场主导、部门协同、平台支撑”的工作机制，探索形成“五位一体”（政府（部门）+平台+产业共建+供应链优化+品牌赋能）威海模式，着力构建电商产业高质量发展完整生态。至年底，全市网络零售额 251.2 亿元，比上年增长 26.2%。

【顶层设计强化】 市政府办公室印发《威海市加快推进电商产业高质量发展工作方案》，围绕完善电商供应链、物流保障、金融支持等 10 个体系，明确 13 项工作措施，构建线上线下双轮驱动、国内国外相互促进的发展格局。成立全市电商产业发展工作专班，统筹谋划、一体推进全市电商产业高质量发展。市商务局等 20 余个部门分工协作，在行业调研、品牌推广、基础建设等方面形成工作合力。定期召开电商发展工作会议，协调解决制约电商产业

11 月 9 日，荣成市巾帼创业孵化基地的妇女创客们在赶制毛线编织产品，并以电商直播带货形式进行销售

（李信君　摄）

发展的重大问题，营造电商产业发展的良好营商环境。在威海临港经济技术开发区设立市级电商赋能中心，同步发展电商产业园，威海临港经济技术开发区在集聚平台资源、完善配套设施、制定优惠政策等方面先行先试。建立电商生态链企业“白名单”制度，迪尚集团有限公司被商务部评为国家电子商务示范企业；22家企业获评山东电商直播基地、山东电商供应链基地、山东直播电商企业、山东电子商务平台和山东电商云仓。

【电商集聚发展】 聚焦电商赋能特色产业带发展，加强与大型平台合作，整合电商资源，优化供应链体系，推动全市电商行业从分散经营走向集聚发展。市政府与京东集团股份有限公司签署深化战略合作框架协议，就海洋产业带、电商上行、物流等领域开展实质性合作。畅通对接交流渠道，赴抖音、快手等平台、直播机构交流，推动人才培育、源头优选、主题活动宣传等合作。组织企业参加“好品山东 商行天下”特色好品展览、2023“乐购山东促消周”等电商展会、博览会，开展威海海鲜（预制菜）都市巡展、品牌推介活动，增强威海优势农海产品品牌影响力。搭建产销对接平台，承办全省“2023金秋双节直播季”启动仪式、巾帼电商发展大会等活动，加强与重点网络平台、直播团队、网络达人的合作对接。举办食品生鲜行业商家培育活动，挖掘优势产业电商潜力，助力传统企业转型升级。

【电商产业共建】 明确“地域性、高品质、做增值”的发展思路，进一步提升线上经济竞争力。引导环翠区提升线上钓具产业带发展，打造卧龙湖网红垂钓基地，开展场景化消费。至年底，全市垂钓装备网零额占全省的75%、全国的19%。文登区打造张家产镇西洋参电商小镇，举办2023西洋参康养文化节，邀请平台企业、MCN机构现场开展商家培育指导、直播带货、供应链选品，拓宽西洋参销售渠道。荣成市发挥海产品原产地资源优势，建设海产品电商冷链云仓、石岛鲜食高端海洋预制菜直播基地，举办供应链选品会，网络零售规模比上年大幅增长。乳山市线上设立乳山牡蛎京东自营旗舰店，加强带货主播培育，提升品牌影响力。乳山牡蛎线上市场占有率超70%，年销量7.5万吨。年内，环翠渔具电商产业带、乳山牡蛎电商产业带、荣成海带电商产业带、威海临港区苹果电商产业带获评山东电商产业带。

（杨子晴）

9月24日，第十五届中国威海国际渔具博览会举办 （孙大伟 摄）

会 展

【概况】 2023年，中国国际贸易促进委员会威海市委员会突出品牌展会上档升级，放大专业展会的溢出效益，培育和引进新会展项目，促进相关主导产业延链补链强链。全市举办各类会展活动129场次，比上年增长18.3%。

【第三届韩国（山东）进口商品博览会】 7月28日至8月1日，由威海市人民政府、山东省商务厅、韩国驻青岛总领事馆共同主办的第三届韩国（山东）进口商品博览会在威海市举办。博览会以“行稳致远 共创未来”为主题，设置中韩成果馆、跨境主题馆、国际交流馆、地方品牌馆，展出面积4.5万平方米，内陈国际标准展位1690个。全球24个国家（地区）的960家参展商、3200余名注册知名采购商及专业观众参会，吸引观众11万人次。同期举办中韩创新大赛颁奖大会、商品力发展大会、进口商品发展研讨会、预制菜发展研讨会等主题活动6场，配套采购对接会、跨境电商选品会、新品发布会、网红直播带货及嘉年华等系列活动20余场。中央电视台、韩国资讯、澳大利亚联合新闻社、日本共同通讯社等100余家国内外媒体对博览会进行集中报道。

【第十五届中国威海国际渔具博览会】 9月23日—25日，第十五届中国威海国际渔具博览会在威海国际经贸交流中心举办。博览会展陈总面积4.6万平方米，搭建国际标准展位2000个，913家渔具企业参展，51个国家和地区的209家公司、514名国际采购商和721家国内公司注册参会，观展采购人数近5万人次，国际贸易意向成交额达1.41亿美元，国内贸易意向成交额达5.2亿元。同时举办休闲运动产品选品供货对接会、渔具产业电商直播对接会、专业钓鱼赛事及桨板、冲浪板、钓鱼艇表演赛和试驾体验等配套活动。

（邹清晓）

编辑 于鹏飞

口　岸

综　述

【概况】　2023年底，威海市有国务院批准对外开放口岸4个，包括水运（海港）口岸3个（威海港口岸、石岛港口岸、龙眼港口岸）、航空口岸1个（威海大水泊国际机场）。其中，海港口岸对外启用码头泊位114个，万吨级以上码头泊位65个，最大靠泊能力7万吨。年内，全市口岸进出口货运量678.8万吨，比上年增长2.3%；出入境人员33.6万人次，增长207.6%；外贸集装箱量79.1万标准箱，增长4.9%；出入境运输工具7538艘次（架次），增长28.3%。口岸总体运行健康平稳、持续向好。

【口岸开放】　坚持以开放促发展，立足口岸经济和产业发展需要，注重口岸开放质的提升。创新管理模式，实现渔港码头对外开放，石岛港口岸沙窝岛中心渔港1～7号泊位对外启用，海成渔港等4个渔港泊位临时对外启用。黄海造船有限公司、荣通船业有限公司等3个修造船码头泊位临时对外启用，满足大型国际航行船舶进靠承修需要，助力修造船产业发展。扩容升级航空口岸，威海国际机场国际航站楼新建连廊及局部改造查验区通过省政府验收并对外启用，口岸监管区域增加25%，国际旅客通行保障能力提升至100万人次/年。优化口岸资源配置，坚持统筹规划、集约利用，加强口岸涉外作业点动态管理；对停止涉外作业的码头泊位实施退出管理，省政府批准威海港口岸老港作业区1～7号泊位、石岛港口岸朱口港1号泊位退出对外启用，提升监管效能和运行效益。

【口岸运行保障】　优化航线通关保障，认真落实“乙类乙管”政策，统筹抓好新冠疫情防控与口岸客货畅通，优化通关协调保障服务，恢复海港口岸4条中韩航线客运。其中，威海—韩国平泽航线恢复中韩班轮客运业务；韩国首尔航线客运航班由每周2班恢复至每周18班，日韩航线货运航班加密至每周24班。强化口岸功能保障，围绕“四港联动”发展需要，设立海上虚拟陆路口岸，融合海运口岸、公路口岸功能，实现航空器、船舶、货车等多种运输工具一体化监管，中韩多式联运（威海—韩国仁川）业务实现试运行。升级改造威海港口岸、威海国际机场口岸进境食用水生动物指定监管场地，推动增加棘皮类进口品种，促进口岸特色产业做大做强。加强口岸安全保障，优化口岸公共卫生核心能力建设工作组，完善口岸突发公共卫生事件联防联控工作机制，筑牢口岸公共卫生防线。石岛港口岸、龙眼港口岸分别以全省第1名、第2名的成绩通过海关总署口岸公共卫生核心能力复核验收。

【口岸营商环境优化】　复制推广国家2023年跨境贸易便利化专项行动创新举措，研究制定配套措施，加强政策宣传解读，实行清单化管理、台账式推进，优化全市口岸营商环境。实施“提前申报”“两步申报”“船边直提”“抵港直装”等举措，推行“先放后检”“依企业申请检验”查验模式，优化“集中审像＋先期机检＋智能审图”监管方式，开展国际船舶直靠作业，威海中韩海运航线直靠作业率达90%，实现全流程高效通关。规范口岸收费行为，落实收费公示制度，92家口岸企业在“单一窗口”公示收费项目、内容及标准，加强动态更新，提高口岸收费可比性、透明度。实施免除查验没有问题外贸企业吊装移位仓储费用改革试点，全年为企业免除费用800余万元，降低企业进出口环节成本。提升服务水平，高质量实施RCEP（《区域全面经济伙伴关系协定》），用好签证智能审核、自主打印等便利化措施，助力企业享受RCEP政策红利。促进跨境电商高质量发展，持续放大国家跨境电商综合试验区优势，创新“1210+9610”（保税电商出口＋直邮出口）跨境电商出口集拼运输业务模式，开展“区中区”“9610”进出口业务，用好跨境电商零售进口退货中心仓，威海跨境电商零售出口额居全省第1位。

【“智慧口岸”建设】　提升通关手续便利化，推广应用国际贸易“单一窗口”，优化升级系统功能，精准开展业务培训辅导，全市注册企业、主要业务使用量分别比上年增长23%、34%。推进查验监管智能化，运用先期机检、联网审像、智慧检疫等智能化设备及技术，实行属地查验“云签发”，实现集装箱货物非侵入、无干扰查验，保障通关正常货物当天放行。叠加应用边检登轮码、港口通等系统平台，推行边检行政许可“一地、一窗、一网、一次”办理。加快口岸作业自动化，建成启用由传统集装箱堆场改造而成的自动化堆场，单机作业能力达到每小时37自然箱，较传统模式提效60.9%。融合“5G＋AI”技术打造智能理货平台，实现实时监控、自动识别、遇错自动拦截等自动理货功能。促进物流单证无纸化，完善关港信息平台功能，提高信息互换和数据共享水平，实现集装箱设备交接单、货物提货单等作业单证全流程电子化操作；威海国际机场货运系统与“单一窗口”对接，实现运单申报、货物跟踪可视化，提升口岸物流运转效能。

（杨 栋）

海 关

·威海海关·

【概况】 2023年，中华人民共和国威海海关审核进出口报关单51.2万票，监管进出口总值1773.6亿元，比上年分别增长4.9%、11.4%；监管进出境运输工具7672艘（架）次、集装箱49.4万标准箱、人员22.5万人，分别增长28.2%、7.5%、326.3%。开展“国门绿盾2023”行动，查获有害生物269种次，在全国口岸首次截获“异宠”澳洲斧螳。查发违规进出口危险品情事10起、违规进口医疗器械情事4起，查扣涉嫌侵权货物295批次。通过保税备案手册监控发现企业破产清算，追缴税款150万元。建立“现场—风控—稽查”联动机制，开展稽核查作业295起，追补税款4617万元。

【口岸营商环境优化】 推进“放管服”改革，制定2023年行政审批清单并实施动态调整，保持受理行政许可“零超时”“零差评”。落实落细通关运行协调保障机制、预约通关等要求，进出口整体通关时间分别为18.06小时、1.52小时。践行新时代“枫桥经验”，打造“无微不至”调处品牌，典型作法入选中华人民共和国海关总署（简称海关总署）争议化解典型案例。助力企业用足用好原产地规则开拓国际市场，签发原产地证10.6万份，增长21.3%。其中，签发RCEP原产地证书2.5万份、货值6亿美元，分别增长62.1%、22.3%。建好技术贸易措施研究评议基地和全省贸易摩擦站，破除长达15年的中国出口新加坡乳制品与含乳食品批批官方检测三聚氰胺项目技术壁垒，5亿美元出口产品可受益，获评山东省年度优秀国际贸易摩擦工作站。办结主动披露事项18起，追补税款1119万元，14家企业免于行政处罚，依法减免税款滞纳金65万元。

【智慧海关建设】 参与海关总署智慧海关建设项目6个、青岛海关项目5个，创新自有项目7个。推进“智关强国”行动，参与海关总署、青岛海关重点课题7项，贸易监测信息获得海关总署领导批示3篇次。推选22人次参与海关总署、青岛海关智慧海关建设集中工作，参与编写海关总署业务场景应用方案8项，参与海关总署业务改革试点17项。开展“我为海关改革献一策”“微创新”等活动，提报建议82条，提报海关总署试点项目和青岛海关个性化应用项目9个。推进关港信息平台二期建设，开发智慧审单辅助系统、智能仓库管理系统等，通过“微创新”提升风险预警、数据分析、申报审核等监管质效。

11月20日，威海海关工作人员首次截获活体澳洲斧螳 （威海海关 提供）

【走私查缉】 开展“国门利剑2023”联合专项行动，全年立案侦办走私犯罪案件27起、行政案件158起，总案值7.66亿元，其中被海关总署缉私局列为一级挂牌督办案件1起、二级挂牌督办案件1起。立案“水客”夹藏走私手机进境案4起。防范“洋垃圾”走私进境，查发伪报过境旧汽车零件、旧电脑24吨。开展联合查缉行动26次，直接查获案件17起。与威海市公安局、市场监督管理局等开展联合查缉行动11次，侦办案件3起。打击海南离岛免税“套代购”走私，立案6起，涉案案值1640万元。打击毒品走私，立案侦办夹藏、伪报走私毒品案件8起，查获国家管制精神药品“蓝精灵”400粒、“三无”（无生产许可证、无产品说明书和无产品批准文号）减肥药11.4万粒。

【企业发展服务】 印发促进跨境贸易便利化措施30条，联合举办新闻发布会4次、政策宣讲会9次。健全“关企沟通协调”机制，落实关长送政策上门、结对帮扶、问题清零等措施，威海海关负责人走访定点联系企业16家，解决疑难问题17个，举办“关企面对面”活动7期，现场解决疑难问题58个。持续释放提前申报、“云签发”等政策红利，“先放后检”“依企业申请检验”助力大宗资源性商品稳定进口，审批减免税货值3.7亿元，减免税款6051万元。检验检疫证书“云签发”模式助力全市农产品出口，出口值比上年增长8%。落地“综保区内AEO企业分送集报免担保”模式，为企业免除担保金3000万元。1家明胶生产企业通过欧盟注册，3家出口水产品生产企业通过韩国官方境外注册企业实地检查，稳定年出口值2000万美元。聚焦乳山牡蛎产业乡村振兴规划，助力产品首次出口俄罗斯、阿联酋等国家。

（赵 莎）

·荣成海关·

【概况】 2023年，中华人民共和国荣成海关监管进出口货物282.7万吨，比上年增长9.9%；监管进出口总值914.5亿元，增长10%；监管进出口集装箱19万标准箱，下降5.3%；监管进出境船舶3910艘次，增长5.1%；监管进出境人员11万人次，增长87.2%；监管跨境电子商务出口货物价值64.5亿元，增长5.3%。侦办走私保税燃料油大案2起、案值2.44亿元，涉税7740万元，抓获犯罪嫌疑人10名，执行逮捕7人；扣押走私船舶5艘，查证走私燃料油3.82万吨；查发违规进口濒危动植物成分货物情事2起。

【检验检疫】 坚持“多病共防”，落实2023年度国家监督抽查工作和风险监测计划，强化对进口日本食品、水产品进行放射性物质检测，保障进口食品安全。加强入境人员卫生检疫，妥善处置异常情况；发挥远程检疫终端、VR眼镜等科技设备效能，推进口岸快检能力建设。全年监管入境船员6.7万人次、旅客4.4万人次。保障进口食品安全，检出不合格进出口食品38批次。巩固“口岸危险品综合治理”百日专项行动成果，监管进口危险化学品67批4769.47吨；对12家出口腌渍菜企业开展专项风险排查，发现不符合项目9项，注销企业2家。对13家企业开展国外通报调查，约谈企业负责人，明确整改要求，推动企业完善质量安全控制体系。

【口岸监管】 荣成市龙眼港、石岛港通过海关总署口岸公共卫生核心能力建设复核验收。围绕“滞、瞒、逃、骗、害”5个方面监管风险，做好各项监管工作。全年进出口查验6217票，查获366票，查发进口医美产品申报不实案件和涉嫌骗取出口退税案件等重点案件；加强虚假贸易风险管控，向市商务局通报高风险企业8家。开展“打击进出口危险品伪瞒报”专项行动，首次查发危险化学品金属锆违规情事，查获锂电池类危险品6起。依法科学征管，全年入库税收14.28亿元，比上年增长11.6%。开展稽查作业12家，稽查有效率100%，稽查追补税款29.3万元；开展核查作业363起，查发问题作业239起，核查有效率65.8%。办理主动披露作业12起，转稽查补税22.8万元；监控统计数据3.6万条，纠正归类、计量单位等各类差错68条。

【打击走私】 推进“国门利剑2023”“护航2023”“蓝天2023”等专项打击行动，全年立案侦办刑事案件11起、案值3.87亿元，涉税7910.47万元，案值、涉税额分别增长422%、417%。行政案件立案8起、案值800万元，涉税110万元，罚没入库额716.34万元。

【稳外贸促发展】 推动AEO（海关认证企业）认证、关税减让、原产地规则等政策红利覆盖辖区企业，优化通关时间，推动港口高水平开发，打造一流的口岸营商环境，促进辖区跨境电商新业态发展。对辖区开展守法规范性培育企业60家，AEO认证培育企业6家，辖区19家AEO企业进出口总额占辖区总额60%以上。荣成歌尔科技有限公司被济南海关增加为潍坊歌尔股份有限公司“企业集团”成员企业，是青岛关区最大的区外加工贸易企业。审批远洋渔业《征免税证明》588份、货值28.04亿元，减免税款5.26亿元。推动跨境电商出口发展，“9610”模式下监管跨境电商进出口1741万票、货值6.22亿美元。优化口岸营商环境，巩固压缩进出口通关时间，进出口整体通关时间分别为13.14小时、0.91小时。推进RCEP自贸协定政策惠企利民，降低贸易成本，951票在荣成口岸申报的报关单享受RCEP项下税款减让2.47亿元，增长692%，RCEP项下税款减免额度占关区80%以上。自助打印原产地证书2.06万份，自助打印比例超99%，签发优惠贸易原产地证书1.58万份、签证金额9.12亿美元，为辖区企业节省进口国关税3.2亿元。沙窝岛中心渔港7个泊位正式开放、赤山渔港4个泊位临时开放、评估推进延长开放泊位5个，年可节省企业船舶停靠、物流装卸作业费1800万元。冻蓝鳕鱼新增进口暂定关税税率建议得到采纳实施，年可为辖区企业减税增收超过500万元；支持高产优质、高效生态动植物优良品种引进，完成进口隔离检疫澳大利亚种牛2761头、美国哈伯德鸡1.75万只。解决企业出口产品国外通关困难，重新办理通关证书货物136批，帮助企业挽回损失4100万元。

【海关检验检测能力提升】 荣成国际旅行卫生保健中心完成常规实验室升级改造，新增检测实验室常规体检项目28项；“一检两证”（一次体检后，能够一次性领取两本证书）工作通过山东海事局现场业务督导检查。荣成海关综合技术服务中心通过CNAS和CMA国家评审组二合一扩项评审，新增检测项目21项，成为青岛关区第二个基本涵盖进口化妆品全部法定检测项目的综合技术服务中心。

（李 舜）

海 事

【概况】 2023年，中华人民共和国威海海事局秉持“驻在威海、热爱威海、建设威海”的理念，坚持海上安全共治，着力保持形势稳定。聚集各方合力保安全，全面保障重点时段客运安全，保障海上安全出行1858万人次，比2019年增长76.9%，单日最高达21.4万人次；VTS（船舶交通服务系统）提供信息服务11.96万次，接报处置险情22起；处置水上交通事故5起，成功救助6艘船舶、54人。局属单位和个人先后获评直属海事系统第一届人民满意的海事执法集体、全国优秀共青团员等，1条信息被中央电视台《新闻联播》报道。深化精神文明创建，全方位开展系列创新活动，成山头航海展览馆入选全国水上交通安全教育基地及航海科普教育基地名录。

【海上船舶动态管控】 守牢主责主业，着力保持安全畅通。加快推进全要素水上“大交管”建设，强化海上船舶动态管控，辨识处置海上船舶异常行为为320次，保障船舶进出港26.07万艘次，比上年增长142.7%；成山头南北大通道过往船舶12.09万艘次，增长1.2%；船籍港船舶443艘，增长2.7%。

【经济发展服务】 提升保障能力，落实中央财政投资595万元（总投资3195万元）建设全国首批海事无人机项目并正式列编；落实招商引资资金3040万元，支持征收地方车船税360万元；积极保障石岛核电、半岛南U风场海上风电等重点涉水工程项目建设。聚焦交通强国建设和地方海洋经济发展，保障中韩“四港联动”整车运输，支持沙窝岛中心渔港7个泊位正式对外开放、赤山渔港等4个港口临时开放，与山东港口威海港有限公司签订合作协议服务山东省世界级港口群建设，安全保障港口货物到达发送量5545.5万吨，比上年增长33.3%。

【法治海事建设】 推进依法行政，着力建设法治海事。修订《威海市海上交通安全条例》并发布实施，联合市人力资源和社会保障局开展的船员合法权益保障行动获得交通运输部办公厅“双跨”行动（运输船舶违法违规信息跨区域跨部门通报专项治理行动）通报表扬。完成辖区首起涉刑事案件移交并申请法院强制执行，全年实施行政处罚298起、罚款552.68万元，分别增长28.4%、44.5%。

【海上安全共治】 推进海上安全协同治理，构建地方党委、政府领导，海上安全专班督导，各涉海部门指导的海上安全综合责任体系。推进涉海安全要素源头治理，参与实施海上休闲船舶总量控制、组织化管理、定区航行等管理模式，规范石岛海域供受油作业闭环监管，优化恶劣气象海况船舶禁限航标准。推进重大事故隐患排查治理，实施水上交通重大事故隐患专项排查整治行动，排查并整改各类问题1366项。推进商渔船防碰撞综合治理，推进石岛东南通航密集区等重点水域商渔船一体化交通组织，启动“海事＋渔业”动态指挥联席值班制度，科学划定并公布辖区首批商渔船碰撞高风险警示区，多渠道推动建立辽宁渔船民信息联络机制。

【海上交通安全畅通保障】 推进全要素水上“大交管”建设，聚焦海上船舶异常行为辨识、分析和闭环处置，强化船舶动态监管，推动内部业务协同、流程重塑、管理创新，发布“大交管”工作简报124期。锚定进出港、过往船和船籍港“三个维度”精准发力，优化升级大风、大雾“两大风险”防抗策略，海上交通动态感知、组织、管控能力明显提升。深化客船监管治理格局，全力应对暑期海上旅游“千万级”超常规“极峰”态势，科学保障中韩客货班轮安全恢复载客运输，推动“大交管＋船籍港客船”管理。妥善处置海上险情和突发事件，高效运转“统一指挥、海上主战、属地善后”海上搜救工作模式，推动地方政府构建休闲船舶县域互救模式，修订发布《威海市海上溢油应急处置预案》，妥善处置涉渔船舶险情事故15起。

10月31日，威海海事局与山东港口威海港有限公司合作框架协议签订仪式举行 （威海海事局 提供）

【口岸营商环境优化】 提升政务服务水平，助力辖区港航企业融资4.2亿元。服务船员队伍高质量发展，严格船员“考培发”管理，累计合格船员6.2万名、外派船员2839名。服务重大涉海工程项目，全力保障辖区海上风电、光伏发电、石岛核电等涉水项目建设，主动服务乳山港外航路规划、龙眼港码头改造等重点项目实施和半岛南北两侧海上综合服务区建设。提升行政执法规范化水平，以执法队伍素质能力作风提升为主线，建立健全工作机制，着力防范执法风险，规范执法行为，强化执法监督，优化执法流程，提升执法人员素养。

（石立磊）

船舶检验

【概况】 2023年，山东省威海船舶技术服务中心完成船舶检验348艘次（其中建造检验149艘次、营运检验199艘次），审查船舶图纸20套，船用产品检验8批次，发放9份证书，检验船舶总吨位28.97万吨、主机总功率14.31万千瓦。船舶检验到位率、顾客满意率、船舶证书发放合格率均为100%，没有发生因船舶检验质量问题而引发的船舶安全责任事故和船舶滞留事件。4月，交通运输部海事局对山东省船检机构开展船舶检验整体业务范围核定，威海船舶技术服务中心作为分支机构代表获评“整体较佳”。

【船舶安全质量监管】 严把船舶检验安全质量关，推进辖区船舶隐患治理和风险防控，持续提高船舶检验质量，保证船舶具备安全航行技术状态，着力打造“山东检”和“威海造”两个品牌。把好船舶图纸审查关，理顺审图工作程序，严格执行图纸审查二审制，对初审、复审、审核和签发等环节层层把关，从源头上避免船舶存在重大缺陷。船舶建造检验严格执行船舶法规及有关技术规范、船舶建造检验相关控制程序，严把船用产品检验质量关，通过提高检验到位率保证船舶建造质量。营运船舶检验严格执行船舶营运检验规程，按照船舶法规、规范要求实施检验，确保检验人员、检验项目到位。发挥船检质量管理体系作用，加大对新版质量管理体系文件的学习和宣传力度，提高全体验船师的质量意识，强化产品实现过程的监视和测量，确保体系有效运行。开展船舶检验质量监控和船舶检验资料自查活动，认真核查船检归档资料，及时纠正问题。中心负责人及质量监管部门人员定期参与现场船舶检验工作，对整个检验活动进行监控，督促改正发现问题。

【船检能力提升】 强化制度建设和队伍建设，组织学习《船舶检验管理规定》《验船机构和验船人员工作过错追究制度》等，教育引导验船师牢固树立责任意识，准确把握船舶检验工作的基本定位，遵守船舶检验机构执业道德准则，严格执行上级及主管部门有关船舶检验工作的一系列规定。加强业务工作培训，印发验船师培训计划，组织验船师参加业务培训学习，对在船舶审图、实船检验中出现的问题进行专题研讨。组织参加国家、省级有关船舶检验业务工作培训21人次，1人取得注册验船师资格。调整内部工作机制，完善船舶检验、财务管理等内控制度，注重加强船舶关键环节的重点监控。参加全省质量体系内审活动，加强与其他船检机构的交流沟通，对质量体系内审存在的问题进行整改。

【企业发展服务】 牢固树立服务意识，中心负责人带队走访辖区5家船厂和30余家航运企业征求意见，解决企业实际困难。坚持服务承诺制度，严格落实岗位负责制、服务承诺制、限时办结制，遵循便民原则，提高办事效率，为客户提供优质服务。发挥专业优势服务辖区企业，积极宣传贯彻讲解船舶法规规范，指导企业开发新船型，帮助企业建立质量标准和有关工艺文件，完善质量管理体系，引导企业加大技术投入，加快技术设备更新换代。开办“船安大讲堂”作为辖区机务海务质检人员以及验船师的培训载体，培训技术人员70余人次。协助修造厂行业安全生产专项整治领导小组对辖区船厂进行检查指导4次，整改安全隐患，确保船厂保持良好的技术状态。协助参与安全生产专项整治、海上治安维护、渔船整治、乡村振兴、交通保通保畅等工作。配合辖区海上执法部门开展打击海上违法犯罪活动，查验有关船舶30余艘。

【船检创新发展】 建立鼓励创新的激励机制，完善措施，设立中心专项考核创新奖励资金，制定实施创新办法3个，中心职工获得国家级专利1项，在国家级刊物发表船舶检验技术论文2篇，在省级报纸发表文章1篇。推进船检信用管理试点工作，探索船检信用管理创新模式，构建以信用为基础的新型船检监督管理机制，开展小型船舶检验及其监督管理优化试点工作，印发《验船师驻厂工作制度（2023年版）》《船舶检验信用管理试点工作实施细则》等3项管理制度。加强交流合作，开展提升辖区船公司机务海务人员业务素质调研，威海船舶技术服务中心与中国船级社（CCS）青岛分社威海检验处、CCS实业有限公司青岛分公司等单位签订高质量发展合作协议，共同促进威海市航运业和修造船业高质量发展。

（陈迪波）

出入境边防检查

·威海出入境边防检查站·

【概况】 2023年，中华人民共和国威海出入境边防检查站检查出入境人员22.57万人次，比上年增长324.7%；检查出入境飞机2974架次，增长63.8%；检查出入境船舶1397艘次，增长10%；查获在控在逃案件近20起，连续第5年获评山东出入境边防检查总站优秀党委。

【平安口岸建设】 紧盯威海口岸跨境赌诈、走私偷渡、非法务工等新动向，着力服务全市意识形态斗争大局，加强情报数据研判威海分中心建设，与山东大学东北亚学院建立战略合作关系，东北亚形势研判得到山东总站肯定。搜集上报各类情报100余篇，涉毒品走私和宗教渗透等情报被山东出入境边防检查总站关注并通报全省，查获的中转韩国赴菲律宾跨境赌诈案件被山东出入境边防检查总站专题通报表彰。

【高质量发展服务】 聚焦中韩多式联运（威海—韩国仁川）等新发展业态，加强与中共威海市委、威海市政府相关部门的请示汇报、沟通对接；攻克边检通关技术、场地建设等难题，做实政策支撑、制度保障、实体服务，建成全国首个海港口岸“四港联动”车辆通关查验场地，开展中韩多式联运整车运输新型边检查验。印发服务绿色低碳高质量发展座谈会精神贯彻落实意见，细化具体服务举措34项；与市文化和旅游局、交通运输局等部门签订协作机制协议，支持海空港口岸泊位加增、航线加开、航班加密等发展规划，完成威海机场新入境现场启用验收、口岸5个泊位扩大开放等工作；主动跟进重大对外经贸文化交流、外商到威海市投资洽谈、国际体育赛事等活动。

【勤务模式改革】 聚焦任务牵引警力、勤务主导警力，推进警务机制和勤务模式改革，以“1个意见、3个规范”重构实战指挥体系。实施综合执勤队改革，组建海港、空港3支综合执勤队，全面推行空港“三组轮勤”、海港“两组一室”勤务模式，印发执勤现场勤务值班实施办法，全量赋予数据核查、情报搜集、行政案件办理职能。将科技力量作为边检创新增长点，全面推行智能卡口和锚地预警系统、海防监控站和警航队无人机应用，打造全链条、全闭合、网格化的立体监控网络平台，做到“服务”“管控”同步推进。

（张泽中）

·石岛出入境边防检查站·

【概况】 2023年，中华人民共和国石岛出入境边防检站检查出入境人员7.77万人次、出入境船舶2241艘次，查获办理行政执法案件37起60人（艘）次，先后查获海上特大偷越国（边）

境案、多哥籍“海通”轮涉嫌走私案等案件。积极融入“海洋强市”发展规划，保障4个港区11个泊位对外启用。各领域工作获得国家移民管理局及省、市、区（市）3级党政主要负责人批示肯定22次，2个集体、31名个人获得各类表彰。

【经济发展服务】 积极融入驻地“海洋强市”发展规划，保障山东鑫弘重工有限公司舾装泊位和海成渔港、鑫弘渔港、赤山渔港3个码头临时对外启用，累计保障码头临时开放延期工作9次；组建专班保障沙窝岛中心渔港获批对外启用的渔业码头。推出涉外修造船厂“自我管理、诚信经营”管理模式，选派14名“驻企指导员”指导6家涉外船厂规范生产管理秩序。开通绿色通道，为422艘次停泊时间不足24小时的外轮一次办结出入境手续，为9艘新造外轮提供出境便利，为491艘次远洋渔船提供“吉时出海”批次验放服务。10月，经国家移民管理局批准，为1艘新建远洋渔船出境试航提供便利，该案例是全国边检机关首例支持保障远洋渔船出境试航案例。围绕远洋渔船、修造船厂、开放水域3个重点领域，组建管控课题攻坚组，一体推进抓基础、出亮点、管长远3项任务。

【口岸风险管控】 高效运行指挥中心“情指行舆”实战化运行机制，24小时动态监管码头泊位、在港船舶、涉外企业等重点区位管控情况，及时掌握行动性、内幕性、预警性信息。全年查获案件37起， 涉案人员60人次，查办的“5·8”非法出境案获得国家移民管理局通报表扬。开展打击妨害国（边）境管理“獴猎”行动—2023、“三非”（非法就业、非法入境、非法居留）外国人治理“犁平”行动，深化“边检＋出入境”联合办案模式，排查上报涉嫌妨害国（边）境管理犯罪信息线索215条，推送有害信息8716条，清理有害信息4396条，信息转化成案69条。

【合作共建】 坚持党、政、军、警、企全面联络机制，深化合作共建。走访荣成市、威海市两级党政机关部门和驻地企业，探索政策支持、合作共赢、服务大局的融合发展模式。与威海市公安局海岸警察支队通过“情报共享、案件联查、组织协动”深化警务合作，联合查办赤道几内亚籍“顺鑫7”轮16人涉嫌非法出境案，伯利兹籍“联荣”轮擅自入境、违反规定上下人员案等案件。牵头7家单位开展“国门平安共同体”党建联创联建，经验做法获评2023年全省机关党建创新优秀案例。助力招商引资，推进广西壮族自治区柳州市三江侗族自治县定点帮扶工作，落地地方资金350万元。全年开展对外交流近80次。

（李佳瑶）

8月，龙眼港出入境边防检查站工作人员开展船舶梯口检查

（龙眼港出入境边防检查站　提供）

·龙眼港出入境边防检查站·

【概况】 2023年，中华人民共和国龙眼港出入境边防检查站检查出入境船舶1226艘次、出入境人员1.67万人次，查获办理各类案件7起，获评2023年度总站级“优秀领导班子”，1个支部获评“三个第一”实干筑基行动先进单位，1个支部被记集体三等功，1个支部获评专项行动突出集体，1人获评先进个人，1人获评情报工作先进个人，2人获评优秀纪检干部，6人被记个人三等功，1人获评优秀共青团干部，2人入选山东出入境边防检查总站首批后勤保障人才库。

【口岸管理】 开展打击妨害国（边）境管理违法犯罪行动、妨害国（边）境管理“獴猎”行动—2023和夏季治安打击整治专项行动等，发挥“六字核查法”工作效能，强化数据搜集，年内研判推送妨害国（边）境管理犯罪线索650条、搜集有害信息2.37万条、摸排长期非法滞留外国人1751人。助推公安机关出入境管理部门查办各类刑事案件400起，协助荣成市出入境管理大队遣返“三非”人员3000余人。国家移民管理局采用信息3篇，省委国家安全委员会采用信息1篇，山东出入境边防检查总站采用信息20篇。

【高质量发展服务】 以《服务高质量发展行动方案》为着力点，融入荣成市七大产业链建设，坚持“警力前置、窗口前伸、服务前移”查验模式，实现边检手续100%网上办理，保障2000余吨鲜活海产品抵港直装，全链条服务保障西霞口港区、三星港区大宗商品、鲜活产品、民生物资、重工业货物等跨境运输。

（李成强）

编辑　李传强

旅　游

综　述

【概况】 2023年，全市依托东部环海路和西部环山路，打造千里山海自驾旅游公路，构建滨海观光、休闲度假、温泉康养等相互支撑的新业态体系。锚定打造国际滨海休闲度假旅游目的地城市目标，推进全域旅游纵深发展、品牌形象深化提升、市场管理服务优化，升级文化旅游（简称文旅）消费水平，实现文旅产业高质量发展。积极对接全国大型文旅集团，推动大项目签约，荣成国信东方度假酒店等高端酒店正式营业，重点文旅项目年度完成投资率143%。印发文旅促消费九条措施、旅游招徕奖励办法等文件，开展文旅惠民消费季、入境团队激励、国家A级旅游景区优惠、金融支持消费等活动，全面激活消费潜力。全新策划“一路十八湾”滨海休闲目的地产品，以千里山海自驾旅游公路为引领，创新“湾区度假”“跳岛游”“海岛游”等滨海线路，“千里山海·自在威海”文旅创新品牌入选山东省改革品牌。丰富“爱在威海”四季产品体系，开展沙滩音乐节、海鲜美食节等主题活动200余项。年内，威海旅游单日最高客流量接近城市常住人口的三分之一。暑期上榜“生态旅行”热度飙升目的地首位、“热门小众旅游城市榜”全国第2位；冬季打响“冰雪、天鹅、温泉”3张名片，威海市成为全国冬季旅游新目的地。全市全年实现国内旅游收入630.84亿元，比上年增长68.97%；接待国内游客5906.54万人次，增长66.8%。

（秦　娜）

【威海文旅发展集团有限公司】 2023年，公司坚持“千里山海·双线贯通”的工作思路，构建陆海统筹、线上线下统筹的全域旅游发展格局，助力全市旅游高质量发展。公司全年实现营业总收入3.89亿元，利润总额6430万元，实现扭亏为盈，获评威海市绿色低碳高质量发展先进集体。刘公岛景区接待游客286.7万人次，比2022年增长321%，比2019年增长75%；实现营业总收入2.68亿元，比2022年增长201%，比2019年增长37.6%。致力于推动“让老景区焕发新活力”，实施刘公岛景区综合提升系列工程，开通游览车大环岛观光线路，打造航海体验基地，填补岛内海上休闲运动空白。刘公岛景区获评全省智慧旅游样板景区，“无废”景区在美丽海湾建设验收中进行示范展示。公司旗下抱海大酒店、塔山宾馆实现全年旅游服务平台“零”投诉，先后通过四星级旅游饭店评定性复核，获评山东省放心消费示范单位、省文明旅游示范单位等。打造广场商业模式，先后举办乐高拼插、旗杆嘴灯塔公益开放、啤酒文化节等广场活动，丰富城市周末生活，助力城市夜经济发展。完成国民经济动员规范化集训活动、“幸福威海博览会”展位设计、威海市渔业品牌建设等项目。推动体育旅游深度融合，冠名威海铁人三项世界杯赛，举办以“探秘刘公岛”为主题的海岛定向赛、CISSA中国青少年帆船邀请赛等赛事。持续推动爱国主义、党性、总体国家安全观、国防、廉政教育基地建设，打造刘公岛“五位一体”教育品牌，获评山东省国家安全工作先进集体。刘公岛管理委员会联合山东大学争创国家革命文物协同研究中心，年内通过教育部、国家文物局初评。实施刘公岛历史文物建筑活化利用工程，甲午战争纪念地建筑群保护利用项目获评第四届全国革命文物保护利用优秀案例，北洋海军基地后勤保障设施修缮工程获评第一届山东省优秀革命文物保护工程。实施威海

4月14日，学生到刘公岛总体国家安全观教育展馆参观

（威海日报社　提供）

湾水下考古项目，入选山东五大考古新发现奖和“考古中国”重大项目。策划推出“刘公岛开学第一课”，获评全国革命文物主题“大思政课”优质资源十大示范项目；“国安教育一堂课”获评全省博物馆十佳社会教育案例；“从国帜三易到爱国三问”主题展览获得第二届全省革命文物陈列展览精品奖；山东威海干部学院通过中共中央组织部验收。深化“两线一平台”建设，构建“千里山海·双线贯通”全域旅游大格局。陆上一条线，推动千里山海自驾旅游公路一体化方向运营，开通“自在威海旅游直通车”观光线路3条，千里山海自驾旅游公路入选全国首批交通运输与旅游融合发展十佳案例，工作经验入选全国文化和旅游标准化示范典型案例，“千里山海·自在威海”文旅品牌获评山东省改革品牌。成功运营“青春马兰湾”文旅项目，获评全省最美爱情打卡地等。海上一条线方面，践行“环游威海湾、海上看威海、海上看山东”三步走战略，合资成立威海海上旅游公司，专营海上旅游开发，打造海上旅游主题游船3艘，实现刘公岛至鸡鸣岛航线“双线对开，一周双发”，增开刘公岛至小石岛新航线。线上一平台方面，“自在威海”智慧旅游平台总访问量突破7450万人次，会员超过73万人，累计上线产品3万余个，服务企业700余家，累计交易额达1.92亿元。

（吕文豪）

旅游规划与项目建设

【概况】 2023年，立足“大旅游”的发展观念，威海市政府旅游工作领导小组印发《成员单位职责分工》，规范成员单位职能。召开领导小组专题会议10次，创办并发布《威海旅游工作》简报25期，各成员单位联合做好各项服务保障。印发促进文旅高质量发展配套文件和政策举措，制发各类文件10个。中共威海市委办公室、市政府办公室印发《关于贯彻落实〈中共山东省委、山东省人民政府关于促进文旅深度融合推动旅游业高质量发展的意见〉的分工方案》，整体布局未来3～5年文旅产业发展基本方向；威海市旅游工作领导小组办公室印发《威海市旅游资源普查实施方案》，全面摸清优质旅游资源家底。策划重点文旅招商项目56个，推进重大项目签约建设10余个，全年打造文旅项目85个，完成投资率100.73%。环翠区获评全省文旅康养强县，荣成市获评全省文旅产业先进县，东浦湾房车营地获评国家5C级自驾车旅居车营地，九龙湾文化休闲街区获评国家级夜间文旅消费集聚区，获评其他省级以上文旅多元融合奖项86个。

【文旅项目招商引资】 加大招商引资和项目督导力度，实现招商项目信息15个，到位资金1.88亿元。全省文旅高质量发展项目观摩第二次会议在威海市举办，11个省文旅融合重点项目完成投资7.94亿元。威海市文化和旅游局（简称市文旅局）举办文旅企业专场招聘会，联合中国人民银行威海市中心支行、市地方金融监督管理局等部门印发《关于持续加大金融支持 助力全市文旅产业高质量发展的通知》，从加大文化和旅游产业的金融供给、促进文化和旅游产业外资外贸便利化、强化文化和旅游产业保险保障等8个方面明确具体要求。联合金融机构推出文旅产品30余种，助力文旅企业破解融资难、融资贵难题，与中国人民银行威海市中心支行启动“千里山海·嗨购威海”金融支持文旅消费活动，金融助力文旅产业发展典型案例由省文化和旅游厅（简称省文旅厅）推荐至文化和旅游部。至年底，全市文化和旅游产业贷款余额34.18亿元，比年初增加11.98亿元；住宿和餐饮业贷款余额50.82亿元，增加10.28亿元。开展第七届文化和旅游惠民消费季活动，探索多平台发券模式，扩大消费季影响力。年内，举办“无花果采摘券”“千里山海沙滩音乐节专场”和“温泉养生”等主题活动127场，针对景区景点、书店、文创企业、电影院、乡村旅游等文旅企业发放消费券1353.26万元，释放消费活力。

【旅游景区示范创建】 坚持示范引领，积极参加相关示范创建活动。全市获评“乡村四时好风光”全国乡村旅游精品线路1个、省级旅游休闲街区2个、文化产业基地2个、夜间文旅消费集聚区1个、生态旅游示范区1个、精品文旅名镇2个、旅游民宿集聚区1个、乡村旅游重点村5个、景区化村庄11个、智慧样板景区2个、公共服务设施提升示范景区1个、百企领航企业5个（其中领航型1家、骨干型2家、成长型2家）、山东十佳民营文旅企业领军人物1个、红色旅游融合发展典型案例1个、国家AAA级旅游景区3个、省级支持高质量发展奖励企业2家、省研学旅游创新创新产品案例1个；1人获得红色旅游五好讲解员一等奖，获评2023年度“好客山东·乡村好时节”优秀案例17个；获得省旅游商品大赛银奖1名、铜奖1名、优秀奖4名，市文旅局获得优秀组织奖。

（李旭东）

旅游宣传与促销

【概况】 2023年，全市旅游市场持续火爆，单日客流量突破85万人次，接待游客数量超过5906万人。威海市入围携程、同程、马蜂窝等全国OTA平台热门旅游目的地、酒店、民宿等TOP10权威榜单20余次，入选游客心中最美好的10个国内滨海休闲城市。千里山海自驾旅游公路入选全国第一批交通运输和旅融合发展十佳案例、省级旅游风景道，工作经验入选全国文化和旅游标准化示范典型经验，“千里山海·自在威海”文旅创新品牌获评山东省改革品牌，威海冬游成效获得省政府负责人批示肯定，威海“千里山海自驾”被写入省政府工作报告。

【文旅品牌打造】 统筹陆海资源，不断丰富产品供给。升级“千里自驾游威海”“千里海上观威海”等文化旅游载体，结合亲子游、露营游、研学游、非遗游等热门文旅元素，完善“爱在威海”四季文旅品牌产品，按照细分市场精准营销，创新产品组合形式，构建

"全域＋全时"的文化旅游产品体系。针对"无计划旅游""反向旅游"等旅游新趋势，推出更加注重体验感、放松感的旅游线路和"小而美"的小众目的地打卡点，推出"威海过大年""春暖花开　初见威海"等精品主题线路、攻略近30条和网红打卡点100个，满足市民和游客的多元化高品质休闲度假需求。

2月28日，"登仙山、观海景、泡温泉、品海鲜"韩国人游威海系列活动启动　（威海日报社　提供）

【品牌活动开展】　年内，举办2023千里山海自驾旅行者大会和G228交旅融合经验交流会，同步举办百城千车游山东、"自驾旅行　潮玩露营"旅游季、"一路邮你"网红打卡分享等活动，全力提升"千里山海"品牌影响力。借助第四届跨国公司领导人青岛峰会平台，筹办威海"citywalk"城市漫游图鉴发布会。举办"嗨玩48小时"潮生活、沙滩音乐节、温泉节等特色文旅品牌节庆活动80余项，为游客提供丰富的消费新场景和新体验。威海市开展品牌活动的相关经验做法在全省暑期文旅宣传推广经验交流会上进行交流。

【国内推介与国际交流】　在上海市举办"千里山海　游学威海"文旅推介会，向长三角地区、山西省、甘肃省、福建省等地500余位文旅企业、研学机构负责人推介威海市文旅资源和产业项目。举办中外旅行商推介会，组织70余家国内外旅行商到威海市考察，并作"千里山海　自在威海"文旅主题推介，发布威海海洋文化主题游学线路。赴上海市、广州市参加"相约在山东"2023山东文旅推广活动，威海市代表胶东经济圈五市作主题文旅推介。组织区（市）文旅部门及重点文旅企业赴哈尔滨市、长春市和沈阳市举办"千里山海　自在威海"威海文化和旅游推介会，互送客源开启合作。参加胶东经济圈文旅联盟长三角推介会、2023"沿着黄河遇见海"鲁甘东西部协作文化和旅游交流活动，作"冬游威海"主题推介。参加2023迈点文旅住宿节暨第五届文旅投资运营大会、"沿着黄河遇见海"冬季文化和旅游产品推介会、海南三亚2023（首届）交旅融合发展大会，推介威海市优质文旅资源和冬季特色旅游产品。举办"韩国人游威海"系列活动，全省首个韩国商旅团在威海市入境。全省首个俄罗斯团入境威海市，全年接待俄罗斯游客8000余人次。

7月5日，2023千里山海自驾旅行者大会在威海市召开　（王彦博　摄）

【全媒体营销矩阵构建】　传统媒体宣传　采取多视角、多手段、多媒体方式，构建国家、省、市三级媒体宣传矩阵。参与"好客、好品山东"品牌工程建设，在中央电视台《朝闻天下》投放城市旅游宣传广告；推出的《自驾游"黑马"威海火出圈的"流量密码"》在中央电视台《新闻直播间》报道。在《中国旅游报》发表专版报道《山东威海：提质赋能　打造文旅消费新"增长极"》，该版面被省文旅厅向省内外媒体推广。在《大众日报》发表专题报道《威海：全力打造国际滨海休闲度假旅游目的地城市》。利用济南高铁站与北京地铁站等优质户外媒介，宣传推广威海文旅品牌。

新媒体营销　创新应用互联网思维，把握新媒体传播特性，聚焦热点"流量密码"，释放"IP""爆款"效应。开展"潮拍千里山海"短视频话题挑战赛，全网累计播放量超过20亿次，形成从线上到线下的聚焦效应和"打卡风潮"。联动新华网、大众网威海等平台，"文旅威海"新媒体全年开展主题直播284场次，持续举办"云创音乐荟"直播活动，累计观看人数近500万人，加速网红场景线上"出圈"。以"千里山海"品牌为引领，开设"欢迎天鹅回家""来雪窝看雪"等即时话题，激励自媒体在抖音、快手、小红书等平台持续性创作输出，推动文旅营销由“众传”到“众创”模式转变。

（王诗雯）

旅游行业管理

【概况】 2023年底，全市有星级饭店35家，其中五星级3家、四星级15家、三星级16家；有旅行社211家，其中A级旅行社56家、出境旅行社16家。全年围绕“行业复苏提振文旅消费”主线，全面启动文旅服务质量工程，营造良好文旅消费环境。

【文旅安全生产管理】 开展文旅领域重大事故隐患专项排查整治，统筹“百日攻坚”“九小场所”等专项行动12个，聚焦旅行社租使用车辆、消防安全、特种设备等，出动执法人员1.24万人次，检查各类经营单位6683家次，发现隐患380处，其中重大隐患8处，全部整改到位。梳理文旅行业安全重点关注和督导检查防范事项32项、文旅领域重大隐患事故清单8类，建立“常提醒、月分析、季度研判”风险管控机制。承办全省安全生产培训班，开展文旅安全教育培训12次，举办文旅行业森林防火应急演练。全年文旅安全平稳有序，未发生安全生产责任事故。

（张君明）

【政务服务水平提升】 2023年，依申请政务服务事项办件量1177件，办结率、满意率、一次办好率均为100%；市文旅局所有依申请政务服务事项全部进驻窗口，做到“一窗受理”“一窗出件”。在标准化系统梳理“6+1”政务服务事项24项、行政许可事项32项，按照要求做好统一要素、非统一要素编制及办事指南的发布工作，做好事项的对应发布工作。落实“双随机、一公开”，除无检查对象及省不要求市级进行检查的事项外，所有事项全覆盖，完成检查任务15项，其中部门联合检查任务14项、部门内部检查任务1项，检查结果及时录入并公示。加强“互联网＋监管”工作，市文旅局通用检查数、入库数及门户网站信息上传及时率、覆盖率实现100%。与市教育局、体育局联合印发《威海市校外培训机构信用管理办法（试行）》，将培训机构分成A、B、C、D4个等级，实行“黑红”名单管理。

（邱力　戴天娇）

【文旅市场环境优化】 建立全市假日旅游市场热线处理快速反应机制，开辟涉旅投诉“绿色窗口”，高效处理涉旅投诉，24小时即领即办，紧急转办552件，投诉办结率、满意度100%。市文旅局牵头建立全市住宿业价格自律监管机制，发布《威海市住宿业价格诚信自律公约》。荣成市通过全国文化和旅游市场信用经济发展试点城市验收，申报的“创新应用场景”典型经验获得文化和旅游部通报表扬。发布威海市文旅行业“信易游”“信易借”“信易宿”等惠民政策，以信用惠民举措激发文旅消费意愿。通过“互联网＋监管”“双随机、一公开”等方式，加大部门联动，检查及时率、覆盖率均为100%。

（戴天娇）

【文旅行业服务质量提升】 市文旅局与市公安局合作打造“旅游＋警务”新模式，签订合作协议，成立警旅合作联动领导小组及办公室，设计推出“千里山海平安游”旅游警务协作品牌标识并开展推广活动。设立千里山海联勤工作站21个、景区警长34名。在全市50余处重点景区公开求助电话，设置安全提示牌73处，实现“景中有警，警在景安”。千里山海联勤工作站秉承“快速、及时、方便”的理念，处理群众求助158起，妥善处置纠纷132起，主要经验做法在省文旅厅简报头条刊登推广。打造提升“双减双升”（减少宴会菜品数量、菜品分量，提升菜品质量、餐饮服务质量）餐饮节约品牌，“双减双升”典型案例在全省旅游饭店会议上进行交流。开展文旅大讲堂、五一市场服务提升复盘分享会等，组织星级饭店参加省、市服务技能大赛，以赛促训，提升文旅行业队伍素质。全市获评星级民宿27家、四星级旅游饭店1家。开展“千里山海　嗨享威海”美食评选活动，发布邀请函及系列宣传报道，总浏览量70余万次；通过网络投票、专家评审等环节，评选威海名菜20道、名吃20道、名点10道、名餐厅10家，网络评选投票数15.4万票。

【星级民宿服务管理】 加强星级民宿评定工作力度，以创促建提升民宿服务质量。至年底，全市有星级旅游民宿27家（其中环翠区12家、文登区4家、荣成市9家、乳山市1家、威海火炬高技术产业开发区1家），其中五星级7家、四星级8家、三星级12家。推动全市星级旅游民宿规范化管理，开展全市文化和旅游服务质量提升工程，举办“文旅大讲堂”首期培训班，对全市星级民宿经营者进行培训，推动企业服务产品创新、服务质量提升。

五星级民宿——那天·乌托邦民宿　（威海日报社　提供）

2023年威海市三星级以上饭店一览表

表8

名 称	星 级	地 址
威海金海湾国际饭店	五星	威海火炬高技术产业开发区北环海路128号
威海海悦建国饭店	五星	威海市文化西路177号
山东荣成倪氏海泰大酒店	五星	荣成市海湾北路839号
威海卫大厦	四星	威海市海港路82号
威海蓝天宾馆	四星	威海市环海路1号
威海抱海大酒店	四星	威海市海滨中路29号
威海塔山宾馆	四星	威海市塔山西路10号
威海阳光大厦	四星	威海市统一路88号
威海百纳中心大酒店	四星	威海市新威路58号
文登昆嵛酒店	四星	威海市文登区天福路68号
威海天沐温泉度假酒店	四星	威海市文登区张家产镇邹家床村
荣成石岛宾馆	四星	威海海高园（石岛管理区）迎宾路
荣成成山友谊宾馆	四星	荣成市成山大道398号
荣成赤山大酒店	四星	荣成市海景西路89号
荣成朝阳山宾馆	四星	威海海高园（石岛管理区）西南海村
荣成市华星宾馆	四星	荣成市崖头镇成山大道东首
乳山国际大酒店	四星	乳山市胜利街东1号
玺华商业集团有限公司乳山华玺酒店分公司	四星	乳山市胜利街28号
威海玉龙湾大酒店	三星	威海市环海路198号
威海电子宾馆	三星	威海市环海路15号
威海银鹏大酒店	三星	威海市环翠区张村镇火炬南路531号
威海凯德餐饮有限公司凯德商务酒店	三星	威海市文登区昆嵛路37-3号
荣成天都大酒店	三星	威海海高园（石岛管理区）
荣成山海宾馆	三星	荣成市邱家渔业公司
山东那香海人假日酒店	三星	荣成市港西镇香海国际旅游度假区
荣成名人酒店	三星	荣成市南山北路84号
乳山宾馆	三星	乳山市夏村镇
乳山银滩大酒店	三星	乳山银滩旅游度假区滨海路中段
乳山东海宾馆	三星	乳山市青山路57号
乳山金海假日酒店	三星	乳山市长江路41号
乳山香榭丽舍大酒店	三星	乳山市宁波路19号
威海九九大厦	三星	威海市鞍山路1号
威海金猴酒店	三星	威海市丹东路88号
威海时代商务大酒店	三星	威海市青岛中路132号

2023年威海市三星级以上民宿一览表

表9

名　称	星　级	地　址
那天·乌托邦民宿	五星	威海市环翠区张村镇王家疃村慢街1号
禅驿·云本院子	五星	威海市环翠区威海民俗文化邨2号院
慈口观温泉民宿	五星	威海市文登区高村镇慈口观村
不负·天鹅湖艺术乡村宿集	五星	荣成市成山镇车祝沟村
金龄·天鹅湖青波里民宿	五星	荣成市成山镇环湖路85号
东方客栈	五星	荣成市好运角旅游度假区环海路3995号
那蓝摄影民宿	五星	荣成市成山镇车祝沟村
柿园民宿	四星	威海市环翠区张村镇里口山王家疃东街51号
释家民宿	四星	威海市环翠区环海路215号219号
心宿·海边民宿	四星	威海市环翠区环海路170–4号
樱红石语民宿	四星	威海市文登区界石镇六度寺村
三梦季·心屿美宿	四星	荣成市成山镇落凤岗村
云栖民宿	四星	荣成市宁津街道林家流村
白雾民居	四星	乳山市海阳所镇陈家村
春暖花开民宿	四星	威海火炬高技术产业开发区怡园街道火炬八街畅海花园22号
清雅轩民宿	三星	威海市环翠区嵩山街道办事处西庄村南街27号
听海·乌托邦民宿	三星	威海市环翠区孙家疃远遥村–5号
归海民宿	三星	威海市环翠区孙家疃环海路170–10号
畅海民宿	三星	威海市环翠区孙家疃环海路170–2号
山和水居民宿	三星	威海市环翠区孙家疃镇里窑社区山海华府
琴舍民宿	三星	威海市环翠区张村镇王家疃村慢街1号
和合之家民宿	三星	威海市环翠区张村镇王家疃村东街59号
乐游山庄	三星	威海市文登区界石镇六度寺村153号
桐忆河畔民宿	三星	威海市文登区界石镇梧桐庵村
海草家羽恋本院落	三星	荣成市俚岛镇烟墩角村
岛上人家民宿	三星	荣成市王连街道东岛刘家村
德信红民宿	三星	荣成市宁津街道留村

（王　凯）

景区景点

【概况】 2023年底，全市有国家A级以上旅游景区51家，其中国家AAAAA级2家（刘公岛风景区、华夏城景区）、AAAA级12家、AAA级34家、AA级3家。全市自然资源以“海、岛、滩、湾、泉、山”为特色，拥有近1000千米海岸线，沿线沙滩细腻绵延，海水碧蓝纯净，有威海国际海水浴场、文登金海滩、乳山银滩等天然海水浴场10余处，有威海湾、半月湾、九龙湾等海湾16个，有刘公岛、海驴岛等大小海岛168个，有优质地下温泉9处，有昆嵛山、圣经山、里口山、铁槎山、大乳山等山地风景区。人文资源以秦汉文化、民俗文化、道教文化、甲午文化、英租文化为代表。全市有各级文物保护单位255处，其中国家级4处、省级78处、市级41处、县级132处，一般不可移动文物496处；有省级水下文物保护区1处（威海湾北洋海军定远沉舰遗址）。中国甲午战争博物院获评国家一级博物馆，天福山起义纪念馆获评全国爱国主义教育基地。

（秦　娜）

2023年威海市国家AA级以上旅游景区一览表

表10

景区名称	级 别	地 址	获得时间
刘公岛风景区	AAAAA	威海市刘公岛	2010年8月
华夏城景区	AAAAA	威海市环翠区华夏路1号	2017年2月
成山头景区	AAAA	荣成市成山镇	2002年10月
赤山景区	AAAA	威海海高园（石岛管理区）法华路	2005年12月
天沐温泉度假区	AAAA	威海市文登区张家产镇	2009年11月
汤泊温泉度假村	AAAA	文登经济开发区大连路2号	2010年5月
银滩旅游度假区	AAAA	乳山市长江路银滩	2009年11月
仙姑顶景区	AAAA	威海市环翠区望岛村西	2010年5月
林海湾旅游区（国际海水浴场、林海公园）	AAAA	威海火炬高技术产业开发区北环海路178号	2014年6月
环翠楼公园	AAAA	威海市公园路13号	2014年6月
威海海滨生态公园风景带•侨乡号游轮	AAAA	威海海滨沿线	2014年6月
乳山福如东海文化园	AAAA	乳山市长江路863号	2017年2月
那香海景区	AAAA	荣成市港西镇环海大道6699号	2017年12月
里口山风景名胜区	AAAA	威海市环翠区张村镇	2021年12月
槎山风景区	AAA	荣成市人和镇	2007年10月
圣水观景区	AAA	荣成市崖西镇朱埠村	2002年7月
岠嵎山景区	AAA	乳山市乳山寨镇	2009年11月
老虎山生态旅游园	AAA	威海经济技术开发区城子村	2011年12月
荣成市博物馆	AAA	荣成市成山大道东段28号	2012年8月
圣水宫景区	AAA	乳山市冯家镇孔家村	2012年8月
多福山景区	AAA	乳山市白沙滩镇	2012年8月
毛泽东像章珍藏馆	AAA	威海临港经济技术开发区苘山镇正气路	2012年8月
小石岛旅游景区	AAA	威海火炬高技术产业开发区大连路2-8号	2012年12月
石佛山休闲观光园	AAA	乳山市乳山寨镇赤家口村	2013年12月
小汤温泉	AAA	乳山市冯家镇汤上村	2013年12月
康博尔海洋健康博览园	AAA	威海火炬高技术产业开发区初村镇兴山路115号	2013年12月
山泰生态园	AAA	威海市文登区宋村镇下徐村	2015年11月
伴月湾风景区	AAA	威海市环翠区孙家疃街道	2015年11月
台依湖国际酒庄生态文化区	AAA	乳山市夏村镇台依湖西岸零零柒酒庄	2015年11月
乳山益天生态旅游观光园	AAA	乳山市白沙滩镇玉前庄村北	2016年12月
荣成成山森林公园景区	AAA	荣成市成山镇驻地	2016年12月
荣成东楮岛旅游风景区	AAA	威海海高园（石岛管理区）宁津街道东楮岛村	2016年12月
威海韩乐坊景区	AAA	威海经济技术开发区乐天世纪城5号	2016年12月
樱花湖体育公园	AAA	荣成市悦湖中路83号	2017年12月
文登栗景新天地景区	AAA	威海市文登区米山镇西铺头村北	2018年9月
威海羊亭河湿地公园	AAA	威海市环翠区羊亭镇	2020年1月
荣成甲子山庄	AAA	威海海高园（石岛管理区）宁津街道北场村北	2020年6月
海螺湾休闲驿区	AAA	威海经济技术开发区滨海大道1688号	2020年6月

续表10

景区名称	级　别	地　址	获得时间
威海市裕红祥丝绸文化博物馆	AAA	威海市环翠区鲸园街道戚谷疃社区2号楼101室	2020年9月
天福山红色旅游景区	AAA	威海市文登区天润路东段天福山	2020年10月
回龙山李龙文化民俗园	AAA	威海市文登区宋村镇寺前村	2020年10月
国家电投新能源科技馆	AAA	荣成市八河水库东侧	2021年12月
好当家海参博物馆	AAA	荣成市虎山镇好当家大健康产业园	2021年12月
东浦湾景区	AAA	威海经济技术开发区崮山镇五渚河入海口东侧	2021年12月
威海昆嵛山景区	AAA	威海市文登区界石镇	2022年11月
马石山风景区	AAA	乳山市诸往镇马石山	2023年11月
威海海洋科技馆	AAA	威海市环翠区远遥墩路-1-1号	2023年11月
威海东南乡景区	AAA	威海市环翠区桥头镇信河北村	2023年11月
花斑彩石景区	AA	荣成市俚岛镇	2001年12月
胶东育儿所	AA	乳山市崖子镇田家村	2017年12月
文山公园	AA	威海市文登区文山东路13-1栋	2018年9月

（王　凯）

【刘公岛风景区】　刘公岛位于山东半岛最东端的威海湾内，东西长4.08千米，南北最宽处1.5千米，面积3.15平方千米，最高点旗顶山海拔153.5米，距威海市区2.1海里，是国家AAAAA级旅游景区。刘公岛自然风光优美，素有“海上仙山”和“世外桃源”的美誉。岛上地势北高南低，北部直立陡峭，南部平缓绵延。岛内植被茂密，森林覆盖率达87%，有植物100余种、动物20余种，其中银杏、水杉、鹅掌楸为国家重点保护野生植物，岛内栖息着200余只野生梅花鹿，为国家一级保护动物。国宝大熊猫、国家一级保护动物麋鹿、台湾梅花鹿和长鬃山羊相继在岛内安家落户。受海洋调节作用，岛内冬暖夏凉海洋性气候特点明显，全年平均气温在12℃左右，是避暑、度假、疗养的理想之地。刘公岛人文景观丰富，有上溯千年的战国遗址、汉代刘公刘母的美丽传说，有清朝北洋海军提督署、水师学堂、古炮台等甲午战争遗址，有众多英租时期遗留下来的欧式建筑，素有“东隅屏藩”和“不沉的战舰”之称。

中国甲午战争博物院　为国家一级博物馆，其前身为成立于1985年的威海市北洋海军提督署文物管理所，是全国重点文物保护单位刘公岛甲午战争纪念地的专门管理保护机构，负责管理和保护威海湾南北两岸与刘公岛上28处北洋海军和甲午战争遗址。馆址位于刘公岛北洋海军提督署及其附属建筑内。1992年，经国家文物局批准备案，更名为中国甲午战争博物馆。2009年9月11日，更名为中国甲午战争博物院。

中国甲午战争博物院陈列馆　由中国科学院院士彭一刚主持设计，于2008年建成开放，建筑面积7622平方米。该馆以“国殇·1894—1895—甲午战争史实展”为基本陈列，分“甲午战前的中国和日本”“日本打开战争魔盒”“民族屈辱与抗争”“警钟长鸣”4个部分进行展示，展陈面积4500余平方米，展出历史照片500余幅、珍贵文物300余件，辅助展品100余件套，以及大量油画、雕塑等艺术展品，是一座全面展示中日甲午战争历史的综合性展馆。

北洋海军提督署　又称水师衙门，建成于清光绪十七年（1891），位于刘公岛西部南坡傍海高地，坐北朝南，背山面海，占地面积1.7万平方米，是中国近代第一支正规化海军的指挥机构。作为刘公岛甲午战争纪念地的代表性文物遗址，是国内保存最完整的军事衙门之一。因是海军提督丁汝昌的驻节之地，故民间又称此为“丁公府”。2010年4月，对北洋海军提督署进行原状复原，2014年7月25日完工向游客开放。本着遵照历史、严格考证的原则，先后对提督署16个厅室按照原有功能进行原貌复原，总计陈列仿制古典家具300件、历史塑像18尊、各类文物200余件以及瓷器、字画、楹联、枪械等辅助展品1500余件，真实再现北洋海军鼎盛时期的历史风貌。

龙王庙　位于北洋海军提督署西100米处，始建于明朝末年，清末筹建海防，刘公岛成为北洋海军基地，驻岛北洋海军和北洋护军筹资重修。龙王庙为砖木举架结构，四合院布局，由山门（倒厅）、东西厢房和正殿组成，前后两院，房屋14间，连同庙前戏楼占地面积1700平方米，属道教庙观。正殿内正中供奉东海龙王塑像，两侧设有夜叉、龟相塑像，东西两侧内山墙上分别绘有《三国演义》和《封神演义》故事壁画。

丁汝昌纪念馆　原为丁汝昌寓所。建于光绪十五年（1889），位于刘公岛西端，东距北洋海军提督署约200米，坐北朝南，属砖木举架结构。寓所占地面积7000平方米，布局与原安徽巢县汪郎中村丁汝昌故居相似，分三组，左、中、右三跨院落，西院为内寓，东院为侍从住房，中院为丁汝昌办公、住宿和会客的场所，大门两侧为门房和书房。院内有1株百年紫藤，系丁汝昌亲手栽植，老干已枯死，发出的新枝虬曲，生长茂盛，每年5月花团锦簇，清香四溢。光绪十四年（1888），北洋海军成军后，丁汝昌携眷在此居住6年多，又称“小丁公府”。

威海水师学堂　位于丁汝昌寓所西150米处。北洋海军提督丁汝昌奉北洋大臣李鸿章之命，在刘公岛西端择购民地，兴建水师学堂，光绪十五年（1889）开工，次年建成，当年即招收46名驾驶学生授课。花费购地银、工料银合计近1万两，建筑房屋63间，占地面积1.8万平方米。光绪二十年（1894）中日甲午战争爆发时，学堂第一届学生毕业，派登各舰参战。次年2月刘公岛失陷，学堂许多建筑毁于战火，学堂停办。该学堂是清末继福州船政学堂、天津水师学堂、广东水陆师学堂之后的第4所海军学堂，因校址在刘公岛上，故又称刘公岛水师学堂，是全国唯一有迹可循的近代水师学堂。

铁码头　位于刘公岛西端南面海中，呈“丁”字形，系北洋海军成军后，为其舰船提供停泊，补给煤炭、弹药、军械之所。刘公岛铁码头由道员龚照玙主持设计建造，光绪十五年（1889）施工，光绪十七年（1891）竣工，工料总造价白银15.15万两。民国4年（1915），上部被改接成长205米、宽6.9米的铁架；民国24年（1935），因铁板锈蚀进行修建，涨潮时可停靠万吨轮船。中华人民共和国成立后，1953年，将锈蚀的铁板、墩柱和铁框等更新；1971年，增建“丁”字形引桥。

北洋海防炮台　刘公岛上有清代北洋海军时期海防炮台6座，分别为黄岛炮台、麻井子（又称“公所后”）炮台、旗顶山炮台、迎门洞炮台、南嘴炮台、东泓炮台，与威海湾南北两岸炮台遥相呼应，控扼威海湾南北2个海口，均由德国人汉纳根设计。与炮台配套建有地下通道、兵舍、弹药库等，并相互贯通。炮台及配套建筑使用花岗岩砌筑、水泥灌浆，设计合理，工艺讲究，施工严谨，坚固实用。

刘公岛博览园　占地面积5万平方米，有展区6个、展厅19个，采用高新科技与传统工艺相结合的展示手法，全方位、立体化地讲述刘公岛刘公文化、甲午战争和英租历史3个主题文化。海圣殿内，精选30余吨、上千种天然彩色玉石，由江南玉雕艺人精雕细琢而成的彩玉壁画，讲述汉代皇太子刘民历尽艰辛漂泊至刘公岛的传奇经历，集中展现刘民在刘公岛上扶危济困、乐善好施的故事。望海楼，始建于唐代，系登州刺史为迎候武则天东巡所建，后毁于战乱。复建的望海楼，高约30米，为博览园最高点，分为春福厅、夏禄厅、秋寿厅、冬禧厅4层，楼内汇集国内20余位顶尖工艺美术大师的精品杰作，堪称“艺术宝库”。中华海坛，为纪念中日甲午战争110周年而建，坛中高16.8米的定海神针巍然耸立，古代宝鼎雄浑大气，56条巨龙盘踞坛座，整体架构气势磅礴。英租威海卫历史博物馆，展厅面积1290平方米，通过场景复原、影视蜡像、雕塑等先进展示手段，真实再现作为“七子”之一的威海卫被英国强租32年、刘公岛被英国强租42年的屈辱历史。鲸馆，建筑面积1600平方米，存放世界上岸最大抹香鲸（长约19.6米，重50.1吨）的表皮、骨骼以及重要器官的标本，通过模拟海洋生态环境，以展示标本为主体，综合运用图片、展板、多媒体等高科技手段，全面展示抹香鲸及相关鲸类知识，是国内规模、特色和档次最高的鲸豚科普教育基地之一。钓鱼岛主权馆，于2015年9月7日在刘公岛开放。该馆是全国第一个全面展示钓鱼岛历史与主权的专业场馆，通过近100幅真实的历史图片、翔实的历史资料和珍贵的文物实物，从享有主权、宣示主权、捍卫主权3个角度，深入阐述钓鱼岛的沧桑命运，用历史事实和法理道义阐明钓鱼岛是中国固有领土，中国对其拥有无可争辩的主权。

刘公岛国家森林公园　占地面积266.67公顷，有树木19个科目80余种，野生花草50余种，鸟类50余种，树木以黑松为主，梅花鹿等数十种野生动物栖息园中，听涛崖、五花石、刘公泉、板疆石、贝草嘴等自然景观遍布园中。其中，为纪念北洋海军成军100周年而建的北洋海军忠魂碑，位于刘公岛国家森林公园西部山顶，碑身为白色、六棱形，高28.5米，上书“北洋海军忠魂碑”7个金黄大字。碑文下部两侧是表现北洋海军将士英勇杀敌、浴血奋战的群像浮雕。

刘公岛珍稀动物园　位于刘公岛国家森林公园西部避风朝阳、草木繁茂区域，占地面积3万余平方米。国宝大熊猫馆，于2010年9月30日落成，同年11月5日开馆，中国大熊猫保护中心四川雅安碧峰峡基地的一对名为“竹灵”“宁宁”的国宝大熊猫在馆内安居。台湾梅花鹿和长鬃山羊馆，于2011年5月28日开馆。台湾梅花鹿和长鬃山羊纪念馆，于2012年6月9日建成开放，全程记录台湾梅花鹿和长鬃山羊从台湾迁居刘公岛国家森林公园的全过程。麋鹿馆，于2011年8月2日开馆，国内最大的麋鹿饲养区江苏大丰国家级麋鹿自然保护区的国宝级珍稀动物——麋鹿在馆内安居。

刘公岛艺术馆　利用修复后的英租时期蒸馏塔改造筹建，展陈面积600余平方米。作为临展场所设施，2023年，开设国家电投新能源科技馆刘公岛展厅，中国甲午战争博物院与南开大学联合展出“从国帜三易到爱国三问”主题展览。

唐长沙窑瓷器博物馆　2012年，投资230万元修复英租时期英利商行，展陈面积500余平方米。2018年12月1日，辟建唐长沙窑瓷器博物馆，作为威海市公益文化空间项目之一，免费对外开放。展出不同器型唐代瓷器106件，瓷器多为青釉，工艺为贴模烧制，具有西域和波斯域外特色，具有较高艺术价值。

“定远”号纪念舰　2003年投资建成，舰船主体依据素有“亚洲第一巨舰”之称的北洋海军“定远”号旗舰，按照长94.5米、宽18米尺寸1∶1复制，真实再现历史场景。作为展示甲午历史，弘扬海权文化，普及舰船知识的综合景区，定远舰是唯一的19世纪铁甲舰复制舰。“定远”号纪念舰于2014年与刘公岛景区实施一体化经营，于2015年12月11日迁至刘公岛客运中心，实现资源共享、优势互补。2018年，定远舰景区完成展陈布局升级改造工程，全舰可供参观的地方分为上下5层，其中甲板上3层为武器装备，舰内2层为历史展厅。经过大量历史资料考证，复原蒸汽机、锅炉舱、煤舱、弹药舱以及官兵生活舱等，填补舰船复制史的空白。2019年12月，纪念舰迁址刘公岛，与刘公岛景区联票运营。

历史选择展馆　系修复利用的北洋海军机械局和屯煤所等历史文物建筑，展馆室内面积3000平方米，展陈面积2.2万平方米。作为胶东（威海）党性教育基地的核心部分，该馆分民族救亡道路的艰难探索、历史在国共两党身上聚焦、历尽苦难的中国共产党、万众归心迈向新中国和书写辉煌的历史答卷5个部分，运用大量历史文献资料图片、展板和油画，以声光电半壁画、LED视频等技术，运用对比、写实的手法，从中华民族复兴历史的大视野，全方位观察中日甲午战争后中国政治舞台上的各种政治力量，回答历史和人民为什么会选择中国共产党。2017年6月，通过专家验收并正式启用。

东泓炮台展馆　修复利用东泓炮台陈设布展，布设“北洋海军威海卫基地防务掠影”主题展览，分为“北洋海军基地威海卫”“刘公岛炮台防务体系”“威海湾炮台防务体系”“甲午国殇，警钟长鸣”4个部分，通过遗址复原和图文形式系统展示北洋海军威海卫基地的建设背景、过程、设防及历史事件。2019年6月12日，展馆免费向公众正式开放。

总体国家安全观教育展馆　通过修复利用刘公岛北洋海军基地后勤保障设施机器局、鱼雷修理厂等历史文物建筑打造而成，由“警钟长鸣，国家安全的历史警示”“安国之路，捍卫国家安全的辉煌历程”“思危图强，国家安全的时代呼唤”“安国基石，国家安全的根本遵循”4个部分组成，展示总体国家安全观形成与发展的历史渊源、思想基础、时代背景、丰富内涵、践行要求、重大意义。2020年9月27日，该馆试运营。

隐蔽战线·特殊力量展馆　通过修复利用刘公岛北洋海军基地后勤保障设施工程局等历史文物建筑打造而成，由“为了民族独立、人民解放”“为了国家富强、人民幸福”“为了民族振兴、人民向往”3个部分组成，展示隐蔽战线和保密战线在国家安全中的特殊贡献。2020年9月27日，该馆试运营。

黄岛炮台——国帜主题公园　黄岛炮台位于刘公岛最西端，原为一座孤悬海上的小岛，距离刘公岛200余米。围绕“祖国在我心中”，深入挖掘“国帜三易”历史故事和题材，对黄岛炮台历史遗址进行修复利用，改造提升周边环境，打造国帜主题公园，是总体国家安全观刘公岛教育培训基地的二期工程，于2021年6月建成并开放运营。公园以1条景观轴线，串联公园入口标识、国家安全主题雕塑、国旗宣誓广场、“国歌”主题墙、国家安全主题景观、“国帜三易”遗址、兵营工事等重要景点。通过讲解“国帜三易”历史，举行升国旗仪式，引导人们增强国家意识、爱国意识和国家安全意识。2023年，中共威海市委宣传部、市委国家安全委员会办公室等联合开展“铭记嘱托　发愤图强”国家安全教育主题宣讲直播活动。

公所后炮台体验馆　坐落在刘公岛西端岬角处，西与黄岛炮台相望，北面隔威海湾与北帮炮台相对峙，南与刘公岛水师学堂相接，毗邻麻井子船坞。公所后炮台因位于海军公所后而得名，又因西临麻井子船坞，亦称麻井子炮台。该馆依托北洋海军所后炮台遗址遗迹，修复利用炮台兵舍、弹药库、炮位等历史文物建筑设施，完善周边环境配套设施，打造军事项目体验馆。结合炮台防御工事构成，体验馆划分为序厅、炮台环境体验区、兵舍武器体验区、尾厅4个组成部分。其中炮台环境体验区由坑道、弹药库、炮台等空间组成，分为西、中、东3个坑道，通过数字投影形式，呈现刘公岛保卫战期间炮台作战风貌和战争氛围；西炮台利用原有环境，在炮位安装地陷炮仿真模型，修复避难坑、零件库、弹药库、运弹坑道等空间环境，以“实物+数字”展示的方式，营造炮台战争氛围；东炮台保持历史原貌，用于遗址参观。兵舍武器体验区，主要位于中兵舍和东兵舍，东兵舍主要采用“墙面微调+数字投影”方式，呈现战争场景体验，中兵舍侧重于武器互动体验，设置有重炮互动、速射炮体验、策略游戏、榴弹炮模型阵列等。作为总体国家安全观刘公岛教育培训基地的二期工程，于2021年6月建成并开放运营。

“110”号退役驱逐舰　是中国自主设计建造的第1代国产导弹驱逐舰，在中国军舰建造史上具有里程碑式意义。该舰于1984年12月正式编入北海舰队服役，2019年5月退役。服役36年间，该舰在各种演习、护航中获得多项殊荣，为人民海军的发展壮大、捍卫祖国领海安全作出重要贡献。2020年9月，“110”号退役驱逐舰驻泊于刘公岛码头，打造军事博览新品牌、国防教育新阵地、威海文旅新地标，开展国防、海防和爱国主义教育，2021年4月23日向社会开放。

“771”号退役导弹艇　“771”号导弹艇于1995年2月正式编入海军服役，命名为“顺德”号，舷号“771”。1997年7月1日，根据中央军委命令，“顺德”号进驻香港履行海上防务。至2021年，该艇进驻香港履行海上防务，完成上级首长视察检阅、海军编队访问香港、海空联合搜救演习等重大任务，先后立集体二等功1次、集体三等功4次，15次被驻军评为基层建设标兵单位和全面建设先进单位。该艇于2021年10月15日退役，2022年7月，驻泊于威海刘公岛岛外客运中心西码头并向社会开放。

威海湾音乐广场　原名威海海鲜美食广场，涵盖舞台演艺区、高档就餐区、海鲜烧烤区、停车场区域，位于刘公岛旅游码头东侧，场地南北最长处150米，东西最宽处190米，占地面积约2.53万平方米。与“幸福门”景点、刘公岛隔海相望。广场以推进威海文旅行业新旧动能转换为立足点，旨在打造具有“威海味道”的特色文旅品牌，助力威海夜经济发展。

（吕文豪）

【华夏城景区】　位于环翠区华夏路1号，占地面积20平方千米，是一座集旅游、大型演艺及餐饮、住宿等服务设施于一体的现代化旅游新城，是国家AAAAA级旅游景区。景区内有全面展示尧舜禹时期历史文化的禹王宫，集中展示胶东民俗特色的夏园，有威海人民防空教育馆，有依照矿坑地势而建的华夏第一牌楼以及杂技、马术等丰富多彩的演出，有集海洋观光旅游与科普教育于一体的威海神游海洋世界。其中在矿坑里打造的实景演艺——《神游传奇》秀实现自然景观与人文景观相结合，观众乘坐移动式看台可以欣赏到水、陆、空全方位的跨时空精彩演艺，2017年，被中国演艺联盟评为中国十大实景演艺之一。2019年，景区实施提档升级项目，总投资约25.5亿元，利用3年时间，重点实施生态修复提升9个项目，打造集生态培训、休闲度假、商务会议于一体的国际生态度假区。2021年6月，华夏生态文明馆、服务中心及生态文明培训中心对外开放。

【环翠楼公园】 位于威海市区中心地带，包括环翠楼公园和环翠楼广场两部分，是国家AAAA级旅游景区。环翠楼始建于明弘治二年（1489），楼台建在威海卫城的西北角，登楼可见碧波浩渺于城东，绿翠掩映于四周，因兼沧海山川之胜、水光山色之美，遂得名“环翠楼”。后因年久失修逐渐倒塌，经过多次重建重修。民国33年（1944）12月，环翠楼被日伪军焚毁。中华人民共和国成立后，于1977年重新修建，1980年竣工。重建的环翠楼，建筑面积800平方米，高16.8米，登上环翠楼放眼远眺，市区景色尽收眼底。园内有动物区、花卉区、游乐区等。2009年，市政府投资5.22亿元对环翠楼公园进行改造，将环翠楼公园面积由14公顷扩建至53.8公顷。2013年1月6日，新环翠楼落成开放。新环翠楼由清华大学教授郭黛姮主持设计，坐落于始建环翠楼旧址之上，建筑主体为明清风格，总建筑面积约7500平方米，建筑主体高度为57.7米。建筑外部均采用黄铜材质装饰，总用铜量达700余吨。建筑功能集观光游览、历史陈列、展览展示、文化交流于一体，以历史文脉贯穿全园，分为一轴（刘公岛—环翠楼—山顶会所组成一条景观轴线）、两脉（山脉和文脉）、三核（入口广场、环翠楼、山顶会所）、四区（民俗风情街区、娱乐活动健身区、历史文化展示区、自然体验游赏区）。

【威海海滨生态公园风景带·“侨乡”号游轮】 位于威海市区海滨沿线，包括幸福公园、威海公园、悦海公园、海上公园、“侨乡”号游轮5个部分，是国家AAAA级旅游景区。

幸福公园　北起体育路，南至金线顶，东与刘公岛隔海相望，西接中心商业区，全长1465米，平均宽度137米，占地面积20公顷，是集旅游、休闲、商业、餐饮、娱乐为一体的综合性开放式公园，由北向南沿海岸线依次分为海韵、海阅、海赋、海情、海翔5个景区。

威海公园　位于市中心南部，面向威海湾，总面积67.6公顷。公园以碧海蓝天为背景，以海洋文化为主题，由北向南，沿海岸线的带状区域依次布局为海伢景区、海恋景区、中心文化广场、海颂景区和海慧景区。公园由护岸、道路、绿化、灯光等部分组成。其中，护岸全长3265.3米，采用以斜坡为主，圆筒、台阶与之结合的3种结构形式，兼具防护与观光双重功能；绿地面积36.1万平方米；铺装面积7.74万平方米；采用多种光源和高新技术产品，形成交相辉映、五彩斑斓的海滨夜景。以威海公园为主体的海滨南路环境绿化美化工程获得2001年中国建筑工程鲁班奖。

悦海公园　位于威海公园南，海上公园北，海滨路以东，东与刘公岛隔海相望，地块形状呈陆地向海面延伸的一个半岛状，南北长1.3千米，东西向最宽处150米，占地面积15.4公顷，绿化面积8.84万平方米。公园以休闲、健身、家园为设计主题，体现以人为本、生态环境、节能环保、突出特色的理念和休憩功能。公园分为休闲运动区、主广场中心区、科普游憩区及海上游乐区。休闲运动区在公园最北侧，设逻辑乐园、娱乐空间、休闲广场；主广场中心区设置整个公园的中心——悦海广场，富有“归航”主题意义的灯塔位于中心位置；科普游憩区以增加科普知识及参与趣味活动为主，设有潮汐广场，展现与海洋有关的潮汐现象，以趣味形式提示生物进化过程；海上游乐区位于公园最南端，结合避风港设置游艇码头，在靠近避风港处设计观鸟平台。

海上公园　位于威海经济技术开发区皇冠小区东侧，北与悦海公园相接，总规划面积217公顷，包括游乐园、人工湖、奇石苑、九龙湾旅游度假区等6个部分。其中，游乐园、人工湖两个景区占地面积13.4公顷，绿化面积6万平方米，硬化面积2万平方米，湖面面积5.4万平方米。公园规划设计博采国内外众家所长，兼具中国江南水乡特色和日韩海岛风光、中西合璧的独特风格。游乐园区北部绿草鲜花，小径迂回，一派田园风光；中部欧式风格的“创业门”气势宏伟；南部湖区拱桥流水，碧波荡漾，如临江南水乡，是集游人休闲、儿童娱乐、生态观光等多功能于一体的大型海上游乐园区。公园被《山东园林》杂志列为1999年全省新建3个优秀公园之一。

“侨乡”号游轮　停泊于威海湾区域。游轮汇集海上观光、高端娱乐、休闲度假等多种功能，推出刘公岛环岛游、公海看日出、青烟威城际游等特色航线，以国内外中高端游客和商务时尚群体为目标游客，打造中国滨海旅游的旗舰品牌。游轮总长95.8米，垂线间长83.8米，宽15.8米，型深（主甲板）5.4米，服务航速不少于15海里，续航力1000海里，载客量500人。游轮有4层游客活动区，包括露天观景甲板、餐饮甲板、娱乐甲板和酒店客房主甲板；设有多功能演艺大厅、观景酒吧、咖啡吧、西餐厅等配套设施。

【仙姑顶景区】 是一处集自然风光、神话传说、道家文化于一体的国家AAAA级旅游景区。仙姑顶是巍峰山脉的主峰，海拔375米，位于威海市环翠区望岛村西北部。仙姑庙始建于宋朝建德年间，1992年重修，并根据传说中的仙姑生日，恢复每年农历三月十五的庙会。庙会持续7天，秧歌、锣鼓、耍狮、舞龙等相互竞技，热闹非凡。2010年4月28日，经过3年重新设计和精心打造，景区以“仙姑顶玉文化旅游区”的新形象对外开放，以仙姑文化、玉文化和福文化作为景区主题。从辽宁鞍山引进2000余吨优质岫玉，依托道家文化和民间传说，制作近1000件大型玉雕艺术品，品相丰润，富有文化底蕴和传奇色彩。景区内分布有五行门、通灵元玉、如意湖及万寿广场、仙禄广场、乾坤玉道、通灵玉道等景观。

【里口山风景名胜区】 是威海“山、海、城”格局的核心，是城市的“绿核”，2004年被省政府批准为省级旅游风景区，2012年被列为威海市6个重点开发区域之一，是环翠区园区、景区、城区“三区”共融发展战略的重要板块之一，是国家AAAA级旅游景区。景区定位为城市中心区的郊野公园，本着“服务市民、多元休闲”的理念，依托里口山优美的自然风光和地处城区中央的区位优势，打造成为广大市民闲暇之余享受慢生活的首选目的地及集休闲养生、旅游度假、体育健身于一体的综合性旅游景区。景区有广福寺、里口山登山健身步道、国际山地自行车赛道、里口山农业休闲观光园、里口山书院、里口山写生基地等景点。

【伴月湾风景区】 位于威海市环翠区孙家疃街道环海路，是国家AAA级旅游景区。景区礁奇岛多，山拥水裹，林秀海碧，滩平沙细，森林覆盖率68%，负氧离子含量每立方厘米5万个，空气纯净清新，环境优美宜人。景区建有1条总投资10亿元、长10千米的环海景观大道，可欣赏森林、大海、沙滩和奇岩。梭鱼台、铃铛石、蟒眼滩、猫头山、靖子头、龙王庙等传统民俗旅游景点，展示风景区的独特魅力和深厚的文化底蕴。服务驿站、观景台、停车场、帆船基地、游艇等配套设施齐全，绿色骑行、环海健步走、“渔家乐”等娱乐活动丰富多彩，是休闲、旅游、度假的风景胜地。景区内建有威海市半月湾铁人三项专用赛场，中国铁人三项运动协会将其指定为中国铁人三项运动协会专用赛道。

【威海羊亭河湿地公园】 位于威海市环翠区羊亭镇，总长度约为6.8千米，总面积85.22公顷，湿地面积36.81公顷，湿地率43.2%，是国家AAA级旅游景区。分为湿地入口形象区、湿地科普体验区、运动休闲区等5个区域。公园地理位置优越，生态环境宜人，野生动植物资源丰富，是集生态保护、旅游观光、休闲娱乐为一体的生态型公园。

【威海市裕红祥丝绸文化馆】 位于威海市环翠区鲸园街道戚谷疃社区2号楼1层，面积860平方米，是国家AAA级旅游景区。馆内设游客中心、丝绸与文化展区、柞蚕放养过程展区、威海老纺车展区等展区11个，展示威海市山蚕文化。裕红祥丝绸文化馆先后获评山东老字号、中国传统工艺示范基地、山东省工业旅游示范点、山东省金牌旅游店、省级非物质文化遗产保护单位、“丝绸中国”四星级示范店等。

【威海海洋科技馆】 位于威海远遥浅海科技湾区蓝贝海洋科学中心二、三层，面积约1.6万平方米，由威海市环海投资发展有限公司投资建设。全馆以“我们身边的海洋”为主题，分为“序厅”“威海与海洋”“近海岸边”“深海洋底”“人海和谐”5个展区，是为提高公众海洋意识、普及海洋科学知识、展示海洋科技成果而打造的集海洋科技展示、科普教育、创新探索、文化创意等于一体的大型海洋主题科技馆。2023年11月，获评国家AAA级旅游景区。

【威海东南乡景区】 威海市环翠区桥头镇地处环翠区、威海经济技术开发区、威海临港经济技术开发区、荣成市和文登区交界处，旧时因位于威海卫东南，民间按位置称“东南乡”。位于信河北村的东南乡展馆，建筑面积880平方米，通过“图文档案并现”的模式，对以桥头镇为主区域的东南乡红色历史进行系统总结和展示，再现经典革命历史。景区建有非遗教育基地——威海锡镶紫砂茶壶博物馆，展示锡镶技艺；设有“人间烟火餐厅”品味农家饭、秋游东南乡等休闲娱乐项目。游客可到帐篷露营基地、田园科普教育农场带孩子们沉浸式学习体验童趣田园，一站式体验乡野文化。2023年11月，景区获评国家AAA级旅游景区。

【天沐温泉度假村】 由珠海天沐集团投资兴建，是国家AAAA级旅游景区，位于威海市文登区张家产镇。度假村温泉区包括室外森林养生温泉和室内温泉SPA馆，可同时容纳1500人沐浴温泉，日最高接待量可达上万人。室外温泉区包括鼋山五福泉、鼋水六德汤、美芦荟温泉区等，设有室外特色功能温泉浴池66个。室内温泉水疗区（含功能池9个）通过一系列的机械功能，利用高压作用使温泉水呈各种放射状的水柱，高强压地冲击人体各处穴位，促进血液循环，加速毛细血管展开，有效吸收温泉矿物质，同时具有按摩的功效，利于皮肤润滑、解除疲劳等。

【汤泊温泉度假区】 位于文登经济开发区，是一处集天然温泉、休闲娱乐、会务接待、健身养生为一体的综合性休闲度假区，是国家AAAA级旅游景区。汤泊温泉水质清新甘美，出水温度高达78℃，水质澄明清澈，具有祛病、保健等功能，被誉为“温泉中的极品”。其中有极深泉水1眼，采出的泉水可以直接饮用，口感甚佳。区内建有各种温泉泡池60余处，室内、室外、深水、浅水、高温、低温皆有，设施完备，品种齐全，适合不同游客不同季节避暑祛寒的需求。建有温泉湖景别墅28幢。

【山泰生态园】 位于威海市文登区宋村镇下徐村，是借鉴国际先进生态理念打造的现代化农业产业园区，是国家AAA级旅游景区。园区占地面积160公顷，坐拥李龙故里美名，拥有将军墓、神仙脚等多处文化古迹。景区青山绿水、鸟语花香，以生态循环为核心，重点打造5000平方米的园林化酒店、66.67公顷的油桃和草莓采摘园、威海市规模最大的户外滑雪场等主题景

威海海洋科技馆　　（朱春晓　摄）

观，涵盖绿色种植、生态养殖、餐饮旅游、休闲养生等特色项目，融合四季采摘、特色餐饮、主题婚庆、农家乐园、冬季滑雪等综合服务。2015年，成功举办全国冬季户外登山挑战赛暨威海首届滑雪文化节。

【文登栗景新天地景区】 位于威海市文登区米山镇西铺头村北，是国家AAA级旅游景区。景区以“全年长青、四季有花、月月有景、景景宜人”为宗旨，打造威海城郊集休闲旅游、民俗体验、生态采摘等多功能为一体的综合性示范园区，先后获评山东省精品采摘园、省旅游特色村。在不破坏生态环境的原则下，打造石榴园、月季园等观赏园区，园区内种植的草莓、蓝莓、树莓、苹果、葡萄等交替上市。

【天福山红色旅游景区】 位于威海市文登区城区东20千米的文登营镇天福山，占地面积7万平方米，先后获评国家级抗战纪念遗址、全国爱国主义教育示范基地、山东省重点文物保护单位等，是国家AAA级旅游景区。1937年12月24日，中共胶东特委在此举行抗日武装起义，成立胶东第一支人民抗日武装——山东人民抗日救国军第三军。景区拥有天福山起义纪念馆、天福山起义纪念塔、起义会址、中共胶东特委临时会址、竖旗地址、红旗亭等景点。其中，天福山起义纪念馆建筑面积1020平方米，陈列有关天福山起义的文物与史料140余件。纪念馆通过“唤醒民众求解放”“天福山上举义旗”“浴血抗日战敌顽”“天福铁军展雄风”“党群同心奠根基”5个部分，利用视频、展板、实物、资料等形式，展示胶东党组织从创建到发展壮大的历程、胶东根据地军民抗战的经典战例和第27军、31军、32军、41军的发展历程等内容。

【回龙山李龙文化民俗园】 位于威海市文登区宋村镇寺前村，依托国家级非物质文化遗产“秃尾巴李龙王的传说”，聚合发扬李龙文化，传承弘扬“仁孝”文化，是国家AAA 级旅游景区。民俗园所在地原为一处闲置学校，2017年，威海李龙文化发展有限公司对面积6000平方米的原有校舍进行仿古改建，建有李龙文化博物馆、民俗博物馆、龙王殿、儒家学堂、文登将军馆等。

【威海昆嵛山景区】 位于威海市文登区界石镇，涵盖梧桐庵、三瓣石、六度寺等村落，坐拥昆嵛山得天独厚的自然资源，方圆百里，山势绵延，谷深林密，是不可多得的自然生态博物馆和珍贵物种基因库。2022年11月，昆嵛山景区获评国家AAA级旅游景区。昆嵛山古为“尧命曦仲宾日处”，景区内有六度寺、金水庵、三瓣石、姑子冢等多处遗址。昆嵛山是胶东著名的革命根据地，是胶东的“井冈山”、红色革命的“摇篮”。得益于优良的天然环境，景区范围内盛产优质红樱桃，樱桃种植面积近666.67公顷，每年5月，景区举办中国·威海文登昆嵛山樱桃节。

【文山公园】 又名召文台公园，是国家AA级景区，因秦始皇召集文人登山而闻名。位于文登城区，公园正门门额所书“文山公园”为中国书法家启功手迹。园门三门四柱的巨大石坊，由花岗岩雕刻而成，阳面对联系教育家、书法家于植元撰书。园内曲径通幽，花木扶疏，美不胜收。主要有召文台、文登学陈列馆、钟楼、文星石亭、哈哈镜等景点。

昆嵛山红军展馆　　（李传强　摄）

【成山头景区】 位于荣成市成山镇东端，因地处成山山脉最东端而得名，是国家AAAA级旅游景区。景区内最高点海拔200米，东西宽0.75千米，南北长1千米，占地面积2.5平方千米。景区群峰苍翠连绵，大海浩瀚碧蓝，峭壁陡峻，巨浪滔天，气势恢宏，是理想的避暑胜地。1988年被国务院批准为国家级风景名胜区。2005年10月，在由中国国家地理杂志社主办并与全国多家媒体联合评选“中国最美的地方”活动中，成山头风景区获评中国最美的八大海岸之一。区内有海驴岛、花斑彩石、俚岛海滨、成山林场、始皇庙、秦代立石、秦桥遗迹、观涛阁和镇龙石等景点。

【赤山景区】 位于荣成市石岛港西北，山海相连，占地面积12.8平方千米，因山石颜色发红而得名，以“东方神山”“佛教圣地”“海岛民俗”“森林公园”而著称，是国家AAAA级旅游景区。景区有赤山法华院、赤山禅院、荣成民俗馆、张保皋传记馆等景观区，另有摩崖石刻、无字天碑、仰天大佛、坐佛石等系列景观，与凤凰湖滨海旅游度假区、海水浴场、天后宫、花村、画村、渔村等连点成线。法华院是威海市最早的开放式佛教寺院，传承中、日、韩三国友谊，被誉为“一寺连三国”。

【那香海景区】 位于威海好运角旅游度假区内，是国家AAAA级旅游景区。2012年开工建设，计划总投资100亿元，以10年为周期，建设以旅游度假、健康养生为主，集休闲、养老、娱乐、体育等功能为一体的大型旅游目的地。景区资源丰富，汇集大海、沙滩、黑松林、温泉、港湾、岛屿、河流等多种自然资源，依托全地理型资源开发建设健康医疗中心、水上运动中心、文化艺术中心等10个中心和香海假日酒店、香海尼斯假日酒店等5座酒店，打造旅游服务产业链，承载10余种旅游度假生活方式，打造以休闲型旅游度假为主的旅游景区。

【槎山风景区】 槎山是国家级森林公园、山东最具代表性的省级地质公园、中国原始地迹遗产保护区，1992年被山东省政府批准为省级风景名胜区，是国家AAA级旅游景区。风景区位于荣成市南部黄海之滨，总面积45平方千米，海岸线86千米，主峰清凉顶海拔539.8米。槎山的“槎”字，古代作“筏”字解，船的意思。春夏季节，时有海雾随风漫上岸来，翻卷升腾，形成雾海。时有槎山的部分峰顶浮于茫茫雾海之上，宛如叶叶扁舟，“山如海上槎”，故名槎山。因槎山有9座俊美的峰顶，满山的岩石其色似铁，又称铁槎山或九顶铁槎山。槎山雄伟壮美，道教遗迹众多，被誉为“大东胜景”。主要景点有云光洞、龙泉井、仙人桥、千真洞、九龙池等。

【圣水观景区】 位于荣成市崖西镇朱埠村，是国家级森林公园、国家AAA级旅游景区，是道教全真派发祥地之一，因观内有一泓“圣水”而得名。圣水观山势坐北朝南，宛如一把太师交椅，30余处自然景观鬼斧神工，有气势磅礴的荣成伟德将军碑廊，记载着150余位荣成籍将军的手迹、生平。景区是山东省爱国主义教育基地、国防教育基地。

【荣成市博物馆】 位于荣成市成山大道东段28号，是国家AAA级旅游景区、山东省农业旅游示范点。展馆面积2100平方米，以荣成的历史变迁为主线，围绕荣成人与海洋的关系，挖掘荣成人与海的深厚文化底蕴，书写荣成人与海共生的历史，彰显荣成儿女创造的历史奇迹。展馆分家园、史事、古港、民俗、海魂等展示板块8个，陈列文物1000余件，展示老照片1500余幅，复原古场景3处，运用视频及投影技术8处，有各种鱼类标本50余件，展示渔家文化及荣成厚重的文化积淀。

【荣成成山森林公园景区】 位于荣成市好运角旅游度假区成山镇国营成山林场驻地，是集餐饮、住宿、会议、娱乐、休闲养生为一体的综合性森林旅游度假公园，是国家AAA级景区。园区有客房55间，可接待120人住宿及用餐、150人会议及聚会，设有素质拓展、真人CS野战、射箭、赶海、垂钓等娱乐项目。公园内保存有全国最为完整的“五七”干校旧址，建有沈秀芹纪念馆、非物质文化遗产展示馆等场馆，免费对游客开放。

【荣成东楮岛风景区】 位于荣成市石岛管理区最东端，是国家AAA级旅游景区。优美的自然环境、丰富的海产资源、浓郁的渔家文化、众多的民间传说、别具特色的海草房民居、悠久的地方特色文化，使东楮岛成为中国最美渔村之一。风景区主要以滨海休闲类、民族风情类、历史文化类为主，有海草房观赏园、唐乡主题酒店、乡村记忆馆、海钓采摘体验区、“渔家乐”特色餐饮区、海草房住宿体验等特色体验项目和人文历史资源。

【樱花湖体育公园】 位于荣成市崖头街道绿岛北湖，是国家AAA级旅游景区。景区以绿岛北湖水域为中心，投资总额1.7亿元，占地面积253.33公顷（水面面积220公顷、绿化面积33.33公顷），将绿岛湖周边自然风光、人文景观与体育竞技紧密结合，打造全民参与型休闲运动主题公园兼生态体验区。建设长6000米、宽8米的环湖健身路，配套可承办国际赛事的环湖自行车赛道、马拉松比赛和皮划艇训练设施。沿湖周边栽植染井吉野、关山樱、早晚樱等20余个品种的樱花1万余株，打造樱花特色景观。设计制作“樱花湖之恋”大型灯光雕塑，配套建设地上和地下停车场、公共自行车车道、观景平台、水循环系统等，为群众提供高品位、舒适的休闲健身场所。每年冬天有300余只大天鹅在此过冬，设置观鸟平台，游人可近距离观赏大天鹅。

【荣成甲子山庄】 依托荣成市朝阳洞山山脉的主峰甲子山建设，总面积86.6万平方米，是国家AAA级旅游景区。山庄将海滨特色旅游、海洋文化和茶文化连接，打造以生态餐饮、度假休闲为主，融娱乐、观光、养生、度假、户外拓展为一体的度假休闲旅游胜地。

【国家电投新能源科技馆】 位于荣成市八河水库东侧，是国家AAA级旅游景区。该馆以核能及新能源科学普及为主题，由企业馆、生活馆、书吧影院、临展和会议论坛4个部分组成。其中，企业馆讲述世界核能发展史，中国核能与科技发展历程，以及国家电力投资集团公司在光伏、风电、水电、核电等清洁能源和智慧能源产业等新能源领域行业内的领军地位；生活馆以“核能生活”“核能未来”为主线，展现核能科技和核能能源的科普知识，以及其作为安全可靠和成熟的技术与能源形式，在日常生活中得到广泛应用的场景与实例。

【好当家海参博物馆】 由好当家集团有限公司总投资1亿元建设，建筑面积6000余平方米，是国家AAA级旅游景区，2018年11月18日开馆。博物馆是全国第一家展示海参生物研究、科普教育、历史文化的专业化博物馆，是集物产资源与人文资源于一体的旅游景点。通过信息技术，全息实景展示海参小镇渔民的传统生活，收集全球上百种海参标本，演绎海参传统加工的“非遗”工艺；展示数十种活海参、水母、观赏鱼等海洋生物，普及海参营养保健、食物搭配、食用加工、海参鉴别、海参存储等知识。

【花斑彩石景区】 位于荣成市东北海岸，离岸50余米，是一座长方形海蚀柱，长约35米、宽约20米、高约9米，总体积7000立方米，是国家AA级旅游景区。因体积巨大，造型奇特，色彩艳丽，花纹多变，被誉为“大东胜景”，清道光年间被列为荣成八大景之一，被誉为“中华海上第一奇石”。

【银滩旅游度假区】 位于乳山市东南海滨，在沿海岸线20余千米的带状规划区内，林秀海碧，礁奇滩曲，集山、海、岛、湖、泉、河、林为一体，绵延20余千米长的沙滩，坡缓滩平，沙质细腻松软，洁白如银，“银滩”因此而得名，被誉为“天下第一滩”，是国家AAAA级旅游景区。区内有全国最早的潮汐发电站，拥有蓄水量3000万立方米的潮汐湖，以及珍珠湾、白浪湾、宫家岛、三观亭、仙人桥、万亩海防松林带等自然景观，是天然的旅游度假胜地。

【乳山福如东海文化园】 位于乳山银滩旅游度假区的中部北斗湾地区，是国家AAAA级旅游景区。景区由威海广澳旅游投资有限公司投资开发建设，投资总金额20亿元，规划用地面积113.33公顷，使用海域面积100公顷，以千年厚重的“福文化”“东渡文化”和“东夷文化”为主题，按照国家AAAAA级旅游景区标准规划建设，主要包括一轴（福如东海文化旅游主轴）、二带（滨海景观带和长江路绿化景观带）、四区（福如东海书画院区、度假酒店区、游艇俱乐部区和旅游商业区），旨在打造具有浓厚滨海特色的、集旅游观光和文化体验于一体的精品文化景区。建成对外营业的项目和子景点包括福海龙珠、游客中心、宁海广场、三观亭、文化美术馆等。园区先后获评山东省重点文化产业园区，入选全国优选旅游项目名录。

【岠嵎山景区】 位于乳山市区西约18千米处，西面山脉南北走向，分水岭为乳山、海阳两市边界，是国家AAA级旅游景区。景区四周众山险立，区内相对高度极大，2条宽阔幽深的沟夼分别自西北、西南宛然向东，汇成人字形而至于东面山口。特殊的地质条件造就岠嵎山特异的自然风光，山上奇石林立，千姿百态，如禽似兽，似人如物，堪称一座天然石雕园。主峰玉皇山海拔589米。

【圣水宫景区】 圣水宫，又名玉虚观，位于乳山市冯家镇孔家村，是国家AAA级旅游景区、省级重点文物保护单位，名列《中国名胜辞典》之中。景区群山绵亘，峰奇谷幽、林岚深邃、清泉奔涌，素有“小昆嵛”之美誉，自然人文景观丰富。唐贞观年间在此建庙曰“圣水宫”。其鼎盛时期在金元时期，曾是全真教三大圣地之一。景区总投资1.2亿元，规划面积1.6平方千米，是以道教养生为主题的养生文化名山。

【多福山景区】 位于乳山市噘崮山，面积10余平方千米，主峰神仙顶海拔395.95米，是《山海经》所述《列姑射日》中的一座海上仙山，是国家AAA级旅游景区。景区以古刹、庙会、圣水、奇石而闻名，山巅天然形成的“负阴抱阳”独特景观令人称绝。山上建有1000余年历史的碧霞宫及近700年历史的青龙禅寺等古庙名刹，有玉液天池、圣水泉、长寿泉等名泉圣水6个和玄武献寿、青龙飞天、招财金蟾等奇石景观72处，山顶有一“寿星石”栩栩如生，神仙顶因之得名。传统庙会始于明万历年（1573—1620），每年农历四月十五前后举行盛大庙会。

【石佛山休闲观光园】 位于乳山市乳山寨镇赤家口村西，是国家AAA级旅游景区。景区建有正华茶场、正华山庄（三星级酒店），茶园面积10余公顷、果园面积20公顷，温室大棚13座、特色动物园1处、垂钓场1处、原生态山谷（情人谷）1处，特色观光园内栽种各种热带植物、沙漠植物、珍奇植物等。正华山庄可同时供100余人住宿，300余人就餐。动物养殖区有梅花鹿、马鹿、孔雀、珍珠鸡、火鸡、野猪等多种观赏及食用动物。

【小汤温泉】 位于乳山市汤上村，总面积3公顷，规划建设热带雨林区、星级酒店、特色餐厅3个区域，是国家AAA级旅游景区。热带雨林区内种植热带植物种类数百种，区内配套设施可供1000人同时沐浴，配有先进的按摩冲浪泡池、电脉冲池、煮蛋池、牛奶池等，有康体理疗中心、水吧、自助餐及购物超市等各种休闲养生娱乐设施。星级酒店客房可容纳约300人住宿；综合楼内设有20～150人的会议室，多功能厅可容纳200余人，配有现代化的会议设施设备，有可供500余人就餐的生态餐厅。

【台依湖国际酒庄生态文化区】 位于乳山市夏村镇台依湖西岸，是国家AAA级旅游景区。景区由台依湖集团有限公司投资开发建设，以台依湖水域为中心，投资总额30亿元，规划用地面积6666.67公顷，拟建设300座大小风格各异的酒庄，打造集葡萄种植与酿造、现代农业、科普文化、采摘体验、休闲旅游与度假为一体的综合项目。建成对外营业的项目包括007酒庄、私家葡萄园种植区、房车营地、天鹅湖、养殖场—鹿苑—孔雀园区、薰衣草花海、希望沙滩（儿童游乐沙滩）、海盗船餐厅、水上高尔夫、婚庆礼堂等子景点，打造万亩葡萄园、千亩水景、千亩公园、百亩湿地生态景观。

【乳山益天生态旅游观光园】 位于乳山市白沙滩镇玉前庄村北，是国家AAA级景区。园区规划占地面积65.33公顷，计划总投资2.12亿元，坚持生态优先的原则，将现代特色农业与生态旅游相结合，规划道观人文区、生态采摘区、商务餐饮区等功能区5个，是一座集体育休闲、采摘体验、宗教养生、旅游观光、商务活动等为一体的现代旅游景区，先后获评山东省农业旅游示范点、山东省精品采摘园。

【马石山风景区】 位于乳山市西北部马石山上，主峰海拔467米，占地面积53公顷，系“马石山十勇士”诞生地、马石山惨案遗址。1943年1月25日，胶东区行政主任公署在陵墓前侧立马石山殉难军民之墓；2月18日，立马石山殉难军民纪念碑。1971年始建烈士陵园，修建烈士纪念堂。1972年在马石山主峰修建抗日烈士纪念塔。1985年，上将许世友、少将林浩为陵园题词。景区先后被省政府批准为省级烈士纪念建筑物重点保护单位、山东省爱国主义教育基地、省级文物保护单位，2014年8月，被国务院列入首批国家级抗战纪念设施、遗址名录，2015年11月，被列为国家级爱国主义教育基地。作为5个抗日英雄群体之一，“马石山十勇士”入选民政部公布的首批300名著名抗日英烈和英雄群体名录。2013年起，乳山市投资5000余万元对马石山风景区整体进行改造，景区占地面积1.69公顷，建筑面积2927.5平方米。主要包括重建马石山十勇士纪念馆、乳山革命纪念馆和宣传教育中心，成立威海马石山红色教育基地。2023年11月，获评国家AAA级旅游景区。

【胶东育儿所】 位于乳山市崖子镇田家村，是国家AA级旅游景区。景区由胶东育儿所纪念馆、胶东育儿所旧址2部分组成，建筑面积7520平方米，展室10处，展陈面积1030平方米。2016年，对原胶东育儿所旧址进行保护性修复，列入乳山市级重点文物保护单位，进行挂牌保护。胶东育儿所教育基地展出看板222幅、实物427件，反映在生死考验面前，乳娘挺身而出用朴实无私的行动谱写大爱篇章的感人事迹，集中展现“忠心向党、大爱无疆”的乳娘精神。

【林海湾旅游区】 位于威海火炬高技术产业开发区北海岸，冬暖夏凉，四季分明，属于典型的海洋性气候，是国家AAAA级旅游景区。环海旅游路浴场景区与刘公岛、中央电视台威海影视城连在一起，形成一道独特的滨海风光。景区陆地面积80.7公顷，海域面积200公顷，由国际海水浴场、林海公园和国际休闲帆船基地3个部分组成。

国际海水浴场　东起玛珈山、西至烟墩山，海岸线长2800米，是一个自然天成的半月形海湾。景区景观层次丰富，以沙滩、海水为主要基调，突出蓝天、阳光、沙滩、大海、绿树、青草的和谐统一。各项设施精心设置，游人可到海中畅游，可进行运动、休闲、娱乐。浴场内更衣、冲洗等配套服务设施齐全，快艇、摩托艇、海盗船等游乐项目丰富，海上救护、环境保护等管理措施健全。

林海公园　依托环绕国际海水浴场的千亩防护林带，在充分保护松林原始风貌的前提下，利用林间原有的地势地貌，建设以休闲、文化、娱乐、健身等功能于一体的综合性休闲区。公园总占地面积32.7公顷，有幸福大道、儿童乐园、婚庆广场、健身广场等景点。

国际休闲帆船基地　有各种帆船100余艘，利用国际海水浴场自然优势，以海陆一体、协同发展的“蓝色经济”为创新发展模式，打造亚洲最大、最具影响力的休闲帆船基地。基地主要开展帆船帆板驾驶培训、海上运动休闲娱乐、各类海上赛事、航海设备特色展览等。基地取得国际帆联认证，是国际帆联指定中国培训基地、国际航海组织重点关注发展联动协会成员、国际帆联NOCSP活动指定训练基地。

【小石岛旅游景区】 位于威海火炬高技术产业开发区大连路，由威海西港小石岛旅游服务有限公司开发建设，是国家AAA级旅游景区。景区陆地面积1000平方米，海域面积186.67公顷，是国家级刺海参种苗培育基地，胶东半岛最大最优质的刺海参养殖基地，省级休闲渔业游示范点，2009年5月投入运营，投资1500余万元。景区内有乘船出海观光、垂钓、特色餐饮3个旅游项目，有游艇码头1个，旅游客船7艘。

【康博尔海洋健康博览园】 位于威海火炬高技术产业开发区初村镇兴山路115号，占地面积9.07公顷，是威海康博尔生物药业有限公司投资开发建设和管理的集海洋健康文化展示、海洋健康品研发加工、旅游观光、休闲健身娱乐于一体的海洋健康主题综合旅游景区，是国家AAA级旅游景区。景区主要有海洋健康博物馆（规划在建）、海洋健康品研发加工展厅、海洋微生态药浴疗养中心、3000米海岸线观光体验等功能区，设有海洋健康产品超市、游客接待中心、停车场、健身器材等配套设施。

【老虎山生态园】 坐落于威海市区东南，南枕老虎山，北望威海湾，规划面积266公顷，是威海经济技术开发区金城实业发展公司打造的现代农业生态旅游园区，是国家AAA级旅游景区。园区融地域文化与生态绿色为一体，有以生态为主题的原生态森林、农业采摘园等景点16个，在挖掘丛氏姓氏文化历史的基础上，新增丛氏大宗祠等仿古建筑。

【威海韩乐坊景区】 位于威海经济技术开发区乐天世纪城。占地面积5.6公顷，总建筑面积约10万平方米，是国家AAA级旅游景区，是国内首家韩文化主题商业景区。景区有韩国商业步行街、丽水门、庆会楼、韩国民俗体验馆、韩国茶艺体验馆、精品夜市、各种主题的韩国文化休闲广场及风情街等，是中韩友谊、文化、艺术、商品、旅游、信息沟通交流中心，韩国品牌、商品在中国的展示中心及贸易集散地，建筑、民俗、旅游、饮食、非物质文化遗产等韩国文化在中国的体验中心。

【海螺湾休闲驿区】 位于威海经济技术开发区滨海大道1688号滨海旅游景观公路新城服务区，自然环境优美，是国家AAA级旅游景区。项目一期占地面积32.4公顷，总投资约1亿元，根据功能划分为公路服务区、休闲娱乐区和民宿餐饮区，分别建有加油站、生态停车场、汽车充电桩、海螺展馆、骑行驿站、特色餐饮等，打造“服务＋休闲＋旅游”模式。景区建筑参照省级非物质文化遗产“海草房”进行建设，主体均为框架结构，外墙选用特色石材砌筑而成，以威海渔家独有的海草、虎皮石为特色技艺进行表现，内部装修采用现代简约格调。景区内的奇遇小螺号成长乐园目标定位3～12岁儿童，围绕“欢乐休闲、亲子互动、研学旅行”为主题进行开发，打造以儿童为主题的户外成长乐园及研学旅行目的地，是合家欢聚、寓教于乐的亲子体验空间。

【东浦湾景区】 位于威海经济技术开发区崮山镇五渚河入海口东侧，紧邻五渚河公园，是国家AAA级旅游景区。景区包括东浦湾房车营地、东浦湾自助餐厅、儿童乐园、东浦湾海水浴场和在建的东浦湾景区二期，占地面积98.6万平方米。其中，东浦湾房车营地由休闲服务区和房车营地区构成，设计独院、二合院、三合院3种主要房车单元形式，并设计帐篷营地和适量自行式房车车位，各单元及组合有独立的休闲活动空间。房车有商务间、情侣间和亲子间多类型，满足游客不同的入住需求。东浦湾景区二期以“海洋奇遇·花海探险”为设计理念，打造集卡丁车赛道、房车宿营、滨海商街、儿童游乐等为一体的多功能国际海滨景区。

【毛泽东像章珍藏馆】 位于威海临港经济技术开发区蔄山镇正气路22-1号，建筑面积约3000平方米，是国家AAA级旅游景区。馆内收藏各个时期的毛泽东像章、军功章、奖章、勋章、纪念章150余万枚，收藏20世纪60年代毛泽东的塑像及相关的瓷器、书籍、宣传画等藏品。

（李旭东）

编辑　李传强

财政·税务

财　政

【概况】　2023年，全市一般公共预算收入237.38亿元，加地方政府一般债务转贷收入、返还性收入、转移支付收入和上年结转收入等493.31亿元,收入共计730.69亿元。全市一般公共预算支出430.37亿元，加地方政府一般债务还本支出、上解省级支出和结转下年支出等300.32亿元，支出共计730.69亿元。

市本级一般公共预算收入14.19亿元，加地方政府一般债务转贷收入、返还性收入、转移支付收入、各区（市）上解收入和上年结转收入等338.41亿元，收入共计352.60亿元。市本级一般公共预算支出82.98亿元，加地方政府一般债务还本支出、上解省级支出、返还性支出、补助各区（市）支出和结转下年支出等269.62亿元，支出共计352.60亿元。

【财源建设】　全市把加强财源建设作为应对形势变化、破解困难矛盾的关键，市政府办公室印发《关于进一步加强财源建设的若干措施（试行）的通知》，围绕鼓励骨干企业纳税、引导区（市）实施综合治税、支持企业引进培养高端管理人才、营造良好政策环境等方面，加快构建基础稳固、结构优化的财源体系。加强财政收入组织工作，强化对重点领域、关键环节的税收征管，有效聚拢零星税源、防范税收流失。拓宽增收渠道，深挖政府资源增收潜力，调整优化区（市）土地出让收入分配体制，引导基层提高土地资源利用率，进一步发挥土地资源价值；市政府印发《关于印发威海市海域使用金征收管理办法的通知》，明确海域使用金征收标准，严格海域使用金减免审批，提高海域使用金征管质效。全力做好生态文明强县、工业强县等财政激励政策、资金落实工作，获得上级转移支付资金超过100亿元，全国公共就业服务能力提升示范等项目落户威海市。

【财政服务经济发展】　为推动经济高质量发展“1+N”系列政策提供财政支持，助力全市经济快速回暖、突破发展。按照“该延续的延续、该优化的优化”原则，全面落实各项税费优惠政策，全市新增减税降费及退税缓税缓费54亿元，持续释放政策红利、降低企业经营成本。大力助推产业发展，市政府办公室印发《关于支持先进制造业强市建设的若干政策的通知》，为企业实施技改升级、提高企业创新能力、加快推进数字赋能等提供资金保障；将财政资金、政策向八大重点产业集群、十条优势产业链聚集，用好基金杠杆撬动更多社会资本投入。助力市场主体培育，市政府办公室印发《关于印发威海市促进民营经济发展壮大财政支持政策（试行）的通知》，支持民营企业扩张，激发民营经济组织活力和创造力；聚焦中小企业发展，支持395家企业实现“升规纳统”，近九成政府采购份额“流向”中小企业，通过“信财银保”融资服务平台帮助1185家中小微企业融资65.7亿元。市政府办公室印发《关于印发威海市2023年促消费政策措施的通知》，通过发放消费券、实施景区门票减免行动、鼓励开展直播电商促消费活动等措施，推动消费全面复苏。放大展会品牌效应，支持第三届韩国（山东）进口商品博览会、2023中国（威海）国际纺织服装供应链博览会、第十五届中国威海国际渔具博览会等活动举办，搭建商贸交流平台，提高城市开放水平。

【重点任务保障】　全面落实创新驱动战略，强化科技研发和人才队伍建设资金保障，加快建设国家创新型城市，通过支持创新平台建设和重点项目研发、开展项目“揭榜挂帅”等，实现科技能力、创新水平持续提升；采取“拨投贷保”联动模式支持科技创新，形成多方投入合力，推动高新技术企业开展“卡脖子”技术攻关。全力推进精致城市建设，支持开展新一轮精致城市建设三年行动，完成61个老旧小区改造，稳步开展“保交楼”工作，铁路、公路、机场等领域的重大项目建设取得突破；加大新增专项债券落实力度，为莱荣高铁、黄垒河地下水库、威海综保区国际智造创新园等84个重点项目建设提供保障。落实土地出让收入支持农业农村政策，统筹整合支持乡村振兴资金35亿元，推进高标准农田、水利基础设施、美丽乡村和“四好农村路”建设，支持加强东西部扶贫协作；开展财政金融协同支持乡村振兴试点，引导更多金融资本投入乡村振兴，全年新增农业信贷担保额20.3亿元。全力支持绿色低碳发展，支持融入全省绿色低碳高质量发展先行区建设，落实财政涉企资金绿色门槛制度，加大政府绿色采购力度，引导、推动节能降碳和绿色产业发展；支持创建国家绿色金融改革创新试验区，促进绿色金融产品开发，引导银行信贷、产业基金投向绿色低碳领域；支持生态环境保护和绿色发展，印发《威海市生态文明建设财政奖补机制实施方案》，完成流域横向生态补偿工作。

【民生福祉增进】　坚持把民生支出作为财政保障的重点，全市一般公共预算中用于民生方面的支出达345.9亿元，占比约80%。优先保障创业就业工作开展，通过落实社会保险稳岗纾困政策、发放一次性创业补贴等方式，帮助企业稳岗扩岗；推进城乡公益岗位扩容提质，安置公益性岗位1.48万人。关注困难群众生活需求，连续4年提高城乡低保对象、城乡特困人员等9类困难群众救助保障标准，为残疾人精准康复、居家托养等创造良好条件。积极推动医疗卫生工作开展，做好新型冠状病毒感染“乙类乙管”后续保障工作，进一步提高居民基本医疗保险、基本公共卫生服务的财政补助标准。聚焦全龄友好型城市创建，支持打造儿童友好空间、青年驿站，建立普惠托育服务机构财政补助制度，新增护理型床位222张，新建农村老年餐桌41处，为1万余名困难失能老年人提供居家上门服务。保障义务教育优质均衡发展，强化优质教育资源供给，新建、投用公办幼儿园、中小学10所，新增学位3780个；着力推动普通高中特色多元发展和职业教育办学质量升级，提升教育发展水平。持续推进公共文化服务体系建设，丰富群众文体生活，出台促进文化和旅游高质量发展相关政策，通过支持旅游招徕、推广城市品牌等，促进文化旅游爆发式增长。

【治理效能提升】　积极应对财政紧运行状态，树立“过紧日子”的思想，部门运转支出、“三公”经费［因公出国（境）费、公务接待费、公务用车运行维护费及购置费］保持“零”增长；强化预算执行约束，集中清理存量资金，收回统筹使用资金4.1亿元；加强行政事业资产配置管理，以“虚实结合”的形式搭建公物仓，实现国有资产共享共用和调剂使用。深化预算管理改革，加快构建预算编制、执行、监督“全链条”管理机制，威海市连续7年获评全省财政预算管理工作先进市，财政资金使用监管工作获得省级督查激励。加快重点改革任务推进，以深化开发区管理制度改革为契机，调整优化开发区财政管理体制，激发开发区发展活力；在荣成市开展城镇土地使用税差别化改革试点，引导企业提高“亩产效益”，推动土地集约利用。深化全生命周期预算绩效管理改革，对1000余个项目开展绩效目标审核和绩效自评，并随同部门预决算向社会公开；开展成本绩效管理工作试点，启动预算项目成本效益分析，结合分析评价结果健全完善财政支出标准体系，推动节本增效。实施财会监督和预算执行监督专项行动，加强重点民生资金监督，推进会计准则制度落实，做好审计问题整改，严肃财经纪律、维护财经秩序。

【风险防范化解】　坚持统筹发展和安全，重点关注经济形势变化对基层财政运行的影响，加强对工资发放、民生政策落实、债务还本付息等重点事项的跟踪监控，坚持“三保”（保基本民生、保工资、保运转）支出在财政支出中的优先顺序，通过加强库款调度保障、建立工资专户资金定期调度机制等方式,保证重点支出需要。依据区（市）财力情况、支出需求等拟定财政困难系数,加强对困难区（市）的帮扶力度,拨付对下转移支付资金100.6亿元，增强区（市）保障能力,兜牢基层“三保”底线。实施全口径债务管理，实行总量控制、分类管理、严格审核、跟踪监测，债务结构逐步优化。在清理盘活存量行政事业资产、加强国有资本运营管理上提质增效，组建威海市财金投资控股集团，推动国有资产资源整合，增强国有资本运营能力。

（林钰栋）

【威海市财金投资控股集团有限公司】　公司成立于2023年8月，为市属一级金融服务类企业，由市财政局出资设立，有威海市民卡有限公司、威海蓝天宾馆有限公司、威海市刘公岛海洋开发有限公司、威海市鼎诚资产运营管理有限公司、威海市政府投资引导基金有限公司5家权属子公司。

公司以提高国有金融资本效益为中心，以服务实体经济、防控金融风险为导向，主要开展对外投资、运营、管理、咨询及存量资产盘活等市场化业务，受托实施财政资金股权投资和其他财政资金管理。设立威海市新动能投资基金，开展应急转贷及新动能产业投资业务，提升服务实体经济能力。聚焦风险防范、资本运营等方面，编制中远期规划，提高自身“造血”功能和国有金融资本效益，用好用活已有资产资源，提升运营管理水平。挖掘盘活行政事业单位和国有企业持有的直管公房、公租房、闲置办公用房等低效资产、闲置资源，采取切块出让、优化整合方式，不断增加国有资产资源收益。

（杨童迪）

税　务

【概况】　2023年，国家税务总局威海市税务局（简称市税务局）突出“大抓经济”的工作导向，统筹做好组织收入、政策落实、纳税服务、税费管理、风险防控等工作，获得省部级荣誉称号8个、地厅级荣誉称号32个，1人获评山东省先进工作者。全市组织税费收入653.3亿元，税收收入占一般公共预算收入比重71.3%。分项目看，税收收入完成299.4亿元，其中中央级收入完成132亿元,地方级（省级以下）收入完成167.4亿元；组织社会保险费收入195.1亿元，比上年增长6.8%；组织非税及其他收入158.8亿元，剔除土地出让金增长29.5%。

【组织收入】　围绕“以精诚共治赋能税收新发展”的思路，推出加强税费共治、力促税费增长的20条措施，优化税费共治新格局，全市23个市直部门共享共用涉税涉费信息，全年获取数据35万余条,增加税收8.3亿元。市税务局与市人力资源和社会保障局、医疗保障局建立沟通协作机制，稳妥推进社保费征收体制改革。市税务局与水务部门协作联动，完善水资源税业务流程,实现全覆盖“一键式”智能申报,办理时间压缩近90%，填报准确率提升至100%。市税务局与威海海事局签订《车船税征管合作协议》，车船税入库增长102%。丰富电子缴库渠道，打通跨境电子缴税业务通道，提高缴费便利度。深化以税咨政效能，聚焦八大产业集群和十条优势链条，全市税务系统形成分析报告176篇服务党委政府决策，获得市委、市政府负责人批示59次。

【减税降费】 强化税费优惠政策的延续性和导向性，加大对中小微企业、专精特新企业的扶持力度，新增小规模纳税人减征、免征增值税优惠17.76亿元，新增小型微利企业所得税减免优惠4.04亿元，高新技术企业所得税减免优惠税额9.95亿元，全年全市新增减税降费及退税缓费54.03亿元。按照"一项疑点配发一个模板"的工作原则，制定各类优惠政策落实风险应对模板和工作指引55项，并实现省、市两级"共享共用"，形成"可复制、可推广、可借鉴"的任务应对"威海样板"，全年接收风险指标58项，下发政策落实任务3511条、推送政策落实任务1485条、反馈政策落实任务1986条，退税（费）154.34万元，补缴税款364.11万元。

【税费管理】 持续提升征管质量，拓展优化征管流程试点，以国家税务总局威海市文登区税务局为试点，打造"管理专业化、资源集约化、运转扁平化"架构，组建管服协同、风险协同、监督协同3个实体化团队，打造5种类型分局，推进专业化、精准化税费监管，工作经验做法在全省税务系统优化税收征管流程试点经验交流会上进行交流。将"5C+5R"[5C即以税款征收（Collection）、纳税服务（Customer）、风险管控（Control）、税务检查（Check）、自我纠正及法律救济服务（Correct）为核心，建立监控指标和评价模型体系；5R即关注市场主体领票（Receipt）、报税（Report）、缴税（Revenue）、退税（Refund）、筹划（Research）涉税环节，为评价税务部门管理行为提供参考和依据]评价机制作为提升基层监管效能的着力点，探索运用"三问分析（3W）"法，营造良好的税收营商环境。在全市开展"三员"（企业法定代表人、财务负责人和办税人员）信用体系建设，构建税收共治、信用协同大格局，全市个体工商户年度纳税信用评价A级纳税人增长622.05%，1个信用案例分别获评第五届"新华信用杯"全国信用优秀案例、中国信用共建优秀案例。为71户大企业配备首席联络员，制定"一户式"服务手册，开展整体性风险管理，全年风险应对入库金额1.4亿元。着力突出"以数治税"，布局"1+7"数据中心[1个市局数据分析中心、7个区（市）局数据分中心]建设，构建"数据共享、联合分析、成果共用"税收大数据保障体系，形成50余个数据产品。开展数据质量监控试点工作，构建数据质量监控指标40个，整改登记类、申报类等数据问题4175条，持续优化数据质量。依托税收大数据，打造服务科学决策、强化税务监管、优化营商环境3个体系，推动"以数治税"与深化税收征管改革深度融合。数据赋能税收治理和风险分析应用经验做法在全省"以数治税"和风险分析工作成果现场交流中获得二等奖。

【风险防控】 构建"大风控"格局，分解压实指标933项，明确部门职责。搭建风险应对任务池和疑点核实任务池，涵盖全年2462个风险任务和47.8万个疑点核实任务，实现动态"一户式"归集。构建问题建议"快反"通道，结合"跨区建筑施工监管"风险线索，获取项目信息，推动跨区报验登记数量增长22.4%。建立"问题清单化、自查实效化、整改台账化、问责严肃化、制度长效化"的政策落实风险闭环管理模式，整改问题63类141项。强化加油站税收监管，完成全部401户加油站的自查自纠和重点检查，查补税款1686万元。开展煤炭经销企业专项整治行动，全市开具煤炭发票金额下降70.45%，煤炭开票企业减少近60%。实施小规模政策性虚开风险核查和长效治理，对2423户次疑点纳税人开展专项风险核查2批，移交稽查94户次。全年通过税收风险管理实现收入3.42亿元。深化稽查体制机制改革，构建立体式稽查监管模式，破获虚开发票团伙案件2起，捣毁犯罪窝点6个。对7个高风险领域122户企业开展"双随机、一公开"（在监管过程中随机抽取检查对象、随机选派执法检查人员，抽查情况及查处结果及时向社会公开）监管，全年查补入库2.76亿元，市税务局稽查局先后获评全国、全省打击涉税违法犯罪成绩突出集体。

【纳税服务】 开展便民办税春风行动，推出服务地方项目发展"二十条"措施，持续优化税收营商环境。依托"威您办"平台，构建征纳互动"办问协同"新模式，开展在线互动服务2957次、留言互动服务51次、电话互动服务579次、智能互动服务5.44万次。将"以数治税"理念贯穿纳税服务全过程，开展纳税人办税轨迹、行为反馈和偏好分析，实施"一对一"个性化问需辅导，为136.76万户次纳税人和缴费人精准推送政策指引。开展"12366"热线数据"穿透式"分析及运用，探索推行"预先服""精准服"，为纳税人提供"未问先服""想即所有"的服务体验。持续深化"综治+税治"双网联动机制，社会网格员协助解决纳税人合理诉求741个，化解税费争议58起，核实轻微涉税投诉84条，实现"小事不出网格，大事及时化解"。开展国家税务总局"税直达"试点工作，出口退（免）税政策咨询数量下降9.21%。深化"4+1"（"联办系统+缴税终端+网上协作+实时回传"+"电子档案"）不动产登记办税便利化改革，打造"不动产窗口+税务后台""一窗办理"模式，办税时限压缩近50%。打造"枫桥式"税务所建设样板7个，"海上枫桥"工作法获得市委主要负责人批示。

（孙著伟）

编辑　于鹏飞

2023年度威海市地方纳税50强企业名单

威高集团有限公司
威海市商业银行股份有限公司
三角集团有限公司
迪尚集团有限公司
山东达因海洋生物制药股份有限公司
威海光威集团有限责任公司
成山集团有限公司
豪顿华工程有限公司
威海城市投资集团有限公司
山东威海烟草有限公司
威海建设集团股份有限公司
天润联合集团有限公司
家家悦集团股份有限公司
威海北洋电气集团股份有限公司
华夏文化旅游集团股份有限公司
华能威海发电有限责任公司
山东港口威海港有限公司
石岛集团有限公司
国网山东省电力公司威海供电公司
招商局金陵船舶（威海）有限公司
山东威达集团有限公司
赤山集团有限公司
威海市水务集团有限公司
威海魏桥科技工业园有限公司
山东亘元新材料股份有限公司
国核示范电站有限责任公司
山东鑫发控股有限公司
山东金洲矿业集团有限公司
中海海嘉（威海）地产有限公司
中国建设银行股份有限公司威海分行
文登威力工具集团有限公司
山东华素制药有限公司
威海威东航运有限公司
中国工商银行股份有限公司威海分行
豪雅光电科技（威海）有限公司
金猴集团有限公司
威海火炬高技术产业开发区盛德实业有限公司
荣成泰祥食品股份有限公司
青岛银行股份有限公司威海分行
威海广泰空港设备股份有限公司
山东荣城建筑集团有限公司
黄海造船有限公司
中国银行股份有限公司威海分行
山东鸿洋神水产科技有限公司
威海市海王旋流器有限公司
中国农业银行股份有限公司威海分行
山东众音化学科技有限公司
荣成歌尔科技有限公司
中国移动通信集团山东有限公司威海分公司
山东安然纳米实业发展有限公司

金　　融

综　述

【概况】　2023年，威海市金融系统树立大抓经济导向，推动全市金融业高质量发展，为经济社会发展提供强有力支撑和保障。至年底，全市有银行业金融机构31家，本外币存款余额6594.94亿元，比上年增长12.04%，居全省第4位；本外币贷款余额5345.8亿元，增长14.84%，居全省第3位。银行业总资产8926.4亿元，总负债8505.8亿元，分别比年初增长12.1%和12.2%；实现利润58.3亿元，比上年多盈7.3亿元。全市有证券、期货分支机构30家，保险业机构53家，地方金融组织37家。全年实现金融业增加值210.1亿元，增长6.9%，占地区生产总值的6.0%，提高0.2个百分点。全市金融业缴纳税金45.73亿元，增长15.5%，占全部税收的15.27%，居行业第2位，仅次于制造业。

【资本市场发展】　2023年，全市有境内外上市公司20家，总股本达221.5亿股，总市值约2645亿元，通过首发、增发、配股等方式从股票市场融资416.6亿元。“新三板”挂牌企业达28家，区域股权交易市场挂牌企业达376家。2010年—2023年，全市非金融企业发行非金融企业债券224只，融资1715.88亿元。2023年，新发行非金融企业债券38只，金额266.45亿元；存续债券101只，金额678.27亿元。

【地方金融组织发展】　2023年底，全市有各类地方金融组织37家，涵盖小额贷款公司、民间资本管理公司、融资担保公司、典当行、融资租赁公司、交易场所等各领域。全市有小额贷款公司12家，注册资本20.7亿元，贷款余额22.89亿元，全年营业收入1.11亿元。有民间资本管理公司2家，注册资本8000万元，投资余额8950.89万元，全年营业收入36万元。有融资担保公司7家，注册资本18亿元，在保责任余额44.45亿元，在保户数2777户。有持证典当行14家，注册资本3.34亿元，典当余额3.23亿元，全年营业收入3130万元。有纳入省地方金融监督管理局监管名单的融资租赁公司1家，注册资本7.5亿元，资产总额6.56亿元。有介于现货与期货之间的大宗商品交易场所1家，被列入山东省交易场所白名单。至年底，威海国际海洋商品交易中心完成介于现货与期货间的订单交易业务金额114.35亿元，提供供应链融资1.04亿元。

（翟琳琳）

宏观调控

【概况】　2023年底，全市本外币存款余额6594.9亿元，比年初增加708.5亿元，增长12%，分别比全省和全国高2.6和2.4个百分点，居全省第4位。本外币贷款余额5345.8亿元，增加690.7亿元，增长14.8%，分别比全省和全国高3.2和4.7个百分点，居全省第3位。

【货币政策传导机制建设】　精准实施稳健的货币政策，引导信贷合理增长、均衡投放。运用好结构性货币政策工具，指导金融机构把握好科技创新再贷款、交通物流专项再贷款、设备更新改造专项再贷款、支持煤炭清洁高效利用专项再贷款等工具的时间窗口。至年底，运用各类结构性货币政策工具引导金融机构发放相关领域贷款86.06亿元。发挥支农支小再贷款激励引导作用，全年发放再贷款再贴现218.5亿元，比上年增长7.3%。引导金融机构信贷均衡增长，全市10家地方法人机构新增贷款313.2亿元。引导贷款利率下行，降低市场主体融资成本，年内，全市新发放一般性贷款的加权平均利率4.5%，下降约0.2个百分点。

【金融服务实体经济】　加大对重大战略、重点领域和薄弱环节的金融支持力度，引导银行发挥金融服务实体经济主力军作用。开展“齐心鲁力　助企惠商”三年提升行动、“金融+商会+企业”支持民营企业专项行动，为2828户首贷企业发放47.1亿元。至年底，普惠小微企业贷款、民营企业贷款余额分别为729.4亿元、1164.2亿元，分别增长21.7%和14.9%。强化金融支持乡村振兴，推进美德积分金融转化机制建设，年底涉农贷款余额1853.4亿元，增长18.8%，高于各项贷款增速3.9个百分点。加大金融支持科技创新力度，至年底，全市高技术制造业贷款余额214.44亿元，增长4.3%。支持文旅产业高质量发展，联合市文化和旅游局等部门推出促进文旅企业发展措施8条，开展“融惠千里山海”等金融助力文旅消费活动2项。

6月2日，威海市绿色金融改革创新工作座谈会召开　　（王彦博　摄）

【绿色金融环境优化】　加快国家绿色金融改革创新试验区申建，联合中国银行卡联合组织搭建基于清算平台的地方碳账户体系威海市个人碳账户，实现低碳行为的科学赋值和多平台间权益的互认互通。完善绿色金融标准体系，联合相关部门制定《银行业绿色支行认定管理办法》和《威海市蓝色产业可持续投融资支持目录》，推动全市首家绿色支行挂牌营业。丰富绿色融资方式，威海市商业银行发行50亿元绿色金融债，引导法人机构发放碳减排政策工具贷款20.85亿元，发放量居全省第1位，推动全省首笔碳普惠海洋碳汇交易落地。至年底，威海市绿色贷款余额785.8亿元，比年初增加233.4亿元，增长42.3%，比全部贷款增速高27.3个百分点。

【金融风险防范化解】　坚持对金融风险早识别、早预警、早暴露、早处置，守住不发生系统性金融风险的底线。健全金融风险处置长效机制，开展县域风险处置提级协商，通过威海市金融会商会议协调县域金融稳定事项，整合多方力量化解6～7级机构风险，加强风险提示和早期预警，向市、区（市）地方政府发送风险提示10期，向金融机构下发风险警示5期、开展约谈12次。强化金融风险监测和评估，推进央行评级、银行业风险压力测试，对10家法人金融机构和2家重点机构开展资产质量真实性评估，对苗头性问题及时纠偏，全市连续2年无评级结果为8级以下的高风险机构。坚决打击涉诈洗钱违法犯罪行为，深化涉赌涉诈“资金链”治理，创建金融机构挂牌分级惩戒工作模式，推动全市发生涉案账户的银行网点数量下降16.4%。推进“打击治理洗钱违法犯罪三年行动”，指导金融机构加强资金监测分析，加大洗钱违法犯罪可疑交易线索移送力度，有力推动案件侦办。

【外汇服务和管理优化】　加大外汇便利化政策和服务供给，着力提升外汇服务涉外经济水平。提升外汇投融资便利化水平，推广跨境金融服务平台，完成“仓单融资”功能上线和“港口仓单融资场景”试点，为47家企业融资7.89亿美元，比上年增长105.9%，业务办理量居全省第1位。推进优质企业贸易收支便利化试点工作开展，新增便利化试点企业85家，办理的试点业务金额13.03亿元，增长2.4倍。通过跨国公司跨境资金集中运营政策为企业节约成本约2786万元，支持2898万美元资本项目收入实现无单证高效支付，增长2.96倍。畅通外汇政策传导，开展“优汇服务进万家”活动，举办外汇政策集中宣讲活动67次，累计调研走访企业272次。拓宽汇率避险服务覆盖面，制定“一企一策”专项避险方案513个，新增汇率避险“首办户”182家，增长26.4%，助力企业无成本套保217万元。提升外汇非现场监管水平，中国人民银行威海市分行与市公安局打造“汇警联动 共筑经安”特色党建品牌。发挥“模型算法试验室”在打击地下钱庄、跨境赌博等违法违规活动方面的作用，参与研发“凌云情报分析系统”和“倚天情报分析系统”，将线索筛查时间由过去数日乃至数月大幅缩短至几小时之内乃至“分钟级”自动预警。

（于宛宁）

金融监管

【概况】　2023年，国家金融监督管理总局威海监管分局推进加强金融监管、优化金融服务、防范化解风险等工作落实，助力全市经济社会发展。

【实体经济服务】　立足服务高质量发展，优化金融供给，提升经济金融适配性。深化金融供给侧结构性改革，提升综合金融服务水平，因地制宜服务地方经济发展。2023年，威海市贷款、存款增速均居全省前列，保险业保费收入、赔款及给付支出、承担各类风险责任均实现增长。注重平衡贷款结构和质量，至年底，全市制造业贷款余额762.65亿元，比年初增长71.44亿元，增长10.3%；金融支持海洋经济贷款余额274.89亿元，增长60.46亿元，增长28.2%；新旧动能转换“十强”产业贷款余额实现持续提高态势。支持威海国家级绿色金融改革创新试验区创建工作，印发绿色支行认定办法，推动成立科技支行17家，推动无花果天气指数、甘薯种植保险落地，实现全省首笔碳普惠海洋碳汇交易，蓝碳金融产品日益丰富。开展“走万企 提信心 优服务”活动，指导银行机构建立无贷户“白名单”和首贷户储备库，分层分批融资对接，助力企业稳定市场预期、提振发展信心。突出普惠金融重点工作，推动银行机构全部完成普惠型小微企业“两增”、信贷计划及普惠型涉农贷款差异化监测目标。保险机构参与构建多层次普惠保险供给体系，开发推广财产保险、责任保险、信用保险等产品，推进大病保险、长期

11 月 20 日，打击治理电信网络新型违法犯罪工作调研座谈会召开

（刘志鹏 摄）

护理保险、城市定制型保险提标扩面。

【金融风险防控】 加强风险排查，开展重点企业大额授信分层分级管理，对 1 亿元以上风险企业建立台账，实施动态监测；对 5 亿元以上企业按季组织进行排查，摸清企业全部表内外融资情况。按照不良贷款处置目标，落实相关政策，加大处置力度。至年底，银行机构处置不良贷款 46.83 亿元，比上年多处置 10.37 亿元。推进法人银行机构改革化险，城市商业银行、农村商业银行等机构的风险资产清收处置任务均超额完成，阶段性化解个别村镇银行存在的风险。主要法人银行机构核心监管指标全部达标，农村商业银行坚守定位指标首次全部达标。

【金融环境优化】 优化区域金融生态环境，打造“平安金融、健康金融、和谐金融”。维护合法权益，贯彻落实“枫桥经验”，印发“金融消费者权益保护十条”，推动辖内金融消费者权益保护工作提质增效，一批热点难点问题得到妥善解决，风险隐患基本得到控制。打击非法金融活动，利用现场检查、非现场监管、市场巡查等方式，加强对涉黑涉恶、网络电信诈骗、非法金融活动的监测排查，防止风险积聚、扩散和蔓延。与市公安局、市场监督管理局等部门建立“代理维权”等黑灰产联合打击机制，加强与市中级人民法院诉讼服务中心、威海仲裁委员会对接，合力打击金融“黑灰产”，形成强力震慑。常态化开展安全大检查、重大隐患专项排查整治等工作，加强重点岗位员工行为管控。

（王 晔）

【地方金融组织监管】 全年利用“互联网＋监管”平台开展非现场监管 398 次，引导 6 家公司有序退出，地方金融组织减量提质增效。强化融资平台债务管控，逐笔落实还款资金来源，牵头建立国有企业投融资纠纷诉讼调解衔接机制，确保刚性兑付债务不发生违约风险。

【重大金融风险防范化解】 协同中共威海市委纪律检查委员会开展金融风险防范化解专项监督，建立完善“1+7+N”工作框架，推动风险防控专项监督机制持续深化、精准有效，相关经验做法在山东省贯彻落实《防范和处置非法集资条例》推进行政处置工作现场会上进行交流。开展地方金融风险资产整治专项行动，推进风险资产处置工作，村镇银行风险资产压降占比居全省第 1 位。攻坚处置金融机构不良资产，至年底，全市不良贷款余额 42 亿元、不良率 0.79%，均列全省低位。开展无非法集资社区（村居）创建活动，两篇工作经验被国务院处置非法集资部际联席会议办公室刊发并向全国推广。坚持“打早打小”，非法集资刑事立案数量及涉案人数、金额 3 项指标均居全省低位，有效遏制案件高发态势。

（翟琳琳）

金融服务

【概况】 2023 年，威海市金融系统树立大抓经济导向，以争创国家绿色金融改革创新试验区为契机，以服务实体经济为宗旨，以金融改革开放为动力，以不发生系统性金融风险为底线，推动全市金融业高质量发展。

【金融政策传导和金融辅导服务】 引导银行机构“向上”落实信贷资源，聚焦重点项目、产业集群等领域，靠前精准投放。至年底，全市本外币各项贷款余额 5345.8 亿元，比上年增长 14.8%。建好用好金融政策、银行信贷产品、企业融资需求“三张清单”，召开全市金融助力绿色低碳高质量发展大会，对重点项目和金融产品进行现场推介。开展“银行行长走基层”等各类银企对接活动，提高企业融资便利度。全年举办各类对接活动 164 场，为企业授信 406.26 亿元。依托全市 76 支金融辅导队、251 名辅导员，加大到企业走访力度，辅导企业 3538 家，对接融资需求 2735 条，解决融资金额 194.53 亿元。全面走访对接 731 家“链上”企业 2518 次，授信户数 794 户，授信金额 454.5 亿元。金融管家试点增至 9 个，实现区域全覆盖。威海市金融服务经验做法在全省金融高质量发展工作会议上进行交流。

【企业直接融资发展】 2023 年，威海市泓淋电力技术股份有限公司、威海市天罡仪表股份有限公司成功上市，募集资金 21.03 亿元，全市境内外上市公司达 20 家；全市在审企业 4 家、在辅导企业 4 家。加强后备资源培育，开展多层次资本市场培训活动 10 场，培训企业 500 余人次。筛选优质企业纳入上市后备资源库，在库企业 243 家。推动金融工具运用，新发行企业债 38 只、金额 266.45 亿元，其中威高集团有限公司创新发行科创票据融资 17 亿元，为全市首次发行；家家悦集团股份有

2月8日，威海市金融助力绿色低碳高质量发展大会召开　　（王彦博　摄）

限公司通过定向增发融资4.08亿元；支持威海市商业银行股份有限公司发行绿色债券50亿元；推动联合国绿色基金威海平行基金加快投放进程，首期投放威海公共交通集团有限公司新能源汽车项目资金1亿元。

【地方金融改革】 推进国家绿色金融改革创新试验区创建工作，试验区创建方案完成相关部委会签环节。《威海市加大工作力度　努力争创国家绿色金融改革创新试验区》在《山东政务信息》以专报形式刊发，省政府主要负责人给予肯定性批示。印发蓝色产业可持续投融资支持目录，明确全市金融支持蓝色产业标准。上线运行基于清算平台（中国银联）的个人碳账户，引导全民参与低碳环保。出台银行业绿色支行认定管理办法，发挥银行业金融机构在支持低碳环保、新能源、蓝色产业可持续发展等领域的作用。推动全省首笔碳普惠海洋碳汇交易落地威海市，打通省级碳普惠海洋碳汇项目交易路径，实现海洋碳汇项目开发活动制度化、模式化，助力全市海洋生态产品价值实现。深化“威才融”服务品牌，充分发挥科技支行政策作用，为1092家企业发放优惠贷款310.69亿元。推进“人才贷”业务，发放“人才贷”4.78亿元。对高层次人才保险实施办法进行修订，进一步扩大覆盖范围、延长保障年限、完善保费分担方式、优化保费补贴流程，支持全市高层次人才创新创业。威海市金融人才工作经验做法在全省金融人才工作会上进行交流。

（翟琳琳）

银　行

【概况】 2023年底，全市有银行业金融机构31家，银行业总资产8926.4亿元、总负债8505.8亿元，分别比年初增长12.1%、12.2%；实现利润58.3亿元，比上年多盈7.3亿元。

2023年威海市银行业金融机构本外币存、贷款情况表

表11　　单位：亿元

机构名称	存款余额	贷款余额	机构名称	存款余额	贷款余额
中国农业发展银行威海市分行	55.53	405.50	中国光大银行威海分行	95.38	174.94
中国农业银行股份有限公司威海分行	532.34	368.28	平安银行股份有限公司威海分行	29.24	21.59
中国银行股份有限公司威海分行	432.46	409.03	威海市商业银行股份有限公司	1128.91	669.22
中国建设银行股份有限公司威海分行	422.35	411.62	齐鲁银行股份有限公司威海分行	71.98	109.60
交通银行股份有限公司威海分行	212.96	183.95	齐商银行股份有限公司威海分行	47.70	43.67
中国邮政储蓄银行股份有限公司威海市分行	459.97	178.26	青岛银行股份有限公司威海分行	237.42	196.88
中信银行股份有限公司威海分行	146.56	100.94	日照银行股份有限公司威海分行	69.93	45.10
招商银行股份有限公司威海分行	131.57	102.75	烟台银行股份有限公司威海分行	80.05	88.83
上海浦东发展银行股份有限公司威海分行	113.60	124.02	农村商业银行	1032.81	628.40
中国民生银行威海分行	102.43	90.76	村镇银行	33.62	27.73
兴业银行股份有限公司威海分行	93.74	114.93	韩国友利银行威海分行	10.25	9.22
恒丰银行股份有限公司威海分行	79.56	106.38	威海蓝海银行股份有限公司	434.04	399.57

说明：农村商业银行、村镇银行为系统合计数

（于宛宁）

【中国农业发展银行威海市分行】 2023年底，中国农业发展银行威海市分行各项贷款余额405.5亿元；各项存款余额55.53亿元，日均存款72.2亿元。全年实现FTP（内部资金定向转移定价）利润5.9亿元，完成省行核定目标的216.9%；3月17日，全行各项存款余额首度破"百亿"。在省行2023年绩效考评中全行得分83.39分，居第6位，获得"A-"等级。加强基础管理，推进"稳健固行"。坚持"合规为先、风控为要"的原则，落实监管要求，狠抓精细化、科学化管理，夯实高质量发展根基。持续筑牢风险底线，建立贷款期限管理与预警机制，强化还款管理，在贷款到期前"亮牌"预警，确保按时归还；加强信贷全流程管理，把好调评、审批、支付、贷后管理4个关口，提高办贷管贷专业化水平；先后开展两轮隐性债务和融资平台债涉债企业及债项排查，防范政府隐性债务风险，为精准实施风险防控和开展后续工作打好基础。以服务乡村振兴统揽业务全局，年内投放贷款91.6亿元，贷款余额突破400亿元；审批中长期贷款项目13个、金额99.8亿元；储备中长期贷款项目26个、金额220.4亿元，增加100.9亿元；已批准未发放项目36个、金额116亿元。支持范围由"两市两区"延伸到威海火炬高技术产业开发区、威海经济技术开发区、威海临港经济技术开发区、威海南海新区，分别审批项目贷款7.2亿元、9.8亿元、10亿元、4.5亿元，实现对威海市乡村振兴全方位支持。全辖机构在全省"开门红"劳动竞赛中均获奖，实现市县两级行"大满贯"。文登区支行作为全国农业发展银行"三化"（对客服务一体化、基础工作标准化、运营设施数智化）试点行，使用对客服务机具完成第一笔线上开户业务。实现案防管理网格化全覆盖，风险管理与合规经营指标位居全省前列，不良贷款连续8年实现"零余额"，资产质量居全市大型银行机构首位。全行1个集体获总行级表彰；市委、市政府主要负责人对全行工作作出肯定性批示。主动融入重大战略，加快推进"发展兴行"。发挥政策性金融工具作用，主办基础设施建设基金项目申报金额8.1亿元，审批落地金额5.4亿元，落地率66.8%；针对基金项目配套审批贷款15.8亿元，投放7.9亿元，用于支持威海临港经济技术开发区河道综合整治和乳山市市政道路及管网改造2个项目建设。发放"保交楼"专项借款13.1亿元，支持已售逾期难交付住宅项目1.31万套。坚守主业稳粮棉收购，坚决守牢粮食安全底线，推动使用省级粮食信用保证基金模式支持粮油市场化收购。以荣成市被国家金融监督管理总局确定为金融服务乡村振兴创新示范区为契机，对接荣成市有关项目5个、金额45.7亿元；审批项目2个、金额17亿元，当年投放金额4.9亿元。强化农产品品牌建设，助力打造"一县一业"，全年审批5.4亿元、投放4亿元，用于支持威海经济技术开发区无花果产业发展；审批4.3亿元、投放2.5亿元，用于支持文登区西洋参产业发展。围绕黄河流域生态保护和高质量发展相关规划涉农内容，强化"水利银行"品牌效应，发放黄河流域生态保护贷款63.8亿元，其中水利建设贷款31.3亿元，居全省农村发展银行第2位。主动对接乳山市政道路及管网改造工程项目等12个重大项目，全年投放各类重大项目贷款24.5亿元。将第三批省级生态环境导向的开发（EOD）试点项目库与市政府重点项目相结合，做好文登区13.7亿元的生态环境导向开发（EOD）等贷款项目营销和审批。助力威海市国家级绿色改革创新实验区和绿色低碳高质量发展先行区建设，投放绿色贷款45.2亿元，绿色贷款余额189亿元。优化服务助"精致城市"建设，投放城乡一体化贷款5.3亿元，用于支持石岛管理区污水系统改造等6个项目建设。支持普惠金融，服务实体经济，发放普惠小微贷款6750万元，小微企业贷款日均余额增量2133万元，居全省第1位。办理国际结算业务230笔、金额5393万美元，增加701.8万美元。利用重点产业、重点区域优势，提炼特色"元素""标志"，推动相关项目入围重大项目库，实现项目提质升级，全年12个项目被纳入第五批乡村振兴重大项目库，金额80亿元，项目落地率100%。

（刘 彬）

【中国工商银行股份有限公司威海分行】 2023年底，中国工商银行股份有限公司威海分行本外币各项存款余额530.84亿元，比上年多增33亿元，余额增长21.7%；各项贷款余额419.9亿元，其中企业贷款比年初增加63.6亿元，占全部贷款增量的84.5%，多增28.5亿元，增量在山东省工商银行系统内排名第3位。服务全市重点项目落地，人民币项目贷款余额131.4亿元，增加31.7亿元。全年营业收入、拨备前利润增量分别位居全省工商银行系统第4位和第3位；缴纳税金9493万元，纳税额实现连续4年增长。至年底，威海分行下辖6家一级支行（城区4家、县域2家），有35家营业网点、员工753人。着力增强信贷发展转型的内生动力，立足区域经济和产业结构升级需求，推动信贷结构优化调整，加速构建多引擎支撑的新模式，打造新的信贷增长动能。服务重点领域，制造业贷款、战略新兴产业贷款、科创贷款、绿色贷款余额分别达80亿元、97亿元、79亿元、95亿元，比上年分别增长46%、107%、53%、63%。在普惠和乡村振兴领域实现突破，至年底，普惠贷款余额43亿元，增加14.9亿元，比上年多增6.3亿元，增长52.9%。推广"科创e贷"，服务中小科技型企业创新发展。推进重点涉农场景应用，创新"猪e贷""农资贷""种植e贷"等20余个特色融资方案，提升"三农"服务质效，以金融之力"对话"乡村振兴；涉农贷款突破100亿元关口，余额116亿元，比年初增加39亿元，比上年多增25亿元，增长50.6%。妥善化解客户潜在风险，作为企业债权牵头银行，在企业面临经济环境影响的形势下，坚决"不抽贷不压贷"，创新业务模式，以债务重组方式化解风险融资4.8亿元。为3户房地产企业办理展期金额2.8亿元，全力化解房地产项目风险。至年底，不良贷款余额10.16亿元，不良率2.42%，比年初实现"双降"。

（王泽林）

【中国农业银行股份有限公司威海分行】 2023年底，中国农业银行股份有限公司威海分行各项存款余额532.34亿元，各项贷款余额368.28亿元；全年缴纳税金7283万元。威海分行大力支持地方经济发展，不断优化金融服务，先后获得“普惠金融突出贡献奖”，获评创新发展贡献企业、创建全国文明城市工作先进单位、山东银行业良好银行、工作优秀单位、省级文明单位、2023年度威海市地方纳税50强企业，入选2023年威海市职工幸福企业试点单位等。围绕乡村振兴、制造业、绿色信贷、战略新兴等重点领域，运用贷款、保函等融资工具，加大对全市重点项目、企业等支持。全年法人贷款比年初增加33.15亿元，普惠贷款增速高于全部贷款增速22.51个百分点，县域贷款、涉农贷款等监管指标全面达标。通过实施新员工导师制、岗位资格考试等方式，提升员工服务能力，畅通“银龄安康”服务通道，打造“浓情暖域”服务品牌。独家取得全市不动产登记“带押过户”合作银行资格，上线人力资源和社会保障局“就近办”、社保跨行换卡、海域使用权保证金等系统，以科技力量助力民生事业发展。强化风险管控，全年实现信息系统安全生产，没有案防风险、安全事故及违规事件发生，在公安部、国家金融监督管理总局开展第八轮安全评估工作中居同业第1位，获得山东省公安厅通报表扬。加大防范金融诈骗宣传力度，协助市公安局止付、解锁账户6783户，核实身份信息1万条。

（鞠玲玲）

【中国银行股份有限公司威海分行】 2023年底，中国银行股份有限公司威海分行本外币各项存款余额432.46亿元，各项贷款余额409.03亿元；不良贷款余额1.32亿元，不良率0.32%；全年实现营业净收入9.83亿元，比上年增长8.4%；税后净利润3.36亿元，上缴地方税金7800余万元，连续3年获评威海市地方纳税50强企业。新增企业贷款125.86亿元，增长72.1%。推动省行与国核示范电站有限责任公司签署战略合作协议，重点服务核电、海上风电、核能供暖等项目。威海分行被纳入总行科技金融试点行，简化业务流程，大力推动授信金融服务，绿色贷款余额增长159.5%；战略新兴贷款余额增长177.3%；科技金融贷款余额增长45.3%。支持市直重点项目，服务地方国有企业项目17个，投放金额33.4亿元。与威海火炬高技术产业开发区、威海经济技术开发区、威海临港经济技术开发区签署全面战略合作框架协议，提供全方位金融服务，计划为各区提供授信服务100亿元。支持区域重点领域，围绕8大产业集群、10条优势产业链，提升对制造业及民营企业的融资服务，制造业贷款余额增长14.7%；民营企业贷款余额增长23.4%。支持中小微企业发展，打造普惠金融“中银信贷工厂”，开通绿色审批通道。与市人力资源和社会保障局等部门联合举办政银企对接活动，为中小微企业提供高效、便捷的金融服务，普惠金融贷款余额及户数份额均居全省首位。支持对外开放，助力区域外向型经济发展，连续12年获评“银行外汇业务合规与审慎经营评估”A级银行，国际结算、跨境人民币、结售汇业务份额持续提升且列同业第1位。支持民生领域发展，全面推动国家保交楼政策落地，威海分行作为威海市住房城乡建设局的全面战略合作伙伴，是2023年度威海春季房交会的唯一合作金融机构，全年住房贷款投放超过11.18亿元，非房消费类贷款增加1.96亿元。年内，分行及辖内多家单位先后获得总行级青年文明号、人民银行消费者权益保护评价“A+”等级、省行级中银优秀集体、五四红旗团委、五四红旗团（总）支部、青年理论学习示范小组、开门红青年突击队、省财贸金融系统王琳劳模创新工作室、省巾帼文明岗等。

（刘　倩）

【中国建设银行股份有限公司威海分行】 2023年底，中国建设银行股份有限公司威海分行各项存款余额422.35亿元，各项贷款余额411.62亿元，增加66.19亿元。全年投放表内外综合融资328.93亿元，增加95.12亿元；缴纳各项税金1.02亿元。高质量服务实体经济，威海分行与环翠区政府、国核示范电站有限责任公司签署战略合作协议。加大重点领域信贷投放力度，年底制造业贷款余额50.3亿元，比年初增加5.95亿元；基础设施贷款余额124.41亿元，增加39.03亿元。全力支持外贸企业发展，当年国际业务信贷资产日均39.32亿元，增加19.33亿元；为6家企业办理跨境融资5.05亿元，为“走出去”企业办理工程类境外保函35笔、4.05亿元；加快线上创新产品推广，为26户企业提供跨境快贷支持金额4013万元。推进乡村振兴，年底全口径涉农贷款余额110.88亿元，增加34.94亿元，增长26.7%，计划完成率248.96%，增速、计划完成率均位居全省建设银行首位；涉农贷款不良率0.14%。推动县域业务快速发展，当年县域支行考核排名全省建设银行首位；新增投放农村区域ATM、POS机、智慧终端等金融服务终端410台，完成农村区域网上支付、移动支付、电话

6月26日，威海高新区管委会与中国银行威海分行全面战略合作签约仪式举行

（朱春晓　摄）

支付累计331万笔；联合市委组织部聘任乡村振兴金融专员344名，打造乡村振兴金融人才队伍；在监管部门乡村振兴工作考核中获得“优秀”评价；与中华联合财产保险股份有限公司威海中心支公司签订联建合作协议，“数字牡蛎”案例获得农业农村部“乡村振兴优秀案例”奖项。优化信贷结构，基础设施贷款增长45.7%，绿色贷款增长82.7%，战略新兴产业贷款增长42.3%。推进普惠金融战略，年底监管考核口径普惠贷款余额56.8亿元，增加16.4亿元；贷款增长40.6%，超过各项贷款增速21.4%；超额完成国家金融监督管理总局威海监管分局、威海市地方金融监督管理局核定的贷款新增计划，在2023年普惠金融领域监管考核中列全市银行业机构第1位。签署烟草零售商户“商叶云贷”项目合作协议，授信覆盖度列系统第3位；投放全市首笔“拨投贷保”政策贷款，科创与“专精特新”小企业贷款新增5.49亿元。加大住房租赁金融支持力度，个人住房贷款余额、发放额均保持同业首位；作为保租房业务管理系统试点城市行，当年为7个项目投放住房租赁贷款14.59亿元，比年初增加7.64亿元，增长126.9%；协助市住房和城乡建设局完成保租房二期系统上线，完成公租房系统升级。加强金融科技赋能，上线社保卡移动制卡等15个（批）金融科技项目；打造“智慧食堂”样板间项目，累计交易量居全省建设银行第3位。提升服务质效，加大减费让利力度，全年承担抵押评估等各类费用近400万元；扩展“劳动者港湾+”多元化服务内涵，实现网点“港湾+无障碍标配”100%覆盖；投诉总量、投诉发生量、点均投诉量同比压降均居全省建设银行第2位。强化风险防控，全年处置不良资产1.95亿元，计划完成率166%；实现已核销现金回收4405万元，计划完成率236%；至年底，不良贷款余额1.23亿元。健全内控合规机制，加强重点领域合规检查。积极履行社会责任，年度缴税突破1亿元，被市委、市政府评为威海市地方纳税企业50强企业。全行获得省行级及以上奖励163项，全年保持安全运营无案件、无事故。

（王晗莹）

【交通银行股份有限公司威海分行】 2023年底，交通银行股份有限公司威海分行各项存款余额212.96亿元，比年初增长8.5%；各项贷款余额183.95亿元，增长3.2%。不良余额8999万元，不良率0.49%。全年实现利润3.26亿元，缴纳税金4353.8万元。推动绿色低碳发展，助力威海市创建国家级绿色金融改革创新试验区，累计完成绿色信贷投放15.45亿元，有效支持一批绿色信贷项目的建设。加大扩内需优民生支持力度，提升服务普惠客群的力度和精准度，组织“走万企提信心优服务”客户对接活动10余场，为中小微客户提供综合金融服务，普惠两增口径贷款余额26.65亿元，增加3.18亿元，增长13.6%。不断满足客户金融多样化需求，上线第三代社保卡，成为双实账户发卡行。实现数字人民币机场场景落地，成为非试点地区数字人民币业务落地银行、开通数字人民币业务的金融机构。聚焦外贸企业服务，举办面向全市进出口企业政策宣讲会，为20余家外贸企业批复融资额度2.8亿元，满足进出口企业的融资需求。深化金融改革创新，推进网点综合化转型，13家网点实现网点业务综合化，将威海市住房公积金管理中心12项政务功能引入交通银行手机银行、市人力资源和社会保障局10项政务功能引入银行核心系统，提升网点增值服务能力。分行先后获得威海市银行业金融机构金融统计工作先进单位、威海市反洗钱义务机构反洗钱工作先进集体等。

（刘楠楠）

【中国邮政储蓄银行股份有限公司威海市分行】 2023年底，中国邮政储蓄银行股份有限公司威海市分行总资产497.86亿元，各项存款余额459.97亿元，比上年增长6.16%；各项贷款余额178.26亿元，增长4.8%。坚持服务经济社会高质量发展，坚守服务“三农”、城乡居民和中小企业定位，把更多金融资源投入到实体经济重点领域和国家重大战略布局中。坚持服务实体经济，全年投放实体贷款133亿元，中长期制造业贷款增加0.46亿元、增长30.67%；科技贷款余额1.72亿元，为94家科技企业发放信贷资金9.56亿元；绿色贷款余额26.92亿元，增长13.97%，占比15.1%，比年初提升1.33个百分点。服务乡村振兴，聚焦“村社户企店”5个客户群，围绕农业龙头企业、高标准农田建设、设施农业建设、农村基础设施等领域，加大农村信贷供给，做强农村综合金融服务，涉农贷款增加2.58亿元，增长4.3%；推动农业“小而美”特色产业贷快速发展，贷款增加2.17亿元。助力中小微企业和民营经济发展，推进“政银携手 共助小微”三年行动，全年召开银企对接会16次，走访小微客户9370户，投放贷款5238户，投放金额50.61亿元。加大首贷、续贷、信用贷款、中长期贷款投放力度，推动普惠小微企业贷款增量扩面提质，普惠小微贷款余额39.58亿元，增加3.16亿元，增速高于各项贷款增速6.2%；普惠型小微企业贷款当年投放近51亿元，服务客户5283户，年内普惠小微企业贷款利率下降7个BP（基点）。提升民营企业贷款规模，民营企业贷款新发放21.34亿元，客户增加413户。强化内控合规建设，夯实反洗钱工作基础，公司获评反洗钱集中宣传优秀组织单位，获得山东省第三届反洗钱知识网络竞赛优秀组织单位奖、金融机构反洗钱调研竞赛优秀成果奖。

（曲 萍）

【山东省农村信用社联合社威海审计中心】 2023年底，全市农商银行各项资产总额1219亿元，各项存款余额1032.81亿元，比年初增长6.7%；各项贷款余额628.40亿元，增长4.96%；实体贷款余额528.98亿元，增加48.83亿元，增长10.2%；实现账面利润2.40亿元，纳税总额2.02亿元。威海审计中心引领辖内4家农商银行坚守“金融为民”和支农支小市场定位，深化服务实体经济，稳步落实融资畅通，主动融入高质量发展大局，各项工作取得较好成绩。拓展“党建+金融”，打造特色金融服务模式，深化以人为核心的全方位普惠金融，推进市域社会治理现代化，构建共融共通格局。至年底，支持新市民创业就业1131户3.98亿元；发放“新市民安居贷”2748户6.77亿元；“创业担保贷”3366户22.76亿元，“信e快贷”3937户1.93亿元。开展共建活动、金融夜校、金融知识大讲堂等特色活动400余次，增强金融服务可得性和便利性。围绕乡村振兴、共同富裕战略规划，开展支农支小和金融惠农专项行动，加大农户小额普惠贷款推广力度，涉农贷款余额274.05亿元，新增22.38亿元，增长8.9%；农户贷款余额96.7亿元，新增6亿元，增长6.62%，获评省、市、区（市）3级金融服务样板村162个。利用普惠小微贷款专项支持工具政策窗口期，推动普惠金融贷款降本增效，普惠性小微企业贷款余额158.46亿元，增加9.74亿元，增长6.6%，高于各项贷款增速4.73个百分点，获得激励资金4183万元。推出“专精特新贷”“助建惠企贷”等特色产品支持“专精特新”企业，全年发放“专精特新”企业贷款87户余额13.43亿元，比上年增加15户2.67亿元。做好产业走访，深化“创业担保贷”“知识产权质押贷”等政银合作信贷产品应用，实现精准投放，走访小微企业2.2万户，小微企业贷款余额231.51亿元，增加39亿元，增长20.3%；服务企业户数6200余户，增加1200余户，增长24%。强化“绿色金融”服务，支持全市经济绿色转型升级，全年新增绿色类贷款125户5.94亿元，贷款余额488户11.04亿元。威海审计中心获得2023年度威海市金融业发展绩效考核二等奖，辖内农商银行获评威海市地方纳税30强企业、地方纳税50强企业、纳税先进单位，获得服务地方发展突出贡献奖等。

（丛朝日 刘明超）

【山东威海农村商业银行股份有限公司】 2023年底，山东威海农村商业银行股份有限公司资产总额307.41亿元，比年初增加19.78亿元，增长6.9%；各项存款余额252.1亿元，增加24.04亿元，增长10.5%；各项贷款余额166.7亿元，增加7.35亿元，增长4.6%。公司聚力支持乡村振兴，发挥金融样板村引领作用，依托挂职、驻点办公等方式，满足各类涉农经营主体金融需求，涉农贷款余额12.5亿元。开展“大走访、大调研、大营销”“齐心鲁力·助企惠商”“金融＋园区＋企业”等专项行动，民营企业贷款余额96.8亿元。积极融入国家级绿色金融改革创新试验区创建工作，开展“绿色金融深化发展年”活动，支持经略海洋、低碳制造、生物制药等领域，发放绿色贷款余额2.1亿元。聚力发展普惠金融，设立农村普惠金融服务点182个，上线威海市驾培一体化服务平台，银行卡、手机银行用户超90万户。开展“四张清单”对接，对接农户、个体工商户、社区居民84万人，用信余额67.7亿元；利用创业担保贷、“鲁担惠”农贷等产品，满足各类群体创业融资需求，打造“人人可贷、能贷尽贷”普惠金融新局面。聚力降低融资成本，用活用足政策工具，政策性贴息贷款余额10.7亿元，申请支小再贷款21.8亿元，下调存量首套房贷利率减息1200万元，发放无还本续贷贷款14.3亿元，让利4000余万元。

（王 群）

【威海市商业银行股份有限公司】 2023年底，威海市商业银行股份有限公司资产总额3918.77亿元，比年初增加481.74亿元，增长14.02%；各项存款余额增加371.03亿元，增长16.17%；各项贷款余额增加256.68亿元，增长15.6%。不良贷款比例为1.45%，下降0.01个百分点；资本充足率为13.4%。全年实现净利润21.16亿元，比上年增加3800余万元，增长1.8%；缴纳各项税金15.75亿元，增加6800余万元，增长4.5%。公司坚持“稳中求进”的工作总基调，创新服务模式，加大信贷供给力度，积极融入经济社会建设。开展“合规斗争年”活动，全员签订《合规承诺书》，建立“重奖重罚”机制，筑牢稳健发展防线。按照“数据标准化，标准线上化，线上智慧化”的理念，推进数字化转型项目落地见效。各转型项目基本完成开发建设，在落地实施中赋能业务增长。坚持“敬畏增长，尊重有效”原则，深化体制机制改革，推进管控模式转型，提升垂直化、专业化、精细化、网格化的管理能力。坚持“向零售转，向普惠转，向特色转”，储蓄存款当年增加208.32亿元，近5年累计增加800余亿元；普惠顺利完成“两增”目标，服务实现增量扩面；绿色金融坚持“培育亮点、打造品牌”，推出“绿色成金”品牌，绿色贷款当年增加100.7亿元，增长63.13%，业务结构持续优化。

（谭芳芳）

保 险

【概况】 2023年，威海市保险业实现保费收入134.11亿元，比上年增长5.99%。其中，财产险公司实现保费31.24亿元，增长4.5%；寿险公司实现保费102.87亿元，增长6.5%。全市有市级保险公司52家，其中财产险公司28家、人身险公司24家。有各类专业中介法人机构3家、各类专业中介分支机构67家。保险功能作用日益发挥，全年为社会承担各类风险责任8.62万亿元，支付各项赔款和给付保险金43.63亿元。其中，财产险公司支出22.57亿元，人身险公司支出21.06亿元。全市保险业上缴各类税金5.47亿元，提供就业岗位近2万个。开展精准保险扶贫和公益活动、“慈心一日捐”活动，募集善款近7万元，全部划入威海保险业公益基金；公益基金支出6万元。

【保险责任履行】 做好高风险车型承保工作，达成车险综合改革“降价、增保、提质”目标。威海市保险行业协会多次组织相关保险公司召开会议，要求公司积极承保高风险车型商业险，发挥摩托车投保登记平台、营运车辆投保登记平台作用，做到愿保尽保。协调各财产险省公司、青岛市保险协会，解决部分异地公司低价格承包威海市承运人责任险问题，从根源解决全市高风险车型投保难和信访投诉问题。做好相关调研，与部分财险公司进行座谈，完善车险理赔服务评价体系。开展财产险风险减量工作，组织财险公司与市公安局交警支队召开交通事故风险隐患整治座谈会，针对威海市交通事故发生现状、事故原因、保险理赔等方面开展合作，就共同预防、改善道路交通事故风险隐患问题进行交流。

【消费维权保障】 2023年，协会受理有效投诉案件80件，其中财产险34件、人身险46件。追踪处理监管部门转办的中介机构消费者投诉案件17起，在限定的时间内完成投诉人纠纷解决、问题反馈等工作。充分发挥人民调解委员会职能作用，在环翠区人民法院设立保险纠纷调解室并派调解员进驻开展诉前调解工作。人民调解委员会全年受理涉保纠纷案件235起，涉案金额1710万元，成功调解76起，为消费者挽回经济损失640万元。

（林玮玮）

2023年威海市财产险公司经营情况表

表12　　单位：万元

机构名称	保费收入	赔款支出	机构名称	保费收入	赔款支出
中国人民财产保险股份有限公司威海市分公司	94410.95	73976.19	渤海财产保险股份有限公司威海中支分公司	2305.69	1353.94
中国太平洋财产保险股份有限公司威海中心支公司	29736.65	20414.39	长安责任保险股份有限公司威海中支心支公司	1580.93	1270.76
中国平安财产保险股份有限公司威海中心支公司	51328.04	34257.29	中国人寿财产保险股份有限公司威海市中心支公司	18657.62	12391.89
华泰财产保险有限公司威海中心支公司	2364.48	949.08	安盛天平财产保险股份有限公司威海中心支公司	2170.65	2048.46
天安财产保险股份有限公司威海中心支公司	1879.06	1577.39	泰山财产保险股份有限公司威海中心支公司	3022.28	4378.08
太平财产保险有限公司威海中心支公司	14869.67	10794.33	浙商财产保险股份有限公司威海中心支公司	1332.26	1061.10
永安财产保险股份有限公司威海中心支公司	3175.87	2026.35	紫金财产保险股份有限公司威海中心支公司	1643.75	698.07
中国大地财产保险股份有限公司威海中心支公司	13528.19	9361.58	英大泰和财产保险股份有限公司威海中心支公司	1883.75	1038.54
阳光财产保险股份有限公司威海中心支公司	24301.01	17518.73	国任财产保险股份有限公司威海中心支公司	3023.90	1898.91
华安财产保险股份有限公司威海中心支公司	838.79	1269.98	华海财产保险股份有限公司威海中心支公司	5212.63	4708.89
中华联合财产保险股份有限公司威海中心支公司	22222.78	14525.98	安诚财产保险股份有限公司威海中心支公司	2903.67	1588.58
大家财产保险有限责任公司威海中心支公司	1950.54	1546.50	亚太财产保险有限公司威海中心支公司	2921.47	1827.89
都邦财产保险股份有限公司威海中心支公司	879.89	539.55	中煤财产保险股份有限公司威海中心支公司	864.67	858.23
安华农业保险股份有限公司威海中心支公司	2151.91	1065.04	中路财产保险股份有限公司威海中心支公司	1263.67	788.63

2023年威海市人身险公司经营情况表

表13　　　　　　　　　　　　　　　　　　　　　　　　单位：万元

机构名称	保费收入	赔款支出	机构名称	保费收入	赔款支出
中国人寿保险股份有限公司威海分公司	286662.15	75335.22	恒安标准人寿保险有限公司威海中心支公司	2571.76	382.96
中国太平洋人寿保险股份有限公司威海中心支公司	30587.94	8121.23	富德生命人寿保险股份有限公司威海中心支公司	26698.41	2165.33
中国平安人寿保险股份有限公司威海中心支公司	102063.40	19915.50	阳光人寿保险股份有限公司威海中心支公司	14388.23	1012.82
新华人寿保险股份有限公司威海中心支公司	94395.69	24394.58	中信保诚人寿保险有限公司威海中心支公司	3452.11	322.84
泰康人寿保险有限责任公司山东威海中心支公司	45448.39	12077.48	中宏人寿保险有限公司山东分公司威海营销服务部	6156.45	880.01
太平人寿保险有限公司威海中心支公司	153266.62	28799.85	华泰人寿保险股份有限公司威海中心支公司	5041.21	805.18
长城人寿保险股份有限公司威海中心支公司	9859.83	1438.63	国华人寿保险股份有限公司威海中心支公司	18022.07	633.61
民生人寿保险股份有限公司威海中心支公司	7451.14	1915.52	建信人寿保险有限公司威海中心支公司	19497.79	1680.86
农银人寿保险股份有限公司威海中心支公司	25802.16	2761.30	百年人寿保险股份有限公司威海中心支公司	11203.52	1204.12
中国人民人寿保险股份有限公司威海中心支公司	13280.55	4934.65	中汇人寿保险股份有限公司威海中心支公司	64163.45	16653.22
中国人民健康保险股份有限公司威海中心支公司	3556.30	103.56	同方全球人寿保险有限公司威海中心支公司	1537.56	217.93
瑞众人寿保险有限责任公司威海中心支公司	80065.38	4650.34	德华安顾人寿保险有限公司威海中心支公司	3499.51	218.86

（林玮玮）

【中国人民财产保险股份有限公司威海市分公司】 2023年，中国人民财产保险股份有限公司威海市分公司实现保费收入9.44亿元，为全市43.82万辆次机动车、750家大中型企业、420余艘船舶及进出口贸易行业、工业生产行业、交通运输业、建筑业、农业等提供风险保障1.72万亿元；处理各类赔案21.02万件，支付赔款7.4亿元，缴纳税金1.22亿元（含代收代缴车船使用税），公司的风险保障规模、赔付规模及税收贡献持续位居威海保险行业首位。威海市分公司恪守“根植威海，服务人民”的宗旨，充分发挥风险管理的核心职能，积极服务实体经济、维护金融安全、严守风险底线，为促进全市经济发展、保障服务民生、创新社会治理贡献力量。聚焦重点项目，全力服务实体经济发展。对接全市重点建设项目和规模企业，有针对性的制定保险方案，不断提高服务实体经济能力。坚持创新驱动，结合全市科技产业发展情况，创新开办科技保险业务，为“威海制造”和高新技术研发“保驾护航”；公司牵头承保高层次人才创业保险，有效分散和化解人才创新创业风险，健全产品创新研发与科技成果转化保障机制，激发高层次人才创新创业的积极性。强化责任担当，全力支持乡村振兴，推动3种主粮作物完全成本政策落地实施，保障种粮农户预期收益，提升农业保险保障水平；推动白羽鸡养殖保险等地方优势特色险种，助力乡村振兴，深化创新驱动，深耕海产品养殖领域，新开办海产品风力指数保险，持续提升服务海洋经济产业能力。全年为全市农、林、牧、渔等产业提供风险保障26.75亿元。积极服务进出口贸易行业，开办短期出口贸易信用保险业务，主要保障出口企业在经营出口业务过程中的风险或损失，为进出口企业提供风险保障34亿元。强化科技赋能，助力安全生产工作，开办安全生产责任保险，打造数字化、科技化的风控平台，实现安全生产责任险保单事故预防技术服务的全过程管理和监控，年内为全市340余家高危行业企业提供安全生产风险保障94亿元。

（王 永）

【中国人寿保险股份有限公司威海分公司】 2023年，中国人寿保险股份有限公司威海分公司实现保费收入28.67亿元，占全市寿险市场份额27.9%；为客户提供各类风险保障金额6223.34亿元，受理各类赔（给）付案件15.77万件，赔（给）付金额7.53亿元，上缴各项税金3236.96万元。至年底，公司各类长短险承保有效客户数达254.52万人，履行社会管理职责、发挥保险保障功能、服务地方建设能力不断加强。公司内设职能部门12个，下辖环翠、文登、荣成、乳山4个区（市）支公司和营销服务部56个，有在岗内勤员工345人、3个销售渠道保险代理人2299人。公司面向个人及团体提供人寿、年金、健康和意外伤害保险产品，涵盖生存、养老、疾病、医疗、身故、残疾等多种保障范围，全面满足客户在人身保险领域的保险保障和投资理财需求。公司秉承“员富司强、永争第一的标杆公司”发展理念，强化自身管理，积极履行社会责任，被上级公司评为优质服务先进集体、党员示范柜面等。

（赵 林）

【中国太平洋财产保险股份有限公司威海中心支公司】 2023年，中国太平洋财产保险股份有限公司威海中心支公司整体保费收入2.97亿元，比上年增长7.67%；缴纳税金3816.7万元，增长7.5%；赔款支出2.04亿元；市场份额居全市保险市场第3位。深化合规经营理念，优化内部业务结构，提高金融服务水平，助力辖区经济新发展，履行保险企业社会职责。拓展海洋污染责任险、安全生产责任险、环境污染责任险、信用险、高层次人才保险、知识产权保险等绿色险种和创新险种，提高辖区实体企业抵御风险能力，形成覆盖“绿色低碳产业保险、环保生态保护保险、共富减贫普惠保险、主动管理互动保险”的完整产品服务体系；有序引导和推动高污染、高能耗行业领域的保险承保与风险管理，主动参与减排降耗绿色改造领域，与客户形成绿色低碳共同体，共同推进辖区绿色低碳发展。加强精准管控，提高出险后快速恢复能力，通过风险管理降低出险率，通过理赔管理降低更换率，通过内部管理降低损耗率，有效降低保险事故对实体企业发展影响。落实“保前”风险查勘，进行风险识别和处置；“保中”对风险隐患及整改情况进行跟踪，协助客户预防事故、抵御灾害、处置突发事件、减轻事故或灾害损失。开展荣成市地方财政藻类养殖风力指数保险，探索开发海藻碳汇价值保险；巩固脱贫攻坚成果，向乳山市海阳所镇南泓南村和夏村镇桑行埠村捐款8万元。

（王居正）

【中国太平洋人寿保险股份有限公司威海中心支公司】 2023年，中国太平洋人寿保险股份有限公司威海中心支公司实现保费收入3.06亿元；赔（给）付5.54万件，赔（给）付款金额8121万元；缴纳税金91.43万元。公司下设分支机构4家，有员工62人、代理制销售人员246人。公司秉承“诚信天下，稳健一生，追求卓越，创新共赢”的核心价值观，通过持续的产品创新、渠道创新、销售创新、服务创新，满足客户多方面的需求。公司致力于提供基于客户全生命周期的风险保障解决方案，覆盖人寿保险、年金保险、健康保险、意外伤害保险等多个领域；完善客户服务体系，优化服务内容，强化诚信建设，实施承保、理赔透明化举措；通过新技术应用的模式创新和流程再造，提高营运自动化和智能化程度，提升客户体验，发挥商业保险社会“稳定器”和经济“平衡器”的重要作用，为客户提供保险保障服务。

（于骄骄）

【中国平安财产保险股份有限公司威海中心支公司】 2023年，中国平安财产保险股份有限公司威海中心支公司实现保费收入5.13亿元，支付赔款3.43亿元；缴纳税金7604万元。公司管辖营销服务机构7个，有内外勤员工115人。公司以客户为导向，利用科技创新提升服务体验，坚持“专业创造价值”品牌定位，践行企业社会责任，服务地方经济发展。经营主险1000余种，业务范围涵盖所有法定产险业务及国际再保险业务。服务“三农”发展，平安财险“振兴保”项目落地文登区，通过党建共建活动向文登区公益捐款50万元，直播助销文登西洋参、乳山牡蛎、荣成无花果干、苹果干等特色农产品。公司创新性推出高标准农田建设工程质量潜在缺陷责任险、农民工工资支付保证保险等。支持工业经济重点领域发展，结合小微企业生产经营特点、风险特性及风险保障需求，量身定制小微保险产品，全年为1449家小微企业、个体工商户提供风险保障。推进招投标保证金责任保险业务，通过保证金“一纸”化，降低企业资金占用成本，为全市21家企业提供84.8万元的风险保障。践行“绿水青山就是金山银山”理念，发挥商业保险机制，完善环境污染损害赔偿机制，助力绿色经济发展。承保9条船舶的油污险，为5家企业提供风险保障3.55亿元。开展森林碳汇遥感指数保险，11月，办理首单森林碳汇遥感指数保险，为客户提供风险保障163万元。

（曹丽欣）

【中国平安人寿保险股份有限公司威海中心支公司】 2023年，中国平安人寿保险股份有限公司威海中心支公司实现保费收入10.21亿元，比上年增长13%；赔给付2.02万件，赔给付金额1.99亿元，增长42.29%；实缴税金650.86万元，其中个人所得税363.04万元。公司内设合规综合管理部、销售推动部、销售管理部等，下辖环翠区、文登区、荣成市、乳山市4个支公司、3个营销服务部，有内外勤人员1018人。推进“智慧客服”“金管家”“闪赔”等在线保全、理赔项目，为客户提供快速、便捷的保全、理赔服务。公司推进机构消费者权益保护工作的规范化、标准化建设，强化内部渠道消费者权益保护投诉处理。公司加强对内部渠道受理业务的风险筛查、风险预警和责任追踪，提升内部化解率、内部渠道受理业务的质量和效率，降低外部升级风险。产品设计以客户为中心，符合客户需求和购买力，在客户保障范围、费率水平、服务等方面保持产品竞争力。客户通过手机端即可完成90%以上业务办理。新增远程预约服务，客户到业务大厅可享受优先序列进入业务办理，客户自主自助办理占比94%，临柜办理业务中预约办理占比98.2%。优化产品服务，公司对客户提供在线问诊、就医绿通和急难援助等服务，实现就医国内大型医院免排队、优先就诊等。积极承担社会责任，参与扶贫产业，年内采购扶贫物资4.68万元。

（高　森）

【泰康人寿保险有限责任公司山东威海中心支公司】 2023年，泰康人寿保险有限责任公司山东威海中心支公司实现保费收入金额为4.4亿元，赔付支出1.2亿元，理赔案件3615件，金额2731.73万元。公司辖机构11家，其中在文登区、荣成市、乳山市设有支公司，在文登区泽库镇、荣成市石岛管理区、虎山镇、成山镇、人和镇，威海临港经济技术开发区苘山镇及威海经济技术开发区泊于镇等地设有服务部。创新推出“健保通”商保一站式结算服务，通过保险公司与医院合作对接，实现客户快速理赔，为客户提供优质医疗服务体验。

（张梦莎）

【新华人寿保险股份有限公司威海中心支公司】 2023年，新华人寿保险股份有限公司威海中心支公司实现保险业务收入9.44亿元，比上年增长6.1%；理赔8887件，给付客户保险金8283.02万元。威海中心支公司辖支公司5家、营业部1家，形成基本覆盖全市的机构网络，有内外勤员工超过1200人。公司依托“新华保险”微信公众号、“掌上新华”App为客户提供“7×24”小时不间断服务。由“智多新”智能机器人、随信通、智能外呼、电子化回访、智慧柜员机5个应用平台构建的智慧服务集群，形成“线上＋线下”“自助＋远程”“人工＋智能”“传统＋创新”的智能服务生态。针对老年人、残疾人、新市民等群体，公司在柜面开设“银发服务驿站”，推出“主动访”“临柜办”“上门帮”“暖心助”等关爱服务。开展金融消费者权益保护及金融知识普及活动，开展多元化教育宣传，切实维护消费者合法权益。综合运用法规普及、案例教育、问责警示教育等形式，强化全员依法合规和风险防控意识，厚植公司风险管理文化。公司广泛参与捐资助学、扶危济困、关爱残疾人等公益慈善项目，2017年7月至2023年12月，累计为全市8600位环卫工人免费提供每人超过10万元保额的意外伤害保险保障，总保额合计超过8.6亿元。

（周明玉）

证　券

【概况】 2023年，全市有证券机构19家、期货机构1家，设有证券分公司2家、证券营业部2家、期货营业部1家，有证券、期货从业人员（不包括证券经纪人）367人。

【中泰证券股份有限公司威海分公司】 公司主要负责管理中泰证券威海地区的证券营业部，并经营证券经纪、证券投资咨询、与证券投资活动有关的财务顾问、证券承销与保荐、融资融券、证券投资基金代销、代销金融产品等业务。公司下设部门5个、证券网点8个。2023年，公司聚焦“投资＋投行”策略，助力威海“专精特新”企业及科技型中小企业转型升级。年内实现交易总额2796.42亿元，完成债券承销业务3项、财务顾问服务3单；缴纳税金6280余万元。

（王德磊）

【海通证券股份有限公司威海高山街证券营业部】 2023年，营业部开展投资者教育有关培训、反洗钱、“打非”宣传等活动。营业部以财富管理业务为核心，稳住经纪业务基本盘，在融资类业务上寻求突破。年内，营业部实现交易额1192.96亿元，缴纳税金584.36万元。

（王　玎）

【中国中金财富证券有限公司威海营业部】 营业部经营业务范围涵盖证券经纪、证券投资咨询、证券交易、证券承销与保荐等业务。营业部立足买方视角，致力于帮助客户制定财富规划，并为客户提供专业的投资解决方案。2023年底，营业部有员工15人，全年实现交易额545亿元，实现营业收入3278万元。

（梁　琰）

【中信证券（山东）有限责任公司威海文化东路营业部】 营业部经营业务范围涵盖证券经纪、证券投资咨询、融资融券、证券投资基金代销、代销金融产品、为期货公司提供中间介绍业务、中国保监会批准的财产保险和人身险等。2023年，营业部实现交易额512亿元，缴纳税金168.73万元。

（宋志远）

编辑　李传强

科学技术

综　述

【概况】　2023年，全市科学技术系统聚焦高水平科技自立自强，深入实施创新驱动发展战略，大力提升科技创新体系效能，稳步推进具有地方特色的创新型城市建设，综合科技创新水平指数列全省第3位，国家创新型城市创新能力指数列全国第34位。威海市政府印发《威海市建设国家创新型城市实施方案》《关于强化科技创新支撑国家创新型城市建设的实施意见》，推出政策措施32条，配套实施细则11个，对市级科技政策进行系统优化，压缩普惠性资金，集中用于科技创新全链条的关键环节。全社会研发投入占地区生产总值比重达2.55%，规模以上工业企业有研发活动的占比57.2%，每万名就业人员中研发人员134.63人年。全市国家科技型中小企业发展到2689家，国家高新技术企业发展到近1700家。高新技术产业产值占规模以上工业总产值比重达72.7%，居全省第1位；高新技术产业固定资产投资占工业固定资产投资比重达66.93%，居全省第2位。年内，获得山东省科学技术奖励11项，其中科学技术进步奖特等奖1项、技术发明奖一等奖1项、省科学技术进步奖一等奖1项、省科学技术进步奖二等奖7项、山东省国际合作奖1项。“全球首座第四代核电站商运投产”入选2023年度中国十大科技进展新闻，威高“妙手”腔镜手术机器人系统入选2023年度全省十大科技创新成果。

【科技计划】　聚焦全市8大产业集群、10条优势产业链，紧扣产业发展中的重点、难点、堵点问题，集中资源力量开展科技攻关，破解产业高质量发展中的难题，全年落实资金4.36亿元。其中，获批省重大科技创新工程、驻鲁部属高校服务山东重点项目、科技示范工程等6项1.16亿元，居全省第5位；获批省种业企业创新能力提升项目3项1371万元，居全省第2位；获批省科技型中小企业创新能力提升工程83项2465万元，居全省第5位。围绕全市重点产业，聚焦8条创新链，注重高端、重大、示范和辐射带动，重点围绕技术、产品、平台、模式等创新一体化发展，谋划科技创新重点项目126项；建立项目推进工作机制，强化政策支持和服务保障，及时解决科技项目建设中遇到的难题，年度完成投资31.86亿元，形成新产品185个，实现新增销售收入11.2亿元。完善市级科技计划项目立项和组织管理方式，实施“揭榜挂帅”制度，加快实施重大科技需求揭榜攻关，利用国内外优势创新资源解决关键核心技术难题，推动科技成果转移转化。“揭榜挂帅”项目分为技术攻关和成果转化两类，技术攻关类项目采用“事后补助”，项目综合评价通过验收后确定补助额度，一般不超过实际成交额的20%，最高补助50万元；成果转化类项目由市科学技术局发布高校科技成果榜单，企业揭榜转化，按成交额的20%、最高200万元给予补助，鼓励企业引进新技术、扩大创新路径、布局未来产业。

【高新技术及其产业】　实施科技型企业培育工程，按照“科技型中小企业—高新技术企业—科技领军企业”的成长路径，推动科技型企业群体发展壮大。年内，新增国家级科技企业孵化器1家、省级科技企业孵化载体6家，全市有省级以上孵化载体47家；省级以上科技企业孵化载体培育高新技术

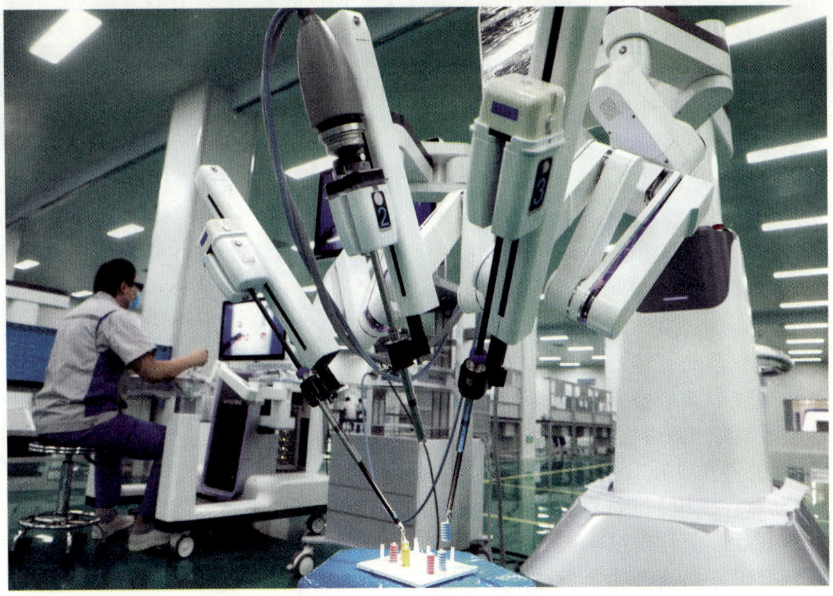

7月，威高“妙手”腔镜手术机器人系统　　（朱春晓　摄）

5月20日，中国（威海）医药与医疗器械创新发展大会在威海市召开

（王彦博　摄）

企业48家，居全省首位。全市有科技型中小企业2689家，居全省第6位；高新技术企业新增300余家，累计近1700家，居全省第7位。高新技术产业产值占规模以上工业总产值比重达72.7%，居全省第1位，比全省平均水平高21.3个百分点；高新技术产业固定资产投资占工业固定资产投资比重达66.9%，居全省第2位，高出全省平均水平13.7个百分点。引导企业加大研发投入，建立研发投入递增分档补助机制，重点支持规模以上的高新技术企业和科技型中小企业，932家企业获得省级研发补助资金5440万元，资金额居全省第5位；市级按1%的基准补助比例给予95家企业补助863.3万元。优化企业科技创新生态，"以赛代评"遴选支持优秀科技型中小企业，组织142家企业（团队）参加省中小微企业创新竞技行动，获评"科创之星"企业9家，居全省第2位；获得"7个赛事领域和2个专题"单项冠军4个、亚军2个、季军1个，居全省第3位；5家企业获评中国创新创业大赛优秀企业，1家企业获评中国创新创业大赛"创新创业50强"，均居全省第2位。承办山东省中小微企业创新竞技行动计划新一代信息领域暨数字经济强基专题现场晋级活动，威海市获得优秀组织奖。

【创新载体建设】　推进威海先进医用材料与高端医疗器械山东省实验室建设，组建高层次人才队伍，柔性引进中国科学院苏州医工所研发团队，整合龙头企业、医疗机构及高校院所研发力量，围绕医疗器械产业"卡脖子"关键技术、颠覆性技术、产业关键技术等方面需求，部署重大研究课题。加快建设省海洋养殖创新创业共同体，聚焦养殖生态化、装备自动化、产品高值化，实施9个海洋产业技术研发及产业化项目，支持资金963万元。依托省高端医疗器械创新创业共同体，累计立项支持项目51个资金3008万元，着力解决影响产业发展的核心关键技术，促进重大成果转化及产业化。加强创新平台建设管理，开展绩效评价、督促检查，加快平台提质升级，布局建设市级重点实验室42家；2家研发机构备案为省级新型研发机构，全市省级新型研发机构总数达30家，居全省第5位。入选省竞争性创新平台项目10项，支持资金1970万元，列全省第3位。

【科学技术普及】　举办2023年科技活动周活动，开展科技政策法规宣传、青少年科普教育、科技下乡服务为民、科普研学游等系列科普宣传活动，国家电投新能源科技馆的"'核'你在一起"科普活动入选科学技术部《2023年全国科技活动周特色科技活动推荐清单》。聚焦提升青少年科学文化素养，威海市科学技术局（简称市科技局）会同市教育局、科学技术协会开展乡村中小学科普研学活动，全市39所乡村中小学4500余名师生参与，营造浓厚的科普氛围。

（修鹏远）

【威海市产业技术研究院（郭永怀高等技术研究院）】　2023年，威海市产业技术研究院（郭永怀高等技术研究院）有效推进"1+4+N"（1个研究院引领、4个优势平台支撑、N个特色平台协同）创新平台体系能级再提升、创新效能再释放、人才引聚再加码、产业赋能再突破，为全市加快构建现代化产业体系、推动经济高质量发展提供有力支撑。

体系建设　聚焦8大产业集群和10条优势产业链发展需求，新纳入威海蓝湾海洋工程装备研究院、有研稀土磁性材料研究院、山东兴文工业技术研究院和威海激光通信先进技术研究院，平台总数增至29家，延伸设立各类创新机构161家。体系内省级新型研

3月18日，学生及家长参观威海市第十届中小学生科技节科技成果展

（刘志鹏　摄）

12月14日，“郭永怀之星”创新创业大赛项目签约仪式举行

（威海日报社 提供）

发机构总数增至19家，其中9家获评省绩效评价优秀等次。全年获批国家级平台3个，被列入首批省共建人才载体平台名单平台3家，新认定山东省博士后创新实践基地平台2家。

创新能力提升　强化“效益思维”和“绩效评价”引导，全年新落实国家级项目19项、省级项目24项，承担实施省级科技型中小企业创新能力提升项目25项，累计获批项目资金近1亿元。新增研发投入约1.5亿元，形成关键技术成果34项，新增授权发明专利296项，成果转化和产业化94项，实现转化收益约9800万元。新孵化引进企业47家，总数达304家，比上年增长18.3%；新认定省级“专精特新”中小企业4家，总数达10家，增长66.7%；新认定国家高新技术企业28家，总数达64家，增长88.2%；入库国家科技型中小企业101家，增长6.3%。全年新孵化、引进的企业实现销售收入6.4亿元，带动服务企业新增销售收入16亿元。

人才引进　发挥平台体系人才主阵地作用，全年引进（合作）院士6人，总数达32人；引进国家级、省级领军人才28人，总数达115人；引进硕士及以上青年人才128人，总数达870人；体系内入选泰山系列人才13人，获得“人才兴威”突出贡献奖3人，获得全国博士后创新创业大赛金奖2人。发挥“1+4+N”高端智力密集优势，参与承办2023年仿生学科创新发展大会等专业化高端会议4次，累计邀请包括40余名两院院士在内的1000余名专家到威海市对接，发布科技成果100余项，推动人才团队和创新成果在威海市落地转化。围绕全市主导产业遴选145名省级以上专家组建科技智库，召开首期智库专家座谈会，发挥高层次专家咨询作用，为全市产业创新发展建言献策。

产业赋能　聚焦产研对接，绘制完善平台、人才、融链“三张图谱”和技术成果、企业需求“两张清单”，点对点开展平台、企业“双走进”活动500余次，解决企业需求234项，促成平台与企业合作开展研发项目143项，合同额超1亿元。聚焦优势产业链开展“融链”行动，发布技术成果40余项，达成合作19项。聚合创新资源，深化建设省高端医疗器械创新创业共同体，带动成员单位新增研发投入2.79亿元，获得新产品38个，新增销售收入超2亿元；突破关键技术22项，引进培养研发人才154人；开展技术攻关，摸排关键共性“卡脖子”技术116项，重点支持优质项目15个。支持省海洋养殖创新创业共同体建设，推动平台围绕4个项目开展技术研发及产业化。深化企业培育，联合创业黑马科技集团股份有限公司遴选专家导师21人，为全市40家企业开展为期5个月的加速培育，开展导师问诊、跨城走访、项目路演等多场景创新创业活动20次，助力90%的企业获得省级以上企业资质认证，38%的企业获得资本重点关注；促成3家企业通过与产业导师深度合作，实现营业收入增长700万元。

金融助力产业发展　联合鲁信创业投资集团股份有限公司、山东省财欣投资有限公司等设立总规模5亿元的鲁信知欣创业投资基金，首期完成对2家企业股权投资4710万元；投资6000万元参与齐韵基金续期，支持血液透析产业发展，累计带动产业链相关企业新增销售收入超过10亿元。联合金融投资机构开展金融“双走进”活动20场，服务平台企业90余家，促成4家企业获得银行信贷资金2800万元。

项目引进　协同全国60余家产业投资机构举办“郭永怀之星”威海产业创新黑马大赛，吸引国内制造、新一代信息技术等领域参赛优质项目106个，促成10个高层次人才项目和5个“郭永怀之星”创新创业大赛项目现场签约。举办“郭永怀之星”创新创业大赛暨第九届“北洋之星”电子信息及智能制造创新创业大赛，3个优质项目落地威海市。围绕全市主导产业和新兴产业延链补链强链需求，链接创业黑马总部资源，先后赴长三角、川渝地区、北京市等产业集聚地开展招商考察3次，全年落地注册项目12个。

（苏　雅）

创新链体系建设

【概况】　2023年，全市围绕8大产业集群和10条优势产业链，持续深化创新链体系，体系化建设医药医疗器械、碳纤维等复合材料、海洋生物等8条创新链，完善“产业界出题、科技界答题”机制，组成由186名博士生导师领衔，包括1319名技术专家的研发团队153个，统筹项目、人才、平台、金融等科技创新资源，精准匹配企业需求、产业需求，参与企业技术攻关，累计促成高校院所团队与企业合作270余项。实施有组织的科研，与企业共同凝练科技需求、设计研发任务、组织科技攻关、推动科技成果转化，获批省级以上科技项目100余个，落实支持资金4.36亿元。稳步实施“核动未来”科技示范工程，引领核能

7月4日，“核动未来”科技示范工程项目启动仪式举行
（威海市科学技术局　提供）

产业“链条式、集群式”发展，推动一批关键核心技术取得重大突破，带动10家当地单位进入核能创新链、供应链。持续推动海洋产业“机器代人”，试行“团购＋补贴”式集采活动，销售鱿鱼掏黄、鱿鱼包装自动化设备60余台，加速鱿鱼加工自动化成熟设备推广应用。围绕海参、海带、牡蛎、扇贝、鱿鱼、鲅鱼6类大宗海产品，重点开展13款自动化设备科研攻关、应用推广，可替代人工2万人，提升海洋产业智能化水平和产品附加值。

【创新人才引进】　加大高层次人才引进培育力度，增强对产业发展的引领支撑，入选国家级重点人才5人、泰山系列人才29人。支持企业“走出去”引才用才，印发“人才飞地”政策，给予认定的国内飞地一次性补贴50万元、境外飞地补贴100万元；鼓励企业在省外、海外设立研发机构，就地就近使用高层次人才，推动技术成果回流转化，构建“外地孵化、成果回归、分建共享”模式，认定飞地1家，集聚高层次人才10人。创新开展市场化引进人才，委托专业机构引进高层次人才、技术、项目，精准匹配到创新链和产业链，拓宽企业成果合作和人才引用渠道，梳理高端人才880人、科技成果851项，推送至894家企业，有18名专家与企业建立长期联系，5名专家与企业达成合作意向，2人入选泰山产业领军人才。积极用好外国专家资源，印发市级海外工程师支持政策，引导鼓励企业引进“急需紧缺”外籍专业人才，遴选支持海外工程师10人。获批省级以上外国专家项目、平台30项，1名专家获评齐鲁友谊奖。推进山东省外国专家驿站建设，筹建分站1家、建设分站6家，建立海外联络站15处；走访用人单位170家，帮助威海市外国专家解决问题70余项，开展政策宣讲21次，推荐发布人才技术项目资源211人（项），组织线上线下对接交流活动32场，促成签约合作项目11项。

【创新服务】　推动科技金融结合，在全省率先印发实施“拨投贷保”联动支持政策，建立“卡脖子”攻关项目库，以科技财政资金引导、投资机构“股权投资”跟进、银行机构“信贷投放”、保险机构承保补偿等相结合的方式联动支持，支持骨干企业“研发有钱投”“意外有保险”，遴选3家银行和1家保险机构作为合作机构，“卡脖子”攻关项目库入库项目106个，促成39家企业获得银行无抵押无质押贷款授信5.61亿元。落实科技股权投资政策，深化投融资对接合作，支持科技型企业攻克一批关键核心技术，为7家企业落实省级股权投资7060万元。其中，3家企业获得省级科技股权投资4500万元，4家企业获得省级创业类人才项目股权投资2560万元。强化科技型企业信贷支持，引导银行机构发放低成本信贷，降低企业融资成本；为461家科技型中小企业发放科技成果转化贷款614笔25.51亿元，居全省第5位，比上年增长43%；30家企业获得省科技成果转化贷款贴息支持248.2万元。

【科技资源开放共享】　推进大型科学仪器设备共用共享，注册省大型科学仪器协作共用平台会员单位2900余家，入网仪器数量1800余台（套），仪器原值12.5亿元，科技型中小企业入网率99.1%，为25家中小微企业申请省级创新券补贴资金109万元。汇聚科技创新服务资源入驻科技云平台，形成研究开发等专业化科技服务频道8个，入驻企事业单位2000余家、服务机构420家，对外发布各类科技服务事项650项，服务对接2200余单。汇

6月，双创人公共技术研发中心双创人设备共享平台
（威海日报社　提供）

聚科技文献资源超过 3 亿篇（项），全市用户通过科技云平台下载中外科技文献 4000 余篇、共享专利数据 1 万项。

【技术转移转化服务体系建设】 市科技局印发科技成果转化中试示范基地建设政策，打通从成果到样品、产品的通道，评选备案市级科技成果转化中试示范基地 10 家。推动技术转移服务机构上档升级，年内新培育省级技术转移服务机构 1 家，累计 8 家，居全省第 2 位。依托山东省技术转移人才培养基地，举办国家技术转移专业人员能力等级培训班，加快技术转移人才队伍建设，培训初级技术经纪人 148 人、中级技术经纪人 48 人。全年完成技术合同登记 3748 项，技术合同成交额 153.58 亿元。

科技合作与交流

【国内科技合作与交流】 2023 年，威海市科学技术局印发产学研合作补助资金实施细则，支持企业与高校院所产学研合作、技术转移转化。经备案的技术开发、技术转让合同，按不超过实际支付金额的 5% 给予购买方补助，每家每年不超过 30 万元。开展技术供需双向调研，梳理“企业技术需求”“高校院所科技成果”两张清单，摸底梳理 78 家企业技术需求 157 项，走访对接北京大学、清华大学等 20 余家高校、科研院所，征集技术创新成果 500 余项；常态化开展对接活动，召开微生物资源成果对接交流会、科技合作名校直通车暨威海产学研合作大会等，加速推动成果转化落地，达成产学研合作项目 120 项。12 月 14 日，科技合作名校直通车——长春专场暨威海产学研合作大会在威海市召开，全国 23 家高校院所的专家、威海市 58 家企业代表 180 余人参会，搭建威海市企业与全国各高校院所交流互动平台，推动更多优秀技术成果在威海市落地转化，现场签订产学研项目 8 个。

【国际科技合作与交流】 积极开展国际科技合作交流，组织企业参加鲁港科技创新合作大会、以色列智能网联汽车技术交流会等活动，围绕智能制造、电子信息、医疗康养等领域，推动全市企业开展技术交流活动，加强对外联系，拓展合作渠道。年内，获批省国际科技合作基地 2 家，全市有省级以上国际科技合作基地 7 家。持续打造国际创新特色品牌，引进海外创新资源。围绕医疗器械技术领域，举办第六届中韩创新大赛，开展创新竞技和合作对接，报名参赛项目 231 个，30 个创新项目分别获得一、二、三等奖和优秀奖。其间，开展点对点线上技术、人才对接会 20 余场次。7 月 28 日，第六届中韩创新大赛颁奖大会在威海国际经贸交流中心召开，中韩获奖项目代表、大学、科研院所、科技服务机构代表等 120 余人参加。会上签约合作意向 18 项；正式启动中韩医疗器械产业创新服务联盟并举办中韩医疗器械成果展。9 月 11 日—13 日，第三届中日科技创新合作大会在威海市召开，日本相关机构、高校和企业代表及威海市高校院所和企业代表 100 余人参加。会议围绕电子信息、现代农业、海洋科技等领域开展深入对接与合作交流，签署合作协议 5 个，达成合作意向 7 项。9 月 27 日—28 日，2023 年膜产业技术创新合作大会在威海市召开，7 位国际膜技术领域专家及国内高校院所专家及膜相关企业代表 100 余人参会。会议围绕膜产业、膜技术、膜材料等相关领域开展深入对接与合作交流，签署合作协议 5 个。

（修鹏远）

8 月 22 日，首届国际高性能碳纤维及复合材料科技大会暨山东省碳纤维产业链推进大会在威海市召开　　（孙大伟　摄）

气象工作

【概况】 2023 年，全市气象工作实现高质量发展，获评山东省气象局“质量提升年”行动先进典型成果项目 3 个、全省气象高质量发展创新实践优秀典型案例项目 2 个，气象高质量发展评估居全省第 4 位；威海市气象局被省气象局评为优秀达标单位和重大气象服务先进集体。

【气象现代化建设】 市政府召开推进全市气象高质量发展工作会议，落实国务院《气象高质量发展纲要（2022 年—2035 年）》，3 个区（市）政府全部出台配套落实文件。新建、升级自动气象观测站 23 个，完成新一代天气雷达技术升级和双偏振改造。升级石岛海洋气象广播电台，建成多模多馈天线 1 部。开发应用“天镜”2.0 系统，完成全市数据全流程监控。

【气象服务】 服务海洋强市建设，做好渔区分区预报服务，有关经验获得省政府安全生产委员会、省农业农村厅推广，有关政务信息被中共中央办公厅、中共山东省委办公厅采用。开展定制化港航气象服务，该工作获评全省气象部门创新工作；服务省级以上海洋牧场13家，联合市海洋发展局成功申报山东省海洋牧场气象服务中心。服务乡村振兴战略，为全市1400余家种粮大户开展“直通式”气象服务，在关键农事期发布农业气象专报；开展无花果采摘期直通式服务；荣成苹果、乳山生姜气象服务获批山东省生态农业特色气象服务示范点。服务绿色低碳高质量发展，制作发布气象卫星林火监测服务、雾霾、浒苔气象服务专报，《2022年生态气象公报》获得市政府主要负责人批示肯定；荣成市、乳山市获评中国气候宜居城市建设绿色低碳发展先行城市。服务大抓经济中心任务，为重大核电项目、威海热电集团有限公司做好能源保供气象服务；暑期推出日出日落观赏指数预报助力文旅产业发展，工作做法获得中共威海市委主要负责人批示肯定。

【防灾减灾】 准确预报汛期5次暴雨和冬季4次暴雪天气过程，开展重大天气过程临灾预警叫应31次，发布各类灾害性天气预警信号85次，预警信号精细到镇（街道），平均提前量超15个小时，强对流预警信号平均提前量超50分钟，暴雨预警信号准确率达100%，暴雨（雪）、灾害性大风预报准确率居全省第1位。发布重要天气预报96期、《气象服务专报》78期、专项气象服务108期，决策服务材料获得中共威海市委、市政府主要负责人批示76次。开展人工增雨作业30轮次，累计增加降水约1000万吨。

【气象科技创新】 组建创新团队4个，形成创新成果7项。在全省气象行业职业技能竞赛中，威海市获得预报竞赛团体第1名、人工影响天气竞赛团体第2名；获得省气象局立项课题7项，1项课题科技成果获评省气象局“优秀”等级；发表论文25篇，其中SCI期刊论文1篇。《生姜种植气象服务规范》被列入市地方标准立项计划，《太阳色球单色像观测要求》气象行业标准进入评审。1人获批享受国务院政府特殊津贴。

12月21日，文登区普降暴雪　　（威海市气象局　提供）

【社会管理】 开展“双随机、一公开”部门联合检查2次，强化安全生产驻点监管。全年办理雷电防护装置设计审核7件、升放气球活动审批31件。防雷安全重点单位检查覆盖率100%。

【气象科普宣传】 开展科普活动17次、“千乡万村气象科普行”活动6次。冷流降雪科普短视频获得全省气象科普讲解大赛一等奖，1个气象知识科普宣传项目获得威海市第二届青年志愿服务项目大赛铜奖。

【气候概况】 2023年，全市气温比常年偏高1.2℃，属偏高，为全市有气象记录历史最高值；降水较常年偏多5.6%，属正常；日照时数比常年偏少2.3%，属正常。12月15日—22日夜间，全市出现两次连续性暴雪天气过程，两次暴雪过程叠加打破多项历史记录。其中，12月21日文登区日降雪量33.7毫米，突破山东半岛有气象观测记录的冷流降雪日降雪量极大值，文登区累计雪深达74厘米，为山东省1951年后积雪深度极值。

气温　全市平均气温为13.7℃，比常年偏高1.2℃，比上年偏高0.8℃。其中，威海市中心城区年平均气温最高，为14.5℃；文登区、乳山市最低，为13.4℃。7月9日，全市年极端最高气温出现在乳山市，为35.1℃；1月25日，年极端最低气温出现在文登区，为零下15.2℃。

降水量　全市年平均降水量775.4毫米，比常年偏多41.2毫米，比上年偏少241.8毫米。全市年降水量威海市中心城区最少，为685.4毫米；文登区最多，为942.5毫米。

日照　全市日照时数平均为2349.7小时，比常年偏少55.7小时，比上年偏多23.1小时。其中威海市中心城区最多，为2412.0小时；荣成市最少，为2215.9小时。

（冯　妍）

编辑　李传强

教　　育

综　述

【概况】　2023年，全市有幼儿园360所，义务教育阶段学校201所（其中普通小学100所、普通初中101所），普通高中18所，中等职业学校（不含技工学校）16所，特殊教育学校4所，高等教育学校11所。幼儿园在园幼儿6.55万人，小学教育在校生14.06万人，初中教育在校生9.79万人，普通高中教育在校生3.7万人，中等职业教育在校生2.36万人，高等教育在校生14.35万人（其中普通本专科13.51万人、研究生3815人）。继2013年成为全国首批、全省首个通过义务教育发展基本均衡县国家认定"满堂红"的地级市后，所辖4个行政区（市）全部被认定为全国义务教育优质均衡发展县，是全国唯一所辖全部行政区（市）均通过国家评估认定的地级市。环翠区、荣成市、乳山市成为全省首轮通过国家认定的全国学前教育普及普惠县。威海市教育局获评全国维护妇女儿童权益先进单位。

【教育改革】　推进"双减"（有效减轻义务教育阶段学生过重作业负担和校外培训负担）试点工作，丰富课后服务"课程超市"资源，发布各类素质课程3930门，满足学生个性化选择需要。开设"威海名师辅导讲堂"，遴选全市名优教师，累计开办56期，制作免费课程资源2637个，观看超过169.4万人次。统筹开展校外培训专项排查行动，摸排各类机构3000余所次，处理群众投诉举报244个，查纠违规培训问题100个。完成基础教育国家级优秀教学成果推广应用示范区建设任务，建设经验入选山东省教育综合改革十大典型案例，在第三届中国基础教育论坛上进行交流。

【招生考试】　全年组织各类考试27项，33.48万人次参加。其中，夏季高考与等级考试1.17万人，夏季高考外语听力考试1.22万人，夏季高考外语口试6654人，普通高校招生艺术类专业统考1528人，春季高考知识考试2477人，专升本考试3196人，成人高考1.14万人，两次全国大学英语四六级考试5.7万人、高等教育自学考试8315人，研究生初试9981人；两次普通高中学业水平考试3.76万人，市直普通高中招收艺术特长生专业统考1232人、体育特长生统考597人；初中学业考试7.08万人、理化生实验技能考试2.34万人、信息技术考试2.49万人、英语听说考试2.36万人；两次计算机等级考试1.01万人、中小学教师资格考试笔试1.29万人、教师资格面试4427人，普通话测试822人。

【优质教学资源扩增】　年内，新建和投入使用公办幼儿园9所，增加公办学位2160个，全市普惠性幼儿园覆盖率达95.7%，公办幼儿园在园幼儿占比提升至67.1%。新建中小学1所，新增学位1620个。提前启动义务教育招生入学报名工作，制订秋季小学教育资源供给保障工作方案，扩增学位资源6504个，平稳应对秋季学期入学高峰。

【教育服务水平提升】　提升学生饭菜质量，首创中小学食堂学生餐"标准食谱"242道，建立全市统一管理的学校食堂大宗食品原材料供应"品牌库"，实现学生餐饮安全"严监管、共监督"。提升教育数字化服务水平，依托"爱山东"App开设"数通家校"线上办事服务端口，将入学报名、课后服务、研学实践等高频事项纳入线上办理

9月1日，全市中小学共用242道学生餐标准菜谱，实现"一道菜、同口味、同质量"　（王彦博　摄）

范围，2023年秋季学期线上受理义务教育学段报名申请5.56万人，幼儿园学段报名申请1.14万人，对符合大数据核验条件的报名全部实现“零证明”办理。

【教育基础保障】 协调落实上级专项资金3.29亿元，所有专项资金全部分配到位。摸排家庭经济困难学生、单亲家庭学生、留守儿童8685人，确定结对关爱名单并予以重点关爱。严格落实国家各项资助政策，对家庭经济困难学生实现应助尽助。

【师资队伍建设】 有序开展市、区（市）、校三级骨干教师培养培训，组织各级各类教师培训和交流研讨100余场次，参与人数6000余人次。逐步形成高端教育人才梯队，入选齐鲁名师建设人选12人、齐鲁名校长建设人选4人、齐鲁名班主任建设人选8人，1名教师获评山东省教书育人楷模。

【校园安全维护】 召开学校交通安全、消防安全、预防未成年人溺水等各类安全部署会议8次，扎实开展各类安全隐患排查整治10轮次，督导检查中小学、幼儿园、校外培训机构269所次，排查整治各类校园安全风险隐患1123项。

基础教育

【学前教育】 2023年，全市有幼儿园360所，比上年增加8所；有教学班2496个，在园幼儿6.55万人（其中女幼儿3.17万人），比上年减少9354人；全市学前教育三年幼儿入园率达99%以上。全市有教职工1.04万人（其中园长545人、专任幼儿教师6026人）；专任教师中具有高中以上学历的6026人，占幼儿教师总数的100%，比上年提高0.05个百分点。

【义务教育】 2023年，全市有义务教育阶段学校201所，其中普通初中101所（含九年一贯制学校38所）、普通小学100所。全市义务教育阶段有在校生23.84万人，其中小学在校生14.06万人、初中在校生9.78万人。全市义务教育阶段有教职工1.84万人，其中小学教职工8851人（其中专任教师8577人）、初中教职工9598人（其中专任教师8563人）。

【特殊教育】 2023年，全市有独立设置的特殊教育学校4所，招收特殊教育学生71人，有在校生492人。全市特殊教育学校有教职工247人，其中专任教师226人，生师比为2.18∶1。专任教师中受过特教专业培训216人，占总数的95.6%。4所特殊教育学校全部设置中等职业教育班、学前班，14所学校获评第三批省级残疾儿童随班就读示范校。成立威海市融合教育教学共同体，组建威海市巡回指导教师队伍，服务覆盖全市20所随班就读学校，每学期至少开展巡回指导2次。

【普通高中教育】 2023年，全市有普通高中18所（包含十二年一贯制1所），在校生3.7万人。全市普通高中有教职工4142人，专任教师3749人，生师比为9.86∶1。专任教师学历合格率99.76%，具有研究生学历的比例9.4%。

【学前教育普及普惠发展】 实施《威海市“十四五”学前教育发展提升行动计划》，扩大优质幼儿园覆盖面，年内增加公办学位2160个，全市普惠性幼儿园覆盖率达95.7%，公办幼儿园在园幼儿占比提升至67.1%，省级示范园和一类园占比达87.8%，居全省第1位。承办全省学前教育教学成果培育暨教研基地中期交流活动，深入实施幼小科学衔接，15个案例获评省级幼小科学衔接优秀案例，1名教师获得全省“齐鲁幼师之星”特等奖。环翠区获评教育部完善普惠性学前教育保障机制实验区。

【义务教育优质均衡发展】 实施教育强镇筑基、强校扩优系列行动，推进乡村教育振兴，全市城乡学校、优质学校与薄弱学校结对共建覆盖率达100%，荣成市、乳山市入选全省首批乡村教育振兴实验区，威海经济技术开发区崮山镇、威海临港经济技术开发区草庙子镇入选第三批省级试点乡镇，环翠区张村镇经验做法在全省推广。

【普通高中育人机制建设】 推挤学科基地和特色高中创建工作，3所省级学科基地学校入选首批省级特色高中，3所学校入选第二批省级学科基地，3项成果案例在全省推广。实施县域高中发展提升计划，荣成市县域高中发展经验在全省推广。承办全省普通高中校长培训班和6期全省普通高中学科基地“启成”论坛。加大拔尖创新人才培养力度，1名学生获得国际信息学奥林匹克竞赛金牌。

【“五育并举”育人体系建设】 突出德育实效提升，中共威海市委教育工作领导小组和市精神文明建设委员会印

9月1日，新投入使用的环翠区望府实验幼儿园　　（王彦博　摄）

发《威海市实施全环境立德树人加强和改进未成年人思想道德建设工作方案》，建立党委统一领导、党政齐抓共管、部门各司其职、社会共同发力的全环境立德树人工作机制，开展案例宣讲1000余场、受众32万人次。提高智育水平，举办威海市第十届中小学生科技节，实施“乡村学生进城拓展视野计划”，组织40所乡村学校近5000名学生免费到市科学技术馆、科研机构等12个基地开展科普研学活动。强化体育锻炼，全市学生体质健康抽测优良率提升至49.6%，居全省第2位。学生近视率下降至62.6%，连续2年下降超过1%。荣成市获批国家级和山东省儿童青少年近视防控试点县（市、区）。增强美育熏陶，连续5年获得全省教师合唱团比赛一等奖，并获得全省首届班歌合唱比赛一等奖；4所学校被省教育厅确定为首批山东省高水平学生艺术团体。加强劳动教育，2项成果获得全省基础教育教学成果奖二等奖，工作经验做法在全省中小学劳动教育观摩交流大会上进行交流。

职业教育

【概况】 2023年，全市有中等职业学校16所，其中普通中等专业学校10所、职业高中学校6所，在校生2.36万人。全市中等职业学校有教职工2601人，其中专任教师2120人，生师比为11.13∶1。专任教师学历合格率97.6%，具有研究生学历的比例为9.5%。专任教师中专业课、实习指导课教师1436人，其中“双师型”教师所占比例为67.6%。

【现代化职业教育体系建设】 推进中职学校办学达标建设，达标学校13所，达标率81.3%。深化“校企合作”，开展订单式人才培养，与500余家规模以上企业建立深度合作关系，开设校企合作专业和班次140余个，培养规模近4000人，助力区域产业发展。组建产教联合体3个，其中1个获评山东省第一批市域产教联合体，1个项目入选省级重点培育项目。

民办教育

【概况】 2023年，全市有民办教育学校、幼儿园176所，在校生3.7万人。其中幼儿园161所，在园幼儿2.36万人。有小学1所，在校生1452人。九年一贯制学校2所，在校生275人（其中小学128人、初中147人）。高级中学2所、附设高中班1处，在校生1182人。完全中学1处，在校生1672人（初中64人、高中1608人）。十二年一贯制学校1所，在校生3156人（小学935人、初中757人、高中1464人）。普通中等专业学校3所、职业高中5所、附设班1处，在校生5612人。

【民办教育规范】 年内，完成民办学校分类年检241所，依法依规注销5所、停办2所。构建全市开放大学体系，加快推进文登、荣成、乳山广播电视大学体系整体转型。开展终身学习活动周系列活动，获评全国“百姓学习之星”1人、“终身学习品牌项目”1个、省级“百姓之星”6人、终身学习项目9个。

（刘凯　曲燕飞）

10月7日，威海市望海园中学学生开展研学活动　　（杨　正　摄）

技工教育

【概况】 2023年，全市技工院校招生2366人，毕业2118人，就业率97%，留威海市就业率95%，为全市企业输送车工、电工、烹饪工等技能人才。全市技工院校教师获评省级优秀教育工作者5人、优秀教师11人，在全省第二届创业讲师教学能力大赛获奖2人，获评正高级职称3人、副高级职称15人，全市技工院校学生获评国家奖学金学生7人。7项教研课题通过省人力资源和社会保障厅评审并完成结题鉴定，获奖3项。威海技师学院、威海市文登技师学院及威海机械工程高级技工学校申报的机电一体化技术、汽车维修、数控加工等7个专业纳入全国技工院校工学一体化第二阶段专业建设名单。

【学生资助】 2023年，严格落实技工院校免学费助学金补助资金政策，免学费学生5892人、享受国家助学金学生344人，分配中央补助资金431.2万元、省级补助资金72万元。对就读威海市技工院校的全日制建档立卡贫困家庭适龄学生实行“五免一享”（免学费、免住宿费、免教材费、免费提供勤工俭学岗位、免费推荐就业岗位，享受国家助学金）政策，全市技工院校建档立卡贫困学生144人次，免学费

27.1 万元、住宿费 3.5 万元、教材费 2.1 万元，享受助学金 9.1 万元。免费为困难学生提供勤工俭学岗位、免费推荐就业岗位。

【安全管理】 以驻点监管和专项检查相结合的方式，常态化开展技工院校和民办培训机构安全隐患排查整治。对全市 6 家技工院校和 95 家民办职业培训机构开展两轮全面摸排和“回头看”行动，涵盖制度体系、食品、消防、设备等 13 个方面 96 个风险点，整改问题隐患 120 余个。

（于清华 王蕾）

高等教育

【概况】 2023 年，全市有山东大学（威海）、哈尔滨工业大学（威海）、威海职业学院（威海市技术学院）、山东药品食品职业学院、山东交通学院威海校区、山东外事职业大学、哈尔滨理工大学荣成校区、威海海洋职业学院、北京交通大学（威海）、山东铝业职业学院威海校区、威海技师学院 11 所高等院校。年内，全市在校全日制本专科招生 4.58 万人，在校生 14.35 万人。其中，山东大学（威海）招生 2959 人，在校生 1.57 万人；哈尔滨工业大学（威海）招生 3053 人，在校生 1.23 万人；威海职业学院招收高职生 8767 人，在校生 2.32 万人；山东药品食品职业学院招生 5879 人，在校生 1.57 万人；山东交通学院威海校区招生 1197 人，在校生 4458 人；山东外事职业大学招生 1.06 万人，在校生 2.85 万人；哈尔滨理工大学荣成校区招生 1925 人，在校生 7157 人；威海海洋职业学院招生 4564 人，在校生 13431 人；北京交通大学（威海）招生 928 人，在校生 2808 人；山东铝业职业学院威海校区 5770 人，在校生 1.82 万人；威海技师学院高级工和预备技师招生 204 人，在校生 1991 人。

（刘凯 曲燕飞）

【山东大学（威海）】 创建于 1984 年，是山东大学与威海市政府联合共建的多学科、开放式、综合性大学校区。设有学院 13 个，涵盖文学、艺术学、法学、理学、工学和医学等学科门类 8 个，设置本科招生专业 35 个，可在 24 个一级学科招收硕士研究生、18 个一级学科招收博士研究生，同时可在 17 个一级学科招收博士后，形成培养博士生、硕士生、本科生等多层次的教育体系。2023 年，学校有全日制统招本科生 1.57 万人、博士、硕士研究生 2472 人；有在职教职工 1275 人，其中专任教师 853 人，专任教师中具备正高级专业技术职务 160 人、副高级专业技术职务 307 人。

教育教学与人才培养 落实立德树人根本任务，深化教育教学改革，入选第二批国家级一流本科课程 5 门，数字化课程获得山东省 2023 年课程教学优秀案例一等奖，1 人获得第五届全国高校混合式教学设计创新大赛一等奖。与华为技术有限公司共建“拔尖人才创新实践基地”并实现首批招生。多措并举推动招生拓展，不断提升生源质量，1 人获评宝钢优秀学生特等奖，2 个项目获得中国国际大学生创新大赛国家金奖，连续两届获得“挑战杯”国家特等奖，全国大学生智能车大赛成绩连续 4 年居全国第 1 位。“四个创新”平台建设被中国共产主义青年团中央委员会作为创新创业典型案例在全国高校推广。

学科建设与科学研究 加强交叉学科团队培育和跟踪管理，加大亮点学科资助力度，加强对校区首批支持建设的 6 个交叉学科培育项目管理，确保建设工作有序推进。获批“区域国别学”一级学科博士学位授权点，“数字人文”“蓝色经济绿色发展”实验室获得省级文科实验室立项。依托“学科交叉茶座”平台，常态化举办学术交流研讨，推动学科交叉融合与跨学科研究。2023 年，获批省部级以上科研项目 136 项，其中国家社科基金重大招标 1 项、重点类项目 5 项；获得山东省自然科学一等奖 1 项、社会科学一等奖 1 项。空间科学攀登团队成果入选中国科学院《2022 科学发展报告》代表性成果，《马克思主义文化研究》入选 AMI 综合评价核心集刊。横向项目立项经费 5600 万元，比上年增长 22%。

教师队伍建设与人才引育 落实干部教育一体化培训体系，分层分类开展专题培训，提高干部履职能力。6 名优秀科级干部被选派到学校挂职 2 年，助力强院兴校。2023 年，1 人获得国家杰出青年科学基金，3 人获评“万人计划”领军人才，1 人获评国家自然科学基金优秀青年科学基金项目（海外），2 人获评“泰山学者”特聘教授，9 人获评“泰山青年”，1 人连续第 4 年入选“全球高被引科学家”名单，新增校内全职杰出人才 17 人（其中讲席教授 1 人、特聘教授 3 人）。获批海洋科学、地球物理学博士后科研流动站 2 个，1 人获得第二届全国博士后创新创业大赛金奖。

合作交流与地方经济服务 创新国际合作新模式，开拓“3+1+1”本硕连读、“1+1+1”研究生培养等高层次合作项目，年内外派学生 674 名，其中 86 名学生通过中外合作办学赴澳大利亚攻读双学位和本硕连读项目。选派教师赴澳大利亚国立大学开展课程培训，获批国家级引智项目 1 项，获评“山东省荣誉公民”2 人。实施首批校地融合发展建设项目，孵化第一个合作经费 1000 万元级别的专业化研究院——山大—有研稀土磁性材料及应用技术研究院。发挥优势学科资源，与威海市环翠区、潍坊市坊子区开展共建合作。威海工业技术研究院孵化企业 19 家，获评 2023 年度山东省科技金桥奖先进集体，威海发展研究院提报智库成果 20 余篇。

（李松 赵林林）

【哈尔滨工业大学（威海）】 1985 年，哈尔滨工业大学威海分校经航天工业部批准成立，2002 年更名为哈尔滨工业大学（威海）。哈尔滨工业大学（威海）设有学院 11 个、教学部 1 个、书院 1 个、本科专业 38 个，其中新工科专业 9 个和中外合作办学项目 1 个。共享哈尔滨工业大学学术学位博士点 19 个、学术学位硕士点 16 个、博士和硕士专业学位授权点 6 个，单独设有海洋科学一级学科博士点，及船舶与海洋工程、海洋科学一级学科硕士点两个。有山东省重点学科 8 个、山东省特色专业 6 个，海洋科学一级学科获批山东省高水平学科，船舶与海洋工程和海洋科学是哈尔滨工业大学“985”工程重点建设学科。材料科学、工程学、数学、物理、化学、计算机科学、环境工程等学科为哈尔滨工业大学相应学科领域进入ESI全球前1%行列作出重要贡献。有国家级、省部级和市级以上科研平台、重点实验室或研究中心60余个，其中先进焊接与连接国家重点实验室在威海校区建立分支机构，对海监测与信息处理工业和信息化部重点实验室、海洋无人系统跨域协同与综合保障工业和信息化部重点实验室、海洋工程材料及深加工技术国际联合研究中心获批国家级科研平台，新一代海空天对海观测技术综合试验平台获批2017年国家“双一流”建设项目支持。2023年，山东省9个部门联合发文全方位支持哈尔滨工业大学（威海）发展建设，并形成支持清单事项。学校有教职工946人，其中专任教师633人、正高级职称教师120人、副高级职称教师286人；全日制在校本科生1.23万人，研究生1617人。年内，1篇主题教育学习成果被《大众日报》刊发，多项特色做法在光明日报客户端、《山东教育报》报道。推动党建工作与中心工作深度融合，“合作共建筑牢高质量人才培养基石”特色做法在光明日报客户端报道。构建立体式全媒体宣传格局，《党建引领推进高质量人才培养》在光明日报客户端报道，33条视频作品上线“学习强国”学习平台，总浏览量近180万人次。获评山东省黄大年式教学团队1个、山东省第三批新时代高校党建工作样板支部2个、山东省第二批高校“双带头人”教师党支部书记工作室1个、山东省教育系统劳模和优秀人才创新工作室1个，1人获得全国创新争先奖，1人获得全国五一劳动奖章，1人获评山东省教学名师，2人入选山东省师德宣讲团。

教育教学改革　坚持立德树人根本任务，以人才培养为中心全面深化教育教学综合改革，协同育人体系不断完善。推进招生培养一体化改革，成立紫丁香书院。强化课程及教材内涵建设，获评省级一流本科课程6门、一流教材3本，获批山东省高等学校课程思政研究中心立项3项、省级教研立项6项。海空天未来技术学院获批山东省首批未来技术学院，计算机科学与技术学院（软件学院）获批山东省示范性软件学院；获批山东省普通本科高校重点领域教学改革试点项目1项、山东省普通高校示范性实习（实训）基地2个、实验教学示范中心1个、示范性基层教学组织1个。作为牵头单位获评国家级教学成果奖二等奖1项，作为核心参与单位获评国家级教学成果一等奖、二等奖各1项；获评教育部学位与研究生教育发展中心主题案例2项，获评山东省研究生十佳导学团队1个、省优秀导学团队1个、优秀研究生导师3人；获评山东省优秀博士学位论文5篇、硕士学位论文4篇、研究生创新成果5项。

学科建设　围绕国家重大需求和学科前沿，稳步推进特色学科建设。作为高校主体加入山东省智慧海洋“四链”融合重点工程，完成海洋科学山东省优势特色学科中期考核，新增微电子科学与工程和储能科学与工程两个新兴交叉专业，坝道工程医院海洋工程分院正式在学校揭牌。国际海洋科学与技术会议暨海洋工程水动力与装备会议（ISOST 2023）在学校召开。作为牵头单位获得2023年度海洋工程科学技术二等奖1项。

科学研究　提升科研规模和质量，有组织科研成效显著。获批横向千万元级项目3项，签署技术合同146项，获得授权发明专利223件，高被引论文56篇，16位老师入选“全球前2%顶尖科学家榜单2023年度科学影响力排行榜”。获得国家自然科学基金资助24项、国家重点研发项目2项、山东省科技进步奖特等奖1项，获批工业和信息化部重点实验室1个、山东省重点实验室1个。哈工大（威海）创新创业园获批省级小型微型企业创业创新示范基地，新增科技型企业8家，累计培育国家高新技术企业6家、科技型中小企业11家、山东省“专精特新”中小企业1家。

师资队伍建设　推进人事制度改革，聚力打造高水平师资队伍。实施助推青年人才成长托举工程，发挥“卓越”青年人才领航工作站作用，组织青年人才开展学术沙龙、实地调研，增进交流。新增培育国家级人才1人、国家级青年人才2人、省级人才16人。获评山东省教育系统劳模1人、优秀人才创新工作室1个。

学生培养　创新学生工作模式，提升学生实践创新能力，“一站式”学生社区特色育人模式在山东省思想政治工作视频会、省高等学校思想政治教育研究会等5场会议和论坛上进行交流。提高辅导员队伍素质和能力，1人获评山东省优秀辅导员，1人获评哈尔滨工业大学十佳辅导员、3人获评优秀思想政治教育工作者标兵；获评中国大学生自强之星1人，山东省优秀学生19人、省优秀学生干部9人、省先进班集体2个；1人获得“哈工大五四奖章”，9个团队入选全国志愿宣讲团和服务队。全年获得学生科创竞赛省部级以上奖励1098项，参加26项教育部竞赛榜单项目，19项获得最高奖。获得“挑战杯”竞赛全国一等奖1项，中国国际大学生创新大赛国家级金奖1项（研究生创意组排位赛第四名）、铜奖3项，省级金奖4项。推动精准招生与精准就业，2023年全国高校录取分数综合排名第23位，2024级硕士推免生全部来自“985”“211”高校，“985”生源占比70%。毕业生整体就业率98.8%，重点领域和重点行业就业比例不断提升，中央企业就业率27.5%，世界500强企业就业率42.9%，103人入选选调生名单，其中1人为中央选调生。

（郭明洋）

【威海职业学院（威海市技术学院）】 2023年，威海职业学院（威海市技术学院）占地面积193.08万平方米，学校产权校舍建筑面积51.28万平方米。固定资产总值12.97亿元，其中教学、科研仪器设备资产总值2.99亿元。图书馆建筑面积2.3万平方米，有纸质图书180.1万册、电子图书109.78万册。有计算机7762台，多媒体教室459个。开设高职教育专业53个，涵盖装备制造、交通运输等专业大类12个。有在校生2.32万人，教职工1290人，硕士及以上学位专任教师占比达54%（具有高级职称337人，占比30.1%）。有全国模范教师1人、省级教学名师10人，国家级教学团队3个、省级教学团队16个，全国技术能手3人、省首席技师5人、省技术能手8人、省级技术技能大师2人、省级青年技能名师3人。在全省高等职业院校办学质量年度考核中获评A等，居全省第7位。年内，召开中国共产党威海职业学院第二次代表大会，选举产生中国共产党威海职业学院第二届委员会、中国共产党威海职业学院第二届纪律检查委员会。召开共青团威海职业学院第二次代表大会，选举产生共青团威海职业学院第二届委员会。暑期“三下乡”社会实践活动获得中国共产主义青年团中央委员会表彰，学校团委获评“全国五四红旗团委”。“真·实”校园文化品牌入选2023年全国职业院校校园文化建设“一校一品”典型案例，与山东省地矿局第六地质大队共建“大思政课”实践教学基地。承办2023年全国职业院校技能大赛“建筑装饰数字化施工”赛项、第一届山东省职业技能大赛“时装技术”赛项等赛事活动，学院获评山东省高校“双带头人”教师党支部书记工作室培育创建单位、山东省教育系统新闻宣传工作先进单位、山东省教育国际交流工作先进单位等。

专业发展　装备智能制造专业群入选山东省高水平专业群，增设船舶动力工程技术专业，撤销电子竞技运动与管理等3个专业。入选山东省黄大年式教学团队1个，立项省级技能大师工作室2项，入选教育部高等职业院校名师（名匠）培养对象1人。

产教融合　承办威海市2023年产教融合对话活动，牵头成立全国医疗器械、装配式建筑、内燃机曲轴连杆等行业产教融合共同体3个，成立威海火炬高技术产业开发区、威海临港经济技术开发区市域产教联合体2个。

科研创新　获批立项船舶总装建造智能装备威海市工程研究中心、数控系统应用与机床检测技术市级重点实验室，获评山东省级众创空间、山东省创客之家。在第九届“互联网+”大学生创新大赛上获得国家级金奖1项。

服务经济发展　举办山东省巾帼电商发展大会，运营威海市巾帼电商创业实践基地；威海唯智应用技术研究院获评威海市“1+4+N”创新平台体系“赋能产业优秀奖”。

国际交流　牵头成立职业教育国际化协同发展共同体，设立“班·墨”研究中心，与赞比亚铜带大学联合建立“班·墨学院”；举办“模拟上合组织”青年会议，该活动入选中国（山东）—上海合作组织国家友好合作交流季八大品牌交流活动。

（刘金玉）

【山东药品食品职业学院】　始建于1958年，隶属山东省市场监督管理局，总占地面积69.53公顷，校舍面积24万平方米。2023年，学院坚持“为药品食品事业服务，为人民群众健康服务”的办学宗旨，主要为全省药品食品生产加工企业、批发零售企业、医院药房、药物研究机构、药品食品检测监督部门等培养高素质技能型人才，开设药品生产技术、食品营养与检测等专业37个。有教职工796人，高职在校生1.57万人。学院获批省级“双带头人”教师党支部书记工作室1个、共产党员先锋岗1个、党务工作先锋1名。扎实推进学院高质量特色化发展，通过省教育厅组织的省优质校建设、品牌专业群和高水平专业群建设验收；入选教育部“十四五”职业教育国家规划教材6部，获得全国职业院校教学能力比赛二等奖1项，立项省部级教改课题8项，结题省职业教育教改课题7项，教学案例入选全国职业院校教学诊断与改进典型案例。

人才队伍建设　制订公开招聘实施方案，规范开展公开招聘工作3批次，完成招聘人员34人；获批省级教师企业实践基地1个、山东省技术能手1人、省级技能大师工作室2个、省级教学创新团队3个；入选山东省黄大年式教师团队1个，获批黄炎培职业教育杰出教师1人、省级教学名师2人；入选山东省医养健康产业协会科学技术奖项目评审专家4人。

科研和社会服务　发挥高层次人才作用，建立科研团队37个，获批威海市中药质量研究与评价重点实验室1项，主持省部级及以上科研课题19项，获得山东化学化工学会科学技术奖1项、山东省中医药行业科学技术奖1项、国家级职业教育教学成果奖二等奖1项。食品安全科普基地获批国家市场监督管理总局科普基地。牵头成立全国药品行业和全国医疗装备技术服务行业国家级产教融合共同体2个，与213家国内知名企业建立合作关系，入选教育部供需对接就业育人项目优秀案例1项。新增校企合作项目33项，学院连续3批获评山东省校企一体化合作办学示范院校。承办相关单位培训班30余期3500余人。开展执业药师继续教育6827人、在线培训1158人，完成函授教育300余人。年内，学院技术服务及培训、专利转化到款1620万元。

创新创业教育　依托创新创业展馆，支持创新创业社团活动。邀请专家开展专题讲座，激发师生创新创业热情，提升教师的专业指导能力。全年获得国家级“双创”（创新、创业）比赛奖项3项、省级奖项23项。组织参与“技能兴威”威海市第一届黄炎培职业教育创新创业大赛。

招生和就业　面向全国12个省（自治区）招生5879人，计划完成率100%。举办2023年校园推介会，300余家参会企业提供就业岗位近3万个，5197名学生全部落实实习单位，供需比达1∶6。

国际交流合作　牵头制定药物制剂技术、医疗装备工程技术、食品安全管理工程等坦桑尼亚国家职业标准3个，完成中外合作办学招生153人。主办第二届威海国际周暨中医药传统文化交流活动，培训韩国留学生100余人。学院获评职业教育对外交流与合作典型院校。

（谷　群）

【山东交通学院威海校区】　位于威海市双岛湾科技城和兴路1508号，占地面积66.67公顷，建有包括山东省“十二五”高等学校科研创新平台建设工程重点实验室——船舶与海洋运输实验室在内的大型重点专业实验室30余个，是以培养涉海类和涉外类专业人才为重点的大学校区。2023年，校区有教职工329人，其中教授15人、副教授58人；泰山产业领军人物1人；博士后7人、博士73人、硕士162人。校区设有学院3个和基础教学部1个，开设本专科专业15个和硕士培养方向4个，有全日制在校学生4291人。

教学科研　2023年，船舶与港口工程学院获批智慧海洋技术新工科专业，山东省研究生联合培养示范基地——船舶与海洋工程研究生培养基地通过验收，获批研究生招生考试考点。设研究生招生考试考场51个，参加考试1529人；组织大学英语、日语、俄语四六级考试171场次，参加考试5025人次。与招商局金陵船舶（威海）有限公司、烟台中集来福士海洋工程有限公司签订双师型教师培训基地协议，获批教研教改类省级项目2项、市厅级项目5项和省研究生教育教学改革研究项目1项。获批省级新型研发机构优秀类创新平台1个、威海市校地合作人才资助计划1人、山东省青年创新团队2个、威海市重点实验室验2个。教师获批省自然科学基金项目3项、省军民融合项目1项、省部级项目2项、市厅级项目13项。获得中国航海学会科技进步奖3项、山东海洋科技创新奖1项；横向课题合同金额3872万元，比上年增长69.8%；技术开发类合同免税1970万元，增长120%；节省税费60万元，增长122%。教师发表中文核心及以上期刊论文83篇，其中SCI一区论文3篇、二区5篇、三区18篇。授权专利58项，其中发明专利34项、实用新型专利24 项。发表专著2部。年内引进博士2人、硕士3人，甲类船长1人、甲类轮机长1人。

学生工作　举办2022中国机器人大赛暨RoboCup机器人世界杯中国赛（水下机器人项目补赛）。获评第六届中国海员技能大比武航海院校组团体三等奖；开展科创比赛打磨培训4期、创新创业沙龙2期，获得威海市创业大赛三等奖3项；在AB类等高水平学术科技竞赛上获得国家级奖项33项，获得省级及以上奖项165项，比上年增长21.3%。滨城志愿服务协会获得省级奖项1项。获评山东省高校公寓管理先进单位。开展心理咨询101人次，累计时长8200分钟，心理排查9326人次，团体心理辅导12次。研究生首位发表EI会议收录及以上论文12篇，获批省优秀硕士论文、研究生优秀成果2篇（项）。

国际交流合作　马来西亚登嘉楼大学教师生一行3人到校交流，互换本科生课程2门，聘任博士生导师3人。韩国庆尚大学到校区交流，中韩本硕连读项目首批5名学生通过韩语等级考试并赴韩国入学。

产学研和社会培训　现代海洋产业学院获批山东省现代产业学院建设单位。成立山东交通学院寿光交通知识与技能培训中心、山东交通学院济宁港航教育科技服务中心，与中远海运客运公司共建海上实习基地，获批全国航海科普教育基地、山东省航海科普专家工作室。举办黄河流域航运产教融合研讨会、青年学者国际论坛海洋交通运输工程分论坛，参展2023中国海洋装备博览会，加盟威海市域产教联合体，当选威海火炬高技术产业开发区、威海临港经济技术开发区产教联合体副理事长单位。在省教育厅战线联播、中国教育在线发布文章2篇。年内，获批全国首家船舶检修检测培训机构，全年培训525人次。通过国家海事局质量体系换证审核和船员培训项目核查，获批海船船员培训资质25个，开展培训477期1.37万人次。远程终端考场通过国家海事局安全检查，承接船员考试639场次2.77万人次，合格证考试通过率96%，船长、轮机长等适任证书考试通过率90%；学院获得“2022年最受欢迎的船员培训机构”提名，短视频《船员培训第一课》在中华人民共和国海事局平台发布。

招生就业　2023级校区普通本科新生报到率97.8%。举办线上线下双选会3次，参会单位230家，提供就业岗位6619个，2023届毕业生总体就业率93.7%.

（吕　静）

【山东外事职业大学】　创建于1999年，2018年12月，经教育部批准升格为综合性全日制本科院校，2019年5月更名为山东外事职业大学。学校设有威海、济南两个校区，主校位于乳山银滩旅游度假区。校区占地总面积207.53公顷，校舍建筑总面积85.8万平方米(含在建工程6.5万平方米)。设有外国语学院、国际交流学院、国际商学院、管理学院、信息工程学院等教学单位16个。开设本、专科专业67个，形成文学、经济学、工学、管理学、法学等多学科协调发展的专业建设格局。2023年，学校召开中国共产党山东外事职业大学第一次代表大会，总结学校工作成绩和基本经验，明确下一步工作思路、主要任务和重点工作。年内，新建、改建实验实训室33个，对图书馆数据库、教学、教务管理等软件系统进行升级；入藏纸质图书1.31万册、纸质期刊4272册，馆藏总量达268.65万册；电子资源总量增加4500吉字节。58间集直播、互动、常态化录播、AI行为分析、智能巡课督导等功能于一体的智慧教室陆续启用。学校获批山东省第三批“智慧教育示范校”创建单位；在省教育厅组织的“同心防溺水”宣传教育优秀作品评选中，学校获得一等奖6个、二等奖8个、三等奖19个，4名老师获评优秀指导教师；在山东省第八届全国学生“学宪法讲宪法”活动中，学校获得三等奖2个，1名教师获评优秀指导教师；学校被山东省学校安全协会评为2023年度学校安全教育与安全管理先进单位，获批学校安全研究与科普基地；学校获评2023山东最佳品牌影响力高校，在“校友会2024中国综合类职业技术大学”排名中居第3位，在中国华东地区职业技术大学排名中居榜首。

人才培养　2023年，实际新生报到1.07万人，本科招生规模首次超过专科招生规模。首届本科毕业生获得学士学位1971人，考取硕士研究生160人。其中，被“985”“211”或“双一流”院校录取25人，被海外知名院校录取12人。学校通过第二批10个本科专业的学士学位授权评估。强化教学质量工程建设，学校被确定为山东省智慧教育示范校创建单位，在国家和省级各类专业技能大赛中，学生获得奖励189项。加强创新创业教育，学校获评2023年—2024年山东省服务外包人才培训机构，入选全国产教联盟创新创业创造委员会专家委员单位。多渠道做好就业工作，组织线上线下招聘会68场，走访企业108家，就业率为85.2%。

科研工作　学校新设立数字友好城市研究院、碳中和研究院、俄罗斯研究中心等学术机构。科研项目实现国家级项目、省自然科学基金项目、国家发明专利“零”的突破。入选首批“十四五”职业教育国家规划教材3部。获批山东省教育评价改革试点1项、项目库2项，教育部产学合作协同育人项目10项，其他省厅级教改课题10余项。学校数字化果蔬供应链青年研究团队入选第三批山东省哲学社会科学青年人才团队。全校教职工发表论文162篇，6部著作出版，获得威海市社会科学届优秀成果奖3项。在第四届学术活动月中开展学术活动83场，参与师生3.38万人次。

师资队伍建设　年度引进各类教职工169人，其中具有研究生学历的140人（博士研究生9人），副高级及以上职称11人，具有企业工作经历的86人，海外留学人才23人；153人申领威海市大学生就业生活津贴。注重师资培训与发展，142名教师参加岗前培训，取得高校教师资格证112教师人，新增“双师型”教师39人。新晋升教授1人、副教授11人、讲师30人，认定助教88人，参加企业顶岗实践374人次。

产教融合与社会服务　学校陆续加入10个国家级、15个省级产教融合共同体，与山东大学、国家虚拟现实创新中心（青岛）牵头，联合90余家院校、科研院所、企业共同成立山东省数字媒体行业产教融合共同体并被推选为理事长单位。实际运行校企合作项目45个，有校外实习实训基地226个，所有专业实现校企合作全覆盖。开展各类社会实践活动183次，参与活动者5.85万人次；3支志愿服务队入选全国大学生宣讲团。

交流与合作　举办2023外事发展论坛，接待国外访问人员9批次33人。学校代表团访问日本、韩国、德国等高校和孔子学院，开拓多项校际合作交流项目。教师国（境）外访学人数25人，在校生赴中国台湾地区及国（境）外交流26人，其中包括17名韩国免学费交换生。与中国台湾地区及国（境）外13所高校签订校际合作交流协议32项，续签8项。国际交流合作伙伴学校总数达55所。成立山东外事职业大学世翰丝路学院、山东外事职业大学湖西丝路学院、“中德班·墨学院”，开启学校国际交流合作新模式。

治理体系与校园文化建设　推进加强品牌化、特色化建设，君子文化节、读书节、体育节、艺术节等教育活动，挖掘典型、热点人物，贴近学生生活，体现高校热点，打造融媒体传播体系。在《人民日报》、新华网、光明网等媒体及各级各类平台上发布文章5200余篇。学校获得2023年度校园文化卓越宣传奖、山东教育融媒年度供稿优秀单位奖、《大众日报·海报新闻》月度传播奖等。

（颜廷燕）

【哈尔滨理工大学荣成校区】　2006年，经黑龙江省和山东省人民政府批准，哈尔滨理工大学与山东省荣成市政府合作组建哈尔滨理工大学荣成校区，并于2008年正式招生。校区总占地面积48.67公顷，建筑面积23.2万平方米。2023年，荣成校区坚持以工为主，经、管、文、艺相结合的多科性学科特点，开设本科专业25个，有教学系（部）11个、教职工615人（其中教授12人、副教授43人、博士37人），在校生7100余人。

招生就业　加大招生宣传力度，开展“我为专业代言”视频征集活动，利用新浪网、山东广播电视台等媒体持续开展线上招生宣传活动，建设生源基地9个。2023年，校区山东省综合改革类招生招生463人，普通本科招收1634人。2023届毕业生1922人，初次就业率80.6%，升学率12.1%；协议就业的毕业生中逾39%留在山东（其中留威海市就业68人），近16%回到黑龙江省。校区就业率总体稳定在全校本科平均水平。持续以“百强县（区）”“百强民企”“百个毕业生就业集中单位”为就业服务切入点，以山东为基础，拓展长三角、珠三角地区，新拓展岗位3000余个，举办线下招聘会321场次。与中关村信息谷等多家企业开展就业实习合作，促进应用型人才培养。

学生工作　完成全员全覆盖的秋季学期心理普测，建档并进行谈心疏导。参加山东省高校心理健康活动月活动，获得二等奖、三等奖各1项。评选省“三好学生”158人。推进“以赛促学”，获得大学生职业生涯规划大赛校级二等奖、三等奖各1项。开展“七个走进”（闪亮理工光彩——走进街道社区、走进红色场馆、走进军营、走进中小学、走进养老院、走进赛事一线、走进第二故乡的田野）文明实践志愿服务，弘扬文明新风，指导团员和青年开展专题理论学习，组织爱党爱国爱校系列教育活动；加大团学干部选育管理，开展“青马工程”和学生干部培训5期。与荣成市寻山街道建立帮扶互助关系，派出11名学生担任村长助理；成立“理工红色宣讲团”，深入谷牧故居等开展胶东故事宣讲活动；组织791人参与第四届荣成滨海国际马拉松服务；开展“警民共建，服务地方，助力美丽乡村建设”墙体彩绘社会实践活动，助力美丽乡村文化建设。校区青年志愿者协会获评山东省2022年度无偿献血先进突出集体。举办大学生科技节、社团文化节、文化艺术节，复开校园田径运动会等；参加第十九届“挑战杯”全国大学生课外学术科技作品竞赛，获得省三等奖1项；参与暑期大学生“三下乡”社会实践，8支队伍完成结项答辩，2支队伍获得省级表彰。

科研工作　学院实施房车研发、高性能泡沫镍制备的关键技术研究、多模块高温气冷堆（百万千万级）BIM建模及可视化应用、第四代分注井远程智能控制平台研发等项目24项。获批山东省自然基金面上项目3项、青年基金1项，获批山东省重点研发计划重大项目1项、重点项目1项、一般项目1项，山东省人力资源和社会保障厅重点课题1项、山东省住房城乡建设科技计划项目1项、山东省渔业软科学研究课题1项，教育部中外人文交流中心项目1项、黑龙江省社会科学学术著作出版资助项目1项。获批山东省科技型中小企业创新能力提升计划，落实资金95万元。深入企业开展融链活动，共同探索校企合作模式。与威海日报社等单位联合开展“链动高校科创成果　赋能企业加速发展”——哈尔滨理工大学威海研究院科技成果推介会，达成转化意向2项。签订技术开发协议2项。年内发表高水平论文17篇，其中SCI索引论文13篇、EI检索论文3篇、中文核心期刊论文1篇；出版专著2部；申请专利66项，授权专利15项，其中授权发明专利3项。

创新创业　完成2022年大学生创新创业项目的结题验收和2023年新项目申报工作，全年获批国家级大学生创新创业项目7项、省级48项，哈尔滨理工大学科研训练项目暨校级创新创业训练计划项目562项。承办第五届全国大学生智能技术应用大赛，获得大赛优秀组织奖。开展“郭永怀之星”创新创业大赛暨第九届“北洋之星”电子信息及智能制造创新创业大赛，收到参赛项目136个，20家团队进入威海市决赛，2各项目获得团队组“优秀奖”。年内，为学生提供创业咨询指导16次，辅助2个学生创业团队办理营业执照。

（王梓榕）

【威海海洋职业学院】 威海海洋职业学院是经山东省人民政府批准、教育部备案的国有公办全日制普通高等专科学校。2023年，学院有在校生1.34万人，教职工490余人。实施党支部评星定级管理建设工作，21个基层党支部标准化规范化建设达标率为100%。打造“一系部品牌，一支部一特色”党建品牌，获评山东省教育系统党建先锋岗1个，第一批新时代高校党建样板支部成功结项。持续打造文化育人品牌，“明德”系列活动获评山东省教育厅关心下一代工作委员会参与社区教育创新案例三等奖和优秀组织奖。推进思政工作提质增效，获批教育部人文社会科学研究项目1个，4门课程分获省职业教育学会课程思政研课会特等奖1项、一等奖1项、二等奖2项。获得山东省田径锦标赛一等奖2项、二等奖2项、三等奖1项；2个常态化社会实践项目获得山东省志愿服务大赛铜奖，入选全国社会实践专项队伍2支；二课活动评价平均分连续2年居全国高职院校首位；被认定为“齐鲁工匠后备人才”学生76人。

教育教学改革 加快省级高水平专业群建设，船舶智能制造专业群成功立项第二批省级高水平专业群。加大教学信息化推进力度，新建并上线运行在线课程29门，获评山东省继续教育数字化共享课程2门、山东省社区教育优秀课程资源课程6门，完成12门省级、10门院级精品资源共享课程建设任务。加强教学理论研究与实践，立项省级以上课题15项，其中山东省职业教育教学改革研究项目5项。加强新型教材建设，获评首批“十四五”职业教育国家规划教材2本，获评省级职业教育优秀教材培育教材1本。持续深化课证融通，完成28个专业22项中级证书考核，学生通过率达98.3%；打造竞赛育人新模式，承办省赛赛项1项，获得国家级比赛一等级1项、二等奖1项，省级比赛一等奖1项、二等奖13项、三等奖18项。

师资队伍建设 加大人才引培力度，招聘教职工27人，聘用省级及以上高层次技能人才4名，培养国家级技术能手1名、省技术能手3名。加强名师引领工程，4个省级名师工作室通过省级验收，立项建设省级技能大师工作室1个，获批山东省科普专家工作室1个，6名教师分获全国技术能手、山东省先进工作者、山东省巾帼建功标兵、山东省齐鲁工匠、山东省技术能手称号，入选威海市科技专家库教师11人。常态开展培训、教研和实践锻炼，教师获得省级教学比赛二等奖2项、优秀奖1项，获批2023年山东省职业教育教学创新团队3个，获评山东省高等学校教学名师1人，1篇论文入选中国精品科技期刊顶尖学术论文。

产教融合与对外交流 合作企业增至430余家，牵头申报国家级行业产教融合共同体1个、省级2个，参与国家级行业产教融合共同体建设51个、省级3个。与威海市海洋高新技术产业园牵头共建威海海洋高新技术产教联合体，获批全省首批省级市域产教联合体、全省首批省级市域产教联合体。建设省级开放型区域产教融合实践中心3个，并推荐至教育部。典型生产实践项目获批省级校企合作典型生产实践项目。与韩国木浦海洋大学合作办学项目获得省教育厅批准、教育部备案；开发坦桑尼亚、冈比亚等国家职教标准项目4项；组织开展教育部“汉语桥”线上团组项目，实体化运行泰国宣素那他海外分校，培训泰国学员1100余人。参与中国海外职业技术学院—缅甸万宝校区与老挝万象校区的建设工作，招收国际学生资质通过教育厅评估，赴国外高校交流学习学生15人。

社会服务 获得各类专利授权91项，软件著作权登记35项，发明专利授权居全国高职院校第29位，科研与社会服务能力居全国高职院校第105位。扩大继续教育、人才培训、技能鉴定和科普工作层次规模，培训各类人才1.5万人，学院获评2023年全国科普日活动优秀组织单位。赋能乡村振兴，获评全国教育赋能乡村振兴典型案例1个，入选山东省科学技术协会典型好案例1个；学院获评乡村振兴电商人才培养示范基地暨村村播工程示范校、山东省2023年度电商助力乡村振兴先进单位。

（郑 蔚）

【北京交通大学（威海）】 北京交通大学（威海）举办单位为北京交通大学，其办学实体是教育部2015年批准设立的北京交通大学威海校区，威海校区管理委员会、威海国际学院、威海研究院合署办公。威海校区设立党委和纪委，受学校党委领导。校区下设校区办公室、党群工作部、学生发展与服务部、教学事务部等部门14个。

招生工作 2023年，威海校区在校学生总数2626人（其中本科生2257人、研究生78人、第二学位学生291人），管理人员133人。学校统筹招生资源，2023年录取全日制统招中外合作办学本科生600人、全日制统招中外合作办学研究生40人、第二学士学位学生600人，中外合作办学新生报到率高于95%。威海校区威海国际学院有两个中外合作本学机构和项目（北京交通大学与美国罗切斯特理工学院合作信息管理与信息系统专业本科教育项目），开设本科专业6个、硕士专2个、第二学士学位专业4个。威海国际学院在30个省（直辖市）招生，其中10个省的录取线排名位次提升超过1300名，7个省的录取线排名位次提升超过2000名。

师资队伍建设 校区师资队伍以北京交通大学和外方合作院校教师为主。至年底，校区有任课教师234人。其中北京主校区教师131人、校区自聘教师22人、兰卡斯特大学教师50人、罗切斯特理工学院教师22人、聘请山东大学（威海）等其他高校教师9人。组织修订中外方培养方案，跟进各专业培养方案修订进度，完成2024版培养方案修订工作。完成新一轮本科教育教学审核评估学院自评工作，对标新一轮审核评估指标体系，制订并落实自评方案及工作计划，完成自评报告。

人才培养 至年底，威海国际学院2023届毕业生496人，整体就业率91.7%。其中，79.6%的毕业生选择继续深造（国内深造率25.2%、国外深造率54.4%），30.2%的毕业生进入2023年QS世界大学排名前P50位的院校深造，40.93%的毕业生进入2023年QS世界大学排名前100位的院校留

学深造，深造率高于学校平均值。与马来西亚精英大学签订合作协议与备忘录，开展“2+2”的留学生联合培养工作，学生在马来西亚精英大学学习2年，到威海校区全英语教学环境下学习2年，满足学业要求后获得北京交通大学学位。至年底，校区学生在“挑战杯”首都大学生课外学术科技作品竞赛上获得省部级特等奖2项，获得全国大学生智能汽车竞赛山东赛区一等奖1项。引导学生科研创业，组织参与创新创业竞赛，获奖达300人次；举办宣讲、学科竞赛和科普讲座40次，4000余人次参与，1人获得国家级创业比赛奖项，74人次获得北京市奖项。

科研工作　2023年，国家自然科学基金委员会批准北京交通大学威海研究院为国家自然科学基金依托单位，研究院具备独立申请和承担国家自然科学基金项目的资格。威海校区完成实验室安全风险评估工作，开展实验安全培训、“实验室宣传安全月”系列活动，提升实验室工作人员及实验师生的安全意识，确保实验室全年安全无事故。

治理体系与治理能力建设　加强制度建设与文化建设，推进学校数据治理体系、协同育人信息平台建设。以企业微信为基座打造协同育人平台入口，集成以“活动、支持、服务、展示”为核心的育人类应用15个、学生网上办事服务29项。完成本研一体化全面发展培养与认定系统、学业支持中心系统、校区统一服务指南平台建设和校情综合数据展示平台、智慧思政驾驶舱、学生成长画像项目一期建设。承办山东省高等教育管理科学研究会高校发展规划工作委员会2023年年会和中国海洋生态保护修复交流大会。

（丁鹏彦）

【山东铝业职业学院威海校区】　2023年，山东铝业职业学院威海校区设有商学院、智能制造与物联网学院、互联网学院等教学单位9个，开设有色金属智能冶金技术、机电一体化技术、药品生产技术、早期教育等专业39个，建成国家级骨干专业2个、中央财政支持专业2个、省级特色专业3个，数字文化创意专业群获批省级高水平专业群立项。年内，威海校区毕业生4575人，就业率90.99%。学院与12家行业领先企业开展校企直通车项目，有20个专业360名学生加入直通车项目，学院按照《技术技能人才培养标准》为中国铝业集团有限公司6家定培企业培养120名毕业时便具备同岗位2年的职业素养和技术技能的人才。中国铝业集团有限公司党校围绕集团重点工作开设企业党建类、经营管理类、专业技术技能类等各项培训，全年组织线下培训217个班次，参训1.85万人次，线上网络培训38个班次，培训3.67万人次。学院获得省级及以上大赛获奖39项，其中包括国家教学成果一等奖、第七届山东省“福思特杯”大学生会计税务技能大赛一等奖、山东省高校师生‘阅读新时代·书香润校园’阅读活动“优秀组织单位”、山东省人工智能技术创新应用职业技能竞赛三等奖。

（勇亚楠）

【威海技师学院】　威海技师学院是经人力资源和社会保障部、山东省人民政府批准设立，隶属威海市人民政府，以培养技师和高级技工为主要目标，同时承担企业在职职工高技能人才和各类职业教育培训机构师资培训任务的公办全日制高等技工院校。学院始建于1986年，2012年经山东省人民政府批准，改建为威海技师学院，是山东省重点技工学校、国家重点技工学校、全国职业教育先进单位、国家级高技能人才培训基地。学院拥有本科预备技师专业1个、高职专科专业2个、预备技师专业9个、高级工专业12个，其中国家高技能人才培训基地重点建设项目专业5个、山东省示范专业群项目重点建设专业4个、威海市示范专业2个。

教学科研　学院打造“竞赛育人”新模式，建立优秀选手层级参赛机制，学院师生先后获得全国智能制造应用技术技能大赛二等奖、三等奖等国家级奖项3项和省、市级奖项49个，在“技能兴鲁”职业技能大赛中获得模具工赛项职工组、学生组第1名及机床装调维修工、中式烹饪等7个赛项一等奖，在威海市职业技能大赛中包揽数控车、数控铣、汽车维修、CAD机械设计4个赛项的第1名。学院探索工学一体化人才培养路径，机电一体化技术、烹饪（中式烹调）2个专业获批全国技工院校工学一体化建设专业。2项课题分别获得2023年山东省技工教育和职业培训科研课题一等奖、三等奖，立项省级科研课题3项。

校企合作　学院坚持校企合作与开放办学，构建协同育人格局，先后与20余家企业和行业协会建立合作。围绕企业需求，开设相关专业2个。与山东联桥集团有限公司共建联桥国际学院，探索“实践研学＋学历提升＋联合培养”的国际化人才培养模式，拓宽国际化人才培养路径。与亿和精密工业（威海）有限公司共建亿和产业学院，构建集生产实践、技术服务、技能培训、创新创业为一体的人才培养体系。学院深化校企合作、赋能地方经济社会发展等工作经验做法在“学习强国”学习平台、《人民日报》、新华社等媒体报道。

社会服务　学院申报的荣成市公共实训基地项目通过国家发展和改革委员会审批，获得中央财政资金支持2000万元。获批“威海市中韩工学一体技工培育项目”，获得中央财政拨款350万元。获批鲁东大学成人教育威海地区函授点，与鲁东大学联合举办成人高等学历继续教育，开设本、专科专业22个，入学考试过线率92%。中标退役军人技能培训项目，承接荣成市海洋产业技能提升培训项目，开展企业职工技能提升培训，全年举办培训32班次，培训退役军人、企业职工、在校生及农村劳动力1800余人。

（卞程灏）

编辑　李传强

文化·传媒

综　述

【概况】 2023年，全市深入学习贯彻习近平文化思想，聚焦更好满足市民精神文化需求，持续深化文化领域体制机制改革，统筹抓好文化事业繁荣发展、文旅产业深度融合，聚力提升主流媒体传播力、引导力、影响力、公信力，推动全市文化建设各项工作实现新跨越。

【文化“两创”与红色基因传承】 确定爱国主义特质鲜明的基地138处，推出爱国主义教育热选路线10条，打造形成覆盖全域的千里海疆爱国主义展示带。分众推进教育实践，面向全民开展“七项教育”活动；中共威海市委宣传部与中央音乐学院等联合举办中国（威海）合唱节暨环翠区第50届“5·23”歌咏会，吸引群众广泛参与。加强品牌宣传推介，推出“爱国故事我来讲”短视频13期，山东卫视播出威海市爱国主义教育主题晚会，中央电视台《正午国防军事》栏目宣介威海爱国主义教育工作，“警钟长鸣 发愤图强”爱国主义教育专题座谈会在威海市召开，甲午战争纪念地入选全国革命文物保护利用优秀案例，中国甲午战争博物院与与山东大学联合开展的“刘公岛开学第一课”入选全国“大思政课”优质资源项目名单。

【传统民间工艺发展】 新建市级手造展示中心，新设销售展区60个，认定新一批市级非遗工坊16处，“山东手造·威海好品”韩国·仁川威海馆启动试运营。依托“山东手造·威海中心”，举办“中国旅游日”威海主题日活动、“5·23”合唱节非遗文创展览、展销活动等90余场次，开展直播带货60余场次，销售额达30余万元。举办“千里山海 自在威海”推介活动，邀请全国各地调研团实地调研威海特色手造产品，打造手造研学品牌。组织手造企业参加2023山东工艺美术博览会暨“山东手造”精品展，在山东手造·展示体验中心（济南）举办“精致城市 幸福威海”威海特色海洋休闲文创精品展，组织300余类5000余件“威海好品”参加第四届中国国际文旅博览会、第二届中华传统工艺大会，扩大“威海好品”知名度和美誉度。

【数字文化产业发展】 推进自在威海智慧旅游平台建设，面向游客优化功能78项，提供便捷、高效、个性化的一站式旅游服务；邀请市场主体498家，上架2578个产品和服务，共同参与全域旅游的建设发展；优化网络数据捕捉、信息汇集功能，积极拓展双千兆行业应用，挖掘典型应用场景30余个，为政府决策提供依据和支撑。创建国家级数字文化创新平台，依托中国油画小镇，借助国家级平台深圳文化产权交易所的产业集聚效应，打造中国油画交易中心、全国文化大数据油画专业中心和深圳文交所中国油画运营总部孵化基地“三位一体”的数字文化创新平台。

【文艺文化活动】 2023年，全市开展“艺起来闹元宵 迎春艺术嘉年华游园会”“千里山海沙滩音乐节”“渔民开洋、谢洋节”“5·18国际博物馆日”等重点文化活动4.7万场次，文化公益创投项目获评全国典型案例，“2023山东文艺志愿者在行动”活动在威海市启动。作为中央音乐学院“5·23”艺术节主办地，举办2023中国（威海）合唱节暨第50届“5·23”歌咏会，在18天内举办高水平文艺演出、艺术培训等活动66场，中央和省级主要媒体对活动进行报道。开展“黄河大集”活

5月2日，小学生到马石山十勇士纪念馆参观

（中共威海市委宣传部　提供）

动，设立“黄河大集”43处，举办现场活动680余场次、直播340余场次，销售额达1.8亿元。

【文艺精品创作】 全年推出《红色娘亲》《不灭的火焰》等小剧小戏310部，4部文艺作品被列入山东省“齐鲁文艺高峰计划”重点项目名单。纪录电影《大洋追鱼记》入选山东省优秀文艺作品入库项目和2023年度国家电影精品专项资金拟资助项目，获评2023年第十九届中美电影节“年度最佳纪录电影”。

【公共文化服务】 完善城乡一体公共文化设施网络，新建成乡村书房12处，新增新型公共文化空间10处，其中入选山东省最美公共文化空间7处，数量居全省第1位。高标准推进文化体验廊道建设，印发《2023年度市直部门单位支持廊道重点村建设的政策措施一览表》《2023年度市农业农村局支持重点村建设的政策清单》，8个重点村建设进度完成率79.6%。加强文物保护利用，推进爱德华码头警署修缮等文物保护利用工程，威海湾“靖远”舰遗址第一期水下考古调查入选2022年度山东省五大考古新发现；一战华工纪念馆入选山东省外事教育基地，获批山东省中华优秀传统文化、革命文化、社会主义先进文化专题实践教学基地；荣成海草房文物保护利用入选山东省文物事业高质量发展典型案例。

【文旅融合拓展】 强化重点项目建设，推进重点文旅招商项目60个，获评省级文化产业示范基地2家，入选省新旧动能转换文化创意产业项目库项目5个，入选省文化体验廊道建设重点项目名单项目15个。加强精准营销，推出精品主题线路20条、网红打卡点100个，举办2023千里山海自驾旅行者大会和G228交旅融合经验交流会，同步推出特色活动60余项，年内到威海市游客数量突破5600万人次，威海市多次入围抖音、携程、同程等平台榜单前10名，千里山海自驾旅游公路入选全国文化和旅游标准化示范典型经验。

【主流媒体宣传】 聚焦中共中央总书记习近平视察威海五周年、全市“大抓经济”等主题，组织媒体播发稿件2万篇，在省级及以上发稿1.8万篇，威海精致城市建设情况被《人民日报》、新华社等主流媒体广泛报道。加强新媒体宣传，成立新媒体协会，策划开展“潮拍千里山海”“畅拍冬日威海”等活动，“潮拍千里山海”全媒体推广活动获评全国营销大赛金奖，威海文旅话题点击量突破23亿次。加强传播体系建设，制订推进市级媒体加快深度融合发展的实施方案，建立与重大战略重要部署主要参与部门的对接沟通机制，实现市、区（市）、镇（街道）、村（居）、群众5级传播渠道“一键统发”，构建全市上下协同发力的舆论宣传工作格局。

（谭艳华）

文学艺术

【概况】 2023年，威海市文学艺术界联合会团结全市文学艺术工作者，打造威海文艺品牌，创作出一批优秀的文艺精品，出版图书、发行杂志60余部（期），在省级以上发表或展出文艺作品2000余篇（件），院线电影《大洋追鱼记》《村头村尾》和京剧《郭永怀》、中国画《泰山美松赞》、中国画《家山新韵》获得山东省第三届泰山文艺奖，获得山东工艺美术博览会金奖12项。举办《寻梦威海》演出2场、《一代廉吏徐士林》演出2场、情景剧《回忆乳娘》演出1场，完成小型音乐剧《清清水长流》《缘起这片海》剧本创作，打磨提升音乐剧《彭润芝》和《永不迷航》。9月，由中国演出行业协会、山东省文化和旅游厅（简称省文旅厅）、威海市政府共同主办的第六届全国剧场大会在威海市召开，全国500余家剧场、演艺新空间及演出机构代表参会。

（史怀宝　相卫刚）

【报告文学】 2023年，史怀宝长篇报告文学《悬壶山河》和长篇纪实文学《谷文昌传》出版，人民日报网、新华网等、《百家论坛》和《中华读书报》等媒体对作品进行连载或介绍；长篇报告文学作品《寒冰天使》获得山东省见义勇为文学作品大奖赛二等奖。唐明华短篇报告文学《情到深处》入选《2023中国报告文学精选》，长篇报告文学《乳娘》入选2023年度国家数字出版精品项目。刘博短篇报告文学《情系困难老兵，传递军民温情》获得退役军人事务部主办的全国征文大赛三等奖。阿华报告文学集《致敬，老兵》入选山东省作家协会2023年重点作品扶持项目。

【小说】 2023年，宋潇凌长篇小说《十二背后》入选腾讯2023年10月文学原创好书排行榜。刘博、刘泉鑫合著的长篇历史小说《斗狼》出版。李喜华刑侦小说《暗夜昙花》获得“七猫全国现实主义题材征文大赛二等奖”。于鹏程网络长篇小说《长生》获得年度最佳网络文学奖，《参天》入选中国作家协会新时代十年百部中国网络文学榜单。刘爱玲短篇小说《无解》入选《中国文学年鉴2022》。岛子短篇小说《本分人秦谷民》《寻车记》等在《啄木鸟》《传奇·传记文学选刊》等发表。阿华在《时代文学》等发表短篇小说《耳机分你一边》等。于福明短篇小说《一碗拉面闯天下》获得“香榭御府·青海拉面”全国小说大赛优秀奖，何学滔、于福明闪小说《缅怀》《请再说一句吧》获得“痕迹杯”全国闪小说大赛佳作奖。史怀宝长篇小说《开放时代》（中英文）签约美中时报出版社。

【文学艺术评论】 2023年，张红军论文专著《中华传统文化与马克思主义文论中国化》出版，崔春学术专著《流散汉语新诗的跨界艺术研究》出版，杨机红学术专著《荀子和琐罗亚斯德思想的比较研究》出版，洪树华学术专著《从“言志”到“灵感”：中国古代文论的微观阐释》出版，李丁学术专著《新历史主义文论中的“中国”》出版，鹿晓燕学术专著《形式美学视角下的八股文研究》出版，许乐学术专著《科幻影视文化研究》出版。邱崇论著《王懿荣书札辑释》获得全国古籍出版社百佳图书二等奖。张超学术研究成果《释放数据的力量：数据新闻生产与伦理研究》、官恩森研究成果《老子的帐幕：理雅各、林语堂英译〈道德经〉辩读》、张红军研究成果《中国古代民本思想与文艺人民性立场的内在关联》分别获得山东省第36届社会科学优秀成果奖二等奖、三等奖。赵丹艺术专著《胡蛮美术史论研究》出版，徐德雷专著《中国原创音乐剧审美与创作研究》出版，王友斌专著《创意灯饰与照明设计》出版，范文慈专著《音乐表演者的身与意》《交响钢琴诗——范文慈合作钢琴音乐会（专辑）》出版，钟晓红专著《墨客——钟晓红古筝独奏专辑》出版，张剑专著《图解景观设计——100个经典植物配置》《风景园林规划设计》出版，赵鸿专著《俄罗斯男子芭蕾教学研究》出版。

【诗词】 齐鲁诗词名家选集《宋彩霞卷》出版，卞传忠诗集《澄怀抱玉》出版，刘本江诗词集《诗韵乳山》出版。冰岩在《诗刊》等发表的诗歌《冰岩的诗》（组诗）《春天里》等，诗歌《沉默之后》等被《中国文学年鉴》等收录。阿华诗歌《水碎在了水里》被《中国文学年鉴》收录。宋彩霞发表诗词23首、论文5篇。孙世伟诗歌《母亲是我的人间烟火》获得第十八届紫香槐全国网络文学大赛优秀奖，宋吉英诗歌《渑池的山水情》获得《人生与伴侣》杂志社举办的全国征文大赛二等奖，孔凡帝诗词《沁园春·黄河咏》获得首届“黄河诗词大会”诗词征文三等奖，夏照强诗歌《一个人的芒种》获得2023中国农民诗会作品征集三等奖。

【散文】 李富胜散文集《一缕清风》《温馨的小草房》出版。徐承伦主编的《威海历史文化故事丛书》出版。姜元快散文集《岁月铭痕》出版。解玉军散文专著《半岛：食与自然》被中央电视台科教频道《读书》栏目推介。史怀宝散文《砥砺岁月》《永远的大平原》入选散文集《家风故事》《读中文》。杨机臣散文《远芳侵古道》获得《美文》2023年读者最喜欢奖，李秀英散文集《花下溪水》获得山东省首届语文教师“杏坛杯”写作大赛文学著作类二等奖，宋吉英散文《故乡情》获得正念杯2023全国文学书画摄影大奖赛文学类散文组二等奖。

【摄影】 宋林继摄影作品《乡野高原救助站》获得中国图片“那山 那水 那人——乡村振兴新图景”大赛金奖，《生命的较量》入选第五届天鹅之城——中国三门峡自然生态国际摄影大展。白淑珍摄影作品《天鹅卫士》获得第十一届全国农民摄影大展特等奖，《雪域牧歌》获得第十届山东省老干部艺术节摄影大赛一等奖。史勇健摄影作品《凝视幸福》获得“情之韵”2023上海国际郎静山摄影艺术奖慈善摄影大赛金像奖。王祖良摄影作品《爱的表白》获得香港第十三届全国摄影艺术展览金奖，《晨涧雁鸣》获得欧洲摄影学会2023第六届骑士奖国际摄影大赛铜奖。宫兆兴摄影作品《海上集体婚礼》获得山东省“镜头里的婚俗改革”摄影征集大赛一等奖，刘岩青作品《山村初雪》获得第十三届“孔子故乡 中国山东”网络摄影大赛一等奖。陈士伟摄影作品《火红的年代》获得“大美中国”第五届全国旅游摄影大赛银奖。孙秀芹摄影作品《苇花深处有人家》获得第十五届山东省摄影艺术展银奖。邹峰摄影作品《躺平的共享单车》《争锋》入选第六届深圳国际摄影大展，刘晓波摄影作品《养殖工的早餐》入选第二十九届全国摄影艺术展，孙韶宁摄影作品《整装待发合庆湾》入选全国乡村振兴摄影大展。

（史怀宝）

【影视】 由井建民执导的院线电影《大洋追鱼记》和孙颖懿编剧、孙宪导演的院线电影《村头村尾》被列入国家电影局2023年度电影精品项目；《大洋追鱼记》获得第三届山东省“泰山文艺奖”三等奖、第19届中美电影节年度最佳纪录电影、第十届希腊伊拉派特拉国际记录片提名，入围第二届华语纪录电影大会华语纪录电影特别推荐——自然科学类作品。宋潇凌创作的30集电视连续剧《天山颂歌》剧本获得第二届《中国作家》阳翰笙剧本奖最佳剧本奖。韩文仕担任制片的故事片《塞上暖阳》获得香港紫荆花国际电影农村振兴一等奖。威海今朝文化科技发展有限公司出品的电影《怯懦的勇气》登录全国院线，入围2023金鸡奖WIP环节。威海威漫文化有限公司联合威海农村数字电影院线有限公司完成纪实短片《寻美威海》摄制，威海正艺文化传媒有限公司摄制百集诗词影视剧《诗词故里》。山东昆嵛电视广告有限公司联合戚建波、车行、孔祥极等打造威海市山海自驾旅游系列原创组歌MV及音乐电影、电影组歌MV共7首10个篇章。故事片《铁锤的春天》完成摄制工作，并取得公映许可证；原创实景拍摄影视剧《诗词故里》、全市首部青年发展友好城市主题电影《奋斗的青春》登记备案。

（史怀宝 张雅婷）

【戏剧】 由朱红赤、刘昌毅编剧，卢昂、冯佳导演，张建峰、单娜主演的京剧《郭永怀》获得山东省第十三届泰山文艺奖戏剧类三等奖。由张胜云编剧、刘军张导演、李作举和邓玉花主演的吕剧《永远不会忘记》在2023山

7月15日，吕剧《我的乳娘》剧照 （威海市文化和旅游局 提供）

东省群众性小戏小剧擂台赛中获得银奖。在山东省第六届农民戏剧展演月活动中威海市戏剧家协会获得展演奖，于江泳编剧、窦佰仪导演、韩波作曲、李丽和李作举主演的吕剧小戏《我的乳娘》获评优秀剧目。毕可文获评“加膳杯”第四届山东省老年大学文艺展演声乐最佳指导老师。丁培君、杜艳霞、谭业凤获得山东省第六届吕剧票友大赛优秀票友奖。现代京剧《长空烈焰》获得第十届中国京剧艺术节京剧优秀剧目奖。

【音乐】 曲波作词的大型交响情景组歌《红色照金》在第十届陕西省艺术节开节演出，获得“特别贡献奖”。苗华舟作词、陶锐作曲的《海边渔村靖子头》和毕建谊作词、王志杰作曲的歌曲《文登花饽饽》在“村歌嘹亮·2023山东省新时代乡村歌曲创作征集活动”中获得优秀作品奖。曲波作词的《北京晨曲》等5首作品入选2023北京新春音乐会，作词的《流金岁月》入选中央电视台诗意中国2023年春节晚会，作词的《人民就是江山》入选东方卫视2023年春节晚会，作词的《中华全家福》入选2023年全国文学艺术界大联欢，作词的大型交响史诗组歌《黄河之水天上来》在山西卫视播出。林红作词的歌曲《为人民服务》在“学习强国”学习平台、中央电视台播出。

【美术】 刘海博中国画《泰山美松赞》、孟庆波中国画《家山新韵》获得第十三届“泰山文艺奖”美术类三等奖。杨子林焦墨山水画《苍壑有声》获得山东省社科界第十届人文艺术作品大赛三等奖。于向志作品《整装待发》入选“时代·肖像”全国油画作品展，作品《秋获》入选美在致广——全国小幅美术精品展并被中国美术馆收藏，作品《树下的布朗族姑娘》被民族文化宫民族画院收藏。于仁祝出版画集《微尘妙趣》。单永进出版《中国高等美术学院教学范本——单永进作品集》，李强绘画、姚建配文专著《漫说妇联那些事儿》出版；李强绘画的专著《图说纪检监察业务》和《图说纪检监察》出版，漫画《牛郎织女遥相望》入选“子恺缘”第十四届中国漫画大展。丛晓林中国画《追风少年》获得山东省社会科学界第十届人文艺术作品大赛一等奖，于昌伟漫画《落实到人》获得第三十三届中国新闻奖，漫画《更睡不着了》《花香飘万里》分别入选“子恺缘”第十四届中国漫画大展和第六届·桐乡中国廉政漫画大展。安立、邹本虹、公寓春、段会壮的作品入选第四届全国综合材料绘画名家作品学术邀请展。郭洪蕖中国画《吉日·盛装》、孟庆波中国画《山色空蒙居清悠》入选“万年浦江——2023全国中国画作品展”。于丽波中国画《憩》入选“美在致广——全国小幅美术精品展”，被中国美术馆收藏。孟庆波山水画《家山新语》入选“江山如此多娇——中国山水画作品展”。毕可丽中国画《蒙山沂水情》《硕果》分别入选“同源· 第三届中国画作品展”和第三届“乡风墨韵——牡丹之都全国中国画作品展”。 姜妍滢的布面油画《东风·暖阳·收获》入选“多彩· 2023 第七届全国女画家作品展”。何长峰连环画《黄旭华》在《连环画报》杂志发表连载，出版单行本。刘海博出版《刘海博中国画作品集》。

【书法】 孙曙光行草书法作品《古人书论》获得首届“书家翰墨杯”全国书法大赛和首届“黄苗子杯”全国书法篆刻展铜奖，于思红大篆作品《散氏盘》获得首届“黄苗子杯”全国书法篆刻展铜奖。王明军楷书作品《诗集传序》入围全国第十三届书法篆刻展览。《中国当代书法名家作品集·单国防》出版。10月15日，山东省书法家协会、省美术家协会、中共威海市委宣传部、市文学艺术界联合会联合在北京市举办“丹青繁露——单国防单永进书画作品展”，展出书法、绘画作品80幅。11月8日，以“弘扬一种文字，振兴一个民族”为主题的王天国水族文书画陶艺展在北京市举办。

【民间文艺】 2023年，威海市民间文艺家协会组织36家单位参加第三届韩国（山东）进口商品博览会、中韩酒店艺术节，与韩国民间艺术家进行交流。组织20家会员单位参加2023山东工艺美术博览会，获得金奖12项、银奖20项。其中，杜龙池锡镶工艺作品《腾飞中国龙》、于文政葫芦雕刻作品《中华龙》、秦嗣安木雕作品《支前车》、马金霞玻璃画作品《田园风光》、黄爽葫芦画作品《国色天香》、孙海燕花饽饽作品《国泰民安》、孙元峰烙画作品《山水图》、曹燕青花饽饽作品《领航》、李江玉锡镶工艺作品《富贵图》、徐安明土陶作品《莲华》、赵锦娇石雕作品《欣欣向荣》、王培万乳绣作品《锦绣年华》获得金奖。

（史怀宝）

【广播电视和网络视听优秀作品】 开展2022年度威海市广播电视节目奖评选，参评作品117件，推荐74件参加省级评选，获得一等奖2件、二等奖11件、三等奖24件。组织参评2022年度全省优秀广播电视公益广告，获得一等奖2件、二等奖1件、三等奖3件。选送《威海市“国学小名士”经典诵读电视大赛》节目获评2022年度全省优秀少儿节目。

（张雅婷）

群众文化

【概况】 2023年，威海市深入推进国家公共文化服务体系示范区创新发展，持续提升基层文化设施建设水平，大力实施文化惠民工程，有效丰富群众精神文化生活，让优质的公共文化服务“点亮”群众美好生活。

（王彦力 张雅婷）

【全国广场舞展演山东威海片区广场舞大会】 9月23日，由文化和旅游部公共服务司、文化和旅游部全国公共文化发展中心主办，省文化和旅游厅、威海市政府承办的全国广场舞展演山东威海片区广场舞大会在威海市举办。活动以市文化广场为主会场，市人民广场、韩乐坊广场等6处广场为分会场，全国5个省（直辖市）的16支队伍近1000名广场舞爱好者参演，国家公共文化云等平台直播活动，300余万人在线观看。威海市群众艺术馆和荣成市文化馆联合排练的舞蹈《大美山东我的家》在贵州省贵阳市举办的全国广

11 月 7 日，原创广场舞《大美山东我的家》参加全国广场舞之夜活动展演

（威海市文化和旅游局　提供）

场舞之夜活动中展演。威海市文化和旅游局（简称市文旅局）获得 2023 年全国广场舞大会优秀组织奖，舞队获得优秀广场舞团队奖。

【公共服务创新发展】　高标准完成第三批、第四批国家公共文化服务体系示范区创新发展成果评审工作，1 个公共服务创新发展案例入选全国公共文化服务高质量发展典型案例，2 个案例入选山东省旅游公共服务科典型案例。

【文化惠民工程】　中共威海市委宣传部与中央音乐学院等联合举办中国（威海）合唱节暨环翠区第 50 届“5·23”歌咏会。年内，举办“精致城市·幸福威海”广场文化活动 56 场，“书香满威海　七彩阅读行”活动 6000 余场。全市公共文化场馆开展全民艺术普及公益培训 1600 余场，举办围棋、茶艺、国学等传统文化讲座 1200 余场。启动文化公益创投项目 63 个，覆盖社区、乡村、驿站、景区，开展公共文化服务活动 800 余场。威海市吕剧《我的乳娘》、小品《一步之遥》入选“2023 年度山东省优秀群众性小戏小剧”名单。对口快板《振兴谣》、群舞《幸福花饽饽》、吕剧《我的乳娘》3 部作品入选全省群众艺术优秀作品名单。《永远不会忘》和《我的老家》参加 2023 年山东省群众性小戏小剧擂台赛，分别获得银奖、铜奖。发挥“春雨工程”志愿服务平台作用，与新疆维吾尔自治区克拉玛依市、阿克苏市文艺服务队建立结对合作机制，赴两地开展文艺交流，推动优质文化资源以志愿、公益的形式向边疆民族地区流动，助力全市文艺精品打造。

【公共文化设施建设】　2023 年，包含图书馆、新时代文明实践展示体验馆、城市会客厅等多功能场馆的环翠区公共服务中心建成并开放。全市新建成乡村书房 12 处（累计 24 处）。遴选新型公共文化空间 10 处，7 处新型公共文化空间入选山东省最美公共文化空间名单，入选数量居全省第 1 位。评选出市级乡村文化建设样板镇（街道）10 处、样板村（社区）20 处，其中入选山东省乡村文化建设样板镇（街道）1 处、乡村文化建设样板村（社区）2 处。

【公共服务标准制定】　2023 年，威海市地方标准《威海市儿童友好城市建设导则　第二部分：图书馆》发布，标准由市文旅局、妇女联合会、产品质量标准计量检验研究院联合起草，从图书馆的空间环境、服务保障、儿童参与和儿童服务等方面做出详细规定，对市、区（市）儿童友友好型图书馆建设与服务供给做出规范。发布威海市地方标准《公共文化服务公益创投运行指南》，明确原则与目标、项目筹备、项目征集与申报等内容，为公共文化服务公益创投运行工作提供指导。

【文旅数字化建设】　2023 年，“威海公共文旅云”微信公众号发布稿件 1016 篇，总分享数量 3.26 万次，总阅读量 58.60 万人次。“威海公共文旅云”视频号发布视频 46 个，观看量 5.62 万次，点赞量 2377 次；直播 35 场，观看量 1.43 万次，点赞量 5.18 万次，分享数量 1433 次。“威海公共文旅云”网站发布文旅云活动 5009 个、文旅云资讯 9451 篇，注册文化志愿者达 2.28 万人。推进全市“鲁通码”建设，与威海市大数据中心联合印发《关于在全市 A 级景区、图书借阅场所推广鲁通码应用的通知》，督导各区（市）景区、图书借阅场所推广“鲁通码”应用。

（王彦力）

5 月 23 日，中国（威海）合唱节暨环翠区第 50 届“5·23”歌咏会举办

（威海市文化和旅游局　提供）

【应急广播村村响工程】 2023年，开展市级应急广播平台运行维护、信号调试、机房条件改善等工作，梳理完成市、区（市）两级应急广播月报，及时播报农村防火防汛等应急信息。威海经济技术开发区投入资金1000余万元，对应急广播平台进行全面升级，做到各村广播“应接尽接”。其他区（市）拓展平台应用，扩大覆盖面，确保全域平台实现联通。

【公益电影放映】 2023年，市文旅局完成放映模块更新、购买服务、设备调试和放映培训等准备工作，于4月启动放映工作。注重满足群众需求，通过发放群众满意度调查表、定期精选节目单等形式，进村征询群众观影意见，放映群众喜闻乐见的影片。至11月初，完成全部公益电影放映任务。

（张雅婷）

文化遗产

【概况】 2023年，威海市坚持“保护为主、抢救第一、合理利用、传承发展”的工作方针，推动非物质文化遗产（简称非遗）创造性转化、创新性发展，积极做好非遗名录体系建设、宣传展示体验、重大活动举办等工作，非遗的保护能力和传承活力得到提升。全市文博事业持续健康发展，实施文物修缮保护项目9项，推进国有建设用地考古调查勘探发掘前置工作，完成考古调查勘探项目26项，“靖远舰”遗址第一期水下考古调查获评2022年度山东省5大考古新发现。各博物馆发挥文化教育主阵地作用，策划举办各类基本陈列46个、临时展览49个、社会教育活动1480次，年参观人数479万人次。加强博物馆藏品征集，全年新增藏品1879件（套）。中国甲午战争博物院“国安教育一课堂”教育活动入选全省博物馆十佳社会教育案例，文登区博物馆“文风一脉 研古学今”弘扬传统文化系列活动入选全省博物馆优秀社会教育案例，东墩海草房文物建筑活化利用项目入选全省文物建筑活化利用十佳案例。

（相卫刚 于佳鑫）

【非物质文化遗产保护】 2023年，市政府公布第七批市级非物质文化遗产代表性项目名录28项。市文旅局联合中共威海市委宣传部、市人力资源和社会保障局、市乡村振兴局公布第二批市级非遗工坊16家。荣成市胶东饺子食俗非遗工坊、环翠区威海锡镶技艺非遗工坊入选第二批省级非遗工坊。乳山市乳山寨镇、荣成市俚岛镇中我岛村分别入选山东省第二批文化生态名镇、名村。“寻梦海洋 自在荣成”——深蓝非遗沉浸式海洋研学之旅线路获评全省非遗特色旅游线路，威海长林生态农业有限公司旅游体验基地获评全省非遗旅游体验基地。全市入选第六批省级非遗代表性传承人8人，入选2022年度非遗保护十大模范传承人1人。

（相卫刚）

【国家级、省级非遗活动】 2023年，黄河流域大运河沿线国家级非物质文化遗产代表性传承人研修班在荣成市举办。举办中国·荣成海洋民俗文化月活动，其间先后开展中国·荣成海洋民俗文化座谈会、山东省非遗与旅游融合发展培训班、千人祭日大典、“百鱼上岸 福满万家”成山头吃会等传统民俗节庆活动，新华网、《中国文化报》、大众网等10余家媒体对活动进行报道，“国家公共文化云”“山东公共文化云”、抖音、微信等新媒体进行现场直播，在线观看量200余万人。“文化和自然遗产日”期间，全市组织非遗主题活动、非遗进校园、非遗赶大集、非遗好物直播等19项活动。6月10日，“山海有约 乐享生活”2023年威海市文化和自然遗产日活动暨非遗购物节在环翠楼广场举行，胶东5市和枣庄市的40余个优秀非遗项目进行展示，市民现场进行沉浸式非遗体验，《人民日报》对活动进行报道。

（相卫刚）

【物质文化遗产保护】 市文旅局召开全市博物馆工作座谈会，推动市域内国有博物馆与非国有博物馆结对共建帮扶，确定威海市博物馆与威海火炬高技术产业开发区寿山石博物馆、中国甲午战争博物院与威海市裕红祥丝绸文化博物馆，荣成市博物馆与赤山民俗博物馆“一对一”帮扶，促进全市国有博物馆与非国有博物馆资源共享、合作共赢。年内，各博物馆在藏品研究和利用、陈列展览、社会教育等方面开展交流，并联合举办系列活动，荣成市博物馆经验做法在全国中小博物馆提升工作座谈会上进行交流。

【“来远舰”遗址水下考古调查】 8月—9月，山东省水下考古中心联合威海市文物部门开展“来远舰”遗址水下考古调查工作。通过抽沙作业方式，清理范围面积约300平方米，出水武器、生活用品、船体构件等文物1800余件，包括能实证“来远舰”身份的镀银汤勺、水手身份木牌等文物。10月19日，国家文物局召开新闻发布会，对作为“考古中国”重大项目之一的威海甲午沉舰遗址重要考古成果进行介绍。

【刘公岛甲午战争纪念地建筑群保护利用】 12月，威海市“军地共建、活化利用——刘公岛甲午战争纪念地建筑群保护利用项目”获评全国革命文物保护利用优秀案例。该项目依托刘公岛甲午战争纪念地建筑群——屯煤所、鱼雷修理厂，军地共建打造以“总体国家安全观”为主题的教育培训基地和胶东（威海）党性教育基地的“历史选择展馆”，以“产权不变、共建共管”的方式，实现文物建筑的活化利用。年内，“威海市刘公岛甲午战争纪念地——北洋海军基地后勤保障设施（屯煤所、鱼雷修理厂）修缮工程”入选第一批山东省优秀革命文物保护工程。

【威海锡镶紫砂茶壶博物馆】 12月28日，威海锡镶紫砂茶壶博物馆获得省文化和旅游厅备案。该馆位于威海市环翠区桥头镇信河北村，展览面积3000平方米，藏有晚清民国时期的锡镶紫砂茶壶2000余把，是一家以收藏、展示、研究晚清民国时期威海锡镶紫砂壶文化为主题的专题博物馆。展馆通过实物、照片、非遗体验等展览形式系统展示威海市锡镶技艺的起源与发展历程，并开设“非遗文化＋红色文化＋传统文化＋农耕文化”的研学融合

威海锡镶紫砂壶博物馆　　（威海日报社　提供）

试验地，引导观众沉浸式体验陶瓷、皮影、草编、柳编、剪纸、花饽饽等传承技艺。

（于佳鑫）

图　书

【概况】　2023年，威海市图书馆有馆藏文献资源208万册（件），接待公众160余万人次，图书流通量达150余万册；新增图书9200余册，新增注册读者9000余人；线上线下开展各类讲座、展览、培训、阅读推广等读者活动近900场，参加活动5万人次；举办传统文化公益培训600余场，参加培训3万人次。威海市图书馆先后获得第十八届全省读书朗诵大赛优秀集体组织奖、第六届全省少儿诗词朗诵大赛优秀组织奖，获评2019年—2022年全省公共图书馆文献资源共建共享突出贡献集体。

（迟心昊）

【实体书店发展】　引导和推动实体书店高质量发展，发挥示范书店在传播先进文化、推进全民阅读、提供公共文化服务等方面的引领作用，获评山东省最美书店2家，全市有全省最美书店8家。在文旅惠民消费季活动中，发放“书香威海”主题消费券220万元，拉动实体书店的销售收入增长。

（李　郡）

【全民阅读推广】　市图书馆持续开展全民阅读推广活动，加大阅读推广宣传力度，通过微信公众号、微博、抖音等平台发布各类阅读推广信息1200余篇。打造“书香敲门　与爱同行”关爱特殊群体阅读、“阅宝起航”再出发等阅读推广品牌活动。参加国家图书馆“四季童读”项目，开展优秀儿童图书推荐活动；参加胶东经济圈市级公共图书馆全民阅读活动，先后开展胶东五市“畅叙桑梓情·共读家乡美”乡村阅读推广案例展览、“共读一本书　五市共此时”等阅读推广活动，推进公共图书馆优质服务水平和文化供给能力的提升。举办“诵读盛世新篇章　且以诗意共远方”第十届威海市读书朗诵大赛并选拔选手参加第十八届山东省读书朗诵大赛总决赛，举办“‘我爱我的家乡——向我的家乡真情表白’5·20幸福威海绘本推荐会”，举办“赓续历史文脉·谱写当代华章”第五届少儿诗词诵读大赛并选拔选手参加第六届全省少儿诗词诵读大赛等。

【一级图书馆建设】　市图书馆持续提升基础服务水平，打造品牌活动。开展线上、线下“你选书我买单”“威图U书”服务，审校、增加馆藏地方文献书目数据库、当地作家作品书目数据库，多元化满足读者阅读需求。以文献资源、“全国家庭亲子阅读体验基地”为根基，开展“享读读书”亲子阅读志愿服务。常年开展展览、讲座活动，全年举办展览20场、“聪聪故事汇”102场。开展“知·行快乐研学”活动，接待10所学校600余人。

【总分馆体系建设】　发挥市图书馆总分馆服务体系在基层文化服务方面的优势，加大图书更新流通力度，为全市城市书房、共享书柜、基层服务点和流动图书馆车配送图书33万册；新增天和美术馆等基层服务点3处，与3处基层点续签基层服务协议。开展总分馆业务培训下基层活动，提升基层场馆工作人员业务水平。开展流动图书馆服务车“订单式”流动服务，新增服务点3处，全年服务读者2.6万人次；开展文化拥军活动，将流动图书馆车开进部队营房，助力书香军营建设。

【优秀传统文化推广】　发挥尼山书院传统文化推广主阵地作用，开展“我们的节日”传统文化展示、夏令营、传统文化进基层等活动，弘扬优秀传统文化。春节和元宵节期间，市图书馆开展送福送春联、线上猜灯谜活动，送出春联1000副，推出谜语1000条。尼山书院举办传统文化公益培训514场，开设汉服体验、国学精讲等多门培训体验课程；开展《百姓课堂》公益讲座136场；暑假期间开展青少年国学夏令营活动4期。

【智慧化图书馆建设】　提升市图书馆智慧化、数字化办馆水平，打造“数字阅读推荐”服务品牌，提升数字资源利用率，推广数字阅读。馆内增设成人与少儿电子书荐读区，读者通过手机扫二维码即可线上阅读。拓宽图书借还渠道，开通“鲁通码”借书功能，方便读者借还图书。

（迟心昊）

【“农家书屋”建设】　组织各区（市）、开发区开展2023“新时代乡村阅读季”活动，参加“我爱阅读100天”读书打卡活动，威海市列全国地级市第7位，连续4年获评全国地级市前十强，环翠区、文登区、荣成市、乳山市入选全国县级排名三十强。荣成市创新“农家书

4月20日，荣成市开展“书香荣成·码上阅读”活动

（威海日报社　提供）

屋”管理的新模式作为全省乡村阅读典型经验被宣传推广，荣成市俚岛镇大庄许家村农家书屋获评全国最美“农家书屋”。

（李　郡）

文化产业

【概况】　2023年，全市影院参与各级惠民消费季活动，繁荣电影市场，票房收入比上年增幅明显。加强报刊出版管理，推动从业机构完善内控和自律机制，完成全市3家具有“国内统一连续出版物”号的报纸2022年度报纸年度核验工作。组织全市连续性内部资料核验工作，对9家省级连续性内部资料的出版情况进行初审及转报，《小金星》申请注销。

（张雅婷　李郡）

【电影市场】　2023年，全市电影票房收入1.05亿元，比上年增长66%。全市投入资金80余万元，发放观影专用优惠券10余次，提振电影消费市场。通过“学习强国”学习平台、微信公众号等平台发布推介信息40余条，帮助影城开展宣传。

（张雅婷）

【图书发行】　2023年，威海市新华书店发行图书1.67亿元。发行《习近平谈治国理政》《习近平新时代中国特色社会主义思想学习纲要（2023年版）》《中国式现代化面对面》等重点党政读物26.6万册。通过与出版社、印刷厂建立协调联动机制，教材教辅发行稳中求进，完成全市中小学生“课前到书，人手一册”任务。加大文化专项资金的投入力度，投资800余万元完成实体门店升级改造，打造集阅读、活动、社交等于一体的新业态、新空间、新体验的综合文化场所。借助全省出版平台的专家、作家资源优势，围绕全民阅读“七进”（进农村、进社区、进校园、进军营、进企业、进机关、进家庭）工作要求，常态性开展作家见面会、名家名著讲座、儿童绘本分享、家庭教育沙龙、非遗手工体验等公益文化活动，深入推进全民阅读工程。

（程传侦）

文化市场管理

【概况】　2023年，威海市文化市场综合执法支队重服务，强监管，不断优化营商环境，提升管理效能，依法依规维权益，全力推进文旅事业高质量发展。加强广播电视安全播出管理，做好元旦、春节等重要时期安全播出保障工作。开展卫星电视传播秩序整治专项行动和风险隐患大排查行动，规范广播电视播出秩序。强化行业创新创优，1个案例入选全省优秀广播电视和网络视听行业深化人才发展体制机制改革创新案例，2篇调研报告获评2022年度全省广播电视和网络视听优秀调研成果二等奖。2人分别入选全国、全省文化市场综合执法培训专业师资库。2起案件获评2022年—2023年度全省文化市场综合执法重大案件，4人被全省通报表扬。

（范丽萍　张雅婷）

【新型文化案件查处】　2023年，市文化市场综合执法支队先后办结威海市首起销售境外出版物案、首起网上擅自发行外文出版物案、首起微信群传播盗版电影案，首起影院制造虚假交易、虚报瞒报销售收入案，首起剧本版权案等新领域、新类型案件。威海市文化市场综合执法支队被国家版权局表彰为2022年度查处重大侵权盗版案件有功单位，获评全省文化市场综合执法办案先进单位。

【文化市场服务】　完善诚信体系建设，推进失信企业黑名单制度；全面落实“双随机、一公开”和“互联网＋监管”机制；实施包容审慎执法，落实首违不罚、首违轻罚制度。梳理文化和旅游执法领域“轻微违法行为不予处罚”及“一般违法行为减轻处罚”清单48条，营造宽松市场环境，全年办理轻微违法行为不予处罚案件10起，减免罚款金额8.4万元。高效处理投诉举报，做到“有诉必接，有接必查，有查必果、优先处理”，全年处理各类举报投诉183件，现场处理矛盾纠纷4起，维护消费者的合法权益。

【综合执法办案】　市文化市场综合执法支队与市公安局联合打造“千里山海平安游”旅游警务品牌，严厉打击违法犯罪行为。将剧本娱乐、电竞酒店、点播影院等新兴市场主体纳入监管，摸排经营状况，精准研判发展态势，为依法管理打下基础。开展助老护苗、剧本娱乐、广播影视、旅游市场等专项整治行动20余次，出动执法人员3.3万人次，检查经营单位1.26万家次，扣押非法出版物3000余册，取缔非法卫星地面接收设施销售点6个，清理拆除卫星地面接收设施80余套。办结行政处罚案件134起，其中普通程序案件62起、简易程序案件72起，移交法院行政强制案件1起，罚没款56万元。

【文化市场安全监管】 加强重要节点安全巡查保障，加大巡查力度，督促完善应急预案，及时排除隐患。全年出动执法人员2.77万人次、检查各类单位8946家次，发现整改问题隐患18处，有效维护市场安全秩序。加强宣传引导，通过QQ群、微信群等渠道，广泛宣传安全生产典型案例、政策法规等，提高企业的责任意识。引导企业加强培训演练，组织负责人安全培训2次、行业安全生产演练100余次，受众2000余人次，实现群防群治。加强重点市场安全监管，突出对道路交通旅游包车、大型演出市场的安全监管，检查签订车队合同的旅行社72家次，全流程监管营业性演出26场次，有效防范事故发生。

（范丽萍）

【广播电视播出秩序整治】 开展卫星电视传播秩序整治专项行动，清理非法卫星地面接收设施，严厉打击“黑广播”、非法传播网络视听节目等违规行为。自5月起，开展风险隐患大排查行动，检查宾馆酒店100余家次，出动执法人员525人次，出动检查车辆174辆次，张贴公告、发放宣传单2310张，劝助群众拆除卫星电视地面接收设施80件（套），收缴卫星电视地面接收设施25台（套），办理擅自安装和使用卫星地面接收案件6起。

（张雅婷）

报刊·网络

【概况】 2023年，市文旅局贯彻落实意识形态工作责任制，强化报纸导向管理、质量管理、提升报纸出版质量，开展报纸及其所办新媒体审读工作。至年底，全市有全国统一刊号报纸3种（《威海日报》《威海晚报》《威海广播电视报》），省级连续性内部资料出版物8种（《哈工大（威海）》《威海社会科学》《威海文艺》《威海科技参考》《威海讯息》《威海法学》《甲午战争研究》《威海组织工作》）。对《威海广播电视报》《威海晚报》《威海日报》及全市具有互联网新闻信息发布资质的“Hi威海”新闻客户端纳入审读工作范围。加强报刊出版管理，推动从业机构完善内控和自律机制，完成全市3种具有“国内统一连续出版物”号的报纸2022年度报纸年度核验工作。完成新闻单位474名记者的新版记者证换发工作及年度核验工作。加强印刷管理，完成全市379家印刷企业年度报告工作。对全市453家出版物发行单位开展2022年出版物发行单位年度核验工作。全面加强年检工作统筹协调，完成新闻出版统计年报工作。

【版权创意保护与发展】 开展版权系列宣传活动，结合“4·26世界知识产权日”，利用网站、微信等平台宣传版权保护法律法规，印制发放版权宣传书签10万张。联合市市场监督管理局、市中级人民法院、威海海关举办新闻发布会，介绍威海市知识产权工作有关情况，营造鼓励创新和保护版权的法律环境，促进全市版权创意产业发展。推动全市版权示范创建工作，年内创建省级版权示范园区（基地）1家、省级版权示范单位2家，全市有全国版权示范单位2家，省级版权示范园区1家、省级版权示范单位15家、省级版权保护示范单位8家。推行“互联网+版权”服务，依托山东省版权保护与服务平台，做好作品登记等版权服务工作，提升著作权作品登记的质量和水平，全年全市申请登记作品1.82万件。实行月调度机制，每月对市、区（市）两级文化执法队伍版权案件办理情况进行调度通报，办理版权执法案件38件。

（李郡）

【威海日报社】 2023年，威海日报社（威海报业传媒集团有限公司）积极做好宣传报道、媒体融合、媒体经营和安全生产等各项工作，为开创“精致城市·幸福威海”建设新局面营造良好舆论氛围。

主题宣传报道 开展学习贯彻习近平新时代中国特色社会主义思想和中共二十大精神宣传报道，开设《在习近平新时代中国特色社会主义思想指导下》《深入学习贯彻党的二十大精神》《学思想、强党性、重实践、建新功》等专栏。在中共中央总书记习近平视察威海第五年之际，推出“威海要向精致城市方向发展——精致威海 幸福故事”专题报道。策划“大抓经济 勇争一流——深化新旧动能转换 推动绿色低碳高质量发展”主题报道，推出“敢闯敢试 企业在行动”“大抓经济 镇街实干记”等专题。策划推出“巡礼2023·威海高质量发展这一年”“好客威海 文明旅游”“千里山海 冬游威海”“全国文明城市创建暨国家卫生城市复审”“重大工程探进展”等主题报道，推出安全生产、环境保护、法治建设、坚持国家总体安全观、学法用法等方面的报道。全年获得山东新闻奖新闻作品7件、赵超构新闻奖作品6件。

媒体融合发展 加快媒体平台建设，增强外宣矩阵传播力。“Hi威海”新闻客户端总用户数达63万户；“威海播报”微博影响力排名持续保持在全省第一方阵，总“粉丝”量规模达60.7万人；新媒体外宣矩阵通过人民日报客户端等中央级媒体矩阵号发布各类报道1.6万篇次，总流量超8亿人次。强化政务服务功能，发挥威海市掌上“12345”平台的沟通联络作用，全年接到市民反映问题1400余条，均转交12345政务服务热线中心处理。创新推出系列融媒体产品，制作短视频1500余条、图话类创意产品234篇、H5作品16个。

（衣学）

【《威海日报》】《威海日报》是中共威海市委机关报，是广大读者了解威海的重要窗口。2023年，《威海日报》设新闻和专刊板块2个，自8月起，刊期由周六刊变更为周五刊。新闻板块常设《要闻》《综合新闻》《城事快报》《区域报道》《时事新闻》等版面；专刊板块常设《理论与实践》《海岬》《特色小镇》等版面。

重点报道　突出做好中共中央总书记习近平重要活动和中共二十大精神宣传报道，对重要会议、重要活动、重要论述和中共二十大精神进行报道，及时在版面上重点安排、醒目处理，推出《在习近平新时代中国特色社会主义思想指引下》《习近平的文化足迹》《深入学习贯彻党的二十大精神》等专题专栏，在中共中央总书记习近平视察威海第五年之际策划推出“威海要向精致城市方向发展——精致威海　幸福故事”专题报道。策划推出《学思想、强党性、重实践、建新功》专栏，为全市学习贯彻习近平新时代中国特色社会主义思想主题教育扎实开展营造良好舆论氛围，累计刊发相关报道50余篇。重点做好中共威海市委、市政府中心工作宣传报道，推出《大抓经济　勇争一流　深化新旧动能转换　推动绿色低碳高质量发展》《巡礼2023·威海高质量发展这一年》等专题专栏70余个。

品牌栏目、特色专刊　聚焦威海市建设“精致城市·幸福威海”、打造共同富裕先行区、争当强省建设排头兵、积极全面融入全省绿色低碳高质量发展先行区的生动故事，打造《记者蹲点报道》《蹲点日记》《学习好人　向上向善》等专栏10余个，重点打造《理论与实践》《红色胶东》《海岬》等特色专刊，聚焦大抓经济、精致城市建设、红色基因传承、推进共同富裕和绿色低碳高质量发展等开展报道。围绕推动党的创新理论落地落实，向中共威海市委党校专家学者等邀约稿件，推出《理论与实践》专版13期、稿件40余篇。聚焦胶东红色革命先烈的故事，推出《红色胶东》专版11期，刊发文章22篇。

融媒传播　持续提升党报新媒体影响力，“威海日报”微博在全省新媒体影响力排行榜媒体微博榜单中排名前15位。加强与微信、新浪微博、人民号、今日头条等15个新媒体平台合作，“粉丝”量达120万人。在重点宣传报道中，采用图文、图表、H5、微视频、直播等方式及时播发。《威海日报》新媒体全年发布稿件及短视频产品2.7万条，总阅读量5亿人次，部分新媒体作品全网观看量超过1000万人次。

（颜　潇）

【《威海晚报》】　《威海晚报》由威海日报社（威海报业传媒集团有限公司）主办，是威海市唯一的综合性都市生活类平面媒体。2023年，《威海晚报》牢牢把握正确舆论导向，唱响主旋律、弘扬正能量，进一步提升媒体权威性、传播力、引导力和影响力。

重点报道　开设《学习宣传贯彻习近平新时代中国特色社会主义思想主题教育》《深入学习宣传贯彻党的二十大精神》《大抓经济　勇争一流》等专题专栏。做好《我参与　我服务　我点赞·让群众满意》《12345连线》等专栏，为市民和政府部门之间搭建高效沟通的桥梁。做好“民生实事大盘点”“重大工程探进展”两个品牌报道，展现城市的点滴变化和百姓的幸福生活。原创新闻作品先后获得中国晚报界最高奖赵超构新闻奖一等奖、赵超构摄影奖一等奖、山东新闻奖晚报生活类报纸作品优秀策划奖等奖项16个。打造“封面”“风向标”“海草房”3个品牌版面，80余个封面版、风向标版入选新闻界权威公众号“编前会”。

重点活动　推动报业经营转型发展，“跨界”开辟新领域。促成威海市半岛新能源技术研究院成立，多方合力打造集科研资源、创新载体、产业需求于一体，立足山东半岛、辐射全国的新能源“产、学、研、用”深度融合的新型研发机构。召开新能源创新项目路演会、对接会7场，组织各种对接活动和线上直播对接活动10余场次。成立威海晚报“专精特新”企业创始人俱乐部，助推更多企业向“专精特新”方向发展。组织20余家“苏鲁豫皖”媒体、研学机构到威海市开展“千里山海　美在威海”全国媒体采风行活动，开展文登房交会、威海晚报夏季惠民车展和秋季惠民车展、晚报进社区等活动，承办全市职工主题演讲大赛复赛和决赛、徒步大赛、悦女王大赛第二届乐享经开区“潮玩露营季”等大型活动。

融媒体传播　推动传统媒体和新兴媒体的融合发展，以“威海晚报”微信公众号、官方微博、短视频平台、第三方新闻发布平台为核心板块，构建宣传、推介威海的新媒体矩阵。“威海晚报”新媒体平台全年发稿2.3万条，阅读量（浏览量）突破1亿人次。“威海晚报”官方微博“粉丝”数突破55.7万人，总阅读量突破2703万人次；“威海晚报”微信公众号“粉丝”数突破13.3万人，总阅读量212万人次。提升由微信视频号、抖音号、快手号构成的“威海晚报”短视频服务品牌，《威海1.2万人上路清雪保畅通！》浏览量突破122万人次，《威海90后女辅警不顾生理期，下冰水勇救落水老人！张鑫圆好样的，为你点赞！》浏览量突破48.3万人次。“威海晚报”抖音号直播的2023山东春节联欢晚会，吸引176.6万人次在线观看。在2023年第五届“第三只眼看中国”国际短视频大赛中，《威海晚报》参与的《比利时巧克力爷爷在威海》获得优秀作品奖。

（王雪云）

【《威海广播电视报》】　2023年，《威海广播电视报》坚持贴近本地市民生活，增强内容的可读性和实用性。编辑出版《直通镇街》专刊30期，服务乡村振兴重大战略，多角度宣传威海市镇（街道）服务群众的工作亮点、先进经验和优秀典型。积极转型融媒，在新媒体平台打造“威海头条”媒体官方账号4个，总“粉丝”量达200余万人。先后举办“海佑青莲、清廉威海”2023年威海银行业清廉金融文化建设电视知识大赛、中国农民丰收节暨首届荣成市港西镇无花果旅游文化节等活动10余场。代运营“中国油画小镇”微信公众号及中国油画小镇油画双月刊《潮起威海卫》，制作相关文字和视频信息600余条，推出专刊6期。

（楚　德）

【威海政府网】　2023年，威海政府网发挥数字政府综合服务平台作用，丰富政务信息资源，推进各类型数据资源优化融合，围绕为民办事、惠企服务，强化网站内容建设，持续提升政府网站引导力和公信力。在清华大学国家治理研究院发布的《2023年网上政府创新发展报告》中，威海市政府网站列全国地级市政府门户网站第4位，在全国副省级城市、省会城市和其他地级市政府门户网站中进入“优秀”行列。

信息资源优化整合　持续优化政府文件统一公开平台，提供按政策标题、发文机构、发文字号、发文年份进行精确或模糊检索功能，通过图文、媒体、音视频、动画等多种形式对政策解读，完成政府公报文件与文件库同源配置，提升政府文件公开质效。至年底，汇聚全市地方性法规15条、政府规章20条、规范性文件518条、市政府文件589条、市政府办公室文件899条、部门文件1676条。设计上线机构职能一键直查、数字威海、惠企政策专区、政务公开组织管理等专题7个，深化政务公开数字化改革，助推政府职能转变。

网站集约规范建设　调整“基础信息公开”“重点领域信息公开”等4个板块，提升政府网站功能性与逻辑性。完成网站问题信息专项检查任务5次，全市政府网站清理历史无效信息6万条；高效办理答复“政府网站纠错”平台收到的留言43条，网站内容安全问题得到有效预防和全面整改。全市政府网站全面完成域名IPv6地址的备案工作，网站二级、三级链接IPv6支持度达98%以上。全市政府网站完成https加密改造，有效防止网站信息传输被窃取和篡改，保护访问者隐私。

主旋律弘扬　威海政府网积极转载中共中央、国务院重大决策部署和中共山东省委、省政府重要政策文件，全市42家政府网站协同联动转载重要信息164次、2959条，弘扬主旋律，传播正能量。依托政府门户网站，打造全市政务新媒体传播矩阵系统，归集展示市、区（市）、镇三级政务新媒体账号266个，实现全市政府网站和政务新媒体互联互通、协同联动。推动政务公开载体和政务服务平台深度融合，将政府网站《政策文件库》《政民互动》《便民服务》等栏目在政务新媒体平台整体拓展、一口接入，实现资源共享、融合发展。

（荣　笑）

【威海新闻网】　是威海市最早开通、具备国家互联网新闻信息服务许可资质的综合性门户网站。2023年，威海新闻网围绕中心工作开设新闻专题45个，完成新闻发布会的现场直播、专题发布145场，举行微访谈活动32场，完成各类发稿1.89万篇。

（王　岚）

【威海传媒网】　2023年，威海传媒网认真做好中共中央总书记习近平重要活动、重要讲话、重要文章和重要指示的网上宣传，开设《学习贯彻习近平新时代中国特色社会主义思想主题教育》《在习近平新时代中国特色社会主义思想指引下》等专题专栏，推送相关稿件2500余篇。做好中共二十大精神的网上宣传，开设《深入学习宣传贯彻党的二十大精神》相关专题专栏，发布相关稿件220余篇。做好“强信心、强国复兴有我”宣传教育活动宣传，开设《强信心　稳经济　促发展》《强国复兴有我》等专题专栏，发布相关稿件600余篇。服务中心大局，先后开设专题专栏30余个，编发相关稿件4500余篇。畅通网络舆论监督渠道，《网上问政》栏目全年收到问题超过1000条，回复率100%。

【威海电广传媒MCN机构】　隶属威海广电传媒集团有限公司，被“抖音”电商平台评为2023年度媒体MCN最佳经营机构。旗下签约账号在抖音、今日头条、微信、人民日报客户端等平台“粉丝”总量2000余万人（其中“观威海粉丝”830万人、“威海跟我玩粉丝”77万人、“食尚真探粉丝”67万人）。“威海跟我玩”账号获评TRUE文旅超级评价榜·2022年度影响力旅游博主，“食尚真探”账号获得第五届山东省妇女创新创业大赛巾帼电商赛道二等奖。“观威海”抖音号、头条号、快手号和“直播威海”微博、“威海跟我玩”抖音号累计上榜山东省新媒体影响力排行榜15次。“观威海”日常采用短视频、直播、推文等形式在全网多平台分发新闻，全年发布3万篇，其中短视频2.7万条、累计点击量31亿次。“潮拍千里山海”活动获得2023全国广播电视融媒体营销创新大赛金奖。举办“幸福威海　好人之城”新媒体话题挑战赛，点击量2.1亿次；举办“云游昆嵛”短视频话题挑战赛，点击量1.2亿次；与市商务局联合举办“威海市网上年货节”“威海家乡好品惠民直播季”电商促消费活动及14场电商培训会，线上线下培训1.7万人次。

（楚　德）

【“Hi威海”新闻客户端】　“Hi威海”新闻客户端是集新闻传播、信息发布、政民互动、便民服务等功能于一体的新媒体服务平台。2023年，“Hi威海”新闻客户端围绕学习贯彻习近平新时代中国特色社会主义思想主题教育、深入学习贯彻中共二十大精神、大抓经济、群众满意度、全国文明城市创建暨国家卫生城市复审等重大主题开展策划报道，做强主流舆论，服务中心工作，发布新闻报道3.8万篇次，总下载量超过63万次，网络总流量达7.5亿人次。

【“掌上威海”微信公众号】　“掌上威海”微信公众号是威海日报社的官方微信公众号之一，“粉丝”量12.4万人。2023年，发布各类微信4000余条，流量800余万人次；视频号发布短视频800余条，流量2000万人次。推出“嗨玩”48小时、“citywalk”“寻梦田园”“在文登”等主题报道8个，发布原创稿件225篇、短视频20余个。

【“威海播报”微博】　“威海播报”微博是威海日报社的官方微博，发布威海本地新闻资讯，聚焦网民关注的热点话题。2023年，“威海播报”微博发布微博3.27万条，总点击量达8亿人次，在山东省新媒体影响力排行榜（媒体）月榜中（前11个月）列前十名。上榜全国热搜榜28次，多件作品被《人民日报》、央视新闻、新华社等媒体转载。其中，《择一事终一生！72岁赤脚医生坚守弹丸小岛56年》的话题阅读量1271万人次，被人民日报客户端等78家媒体转载；《duang！duang！duang！1岁女宝顶了张小新脸》，话题阅读量4832.5万人次；《一旅行博主刚来山东就被拿捏了》的话题阅读量1498万人次。

（王　岚）

广播·电视

【概况】　2023年，威海市广播电视台统筹做好宣传工作、融媒体建设、经营创收等各项工作，事业产业取得新成效，连续21年获评全省文明单位，获得山东广播电视台2023年度创新宣传奖，获得省级以上奖励作品51件。

【重大主题宣传】 全年在中央广播电视总台发稿159条，其中《新闻联播》6条、《新闻和报纸摘要》12条；在山东广播电视台发稿2100余条。深入开展学习贯彻习近平新时代中国特色社会主义思想主题教育宣传，各媒体在主要新闻栏目统一开设《学思想 强党性 重实践 建新功》专栏，围绕主题教育的总要求、根本任务和具体目标，全面反映全市各级工作进展、经验做法和成果成效，累计播发各类稿件200余篇。9月27日，中央电视台《新闻联播》播出威海市学习贯彻习近平新时代中国特色社会主义思想主题教育相关做法，中共威海市委主要负责人作出批示并给予表扬。“大抓经济”宣传方面，推出《春动山海》《争先新赛道》《强信心 稳经济 促发展》《大抓经济 推动高质量发展》等重点专栏，播发各类稿件400余篇，传导全市经济向好发展信心，全市水上休闲产业发展、“威海千里山海路”沿线乡村振兴等经验报道在中央级媒体播出。开展“精致城市”宣传，推出大型融媒体特别节目《山海答卷》，在威海广播电视频率频道及多个新媒体平台同步推出，总观看量30余万人次；扎实推进城市形象宣传片《精致精彩 只此山海》等重点视听项目，《我参与 我服务 我点赞·让群众满意》重点专栏累计播发相关稿件2200余篇。

【融媒体建设】 对“我的威海”客户端进行改版，上线手机新闻杂志《早安，我的威海》，推出《深观威海》《图说我的威海》等专栏，开设“原来你是这样的威海”等专题集纳60余个，客户端下载量、注册量和日活量比上年实现较大增长。调整重组融媒体中心，至年底，融媒矩阵全网“粉丝”总量突破2500万人，在各类互联网头部平台开设媒体账号70余个（其中“粉丝”量500万人以上的1个、100万人以上的7个、10万人以上的30个）。2023年威海铁人三项世界杯赛暨“三角轮胎杯”2023年中国·威海超级铁人三项系列赛期间，50个账号同时在线直播。采制推出《看看海边人对海鲜的热情》等一批点击量过1000万次的产品。“i海洋”学习强国账号于2月21日开通上线，突出原创内容生产，累计发布短视频、专题节目1600余条。

【节目生产】 回应群众关切，畅通群众诉求，威海电视台公共频道《直播威海》节目接听观众热线3万条，《直通12345》专栏播出负责人上线节目37期，推动问题整改50余件，《督促落实在行动》专栏播出18期，有效办结难点问题27件，办结率100%。广播节目《阳光问政热线》全年播出200余期，“一把手”上线率保持在90%以上，做到“事事有回音，件件有落实”。推出集威海住房政策、房产、物业、装修等内容于一体的广播节目《安居威海》，全年有近100位嘉宾参加直播。与全市4家三甲医院建立合作关系，广播节目《共享名医》全年播出365期，到直播间接受群众健康咨询专家300余人。电视节目《希望的田野》，全年采制播出农业技术服务类专题节目120余期，被亚洲广播电影电视协会评为2022年度广播影视业影响力节目。

【内控管理】 强化法治思维，突出制度“管台治台”。严格落实审校制度，完善全台采编播各环节关口的制度建设，确保台网端各宣传阵地绝对安全，在全省互联网新闻信息服务单位内容管理评选中获评优秀等次。牵头做好电视播出转播中央及省台信号源改造，强化网络安全，长效化开展风险排查和应急处置演练，圆满完成全国“两会”等重要保障期及日常安全优质播出任务。

【广电产业发展】 完善“广电＋政务商务”运营模式，探索全媒营销新思路，拓展新媒体增量，强化“媒体资源＋服务”产业培育，举办广电媒体汽车展、房交会（线上线下）、春季家博会、樱桃文化节等大型活动50余场，举办文旅、美食、展销等“融媒＋”系列活动100余场，推进“山东手造 威海中心”组织运营、供销社系统农资供应服务体系合作建设等重点项目，各项经营指标稳中向好。

（楚 德）

【广播电视安全播出】 市文旅局开展安全播出自查和检查，做好元旦、春节、全国“两会”等安全播出重要保障期协调监管工作，落实24小时值班和零报告制度。及时转达中央电视台《新闻联播》等重要节目的播出时间调整通知，推动播出机构按时、完整转播。

【广播电视和网络视听行业发展】 2023年，文登区入选全国第二批广播电视基本公共服务县级标准化试点地区，文登区融媒体中心获评2023年—2024年度全国维护青少年权益岗创建单位和第21届全国青年文明号，荣成市融媒体中心1个案例入选全省优秀广播电视和网络视听行业深化人才发展体制机制改革创新案例，市文旅局获评优秀人才创新案例征集优秀组织单位；2篇调研报告获评2022年度全省广播电视和网络视听优秀调研成果二等奖。向山东省广播电视局报送工作信息140余条。

（张雅婷）

【中国广电山东网络有限公司威海市分公司】 2023年，公司践行“安全、担当、创新、服务”核心价值理念，加速推动区（市）分公司发展，初步构建高质量发展新格局。深耕主营业务，提升服务水平。结合“广播电视服务进社区”活动，开展在网用户主动运维，提高服务意识和市场能力，应对竞争市场。通过客服中心外拨电话、微客服做好线上服务工作，根据用户需求及时更新营销政策，结合宽带提速、宽带新体验活动和VIP点播、名师讲堂等产品，推进大小屏融合应用和操作便捷化，提升精准化数据对固网移网业务的支撑能力，促进市场业务高质量发展。强化“智慧广电”建设，增强品牌影响。拓展应急广播平台功能，深挖业务发展潜力，依托建成的区级、乡镇级应急广播平台，以发布终端建设和维护为着力点，将服务点位扩展普及到小区、学校、公园、港口等公共场所，实现从一次性建设收入到可持续性运维收入的跨越。同步推进“村村响”工程建设，以乡镇居民为突破口增加“户户响”点位，覆盖村（居）2000余个，通过服务具有影响力的民生工程，提升“智慧广电”品牌影响力。严格内部管理，实现提质增效。持续推进星级机房标准化建设，自主开发机房档案管理App

（应用平台），对部门机房进行无源化改造，提升网络线路和机房使用效率。开展全员能力素质大提升培训月活动，坚持线上线下结合、培训与测试结合、培训与实战结合，全面提升人才队伍年龄、学历水平及专业结构。

（孙 玺）

档案工作

【概况】 2023年，威海市档案馆深化实施档案治理体系和档案资源、利用、安全体系建设，推进全市档案事业现代化和高质量发展，先后获得山东省档案系统“守正创新杯”档案修裱技术基本技能竞赛决赛二等奖和优秀组织奖，获评山东省档案编研创新案例征选工作优秀组织单位、《中国档案》宣传工作先进单位等。

【档案治理体系建设】 联合市档案局印发《关于加强全市重大活动和重特大事件档案工作的通知》，加强对全市重大活动和重特大事件档案工作的管理。与中国人民银行威海市分行联合转发《山东省档案馆 中国人民银行山东省分行关于人民银行县（市）支行机构改革中档案处置和移交方式的通知》，共同推进人民银行县（市）支行机构改革档案的处置和移交工作。组织档案业务培训班及大讲堂，围绕《中华人民共和国档案法》普及法制常识，提高档案工作人员法治素养。利用“6·9国际档案日”“12·4国家宪法日”，将档案普法与服务利用相结合，深入开展法治宣传教育活动。依托网站、微信公众号等新媒体开展档案法治宣传教育活动，协助开展档案执法检查，将档案普法宣传推向深入。

【档案资源体系建设】 档案征集 2023年，征集作家梁晓声散文手稿2篇，第十四届全国政协副主席梁振英照片141幅及《梁氏家谱》3本，第十届全国人大农业与农村委员会原主任委员刘明祖文稿汇编11本；征集市级以上142个非遗项目文书档案143件、档案照片720幅、录像档案198分钟、图书资料10本；征集脱贫攻坚和新型冠状病毒疫情防控“两类档案”文书档案8648件、档案照片7314幅、录音录像档案1014个；征集红色档案68件、经略海洋“蓝色档案”各门类档案资料目录1101条；征集精致城市论坛等718个全市重大活动文书档案370件、实物档案35件、档案照片1508幅、录像档案750个。

业务指导 举办全市档案工作人员培训班，分两批次对全市89个单位118人进行集中培训；对威海临港经济技术开发区等21个单位进行档案业务指导和培训，培训125人次；对全市91个部门、单位报送的档案“三合一”制度进行审核、修改、反馈；先后到26个部门对2016年—2020年文书档案进行移交前预检，做好档案移交进馆前端指导。

档案保管与修复 2023年，馆藏新增中华人民共和国成立后文书档案1.69万件，专业档案1.05万卷、250件，专题档案14卷、9127件，人物档案66件，实物档案132件，合计1.05万卷、2.64万件。新增照片3336幅（实体照片2699幅、数码照片637幅），实体音像22盘、数字音像2242件，图书资料585册。举办全市档案修裱技能培训与竞赛，派员参加第三届全省档案修裱技能竞赛决赛，加强档案修复工作的规范化管理，制定修复工作制度和流程，全年完成修复字画19幅、老地契5件。编印《威海市档案馆指南》1000册，全书30.6万字，全面介绍威海市档案馆馆藏资料。

8月4日，第二届“威海兰台杯”档案修裱技能竞赛颁奖仪式举行

（威海市档案馆 提供）

【档案利用体系建设】 以“各历史时期威海城市发展定位”“威海重要城市荣誉”“威海旅游业发展历史和经验得失”“学习贯彻习近平新时代中国特色社会主义思想主题教育专刊”为主题，编印《资政参考》5期，计9.1万字。编印《威海市为民办实事项目实录（2021）》，全书约6万字，配有图片257幅、统计表22个、音视频26个，印发500册，从民生角度反映威海市精致城市建设成果。编辑出版《威海老风俗》，全书约30万字，配有近现代相关图片204幅，发行3500册，反映威海区域人文风俗。重点加强对红色档案的审核利用，完成馆藏3100件革命历史档案开放审核工作。提供档案查阅利用服务645人次，查阅档案9892件（卷），形成档案查阅利用实例汇编20条。常态化做好展厅日常管理维护，对中共威海历史展进行4次优化调整，对家庭档案珍藏展进行2次调整。开设VR网上虚拟展厅，与邻近院校共建德育教育基地，年内接待参观团队182批次7000余人次。联合威海市作家协会、摄影家协会，举办“国际档案日”宣传活动启动仪式，征集当地作家、摄影家的文学、摄影作品；精选馆藏照片189幅，举办威海市档案馆馆藏图

片展，引导参观群众提高档案意识，增强档案工作影响力。

【档案安全体系建设】 严格落实档案安全工作责任制，制定完善3项档案安全应急管理制度和应急预案，形成《威海市档案馆安全风险应急预案汇编》，涵盖突发事件应急处置、网络信息安全、档案数字化安全3个部分，从组织体系、应急保障、险情处置等方面明确应急程序与责任分工。开展档案馆消防专题讲座和应急演练活动，提升档案安全预防和处置能力。针对日常安全检查、特殊天气全面排查及消防演练中发现的安全隐患问题，研究解决方案。协调投入资金46.2万元，用于维修墙体、完善消防设施设备等。完成“库房安全升级改造”“不间断电源电池搬迁和UPS间建设”“信息化系统及设备维护”项目建设。完成馆藏全量数据备份1次和异地备份工作2次，分别赴新疆维吾尔自治区克拉玛依市档案馆和江苏省苏州市档案馆完成馆藏重要数字档案资源的异地备份工作，备份数据总量30太字节。

【档案数字化建设】 助力政务服务，完成通用OA办公系统与档案业务系统的对接，实现威海电子政务办公平台电子公文线上整理及归档。召开全市档案信息化暨数字档案馆建设培训会议，全市26名信息化工作分管负责人和业务骨干参加会议。档案科技项目《威海市域档案信息资源共享服务研究》获得2022年度山东省档案优秀科技成果三等奖。

（纪 清）

社科联工作

【概况】 2023年，威海市社会科学界联合会（简称市社科联）认真贯彻中共中央总书记习近平对山东工作的重要指示要求和关于哲学社会科学的重要论述，积极发挥桥梁纽带、参谋助手作用，推动社科工作取得新进展。

【社科普及】 推动社科普及工作规范化常态化，以开展“社科普及大篷车”活动为契机，依托各级社科普及示范点和新时代文明实践站（所），广泛开展习近平新时代中国特色社会主义思想宣讲40余场次，围绕文化文艺、健康生活、普法教育、文明风尚等内容，开展社科普及活动100余场次；组织15名社科普及讲解员参加山东省社科普及教育讲解员大赛，2名选手获得三等奖。举办山东省暨威海市社科普及图片展，围绕“踔厉奋发书写人民满意答卷”“开辟当代马克思主义新境界”“踏上中国式现代化的新征程”等板块，全方位展示中国共产党第十八次全国代表大会后全市社科工作成果，社科工作图片60余幅入选《山东省社科工作亮点集锦》画册；人民网、国际在线、“学习强国”学习平台等对展览进行系统报道。举办中华优秀传统文化“两创”故事讲述活动暨威海市首届社会社学人文学术宣讲会，12名社科普及“大篷车”志愿服务宣讲团成员将党的创新理论转化为听得懂、易理解、记得住的群众语言，讲述《全球三分之一背后的精神谱系》《郭永怀的生死瞬间》等主题故事。

【社科活动载体建设】 坚持贴近实际、贴近生活、贴近群众，深入开展科普志愿服务活动。在打造“月月大讲堂”“昆嵛讲坛”“环翠讲堂”等活动品牌的基础上，扩大“银杏树下”“黄金一刻钟”“法润威海”等社科活动品牌影响力。市、区（市）两级社科联联合在山东外事职业大学举办山东省暨威海市第二十届社科普及周主题活动启动仪式，开展社科专家走基层等形式的社科普及活动20余场次。落实《社科普及教育基地管理暂行办法》，按照“建、管、用”三位一体的原则，对全市16个省级社科普及教育基地进行规范化查纠整改，实行动态管理。用好山东省社科普及教育基地动态地图小程序，对辖区内的省级社科普及教育基地组织开展信息维护工作，实现“电子地图”“组织架构”“网上科普”“信息发布”4个功能统一。推进网上社科宣传，拓展“最威海”等新媒体宣传品牌，打造以线上传播为主、线下讲座为辅，“讲坛、研讨会、报、网、端、微”相互融合的云社科宣传工作体系。

【学术研究交流】 以服务发展、服务决策作为社科研究的出发点，提高社科界服务中心工作水平。围绕“精致城市·幸福威海”建设以“共享生态红利 建设精致城市”为主题，开展《红船初心》专题调研，宣传提炼威海市践行“绿水青山就是金山银山”理念、推动绿色低碳高质量发展的经验做法。组织社科工作者挖掘海洋文化、海权文化、红色文化、文登学等特色文化资源，在延续文脉中丰富威海区域文化新内涵。按照公开、公平的原则，向省社会科学界联合会报送人文社科课题和专项委托课题16项。

【社科工作基础建设】 按照不为所有、但为所用的原则，加强社科队伍建设，充实威海社科人才库，发挥各类人才在理论创新、咨政建言、对策研究、宣传工作、社会服务等方面的作用。指导山东大学（威海）、哈尔滨工业大学（威海）、山东外事职业大学、威海职业学院等院校申报山东社科青年人才团队项目10项，培育壮大青年学术团队。按照“四有”（有活动、有效果、有影响、有标识）标准，遴选28名宣讲队员组建威海市社科普及志愿服务总队，为常态化开展社科普及活动提供保障。强化意识形态工作责任意识和主体意识，落实《威海市属社科类社会组织管理暂行办法》，按照分清责任、搞好服务、强化监管的原则，界定哲学社科学术社团，明确业务主管部门权责，加强社科类社团管理。

（张 军）

编辑 李传强

卫生健康

综　述

【概况】　2023年，全市卫生健康系统有26项工作在全国获得奖励或在全国会议上交流，34项工作在全省获得奖励或在全省会议上交流；在威海市召开国家级现场会5次、省级现场会1次。全系统开展“作风大改进、能力大提升、工作大突破”行动，实施“群众看病就医不够便利问题专项整治”，推动学习贯彻习近平新时代中国特色社会主义思想主题教育成果转化。

【医药卫生体制改革】　强化工作督导，确保医改政策落地实施。优化公立医院收入结构，全市公立医院医疗收入保持在35%以上，医务性收入占比稳定在30%以上。优化理顺医疗服务项目价格，完善34项医疗服务价格，降低16项高于省级标准的项目价格，对547项医疗服务项目制定价格或实行市场调节价管理，将部分新增医疗服务项目纳入医保支付范围，减轻群众就医看病负担。深入实施药品采购“两票制”（药品从生产企业到流通企业开一次发票，流通企业到医疗机构开一次发票），组织全市各级医疗机构参与国家、省组织的集中带量采购，做好用量分解、基金预付、采购监测等各项工作，确保中选结果落地实施。全市落地集采药品509种、医用耗材26大类。

【卫生应急】　依托威海市立医院建设省级公共卫生事件应急救援区域中心，优化重大公共卫生事件应急救援布局，全力做好多起突发事件的应急救援，威海市工作经验做法在全省卫生应急工作会上进行交流。年内，全市报告突发公共卫生事件相关信息69起，报告及时率和有效处置率均为100%，高质量完成突发公共卫生事件处置工作。市、区（市）两级新制订或修订预案13部，配合市公安局等有关部门制订国防动员、反恐等各类预案和工作方案67部。印发市级公共卫生应急物资调拨办法，建立完善储备和调用机制。组织专家制定2024年度市级政府医药储备建议清单，包含紧急医学救援和突发中毒事件药品、抗新型冠状病毒用药、抗流感及其他类药品、短缺和易短缺用药4类医药用品品规180个。投入20万元，建立由紧急医学救援、传染病防控、中毒处置等方面专家组成的13人背囊化卫生应急小分队，满足各类较大及以下突发事件现场处置和重大突发事件先期处置需求。在全市人员密集的公共场所安装AED（自动体外除颤器）100台，联合市红十字会同步开展培训工作，至年底，全市配置AED达300台。开展全市卫生应急“大培训、大演练、大比武”活动；市、区（市）两级举办卫生应急业务培训154班次，参训人员3698人次；组织应急演练184次，参与人数2955人次。举办市级感染控制技能竞赛、应急消毒技能竞赛和应急救护技能竞赛，组队参加省级竞赛，获得省级团体一等奖1个、三等奖1个，个人一等奖1个、二等奖2个、三等奖1个。全面锻炼卫生应急反应处置能力，提高应急急救服务水平，开展区（市）级技能竞赛13场次，全市114家单位478名医疗卫生人员参赛。

【院前急救】　提高急救站覆盖密度，新增二级以上医院急救站1处，全市“120”急救站数量达41处，其中依托二级以上医院设立急救站19处、依托乡镇卫生院设立农村急救站22处。全市有院前急救从业人员1200余人，“120”救护车109辆，其中负压救护车52辆。威海市“120”急救指挥中心全年话务量27.5万次，派出救护车8.7万次，“120”调度10秒接听率达100%，急救站3分钟出车率97.3%，院前急救病历书写率、资料填写率均为100%。通过日常考核和集中考核的方式加强对急救站的管理，拨付专项资金144万元对22家农村急救站实行奖补，保障人民群众急救需求。升级“120”急救指挥调度系统，构建快速、高效、全覆盖的院前急救救治体系，常备指挥调度坐席增至8个，增配应急坐席22个，实行院前急救统一的电子病历系统、交接系统和电子收费系统，新增短信定位功能，提高院前急救效率。

【卫生健康宣传教育】　开展健康知识普及专项行动和健康巡讲活动，全年全市开展各类健康科普活动6199场，派出专家7443人次，受益群众77.84万人次，制作科普作品6057件。连续3年在全市开展居民健康素养监测，全市居民健康素养水平达35.01%。全市新建省级健康科普教育基地2家（累计3家）、市级健康科普教育基地11家。威海市卫生健康委员会（简称市卫健委）政务新媒体获评2023年度威海市最具影响力政务新媒体账号，“健康ViVi”系列健康科普动漫获评威海市优秀网络传播案例，单条动漫最高点击量突破10万余次。命名市级健康促进医院12家，复评市级健康促进医院7家，环翠区、文登区分别获评全国、全省健康

8 月 18 日，威海市庆祝 2023 年中国医师节座谈会召开

（威海日报社　提供）

县区建设优秀案例，威海市立医院、威海市中医院获评全省健康促进医院建设优秀案例。大力宣传全市卫生健康系统的典型人物和先进事迹，开展“威海最美健康卫士”“威海好医生”“威海好护士”系列典型推荐评议活动，在全市营造浓厚的尊医重卫氛围。年内，入选“中国好医生”月度候选 2 人，获评“山东好医生”2 人。其中，获评第九届山东省道德模范、“山东好人”1 人，“齐鲁最美健康卫士”“山东好护士”1 人；入选“敬佑生命·荣耀医者”典型人物 6 人；荣成守岛村医和乳山女医生冒雨跪地救人的事迹入选全国网络热搜排行榜，相关报道计 6000 余篇，总阅读量达 1200 余万次。山东省卫生健康委员会（简称省卫健委）“新闻媒体走进全省卫生健康系统”基层采访活动在威海市举办，15 个国家、省级主流新闻媒体宣传威海市卫生健康工作亮点和成效，发表系列专题报道近 100 篇。

【爱国卫生工作】　做好第 10 次国家卫生城市复审工作，组织市、区（市）、镇三级完成国家卫生城镇评审 7 个模块 100 余项数据资料填报；统筹各级各单位组织超过 3 万人参与全国地级市国家卫生城市创建工作群众满意度调查，群众满意率得分居全省前列；统筹做好复审书面材料和现场评估点位迎审准备工作，国家卫生城市复审现场评估反馈结果较好。巩固提升国家卫生乡镇创建成果，荣成市、乳山市的 5 个镇均高分通过国家卫生乡镇省级复审；环翠区张村镇、荣成市虎山镇等 21 个镇完成国家卫生乡镇省级现场评估。开展爱国卫生系列宣传活动，印发病媒防制、戒烟门诊建设等规范指导文件，引导各级各单位定期参与各类爱国卫生运动。在全省“我为爱卫建言献策”活动中威海市获得优秀组织奖，3 条建议获评“金点子”；在全省爱国卫生工作技能竞赛决赛上威海市获得团体三等奖，8 名参赛队员全部获奖。

【智慧医疗】　提升“互联网＋医疗健康”惠民便民平台服务能力，二级以上公立医院接入“健康威海服务号”微信公众号，提供预约诊疗、缴费查询等服务。二级以上公立综合医院门诊预约就诊时段精准到 20 分钟内。完善全民健康信息平台，推动医疗机构检查检验结果互通共享，18 家二级以上医疗机构可提供跨医院检验结果查询、调阅、互认等服务。加强电子健康卡应用工作，与“鲁通码”完成互认改造，全市二级以上公立医院均支持使用“鲁通码”看病就医。

【健康城市建设】　举办“爱卫新征程 健康中国行”健康城市建设主题推进活动（威海站），100 余人进行现场交流分享，并举办威海市健康城市建设成就展和健康产业产品展，线上直播播放量超 600 万次。组织 10 余个部门做好 2022 年度全国健康城市建设评价工作，威海市在全国 407 个市（区）中列第 18 位，获评全国健康城市建设样板市和省级健康城市建设样板市（全省第 1 位）；在《清华城市健康指数 2023》年度评价中，威海市列全国中小城市组第 1 位。威海市健康城市工作经验做法先后在“爱卫新征程 健康中国行”2023 年度全国爱国卫生运动主场活动、第十六届中国健康教育与健康促进大会暨专业技术培训、全省爱国卫生工作培训班、健康山东现场会等进行交流。

【健康产业发展】　市文化和旅游局印发《威海市康养旅游产业集群高质量发展三年行动计划（2023—2025 年）》，

8 月 14 日，“爱卫新征程 健康中国行”健康城市建设主题推进活动（威海站）举办

（威海市卫生健康委员会　提供）

推动康养和旅游深度融合发展。2023年，全市医养健康产业实现增加值468.59亿元，占地区生产总值比重13.3%。山东达因海洋生物制药股份有限公司、威海威高医用材料有限公司入选省级支持高质量发展奖励企业名单，分别获得奖励资金200万元。开展省级文旅康养强县和示范基地（单位）创建活动，环翠区获批省级文旅康养强县，御龙旗西洋参专业合作社、颐佰堂中药饮片有限公司获评省级中药材生态种植基地创建单位，文登区瑞云祥康养中心获评第二批山东省中医药医养结合示范基地创建单位。

【老龄与医养结合】 开展全国医养结合示范县和示范机构、省级医养结合高质量发展创新引领县创建工作，荣成市万福苑护理院被省卫健委推荐申报全国医养结合示范机构；文登区获批山东省医养结合高质量发展创新引领县，配套资金1000万元。至年底，全市有“两证”（社会福利机构设立批准证书和营业执照）齐全的医养结合机构39家，其中28家养老机构内设医务室、护理站等，11家医疗机构取得养老执业许可（备案）；建设老年病专科医院1家，护理院6家；基层医疗机构全部与其周边养老机构签约，养老机构医养结合服务覆盖率达100%。开展全国老年友好型社区创建活动，获评全国示范性老年友好型社区3个（累计8个）。

【行业作风建设】 加强群众满意度工作组织领导，市卫健委印发卫生健康系统群众满意度提升工作方案，成立由市卫健委主要负责人任组长的工作专班，全力推进提升群众满意度工作。加强12345政务服务热线管理，整合投诉渠道，由行风专班归口受理12345政务服务热线和各项投诉，全年办理政务服务热线投诉9500余项，办理结果满意率达88%以上。实施群众看病就医不够便利问题专项整治、群众急难愁盼问题百日攻坚和基层服务能力提升重点攻坚行动，全面提升医疗服务质量。优化医疗服务流程，着力改善群众就医体验。实施诊疗精准预约，患者排队时间人均减少约2.5小时，全市15家医院开展居家护理预约服务，实现“网上点单、护理上门”。推行公立医疗机构7日内回诊免收挂号费政策，至年底，惠及患者106万人次，减免挂号费600余万元。二级以上公立医院全部开设便民门诊，群众购买药品不再需要挂号。推动全市6家三级公立医院建成“一站式”服务中心，实现“一站式”服务，平均办理时间缩短到10分钟内。提升智慧化服务水平，二级以上公立医院全部支持电子健康卡全流程就诊，综合医院基本实现床旁结算。建立“影像云”平台，医疗影像数据实现市域内跨医院查阅。创设“互联网+”中药集中配送模式，日均配送中药7000剂，累计服务患者119.8万人次，相关经验被新华社等多家媒体报道。

医疗服务

【概况】 2023年，全市推进优质医疗资源扩容升级。威海市立医院临港院区于5月启用，承接分流威海临港经济技术开发区、环翠区南部、文登区北部的患者。乳山市人民医院新院区于11月启用，改善群众就医体验。深入推广日间医疗服务模式，在三级医院开展日间手术试点的基础上，对综合评估能力强的二级医院开展试点，日间手术总病种数达63个，全市日间手术量约1.8万人。提升患者诊前、门诊、住院、诊后等全流程就医体验，推动优质资源下沉，提升基层医疗服务能力，深化医防融合慢性病管理试点等工作。组织全市4家区（市）级征兵体检站，高质量完成应征青年体检工作。推进疾病应急救助工作，市卫健委、财政局、公安局、民政局等部门召开联席会议，规范救助基金申报和审核工作，累计核实28人次，核实救助基金28.14万元。

【医疗质量管理】 推进专科能力建设“攀登计划”，对全市100个市级临床重点专科及建设单位进行复核评估，对市级临床重点专科进行动态管理，全年新增省级临床精品特色专科、医药卫生重点学科及重点实验室3处。市卫健委联合中共威海市委组织部印发《威海市医疗机构人才培养提升工程实施办法》，加强重点专科人才培养。选派18名学科带头人、27名技术骨干到省级以上医疗机构进修培训，发挥引领带动作用，提升诊疗服务能力。新成立罕见病、结核病、老年医学等市级医疗质量控制中心7个，市级医疗质量控制中心总数达45个；对40个市级医疗质量控制中心（西医）组成人员进行调整更新，确定市级质量控制项目145个，完善医疗质量控制体系，促进医疗质量安全提升。实施全面提升医疗质量行动计划，开展市、区（市）两级重点病例质量评价，累计调取病

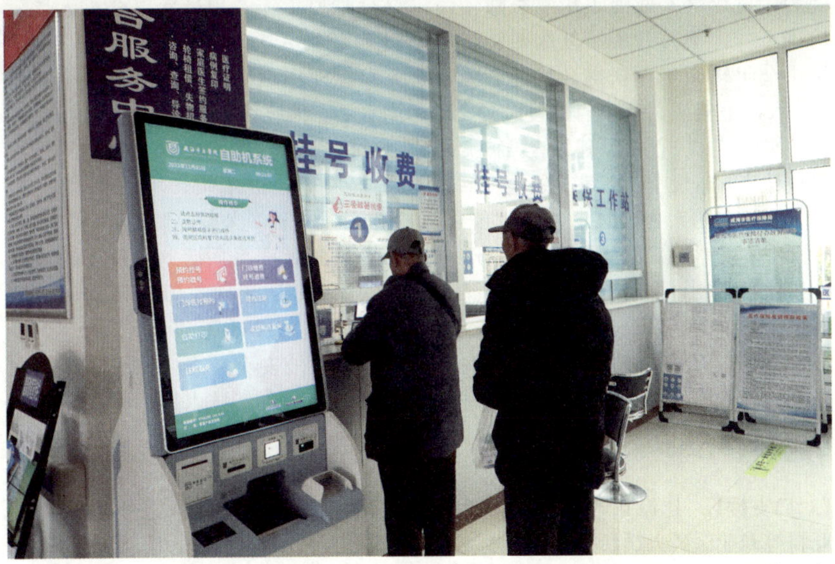

12月，威海市立医院与威海临港经济技术开发区基层卫生院建立共享检验中心，打造远程医疗新模式（威海市卫生健康委员会　提供）

例1633份、重点讨论150份，其中市级调取311份、重点讨论24份。印发并实施强化医务人员培训工作方案，提升医务人员业务能力，开展1轮市级考核，全市参加培训医务人员2万余人，其中参加考核1.92万人，考核合格率97.2%。开展全市重症医学、病案管理技能竞赛，推选成绩优异者参加省级决赛，分别获得省级决赛团体一等奖、三等奖，获得个人一等奖1个、二等奖4个、三等奖1个。

【生物安全实验室监管】 2023年，全市有生物安全二级及以上实验室372个（其中生物安全一级实验室11个、二级实验室361个），全部按照规定进行备案管理，全市备案病原微生物实验室57个。对从事病原微生物的相关工作人员进行培训考核，考核合格后上岗。建立“四级联动”工作机制，组织全市各级各类医疗机构455家实验室生物安全全覆盖大排查1次、市级督查1次（抽查89家），督导各单位认真落实内部培训和考核制度，提升生物实验室管理水平。完善全市生物安全工作协调机制，根据工作需要调整机制成员单位，重新确定重点任务分工，建立跨部门会商、情报信息、工作协调等8项机制，推动提升全市生物安全防护能力。

【医疗服务管理】 推进全市康复医疗专业队伍建设，提升康复医疗服务能力，持续落实威海市康复医师转岗培训工作方案，开展康复医师转岗培训，全年转岗培训获得合格证书医师191人，至年底，全市有康复医师225人。加强“平安医院”建设，维护良好医疗秩序。督促全市8家三级医院每月按时上报安防系统数据并定期分析，提升医院安防水平。强化警医联动，健全纠纷化解机制，推动平安医院建设深入开展。全市二级以上公立医院配备保卫干部65人、保卫人员589人，医院安防建设全部达标。全市平安医院建设形势总体平稳，未发生严重涉医事件。

【对口支援】 选派6名心内科、妇科、儿科等专业医务人员参加医疗人才“组团式”援助青海省工作。选派13名医务人员赴重庆市云阳县开展“组团式”支医工作，接收云阳县医务人员14人进修，助力对口支援地区在医疗卫生领域实现巩固拓展脱贫攻坚成果同乡村振兴有效衔接。

【传染病救治】 2023年，继续做好新型冠状病毒感染、儿童支原体肺炎等传染病救治医疗资源储备与区域统筹，全市医疗机构设置发热门诊27家、诊室275间，其中发热门诊24小时开诊；设置儿科门诊诊室145间、救治床位1750张，储备儿科医师404人、护士555人；设置综合重症监护床位485张、可转化重症监护床位469张，储备重症医生694人、护士1678人。妥善处置抗疫资产，对全市4处方舱医院进行妥善处置。成立由重症医学、呼吸内科、儿科等专业专家组成的冬春季呼吸道感染性疾病重症救治专家组，落实分区包片救治机制，全力做好重症患者救治，全年救治重症患者9157人，其中以新型冠状病毒为主因的重症患者25人、基础重症合并新型冠状病毒阳性重症患者441人，无以新型冠状病毒为主因的死亡病例和儿童呼吸道感染性疾病死亡病例。全年开展线上线下新型冠状病毒感染、人偏肺病毒感染等传染病医疗救治培训1.7万人次。

【血液管理】 巩固无偿献血先进市成果，构建政府领导、部门协作、社会参与的无偿献血工作格局，创新血源应急保障机制，重点做好团体献血和高校献血工作。2023年，全市无偿献血4.75万人次，比上年增长1.9%；千人口献血率16.3，高于全国、全省平均水平。供应临床各类血液制品15.27万单位，其中红细胞类76110.5单位、机采血小板4808单位，增长4.8%。打造“热血先锋”公益品牌，举办“6·14”世界献血者日系列活动，开展健康科普知识宣讲，对无偿献血及志愿服务进行表彰。提升血液质量管理水平，通过全省血液安全核查，组织临床输血培训和辐照血新技术推广，全年辐照机采血小板、红细胞类制品5480袋。

【卫生教育】 持续推进全科医生转岗、住院医师规范化培训。全年招收79名全科医生参加培训，组织141名全科医生进行结业考核，通过率85.1%；威海市立医院、威海市中心医院2个住院医师规范化培训基地招录学员92人，参加住院医师规范化培训结业考核学员164人，通过考核140人，通过率85.3%。落实人才培养“122工程”，加强重点专科人才队伍建设，选拔45名优秀人才、学科带头人和技术骨干到国内外进行学术交流和进修培训。做好公费医学生工作，2018年—2023年，全市与山东第一医科大学等10所医学高校完成本科118人、专科21人公费医学生的招生及协议签订。组织51名省公费医学生参加选岗定岗工作。

【卫生人才引进】 推动人才队伍建设，威海市中心医院在全省“党建品管圈”创新项目大赛中获得三等奖。成立人才工作领导小组，健全系统人才工作体系；召开系统人才座谈会，听取34名高层次专家、博士骨干、基层人才代表工作情况和对人才工作的意见建议。对4名“鲁卫工匠”和2个“鲁卫工匠创新工作室”授牌，全年获评“山东好医生”2人、“山东好护士”1人、“齐鲁最美健康卫士”1人。创新人才集聚模式，开展青年毕业人才供需精准对接工作，带领14家公立医院负责人赴北京市、青岛市等地和山东第一医科大学、山东中医药大学等4所高校开展卫生行业人才招聘活动，收到简历450余份，达成初步意向53人。持续完善高层次、急需紧缺人才专业目录，开展高层次和紧缺人才招引工作，招聘到岗376人，其中硕士100人、博士7人。市卫健委、市委组织部联合印发《威海市医疗机构人才培养提升工程实施办法》，加强重点专科人才培养，培育“业务专、技术精”专技人才。选派13名学科带头人、16名技术骨干到省级以上医疗机构培训进修。加强临床专科建设，对市级临床重点专科进行动态管理，组织对全市100个市级临床重点专科及建设单位进行复核评估，获评山东省临床精品特色专科1个。市卫健委、市委组织部联合印发医疗卫生“首席专家”“知名医师”选拔管理办法和选拔推荐工作通知，面向临床医学、中医药、疾控等领域，选拔首席专家9人、知名医师62人，按4年管理期发放工作补助每年2万元、1万元。开展2022

年度、2023年度卫生技术副高级、基层卫生技术高级职称评审，2022年度分别通过582人、39人，2023年度分别通过386人、42人。探索实施专业技术职务分类评价工作，威海市立医院等6家医院获批全省卫生职称制度“双自主”改革试点单位。开展“服务百姓健康行动”义诊活动，常态化开展医疗专家下村巡诊工作，全年巡诊5963村次，出动巡诊人员1.96万人次，服务群众14万人次，提升群众满意度。深化山东大学附属威海市立医院建设，在医、教、研各方面深化合作，重点推进医学研究中心、重点实验室等平台建设，获批国家级临床医学研究中心分中心1个、省级重点实验室2个、省级临床医学研究中心分中心7个，博士后入站4人，科研课题立项经费达1150万元。

【医学科研】 着力提升科研项目质量和水平，组织申报省医药卫生科技项目10个、委省共建项目9个。开展医学科研诚信与作风学风建设专项教育整治活动，结合实际制订细化实施方案，实现医疗机构和科研人员专项教育整治活动全覆盖，推进医学科研诚信和学风作风长效机制建设。山东大学健康医疗大数据（威海）研究院落地威海市立医院，柔性引进专家29人次，产出SCI收录等论文成果6篇，完成申报省临床中心等12项申报工作，申报省重点学科17个、省级重点实验室11个；申报国家、省自然科学基金34项，省医药发展计划及省中医药项目7项。

基层卫生服务

【基层卫生综合改革】 2023年，市卫健委开展基层医疗卫生体系专题调研2次，设立村卫生室设备补助资金1500余万元，统一为村卫生室配备智慧随访和康复理疗设备；设立基层机构达标创建奖补资金1500万元，对达到国家推荐标准的基层机构每处给予奖励补助30万元。完善医保政策，将参保居民普通门诊统筹全部定点在基层医疗卫生机构，协调医保资金1300万元单独向基层医疗卫生机构倾斜。建立基层卫生健康（乡村振兴）工作协调推进小组和领导班子成员联系基层制度，着力解决制约基层发展的体制机制问题，推动“以基层为重点”方针在卫生健康领域全面落地。

【基层卫生服务体系建设】 全面完成基层服务能力提升三年行动各项任务，10项核心指标中，威海市多项核心指标位居全省前列。全市46.3%的基层医疗卫生机构达到国家服务能力推荐标准，38%以上的社区卫生服务中心建成社区医院。创新开展基层医疗卫生机构“六改进两规范一提升”试点工作，遴选44处基层医疗卫生机构开展试点，组织市级专家制定基层机构管理标准297条、管理制度7类97项。深化医共体业务、药品、信息等统一管理，85%的县域医共体达到国家紧密型标准；全面推开医共体中心药房建设，全省中心药房现场观摩会在威海市召开，相关做法被新华网、《山东卫生健康情况》刊发。

【基层卫生服务能力提升】 2023年，全市基层医疗卫生机构公开招聘113人，基层空编率降至5%左右；实施大学生乡村医生专项招聘计划，新招聘乡村医生72人，对在岗乡村医生每人每月发放岗位补贴不低于200元，符合条件的乡村医生占比提高近20个百分点。推动优质医疗资源纵向流动，选派4名省级、6名市级骨干人员到基层机构任“业务院长”，组织1000余名临床、护理及医疗管理团队人员到基层开展对口支援、巡回诊疗、驻点帮扶，建成“名医基层工作站”110余处，实现基层机构全覆盖。开展基层领域“知名医师”评选，首批评选16人，连续4年向入选人员每人每年发放工作补助1万元。

【基层卫生服务内涵深化】 市卫健委等部门印发推进家庭医生签约服务高质量发展等方案，推进功能社区家庭医生签约、慢性病分级协同和城市社区延时服务等工作，脱贫享受政策人口等7类人群的基础服务包个人缴费部分由社会资金适当补助，全市签约服务率达55%以上，相关做法在《卫生健康工作交流》刊发。加快推进“三高共管六病同防”医防融合慢性病试点，纳入管理“三高”（高血压、糖尿病和高脂血症）患者11万人。提升基本公共卫生服务绩效，2022年度基本公共卫生服务项目绩效考核成绩居全省第一阵营，获得奖励资金135万元。优化门诊服务流程，70%的基层医疗卫生机构完成门诊医防融合标准化流程改造工作，健康积分制度实现基层机构全覆盖。

中医药事业

【概况】 2023年，全市有中医院、中西医结合医院24家。其中，公立中医院、中西医结合医院6家（三级甲等医院3家、二级甲等医院1家，二级医院1家、二级中西医结合医院1家），民营中医院18家（二级医院1家、一级医院17家）；社会办中医、中西医诊所（门诊部）399家。有省级区域中医医疗中心1处、中医医疗集团1个、中医县域医共体4个。至年底，公立中医医院实现年诊疗人次169.73万人次，业务收入17.25亿元。有床位数3256张，每千人口中医医院床位数1.146张。全市中医医师（含助理）2810人，公立中医医院中医师占比60.1%，排名山东省首位；每千人口中医类别执业（助理）医师数0.77人，居全省第2位；镇卫生院、社区卫生服务中心中医师占比分别为25.4%和26.2%，均居全省第2位。全市二级以上综合医院和妇幼保健院均设有中医科，100%的社区卫生服务中心和镇卫生院建有国医堂，100%的社区卫生服务站和90%以上的村卫生室可提供中医药服务。

【中医药管理机制完善】 召开全市促进中医药发展工作领导小组会议，研究部署全市中医药工作。印发全市中医药传承创新发展工作要点、全市中医药改革十大创新项目等文件，召开全

7 月 14 日，国家中医药综合改革示范区建设经验交流暨推进会在威海市召开
（威海市卫生健康委员会　提供）

市中医药工作现场观摩大会暨半年工作推进会，对全市中医药改革创新、服务体系、特色专科等工作作出明确要求。完成威海市中医药学会换届选举，成立威海市中医药健康发展促进会，促进中医药事业、产业、文化高质量融合发展。

【中医药综合改革】 2023 年，中央全面深化改革委员会办公室《改革情况交流》专题刊发《山东威海探索推进中医药医疗改革》，中医药改革“威海样板”在全国推广；中共山东省委办公厅《今日信息》、省委全面深化改革委员会办公室《改革与制度创新》、国家中医药管理局《中医药工作简报》等专题刊发威海市中医药综合改革经验；威海市政府相关负责人出席国家中医药管理局举行的新闻发布会，介绍威海市中医药综合改革有关情况；中央电视台《新闻直播间》《晚间新闻》对威海市中医药工作进行专题报道。中医药门诊共济保障等 3 项改革任务入选山东省国家中医药综合改革示范区“揭榜挂帅”项目，其中门诊共济、实施“全民艾灸”工程 2 项在全省推广。国家中医药综合改革示范区建设经验交流暨推进会在威海市召开，国家中医药管理局主要负责人参加会议并肯定威海市中医药改革经验，省政府负责人作出批示在全省推广。

【中医药服务能力提升】 推动优质中医资源扩容和均衡布局，威海市中医院通过省级区域中医医疗中心建设中期评估，完成国家中医特色重点医院建设项目立项，在国家中医药管理局发布的 2022 年度三级公立中医医院绩效考核指标评价中获评“A 级”考核等次。省卫健委、威海市政府共建的华东区域中医骨伤诊疗中心项目落地山东省文登整骨医院，为打造国家级中医骨伤医疗高地提供政策保障和智力支持。新增环翠区中医医院和文登区中西医结合医院 2 所公立中医类医院，实现全市中西医结合医院“零”的突破。荣成市通过全国首批基层中医药工作示范县专家组现场评审，乳山市中医院完成二甲等级复审。开展中医适宜技术惠民工程，全年发放艾灸礼包 10 万套，服务群众 30 万人次，建成省级中医药特色村卫生室、社区卫生服务站 20 处。

【中医药人才队伍建设】 完善人才选培机制，将中医药人才纳入市英才计划一体推进，新增国医大师工作室 1 个、国家和省级名中医工作室 4 个，新增山东省名老中医 1 人、名中医药专家 4 人、基层名中医 8 人，入选山东省中医药高层次人才培育项目学科带头人培育对象 1 人。与北京中医药大学建立中医药人才培养合作机制，组织 3 批次 64 人赴北京市培训，有 25 人参加第三批中医药技术骨干外出进修培训、40 人参加第四批中医类别全科医生转岗培训、210 人参加第六批“西学中”培训、300 名乡村医生参加中医药适宜技术培训。

【中医药特色优势发挥】 入选第三批齐鲁中医药优势专科集群专科 11 个，推进“两专科一中心”建设项目 5 个，建成全市首批中医药专科专病联盟 5 个和中医适宜技术推广中心 5 处。承办山东省适宜技术推广第二期培训班，市卫健委印发《威海市儿童青少年近视、肥胖和脊柱侧弯中医药干预工作实施方案》《威海市中医治未病干预实施方案（试行）》。立项国家中医药管理局科技司、省卫健委共建中医药科技项目 3 项，省级中医药科技项目 12 项；遴选市级中医药科研项目 60 项。挖掘和保护民间中医药专长人员和特色技术，新

5 月 31 日，威海市文登区中西医结合医院举行揭牌仪式
（威海市卫生健康委员会　提供）

增中医医术确有专长人员6人，挖掘民间中医药特色技术15项。

【中医药文化传承和普及】 全市获评山东省中医药健康文化知识角建设单位2个、省中医药文化进校园试点学校2所，遴选市级中医药文化进校园试点学校11所。举办全市中西医结合急危重症救治技能竞赛、中药调剂职业技能大赛，在省级竞赛中获得团体二等奖2个，个人二等奖、三等奖6个。举办威海市中医药“知食大集”暨第二届中医药文化节、首届中医药养生功法大赛，在山东省中医药文化科普作品征集评选活动中获奖6个。开展全市中医药系统第28个全国“爱眼日”暨第五届中医小儿推拿防控儿童青少年近视义诊、中医药文化服务月等系列活动。

疾病预防控制

【概况】 2023年，全市报告各类传染病28种4.59万例，其中法定传染病21种4.43万例，传染病疫情报告率达97%以上，整体疫情管控平稳。报告突发公共卫生事件相关信息64起，处置预警信息609条。按周、月、季度撰写疫情分析、风险评估报告和专题分析报告等78期。

【艾滋病防控】 完善全市艾滋病防控体系，2家艾滋病确证实验室、27家艾滋病筛查实验室、93家艾滋病检测点全年开展抗体检测41.80万人次，新发现艾滋病病毒感染者网络报告合格率、流行病学调查及时率和准确率均为100%。全市艾滋病病毒感染者随访完成率97.3%、治疗率96.6%；结核病筛查率98.2%、配偶检测率100%；在治感染者病毒载量检测完成率98.9%，病毒抑制率98%。全年为全市67个受艾滋病影响家庭累计提供补助153.96万元。

【结核病防控】 完善结核病综合防治服务模式，实施结核病患者发现及治疗管理措施，提高患者发现水平，实现患者管理无缝衔接。逐步加强重点人群结核感染检测及预防性治疗工作，降低发病风险。应用GeneXpert快速检测技术，对所有病原学阳性者进行耐药筛查，提高肺结核患者病原学检测率和耐药患者发现及时性。加强与教育部门联防联控工作力度，全市未发生结核病突发公共卫生事件，散发疫情均得到及时规范处置。对辖区结防机构和定点医院进行精细化指导，结核病防治工作质量持续保持全省领先。年内，全市发现活动性肺结核患者711例，其中学校结核病40例，患者发现任务完成率94.9%、病原学阳性率72.6%、耐药筛查率和利福平耐药患者纳入治疗率均为100%。

【呼吸道、肠道、自然疫源性传染病防控】 实施重点传染病综合防控专项行动，全面落实呼吸道、肠道及自然疫源性传染病防控工作。全面落实新型冠状病毒感染“乙类乙管”各项防控措施，强化疫情监测和风险预警，统筹推进哨点医院监测、流行病学调查、重点人群监测、污水监测、病毒变异监测等各项工作。开展7轮全市感染率调查，加强多源数据分析利用，及时提供合理化防控建议。全年报告新型冠状病毒确诊病例1.3万例；完成基因测序671例，其中XBB毒株及其分支269株占40%。统筹做好流感疫情防控工作，强化组织领导，优化监测网络，全年监测各类就诊病例69万例，其中流感样病例占1.8%；报告流感病例2.02万例，无死亡病例；完成121株流感病毒株分离、100份禽流感标本和123份禽流感环境标本采集检测，有效处置学校流感聚集性疫情17起。制作呼吸道传染病防病科普视频8个、编写科普文章20余篇，通过阳光问政热线、专病访谈等方式开展宣传，向教育部门发送秋冬季重点呼吸道传染病防病提醒1期。加强手足口病、病毒性腹泻及霍乱等监测工作，报告手足口病病例1859例，开展病例标本采集检测358例，完成20例手足口病例毒株分离和10对血清标本的采集上送。检测病毒性腹泻病例243例，开展108份自备井水及生活污水采集检测工作。处置学校诺如病毒暴发疫情4起、学校手足口病聚集性疫情19起。全市腹泻门诊腹泻病例霍乱快检率12.2%，细菌培养133例，未发现霍乱病例。完成362份腹泻症状病例标本、7种致泻性弧菌的检测上报工作。开展致病菌识别网监测工作，哨点医院由7家扩大到14家，全年开展标本信息收集录入1967份；开展133份菌种鉴定和5起细菌性传染病暴发疫情的溯源追踪调查。开展自然疫源性疾病综合防控工作，全市报告发热伴血小板减少综合征病例204例、布病18例、流行性出血热11例，无狂犬病、炭疽、登革热及猴痘病例报告，个案调查率、疫点处置率均为100%。撰写威海市发热伴风险评估报告1期，开展专题研判及疫情会商7次，处置农村发热伴聚集性疫情1起，1项发热伴防控相关课题获得省卫健委立项。对所有87家狂犬病暴露预防处置门诊230名专业人员开展暴露处置培训班1期，对21家暴露预防处置门诊开展督导并印发通报。全市全年狂犬病疫苗接种扫码率、冷链云注册率、冷链设备档案完整率均为100%，数据上传及时率99.9%、单位审核完整率98.5%、报警处置及时率91.7%。为全市321名布病暴露高风险人员提供健康指导及检测服务，完成布病菌株上送9份。对7例出血热病例血液标本进行复核，采集9人份血标本上送省疾病预防控制中心。开展2023年—2024年度全市肾综合征出血热疫苗的分配和接种工作。

【公共卫生监测】 全市开展传染病、突发公共卫生事件应急及各类公共卫生检测20.8万项次。全市抽取学校25所（小学8所、初中8所、高中6所、职业中学2所、大学1所）和幼儿园8所，开展学生常见病及健康影响因素监测工作，对学生进行健康体检，调查近视、龋齿、肥胖、脊柱弯曲异常等常见病的健康影响因素并监测学校生活环境卫生。全市布放鼠密度监测有效夹1.44万个、蚊密度监测布放诱蚊灯380个、双层叠帐144次、蜚蠊密度监测有效粘蟑纸1799张，完成蝇类密度监测256次、登革热媒介伊蚊调查1702户容器数262个、蜱虫密度监测6次。全市完成79家医疗机构，28家托幼、养老和洗涤机构等重点行业机构采样监测任务，累计监测样品4235份。完成69处城市供水监测点和

140个农村饮用水监测点城乡饮用水监测项目，监测样品418份，城市监测范围覆盖所有市政供水企业，农村覆盖到所有镇。完成61个监测点、803份样品的城市饮用水日常监测。监测完成小区现制现售水145份、学校及托幼机构直饮水样品117份。完成工作场所职业病危害因素监测108家，威海市重点人群职业健康素养监测与干预调查1308人；完成职业健康检查常规监测5.65万人、重点职业病主动监测855人、尘肺病筛查8903人的审核上报，完成职业性尘肺病随访调查660人，随访率100%，对9家职业查体机构进行现场质量控制；撰写2023年威海市重点职业病监测评估、职业病报告发病情况分析、职业健康风险评估报告。开展24台放射诊断设备放射防护监测，开展非医疗机构放射性危害因素监测7家，完成1座地下非铀矿山的高氡暴露矿工健康效应监测；撰写放射性危害因素监测、职业性放射性疾病监测年度报告。

【免疫规划】 加强预防接种单位标准化建设，全市累计完成智慧化预防接种门诊建设13处、基层预防接种人员标准化培训基地建设7处。“金苗宝”App绑定人数34万人，其中0～6岁绑定率达90.5%，群众满意度97.4%，绑定率及使用率均居全省首位。全市累计接种免疫规划疫苗36.88万剂次、非免疫规划疫苗55.91万剂次，0～7岁儿童全程接种率98.1%。全市报告新冠疫苗疑似预防接种异常反应（AEFI）334例，组织专家诊断会议5次，对20例严重异常反应进行调查诊断。

【慢性病防控】 强化文登区、荣成市、乳山市3个国家级慢病示范区和环翠省级慢病示范区引领作用，不断提高慢病防治水平，实施心血管病高危人群筛查和干预、脑卒中高危人群筛查和干预等项目，推动慢病示范区建设提档升级。全市开展死因、肿瘤、心脑血管、伤害等监测10.61万人，比上年增长20.9%。推进以“三减控三高”为主题的健康生活方式干预，开展“三减控三高”进校园、进社区、进超市、进单位活动，组织专题宣传讲座8期，受益2500人次。联合威海市旅游行业协会开展“我最喜爱的‘三减’健康菜”征集评选活动，强化居民家庭健康饮食意识，引导餐饮行业养成健康服务理念，营造全社会践行“三减”健康生活方式的氛围。环翠区组织27支队伍387名队员参加第八届“万步有约”健走激励大赛。实施“三高共管 六病同防”医防融合慢性病管理项目，有序推进医防融合试点，探索早诊早治关口前移的慢病防治机制。全年完成重点肿瘤、脑卒中、心血管疾病机会性筛查39.61万人，检出早期病人5.66万人。

【地方病防控】 巩固地方病防控、脱贫攻坚行动成果，持续保持消除和控制地方病危害。完成小学生、孕妇盐碘、尿碘监测1317人，小学生甲状腺B超检测411人，并科学评价防治效果。完成水氟监测11份，小学生氟斑牙检测120人。加强地方病健康教育，对孕妇、儿童等特定人群进行精准干预。

【疟疾消除】 巩固消除疟疾成果，落实消除疟疾技术措施，严格执行“1—3—7”防控模式，全年完成“三热病人”（疟疾、疑似疟疾、不明发热原因者）血检2019人，发现报告输入疟疾9例，处置疫点9个，无死亡病例发生；预防输入性病例传播，保持无当地病例发生。与主要劳务输出单位每月进行信息沟通，对64名非洲归国人员实施随访管理。开展疟疾传播媒介监测，完成疫点蚊媒种群调查。

【儿童龋病防控】 持续开展儿童龋病防治工作，全年免费为2.57万名小学二年级学生进行口腔筛查并建立口腔健康档案，为1.36万名符合窝沟封闭适应症且自愿接受的学生实施窝沟封闭，切实保护儿童口腔健康。

【精神卫生】 开展常见精神障碍防治和儿童青少年心理健康促进工作，对具有威海市户籍（或持有威海市居住证）且在山东省精神障碍信息系统登记并纳入所在社区基本公共卫生服务管理的患者进行免费救治。全年救治患者2.4万人次，使用救治资金600余万元。启动严重精神障碍患者应用第二代长效针剂治疗管理工作，实施应用第二代长效针剂治疗管理项目，完成20名患者入组。加强严重精神障碍患者管理，规范诊疗程序，落实登记报告和随访管理等制度，全市严重精神障碍患者规范管理率99.5%。开展增加注册基层精神科执业医师范围培训，医师考试合格30名。

卫生健康法治建设

【概况】 2023年，全市卫生健康法治工作以推进依法治理进程为中心，压紧压实法治政府建设责任，为卫生健康事业高质量发展营造良好的法治环境。举办中医药文化体验活动和“守中医精诚

9月20日，威海市环翠区实验小学幼儿园举办“关爱牙齿康”活动 （孙大伟 摄）

初心 担传承创新使命”主题党日等活动。制定2023年普法责任清单、普法依法治理工作要点等，切实抓好“八五普法”规划实施，工作经验被推送到国家卫生健康委员会。

【依法行政】 推进地方立法项目，《威海市现制现售饮用水卫生监督管理办法》经市政府常务会议审议通过，是全省首部专门关于现制现售饮用水卫生监督管理的地方政府规章。加强卫生健康地方标准体系建设，与国家卫生健康委员会对接，将西洋参纳入食药物质目录，并参与山东省西洋参食品安全地方标准制定。地方标准《威海市儿童友好城市建设规范》第3部分“医院”形成报批稿。加强行政规范性文件管理，现行有效的3件政府规章、13件政府规范性文件、11件部门规范性文件全部通过征求公众意见、合法性审查、集体讨论决定等法定程序。强化行政决策合法性审查刚性约束，健全公职律师、法律顾问参与行政决策合法性审查，公职律师出具审查意见书50份、法律顾问出具审查意见书76份。开展消除妨碍统一市场和公平竞争的政策措施清理工作，聚焦妨碍各类市场主体依法平等进入和退出市场的行为，梳理政策措施35件，未发现涉及妨碍统一市场和公平竞争的政策措施。启动全市第二轮法治医院评估工作，推进法治医院建设，将医疗机构法治建设评估情况纳入医疗机构高质量考核，全市一级及以上医疗机构均开展法治建设评估工作，创建市级优秀单位14家、县级优秀单位8家，择优推荐3家医疗机构争创省级优秀单位。

【公正执法】 严格落实行政执法“三项制度”，修订完善《威海市卫生健康委员会重大执法决定法制审核办法》，推进重大执法决定法制审核制度，配备与法制审核工作任务相适应的工作人员，全年出具审查意见书82份。举办全市卫生健康系统执法人员能力提升专题培训班，发放《威海市行政应诉工作指引》《行政复议和行政应诉案例选编》等学习材料，建立行政机关负责人100%出庭应诉机制。完善社会监督和舆论监督机制，主动办理人大代表、政协委员提出的议案和建议33件；认真解决群众通过行风热线、12345政务服务热线反映的问题，问题办结率100%。提升政务服务便利，推进政务服务标准化建设，认领省级编制完成的行政许可事项及其他依申请政务服务事项，按规定完成标准化梳理工作。将“我陪群众走流程”“政务服务体验员”试点工作与满意度测评工作相结合，完成政务服务事项的“亲自办、陪同办、自查办”工作58项。入选全省卫生健康系统营商环境创新“揭榜挂帅”活动榜单项目3个。

卫生健康综合监督

【概况】 2023年，全市卫生健康综合监督工作以“效能提升年”活动为主线，坚持在创新监管机制、完善执法模式、提升工作效能上持续发力，全面落实监管责任，切实守牢卫生健康安全底线，为推动卫生健康事业高质量发展提供有力支撑。

【监管机制建设】 构建全行业“信用+量化分级”监管机制，在常态化开展非公立口腔医疗机构、医疗美容机构、餐（饮）具集中消毒服务单位“信用+量化分级”管理的基础上，开展社会办中医医疗机构、血液透析室（中心）“信用+量化分级”管理工作，通过集中培训、靠前精细化指导，将执法重心前移，有效构建机构自治、行业自律、政府监管、社会监督的综合监管新机制。年内，全市828家非公立口腔、医美机构、中医医疗机构等单位被分级评定为A、B、C三个级别，其中A级示范单位60家、B级规范单位482家、C级合格单位286家，相关工作经验分别在省卫生监督工作高质量发展信息专刊、市改革工作动态上发表。创新洗浴场所“查体式”监督模式，围绕“1份档案、2个证件、3种记录、4项制度”，开展洗浴场所“1234查体式”监督执法活动；制定洗浴场所“1234”检查项目清单，执法人员上门指导业户开展自查整改，完成洗浴场所现场监督210家，覆盖率100%，对13家整改不到位的给予行政处罚。持续提高智慧监管水平，着眼“过程留痕、回溯责任、闭环管理”，在餐（饮）具集中消毒服务单位、医疗机构医疗废物收集环节等领域逐步推行远程监管。结合住宿业场所卫生保洁记录仪应用省级试点工作，探索“互联网+监管”新模式，着眼“有记录、能回看”，在星级宾馆先试先行，以点带面、逐步扩大，促进住宿行业卫生质量不断提升。

【监管模式改革】 推动现制现售饮用水长效监管，推进《威海市现制现售饮用水卫生监督管理办法》颁布实施，将全市现制现售饮用水卫生监督管理工作纳入法治化轨道；市政府同步跟进调整《威海市市级部门职责清单》，初步建立跨部门综合监管机制。每年设立水质抽检专项经费20余万元，自2023年起，5年内实现全市现制现售饮用水机出水水质抽检全覆盖。全年抽检现制现售饮用水机430台，合格率99.8%。探索开展医疗服务领域“综合监管一件事”试点改革，环翠区卫生健康局获批全省健康服务领域“综合监管一件事”改革试点单位，以跨部门综合监管、联动服务为切入点，通过“提前整合监督检查事项内容，提前询问企业发展中的问题难题，提前聚合部门商讨政策对策决策”的综合监管方式，形成完善的沟通协调机制。综合督导非公立医疗美容机构96户次，帮助机构和群众解决实际问题56条，医美机构被投诉举报案件占比下降10%，违法违规案件下降90%。试点开展职业卫生监督分类监督执法，深化国家级和省级分类监督试点成果，文登区获批省级中小微企业职业健康帮扶试点。实施威海市职业卫生监督协管服务技术规范，市、区（市）两级卫生健康监督机构赴355家企业现场开展职业病防治法律法规和标准培训，深入258家单位现场检查评估分类监督落实情况。

【监督执法】 全面实施“双随机、一公开”监管，开展2023年度部门联合“双随机、一公开”抽查，涉及卫生健康领域任务12项、监管对象292个，按时完成率100%。抽取专业10个、抽查任务1652个，监督完成率、任务完结率均为100%，立案68起。推进监督执法专项行动，全年全市监督1.45万户次，监督覆盖率100%，查处案件489件。坚持问题导向，重点在医疗卫生机构医疗废物处置、中医诊所及中医养生机构、游泳场所卫生安全等方面开展“蓝盾行动”。针对新业态、新情况、新问题，开展医疗美容行业、退休离岗乡医非法行医、校园周边医疗环境治理等专项整治行动，严厉打击违法行为，净化行业环境。持续提升案卷质量，在国家疾病预防控制局组织的2020年—2022年度公共卫生监督优秀案例评查工作中，威海市选送的案例获评全国公共卫生监督执法优秀案例；在全省卫生健康行政执法优秀案例评查活动中，威海市获得团体一等奖。

【职业健康】 2023年，全市有2242家企业进行职业病危害项目申报。开展对存在粉尘、化学毒物、噪声危害因素浓（强）度超标企业及矿山、冶金和铅蓄电池制造等行业开展职业病危害专项治理，排查用人单位1953家，治理103家，立案查处3家。创建健康企业13家，其中市级以上8家、县级5家；全市获评省级“职业健康达人”13人、市级“职业健康达人”50人。文登区被省卫健委确定为中小微企业职业健康工作帮扶试点地区。

国家食品安全与营养健康综合试验区建设

【概况】 2023年，威海市加强国家食品安全与营养健康综合试验区建设，在推进健康中国合理膳食行动与国民营养计划等工作中先行先试，形成一批有特色、可复制、能推广的经验做法，为健康中国行动贡献威海力量。9月，全国综合试验区建设现场观摩会在威海市召开，威海市营养健康方面的创新做法获得肯定和推广。强化资源统筹，坚持高点定位、系统谋划、整体推进，构建“政府统筹、卫健牵头、部门协同、社会参与”的工作大格局。市政府召开威海市国家食品安全与营养健康综合试验区建设观摩推进会，研究部署试验区建设工作。配强食品安全与营养健康专业力量，组建食品安全与营养健康专家库，定期开展业务指导和技术培训，为试验区建设提供力量支撑。专家库吸纳国家、省、市三级专家82人，设立国家营养指导员培训机构2家，培养国家级营养指导员374人，营养指导员配备比例达到每万人1.28名。

3月9日，威海市国家食品安全与营养健康综合试验区建设观摩推进会召开
（威海市卫生健康委员会 提供）

【食品安全风险防控】 构筑食品安全绿色屏障，加强食品安全风险监测预警能力建设，最大限度消除食品安全风险隐患。研发食源性疾病信息预警系统，实现食源性疾病监测信息化系统建设全覆盖。借助信息预警系统，将监测触点前移到药店、学校等重点场所，全面提升疾病风险监测时效性和准确率。年内，全市上报病例信息2.9万条，及时报送率和准确率明显提升。构建食品安全风险地图，依托新冠疫情可视化系统，在地图上标识全市食源性疾病数据，全方位、立体化呈现食品安全风险趋势、风险人群、风险食品等信息，提升食品安全风险分析能力。建立“医防融合”机制，统筹全市各级医疗机构和疾病预防机构力量，加强流行病学调查协同联动，实现医务人员、实验室检验结果、监测信息等各类资源共享共用，提升食源性疾病事件应对处置能力。与烟台市联合举办山东省跨市域食品安全事故流行病学调查应急演练，提升食源性疾病暴发事件处置能力。

【营养健康服务】 强化营养惠民工程建设，打造“健康威海”品牌。夯实全市营养指导能力，着眼基层营养指导能力短板，实施基层食品安全和营养健康工作扩面工程并实现市域全覆盖。提升基层合理膳食服务水平，举办基层医疗机构合理膳食指导业务知识系列培训，邀请专家及时解读国家卫生健康委员会发布的4项食养指南和营养健康相关标准，镇（街道）卫生院和社区卫生服务中心参加培训1000余人次。提升重点单位营养健康服务水平，全面开展营养健康项目建设，建成市、区（市）两级营养健康食堂（餐厅）133家、营养与健康学校144家、营养健康超市41家、营养健康社区15家，2个典型案例入选国家卫生健康委员会食品司组织拍摄的《纪录东方之健康中国合理膳食》宣传片，并在中央电视台发现之旅频道播出。推行“协作组、网格化”服务，将营养指导员分成协助组90个，覆盖全市社区、单位425个，指导服务300余次，惠及10万余人。建成“食在威海、营养健康”主题科普知识库，持续开展合理膳食“六进”（进学校、进机关、进企业、进社区、进超市、进工地）活动，采取漫画、短视频等形式，多渠道宣传营养健康知识，形成全社会共同关注营养健康的良好氛围。

【食品安全企业标准规范】 强化标准引领，市卫健委印发《关于规范全市食品安全企业标准备案管理工作的通知》，规范全市企业标准备案协调、推进、跟踪管理工作。对监管人员、从业人员开展标准宣传培训，扩大培训受众；与市市场监督管理局联合开展跟踪评价工作，推进食品安全标准的培训、指导解答等工作，培训和指导备案人员1600余名。国家卫生健康委员会联合国家市场监督管理总局将西洋参纳入食药物质目录，省卫健委将西洋参食品安全地方标准纳入山东省食品安全地方标准立项计划，由山东省疾病预防控制中心牵头，威海市疾病预防控制中心、文登区道地西洋参研究院参与制订西洋参食品安全地方标准，促进地方食品产业发展。

妇幼健康与人口家庭

【概况】 2023年，威海市实施三孩生育政策及配套措施，严格落实母婴安全五项制度，加强出生缺陷综合防治，提高出生人口素质，促进人口家庭发展。威海市妇幼健康相关工作作法在全省妇幼健康工作会议上进行交流。

【妇幼健康体系建设】 全面保障母婴安全，实施母婴安全行动提升计划和健康儿童行动提升计划，强化关口前移，做好首次就诊孕产妇的妊娠风险筛查和建档立卡，科学规范做好“五色”分级管理。印发危重孕产妇救治体系评估方案、危重新生儿救治体系评估方案，开展危重孕产妇、危重新生儿救治体系评估，完善救治体系，强化危急重症救治能力。与烟台毓璜顶医院建立高危孕产妇救治管理工作机制，畅通绿色救治通道。强化培训提升，定期开展业务培训、现场教学或远程指导等活动，提升综合救治能力。联合市总工会、妇女联合会开展全市妇幼健康职业技能竞赛，选拔优秀选手组队参加全省妇幼健康职业技能竞赛决赛，获得团体三等奖、个人二等奖和三等奖。市卫健委联合市直有关部门印发《关于切实做好适龄妇女“两癌”免费检查省级民生实事的通知》等文件，完善全市宫颈癌、乳腺癌防治服务体系，提高综合防治能力。印发威海市优生优育服务能力三年提升行动计划、出生缺陷防治能力提升计划，开展优生优育服务能力提升“五大行动”，提升全市出生缺陷防治能力，提高出生人口素质。威海市出生缺陷防控相关经验被《中国人口报》《山东计生协周刊》和“中国妇幼健康”微信公众号发布推广。拓展儿童保健服务内涵，加强婴幼儿营养喂养指导，开展儿童孤独症筛查干预服务试点，建立0～6岁儿童孤独症初筛、复筛、转介、诊断评估等工作机制。推进0～6岁儿童眼保健服务规范落实，开展人员培训和技术指导，强化社会宣传和健康教育，营造全社会共同关心支持儿童眼健康的氛围。

【妇幼健康服务】 加强妇幼保健领域中医药服务，发挥中医药在妇女儿童预防保健和疾病诊疗中的独特优势，开展中医药特色诊疗项目，威海市妇幼保健院获评省级妇幼中医药特色单位。发挥妇幼保健机构绩效考核指挥棒作用，做好妇幼保健机构标准化建设和规范化管理，提升机构服务质量，威海市妇幼保健院高分通过省级三级甲等医院复审。指导威海市妇幼保健院和荣成市妇幼保健院围绕温馨环境打造、优化就诊流程、提升服务能力等方面开展儿童友好型医院建设。规范出生医学证明发放管理，健全完善相关工作制度，加强日常监管。各助产机构严格落实住院分娩出生医学证明办理身份核对工作，推进住院分娩人证核验设备系统建设。开展“出生一件事”线上服务，最大限度方便群众办事。

【计生奖励扶助救助】 严格落实计生奖励扶助救助政策，实行农村独生子女父母奖励费，城镇失业（无业）人员独生子女父母奖励费，企业、社会团体、民办非企业等单位独生子女父母奖励费统一发放制度，实现城乡居民独生子女父母奖励全覆盖。实行城镇部分独生子女养老补助制度，实现城乡居民独生子女父母养老补助政策全覆盖；将2022年11月1日及以后企业、社会团体、民办非企业等单位退休独生子女父母年老奖励扶助纳入财政保障范围。实施计划生育困难家庭救助制度，全市全年确认符合救助条件的独生子女家庭、计生特殊家庭等各类计生奖励扶助对象43万例，发放奖扶资金4.58亿元。

【婴幼儿照护服务示范城市建设】 健全托育服务组织领导机制，召开全市3岁以下婴幼儿照护服务工作领导小组会议，市卫健委成立工作专班，全面开展创建全国婴幼儿照护服务示范城市工作。中共威海市委、威海市政府印发《威海市优化生育政策促进人口长期均衡发展实施方案》，健全完善积极生育政策支持体系，制定保育费补助制度；落实威海市普惠托育服务建设实施方案要求，起草普惠托育服务机构认定标准，支持普惠托育服务发展，切实降低生育、养育、教育成本。开展省级婴幼儿照护服务示范县（市、区）和市级托育服务示范机构创建工作，环翠区获评省级婴幼儿照护服务示范区，年内创建市级示范托育服务机构10处，发放一次性奖补资金50万元；筹建市级托育综合服务中心，发挥典型辐射带动作用。

【3岁以下婴幼儿照护服务】 提升家庭科学育儿能力，市、区（市）两级投入

9月12日，威海市妇幼保健院威海市出生缺陷综合防治中心 （王彦博 摄）

资金200余万元，为威海市年度出生常住新生儿家庭免费发放婴幼儿养育照护套装，至年底，发放婴幼儿养育照护套装1.06万套。依托医疗卫生保健机构，开展家庭照护指导和家庭医生签约服务，为婴幼儿家庭提供新生儿访视、新生儿膳食营养、生长发育指导监测等服务。发挥政府主导作用，鼓励个人、企业、社会组织举办托育机构。至年底，全市有独立注册的托育机构89家，设置托位5896个。推动有条件的幼儿园利用现有资源，提供全日托、计时托、临时托等“托幼一体”服务，最大程度实现便民利民。至年底，全市有140家幼儿园延伸提供托育服务，设置托位5970个。召开全市婴幼儿照护和卫生健康系统用人单位提供托育服务工作会议，鼓励支持用人单位以单独或联合举办的方式，为职工提供托育服务，用人单位提供托育服务场所4处。开展家庭托育试点建设，环翠区获评省级家庭托育试点区，设置家庭托育点2处。

【医育结合服务】 开展婴幼儿养育照护服务情况调研，依托各级妇幼保健院、基层医疗卫生机构成立婴幼儿养育照护服务指导中心、指导站，对托育服务机构开展业务指导，推动婴幼儿照护服务工作专业化、规范化开展。各级科普专家团队定期开展育婴技能讲座培训，通过孕妇学校、父母课堂、入户指导、微信公众号等途径加强家庭照护科普宣传指导，切实提高家庭科学育儿能力。年内，威海市妇幼保健院获评国家级婴幼儿养育照护示范指导中心，全市3岁以下婴幼儿系统管理率达98.5%。开展“普惠托育 共同行动”主题托育服务宣传月活动，结合威海市全民营养周暨“5·20”中国学生营养日启动仪式等活动，宣传托育服务政策。威海广播电视台录制《健康威海》栏目，围绕如何做好婴幼儿养育照护工作进行访谈。各区（市）、各单位采取张贴标语、漫画等形式，开展社会宣传活动，营造全社会共同参与婴幼儿照护服务事业的良好氛围。

【托育机构监督管理】 完善监督管理体系，市卫健委联合相关部门印发《威海市托育机构备案工作指引（试行）》《关于做好开设托班幼儿园备案工作的通知》，规范机构登记和备案流程，开展“一次办好”服务，至年底，全市登记注册的托育服务机构完成备案120家，备案率52.4%。举办培训班2期，对全市托育机构从业人员开展业务培训，提升从业人员素质。市卫健委联合相关部门开展托育机构安全生产检查专项行动，围绕托育机构疫情防控、卫生保健、食品安全、消防安全等方面开展联合督导2次，规范托育机构执业行为，确保机构各项安全防护措施落实到位。联合市人民检察院对全市托育服务从业人员违法犯罪情况进行核查，加强托育服务机构从业人员监管。

6月2日，威海市计划生育协会第六次会员代表大会召开 （杨 正 摄）

【计划生育协会工作】 推动计划生育协会改革，召开市计划生育协会第六次会员代表大会，市委、市政府主要负责人分别对协会工作作出批示。市、区（市）两级协会全部完成换届选举，市、区（市）计划生育协会印发改革实施方案。改革后，威海市计划生育协会领导班子成员由3名增加到6名，会长由市政府分管卫生健康工作的副市长兼任，内设机构2个，编制7人；区（市）计划生育协会内设机构6个，编制25人。开展“优生优育进万家”活动，全市组建优生优育指导团队110个，获评省级“优生优育指导中心”项目点2个；建成“向日葵亲子小屋”5个，荣成市妇幼保健院“向日葵亲子小屋”获批省级项目点。开展“宝贝箱—幸福母婴计划”公益项目，免费发放价值3.5万元的宝贝箱63套。开展家庭健康指导员队伍建设工作，培训家庭健康指导员3692人，覆盖68%的村（居），开展家庭健康主题活动84场次，参与活动3.13万人，入选中国计划生育协会“好家风健康行”典型案例11个。开展“暖心行动”，向计划生育困难家庭发放人口关爱基金10.1万元，为876户计划生育特殊家庭成员免费发放价值9万元的“暖心健康包”，联合保险公司为68名新入学大学生办理意外伤害保险，各区（市）均建成1处“暖心家园”。计划生育家庭保险惠及7.84万人，威海市计划生育家庭保险工作经验在全省计生保险工作会议上进行交流。

【婚育主题宣传及青春健康教育】 开展“新时代婚育文化”主题宣传服务活动，协会会员编演音乐快板《唱响婚育新文化》等节目，用“身边事”教育“身边人”。开展“5·29会员活动日”群众性宣传服务活动2636场次，受益群众3.4万人。开展文艺作品征集活动，8件作品获得省级及以上奖项。开展青春健康教育，山东省药品食品职业学院中标中国计划生育协会高校青春健康项目，威海市卫生学校青春健康俱乐部被中国计划生育协会授牌青春健康教育基地。全市建有2家国家级、3家省级、16家市级青春健康教育基地，7次中标国家和省级青春健康高校项目，有省级青春健康教育师资9人。

（袁珞怡）

编辑 李传强

体　　育

综　述

【概况】 2023年，威海市体育局聚焦重点，统筹推进全民健身、竞技体育、体育产业、体育文化传播、体育社会治理“五环”全面发展。全市有7名运动员代表国家队参加杭州2022年第19届亚运会，获得金牌1枚、铜牌3枚；组队参加2023年山东省锦标赛获得金牌76.5枚，其中，获得手球女子甲组第1名，足球项目获得金牌10.5枚，赛艇项目获得金牌9枚。举办威海铁人三项世界杯赛暨中国·威海超级铁人三项系列赛、中国威海HOBIE帆船公开赛、全国OP帆船锦标赛暨第一届学青会（公开组）帆船项目OP预赛、仙境海岸半岛城市帆船拉力赛、首届海上休闲运动嘉年华、荣成滨海马拉松、第六届恒融青少年冰球邀请赛等品牌赛事活动。威海铁人三项赛首次被中央电视台《新闻联播》报道，“威海铁人三项有多好看”话题位列抖音同城热搜榜榜首。世界铁人三项联盟授予中国铁人三项运动协会、威海市特殊贡献奖。加强体育彩票发行管理，体育彩票销量10.98亿元，比上年增长45.3%。

【全民健身公共服务新体系建设】 持续完善全民健身场地设施，市体育局、自然资源和规划局、住房和城乡建设局等部门联合印发新建居住社区配套公共体育设施规划、建设、移交和使用管理实施细则，全面摸排掌握全市体育场地设施底数，更新维护健身器材。落实省体彩公益金用于建设智能健身驿站设施、公共体育器材更新和乡村振兴示范村建设等。完成全市9家公共体育场馆与国家全民健身平台视频数据对接工作，智慧场馆覆盖率66.7%，达到五星级智慧城市标准。全市中小学校体育设施恢复向社会开放。人均体育场地面积达3.75平方米。壮大体育组织力量，指导督促基层体育总会按要求加快注册、更新人员，以镇、村体育总会为单位健全社会体育指导员联系机制，培训各级社会体育指导员1444人。市民体质监测达标率达92.5%，提前实现2025年目标。

【全民健身活动】 承接山东省冬季全民健身运动会，举办市、区（市）两级全民健身运动会148场、社区运动会454场，城市社区覆盖率达100%。举办乡村体育赛事活动742场，举办8个项目市、区（市）两级中小学生体育联赛，开展“奔跑吧·少年”儿童青少年主题健身活动233场，举办各级各类赛事活动2200余场，比上年翻一番。全市经常参加体育锻炼人数达43%。

【竞技体育发展】 完善体教深度融合机制。市体育局、教育局联合印发《关于深化体教融合促进青少年健康发展的实施意见》。威海市体育运动学校（简称威海市体校）、文登区竞技体育运动学校、乳山市竞技体育运动学校获评全国高水平体育后备人才基地。威海市体校改革经验被《中国体育报》专栏刊发推广。市体育局、教育局、中国共产主义青年团威海市委员会（简称共青团威海市委）等部门联合开展暑期超体重学生健康夏令营和游泳普及活动，培训学员1100人。召开威海市参加山东省第25届运动会总结表扬大会，对全市61个先进单位、132名先进个人、1名特殊贡献奖个人进行通报表扬。狠抓新周期山东省第26届运动会备战，优化调整市运动队项目布局，授予市级运

10月，威海市举办“奔跑吧·少年”儿童青少年主题健身活动

（威海市体育局　提供）

动项目训练基地6个。打造威海南海新区香水河水上训练基地，补齐全市没有赛艇、皮划艇训练基地的短板。威海市体校招收入校训练运动员252名，梯队建设初具规模。举办威海市14个项目锦标赛，通过以赛促练、以赛选材，检验各运动队前期训练成果。承办全国青少年体能教练员培训班、全国排球教练员体能培训班，组织教练员自动体外除颤仪急救技能培训班和外出专题培训，不断提升教练员的执教水平。山东蓝鲸棒垒球俱乐部、威海蓝鲸棒球队、山东省棒球队、威海市棒球队在威海临港经济技术开发区（简称威海临港区）成立，选拔8个组别青少年试训运动员100余人、青少年运动员120余人，招募引进教练4人、职业运动员24人，打造山东首支职业棒球队和威海市唯一职业体育队。8月20日，《共建山东省第15届全运会棒球队合作协议》和《中韩棒球运动地区交流合作协议》签约仪式在威海临港区山东蓝鲸棒垒球俱乐部举行。

【体育产业创新发展】 加强产业示范引领，威海市政府办公室印发《关于促进体育产业高质量发展的意见》，对吸引国家队或世界顶级运动队驻训、争创国家级体育产业创新试验区和国家体育消费示范城市实施奖补政策；对参加职业联赛、举办高附加值商业赛事和争创省级以上体育产业示范基地（单位、项目）实施奖补政策。印发《威海市体育产业基地管理试行办法》，命名市级体育产业示范基地（特色基地、单位、项目、乡村）13个。市体育局、财政局联合印发《威海市市级体育资金管理办法》，对全市综合性体育资金实施规范管理。威海市体育产业相关工作经验做法在全省体育局长工作会、体育产业工作会上进行交流。银滩旅游度假区获评中国体育旅游精品景区，银滩旅游度假区近山亲海体育旅游线路获评中国体育旅游精品线路，威海铁人三项赛、中国威海HOBIE帆船公开赛获评中国体育旅游精品赛事，“近山亲海”威海冬季体育旅游线路入选省级体育旅游精品线路，东浦湾景区、威海汤泊温泉旅游度假区获评省级体育旅游示范基地，“刘公岛杯”2023年威海铁人三项世界杯赛暨“三角轮胎杯”2023年中国·威海超级铁人三项系列赛、2023年中国威海HOBIE帆船公开赛暨威海市首届海上休闲运动嘉年华被认定为山东省高端精品体育赛事，2023荣成滨海马拉松被认定为山东省路跑类精品体育赛事，环翠区嵩山街道小镇村获评省级体育产业示范乡村，威海宝飞龙钓具有限公司、山东东海集团有限公司、开泰体育用品制造（威海）有限公司获评省级体育产业示范单位，威海马术特色产业链项目获评省级体育产业示范项目，威海光威户外装备有限公司获评2023年度山东省体育行业领军型企业，山东东海集团有限公司、威海西港游艇有限公司获评2023年度山东省体育行业创新型企业。

【体育产业试点】 环翠区、荣成市入选省级体育消费试点县，环翠区体育消费工作获得省委办公厅、省政府办公厅督查激励。承接全省体育产业统计暨分类培育高质量纳统工作会议、全省体育产业高质量发展座谈会暨助力胶东经济圈体育产业一体化发展研讨会、体育产业统计培训会议，威海市体育局、荣成市教育和体育局相关试点经验在会上进行交流。持续深化全省体育产业统计提升年试点，全市体育产业基本单位5697家，年内新增915家，涵盖体育产业11个大类37个中类。开展招商引资工作，签约项目12个，注册公司11个，开工项目11个，到位资金1.2亿元，实物工作量1000余万元。威海瑞阳船艇有限公司、哈尔滨工业大学（威海）、环翠区政府与国家体育总局水上运动管理中心签订战略协议，逐梦体育俱乐部（威海）有限公司与深圳桥灿实业有限公司签订HOBIE帆船山东区域一级代理商协议。

（朱　旭）

【山东省威海体育训练中心】 2023年，山东省威海体育训练中心运动员代表国家队参加国际比赛，取得优异成绩。威海体育训练中心20名运动员参加杭州2022年第19届亚运会3个大项、6个小项的比赛，获得金牌2枚、铜牌1枚；冯彬以67.93米夺得女子铁饼冠军，并打破赛会纪录；女子橄榄球运动员杨飞飞、徐晓燕代表国家队参赛获得金牌；女子手球运动员路畅、刘婵、宫蕾、田秀秀、林燕群代表国家队参赛，获得铜牌。冯彬参加布达佩斯世界田径锦标赛，以68.20米获得女子铁饼季军，获得巴黎奥运会参赛资格；参加世界田联钻石联赛厦门站获得冠军，参加亚洲田径锦标赛获得冠军。在全国锦标赛上运动员获得金牌3枚、银牌1枚、铜牌2枚；107名运动员参加第一届全国学生（青年）运动会（公开组）3个大项11个小项的比赛，获得金牌4枚、银牌1枚、铜牌2枚。

（赵　斐）

群众体育

【概况】 2023年，威海市落实中央、省体彩公益金272万元，支持8处公共体育场馆免费或低收费对外开放。落实省级体育发展资金137万元用于全市智能健身驿站设施、公共体育器材更新及乡村振兴体育示范村建设；利用省、市体彩公益金更新维护健身器材3496件。至年底，全市人均体育场地面积达3.75平方米。组队参加省第十五届“百县篮球、千乡乒乓球、万人象棋”三大赛决赛、省第十三届全民健身运动会6个项目比赛、省第一届智力运动会4个项目比赛及山东省社区运动会总决赛等近10个项目省级单项赛事。承办省第七届冬季全民健身运动汇开闭幕式活动及冰球等5个项目比赛，承办省第十三届全民健身运动会太极拳等项目比赛。威海市体育局获得山东省第十三届全民健身运动会优秀组织奖，文登区、荣成市获评山东省第十三届全民健身运动会先进单位。举办市、区（市）两级全民健身运动会比赛148场次，举办社区运动会454场，实现全市范围内社区运动会全覆盖；举办威海市“九九重阳”全民健身主题示范等活动，基本实现“周周有活动、月月有赛事、全年不断线”，丰富群众文体生活。全面开展“乡村振兴齐鲁样板——村村有好戏”乡村体育活动及“百县篮球”“千乡乒乓球”“万人象棋”、足球、门球、农民运动会等农村体育赛事

3 月 26 日，全民健身运动会启动仪式在威海公园文化广场举行
（李传强 摄）

活动。年内，全市开展各级各类群众体育赛事活动 2000 余场；年度培训各级各类社会体育指导员 1444 名，其中培训一级社会体育指导员 93 名；全市有社会体育指导员 1.7 万人；为 500 名群众免费提供体质监测服务并开具运动处方。威海市健身操舞运动协会 10 名会员组成威海市代表队，获得山东省广播体操大赛决赛一等奖。威海市体育场入选山东省最美公共体育场馆，全市命名威海市全民健身最美社区 15 个。

【威海市第十三届全民健身运动会】 3 月 26 日，由市体育局、总工会、共青团威海市委等部门联合主办的威海市第十三届全民健身运动会启动仪式暨“青花汾酒杯”2023 威海健步大会在威海公园文化广场举行，市直机关、企事业单位职工及市民 3000 余人参加活动。启动仪式结束后，开展内容丰富、形式多样的全民健身活动。全民健身运动会自 3 月开始至 10 月结束；举办市、区（市）两级全民健身运动会 48 场次。其中，举办门球、轮滑、国际象棋、室内游泳、排球、老年人东岳太极拳、滑板、传统武术、羽毛球、广场舞等 20 个市级项目比赛及 128 场区（市）级比赛。

【2023 年威海市全民健身月主题示范活动】 5 月 21 日，由威海市体育局、文化和旅游局主办，市老年人体育协会、群众艺术馆、环翠区教育和体育局承办的 2023 年威海市全民健身月主题示范活动暨全国老年人太极拳大联展（威海分会场）展演活动在威海市人民广场举行。环翠区、威海火炬高技术产业开发区、威海经济技术开发区、威海临港区老年人体育协会组织的 1300 余名优秀太极拳选手参与展演。

【山东省第十三届全民健身运动会太极拳比赛】 6 月 27 日，由山东省体育局、总工会、教育厅、文化和旅游厅等部门联合主办，威海市体育局承办的山东省第十三届全民健身运动会太极拳比赛在威海市举行。全省 16 个地市，29 个代表队 400 余人参加比赛。

【2023 年威海市“全民健身日”活动】 8 月 8 日，威海市启动 2023 年“全民健身日”活动。威海体育场、体育馆，威海乒羽中心，文登体育场，荣成市体育场、体育馆，奥林健身（威海火炬高技术产业开发区店）当日免费向公众开放；威海临港区冰球馆当日上午免费开放，促进群众开展全民健身活动。市本级开展威海市第十三届全民健身运动会逍遥湖铁人三项赛、全民健身威海市民徒步健走活动、威海市第十三届全民健身公开水域游泳比赛等，威海市老年人体育协会当天举办全民健身日老年人太极拳、舒筋拉力操展演活动，各区（市）体育部门在全民健身周举办各种体育活动。

【首届威海市职工羽毛球比赛】 10 月 21 日，由威海市总工会、中共威海市委市直机关工作委员会、市体育局共同主办的以“匠心向党·劳动筑梦”为主题的“魏桥杯”首届威海市职工羽毛球比赛“收官”。经过前期比赛，市直代表队、各区（市）代表队等 10 支代表队、100 余名职工进入总决赛。总决赛设男子单打、男子双打、女子单打、女子双打、混合双打 5 个项目。全市有 217 家单位、1738 名职工参加各级工会组织的选拔赛，在线收看图片直播的职工超过 80 万人次。

【山东省一级社会体育指导员培训班】 12 月 14 日—16 日，2023 年山东省一级社会体育指导员培训班（威海）在威海市举行。培训内容为健身气功五禽戏，邀请市老年人体育协会国家级社会体育指导员授课，全市 80 余人参加培训。

【山东省第七届冬季全民健身运动会冰球比赛】 12 月 22 日—23 日，由山东省体育局主办，山东省冬季运动管理中心、威海市体育局、威海临港区管理委员会承办的第十届全国大众冰雪季“中国体育彩票”山东省第七届冬季全民健身运动会冰球比赛在威海临港区威海冰球馆举行，全省 9 支冰球队 140 名运动员参加比赛。

（和弋斐）

竞技体育

【概况】 2023 年，威海市运动员参加杭州 2022 年第 19 届亚运会，获得金牌 1 枚、铜牌 3 枚。第 11 届亚洲青少年棒球锦标赛（U15 组）、全国青少年棒球锦标赛（U15 组）暨中国中学生棒球锦标赛（初中组）、中国山地自行车公开赛（山东·环翠站）、全国沙滩手球锦标赛、全国 OP 帆船锦标赛暨第一届学青会（公开组）帆船项目预赛、全国青年男子冰球锦标赛（U18）暨第十四届全国冬季运动会男子冰球青年组资格赛、全国轮滑（单排轮滑球）锦标赛等品牌赛事在威海市举办。全市中小学校体育设施恢复免费向社会开放，召开威海市参加山东省第25届运动会总结表扬大会；组队参加2023年山东省锦标赛并获得金牌76.5枚。市体育局、财政局联合印发《威海市体育竞赛奖励实施办法》《关于深化体教融合促进青少年健康发展的实施意见》。举办威海市中小学生体育联赛项目8个、威海市锦标赛项目14个，举办超体重学生健康夏令营和游泳普及活动，培训学员1100人。开展“奔跑吧·少年”儿童青少年主题健身活动233场次，参与人数突破31万人次。举办5个项目教练员、裁判员培训班，培训学员200余人，审批二级运动员159人。

8月12日，2023中国山地自行车公开赛（山东·环翠站）在山东环翠轻户外运动基地启动　（张书卿　摄）

【2023年全国OP帆船锦标赛暨第一届学青会（公开组）帆船项目预赛】 6月15日—20日，由中国帆船帆板运动协会、山东省体育局、威海市体育局、荣成市人民政府主办的2023年全国OP帆船锦标赛暨第一届学青会（公开组）帆船项目预赛在荣成市举行，全国25支队伍260余名运动员、教练员、裁判员参赛。

【2023年全国沙滩手球锦标赛】 7月11日—14日，由中国手球协会主办的2023年全国沙滩手球锦标赛在威海南海国家沙滩运动基地举行。全国11支男队、9支女队参赛。

【2023年全国青少年棒球锦标赛（U15组）暨中国中学生棒球锦标赛（初中组）】 8月3日—11日，由中国棒球协会、中国中学生体育协会主办，山东省小球运动联合会、省棒垒球协会、威海市体育局、威海临港区管理委员会承办的2023年全国青少年棒球锦标赛（U15组）暨中国中学生棒球锦标赛（初中组）在威海蓝鲸棒球场举行，全国40支球队820余名运动员参赛。

【2023年中国山地自行车公开赛（山东·环翠站）】 8月12日—13日，由中国自行车协会主办，山东省自行车运动协会、威海市体育局、环翠区政府承办的2023年中国山地自行车公开赛（山东·环翠站）在山东环翠轻户外运动基地举行。比赛设山地越野赛男子公开组、女子公开组、男子青年组、男子健身组、山地积分计时淘汰赛和山地越野计时淘汰赛6个组别，男子公开组、女子公开组骑行赛道4.5千米，男子青年组、健身组骑行赛道3千米，全国521名运动员报名参赛。

【2023年第11届亚洲青少年棒球锦标赛（U15组）】 8月20日—26日，由亚洲棒球联合会、中国棒球协会主办，山东省体育局、威海市人民政府承办的2023年第11届亚洲青少年棒球锦标赛（U15组）在威海蓝鲸棒球场举行，8个国家和地区的144名棒球运动员参赛。

【2023年全国青年男子冰球锦标赛（U18）暨第十四届全国冬季运动会男子冰球青年组资格赛】 10月13日—21日，由中国冰球协会主办，山东省体育局指导，山东省冬季运动管理中心、威海市体育局、威海临港区管理委员会承办的2023年全国青年男子冰球锦标赛（U18）暨第十四届全国冬季运动会男子冰球青年组资格赛在威海临港区威海冰球馆举行。全国12支省（直辖市）代表队400余名运动员参赛。

【2023年全国轮滑（单排轮滑球）锦标赛】 2023年12月30日至2024年1月1日，由中国轮滑协会主办，威海市体育局、荣成市人民政府承办的2023年全国轮滑（单排轮滑球）锦标赛在荣成市举行，全国78支队伍1000余名运动员参赛。

【中小学生游泳普及】 8月1日—21日，全市分3期开展中小学生游泳普及培训，每期7天，每期培训200人，累计培训600人。通过游泳普及培训，帮助中小学生掌握基本的游泳技能，满足学生健身和安全需求，提升学生身体素质，促进学生全面发展。

【威海市中小学超体重学生健康夏令营】 8月7日—17日，由市体育局、教育局、共青团威海市委主办的2023年威海市中小学超体重学生健康夏令营在威海市中小学生综合实践教育中心举行，全市100名超体重学生参训。通过训练，提升中小学生体育素质和健康水平，遏制并降低中小学生超体重和肥胖比例。

（孙建春）

体育产业

【概况】 2023年，威海市深入挖掘体育产业促进经济增长、服务绿色低碳高质量发展的潜力，持续实施“一区市一品牌”战略，加快拓展“体育+”，重点发展竞赛表演休闲健身、体育彩票销售等本体产业，全面发展场馆服务、体育培训等产业，命名13个市级体育产业示范基地（特色基地、单位、项目、乡村），促进体育产业示范项目的储备和培育。加大品牌塑造力度，重点发展竞赛表演业，成功举办“刘公岛杯”2023年威海铁人三项世界杯赛暨“三角轮胎杯”2023年中国·威海超级铁人三项系列赛、2023年中国威海HOBIE帆船公开赛暨威海市首届海上休闲运动嘉年华等品牌赛事活动，第四届中国体育智能制造创新大赛新闻发布会在威海市举行。应友好城市日本泉佐野市市政府邀请，市体育局、市政府外事办公室委派市田径协会选手参加马拉松赛事交流活动。坚持推动产业融合，年内获批山东省体育旅游示范基地2家、山东省体育产业示范乡村1个、山东省体育产业示范单位3家、山东省体育产业示范项目1个、山东省五星级体育服务综合体1处，两项赛事入选中国体育旅游精品赛事；荣成市体育发展中心获得中国帆船帆板运动协会2021年—2022年度赛事合作贡献奖。全面落实山东省体育消费券政策，先后组织47家单位分别发放冰雪、体育场馆、体育培训、体育竞赛表演、体育用品零售业专项（渔具）等体育消费券，提升体育消费水平。体育产业稳步发展，12月17日，山东省体育局、省统计局联合发布《2022年山东省体育产业规模及增加值数据公告》，2022年威海市体育产业总产值332.95亿元，列全省第4位；增加值110.71亿元，占地区生产总值的3.25%，列全省第1位；全市体育消费总规模63.80亿元，居民体育消费支出2158.20元，占人均可支配收入的4.69%，比上年增长8.7%，超过全省平均水平。

【国家水上（海上）国民休闲运动推广暨桨板项目推广签约仪式】 3月2日，国家水上（海上）国民休闲运动推广暨桨板项目推广签约仪式在威海市举行，环翠区人民政府、哈尔滨工业大学（威海）、威海瑞阳船艇有限公司分别与国家体育总局水上运动管理中心签订合作协议。环翠区将全面加快海上休闲运动，特别是桨板运动和产业；哈尔滨工业大学（威海）组织教师开展桨板运动项目教学与科研，为桨板项目开展和桨板器材建设提供技术支持；威海瑞阳船艇有限公司联合国家体育总局水上运动管理中心，全面推广“桨板项目高校发展计划”，打造桨板品牌赛事。

【全国青年乒乓球锦标赛】 3月2日—9日，由中国乒乓球协会主办，威海市体育局、威海南海新区管理委员会承办的全国青年乒乓球锦标赛在威海南海新区国家乒乓球训练基地举行，全国310余名青年运动员参赛。

【泰祥·2023荣成滨海马拉松】 4月30日，由山东省体育局、山东广播电视台、威海市体育局、荣成市人民政府主办的泰祥·2023荣成滨海马拉松在荣成市举办。比赛分为全程、半程马拉松赛及欢乐跑3个组别，中国、英国、韩国等7个国家的1.2万名选手参赛。

【2023年全国青少年棒球公开赛山东分赛区（U10、U12、U15）】 5月2日—3日，由中国棒球协会主办，山东省小球联合会、省棒垒球协会、威海市体育局、威海临港经济技术开发区管理委员会承办的“临港杯”2023年全国青少年棒球公开赛山东分赛区（U10、U12、U15）在威海临港区全民健身中心举行，省内24支球队参赛。

【2023年“临港杯”棒垒球邀请赛】 5月2日—3日，由山东省小球联合会、省棒垒球协会、威海市体育局指导，威海临港区管理委员会主办的2023年“临港杯”棒垒球邀请赛在威海临港区全民健身中心举行。比赛设置棒球、五人制棒球、女子垒球、慢投垒球4个项目，青岛市、潍坊市、济南市等地的12支代表队250余名运动员参赛。

【2023中国人寿“丽人18”乳山女子半程马拉松赛】 5月14日，由威海市体育局、乳山市人民政府主办的2023中国人寿“丽人18”乳山女子半程马拉松赛在乳山市大拇指广场举行。比赛设女子半程马拉松、欢乐跑、亲子跑、商学院赛中赛、梦想跑者等6个竞赛组别，全国5000余名马拉松爱好者参赛。

【“我要走”全国徒步联动日（威海站）活动】 5月14日，由中国登山协会、山东省体育局主办的2023年“我要走”全国徒步联动日（威海站）活动在环翠区里口山国家健身步道（王家疃荷花湾公园）举行。活动全程9千米，700余名徒步爱好者参加活动。

【全省体育产业统计暨分类培育高质量纳统工作会议】 5月22日—23日，2023年全省体育产业统计暨分类培育高质量纳统工作会议在威海市召开。会议设2023年全省体育产业统计暨分类培育高质量纳统工作会议、全省体育产业统计提升年试点现场会、全省体育产业工作座谈会、山东省体育产业发展大会暨助力胶东经济圈体育产业

5月2日，2023年全国青少年棒球公开赛山东分赛区（U10、U12、U15）在威海临港经济技术开发区举行
（杨 正 摄）

6 月 10 日，2023 年中国威海 HOBIE 帆船公开赛暨威海市首届海上休闲运动嘉年华在威海国际海水浴场举行 （威海市体育局　提供）

一体化发展研讨会、全省体育产业统计业务培训班、威海市体育产业典型线路和项目调研等环节，国家体育总局器材装备中心负责人，省体育局、统计局分管负责人出席会议，威海市体育产业统计工作经验做法在会上进行交流。

【中国威海 HOBIE 帆船公开赛暨威海市首届海上休闲运动嘉年华】　6 月 10 日—11 日，由国际 HOBIE 级别协会、中国帆船帆板运动协会、山东省体育局、威海市重大体育赛事组委会共同主办的 2023 年中国威海 HOBIE 帆船公开赛暨威海市首届海上休闲运动嘉年华在威海国际海水浴场举行，5 个国家和地区、国内 13 个省的 40 支 HOBIE 船队参赛。赛事期间，组委会配套举办首届海上休闲运动嘉年华活动，为市民和游客提供 17 项水上运动产品、餐饮等服务。

【中国乒乓球俱乐部甲 A 比赛】　6 月 21 日—26 日，由中国乒乓球协会主办，威海市体育局、威海南海新区管理委员会承办的 2023 年中国乒乓球俱乐部甲 A 比赛在威海南海新区国家乒乓球训练基地举行，全国 300 余名运动员参赛。

【中国威海国际棒球邀请赛暨“全民健身活力中国”全国棒球公开赛山东分赛区】　6 月 22 日—23 日，由中华全国体育总会、山东省小球运动联合会、省棒垒球协会指导，威海市体育局、威海市人民政府外事办公室、威海临港区管理委员会主办的 2023 年“临港杯”中国威海国际棒球邀请赛暨“全民健身活力中国”全国棒球公开赛山东分赛区在威海临港区全民健身中心举行。中国、韩国、澳大利亚等国家的 13 支代表队 280 余名运动员参赛。

【“山东港口杯”仙境海岸半岛城市拉力赛（威海站）】　6 月 29 日，由中国帆船帆板运动协会指导，青岛市重大国际帆船赛事（节庆）活动组委会、山东省港口集团有限公司及青岛市体育局、威海市体育局等胶东经济圈城市体育局主办的 2023“山东港口杯”仙境海岸半岛城市拉力赛（威海站）比赛颁奖仪式在荣成市举行，烟台市至威海市赛段正式结束，7 支船队参赛。

【威海市第十三届全民健身运动会逍遥湖铁人三项赛】　8 月 6 日，由威海市体育局、市体育总会、威海经济技术开发区社会工作部主办的“经开区泊于商会·威海广安城投”威海市第十三届全民健身运动会逍遥湖铁人三项赛在逍遥湖畔举行。比赛设置全程组、半程组、畅游组和接力组，268 名铁选手参赛。

【第四届山东省体育消费券发放活动】　8 月 8 日，由山东省体育局主办的以“新体育引领新生活”为主题的 2023 第四届山东省体育消费券发放活动启动。活动面向全省体育场馆服务业、体育培训服务业，涵盖游泳、篮球、乒乓球、羽毛球、冰雪（含轮滑）、排球、帆船、钓鱼等体育项目，优惠类型包括满减券、现金券等多种形式，发放的票券种类为满 3000 元减 450 元券、满 2000 元减 300 元券等。全市 22 家场馆参与发放消费券，市民朋友可通过微信小程序“汇动齐鲁”参与本次活动。9 月 23 日—25 日，举办体育用品零售业专项（渔具）消费券发放活动，全市 12 家渔具经销商参与发放渔具消费券。

【中韩帆船文化交流活动】　8 月 8 日—11 日，威海市体育局主办，威海市帆船协会承办 2023 年中韩帆船文化交流活动。活动期间，威海市帆船协会代表与韩国华城市海洋学院的 25 名青年学生围绕帆船培训、帆船技能交流、帆船友谊赛、传统文化、城市体育项目

6 月 21 日，2023 年中国乒乓球俱乐部甲 A 比赛在威海南海新区举行 （王彦博　摄）

交流研讨会等方面开展交流。

【小球大爱公益联赛】 8月8日，小球大爱公益计划暨小球大爱“国球舍杯”乒乓球公益联赛威海站在威海南海新区国家乒乓球训练基地启动。竞赛项目为男女混合单打，按照年龄分为甲、乙、丙三组，120名选手参赛。

【2023—2024年度全国桨板U系列赛（乳山站）】 8月12日—13日，由国家体育总局水上运动管理中心、威海市体育局、乳山市政府主办的2023—2024年度全国桨板U系列赛（乳山站）在乳山市潮汐湖水上户外运动基地举行。赛事包含U18、U15、U12三个青少年组别，设男子、女子200米竞速赛、200米趴板划水赛、4千米长距离技巧赛及200米接力赛（3人桨板划行、2人趴板划行）、200米龙板赛（4人）团体赛。同时增加公开组和大师组，设有男子、女子200米竞速赛及6千米长距离技巧赛项目，全国100余名选手参赛。

【2023威海桨板邀请赛暨山东省胶东经济圈城市桨板赛】 8月19日—20日，由威海市体育局指导、威海市游艇行业协会主办的“广安智造产业园”杯2023威海桨板邀请赛暨山东省胶东经济圈城市桨板赛在威海东浦湾海水浴场举行。15个省（直辖市）的250余名运动员参赛。比赛设置200米竞速、6000米耐力、200米接力和龙板赛，并增设山东省经济圈和U16组的比赛。

【2023中国国家乒乓球队亚洲锦标赛及亚运会热身赛】 8月23日—26日，由中国乒乓球协会主办的2023中国国家乒乓球队亚洲锦标赛及亚运会热身赛在威海南海新区国家乒乓球训练基地举行，全国30名运动员参赛。

【“刘公岛杯”2023年威海铁人三项世界杯赛暨“三角轮胎杯”2023年中国·威海超级铁人三项系列赛】 8月26日—27日，由中国铁人三项运动协会、山东省体育局、威海市重大体育赛事组委会主办的“刘公岛杯”2023年威海铁人三项世界杯赛暨“三角轮胎杯”2023年中国·威海超级铁人三项系列赛在环翠区半月湾铁人三项专用赛场举行。赛事设奥运距离、超级铁三、超级铁三半程、超级铁三体验、超级铁三水陆两项5个参赛距离44个竞赛组别，31个国家和地区的1855名运动员参赛。威海市连续第13年举办铁人三项赛，中央电视台、《人民日报》等媒体对赛事进行报道。

8月26日，“刘公岛杯”2023年威海铁人三项世界杯暨“三角轮胎杯”2023年中国·威海超级铁人三项系列赛举行　　（张书卿　摄）

【2023幸福威海越野赛暨广安城投·2023幸福威海越野商学院挑战赛】 9月9日—10日，由威海市体育局、威海经济技术开发区管理委员会主办的2023幸福威海越野赛暨广安城投·2023幸福威海越野商学院挑战赛在威海湾音乐广场举行。比赛为长距离山地越野L1级赛，设置3个组别，1400余名运动员参赛。比赛采用环形赛道，自威海湾音乐广场出发，以环翠区里口山国家登山健身步道为基础，串联威海塔山公园、仙姑顶、广福寺、幸福门等主要景点，最终返回威海湾音乐广场。

【“仙境海岸·最美银滩”2023山东沿海骑行大奖赛】 9月10日，由山东省体育总会主办，威海市体育局、乳山市人民政府承办的“仙境海岸·最美银滩”2023山东沿海骑行大奖赛在乳山市银滩旅游度假区举行。赛事设男子精英组、男子大师组、女子组及大众骑游组4个组别，全国800余名骑行爱好者参赛。

【第七届恒融“斯坦利”杯青少年冰球邀请赛】 9月30日至10月4日，2023年第七届恒融“斯坦利”杯青少年冰球邀请赛在威海临港区威海冰球馆举行。比赛按照《国际冰球联合会竞赛规则》《国际冰球联合会运动规则》，采用分组单循环、复赛交叉的方式，分为U8、U10、U12三个年龄组，4个省（直辖市）的40支球队600余人参赛。

【第二届中国青少年足球联赛（山东赛区）暨2023年山东省青少年足球联赛男子小学年龄段U9/U12组】 10月1日—4日，由山东省足球运动协会主办的第二届中国青少年足球联赛（山东赛区）暨2023年山东省青少年足球联赛男子小学年龄段U9/U12组在山东外事职业大学足球场举行，省内的15支队伍200余名运动员参赛。

【2023刘公岛杯青少年帆船挑战赛暨CISSA中国青少年帆船邀请赛】 10月3日—4日，由威海市体育局指导，威海文旅发展集团有限公司、威海市刘公岛海洋开发有限公司、市帆船协会主办的2023刘公岛杯青少年帆船挑战赛暨CISSA中国青少年帆船邀请赛在威海航海体验基地举行，全国50余名青少年选手参赛。

【“友谊之旅”中俄体育嘉年华青少年棒球友谊赛】 10月5日，由中俄人文合作发展中心、山东省小球运动联合会、山东省棒垒球协会、威海市体育局、威海临港区管理委员会主办的“友谊之旅”中俄体育嘉年华青少年棒球友谊赛在威海蓝鲸棒球场举行。赛事交流双方为俄罗斯斯巴达克棒球俱乐部和中国山东蓝鲸棒球俱乐部。

【威海首届“中铁杯”飞盘邀请赛暨沙滩飞盘嘉年华活动】 10月5日，由威海市体育局指导，威海临港区管理委员会社会工作部、中铁置业飞盘协会主办的2023年威海首届“中铁杯”飞盘邀请赛暨沙滩飞盘嘉年华活动在威海火炬高技术产业开发区日落湾飞盘沙滩基地举行。比赛分为两个阶段，第一阶段在威海临港区常州路体育场举办体育馆内标准赛，第二阶段在威海火炬高技术产业开发区日落湾飞盘沙滩基地举办沙滩OPEN赛、沙滩HAT娱乐赛、沙滩个人赛，并同期举办飞盘嘉年华活动。比赛采用七人制混合团队赛，全国10支参赛队伍近200名运动员参赛。

【中国乒乓球协会会员联赛（山东威海站）】 10月20日—22日，由中国乒乓球协会主办的2023年中国乒乓球协会会员联赛在威海南海新区国家乒乓球训练基地举行，全国400余名运动员参赛。

【“捷安特杯”捷力100公路联赛（荣成站）暨第七届荣成环樱花湖自行车邀请赛】 10月29日，由荣成人民政府、山东环法体育文化发展有限公司主办的“捷安特杯”捷力100公路联赛(荣成站)暨第七届荣成环樱花湖自行车邀请赛在荣成市樱花湖体育公园举行。比赛设公开组、大师组、女子组3个组别，运动员、裁判员350余人参赛。

【国青集训队男子选拔赛】 11月24日—27日，由中国乒乓球协会主办，威海市体育局、威海南海新区管理委员会承办的2023年国青集训队（第四期）男子组选拔赛（第二阶段）在威海南海新区国家乒乓球训练基地举行。赛事设置5个组别，竞赛项目为男子单打、女子单打，分两个阶段进行，第一阶段采用分组循环赛，第二阶段采用淘汰赛增加附加赛的方法决出前32名，教练员、运动员、裁判员等900余人参赛。

【体彩实体销售】 2023年，威海市销售体育彩票10.98亿元，比上年增长45.3%；目标任务完成率146%，市场占有率73%；有营业网点517家，全市筹集公益金2.5亿元。

体育设施

【概况】 2023年，威海市体育局、自然资源和规划局等部门联合印发新建居住社区配套公共体育设施规划、建设、移交和管理实施细则，完善四级体育设施网络和室内外公共健身设施建设标准。落实中央、省体彩公益金272万元，支持8处公共体育场馆免费或低收费对外开放。落实省级体育发展资金137万元用于全市智能健身驿站设施、公共体育器材更新及乡村振兴体育示范村建设。利用省、市体彩公益金更新维护健身器材3496件，全市人均体育场地面积达3.75平方米。

【威海体育场】 位于威海市文化中路90号，是威海市政府投资兴建的综合性体育场，总建筑面积3.8万平方米，可容纳观众3.1万人。工程于1999年10月1日动工建设，2003年7月8日通过综合验收。体育场的主体结构为桩基础现浇框架结构，看台罩棚采用全张拉空间索膜结构。体育场工程设计被评为山东省“泰山杯”奖；塑胶场地是国际标准的400米环形跑道，被国家体育总局评为国家一类比赛场地。

【威海体育馆】 位于威海市文化中路92号，建于1997年9月，建筑面积1.75万平方米，可容纳观众4600人。馆内设有中央空调、音响、电子屏幕等设备，是集体育活动、贸易洽谈、商贸展销等为一体的多功能综合性场馆。

【威海市全民健身中心】 位于威海市花园中路139号（市体育场北门西侧），南临文化中路，西临福山路。中心集健身、休闲、娱乐为一体，于2012年开工建设，整体布局分为成人健身区、儿童健身区，分室内和室外两个部分。室内部分配备青少年体育培训、有氧器械、自由重量器械等健身设施和国民体质监测室。室外部分，成人健身区建有橄榄球足球训练场、网球场、篮球场等设施。其中，橄榄球足球训练场长107米、宽60米，南北方向可布置成一片标准的橄榄球或足球训练场地，东西方向可布置成2片标准的7人制足球场地；网球场有室外场地11片，并配备有更衣室、淋浴间等设施；篮球场占地面积2200平方米，包括标准场地2片和练习场地1片；沙滩排球场地2片，每片场地长25米、宽16米；小轮车训练场包括450米标准赛道1条和60米小轮车爱好者使用的练习赛道4条；门球场占地面积600余平方米；有健身路径器械31套。儿童健身区包括儿童迷宫、儿童乐园、儿童游泳池等设施。

【威海乒羽健身中心】 位于威海市体育中心区域西南角，福山路与文化路交汇处，是全市最大的专业化乒羽健身场所，总建筑面积2.9万平方米，2015年4月正式启用。地下一层车库建筑面积约6600平方米,设计车位103个。一层建筑面积约5220平方米，为体育用品专卖；二层建筑面积约5230平方米，为综合健身场馆；三层建筑面积约5150平方米，为乒乓球场地，有国际比赛指定球台40张，拥有独立带空调、卫生间和休息室等功能的VIP乒乓球室4间；四层为羽毛球场地和看台，有符合国家专业比赛的羽毛球场地29片，面积约4000平方米。其中，包括VIP羽毛球场地2片，配有带空调、卫生间、淋浴间和休息室等独立功能的包间4个，看台座席数600余个。

【威海市游泳馆】 位于威海体育场东南侧，威海体育馆东侧，南邻文化中路，规划用地面积约1.8公顷，总建筑面积约3.8万平方米，总投资约3.5亿元。2019年8月28日，威海市游泳馆及附属设施建设项目通过竣工验收。该项目按照省级绿色建筑二星级标准进行设计建造，主要包括比赛池、训练池、戏水池及相关的辅助用房。整体建筑分地上5层，地下1层。其中，地下一层为车库，地上一层设有配套商业用房，二层为训练池（21米×50米、8条泳道），三层为比赛池（25米×50米、10条泳道），四层为戏水池和1130座的观众看台，五层为设备层。

【威海市儿童游泳馆】 位于威海市体育中心区域东南角，是威海市首家儿童游泳馆，建筑面积约800平方米，2015年5月31日正式启用。馆内建有适合0～8周岁以内不同年龄儿童的游泳池，主要用于婴幼儿早期游泳训练和推广普及少儿游泳运动。游泳项目主要有游泳拓展训练课、戏水游泳课、普通游泳训练课。其中，游泳拓展训练课为特色项目，由专业游泳教练指导，根据儿童的能力和年龄的不同，整个课程分为9级标准。

【里口山国际山地自行车赛道】 位于威海市环翠区里口山风景名胜区，2015年7月28日开工。国际山地自行车赛道由美国IMBA（国际山地自行车赛道联盟）驻中方代表按照国际赛事标准设计，满足市民各种休闲健身骑行活动。赛道主要由休闲绿道、技巧公园、标识系统等组成。赛道一期工程总长14千米（其中休闲绿道9千米、中高级赛道5千米），有技巧公园1处、驿站2处、赛道专用标识牌55处，并在沿线修建防火蓄水池6处。休闲绿道与健身、休闲、观光的功能相一致，体能要求较低，适用于普通市民；中高级越野赛道利用自然山势中崎岖起伏的地形构造出坡度、弯度、难度，体能要求较高，适用于专业人士且配备专业运动装备；技巧公园是由美国IMBA研发的山地自行车骑行训练系统，利用堆土、木桥和石块形成连续多个自然坡度、弯度，训练骑手的柔韧性和协调性，用以提高选手的操控能力。

【里口山国家级登山健身步道】 是山东省首条国家级登山健身步道、国内首条山海景观登山健身步道，经国家体育总局批准，由国家体育总局登山运动管理中心认证。步道地处威海中心区域，青山向海，依托佛顶—大青顶—邓家寨—姜家疃等优越的自然资源和层次分明的山海景观，结合牛仙山等里口山独有的民俗文化特点，着力凸显生态、休闲、健康、美丽、文化5个元素，全长200千米，其中一期步道修建45千米，A级路线24千米、B级路线13千米、C级路线8千米。A级、B级路线以运动健身休憩为主，体能要求较低，适用于普通市民；C级路线以极限探险为主，适用于配备专业户外运动装备的专业户外人士。一期步道全程建有福德庄、塔山公园、北葛水库、桃花苑等出入口9个。按照《国家登山健身步道建设标准》，步道全程为非硬化土石路面。路线全程设一级导视装置8组、二级导视装置9组、三级导视装置63处、太阳能定位灯杆以及休憩和景观点多处。

【文登体育公园】 位于威海市文登区文山路东首城市文化商务区，占地面积30公顷，一期工程投资5亿元，规划建设竞技体育运动学校、体育场、体育馆、训练馆、学生宿舍及附属设施等。竞技体育运动学校建筑面积1.07万平方米，投资2000余万元，可容纳500余名学生就读、食宿和训练，2009年11月，校舍建成并投入使用。体育场建筑面积4.03万平方米，可容纳观众2.75万人，可承接国内外各级各类田径比赛。体育馆建筑面积为2.65万平方米，可容纳观众5450人，可承接篮球、排球、乒乓球等比赛项目。

【威海市体校教学训练综合馆】 于2016年投入使用，总投资3780万元，建筑面积7484平方米。地下一层为重竞技训练场馆，地上一层为篮、排球场地，五层为阶梯教室，场馆南区为办公区。

【荣成市文化体育中心】 位于荣成市桑沟湾畔，主要由体育场、体育馆和市民健身中心组成。2008年被国家体育总局命名为山东荣成国家队夏训转训基地，被山东省体育局命名为山东省优秀运动队训练基地、山东省体育后备人才训练基地。

荣成市体育场　2007年竣工，位于桑沟湾畔，总投资3.2亿元，建筑面积5.82万平方米，可容纳观众3万人。场内设体育运动学校、运动员公寓及文化设施、400米标准橡胶跑道。体育运动学校总面积为7430平方米，主要有教室、实验室及举重、摔跤、柔道、体操训练房等设施。运动员公寓面积3780平方米，配备客房105间、多功能厅1200余平方米，设有宴会厅、接待室及休闲娱乐设施等。

荣成市体育馆　2007年竣工，位于桑沟湾畔，总投资2.4亿元，建筑面积3.04万平方米，建筑高度45米，可容纳观众6548人。

荣成市民健身中心　2008年竣工，位于桑沟湾畔，体育场西侧，投资1800万元，占地面积6万平方米，设田径、网球、篮球、手球和链球等标准场地。

【环翠区全民健身中心】 位于威海市环翠区张村镇大光华国际学校南侧，占地面积7.7万平方米，分2期实施。一期工程建成篮球场4片、羽毛球场4片、笼式足球场2片；二期工程建设标准足球场、门球场各1片，健身中心、服务中心各1处。

【文登区全民健身中心】 位于威海市文登区文山路东首，改建面积约2万平方米。依托区体育公园进行建设，在原有场地（标准足球场2片、篮球场4片、网球场4片、手球场和排球场各1片）的基础上，增建笼式足球场2片，室外灯光排球场、篮球场各1片，连片灯光门球场8片，改建室内羽毛球场15片、健身路径36件。

【荣成市全民健身中心】 位于荣成市成山镇裕兴路北，荣成市第六中学东，占地面积11.8万平方米，室外体育场建有羽毛球场2片、篮球场4片、排球场2片、标准足球场1片、笼式足球场1片、健身路径1处；室内体育馆建有篮球场1片、羽毛球场2片、乒乓球场1片。

【乳山市全民健身中心】 位于乳山市新华街南、幸福二路北、幸福三路东、幸福一路以西区域，占地面积约10.7万平方米，一期工程建有篮球场2片、网球场2片、羽毛球场3片、乒乓球场1片以及健身广场、健身步道、停车场等。二期工程建有篮球场2片、足球场3片（其中笼式足球场2片）、排球场2片、健身路径50余件。

【威海经济技术开发区全民健身中心】 位于威海经济技术开发区乐天体育公园内，2015年改建，面积约1万平方米。中心建有笼式足球场2片、篮球场4片、网球场6片、羽毛球场6片、排球场2片、门球场4片。

【威海临港经济技术开发区全民健身中心】 位于威海临港区江苏东路南，占地面积约7.8万平方米，总投资1800万元，2015年竣工。建设标准足球场2片、网球场4片、篮球场4片、排球场2片、棒球场1片、门球场1片和乒乓球场4片，配套建设健身路径、淋浴房、商店、停车场、漫步道等。

【青鸟盛地足球公园】 位于威海市口腔医院南侧，占地面积1.12万平方米，工程总投资1800万元，属政府投资和社会资金共同建设，分时段免费开放。建设管理方为青鸟盛地体育发展有限公司，建有标准足球场1片、7人制足球场1片、5人制足球场3片和篮球场1片。

【威海火炬高技术产业开发区华田体育公园】 位于威海火炬高技术产业开发区田和街道南部（城际铁路线北侧），西接新田路，东临南苑路及城际铁路隧道口，依托佛顶山下特有的丘陵地形地貌，设计占地面积7.7万平方米，建有足球场、篮球场、网球场、金色童年游乐园等户外活动场所。

【威海临港经济技术开发区足球场】 位于威海临港区全民健身中心内。2019年3月，对原足球场地实施改造工程，将原场地升级为棒球和足球兼用，以棒球为主的场地，可承接国际级赛事。工程占地面积2.04万平方米，总投资200万元，属政府投资建设，免费对社会开放。

【威海市植物园专项运动场】 位于威海市植物园内，2019年6月完工。工程占地面积1500平方米，总投资30万元，建设管理方为威海市植物园管理有限公司，免费对社会和游客开放。建有篮球场1片、门球场1片和健身路径12件。

【凤鸣谷健康主题公园】 位于威海市环翠区北环山步道东侧，菊花顶东区北侧，2018年5月完工。工程占地面积1.5万平方米，总投资1300万元，属政府投资建设，建设管理方为环翠区鲸园街道办事处，免费对社会开放。建有活动广场、游乐场、步道和健身路径20件。

【威海经济技术开发区百尺所文化广场】 位于威海经济技术开发区百尺所农村社区，2016年6月完工。工程占地面积4000平方米，总投资95万元，村民可免费健身。建有篮球场1片、健身路径13件。

【乳山仿真冰场】 位于乳山市城西全民健身中心室内，由闲置厂房车间改建，总面积300平方米，长25米，宽12米，设有仿真冰壶赛道2条，可进行仿真冰球的训练和比赛。工程于2019年8月完工并投入使用，是全市首个室内仿真冰场。

【威海南海国际沙滩运动基地】 位于威海南海新区海景路东首，占地面积6.67公顷，是集专业赛事、休闲运动、社会娱乐于一体的大型沙滩基地。基地分沙滩比赛、沙滩娱乐、海水浴场、餐饮住宿等功能区6个，内设的专业比赛场地及公共娱乐场地占地面积4公顷，可同时容纳2000余人现场观赛。沙滩比赛区设沙滩足球场地2片、沙滩篮球场地2片、沙滩排球场地8片、沙滩手球场地8片。沙滩娱乐区设沙滩足球、沙滩摩托赛、沙滩排球、儿童游乐园等。休闲公园区包括香水海海洋公园、万亩松林区等。海水浴场区设置帆船冲浪、露天浴场、潜水体验区等。海水泳池区设公共露天游泳池，包括深水区和儿童浅水区。公共配套区包括洗手间、淋浴间、比赛器械临时储藏间等。餐饮住宿区为碧海逸林度假酒店，步行百步即可到达训练比赛场地。2017年4月，基地获批国家沙滩手球训练基地。

【威海南海奥林匹克中心】 位于威海南海新区金海路东、大学路南，总占地面积13.19万平方米，总建筑面积12.72万平方米，含乒乓球馆（面积8659.42平方米）、羽毛球馆（面积6790.74平方米）和比赛馆（面积1.88万平方米）各1座，由中基南海科教城（山东）有限公司投资建设。比赛馆设置座位4386个，于2020年7月全部竣工，9月17日，中国乒乓球协会训练基地、中国乒乓球协会青少年训练基地落户奥林匹克中心。场馆设置和配套设施上完全满足国家队备战训练需求，按照国际赛事转播标准，高标准配置场内照明、音频等设施，可满足中央电视台4K高清转播及国际乒乓球联合会重要国际赛事转播需求。训练场地区域空调经过特殊定制，将空气流速控制在0.2～0.3米／秒，温度恒定为 20℃～25℃，场地地胶按照奥运会比赛标准定制，可满足国家队正常训练需求，同时配有健身区域，供运动员进行日常健身及力量体能训练。

【威海临港经济技术开发区恒融时代标准冰球馆】 于2021年底正式投入使用，由恒融体育文化发展（威海）有限公司负责运营管理。主场馆建筑面积4347平方米，一层为面积1830平方米的IIHF（国际冰球联合会）国际标准冰球场，有教练室、更衣间、运动员休息室、水吧等；二层主要为观众席，可容纳固定座位观众600人；地下一层为车位及运动休闲配套商业设施。冰球馆集培训、竞赛、表演等多功能于一体，可举办冰球、花滑、短道速滑、冰壶等各项国际国内专业冰上赛事。

（张译匀）

编辑 李传强

社会生活

人力资源和社会保障

·综述·

【概况】 2023年，威海市人力资源和社会保障局（简称市人社局）树牢服务大抓经济鲜明导向，坚持民生为本、人才优先，着力补短板、防风险、惠民生、保稳定、促发展，推进人社事业高质量发展。全年获批国家级试点2项、省级试点15项，落实上级资金4.97亿元；获评国家级平台载体8家、省级13家；威海市承办全国工作现场会2次，在全国会议上作典型发言1次、全省8次。全市实现城镇新增就业3.87万人，比上年增长6.3%，完成全年目标任务的117.3%。全市基本养老、工伤、失业保险参保人数分别达242.1万人、71.3万人、66.6万人，居民养老保险参保人数89.9万人。全市技能人才达37.6万人，其中高技能人才10.7万人。青年人才到威海市就业2.51万人，增长10.7%。全市累计进站博士后269人。全市立案受理劳动人事争议案件5387起，为当事人挽回经济损失2.07亿元，调解成功率85%、仲裁终结率91%。推进多层次多支柱养老保险体系建设，威海市入选山东省首批企业人才年金试点城市。

【行风建设】 召开全市人社系统“12345”热线办理整改提升暨加强政务服务行风建设工作会议，对行风建设工作进行部署；举办全市人社系统行风建设培训班，对市、区（市）、镇、村4级200余名工作人员进行集中式、全面化培训。市人社局印发《关于进一步加强行风建设工作的通知》，规范服务行为，转变工作作风；坚持问题导向，开展明察暗访3次，将暗访范围从人社服务大厅扩展至市劳动人事争议仲裁院等与群众密切的单位，不断提升窗口单位行风建设水平。开展“人社干部走流程”活动2500余次，采取“亲身办”“陪同办”等形式，通过线上线下各种渠道，对人社业务“申请、受理、审核、办结”开展全流程检验，推动优化工伤保险智能一体化服务等事项。市人社局获评全省人社系统行风建设表现突出单位。

【信息化建设】 网络安全管理 强化网络安全技术防护，全市人社系统终端全部纳入风险管控；联合市大数据中心等部门，持续加强常态化监测和扫描评估。夯实网络安全基础，开展包括网络安全员培训和网络信息安全普法培训在内的国家网络安全宣传周活动，组织数据恢复、网络攻击等应急演练2次，完成省级数据安全管理和个人信息保护调研检查任务。

“数字政府”建设 持续推进“无证明城市”建设，聚焦电子身份证、电子社保卡2项高频电子证照证明，实现手机“亮证扫码”。创新打造教育培训、人员招聘、电子合同订立等人社领域“无证明”应用场景。依托“山东通”平台，上线机关事业单位人员参保信息查询系统，办理事业单位工作人员招聘服务事项；与“爱山东”App完成系统对接业务58项。社保待遇大数据“静默认证”入选2023年度人社部信息化便民服务创新提升行动典型案例。

社保卡建设 全市社保卡持卡人数达251.3万人，电子社保卡签发人数172.3万人。加大第三代社保卡制发和电子社保卡签发力度，持续拓展社保卡服务渠道。线上打通服务接口，实现社保卡业务全省通办和跨省通办；线下社保卡业务下沉到即时制卡网点207个，4个合作银行实现社保卡业务网点全覆盖。

【“法治人社”建设】 健全人社系统行政执法全链条联动工作机制，严格落实行政执法制度；加强“双随机、一公开”“互联网＋监管”和分级分类监管，抽查事项覆盖率、结果录入及时率均为100%；发挥政府法律顾问和公职律师作用，合法性审查规范性文件、合同52件，动态清理行政规范性文件30件。自觉接受人民代表大会监督和政协民主监督，答复人大代表建议11项、政协提案33项，代表委员满意率100%。严格行政复议应诉管理，建立“案前协商、外部协调、出庭应诉”协同机制，发生行政复议、行政诉讼案件9件，行政负责人出庭应诉率达100%。开展习近平法治思想宣传等主题突出、针对性强的集中法治宣传活动，增强法治工作实效性。落实国家工作人员学法用法述法要求，考试参考率和合格率均为100%。

【“放管服”改革】 推进政务服务标准化建设，在山东省政务服务事项梳理和管理系统发布实施政务服务事项173项，明确事项名称、设定依据、实施主体等内容，确保要素标准性和规范性。对社会保险经办、专业技术人员资格考试报名等75项事项实行告知承诺制，免于核查证明事项计62项。动态更新权责清单158项，确保履职有依据、用权受监督。

【信访咨询】 调查处理各类信访事项50件，其中市信访局交办信访事项17件、山东省人力资源和社会保障厅（简称省人社厅）转办6件；信访人访15件，信访复查申请3件，省人社厅转交中共山东省委巡视组重要信访事项9件。接待群众人访630余人次，各类矛盾纠纷得到妥善处置。参加阳光问政热线直播栏目7次，办理群众网上和现场电话反映问题71个。“12333”热线全年接听群众电话30.0万个，比上年增长15.3%；办理政务热线转办件1943件，下降17.6%；办理政民互动信件488件，下降43.1%。

·人才队伍建设·

【高层次人才引进】 2023年，新能源汽车智能化电驱动高技术博士后学术会议暨百名博士威海企业行活动在荣成市举行，5名国内外院士、69名国内新能源汽车领域重点企业高管和技术专家及83名博士（后）参会并到全市20余家重点企业进行“一对一”考察交流。联合省人社厅赴日本、韩国开展人才交流合作，在日本东京大学、韩国汉阳大学开展政策宣讲、人才招聘活动，与360余名海外博士、硕士对接交流，20家用人单位参加；赴韩国工学大学、富川大学对接交流高技能人才培育模式，签订技能人才合作协议2项。承办全国专家服务工作座谈会，人力资源和社会保障部（简称人社部）负责人、部分省（直辖市）人社厅（局）负责人70余人参会，观摩威海市专家服务工作成果展及专家服务基地。举办中国威海·国际英才创新创业大会，2个共建创新平台揭牌，10个高层次人才项目和5个“郭永怀之星”创新创业大赛项目签约，为9名“人才兴威”突出贡献奖获得者、10家人才竞争力“十强”企业和10名优秀博士后代表颁奖。举办校企合作冬季对接会、创业导师走进医疗器械产业园、博士后科技服务团威海行等子活动6项，展示全市人才引育成果，搭建人才交流合作平台。组织推荐申报各级人才项目，4人申报山东省鼓励社会力量引进高层次人才奖励。支持留学回国人员在威海市领（创）办企业、落地发展，为2家企业发放2023年度威海市留学人员企业一次性创业资助资金20万元。

【青年人才引进】 高校毕业生就业 2023年，青年人才到威海市就业2.51万人，比上年增长10.7%。以威海“旅游热”为契机，市人社局到48处网红景点、24处青年驿站和威海客运中心，发放宣传手册2万余份，解答政策咨询4700余人。举办“威海—高校人才直通车”“威海籍学子家乡名企行”等招聘活动142场次，发布岗位和人才需求10万余个。举办“选择威海 共赢未来”2023校企合作对接会、扬帆助力计划、百日冲刺行动等活动，达成政校企人才合作协议71个，新设高校威海市青年就业服务站53个。在驻地高校设立高校就业创业指导站及引才专员，搭建校地、校企沟通桥梁，为11家驻威海市高校就业创业指导站及引才专员发放奖励资金33.44万元。全市登记离校未就业高校毕业生4943人，联系服务率100%、就业率97.4%。

5月27日，全国新能源汽车智能化电驱动高技术博士后学术会议暨百名博士威海企业行活动在荣成市举办 （郭丛星 摄）

政策落实 围绕当地毕业生回威海市、驻威海市高校毕业生留威海市、外地毕业生到威海市就业3个方面，优化落实就业引才支持政策，完成2023年大学生津贴申报工作，全市受理审核通过1万人，预计发放生活津贴1.6亿元。开发见习岗位6258个，组织开展见习1494人，超额完成年度目标任务。发放求职创业补贴、一次性扩岗补助、一次性吸纳就业补贴、小微企业吸纳高校毕业生社保补贴等各类补贴701.65万元，惠及企业784家和高校毕业生3944人。

“三支一扶”招募管理 招募“三支一扶”（支教、支农、支医和帮扶乡村振兴工作）大学生57人，组织188名在岗“三支一扶”工作人员参加培训，提升支农、支教等服务基层工作能力。

【高层次专业技术人才队伍建设】 博士后工作 创新举办威海市博士后创新创业大赛项目选拔赛，在2023年中国·山东博士后创新创业大赛中获得铜奖3个、优胜奖7个；组织全市53个优秀博士后项目参加第二届全国博士后创新创业大赛决赛，获得金奖2个、银奖4个、铜奖13个，获奖数量居全省第1位。举办山东省博士后科技服务团威海企业行活动，达成重点项目技术合作协议11项、博士后进站协议13项、中日农业科技项目合作协议8项。全年新设立博士后工作站（基地）7家，累计59家；新招收博士后31名，累计进站博士后269人；落实国家、省级以上各类博士后资金350万元，开展在站科研130项。

职称评审 加强职称评审规范化管理服务，印发职称工作政策文件汇编。联合行业主管部门审核呈报工程、会计、新闻等近30个专业高级职称513人，评审通过237人；指导市工业和信息化局等26个部门（单位）及各区（市）开展职称申报评审，全市受理申报4421人，评审通过3176人。其中，企业职称自主评审制通过

242人，“专精特新”举荐制通过70人，“碳纤维复合材料工程”开发区自主评审特色专业职称通过44人。

专业技术人员知识更新工程　完善威海市继续教育平台功能，更新公需科目和58个系列（专业）专业科目在线学习内容。全年参加继续教育总人数达10.65万人。发挥继续教育基地作用，举办“大数据分析与自动化”“人工智能与智能制造”等省级高级研修班3个、市级继续教育培训班30个。

基层职称制度改革　有序推进新型职业农民职称评定，全市取得新型职业农民职称215人。市人社局联合12个部门印发《威海市支持取得职称的新型职业农民发展若干措施》，对取得职称的新型职业农民，在用地用电保障、智力支撑、学习培训等方面给予政策措施支持。落实乡镇事业单位职称评聘政策，通过基层“直评直聘”方式申报职称526人。落实基层专业技术人才“双线晋升通道”，推荐申报基层职称105人。

数字工程师培育　加快数字技术技能人才培养，围绕大数据、区块链、智能制造、物联网等数字技术领域新职业培训，市人社局印发《威海市数字工程师培育项目实施方案》，培养高水平数字技术工程师队伍。哈尔滨工业大学（威海）省级继续教育基地获批国家第二批“数字技术工程师培育项目”培训机构，获得“大数据工程技术人员”职业培训资格。

【高技能人才队伍建设】　2023年，全市有技能人才37.6万人，其中高技能人才10.7万人，占比28.5%。新增技能人才1.5万人，其中高技能人才6000余人。获评省级及以上技能人才称号25人（其中齐鲁首席技师7人、省技术能手16人、泰山产业技能领军人才2人），平台载体3家（其中国家级高技能人才培训基地1家、齐鲁技能大师特色工作站1家、山东省技工教育优质专业群建设单位1家）；选拔威海市首席技师10人，威海市有突出贡献的技师15人、技术能手133人，威海市技能大师工作室5家，获得省级奖励资金728.4万元，发放市级奖励资金632.3万元。统筹全市职业技能竞赛活动，发布2023年威海市“技能兴威”职业技能竞赛计划26个，有25个部门单位、行业协会参与主办。开展“迎国赛、强技能、展风采”技能大师进校园主题活动，营造浓厚竞赛氛围。举办“技能兴威”第一届威海市职业技能大赛，设置制造业、服务业、产业链特色3个板块竞赛项目23个，首次设置产业链特色技能赛项7个并在行业龙头企业或代表性企业举办，报名参赛选手947人，选拔优秀选手参加第一届山东省职业技能大赛，获得金奖2个、银奖3个、铜奖3个和优胜奖24个。选派3名选手代表山东省参加第二届全国职业技能大赛，获得铜奖1个、优胜奖1个，获得省人社厅贺信表扬。鼓励符合条件的规模以上企业申报评价备案，备案企业达329家。新增备案社会培训评价机构2家，全市社会培训评价机构达10家。组织职业技能等级认定1.72万人次，发放证书1.47万本，其中高级工以上证书6186本。

【乡村人才振兴】　2023年，完成“乡村振兴首席专家招募3年行动”，征集发布乡村振兴人才技术需求279个，招募“乡村振兴首席专家”362人，全市首席专家队伍达2000人，实现乡村振兴示范片区首席专家全覆盖。年内，按照《深化乡村振兴首席专家制度助力建设共同富裕先行区试点工作方案》，选拔20名在威海市乡村振兴领域工作（合作）2年以上，能够发挥自身优势，推动乡村振兴取得良好经济效益和社会效益的优秀首席专家，发挥典型引领示范作用。承办全国专家服务工作座谈会，获批省级专家服务基地2个、省级专家服务基层示范项目2个。组建“乡村振兴专家服务团”队伍12支，招募威海市“乡村振兴专家服务团”专家62人，确定威海市“乡村振兴专家服务团”重点服务对象单位12家、重点服务课题12个。新时代专家服务乡村振兴常态化工作机制创新试点被列入《山东省人力资源和社会保障厅服务绿色低碳高质量发展三年行动方案》。

【高层次人才服务】　推进青岛、烟台、潍坊、威海、日照胶东五市人才服务一体化建设，印发《胶东五市高层次人才绿色通道服务凭证互认工作机制实施方案》，实现胶东五市高层次人才绿色通道服务凭证互认，共享服务事项108个。创新“威海英才卡”助力双招双引工作机制，为全市在谈重点项目和骨干企业计划引进的人才预配发“威海英才卡”，提前兑现人才落地后可享受的服务，工作经验做法被中共山东省委组织部、省人社厅在全省推广；遴选确定招商项目管理团队成员35人和拟引进的高层次人才3人，并为获评代表举行“威海英才卡”颁发仪式，扩大政策影响力。至年底，累计发放“威海英才卡”920余张，办理网上服务事项3147件，服务满意率100%。

【人事考试】　全年完成31项6.7万人的报名和资格审查工作，组织实施20项6.8万余人考试任务，选派人社系统干部职工巡考1000余人次，专人专车赴省人社厅领取、运送试卷，30余天100余人次累计开展试卷保密值班70天240余人次，办理证书5700余本，连续15年实现“零事故”，切实维护考生在就业、职称和职业资格等方面的合法权益。

考务安全保障　开展人事考试业务领域能力提升专项行动、公务员考试培训专项整治等活动，打造精干的人事考试队伍。严守工作纪律，会商制定考务工作、风险分析研判方案17次，确定考务工作、风险点清单34个，组织开展风险分析研判、考前培训、案例警示和工作实例教育50余次5800余人次。对接市教育局、公安局等部门，使用考点67个、考场2105个，抽调巡视和监考人员4880余人次、公安干警220余人次，切实加强安全风险防范和考务组织保障。

标准化考点建设　投入省级资金45万元，新建威海经济技术开发区曲阜学校省级标准化考场100个；投入3.8万元，实现教育与人事考试标准化考点互联互通、视频监控共享；投入3.5万元，对古寨小学、码头小学和孙家疃小学3所标准化考点设施设备进行维修维护；投入1.4万元，增设考后保密室，加装视频监控、联网设备，提高保密室空间利用率。常态化应用人脸识别和考点入场监控设备，全程实时监管考试入场环节，实现监控视频省、市、考点“三级联通、实时互传”。

·就业创业工作·

【就业工作】 2023年，全市城镇新增就业3.87万人，比上年增长6.3%，提前2个月完成全年指标，就业形势总体稳定。威海市获批国家公共就业服务能力提升示范项目，就业风险智能监管平台、流动人员人事档案数字化加工等4个项目入选“高质量充分就业省份”揭榜领题标志性项目省级试点。全市1个集体和6人获得全省就业工作及时奖励。

就业政策落实 市人社局印发“一稳三促”（稳定和扩大就业促增收促消费促增长）工作方案、阶段性降低失业保险费率等文件，强化稳就业政策支撑。为1.36万名就业困难人员发放灵活就业社保补贴4508.71万元，为76家企业发放吸纳就业困难人员社会保险补贴148.05万元，为177家企业发放稳岗扩岗专项贷款8.37亿元。

资金保障 及时拨付区（市）上级就业补助资金4239万元、“三支一扶”生活津贴资金462万元，指导区（市）筹集就业补助资金3.79亿元，增长133.95%，为就业政策落实提供坚实保障。

国家就业示范项目建设 创新提出以“培训赋能”3个机制、“就在威海”6个服务提升项目、“算法就业”零缺位模式为主要内容的项目实施方案，打造“精致就业360服务”品牌，威海市获批2023年公共就业服务能力提升示范项目，获得中央财政补助资金1亿元，项目建设全面启动。

公益岗开发管理 编制城乡公益性岗位上岗工作指引，开展岗位开发管理专项核查，提升公益岗精细化管理水平。重点开发“增进民生福祉”“改善生活品质”“接续式帮扶”3种类型岗位，会同市文化和旅游局等部门创设专门岗位。2023年，新安置就业困难群体1.48万人。

企业用工保障 建立规模以上工业企业用工月度调查和服务企业用工机制，开展企业大走访活动，为企业解决用工需求3.8万人次。优化威海市就业服务平台，新增智能消息提醒、大型招聘会管理等功能，累计注册企业7122家、求职者6.38万人。举办“职等你来 就选威海”线上线下招聘活动415场次，为1.38万家企业发布岗位16.87万个。新增甘肃平凉和庆阳劳务合作基地2处，累计在12省建立劳务合作基地41处。举办首届威海市人力资源合作洽谈交流会，达成合作协议或意向200余个。帮助重庆市云阳县农村劳动力（含脱贫人口）转移就业1462人，培训农村劳动力1235人。

【人力资源服务业发展】 市人社局、发展和改革委员会、财政局联合印发《关于加快推进新时代人力资源服务业高质量发展的行动计划》等文件，完善行业发展政策体系。开展市级资金项目申报及评选工作，确定产业园发展等人力资源服务业发展扶持资金项目21个，给予补贴140万元。获批省级人力资源服务业发展扶持资金项目5项，落实省级资金140万元。开展人力资源服务行业促就业行动，全市各类人力资源服务机构发布岗位信息40万条、求职信息25万条，为用人单位提供服务19.3万家次，帮助实现就业、择业和流动32.8万人次。威海市人力资源服务产业园主功能园区变更为智慧谷人力资源服务产业园。承办第二届山东人力资源服务创新大赛等系列活动，2个项目获得二等奖、2个项目获得三等奖；遴选优秀项目参加全国人力资源服务创新比赛，1个项目获得优秀奖。组团参加第二届全国人力资源服务业发展大会，达成合作意向23个，全市2个机构进行现场路演。承办全省人力资源服务业发展和人力资源市场建设工作座谈会，威海市人力资源服务和市场建设相关经验做法在会上进行交流。

【创业工作】 实施创业政策扶持、创业载体升级等“创业威海十大推进行动”，优化创业环境。继续对受新冠疫情影响较大的行业和小微企业，开通创业担保贷款“绿色通道”，联合威海市农商银行发放“创业提振贷”。全年发放创业担保贷款7.61亿元、创业补贴1837.05万元，直接扶持创业2261人，吸纳带动就业6783人。举办第二届威海市大学生创业大赛，244个团队和个人项目参赛，39个项目获得奖励。推荐2名返乡创业农民工参加第五届山东省“十大返乡创业农民工”大赛，分别入选“十大返乡创业农民工”和“十大返乡创业之星”。创建市级创业导师工作室20个，为创业者提供专业化服务；举办“创威来”创业训练营，对30名有发展和领军潜力的优秀中小微企业负责人开展培训，提升创业者素质；做好创业服务项目认定工作，给予30个项目扶持资金共50万元。

【职业技能培训】 威海市入选全国首批新业态新模式从业人员技能培训工作重点联系城市，23个新业态新职业（工种）纳入培训目录，全年开展新业态专业技能培训1.15万人次，相关经验在全国视频工作会议上进行交流。开展全市民办职业培训机构年度报告工作，全市85家民办培训机构合格、9家不合格。对培训机构进行常态化抽查388次，未发现违规培训问题。重新公开认定承担政府补贴性培训项目的培训机构55家，获批2023年度山东省家庭服务职业培训省级示范基地1家。建立急需紧缺、一般性、制造业和特色等培训项目目录，提升培训标准化水平。开展企业职工、农村转移劳动力、在校大学生、公益性岗位安置对象等群体技能培训5.85万人次。

·社会保险工作·

【基本养老保险】 企业职工养老保险 2023年，全市企业职工基本养老保险参保140.2万人，基金收入101.3亿元，发放养老金147.8亿元。调增企业退休人员基本养老金，惠及全市企业退休人员45.8万人。落实企业养老保险全国和省级统筹制度，深化“退休经办一件事”改革，全年新增退休人员1.8万人，退休人员总数达47.4万人。推进全市企业职工养老保险费补缴工作，至年底，全市累计补缴人数3.4万人。聚焦数据驱动、多方联动、宣传发动和服务带动，通过提效力、凝合力、挖潜力、增活力，推动社保精准扩面工作稳定发展，全年企业职工养老保险新增参保人数4.55万人。

机关事业单位养老保险 全市机关事业单位养老保险参保12.1万人，基金收入34.8亿元，发放养老金34亿元。开展机关事业单位养老保险人员退休待遇新老办法比对测算工作，与企业同步调整退休人员养老金，推行机关事业单位“退休经办一件事”改革，退休人员总数达4.5万人。推进机关事业单位养老保险制度改革，落实上级配套政策改革办法，落实国家综合性消防救援队伍养老保障相关政策规定，完善延迟退休政策，发挥高级专家作用。组织区（市）开展新老制度待遇衔接测算及2022年度前退休人员待遇统计，确保新老办法平稳衔接运行。推进县以下事业单位管理岗位职员等级晋升制度实施后养老保险试点。开展机关事业单位养老保险欠费情况专项排查，落实省属驻威海市单位养老保险费补助资金分配情况。

居民养老保险　全市居民基本养老保险参保89.9万人，基金收入17.2亿元，发放养老金12.7亿元。上线居民养老保险业务经办全省一体化系统，居民基本养老保险基础养老金标准由每人每月172元提高至180元，领取待遇人员总数达39.8万人。规范全市居民养老保险、被征地农民参加居民养老保险等政策，印发被征地农民参加居民基本养老保险指导意见，保障被征地农民权益。落实被征地农民保障资金9061.9万元，为3.9万名贫困人员发放养老金7441.5万元，兜牢民生底线。

【工伤保险】　全市工伤保险参保71.4万人，基金收入4.8亿元，为全市7479名工伤职工和1043名供养亲属拨付工伤保险待遇3.9亿元。连续19年调增一至四级工伤职工伤残津贴、生活护理费和工亡职工供养亲属抚恤金标准，惠及全市工伤职工及供养亲属8522人。落实工伤保险省级统筹，在全市推进基层快递网点优先参加工伤保险，全市快递行业参加工伤保险1474人。扎实推进工伤预防工作，结合全市危险化学品行业和重大危险源企业分布的实际情况，印发威海市工伤预防项目评估管理办法及矿山、冶金、建材等行业重点企业工伤预防能力提升培训工程实施方案。采取线上学习与线下培训相结合的方式，对全市34家危险化学品重点企业459人开展精准培训，实现对全市危化品重点企业安全生产负责人员工伤预防培训全覆盖。开展工伤认定5973起，现场调查率、工伤案件复议和诉讼胜率达100%。开展劳动能力鉴定5079人次，其中伤残等级鉴定4611人次、病退鉴定468人次。健全工伤医疗费联网结算机制，通过联网结算为587人次支付待遇999.4万元，代发伙食补助费24.7万元。

【失业保险】　全市失业保险参保66.7万人，基金收入4.2亿元，发放失业保险待遇5亿元，其中发放技能提升补贴、失业保险稳岗返还、失业保险金和失业补助金4.22亿元，惠及45.46万人。为登记失业人员提供“12333”（1年内至少开展2次政策对接、提供3次职业指导、推荐3次岗位信息、提供3次免费技能培训信息）式服务7.4万人次，促进失业人员再就业。开展失业保险基金管理问题专项整治，加强对110家重点企业的失业动态监测，切实防范规模性失业风险。持续执行阶段性降低失业保险费率政策，为全市3.7万家企业减轻缴费负担2亿元。

【社保基金监督】　开展社保经办工作“合规教育”，承办全省社保经办合规教育专题培训班，威海市经验做法在总结大会上被通报表扬，同步举办全市社保经办合规教育专题培训班。实行社保待遇核定多级审核和机算人算校对机制，强化基金预算管理和资金筹集，健全基金市县责任分担机制，督促财政补助资金按时拨付到位。健全信息系统功能，依托人社基金“5E”智能监管平台，扫描筛查预警数据6.4万条，核实6万条，核实率94%。7月12日，全省社保基金监管工作座谈会暨社保基金管理巩固提升行动部署会在威海市召开，威海市工作经验做法在全省推广。优化社保待遇领取资格“静默认证”机制，向认证已超期及进入认证警示期1个月的人员发送短信提醒认证，全年认证86.9万人，认证率峰值达99.9%，该工作经验做法入选人社部信息化便民服务创新提升行动典型案例及省级大数据创新应用典型场景。

•劳动关系协调和权益维护•

【劳动关系管理】　风险防范化解　2023年，市人社局落实劳动关系运行情况周报告及节假日、重要活动期间日报告制度，做好风险监测预警。开展劳动用工“查风险　强协商　保支付　促和谐”专项行动，排查工程建设领域、新就业形态、渔业装卸捕捞等欠薪问题易发多发企业496家。全市劳动关系保持和谐稳定，未发生规模性裁员、热点舆情及群体性事件。

和谐劳动关系创建　发挥协调劳动关系三方机制作用，完成“和谐同行”能力提升三年行动计划工作任务。打造劳动关系和谐企业，新增全国创建示范企业1家、省级28家、市级68家。强化劳动关系协调员队伍建设，全市有劳动关系协调员1200余人。通过主题讲解、案例分析、现场交流等形式开展精准培训5期520余人次，提升协调员队伍专业化、职业化水平。选树优秀劳动关系协调员，新增省级金银铜牌劳动关系协调员18人、市级164人。开展“金牌引领　和谐同行”主题宣传，营造良好舆论氛围。

企业工资收入分配指导　对429家企业开展2023年度薪酬调查，发布2022年度人力资源市场工资价位，指导企业合理确定工资水平。严格执行最低工资标准，自2023年10月1日起，全市月最低工资标准由2100元调整为2200元。指导企业落实工资指导线，引导各类企业建立正常的工资增长机制，提高企业职工特别是一线职工工资收入水平。指导24家市属国有企业完成工资总额执行情况备案，规范工资总额管理；认定17家市管企业负责人2022年基本年薪基数，督促完成年薪兑现工作；组织开展2021年市管国有企业工资内外收入监督检查，规范国有企业工资分配秩序。

电子劳动合同推广应用　在威高集团有限公司试点应用电子劳动合同的基础上，建成市级电子劳动合同平台并推广应用。联合市大数据中心，对8家意向企业开展培训，全市签订合同近1.5万份。

劳务派遣单位监管　对劳务派遣单位实行信息化管理，加强审管互动，动态更新系统名录库。结合失业保险基金管理专项整治行动，对122家劳务派遣单位系统存疑信息进行核查整改。完成劳务派遣单位年度核验484家，其中合格423家、不合格2家、未参加核验59家。对外公示核验结果，为用工单位和劳动者提供参考。

【劳动保障监察执法】 农民工工资支付保障　市政府办公室印发《关于建立健全根治欠薪长效工作机制提升源头治理能力的意见》，明确5个方面20条措施，全面提升欠薪源头治理能力。威海市根治拖欠农民工工资工作专项小组办公室编印发放《威海市工程建设领域劳动用工规范化管理指导手册》300余本。对全市221个在建项目落实根治欠薪制度情况实施动态监管，推进企业采用社保卡发放农民工工资，经验做法在全国推广。开展督导检查及明察暗访10轮，打造标杆示范项目14个，规范指导项目160余个次。开展根治欠薪冬季专项行动，建立工作专班运行、联合接访、部门协调联动、重大线索督办机制，全面夯实根治欠薪工作责任，检查用人单位1292户，联合接访947件，化解各领域欠薪问题588件，涉及1457人1449.84万元。

人力资源市场秩序清理整顿　开展截滞留稳岗返还资金和骗取失业补助金检查528户次，未发现违法违规行为。检查未经许可和登记擅自从事职业中介活动的组织或个人6户次、人力资源服务机构505户次、用人单位413户次，发现违法违规行为为25件，其中未经许可擅自从事职业中介活动6件，行政处罚8万元。会同网信部门清除网络不实招聘信息37条，会同威海市海洋发展局处置涉渔线索15件，移交公安机关以职业介绍为名涉嫌犯罪线索2件。

劳动保障监察执法　落实“双随机、一公开”检查要求，市人社局牵头开展劳动保障书面审查、工资支付检查等，配合市商务局等10余个部门开展各项检查20余次，实现“进一次门，查多件事”，全市检查用人单位2200余户，涉及劳动者11万余人。

投诉举报案件查处　全面畅通“线上＋线下”维权渠道，关键时间节点24小时值班；严格落实首问负责制，实现“一点投诉、全网联动”，威海市劳动保障监察支队、劳动人事争议仲裁院联动处置，工会、司法公益律师现场指导。年接待量5558人次，立案处理122件，结案83件，协调处理案件3944件，按期结案率100%。

根治欠薪试点　落实省根治欠薪“劳资专管员”“工资支付数字化监管”两项试点任务。培训项目管理人员1100余人，组织劳资专管员考试，培育劳资专管员500余人。搭建市、区（市）、镇三级欠薪线索处置及监督体系，上线“威你护薪”小程序，实现农民工“码上维权”，工作人员线上办理，上线2个月接收处理线索200余条。

【劳动人事争议处理】 2023年，全市仲裁机构立案受理劳动人事争议案件5387起，比上年增长3.4%；涉及劳动者7392人，增长5.3%。当期审结案件5474起（含上年度未结案件87起），结案率100%，为当事人挽回经济损失2.07亿元。审结案件中，通过调解结案4337起，通过裁决结案1006起，其中终局裁决645起，终局裁决率64.1%。

劳动争议预防　由21名仲裁员组成志愿服务团队，常态化开展法律服务活动200余次，深入25家建筑工地开展“护薪农民工·仲裁工地行”活动36次，创新“劳动维权＋就业帮扶”“法治体检＋仲裁建议”服务，发布“仲裁释法”案例50余个，开展“劳动争议预防大讲堂”“云座谈”活动60余期，开展“政企人岗互换·院企对话交流共建”活动，构建宣传指导闭环，全市案件总量下降10.08个百分点。

劳动争议化解　市人社局等9个部门联合印发《威海市进一步加强劳动人事争议协商调解工作实施方案》《用人单位劳动人事争议内部申诉和协商回应参考指引》，健全完善具有威海特色的全过程、全链条劳动人事争议预防协商调解工作机制。培育34家劳动争议内部申诉和协商回应试点企业，细化协商流程，引导劳资双方签订案前和解协议600余份。拓宽新就业形态劳动争议解决渠道，建立新就业形态劳动争议调解组织11家、商圈楼宇劳动争议调解组织7家，调处化解争议653件。完成“金牌调解组织”创树任务，获评省级标准化劳动人事争议调解组织4家。深化“仲裁＋工会”调裁对接双向互动，多维助力争议调处，全市劳动人事争议案件调解成功率达85.2%，非诉讼化解矛盾纠纷成效明显。

仲裁效能建设　强化立案服务，引入法律援助力量，服务弱势群体，打造“一站式”咨询、立案、调解综合窗口。深化要素审理，拓展线上线下双轨并行办案模式，实现调解流程、事实确认、法律文书“要素化”“简约化”，仲裁终结率达91%。畅通维权渠道，实施农民工争议速裁机制提升工程，全市速裁庭审理涉及农民工案件113件，挽回经济损失612.08万元。强化办案监督，开展仲裁案件质量评查活动和文书写作技能比武活动，市劳动人事争议仲裁院获得全省三等奖和优秀组织奖、获评全省表现突出仲裁机构，1人获评山东省最美女仲裁员。

（于清华　王蕾）

民　政

【概况】 2023年，民政部养老服务高质量发展政策理论交流和现场会、政府救助与慈善帮扶衔接座谈会和全省民政工作年中分析会暨民政事业高质量发展培训班在荣成市召开，全省民政系统安全生产现场观摩会暨培训班在文登区召开。威海市获批全国殡葬领域跨部门综合监管试点等示范、试点项目10个，13项工作经验入选国家级、省级典型案例。

（李　伟）

【基层政权和社区治理】 2023年，威海市印发“新时代新社区新生活”服务质量提升行动方案，工作经验做法在全省“新时代新社区新生活”服务质量提升行动推进会上进行交流，2个案例入选全省“三新”行动创新案例。招录社区工作者541名，申请年度补助经费6199万元。实施“威雁竞飞”社区工作者素质能力提升工程，发动社区工作者参加社会工作职业水平考试，通过610人，全市持证比例达46%。组织推选一批精致幸福社区、精致幸福典范社区和最美社区工作者。2个案例入选全省民政工作创新案例，4个社区工作方法获评全省优秀社区工作法，其中1个入选省重点推介十佳案例。文登区成为全省五个试点区（市）之一，制定村民委员会工作事务等“六张清单目录”。4个村规民约获评全省优秀村规民约和居民公约。

（刘朋日）

【社会救助】 自2023年1月1日起，威海市城乡低保标准分别提高到每人每月1001元和800元；城乡特困基本生活标准分别提高到每人每月1302元和1040元，城乡集中护理标准按照自理程度分为每人每年13298元、6650元和3990元。全市保障城乡低保对象1.33万户1.77万人，发放保障资金约1.38亿元；保障城乡特困供养对象1.08万人，发放保障资金约1.63亿元；实施临时救助3.68万人次，发放救助资金2827.4万元。环翠区、文登区入选全省县级社会救助综合改革实验区，荣成市“荣易办”品牌经验获得省、市负责人肯定性批示。威海市社会救助工作经验做法在全国第八届社会救助研讨会进行交流。

（李昌宝）

【养老服务】 市政府印发《关于推进基本养老服务体系建设的实施意见》，建立健全基本养老服务清单、公办养老机构入住评估和轮候、特殊困难老年人分级分类探访关爱服务方案等基本养老服务制度。环翠区获评中共山东省委、省政府养老服务真抓实干成效明显地方，威海市成为全域创建县域养老服务体系创新示范县的地级市。优化服务供给，完成国家居家和社区基本养老服务提升试点任务，累计建成家庭养老床位4895张，为1.02万名老年人提供居家上门服务，完成适老化改造3614户，荣成市适老化改造经验入选民政部全国特殊困难老年人家庭适老化改造工作推进会典型案例。全市11家养老机构设置失智照护专区，新增护理型床位200张，新建农村老年餐桌41处，累计建成城乡老年餐桌1107处，工作经验获评中共山东省委、省政府“三个十大”典型案例。强化队伍建设，全年完成养老培训3164人次。市民政局、人力资源和社会保障局联合举办第六届养老护理员职业技能竞赛。

（秦子凯）

【社会组织管理】 2023年底，全市登记社会组织2278个，其中社会团体744个、民办非企业单位1523个、基金会11个。开展社会组织党建品牌共建，实现社会组织党建区域品牌全覆盖，“威海红帆”品牌影响力不断提升。组建“威海红帆”社会组织实训中心，开展专题培训，社会组织实训中心获评省级基层党建工作教学示范基地。列支资金248万元，支持部分区（市）、镇（街道）社会组织服务平台提档升级，培育发展社区社会组织9346个，引导社会组织开展为民服务1.01万场次，打造品牌服务项目144个，工作经验做法先后5次在登管协同、平台建设、高质量发展等全省会议上进行交流，6家社会组织获评全市社会治理工作先进集体和先进个人。召开社会组织法律法规实务暨年报实操培训会，市级年报率达99.4%。全市317个行业协会商会通过减免、降低和规范会费，减轻企业负担491.18万元。引导注销社会组织65家，撤销社会组织12家，依法取缔、劝散非法社会组织2家。

（宋凯丽）

【社会事务】 殡葬改革　开展全市公益性安葬（放）设施有关问题专项整治、殡葬业价格秩序和公益性安葬（放）设施建设经营专项整治，解决殡葬领域突出问题。文登区入选全国殡葬领域跨部门综合监管试点地区、全省第二批“礼安齐鲁”丧俗改革试点地区，文登区、荣成市、乳山市红白理事会经验做法获评全省百佳红白理事会典型案例。落实惠民殡葬政策，全年免除基本殡葬服务费3728.52万元，为1553名选择节地生态葬的逝者亲属发放补贴151.58万元。

流浪乞讨人员救助　健全市—区—镇—村四级救助管理体系，依法依规为生活无着落的流浪乞讨人员提供照料服务、身份查询、接送返回、易走失人员回访等救助工作。开展全市“夏季送清凉”“寒冬送温暖”专项救助行动，及时发现并救助流浪乞讨人员。全年救助生活无着流浪乞讨人员725人次，发放宣传资料1800余份。

婚姻登记　全市婚姻登记机构不断优化婚姻登记政务服务，先后实行婚姻登记免费照相、“跨省通办”及“婚育户联办”、电子证照全面应用等便民服务，山东省户籍群众办理业务免提交居住证。环翠区入选全省第二批婚姻登记信息数据质量提升试点。2023年，全市民政部门办理结婚登记1.29万对，离婚登记4848对，补发婚姻登记证9110对。

残疾人保障　全面开展残疾人两项补贴申请“全程网办”“跨省通办”，落实残疾人两项补贴申领短信提醒功能，全年发送提醒短信6886条。困难残疾人一、二级残疾的生活补贴标准提高为每人每月201元，三、四级残疾的生活补贴标准为每人每月151元，保障困难残疾人0.98万人；重度残疾人一级残疾的护理补贴标准提高为每人每月181元，二级残疾的护理补贴标准为每人每月151元，保障重度残疾人3.55万人。

（梁锦江）

【儿童福利和未成年人保护】 提高孤困儿童基本生活保障标准，机构养育孤儿、社会散居孤儿（含事实无人抚养儿童等）、重点困境儿童基本生活保障标准分别为每人每月2503元、2002元和1881元，为428名孤困儿童发放基本生活费168.07万元。开展“福彩圆梦·孤儿助学”和“孤困儿童助学工程”项目，将22名孤儿和32名事实无人抚养儿童纳入助学保障。实施“护佑健康”孤困儿童大病保险项目，为471名孤困儿童购买重大疾病保险。开展困境未成年人家庭监护评估，指导区（市）运用政府购买服务等方式对辖区内评估对象开展家庭监护评估工作。环翠区获评全省民政政策理论研究和民政工作创新案例三等奖，文登区、荣成市典型案例获得全省儿童福利领域优秀创新实践案例。

（张　茜）

【区划地名】 组织对环翠—文登线、文登—乳山线2条行政区域界线进行联合检查。深入开展地名文化保护工作，在威海市方志馆设立威海市地名文化宣传教育基地，建立市级区划地名专家库，评选并公布威海市首批市级地名文化遗产10个、首批市级红色地名21个、首批市级地名保护名录36个。文登区、荣成市获批社会力量参与地名文化保护工作省级试点单位。各区（市）稳步推进“乡村著名行动”。对“中

10月26日，威海市地名文化宣传教育基地授牌仪式举行

（秦帅　摄）

国·国家地名信息库”数据进行及时更新，完成审批道路名称21条，命名宋家洼路、阮家寺路等道路18条，对统一南路、齐鲁大道等3条道路的起止点进行调整。

（王书清）

【社会工作】　开展乡镇（街道）社工站示范点创建活动，全市获评全省乡镇（街道）社会工作站示范点5家。为842名通过2022年度社会工作者职业水平考试人员发放奖励资金94.5万元。1155人通过2023年度社会工作者职业水平考试。

【慈善事业】　2023年，威海市各级慈善总会多渠道募集慈善款物，广泛开展慈善救助活动，为减轻遇困群众的生活压力、助力共同富裕先行区建设作出积极贡献。全市各级慈善总会募集款物1.3亿元，其中“慈心一日捐”活动接受捐款7100万元。全市各级慈善总会慈善活动支出1亿元，受益群众7.5万人次。其中，慈善大病救助支出2522万元，惠及5903人次；慈善助学支出209万元，惠及3700人次。威海发药点免费发放中华慈善总会援助的格列卫、达希纳、易瑞沙等援助药品总值2373.28万元，惠及重病患者1364人次。全市新增慈善组织13家（全市共有慈善组织39家），获评第八届“山东慈善奖”爱心捐赠企业6家、优秀慈善项目2个，获得2023年—2025年公益性捐赠税前扣除资格公益性社会组织11家。开展第8个中华慈善日主题宣传活动，中央广播电视总台《社会与法》频道报道威海市主题活动开展及慈善事业发展情况。

（孙澄浩）

医疗保障

【概况】　2023年，全市基本医疗保险参保256.58万人。居民医保一档、二档缴费标准分别为450元、650元。职工长期护理保险为1.94万人次参保职工减轻护理负担2476万元，居民长期护理保险为试点地区969人次参保居民减轻护理负担62万元。全市困难人员实现基本医保、大病保险、医疗救助全覆盖，全年为7.36万人次困难群体减轻医疗费用负担1.35亿元。深入开展全系统“作风能力提升年”活动，聚焦5个领域，开展活动22项，提升干部能力素质，威海市医疗保障局获评全省医保经办系统练兵比武暨医保服务能力竞赛优秀组织奖，“三学三比三亮”经验做法被省医疗保障局刊发推广。

【医疗保障制度体系建设】　全面落实门诊共济保障机制，将全市符合条件的定点零售药店纳入门诊统筹管理，实现“应纳尽纳”。市医疗保障局印发职工医保省级统筹和门诊共济保障两项改革贯彻落实意见，稳妥推进各项改革任务。印发提升基层医疗卫生机构医保服务水平10项措施，居民“两病”（高血压、糖尿病）基层医疗机构报销比例由60%提高至70%，基层住院报销比例由80%提高至85%。提升生育保障待遇，将参保居民生育医疗费保障待遇标准由2800元提高到3000元，参保职工生育医疗费保障政策范围内支付比例提高至100%，年可减轻参保人员生育医疗费用负担5500万元。完善重特大疾病医疗保险和救助制度，构建医保帮扶标准化体系，实行医疗救助分类资助参保，将特困人员参保资助标准由450元提高到650元，全年资助困难群众参保2.88万人。

【医保重点领域改革】　实施DRG付费改革三年行动计划，新增DRG付费医疗机构27家，总体基金覆盖率超过90%，提前一年实现覆盖区域、纳入病种、基金占比、医疗机构“四个全面覆盖任务”。完成新老药品目录衔接，完善双通道药品分类管理机制，将346个国家医保谈判药品和17种竞价药品全部纳入双通道管理，提高群众用药可及性。在全市选取定点医院5家，试点开展择期手术预住院医保支付工作，提高医疗服务效率，解决群众看病就医不够便利问题。创新医保支持中医药传承发展政策，扩大中医优势病种范围，将尺桡骨骨折等4个中医优势病种纳入按病种收付费范围，构建具有特色的中医药医疗保障新模式。深化医药价格和药械招采改革，开展“集采药品进基层”活动，遴选集采药品116种，将800余家零售药店和村卫生室作为示范单位，同步搭建“电子地图”，群众可通过微信公众号等渠道在线查询、就近购药。推进集中带量采购常态化，累计落地威海市集采药品、医用耗材分别达509种、26类。开展口腔种植医疗服务收费和耗材价格专项治理，实施种植牙全流程价格调控，全流程价格平均降幅近50%。

【医保基金监管】　强化医保大数据监管，健全智能监控“两库”（医保智能监控系统知识库、规则库）动态调整机制，定期梳理并上传更新智能审核相关规则条目，推进事前、事中、事后全链条监管，医保智能监控系统实现全市一级以上定点医疗机构全覆盖。严打欺诈骗保行为，发挥医保基金监管工作联席会议作用，召开联席会议3次，市医疗保障局、卫生健康委员会、公安局等部门开展联动执法7次，实施医保基金监管专项行动。坚持“关口前移，管服并重”原则，组织全市所有定点医疗机构开展6轮医保基金使用自查自纠专项行动。创新基金监管方式，威海市获批国家医保反欺诈大数据应用监管试点承办城市，DRG付费监管经验做法被国家医疗保障局刊发推广，国家医疗保障局副局长颜清辉到威海市专题调研基金监管工作。

【医保经办服务】 提升医保经办服务水平，开展“干部进基层”“政策进万家”“走流程、梳堵点”等系列活动，印发24项医保服务便民措施，实现简环节、缩时限、优流程的目标。提升基层医保站点服务质效，在镇（街道）医保站点全覆盖的基础上，打造社区医保服务中心20余个，构建“15分钟医保服务务圈”。打造全市一体化医保咨询服务平台，对各区（市）医保咨询电话归口统一管理，日均接听群众咨询800余个，综合接听率超过90%。拓宽医保智能化应用，全市二级及以上定点医疗机构实现医保电子凭证全流程应用全覆盖，移动支付覆盖率超过85%。深化定点医药机构动态管理应用、医保协议电子化省级试点，将机构准入、协议签订、年终考核等纳入动态管理，提升两定机构管理信息化水平。开展院端医保服务能力提升行动，进行两轮问题征集处理，解决问题159个。

（于　斌）

住房公积金管理

【概况】 2023年，威海市住房公积金管理中心持续发挥住房公积金惠民生保安居促发展的作用，以支持职工合理住房消费需求、促进房地产市场平稳健康发展为目标，以开展“综合素质提升年”活动为契机，精准施策、精准发力、精准服务，全市住房公积金保持稳定增长、稳健运行的良好态势。年内，全市新增开户单位1516家，新开户职工3.95万人，缴存额56.14亿元，比上年增长5.7%；发放个人住房贷款7860笔、33.89亿元，分别增长55.6%、67%；提取使用公积金42.09亿元，增长29.8%。至年底，缴存总额510.69亿元，缴存余额211.43亿元；提取总额299.26亿元；累计发放住房贷款11.37万笔316.94亿元，贷款余额140.26亿元，住房公积金个贷率66.3%、个贷逾期率0.25‰，风险控制总体良好。全年实现增值收益3.33亿元，增长30.6%。

【住房公积金缴存基数和缴存比例调整】 2023年度职工缴存基数按照职工2022年度月平均工资总额核定，下限不低于威海市最低工资标准2200元，上限不高于全市2022年度职工月平均工资的3倍22571元。职工和单位缴存比例分别不低于5%，不高于12%。

【住房公积金贷款使用政策调整】 支持职工刚性和改善性住房需求，市住房公积金管理中心大幅优化放宽贷款使用政策，主要包括下调首套住房首付比例，购买首套自住住房申请公积金贷款的首付比例由30%下调至20%；提高多孩家庭贷款额度，有未成年子女的二孩及以上家庭购买自住住房的最高贷款额度提高10万元；放宽申贷缴存时限，职工申请公积金贷款的缴存时限由连续足额缴存12个月放宽至6个月；放宽商转公申贷条件，商转公贷款取消办理商业住房贷款不超过3年的限制，调整为取得房屋不动产权证后即可申请。2023年，发放商转公贷款2803笔11.38亿元，分别增长125%和110%，节约利息支出近2亿元，平均每笔贷款节约利息7.13万元。

【住房公积金提取政策调整优化】 市住房公积金管理中心加大租购并举力度，支持住房消费，主要包括印发支付购房首付款提取政策，提高租房公积金提取额度至1.2万元；提高新市民、青年人租房支持力度，可按月全额提取月缴存额用于支付房租；提高多子女家庭租房提取额度，可按实际房租支出提取公积金；扩大加装电梯提取范围，职工父母自住住房加装电梯，允许提取职工及配偶的公积金支付加装费用。

【数字化公积金建设】 推进数字化建设，通过数据共享，打造特色服务应用场景。上线“亮码可办”服务，方便异地缴存职工办理业务时出示“电子码”代替纸质证明，做到“无纸化、亮码办”，解决职工异地办事“往返跑”“两地跑”难题。针对各区（市）间不动产数据不集中的问题，协调市大数据中心和各区（市）不动产部门，统一数据标准，实现全市不动产信息整合、数据共享，解决房屋套数信息多部门核实、数据查询不精准的问题；实现房屋套数证明共享获取、在线核查，无需职工再提供纸质证明，作为全省不动产在线抵押试点，通过“黄河链”与省不动产中心进行系统对接，年底前上线全市不动产在线办理抵押或解除抵押业务，实现公积金贷款“一窗受理、一链办理”，推动贷款审批发放提速增效。作为全国首批与中国人民银行“总对总”对接的试点中心，推动征信系统与业务系统深度融合，实现所有银行商贷提取在线核实、线上办理。

【综合素质提升年活动】 开展“综合素质提升年”活动，不断提高线上线下服务水平。坚持主动服务，深入企业面对面宣传讲解公积金政策；到房交会、开发楼盘“零距离”为购房职工提供精准服务；通过新闻发布会、媒体直播等形式，解读各项惠民政策，打通政策落地“最后一公里”。优化服务流程，以群众需求为导向，通过扩大受委托银行进驻服务大厅窗口数量、整合各区（市）服务大厅业务咨询电话、优化12345政务服务热线办理机制、深化政务服务“跨域通办”等方式，提升群众办事的体验感、获得感。提升线上办事能力，结合政策调整，优化网上服务厅、手机App等线上办事功能，实现购买自住住房、支付房租、偿还商贷等住房消费类提取线上申请、全流程办结。

（赵　恒）

民族·宗教

【概况】 2023年，威海市有少数民族49个，少数民族常住人口3.08万人，占总人口的1.06%。有佛教、道教、伊斯兰教、天主教、基督教，依法登记的宗教活动场所56处。举办全市民族宗教工作干部培训班，开展“送法到基层”“宗教科长上讲台”活动，对1900余名基层民族宗教工作人员实现培训全覆盖。推进宗教活动场所现场办公制度，建立民族宗教跨区域联合执法制度。

【中华民族共同体意识示范创建】 改造提升铸牢中华民族共同体意识教育实践基地40处，形成集成化高标准教育实践载体。参加省、市新闻发布会，全方位宣传威海市示范创建成效。开展民族团结进步宣传月活动，制作专题宣传片18部，线下线上开展主题宣传30余场次，营造“花开威海石榴红”的浓厚氛围。年内，全市获评全省民族团结进步示范区示范单位8个、全省民族团结进步“红石榴”家庭3个、“红石榴”岗位3个，命名全市民族团结进步示范区示范单位59个、全市民族团结进步“红石榴”家庭48个，“榴铸童心”青少年铸牢中华民族共同体意识工作品牌获评2023年度全省民族宗教工作“十大品牌”，被列入国家民族事务委员会正确民族观典型案例，经验做法在全国推广。帮助民品企业落实生产贷款5.6亿元，实际到位贴息资金346万元，助推企业发展。

【民族工作主题宣传】 9月5日，威海市第23个民族团结进步宣传月活动启动仪式在文登区举行。向市级约200个部门印发宣传月活动方案，线上线下开展宣传宣讲1100余次，开展活动1450余次。组织全市中小学校举办“民族团结进步开放日”活动50余次，300余个机关企事业单位参加活动，吸纳合理化意见和建议近100条。全市44所学校与青海省、新疆维吾尔自治区的46所学校结成伙伴学校，开展“同上一节课”活动200余场次，促进各族群众共享优质教育成果。举办“弘扬优秀传统文化 凝聚团结奋进力量”孔子学堂万里行之齐鲁民族行走进威海经济技术开发区活动。

【宗教活动推进】 引导宗教界开展中华优秀传统文化大讲堂、建设传统文化工作室、实践创新、讲经讲道、理论研究、交流互鉴“六大行动”，打造传统文化工作室8处，举办集中培训和主题活动25场次2800余人次，成立威海市佛教中国化研究中心，开展讲经交流、神学思想研讨5场次。推进宗教中国化示范场所创建工作，5处宗教活动场所获评省级宗教中国化示范场所。

【宗教团体自身建设】 完成威海市佛教协会、道教协会、伊斯兰教协会、天主教爱国会、基督教三自爱委会、基督教协会换届工作。支持宗教界全面从严治教，在宗教界开展“树形象、敢担当、作表率”“崇俭戒奢”“教风年”等活动，加强宗教“教职”人员队伍教育整饬。举办全市宗教界人士深入学习贯彻中共二十大精神培训班、全市宗教“教职”人员培训班。

【宗教事务依法管理】 开展“民族宗教政策法规学习月”“依法治教我先行”等活动，加强对宗教界和社会面的普法宣传。威海经济技术开发区福门堂入选省十大法治宗教活动场所，荣成市天恩堂获评省级宗教法治宣传教育基地。

（董萌萌 徐蕾）

人民生活

【居民收入水平】 2023年，全市居民人均可支配收入49221元，比上年增长5.5%。其中，城镇居民人均可支配收入58799元，增长5.0%；农村居民人均可支配收入29013元，增长7.3%。全体居民人均消费支出29116元，增长6.7%。其中，城镇居民人均消费支出34719元，增长5.9%；农村居民人均消费支出17294元，增长9.1%。全体居民食品烟酒消费支出占消费总支出的25.3%，其中城镇居民食品烟酒消费支出占消费总支出的24.8%、农村居民食品烟酒消费支出占消费总支出的27.4%。

【社会保障体系】 2023年，全市参加基本养老保险242.14万人，居民基础养老金标准提高至每人每月180元。参加基本医疗保险256.58万人，居民医保补助标准提高到每人每年640元。领取失业保险金职工2.43万人。享受工伤保险待遇职工8522人，享受生育津贴待遇女职工0.76万人。年底全市有养老机构164处、床位4.02万张，在院人数1.74万人。其中，特困人员供养机构40处，床位1.03万张，在院4570人；其他各类养老机构123处，床位2.95万张，在院1.28万人；社会福利中心1处，床位370张，在院113人。有儿童福利院1处，未成年人救助保护中心4处。有孤困儿童577人，其中集中供养孤儿32人、散居孤儿68人、事实无人抚养儿童366人、重点困境儿童44人、受艾滋病影响儿童67人；全年发放保障资金1338.50万元。年底全市城乡低保对象1.77万人，全年发放保障资金1.38亿元；特困供养对象1.08万人，全年发放保障资金1.63亿元；政府与慈善力量共同开展临时救助，保障困难群众3.68万人次，全年发放保障资金2827.40万元。

【居民生活品质】 2023年，全市居民消费价格上涨0.1%，在消费8类商品及服务价格中，其他用品及服务价格上涨4.4%，教育文化娱乐价格上涨1.9%，食品烟酒价格上涨0.4%，居住价格上涨0.4%，医疗保健价格、生活用品及服务价格与上年持平，衣着价格下降0.2%，交通通信价格下降2.6%。

（房 蒙）

社会风尚

【见义勇为】 2024年2月26日，中共威海市委政法工作会议召开，会上宣读《关于表扬奖励威海市见义勇为先进分子（集体）的通报》，市领导为2023年度见义勇为先进分子和先进集体代表颁奖。

李　俊　威海市群众艺术馆培训部主任。2023年7月26日傍晚，李俊与女儿到半月湾海水浴场练习桨板，发现不离岸边10余米的海里有一个男孩漂浮在水面，李俊感觉到对方遇到危险，让女儿先上岸，自己则蹚水走向男孩。到达男孩身边后，李俊看到男孩一动不动，担心对方再度呛水，试图将男孩翻过身来，在尝试失败后，便开始直接向岸边拖拽。因完全失去意识的男孩无法配合，加之身边的海浪不断冲击，李俊尽全力克服海水阻力的同时大声呼救。当李俊把男孩拖到离岸边3米左右的位置时，闻声赶到的市民帮忙一起架起男孩的胳膊，成功将男孩抬上岸。上岸后，李俊观察到昏迷的男孩瞳孔放大，让周围群众拨打“120”急救电话，附近商户和救生员闻讯赶到，对男孩进行心肺复苏和人工呼吸。随后医疗人员赶到现场接力施救，并迅速送往医院抢救，在医院经过10天治疗后男孩得以康复。男孩出院后，男孩和家长经多方打听找到李俊，专门赠送锦旗表示感谢。

王玉谭　威海市环翠区张村镇怡沁园社区居民。2023年2月21日晚，社区一业主在社区网格群内发出一条求救语音“救命啊，我家着火了！”。刚刚外出回家的王玉谭看见信息后，立即冲下楼拿出车中的灭火器跑向失火邻居家。当王玉谭到达现场时，居民家整个厨房浓烟滚滚，厨房吊顶在火焰灼烧下不断掉落，非常危险。王玉谭让邻居拨打“119”急救电话，随即打开灭火器开始灭火。经过近10分钟的扑打，明火被全部扑灭。王玉谭担心再次起火，不顾疲劳到小区物业办公室取出新的灭火器备用。随后消防员赶到，高度赞赏王玉谭英勇救火的行为。

王海波　荣成市纪委监委党风政风监督室主任。2023年国庆节期间，王海波一家到荣成市人和镇苏山岛附近赶海，突然听到礁石后有人呼救，王海波立刻循声寻找遇险者，并大声呼喊其他人帮忙。岸边一位带小孩的家长发现自己大儿子不见了，焦急地赶到礁石处，远处游人也纷纷朝礁石处跑去。王海波翻过陡峭的礁石，发现了溺水男孩，两只胳膊在水面上下浮动，而头部已沉入水中，随着海浪越飘越远。王海波顾不得自己刚做过手术，跳入水中快速游到男孩身边。为防止孩子呛水，王海波用身体把男孩的头顶出水面，孩子出于本能紧紧抱住王海波的一只胳膊，王海波失去平衡，两人一同没入水中！王海波一边拍打孩子，一边绕到男孩身后，双手环绕住对方腋下，从后面用力推着往岸边游去。在救援过程中，王海波注意到周围礁石丛生，为防止孩子擦伤，极力用胳膊和腿为孩子隔挡。在岸上的男孩母亲和其他人一起，将二人拉到岸上。上岸后，王海波顾不得检查自己的伤口，连忙拍打孩子后背，帮助其咳出海水，男孩恢复正常，身体无大碍。王海波自己身上多处伤口开始渗血，仅手部就有擦伤12处，双臂及双腿被礁石割伤，最长的伤痕有20余厘米。男孩母亲连连道谢，并表示为王海波治伤，王海波谢绝并称“这是一名党员应做的事”。

于振军　威海市第二军休所管辖服务的军休干部。2023年8月11日清晨，在市区幸福门附近海边垂钓的于振军听到一阵呼救声，看到一名女孩被海浪卷入离岸10米远的海中，岸边斜坡上的一名中年妇女正准备向海里跑，同时大声呼救。于振军见状，立即大声制止中年妇女，自己跳入海中向女孩奋力游去。涨潮之际，女孩位置的水深超过3米，海面波涛汹涌，救援难度大。于振军快速游到女孩身旁，拉住女孩胳膊用力向岸上游。于振军因患肺部肿瘤先后进行过两次手术，面对海上的狂风急浪和女孩的挣扎，克服自己体力不济困难，及时改变救援方法，侧身游到女孩身后，全力推着女孩向岸边游。于振军将女孩推到岸边斜坡，但距岸上还有落差1.5米，无法抱着女孩上岸，只能全力将女孩托举起，在闻声赶到的群众的帮助下把女孩救上岸。因救援及时，女孩身体无大碍。

刘培周　乳山市白沙滩镇小学退休教师。2023年6月3日傍晚，刘培周在自家菜地里隐约听见有人呼救。刘培周判断出声音的位置后，立刻放下农具向平塘跑去。到达现场后，发现同村村民张某在水中挣扎，情况危急。明知平塘水深五六米，68岁的刘培周还是果断跳下去，奋力朝落水者游去。游到张某身边后，刘培周迅速抓住对方的胳膊，用力将其托举出水面游向岸边。一个成年人的体重加上落水者无法配合，没多会儿刘培周就感觉体力不济，他咬紧牙关继续向岸边拖拽。经过近10分钟救援，张某被成功救到岸边。上岸后，刘培周不断拍打张某后背，帮助其咳出呛入的水，张某慢慢恢复正常。

郑桂福　乳山市育黎镇龙角山村村民。2023年7月5日晚，郑桂福吃完晚饭后和家人在村里散步，忽然听到有呼救声，赶到河边后，看见在距岸边约5米远的水中同村村民隋某边挣扎边呼救。郑桂福让家人喊人帮忙，同时在河道周围找竹竿，快速跑到岸边递到水中，试图拉出隋某，可几次尝试后不仅隋某没抓到，反而离岸边越飘越远。同村村民郑欣亭闻讯赶到，郑桂福将竹竿递给郑欣亭，自己果断跳入河中，快速游到落水者身边，迅速将其头部扶起，使其口鼻脱离水面。因落水者身体较胖加之不断挣扎，郑桂福失去平衡并呛了几口水，郑桂福调整位置，从后面推着落水者向岸边游，因郑桂福常年患有腰疾，感到体力消耗太大，岸上的郑欣亭递过竹竿，郑桂福游到竹竿位置并抓住竹竿，另一只手紧紧抓住隋某，在郑欣亭的帮助下将其拖到安全水域。因河道后期修建，水面距岸上高度仍有2.5米左右，岸边设有防护栏，郑桂福在水中用力托举隋某，郑欣亭则在岸上用力往上拉，终于将隋某救上岸。

威海市造血干细胞捐献者先进集体　以生命点亮生命，用爱心传递希望。威海市各行各业10名成功捐献造血干细胞的捐献者，虽然有着不同的人生经历，但都以超人的勇敢、无畏的勇气、无私的大爱为血液病患者传递生命的新希望。造血干细胞捐献者用自己的行动弘扬“人道、博爱、奉献”的红十字精神，是对新时代见义勇为精神的生动诠释，是全社会学习的榜样。2023年，环翠区丁烫染造型店经理马学印、山东大学（威海）讲师王金涛、乳山市教学研究中心教研员王亮、国网山东省电力公司威海市文登区供电公司职工王振兴、威海市公安局海岸警察支队石岛派出所一级警员田霖、潍柴新能源商用车有限公司威海分公司总装厂职工丛榆松、自由职业者刘金龙、威高血液净化公司职工谷春强、威海临港经济技术开发区草庙子镇卫生院院长黄磊、维达商贸有限公司济南分公司业务员董海洋获评威海市造血干细胞捐献者先进集体。

【“中国好人榜”威海好人】 张鑫圆　女，乳山市公安局看守所五级辅警。2022年12月31日下午，张鑫圆和家人到乳山市河滨公园散步。“快救人啊！有人掉水里了！”张鑫圆循声跑去，随即踏上薄薄的冰面前去施救。靠近冰窟窿后，张鑫圆蹲下身，用尽全力从湖水中拖拽老人，冰面不堪两人负重，大面积破裂，张鑫圆坠入冰冷的湖水中。张鑫圆将头浮出水面，一只手拽住老人，另一只手用力划水，在碎冰中拉着老人奋力游向岸边。闻声赶到的岸边群众找到一根竹竿，在距离岸边三四米浅水处，张鑫圆借助竹竿的拉扯率先爬上冰面，转过身拉湖中未上岸的老人，并试图把竹竿前端递到老人手中。但此时老人没有力气握住竹竿，张鑫圆再次跳入水中，将老人成功救上岸。经及时救治，落水老人并无大碍。张鑫圆浑身湿透，被冻得当晚便发高烧。获救老人的家人要登门感谢，被张鑫圆婉言谢绝。张鑫圆救人时被人拍下视频，并上传互联网，被媒体广泛报道转发，全网阅读量约6亿余人次。张鑫圆先后获评“山东好人”、山东省见义勇为模范等，入选2023年第一季度“中国好人榜”见义勇为好人。

舒记德　男，山东省地质矿产勘查开发局第六地质大队地质矿产工程师。舒记德扎根野外一线工作13年，先后在新疆维吾尔自治区、内蒙古自治区等10余个边疆省份和吉尔吉斯斯坦、苏丹等“一带一路”沿线国家开展矿产勘查工作，其所在的山东省地质矿产勘查开发局第六地质大队，被国务院评为“功勋卓著无私奉献的英雄地质队”。

2011年，舒记德完成学业，刚入职就主动要求参与最艰苦的项目，在罗布泊开展勘查工作。罗布泊常年缺水，地表温度高达70℃，干热难耐。舒记德和队友们每天睡帐篷、喝咸水，寻找矿化线索，采集矿石样品，研究成矿规律，半年后就取得探获成果。舒记德每天野外作业10余个小时，徒步行走10余千米。遇到有代表性的矿石，全都做成标本，放进背包，收队后研究讨论。2012年，舒记德到蓬莱市大柳行地区进行矿山地质勘查，把家安在当地的农家小院，一干就是7年。白天上山编录钻孔，下井研究矿体；晚上整理野外资料，编写项目报告。一人跑遍区内10余家矿山，下过所有的矿井，在井下1400米环境里，忍受着40℃以上高温，泡在“泥汤”里研究矿体、采取样品，直到完成所有任务才返回地面。舒记德提交各类地质报告100余份，发表论文3篇，申请专利2项，获得省科学技术奖1次。2019年，舒记德到内蒙古乌自治区拉特中旗开展工作，和团队一起对整个矿区地质特征、矿床成因、赋存规律进行系统综合研究，对该区找矿提供极其重要的指导，研究成果在此后的钻探施工中得到印证。

2021年，舒记德和队员跨越5个时区，辗转1.3万千米，参加苏丹野外项目，在非洲大地上为“一带一路”建设作贡献。作为项目技术负责人，舒记德在尼罗州戈壁中开展地质勘查，早晨4点半起床，连续工作10余个小时，穿行10千米。每天忙完工作返回驻地，国内已是深夜凌晨，父母、孩子早已睡下，只能和妻子简短说说工作、聊聊家常。舒记德先后获得“山东好人”，入选2023年第一季度“中国好人榜”敬业奉献好人。

孙涛　男，荣成市人，国网山东省电力公司荣成市供电公司好运角供电所台区经理。鸡鸣岛是荣成市唯一人居海岛，海岛依靠1台风力发电机和1台柴油发电机供电，由于海风大、电力不足，断电时有发生，极大影响海岛居民生活。1998年，孙涛首次登上鸡鸣岛为当地居民维修柴油发电机，当得知海岛居民用电不便时，孙涛做出决定：作为岛上居民的后代，岛上的用电由其管理。从三十而立到年近花甲，一句承诺，孙涛坚守24年。2004年，国网山东省电力公司荣成市供电公司投资将3000米的海底电缆敷设至鸡鸣岛，海底电缆通向海岛当天，孙涛跳进海里，扛起每米28千克的粗壮电缆，带动岛上居民纷纷加入拖电缆的队伍，至此，岛上靠柴油机发电成为历史。2017年，鸡鸣岛启动大规模违建拆除工作，个别村民不愿意拆，孙涛和包村干部一同上岛，入户走访、讲解政策。拆除工作开始后，孙涛与彩虹共产党员服务队队员一起，科学制定违建拆除后的线路切断与恢复方案，顺利完成弱电“上改下”工程。海岛交通不便，孙涛做好本职工作的同时，主动化身“外卖小哥”，自建“彩虹桥驿站”，采购清单超过30万条，无偿替岛上老人支付电费1万余元。孙涛动员好运角供电所彩虹共产党员服务队的11名队员，闲暇之余组队到鸡鸣岛开展志愿服务活动，累计开展志愿服务1141.8小时。2023年4月，孙涛获评2023年“齐鲁最美职工”；9月，入选第二季度“中国好人榜”敬业奉献好人。

（摘自威海新闻网）

编辑　李传强

区（市）概况

环翠区

【概况】 2023年底，环翠区总面积383.02平方千米，海岸线长约52千米。辖9个镇(街道)，218个村(社区)，户籍人口35.42万人。全年实现地区生产总值450.42亿元，比上年增长3.1%。其中，第一产业增加值41.25亿元，第二产业增加值119.76亿元，第三产业增加值289.41亿元。三次产业结构比为9.2∶26.6∶64.3。固定资产投资下降11.5%。全年社会消费品零售总额增长3.8%。货物贸易进出口总额206.3亿元，下降13.6%。其中，出口额176亿元，下降11.7%；进口额30.3亿元，下降22.3%。一般公共预算收入40.6亿元，增长5.8%。

全年实现农林牧渔业总产值77.05亿元，增长5.8%。花生总产量2773.7吨，蔬菜总产量3.80万吨，果品总产量7.01万吨，水产品产量（不含远洋捕捞产量）38.19万吨。年底农业机械总动力8.9万千瓦，完成机耕作业面积2697公顷、机播面积2987公顷、机收面积2814公顷。有市场主体8.65万户，新登记市场主体1.21万户。规模以上工业增加值增长0.2%，规模以上工业企业实现营业收入327.1亿元，下降1.8%；实现利润总额28.7亿元，增长6.9%。产品销售率100.32%。实现建筑业总产值149.4亿元，增长7.9%。房地产开发投资45.2亿元，下降7.8%。

全区有中等职业学校2所，在校学生1083人；义务教育学校41所（其中十二年一贯制学校1所、九年一贯制学校3所、初中15所、小学22所），在校学生6.19万人，在编教职工3399人；幼儿园71所，在园幼儿1.51万人，教职工2564人。有省级以上科技企业孵化载体8家，其中国家级孵化器2家、国家级备案众创空间1家。有国家工程技术研究中心1家，省技术创新中心2家，省工程技术研究中心10家，省重点实验室3家，院士工作站4家，省新型研发机构5家，市工程技术研究中心36家，市重点实验室18家，市技术创新中心3家，市新型研发机构4家，市创新创业共同体1家。有高新技术企业365家、国家科技型中小企业618家，高新技术产业产值占规模以上工业总产值比重为80.80%。获得山东省技术市场协会科技金桥奖1项，登记技术合同金额23.4亿元。授权专利2278件，其中发明专利254件。有中国驰名商标7件，地理标志商标3件。有民间艺术团体282个，文化馆2个，公共图书馆2个，美术馆2个，博物馆4个，电影院8座，村（社区）综合文化服务中心217个，城市书房12个，乡村书房4个，“农家书屋”100个。有国家A级以上旅游景区11家，旅行社85家，星级饭店10家，星级民宿12家，省级农业旅游示范点18个，省级旅游强镇（街道）8个，省级旅游特色村13个，精品采摘园3个。有各级各类卫生机构426所，其中医院18所、镇卫生院4所；实有床位1945张，其中医院实有床位1653张；有医疗卫生机构卫生专业技术人员4423人，其中执业及执业助理医师1932人。全区开展社区趣味运动会115场次，参与群众达1万人，承担威海市“市队县办”足球、马术项目改革任务。

全区全体居民人均可支配收入5.71万元，增长5.3%。其中，城镇居民人均可支配收入6.06万元，农村居民人均可支配收入2.81万元，分别增长4.8%、7.3%。全体居民人均消费支出3.50万元，增长6.3%。其中，城镇居民人均消费支出3.70万元，农村居民人均消费支出1.84万元，分别增长5.8%、8.8%。有13.99万人参加城镇职工基本养老保险，5.25万名离退休职工享受养老保险待遇，2.53万人参加城乡居民养老保险，1.38万名居民享受居民养老保险待遇，居民基础养老金标准提高至每人每月180元。有4090人领取失业保险金，696名职工享受工伤保险待遇。有各类养老机构26家、床位4131张，收养人员1400人。发放保障金1420.19万元，保障城乡低保对象、特困人员1157人。有孤困儿童63人，发放资金145万元。有享受困难残疾人生活补贴538人、享受重度残疾人护理补贴3125人，发放资金709.53万元。

年内，环翠区入选2023年度国家知识产权强县建设试点县、全国绿色发展百强区、全国科普示范区、新型城镇化质量百强区、山东省数字经济“晨星工厂”试点区、山东省体育消费试点县，连续3年获评全省县域经济高质量发展先进县，获评现代流通强县、生态文明强县、文旅康养强县、山东省体育消费试点县。

【制造业发展】 环翠区强化企业培育，新增规模以上工业企业24家（总数达175家），新培育国家级专精特新“小巨人”企业4家、省级“专精特新”中小企业37家，新增山东省制造业单项冠军企业2家，2家企业获评省服务型制造示范企业，5家企业获评山东省

4月，威海广泰空港设备股份有限公司生产组装车间　　　　（王彦博　摄）

瞪羚企业，钓具及休闲运动产品特色产业集群获评2023年山东省中小企业特色产业集群，1家企业获评山东省“十强”产业集群领军企业。推进企业绿色低碳高质量发展，三角轮胎股份有限公司、山东双轮股份有限公司获评国家级绿色工厂，4家企业入选全省首批绿色低碳高质量发展先行区建设企业试点。魏桥铝精深加工产业园开园，举办威海市铝深加工产业链绿色高质量发展会议，打造铝产业品牌。聚焦数字赋能，新建5G基站240座，6家企业入选省级工业互联网平台、“数据赋能”优秀产品、数字化车间和智能制造场景，威海宝威新材料科技有限公司智能制造场景获评国家级智能制造优秀场景，环翠区入选山东省数字经济“晨星工厂”试点区、数据管理能力成熟度评估模型试点区。聚力产业集群化、高端化、智能化、绿色化发展，培育高端装备制造、新材料、生物医药、新一代信息技术4个新兴产业，改造提升服装、食品加工、钓具3个传统产业，推动以新材料、高端装备制造为引领的“4+3”制造业产业集群发展。至年底，全区“4+3”制造业产业集群完成工业总产值279.5亿元，下降9.5%；实现主营业务收入302.5亿元，下降3.0%。

【现代服务业发展】　环翠区全力促进消费市场回暖，组织商业综合体、大型商场开展促消费活动80余场次，发放消费券338.78万元，带动消费总额8250万元。依托渔具优势资源，发展直播电商、产地仓、直采基地等新业态，环翠区渔具产业带获评山东电商产业带，6家企业获评山东电商直播基地、山东电商云仓，1家企业获评山东省生产性服务业领军企业。盘活楼宇资源，成立楼宇联盟服务中心，引进利群商业中心等楼宇项目74个，纳税过1000万元的楼宇突破50座。实施旅游业高质量发展4个提升行动，优化旅游服务环境，创建国家AAA级旅游景区2家，引进希尔顿逸林酒店。年内，威海市环翠区华夏文化旅游集团股份有限公司获评山东20家领航型文旅企业，华夏城景区获评2023省级智慧旅游样板景区，威海市环翠区属相街旅游休闲街区获评省级旅游休闲街区，北海文化旅游集聚区获评省级现代服务业集聚区，桥头镇信河北村、东崮村分别入选山东省级乡村旅游重点村和山东省景区化村庄。

【海洋产业发展】　环翠区加强远遥浅海科技湾区建设，依托国家海洋技术中心成立国家海洋综合试验场协同创新平台，完成科研码头、海洋科技馆二期等项目建设，新引进铂金动力科技等涉海项目10个、入驻科研团队5个。启动海洋电子信息和智能装备产业发展三年行动，实施市级海洋重点产业项目17个。新建离岸式省级田园型海洋牧场1处、公益性海钓场1处，探索开发深远海筏式养殖700公顷，建成公益性海洋牧场服务平台1处。

【城市精致建设】　环翠区立足“精致城市·幸福威海”首善之区发展定位，以高质量发展、高品质生活、高标准环境、特色化发展为基本内涵，全力推进城市有机更新。启动城市更新三年行动，推进城建重点工程50余项，修改建道路34.7千米，优化易堵路口8处，改造公交港湾7处、积水点13处，巡查、养护、检测桥梁31座，全面完成栖霞街搬迁腾退工作，海峰路西延工程正式通车，冶口水库增容工程主体完工。实施宫松岭路改造、望岛河游园适儿化改造等重点项目，对国家卫生城碑绿地等实施绿化节点改造，修复园林植被绿色“伤疤”，开放海源公园三连岛段等公园绿地5处，栽植各类苗木30余万株。改造更新红叶谷小区、远遥东区等8个老旧小区，改造面积42.1万平方米，改造楼宇169栋，受益居民5300余户。远遥东区改造项目入选山东省城镇老旧小区改造“揭榜挂帅”试点任务清单（第一批）。全区9个项目入选全省城市更新、绿色建筑等示范试点，环翠区获评山东省推进城市更新、改善人居环境工作突出县。

【乡村振兴】　环翠区把发展乡村产业作为实施乡村振兴战略首要工程，强化政策引领，推动产业由规模数量型向质量效益型转变，着力培育农业产业化龙头企业，打造知名农产品品牌，先后申报创建省级现代农业产业园、省级高效特色农业项目、农产品加工业高质量发展先行县项目，获得财政奖补资金4500万元，带动社会投资1.31亿元。至年底，培育市级以上农业产业化龙头企业22家、省市级知名农产品品牌9个。提升乡村振兴样板片区发展质量，依托里口山近郊休闲样板片区、轻户外运动基地样板片区等10个样板片区，谋划禹星源文体休闲综合体项目、羊亭镇阮家口农业科技产业园项目等市级乡村振兴重点项目9个、区级乡村振兴重点项目59个，推动菱角湾城乡融合样板片区创建齐鲁样板省级示范区，10个样板片区实现从规划全覆盖到建设全覆盖。全要素推进和美乡村建设，盘活闲置农房118栋、低效农用地50.53公顷、集体闲置资产3处，建成亲子研学等示范项目11个。至年底，张村镇王家疃村获评全国乡村治理示范村，羊亭镇贝草夼村获评全国美丽宜居村庄，环翠区获评全省农产品加工高质量发展先行县，羊亭镇获评山东省小城镇创新提升行动试点镇（卫星镇），桥头镇和羊亭镇北上夼村等4个村获评省级乡村振兴示范镇和示范村，羊亭镇、张村镇、桥头镇和张村镇王家疃村、羊亭镇贝草夼村等10个村获评省级乡村振兴“十百千”示范镇和示范村。

【改革创新】 环翠区推进综合执法体制改革，设置“一件事”专窗8个，发布镇级便民中心建设地方标准，争创国家级、省级改革试点22个。发出“九证合一”施工综合许可证，110个重点项目投产运营71个。深化质量强区建设，威海广泰空港设备股份有限公司获得山东省省长质量奖提名奖、威海市山花地毯集团有限公司的手工地毯分别获评“好品山东”品牌，三角轮胎股份有限公司获评省级标准创新型企业，2个国家级标准化试点通过评审。全区新增科技型中小企业106家、高新技术企业88家、市级以上创新平台29家，签订产学研合作协议46项，高新技术产业产值比重80.80%，双创人孵化器获评国家级科技企业孵化器，山东环球渔具股份有限公司等3家企业获评省技术创新示范企业，威海市海王旋流器有限公司生产设备入选省级首台（套）技术装备及关键核心零部件产品。开展“人才寻访团”专项行动，新增省级高层次人才19名，环翠区入选省级“青年驿站”优化提升试点，威海银兴预应力线材有限公司获评省海外高层次人才工作站，三角集团股份有限公司获评省人才工作表现突出单位。

【民生保障】 环翠区践行以人民为中心的发展思想，全年完成民生支出32.1亿元。提升公共服务能力，新建新时代文明实践展示体验馆1处，启用公共文化服务中心，打造省级文化产业示范基地2处，举办“2023中国（威海）合唱节暨环翠区第50届5·23歌咏会”“2023年中国·威海超级铁人三项系列赛暨2023年威海铁人三项世界杯赛”等文体活动2400余场，完成新档案馆搬迁，新环翠区图书馆开馆并评为国家一级图书馆。推进教育内涵发展三年行动计划，新续建学校2所、幼儿园3所，打造国家级、省级试点示范校29所，环翠区获评国家完善普惠性学前教育保障机制实验区，国家义务教育优质均衡发展县、全国学前教育普及普惠县创建工作通过国家核查。启动全龄友好城区建设，完成328户适老化改造，环翠区获评全省婴幼儿照护服务示范区、创新养老服务工作成效显著县、示范性居家社区养老服务网络建设区。创新“1+5”双拥共建模式（镇街、部门、村居、学校、医院5类单位分别与驻威海部队结对共建），建立“荣军联盟”。推动社会救助改革，打造市级以上残疾人就业基地3处，实现残疾人免费体检全覆盖，“环环助”品牌获评全省优秀社会救助品牌，环翠区获评全省社会救助综合改革实验区。加大就业保障力度，城镇新增就业4900人，安置城乡公益性岗位767人，发放各类就业创业资金3800余万元。统筹开展文明城市创建和卫生城市复审，创建国家卫生镇2个，设立名医基层工作站17处，开展食源性疾病多点触发监测预警试点工作；推动中医医院特色发展，日均诊疗量增长68%，举办国家中医药综合改革示范区现场会，中医院传承创新发展经验在全国推广。打造集采药品惠民示范点，减轻群众就医负担。将120名二级医院专家编入家医团队，随访服务15万人次。

（李琳琳）

文登区

【概况】 2023年底，全区总面积1363平方千米，辖14个镇（街道）、1处省级开发区、675个村（社区），户籍人口51.6万人。全年实现地区生产总值525.3亿元。其中，第一产业增加值67.3亿元，第二产业增加值194.8亿元，第三产业增加值263.2亿元。三次产业结构比为

2023年威海市环翠区镇（街道）基本情况表

表14

名称	村（个）	社区（个）	总面积（平方千米）	户籍人口（万人）	一般公共预算收入（亿元）	名优特产
环翠楼街道		17	4.48	3.85	6.24	海参、海米、胶东花饽饽
鲸园街道		16	6.46	7.38	3.31	丝绸
竹岛街道		28	23.61	9.05	6.66	喜饼、陶瓷
孙家疃街道		8	18.58	1.77	1.00	海参、对虾、鹰爪虾
嵩山街道	6	9	31.07	1.81	1.54	苹果、蝴蝶兰、蓝莓
张村镇	4	17	49.00	3.44	5.00	里口山蟠桃、渔具
羊亭镇	25	4	71.96	2.36	3.59	贝草夼杏、北上夼樱桃、猕猴桃
温泉镇	19	13	66.60	2.96	1.82	地毯、啤酒
桥头镇	51	1	111.24	2.80	0.53	苹果、羊汤、花生、果味牛奶

12.8 ∶ 37.1 ∶ 50.1。固定资产投资增长6%。对外贸易进出口总额157.38亿元，比上年增长3.43%。其中，出口额123.8亿元，下降4.05%；进口额33.5亿元，增长1.23%。一般公共预算收入41.29亿元，一般公共预算支出76.56亿元。社会消费品零售总额增长6.3%。年底银行金融机构21家，本外币各项存款余额954.97亿元，本外币各项贷款余额752.99亿元，分别增长9.59%、11.63%。保险分支机构34家，实现保费收入17.6亿元，增长5.95%。

全年实现农、林、牧、渔业增加值133.64亿元。粮食播种面积59.54万公顷，粮食总产量24.1万吨，油料播种面积1.47万公顷，水果种植面积0.88万公顷。水产品总产量30.43万吨，肉类总产量8.5万吨，禽蛋总产量5.1万吨，奶类总产量0.8万吨。有农业机械总动力146.7万千瓦，农业产业化重点龙头企业35家。有农民专业合作社、家庭农场1679家（新增86家）。规模以上工业增加值增长10.1%，有规模以上工业企业266家，规模以上工业总产值228亿元。有高新技术企业173家、省级以上创新平台93个，289家企业进入2023年国家科技型中小企业入库，全年新增发明专利授权109件，高新技术产业产值占工业总产值的比重56.4%。

全区公路通车里程1988.3千米（含国省道、农村公路、高速公路）。公交车运营线路总长度为1296.25千米，有公交车196辆，客运量1241.75万人次，运营里程1423.96万千米。道路长途旅客周转量7662.51万人千米、货运周转量3739.98万吨千米。铁路完成客运量56.94万人次，货运直通总量30.67万吨、管内货运总量52.53万吨。国际货运班列发运货物1.51万标准箱，增长16.2%。

全年完成城建重点工程29项。为191户家庭发放住房租赁补贴资金79.01万元，分配公共租赁住房50套。城市集中式饮用水水源地水质达标率保持100%，供热覆盖率98.5%，燃气普及率100%。全年空气质量优良以上的天数达325天，优良率89%。有国家AAAA级旅游景区2处、AAA级旅游景区5处，四星级酒店2家、三星级酒店1家。

全区有普通中等专业学校2所，在校学生2600人；普通高中4所，在校学生7417人，在编教职工767人；义务教育学校45所（含竞技体育运动学校），在校学生3.77万人，在编教职工3431人；特殊教育学校1所，在校学生97人，在编教职工37人；幼儿园49所，在园幼儿9034人，在编教职工428人。有文化馆1个，公共图书馆1个，博物馆3个，文物管理机构1个，电影院5座；艺术表演场馆1个，艺术表演团体1个，全年举行演出234场。有201人次在省级以上体育比赛获得名次，1人在杭州第19届亚运会上获得第3名。有公办医疗机构24家、编制床位3739张，民办医院3家、编制床位60张，医保定点医院28家，定点诊所80家，定点零售药店304家。

全区城镇新增就业6823人。城镇居民人均可支配收入5.55万元，农村居民人均可支配收入3.09万元，分别增长5.1%、7.4%。全区有14.26万人参加职工养老保险，26.3万人参加居民养老保险，35.05万人参加基本医疗保险。有各类养老机构及收养性社会福利单位47个，床位1.2万张，入住人员7000余人。城镇居民最低生活保障511户631人，保障金发放标准为每人每月1001元；农村居民最低生活保障3496户4498人，保障金发放标准为每人每月800元。保障农村特困对象2723人，其中集中供养989人、分散供养1734人，供养金发放标准为每人每月1040元。

年内，文登区获评全国政府采购百强区、全国2022—2023年度畜牧业统计监测综合考评优秀价格监测县、国家级农村能源革命试点县、全国“平安农机”示范县、“四好农村路”全国示范县、全国村庄清洁行动先进县、山东省第十三届全民健身运动会先进单位、全省教育评价改革试验区、山东省知识产权保护示范区、山东省信用建设创新实践基地、全省县域流通服务网络示范县培育名单、全省社会救助综合改革实验区、全省医养结合高质量发展创新引领县，入选2023年国家现代农业产业园创建名单。文登经济开发区入选全省首批绿色低碳产业园区建设试点名单，商用车关键零部件产业集群获评2023年度全国中小企业特色产业集群。天润工业优化升级创新链供应链经验做法在全国推广，山东亘元新材料股份有限公司获评山东省独角兽企业、全省“十强”产业集群领军企业，迪嘉药业集团股份有限公司获评国家级专精特新“小巨人”企业。张家产镇获评国家级农业产业强镇，泽库镇蓝色种业小镇获评省级特色小镇，大水泊镇、文登营镇、高村镇、侯家镇获评省级农业产业强镇。

10月，润智能控制系统集成有限公司空气悬架系统配件生产车间

（威海日报社　提供）

【智能制造产业发展高峰论坛】 3月18日，智能制造产业发展高峰论坛在文登区举办。与会专家围绕宏观经济形

势、智能制造产业发展等方面进行探讨，文登区政府与有关企业签订项目合作协议3个。山东大学（威海）、哈尔滨工业大学（威海）等10余所高校代表、相关部门及重点企业负责人参加论坛。

【文登抽水蓄能电站投产】 9月19日，国网新源山东文登抽水蓄能电站6号机组投入商业运营，全省装机规模最大、胶东地区首座抽水蓄能电站提前8个月全面投产发电。电站总投资85.67亿元，于2015年9月开工建设，总装机容量180万千瓦，安装混流可逆式抽水蓄能机组6台，设计年发电量27亿千瓦时、年抽水电量36亿千瓦时，以两回500千伏线路接入山东电网。

【坦桑尼亚（威海—文登）采购洽谈会】 12月18日，由文登区人民政府、威海市商务局联合主办的坦桑尼亚（威海—文登）采购洽谈会在文登区举办。坦桑尼亚厄尔沙代购物中心、卡里阿库商会等11家企业、商协会代表与山东云龙绣品有限公司、文登威力工具集团有限公司等50余家纺织服装、五金工具、机械设备企业进行洽谈，签署采购合作协议6个，采购意向金额2000余万元。

【汽车产业合作推介会】 12月23日，“链动未来 智造文登”汽车产业合作推介会召开。国内知名汽车产业及研发机构负责人、文登区汽车产业的企业家围绕开展产业技术合作和推进汽车产业发展进行交流讨论，文登区政府与中国电子商会智能电动汽车专业委员会签署战略合作协议，电动轻卡用智能化锂电池PACK研发及产业化、世华光电子光学模组研发生产等项目集中签约。

【文登九龙城购物广场开业】 12月29日，文登九龙城购物广场开业运营。九龙城购物广场位于文登经济开发区珠海路南、香山北路东，是文登区首座大型商业综合体。购物广场总建筑面积15万平方米，设铺位200余个、停车位1200余个，采取“购物中心＋街区”的商业形态，围绕城市精品、运动潮牌、主题餐厅、轻餐饮食、童趣匠心、娱乐潮玩6个主题业态，打造全方位、全业态、全客层的沉浸式生活广场。

（刘 嵩）

2023年威海市文登区镇（街道）基本情况表

表15

名 称	村（个）	社区（个）	总面积（平方千米）	一般公共预算收入（亿元）	户籍人口（万人）	名优特产
龙山街道	16	10	38.4	1.77	6.12	花饽饽、苹果、西洋参、蓝莓、软枣猕猴桃
天福街道	7	15	30.2	2.28	6.23	苹果、花生
环山街道	7	14	39.4	1.56	2.30	金银花、艾草
文登营镇	69	1	115.5	0.23	3.45	猕猴桃、桑葚、圣女果、蝴蝶兰、羊肚菌
大水泊镇	90		123.4	0.43	2.79	西洋参、黄精、大樱桃、苹果
张家产镇	64		106.0	0.45	2.67	西洋参、东汤村粉条、安子泊土姜、岚村蜜桃、黑番茄、草莓西红柿、对虾、刺参、阳光玫瑰、七里头茶
高村镇	46		96.7	0.17	1.92	脉田糖瓜、沙柳西红柿、西山张家蜜桃、甜瓜、草莓、大樱桃、葡萄
泽库镇	21		64.9	0.28	1.88	海马、海参、牡蛎
侯家镇	37		86.3	0.12	3.59	海参、对虾、海蜇皮、虾酱、花饽饽
宋村镇	52		138.0	0.35	3.19	草莓西红柿、山泰桃、盛泰园花生、亮点蓝莓、渠格罗非鱼、石羊黄瓜、阳光玫瑰葡萄
泽头镇	45		84.3	0.20	4.78	白羽鸡、蒲公英、金鸡菊、银杏、丑梨、软枣猕猴桃、桑葚、生姜、黄芪、黄芩、黄精、花饽饽、草莓西红柿
葛家镇	68		185.3	0.23	2.05	苹果、樱桃、桃、葡萄、梨、黄精、花饽饽
米山镇	40		80.0	0.39	2.76	草莓、蓝莓、花生柿子、鲈鱼、鲢鱼
界石镇	65		187.8	0.25	0.87	樱桃、桃、杏、维纳斯苹果、小米、草莓、蘑菇、黄精、蜂蜜

荣成市

【概况】 2023年底，全市总面积1526平方千米，海岸线长约493千米，辖22个镇（街道）、841个村（社区）。常住人口71.02万人，户籍人口63.6万人。全年实现地区生产总值1049.8亿元，比上年增长5.5%。其中，第一产业增加值165.3亿元，第二产业增加值340.5亿元，第三产业增加值544.0亿元。三次产业结构比15.7∶32.5∶51.8。社会消费品零售总额总量为346.6亿元，增长6.9%。对外贸易进出口总额519.6亿元，增长15.4%。一般公共预算收入56.0亿元，增长2.7%。年底金融机构本外币存款余额1372.9亿元，其中住户存款余额979.3亿元。全年保险机构保费收入20.7亿元，支付各项赔款和给付7.2亿元。

全市实现农林牧渔业增加值169亿元，增长4.3%，其中农林牧渔服务业增加值3.7亿元，增长8.5%。粮食总产量22.4万吨、花生总产量4.7万吨、果品总产量26.6万吨，分别增长2.2%、5.2%、3.4%。完成造林面积约1133公顷。有国家级海洋牧场12个，省级海洋牧场16个，水产种质资源保护区4个，国家及省级原良种场11个。实现渔业总收入1140.8亿元，增长5.0%；水产品产量178.4万吨，增长3.1%。年底农业机械总动力221.9万千瓦，有大中型农用拖拉机6359台、小麦联合收割机1537台、玉米联合收割机865台。

全年规模以上工业增加值增长17.1%，其中电子信息产业占比36.3%。规模以上高新技术产业产值占规模以上工业总产值比重为72.3%，增长35.5%。全社会用电量42.4亿千瓦时，增长14.3%，其中工业用电量21.3亿千瓦时，增长19.3%。有总承包或专业承包资质的建筑企业127家，全年实现总产值67.6亿元。

全年服务业实现增加值544.0亿元，增长4.5%。其中现代服务业增加值263.8亿元，增长5.6%。完成港口货物吞吐量874.7万吨，增长

2023年荣成市镇（街道）基本情况表

表16

<table>
<tr><th>名称</th><th>村（个）</th><th>社区（个）</th><th>总面积（平方千米）</th><th>户籍人口（万人）</th><th>一般公共预算收入（亿元）</th><th>特色特产</th></tr>
<tr><td>港湾街道</td><td>3</td><td>10</td><td>30.78</td><td>5.14</td><td rowspan="6">14.59</td><td>海产品、花卉</td></tr>
<tr><td>斥山街道</td><td>26</td><td>7</td><td>48.36</td><td>3.54</td><td>盛家火烧、牡蛎、海带、海参、草莓</td></tr>
<tr><td>东山街道</td><td>28</td><td>0</td><td>43.24</td><td>1.60</td><td>花生、苗木、茶叶</td></tr>
<tr><td>王连街道</td><td>31</td><td>0</td><td>61.36</td><td>1.58</td><td>甘薯、苹果、茶叶</td></tr>
<tr><td>桃园街道</td><td>15</td><td>2</td><td>19.79</td><td>1.16</td><td>海参、牡蛎、猕猴桃</td></tr>
<tr><td>宁津街道</td><td>45</td><td>1</td><td>67.17</td><td>2.20</td><td>对虾、海参、鲍鱼、花生</td></tr>
<tr><td>崖头街道</td><td>4</td><td>26</td><td>79</td><td>13.41</td><td>6.78</td><td>牡蛎、海带、鹰爪虾、海参</td></tr>
<tr><td>崂山街道</td><td>18</td><td>2</td><td>59.21</td><td>2.07</td><td>0.76</td><td>草莓、大樱桃、牡蛎、蛏子</td></tr>
<tr><td>寻山街道</td><td>29</td><td>2</td><td>50.14</td><td>2.10</td><td>1.27</td><td>海带、龙须菜、鲍鱼、牡蛎</td></tr>
<tr><td>城西街道</td><td>31</td><td>1</td><td>53.23</td><td>1.77</td><td>0.37</td><td>苹果、花生、玉米</td></tr>
<tr><td>俚岛镇</td><td>71</td><td>1</td><td>108</td><td>3.20</td><td>2.34</td><td>海带、鲍鱼</td></tr>
<tr><td>成山镇</td><td>49</td><td>3</td><td>109</td><td>3.54</td><td rowspan="3">5.51</td><td>海带、海参、茶叶</td></tr>
<tr><td>港西镇</td><td>21</td><td>1</td><td>49.14</td><td>1.45</td><td>海参、扇贝、海带、无花果</td></tr>
<tr><td>埠柳镇</td><td>36</td><td>0</td><td>97</td><td>1.89</td><td>无花果、苹果、甘薯</td></tr>
<tr><td>夏庄镇</td><td>30</td><td>0</td><td>50.33</td><td>1.07</td><td>0.20</td><td>苹果、花生、板栗</td></tr>
<tr><td>崖西镇</td><td>45</td><td>0</td><td>83.95</td><td>1.72</td><td>0.26</td><td>苹果、葡萄、无花果、金银花、樱桃、草莓</td></tr>
<tr><td>荫子镇</td><td>39</td><td>0</td><td>47.63</td><td>1.16</td><td>0.26</td><td>花生、苹果</td></tr>
<tr><td>滕家镇</td><td>41</td><td>0</td><td>84.03</td><td>2.40</td><td>0.33</td><td>苹果、花生、草莓、西洋参</td></tr>
<tr><td>大疃镇</td><td>45</td><td>0</td><td>70.72</td><td>1.48</td><td>0.21</td><td>苹果、草莓、甘薯、葡萄</td></tr>
<tr><td>上庄镇</td><td>42</td><td>0</td><td>83</td><td>2.20</td><td>0.25</td><td>花生、草莓、苹果、葡萄、蘑菇、西洋参</td></tr>
<tr><td>虎山镇</td><td>45</td><td>2</td><td>115.25</td><td>3.33</td><td>1.31</td><td>刺参、鲍鱼、对虾、梭子蟹、蛤蛏、海蜇</td></tr>
<tr><td>人和镇</td><td>84</td><td>2</td><td>121.71</td><td>5.66</td><td>1.76</td><td>海米、虾皮、地里歪（小型贻贝）</td></tr>
</table>

64.4%，其中集装箱吞吐量23.8万标准箱。海运完成客运量187.0万人次、旅客周转量2914.2万人千米，分别增长318.1%、563.3%；完成货运量480.7万吨，下降5.7%，货物周转量951.69万吨千米。青荣城铁荣成站进出旅客总人数300.8万人次，其中发送总人数152.7万人次、到达总人数148.1万人次。有公共汽车运营线路106条，运营线路总长度2754.8千米。农村公路通车里程1264.4千米，农村客运车辆行政村通达率100%。新增机动车1.4万辆，机动车保有量27.7万辆，其中汽车保有量24.3万辆。完成邮政业务总量1.8亿元，增长22.7%；电信业务主营业务收入5.5亿元，增长1.9%。年底固定电话户数8.2万户，下降4.7%；移动电话用户94.9万户，下降0.4%，其中5G用户41.4万户，增长20.7%；互联网户数35.1万户、有线电视用户数24.8万户，分别增长2.3%、9.7%。有国家A级旅游景区13处，五星级旅游饭店1家、四星级5家、三星级4家，省级五星级精品民宿4家，四星级精品民宿2家，市内旅游航线7条。

全市有高校1所，在校生7175人；高等职业教育院校2所，在校生1.54万人；普通高中3所，在校生8360人；初中25所，在校生2.04万人；小学20所，在校生2.88万人；中等职业学校2所，在校学生2860人；特殊教育学校1所，在校生110人；荣成市综合实践活动实验学校1处，年培训量1.1万人次；幼儿园64所，在园幼儿1.20万人。有文化馆1个，公共图书馆1个（藏书总量77.6万册），博物馆1个，电影公司1个，电影院11座，广播电台1座，电视台1座。有国家级文物保护单位1处，省级16处，国家级“非遗”项目1个、省级“非遗”项目15个。全市在册医疗机构789处，其中三级甲等中医院1处，有床位4101张、卫生技术人员5346人。开展关爱老年人健康活动，免费为老年人查体15万人次。

全年全体居民人均可支配收入4.63万元，增长5.8%，其中城镇居民人均可支配收入5.71万元、农村居民人均可支配收入3.16万元，分别增长5.3%、7.2%。全体居民人均消费支出2.71万元，增长6.8%，其中城镇居民人均消费支出3.36万元、农村居民人均消费支出1.83万元，分别增长5.9%、9.4%。年底职工基本养老、失业、工伤、职工基本医疗、生育保险参保人数分别为19.3万人、11.5万人、12.8万人、21.7万人和14.8万人。居民基本养老保险和医疗保险参保人数分别为28.1万人和38.8万人。企业退休人员基本养老金月人均2263元。投入资金1920万元，将2862名城乡低保对象纳入保障范围；临时救助259人，发放救助款109.3万元。有城乡特困人员3744人，敬老院8所，发放供养资金5458万元；有困境儿童126名，发放补助290.1万元；为9142名残疾人发放两项补贴1748.6万元。慈善教育领域拨付救助款13.4万元，慈善大病领域拨付538.3万元，运营暖心食堂514处。

7月，荣成市好运角小五队·抱海驿站　（中共荣成市委党史研究中心　提供）

【“荣归故里”计划实施】　荣成市深入实施“荣归故里”计划，打造“近者悦　远者来”的人才发展环境，为推动经济高质量发展注入动能。开展企业大走访活动，为400家企业解决问题272个；开展“金点子”征集活动2次，征集意见和建议900余条，其中24条“金点子”纳入市委、市政府决策。举办第二届“荣成企业家日”活动，印发《致广大企业家朋友的一封信》，召开企业家座谈会，开展高层次人才“荣成行”、产业推介大会等系列活动，邀请100余名高层次人才到荣成市对接，举办海洋经济、海工船舶产业、高新材料等推介大会23场，促成合作意向40余项、签约事项105个，聘请53名企业家和高层次人才担任市经济高质量发展委员会委员。建成镇（街）“荣归故里”会客厅20处，开展会商、洽谈活动260余场次，对接项目78个，签约落地项目21个。

【经济高质量发展】　荣成市聚焦聚力产业强市、工业带动、突破发展海洋经济，培植壮大七条产业链（高端装备与智能制造、海洋生物食品及医药、电子信息、核电装备与新能源、高新材料、文旅康养、现代物流），规划建设提升专业园区8个，加快培育区域块状经济，统筹存量变革和增量崛起，推动经济高质量发展。年内，全市现规模以上工业企业310家，省级以上研发平台100个，高新技术企业173家，上市公司4家，“新三板”和区域股权交易市场挂牌企业79家。

【招商引资和项目建设】　实施招商引资攻坚突破行动，编制七条产业链图谱和招商引资路径图，举办电子信息、房车等产业推介大会23场，外出招商581批次，引进永成新材料、朗盛能源等重点项目。至年底，全市完成122个重点项目投资195亿元，储备过1亿元项目62个（其中投资20亿元以上的重大项目5个）、落地30个，国家级房车外贸转型升级基地通过验收。实施“荣成造·全球行”优质产品出海行动，组织企业参加境内外展会100余场，全市对外贸易进出口总额达 519.6 亿元，内外贸一体化发展经验在全省推广。

【文旅融合发展】 荣成市加快推进文化和旅游产业深度融合发展，推出“五个一”（一桌最海鲜、一个房车梦、一池天鹅舞、一腔故里情、一城仁爱风）活动，举办 2023 荣成滨海马拉松、2023 年全国 OP 帆船锦标赛暨第一届学青会（公开组）帆船项目 OP 预赛等赛事，开展海洋民俗文化月、那香海旅游文化节、滨海热气球文化艺术节、啤酒海鲜美食嘉年华等文旅活动 100 余场，培育九龙城“潮街”等特色街区，提升“天之尽头、天鹅海岸”旅游目的地品牌。年内，到荣成市游客突破 1800 万人次，旅游总收入突破 190 亿元，荣成市获评山东省文化和旅游产业先进县。

（王晓光）

乳山市

【概况】 2023 年底，全市总面积 1665 平方千米，大陆海岸线长约 199 千米，辖 15 个镇（街道）、601 个村，户籍人口 51.98 万人。全年实现地区生产总值 339.34 亿元，比上年增长 6.8%。其中，第一产业增加值 68.47 亿元，第二产业增加值 97.03 亿元，第三产业增加值 173.84 亿元。三次产业结构比为 20.2 ∶ 28.6 ∶ 51.2。固定资产投资增长 5.5%。社会消费品零售总额增长 7.1%。外贸进出口总额 64.5 亿元，下降 4.2%。一般公共预算收入 22.20 亿元，一般公共预算支出 39.62 亿元。年底本外币各项存款余额 657.5 亿元，本外币各项贷款余额 422.26 亿元，分别比年初增长 13.9%、13.6%。全年保险机构实现保费收入 9.62 亿元，增长 11.37%；赔付支出 3.98 亿元，增长 21.52%。

全年实现农林牧渔业及辅助性活动增加值 70.55 亿元，增长 5.2%。粮食总产量 23.48 万吨，水产品总产量 58.32 万吨，园林水果总产量 48.8 万吨，猪肉产量 2.81 万吨，禽蛋类总产量 3.04 万吨。年底农业机械总动力 106.52 万千瓦。有市级以上农业产业化龙头企业 40 家，其中省级农业产业化重点龙头企业 15 家。规模以上工业增加值增长 12.8%，规模以上工业企业营业收入增长 11.38%，营业收入利润率 6.9%，产品销售率 99.9%。全年 78 家资质内总承包和专业承包建筑业企业完成总产值 27.83 亿元，增长 20.2%。

全市有公交车营运线路 79 条、公共汽车 278 辆，年客运量 437.82 万人次，运营里程 930 万千米；出租车 270 辆，年载客量 416.29 万人，运营里程 2936.74 万千米。有陆岛交通航线 2 条，客渡轮 4 条，客运量 1.2 万人次，客运周转量 7.09 万人千米。乳山口港有两万吨级散杂货泊位 2 个，完成货物吞吐量 624.26 万吨，增长 13%。互联网宽带接入用户 24.83 万户，固定电话用户数 8.35 万户，移动电话用户数 52.67 万户，其中 5G 移动电话 21.46 万户。

建成区面积 36.76 平方千米，道路面积 715.28 万平方米，排水管道总长度 849.28 千米，供水管道长度 625.01 千米，公共供水总量 1971 万立方米，集中供热面积 850 万平方米，建成区绿化覆盖面积 1683.47 公顷，建成区绿化覆盖率 45.80%。用水普及率、燃气普及率及生活垃圾无害化处理率均为 100%，污水处理率 98.49%。全年发电量 8.50 亿千瓦时，增长 74.5%，全社会用电量 17.22 亿千瓦时。

全市有各级各类学校 73 所，其中城区小学 4 所、城区初中 3 所、九年一贯制学校 15 所、高级中学 3 所、特殊教育学校 1 所、竞技体育运动学校 1 所、中等职业学校 1 所、高等院校 1 所、幼儿园 44 所（其中民办 21 所），有各级各类在校学生 5.85 万人。全年认定高新技术企业 32 家，高新技术企业总数达 77 家，入选科学技术部科技型中小企业库的企业总数达 153 家。有文化馆、公共图书馆、美术馆各 1 个，艺术表演场馆 3 个，乡镇综合文化站 15 处，农村文化大院（社区文化活动中心）629 家，城市书房 4 处，乡村书房 4 处，文物保护中心（博物馆、文学馆）1 个，省级文化产业示范园区 1 家，省级重点文化产业园区 1 家，被列入国家、省、市、县四级非物质文化遗产名录的项目 50 个。有各类卫生计生机构 525 个，实有床位 3066 张、卫生技术人员 3140 人。在省级体育比赛中获得金牌 34 枚，在国家级体育比赛中获的金牌 11 枚。

全年城镇居民人均可支配收入 4.94 万元，农村居民人均可支配收入 2.47 万元，分别增长 4.9%、7.6%。全体居民人均消费支出 2.16 万元，增长 6.9%。有 25.69 万人参加基本养老保险，32.29 万人参加居民基本医疗保险。有养老机构 24 处，床位 5056 张。发放保障金 5472.6 万元，保障农村低保 6929 人、城市低保 193 人。

年内，乳山市获评全国自然资源节约集约示范县、“四好农村路”全国示范县、山东省能源绿色低碳转型试点县、省级四星级新型智慧城市、山东省县域农民工市民化质量提升重点推进城市、全省乡村教育振兴实验区、省级县域养老服务体系创新示范县、山东省第三批社会信用体系建设典型城市”及省级现代农业产业园、平安农机示范县、乡村振兴“十百千”示范县、财金联动支持乡村振兴示范县，入选以县城为重要载体的城镇化建设省级试点、美德山东和信用山东建设省级试点、全省行政复议与应诉工作示范点和未检履职融合化省级改革试点。乳山经济开发区获评山东省近零碳园区、省级清洁生产试点园区，夏村镇获评国家农业产业强镇，乳山寨镇获评山东省文化生态名镇，白沙滩镇获评山东省精品旅游名镇，银滩旅游度假区获评国家级体育精品景区，马石山风景区获评国家 AAA 级旅游景区，崖子镇田家村入选中央红色美丽村庄建设试点，台依湖酒庄酒三产融合样板片区入选乡村振兴齐鲁样板省级示范区。“农村产权流转交易规范化”国家级试点创建和推动地膜污染防治经验在全国会议上交流，人大全程监督经验被推送到中央全面深化改革委员会办公室，砂石资源监督改革经验被省政府主要负责人批示肯定。华信食品（山东）集团有限公司入选省级泰山产业领军人才工程，山东乳山工艺品有限责任公司入选国家级人才项目。

【精致城市建设】 乳山市开展城市更

新行动，实施总投资28亿元的城建重点工程44项，改造老旧小区33.1万平方米、棚户区8.7万平方米、农贸市场2个，规划打造特色主题街区3条，新建5G基站325个、汽车充电桩180个、口袋公园4个，城镇绿化覆盖率达45.7%，新建、改造供电线路71千米、燃气管网30千米、供热管网29千米、雨污分流管网22.1千米、绿道5千米。年内，乳山市获评省级四星级新型智慧城市，入选以县城为重要载体的城镇化建设省级试点和山东省第一批公园绿地开放共享试点名单。

【乡村振兴】 乳山市通过优势互补、以强带弱、以工促农、党建联建等举措，助推乡村振兴。改造提升高标准农田1333.33公顷，新增耕地2666.67公顷，流转土地1713.33公顷。推进生态宜居、和美乡村建设，对60个村开展农村生活污水治理行动，实现农村黑臭水体动态清"零"。投资5100万元，实施"四好农村路"专项提升行动。年内，乳山市获评"四好农村路"全国示范县，省级现代农业产业园、平安农机示范县、乡村振兴"十百千"示范县、财经联动支持乡村振兴示范县。银滩旅游度假区获评国家级体育精品景区，夏村镇获评国家农业产业强镇，乳山寨镇获评山东省文化生态名镇，白沙滩镇获评山东省精品旅游名镇，乳山市台依湖示范区获评乡村振兴齐鲁样板省级示范区，崖子镇田家村获评中央红色美丽村庄建设试点。乳山牡蛎品牌价值达193.85亿元，居"国家地理标志牡蛎品牌价值"排行榜第1位。

【海上风电装备制造产业基地建设】 乳山市加快推进海上风电装备制造产业基地建设，打造新能源产业集群。推进总投资168亿元的半岛南U场址150万千瓦海上风电项目建设，一期45万千瓦海上风电场项目实现全容量并网发电。总投资89亿元的明阳智能、远景能源、等6个装备制造项目一期工程均投产，推进总投资20亿元的中天海缆项目建设。探索绿电规模化就地消纳路径，多元布局绿电应用场景，推动"风光火储氢"一体化综合能源基地建设，绿电制氢、制甲醇示范项目等绿电应用项目落地。

【莱荣高铁乳山南站开通】 乳山南站位于乳山城区东南侧，距城区4千米。站房建筑面积1万平方米，坚持"山海相融、大爱乳山"的设计理念，整体采用自由双曲线形式，室内融入"乳山爱、山海情、巧钩织、宁海绸"的地域文化元素，展现乳山市大爱、包容的城市文化和艺术底蕴，12月8日正式开通运行。

【自然资源节约集约】 乳山市推动自然资源全面节约和高效利用，提升资源精细化管理水平。全面实行国土空间规划用途管控，启用"三区三线"（生态空间、农业空间、城镇空间，永久基本农田控制线、生态保护红线、城镇开发边界）划定成果，科学编制用地供应计划，落实耕地"进出平衡"制度；坚持"土地要素跟着项目走"原则，开展用地联合审查，实行差异型、定制型等弹性管控供地模式，全年供应土地110宗，优化土地供应结构和产业布局；加强矿产资源开发保护，开展3处废弃矿山生态修复治理，全市生产矿山"三率"（开采回采率、采矿贫化率和选矿回收率）水平达标率100%，新入库省级绿色矿山2个；完善土地要素市场化配置，实行"标准地"出让45宗208.31公顷；盘活存量建设用地，鼓励城镇和农村企业盘活建设用地，优先支持农村产业融合发展和乡村振兴，全年处置批而未供土地218.72公顷、闲置土地26.46公顷。年内，乳山市获评全国自然资源节约集约示范县（市）。

【社会信用体系建设】 乳山市加强信用信息基础设施建设，归集"双公示"（政府各级部门作出行政许可、行政处罚等决定所产生的信用信息依法依规进行上网公示的制度）信息3.9万余条、特定信息7.5万余条、行政管理信息1.3万余条、信用承诺信息6.5万余条。持续强化信用监管，全市20余家单位印发分级分类监管办法，涉及安全生产、文化旅游等30余个领域，1个信用监管案例获评第五届"新华信用杯"全国优秀信用案例，2个信用典型经验做法先后被中央电视台财经频道、人民网等媒体报道。开展美德信用宣传月、公益市集、"诚信之星"评选等宣传活动，美德信用建设工作经验被人民网、新华社等媒体报道。年内，乳山市获评山东省社会信用体系建设典型城市。

【优质教育供给】 乳山市以推动教育高质量发展为主题，优化教育资源供给，推动实现幼有善育、学有优教。调整中小学、幼儿园布局，编制《乳山市中小学及幼儿园布局规划（2021—2035年）》，启动建设春风里小学和幼儿园，建成使用海峰街幼儿园和乳山市竞技体育运动学校新校，维修改造学校校舍4所，更新取暖空调252台，配置智慧黑板180套、电脑600台，全市普惠性幼儿园覆盖率达93.8%。年内，乳山市获评全省首批乡村教育振兴实验区，通过全国义务教育优质均衡发展县、国家学前教育普及普惠县

6月，乳山豪迈海洋工程装备产业园重型装备生产车间　（朱春晓　摄）

实地核查，乳山市竞技体育运动学校获评国家高水平体育后备人才基地。

【核能供暖】 乳山引入海阳市核能零碳供暖项目是全国首个跨行政区合作、全省首个主城区全覆盖的核能供暖项目，总投资12.63亿元，铺设供暖管道21.1千米，建设能源站2座，总供热面积900万平方米。依托供暖系统集控中心，可实现热量科学分配，解决远冷近热、分布不均等问题；提高能源利用效率，年可节约标准煤11万吨，减排二氧化碳30万吨、二氧化硫465吨、氮氧化物130吨。11月25日，该项目正式投运。

2023年乳山市镇（街道）基本情况表

表17

名　称	村（个）	社区（个）	总面积（平方千米）	户籍人口（万人）	一般公共预算收入（亿元）	名优特产
城区街道	19	19	37.31	11.79	1.58	蓝莓、苹果、草莓、西红柿
夏村镇	45	0	99.82	3.69	0.69	葡萄酒、蓝莓、草莓、苹果
乳山口镇	41	3	89.26	2.78	0.45	牡蛎、海参、秦米、蜢子虾酱、对虾、鲅鱼、梭子蟹、蓝莓
海阳所镇	41	2	98.29	2.80	0.18	牡蛎、海参、茶叶、大姜、木耳、旱稻
白沙滩镇	45	12	120.44	3.90	1.29	大姜、乳山绿茶、地瓜干、牡蛎、对虾、海参、蓝莓、苹果酵素、旱稻
大孤山镇	36	0	95.97	2.36	0.30	茶叶、大姜、黑猪肉、苹果、册梨、蓝莓
徐家镇	23	2	69.31	1.66	0.51	牡蛎、花生、果汁、无花果、草莓
南黄镇	33	0	89.31	2.17	0.11	丑梨、苹果、茶叶、草莓、无花果、牡蛎、胶东花饽饽、黑玉米、黑小麦、旱稻、榛子、猴头菇
冯家镇	53	0	135.75	2.79	0.21	苹果、大姜、软枣猕猴桃、葡萄、板栗、金银花、菊花
下初镇	37	0	126.31	2.63	0.71	苹果、蓝莓、樱桃、猕猴桃、大姜、花生
午极镇	35	0	109.98	2.35	0.32	蓝莓、大姜、苹果、猕猴桃
崖子镇	58	0	187.05	3.49	0.12	苹果、樱桃、板栗、核桃、巴梨
诸往镇	49	0	160.17	3.50	0.22	苹果、桃子、大姜、板栗、樱桃、蜂蜜、铁山金枣、喜饼、擀杖叶茶、猕猴桃、铁山小米、草莓
育黎镇	42	0	110.10	3.04	0.12	葡萄、苹果、草莓、羊肚菌、紫苏、大姜
乳山寨镇	44	0	135.92	3.04	0.12	草莓、樱桃、茶叶、油桃、大姜、无花果、对虾、海参

说明：白沙滩镇一般公共预算收入包括滨海新区（银滩旅游度假区）一般公共预算收入

（孙方圆）

编辑　于鹏飞

开发区建设

威海火炬高技术产业开发区

【概况】 2023年底，威海火炬高技术产业开发区（简称高新区）总面积145.56平方千米，海岸线长约37.3千米，辖3个镇（街道），100个村（社区），户籍总人口21.95万人。全年实现地区生产总值572.2亿元，按可比价格计算(下同),比上年增长7.0%。其中，第一产业增加值2.6亿元，第二产业增加值325.5亿元，第三产业增加值244.1亿元，三次产业比重为0.4：56.9：42.7。房地产开发投资21.5亿元，增长17.9%。社会消费品零售总额增长7.3%。一般公共财政预算收入30.2亿元，增长9.8%；一般公共财政预算支出30.4亿元，增长24.2%。

全年实现粮食播种面积0.12万公顷，粮食总产0.84万吨，水产品总产2.78万吨；生猪出栏4万头，肉鸡出栏110万只。完成退化林修复面积40公顷。年底有农业机械总动力5.2万千瓦，农业产业化重点龙头企业5家。规模以上工业企业171家，规模以上工业增加值增长12.9%。实现工业营业收入513亿元、利税84.5亿元、利润72亿元，分别下降1%、17.5%、18.2%。建筑业企业实现增加值29.3亿元。

全区公路通车里程中农村公路137.45千米，全部纳入农村公路养护体系。完成邮政业务总量0.96亿元，增长17.4%。投资33亿元，完成城建重点工程27项。投资3.56亿元，完成16个老旧小区综合改造，惠及居民1.23万户。新启动3个片区2249套棚户区改造项目。有国家AAA级及以上旅游景区3家、星级饭店4家，全年接待游客1600万人次，增长487%。

全区有普通高等院校5所、在校生7.14万人，中等职业学校2所、在校生0.16万人，普通中小学17所、在校生2.70万人（其中九年一贯制学校2所、在校学生0.53万人，初中5所、在校学生0.85万人，小学10所、在校学生1.32万人），有幼儿园54所，在园幼儿1.01万人。有省级以上孵化器和众创空间15家，其中国家级孵化器3家、国家备案众创空间6家（其中国家专业化众创空间2家），科技孵化总面积42.6万平方米。有工程实验室、企业技术中心、工业设计中心、重点实验室、工程技术研究中心等省级平台38家、市级平台87家。全年新增发明专利授权638件，有效发明专利拥有量2978件。有民营博物馆1个、电影院5座、城市书房7个。有医疗机构212家（含诊所、村卫生室及护理院），编制床位525张，卫生技术人员1350人。全年举办群众性专项体育运动会5次、群众性体育活动145次。

全区城镇新增就业5046人。有13.06万人参加企业职工养老保险，12.87万人参加基本医疗保险，10.01万人参加工伤保险，9.20万人参加失业保险，参保人数分别增长9.96%、3.1%、6.41%、6.98%。全年发放保障金466.3万元，保障城乡低保对象371人、城乡特困人员122人。有养老床位1563张、敬老院1所(床位30张)。将77名符合低保、2名符合低保边缘人员纳入保障。为1827名特殊困难群体发放保障金408.5万元。为72名分散供养、4名卧床低保对象提供居家照料服务，集中收治符合条件有意愿兜底保障对象2名。

年内，高新区入选2023园区高质

2023年威海火炬高技术产业开发区镇（街道）基本情况表

表18

名　称	村（个）	社区（个）	总面积（平方千米）	户籍人口（万人）	一般公共预算收入（万元）	名优特产
怡园街道		37	24.52	8.5	8900	海参、扇贝、渔具、服装
田和街道		24	14.43	7.2	118	鱼竿
初村镇		2	106.61	2.8	237	“威海金”苹果、初村虾酱、烤鸡蛋、含金山蜂蜜、卧龙蜂蜜、葡萄、草莓、地瓜、蓝莓

量发展百强、生物医药产业园区百强、先进制造业园区百强名单。

【香港亿和威海产业园高端打印机生产项目投产】 香港亿和威海产业园高端打印机及配套生产项目总投资10亿元，建筑面积12.8万平方米，于2022年11月开工建设，2023年10月投产。项目具备整机开发、试验评价、量产制造一站式垂直整合服务能力，采用内部供应链整机生产模式，全部达产后可年产A4打印机500万台、A3打印机100万台，销售收入突破100亿元。

【利民5G智能移动医院启用】 利民5G智能移动医院采用“移动医疗理念＋两网结合（5G网络＋公路交通网络）＋医保即时结算”智能诊疗模式，实现免费挂号、现场开单、现场检验、现场检查、本部专家通过5G信号会诊、现场出具报告、现场开药、手术等医院功能全覆盖，做到“小病现场诊疗、慢病全程追踪管理、大病及时转诊救治、日间手术即时完成”，有效推进医疗卫生一体化建设。3月24日，5G智能移动医院基层行启动仪式在初村镇举行，现场为村民提供医疗服务。

【全民歌唱大赛】 4月16日，“‘梦想星光·声动威海’2023威海‘火炬杯’全民歌唱大赛”举办。大赛采取“专业评委＋大众评审＋梦想星光观察团”共同评选形式，邀请专业人士担任专业评委、文化领域知名人员担任大众评审、媒体代表和文艺工作者组建梦想星光观察团。大赛历经5个月，2.8万人参与选拔，2300余名选手同台比赛，线上线下观看比赛人数达105万人次。经过35场比赛，评选一等奖6名、二等奖10名、三等奖21名，以及通过网络投票评选“最佳人气歌手”3名。

【国家技术标准创新基地（医疗器械）成立】 自2018年2月国家技术标准创新基地（医疗器械）创建工作启动后，承担筹建任务的威高集团有限公司，吸纳全国72家产业链上下游各类机构为共建单位，与12个全国专业标准化技术委员会及技术归口单位互动，与11个检验机构建立合作关系，制定国家标准17项、行业标准39项及地方、团体标准70余项，推进国际标准研制3项，提供标准化培训服务4600人次，培养国际标准化专家2名、全国专业标准化技术委员会专家10余名。加强与稀土、化工新材料等创新基地合作，探索原创性医疗器械原材料科研成果转化技术标准，为医疗器械上下游产业链融合发展奠定基础。5月31日，国家标准化管理委员会批准威海火炬高技术产业开发区成立国家技术标准创新基地（医疗器械）。

【营商环境创新】 高新区加大营商环境建设力度，围绕改革创新度、办事便利度、市场主体满意度等方面，印发深化营商环境创新提升行动实施方案、营商环境改革创新任务清单等，完成改革任务142项、创新亮点工作30项，推出“门口政务e站”“首席服务代表”等举措19项，获批国家级平台试点9项、省级试点28项。举办“威海营商行走进高区”“满意在高区、政务热点大家谈直播”等营商活动，推进“驻厂员”“镇街商圈”精准化、精细化制度，实现市场主体“宜商服务员”全覆盖，满足市场主体要求。12月20日，高新区获评2023营商环境创新示范园区。

【中国“印”实力高峰论坛暨中国电子信息行业联合会打印机产业分会成立大会】 11月8日—9日，中国“印”实力高峰论坛暨中国电子信息行业联合会打印机产业分会成立大会在高新区举行。打印机产业分会成立后，可推动整合产业资源、汇聚行业优势、推动企业交流合作、加快促进成果转化，全面助力打印机产业高质量发展。

（姜　玲）

威海经济技术开发区

【概况】 2023年底，威海经济技术开发区（简称经开区）总面积168.7平方千米，海岸线长63.61千米，辖5个镇（街道）、82个村（社区），户籍人口17.47万人。

全年实现地区生产总值386.62亿元，比上年增长5.25%。其中，第一产业增加值5.27亿元，第二产业增加值147.3亿元，第三产业增加值234.05亿元。三次产业结构比为1.4∶38.1∶60.5。固定资产投资增长8.7%，其中高技术产业投资增长109.5%。房地产开发完成投资34.29亿元，增长1.6%。社会消费品零售总额150.71亿元，增长5.2%。实现外贸进出口总额518.25亿元，下降4.2%。其中，出口额303.56亿元，下降21.2%；进口额214.69亿元，增长37.7%。财政总收入27.22亿元，增长14.2%；一般公共预算收入23.09亿元，增长6.4%。其中，税收收入20.52亿元，增长0.7%，占一般公共预算收入的比重达88.9%。

全区实现农林牧渔业增加值5.63亿元，增长4.7%。其中，农林牧渔专业及辅助性活动增加值0.36亿元，增长8.9%。年底农业机械总动力3.7万千瓦，有农用排灌机械561台、农用拖拉机2454台，全年机耕作业面积630公顷、机播面积760公顷、机收面积713公顷。有规模以上农业产业化重点龙头企业5家，其中省级农业产业化龙头企业2家。规模以上工业增加值增长7.8%，规模以上工业企业实现营业收入324.29亿元，下降0.7%；实现利润16.17亿元，增长45.6%。营业收入利润率4.99%。产销衔接良好，产品销售率98.6%。建筑业增加值20.48亿元，增长15.8%，具有总承包或专业承包资质的有工作量建筑业企业达129家。

全区完成邮政业务总收入1.05亿元，增长9.4%。完成通信业务总量4.19亿元，年底固定电话交换机总容量36.4万门、用户总数8.1万户，移动电话交换机总容量120万门、用户总数50.6万户。实施城建重点工程26项，完成投资15.11亿元。有国家AAA级旅游景区4处，开放式公园4个，地表水集中式饮用水源保护区1个。全社会用电量24.24亿千瓦时，增长7.8%。其中，工业用电量16.14亿千瓦时，增长5.8%。

全区有各类学校69所，专任教师2505人，在校学生4.41万人。其中，中等专业学校1所，在校学生446人；九年一贯制学校3所，在校学生2146人；初级中学5所，在校学生1.05万人；小学13所，在校学生1.94万人；幼儿园47所，在园儿童1.16万人。全年签订产学研合作协议20项，实现技术合同成交额19.4亿元、技术交易额1.3亿元。专利授权量1437件，其中发明专利授权量203件。有文化馆1个，电影院5个，镇（街道）综合性文化站5处，村（社区）综合性文化服务中心79处，城市书房4处，镇（街道）图书馆分馆2处，图书馆基层服务点13处，农家书屋79处。有各类卫生机构272所（其中医院10所），床位1869张，卫生技术人员2294人。在国家基本公共卫生服务项目中建立电子健康档案20.9万份，纳入管理的孕产妇、儿童及老年人3.33万人。举办全区第十三届全民健身运动会、“华发杯”冬季运动会、社区趣味运动会等系列活动。在威海市第十三届全民健身运动会中，获得篮球比赛团体亚军。

全年全体居民人均可支配收入5.71万元，增长5.3%。其中，城镇居民人均可支配收入6.06万元、农村居民人均可支配收入2.82万元，分别增长4.8%、7.3%。全体居民人均消费支出3.50万元，增长6.3%。其中，城镇居民人均消费支出3.70万元、农村居民人均消费支出1.84万元，分别增长5.8%、8.8%。有12.36万人参加基本养老保险，10.31万人参加职工医疗保险，7.84万人参加居民医疗保险，3104人领取失业保险金，727名职工享受工伤保险待遇，4531名女职工享受生育津贴待遇。全区有各类养老机构8处、床位974张、在院人数629人。为城乡低保对象449人发放保障资金363.1万元，为特困供养对象66人发放保障资金145.5万元，为临时救助困难群众939人次发放保障资金55.8万元。

年内，经开区入选山东省现代农业产业园创建名单，韩乐坊片区城市更新项目入选山东省片区综合类城市更新示范项目，东浦湾房车营地获评全国“5C级自驾车旅居车营地”。智慧化政务服务大厅建设经验入选2021—2022数智开发区建设应用案例，在全国推广。大杂院智慧监管系统案例入选2023全国新型智慧城市建设“百佳创新案例”和《2023中国新型智慧城市典型案例集》，并收录于《北大公共治理案例库》。“经心办·e馨办”智慧政务服务品牌建设经验入选《全国政务服务“小切口”改革优秀实践案例集》。

【芜船（威海）绿色海工科技产业基地项目签约】 1月28日，芜船威海绿色海工科技产业基地项目签约仪式举行。该项目总投资约20亿元，总占地面积45.33公顷，主要从事船舶建造、设计、修理及海洋工程装备、海上风电装备开发，拥有10万吨级船坞1座和5万吨级船台2座，主要建造汽车运输船和MR型成品油船等高附加值船型，总规划产能80万载重吨，年产值50亿元。

【威海市泓淋电力技术股份有限公司上市】 3月17日，威海市泓淋电力技术股份有限公司在深圳证券交易所创业板挂牌上市，股票代码：301439，发行价格19.99元/股，发行股份9728万股，募集资金19.45亿元，为经开区首家创业板上市公司。该公司于1997年11月设立，主要业务为计算机、家用电器、终端零售市场提供电源线组件产品，并为家用电器、船舶及焊枪等客户提供精密电器配线、橡胶线、特种电缆等产品，先后获评国家级单项冠军示范企业、国家级企业技术中心国家级制造业绿色工厂等。

【“企业家日·周五下午茶”活动】 经开区树立“精准服务、换位思考、有求必应、无需不扰”的营商环境理念，开展“企业家日·周五下午茶”系列活动。活动由区直部门或各镇（街道）组织举办，一般安排在周五下午，面向冲击新目标、“专精特新”等各类企业，分行业、分领域每次邀请8～15家企业进行“小班额”交流。全年举办100期，涵盖行业交流、配套合作、政策解读、法律辅导、管理培训等17个领域，参与企业1000余家次，解决企业堵点问题200余个。

【长峰农贸市场改造】 长峰农贸市场更新改造项目总投资1.5亿元，采用“边经营、边施工、边搬迁、边拆除”改造方式，主要实施原有农贸市场拆迁、家具商城改造、街区交通改善、隐藏暗河海绵式生态恢复和沿街外立面改造等工程，将158户商户、便民社区服务、青年活力业态等整合入驻，解决市场环境乱、条件差、安全隐患多等问题，并拆除农贸市场临建大棚，打通周边道路，施划机动车车位525个和多处非机动车停车点位，提升周边基础配套和景观环境。项目被命名为长峰邻里，于5月启动，11月开市营业。

【中国留学人员创新创业大赛项目评审暨往届获奖项目洽谈会】 10月12日，第十八届“春晖杯”中国留学人员创新

2023年威海经济技术开发区镇（街道）基本情况表

表19

名　称	村（个）	社区（个）	总面积（平方千米）	户籍人口（万人）	税收收入（亿元）	名优特产
皇冠街道	—	19	24.97	6.78	7.35	—
凤林街道	—	12	10.18	3.30	3.68	—
西苑街道	—	13	8.95	3.09	4.04	—
崮山镇	14	2	50.87	1.78	4.43	无花果
泊于镇	16	4	73.73	2.51	1.24	无花果、草莓

创业大赛项目评审暨往届获奖项目洽谈会在经开区智慧谷服务贸易产业园举办，同步举行“春晖杯”留学人员创新创业基地（威海）签约仪式和揭牌仪式，并为第十八届“春晖杯”大赛评审专家颁发证书。决赛项目达380余个，涵盖生物与新医药、先进制造与自动化、电子信息、新材料资源与环境、新能源与节能、现代服务业等领域，60余名专家、学者在10个分会场与36个国家和地区的项目团队远程联线，开展项目评审和对接洽谈。活动期间，在中韩（威海）城市国际客厅举行“春晖杯”大赛往届获奖项目洽谈会，搭建投资合作交流平台，促进优秀项目落地。

【山东半导体商会2023年年会暨第四届山东半导体产业峰会】 12月2日，山东半导体商会2023年年会暨第四届山东半导体产业峰会在经开区举行。活动主题为“芯动威海　共赢未来”，设置专家报告、企业报告、互动交流等环节，全国半导体行业100余名专家、企业负责人参加活动，经开区与山东半导体商会签署半导体产业发展战略合作协议。

（徐敬侠）

威海临港经济技术开发区

【概况】 2023年底，威海临港经济技术开发区总面积296.04平方千米，辖3个镇、167个村（社区），常住人口10.68万人。全年完成地区生产总值103.28亿元，比上年增长8%。其中，第一产业增加值4.32亿元，第二产业增加值61.92亿元，第三产业增加值37.04亿元，三次产业结构比为4.2∶59.9∶35.9。固定资产投资项目达147个，其中1亿元以上投资项目71个。社会消费品零售总额增长5.9%。对外贸易进出口总额100.9亿元，增长5.3%。其中，出口额84.0亿元、进口额16.9亿元，分别增长5.1%、3.0%；一般公共预算收入完成9.73亿元，一般公共预算支出12.90亿元。

全区加速推进乡村振兴，加快麓源果乡样板片区提档升级、金井黄山片区定位突破及各样板片区融合对接，承办威海市庆祝第六届中国农民丰收节暨2023年“畅游山海·寻梦田园”相约乡村振兴路活动启动仪式，汪疃镇获评“我喜爱的乡村振兴齐鲁样板”。坚持产业振兴，以现代苹果产业为核心，从苗木繁殖、种植管理，到智能分拣、定制加工，到科技推广、线上销售，到文化体验、观光旅游，形成具有地方特色的现代果业产业体系。青岛农业大学威海现代农业产业学院获评“博士小院”。新增飞盘营地、乡村露营等农旅休闲项目，打造综合娱乐阵地；推进苹果文化苑品牌建设，打造全市中小学生苹果体验、农耕文化、社会实践、科普教育基地和农业科研站校实验展示示范基地，擦亮“三季有花、四季有果、全年采摘、随时休闲”的农旅休闲新名片。全年新增规模以上农产品加工企业2个、市级农业龙头企业1家、市级合作社示范社1家和市级家庭农场示范场1家，组织22家企业参加威海市知名农产品展会，新招募区级乡村振兴首席专家48名（总数143名），2人获评齐鲁乡村之星，2名专家获评威海市优秀乡村振兴首席专家。

全区有规模以上工业企业118家，规模以上工业总产值128.97亿元、利润总额17.17亿元，分别下降4.5%、2.2%，规模以上工业增加值增长14.6%。全区247家企业与188个国家和地区有贸易往来，合同外资3.42亿美元、实际利用外资1.20亿美元，分别下降19.43%、16.9%。有工程实验室（工程研究中心）、企业技术中心等省级及以上科技研发创新平台11家，其中国家级2家、省级9家。新增高新技术企业17家，完成国家级科技型中小企业评价179家。新增市级重点实验室3家，培育市级以上高层次人才104人次。新增山东省劳动模范1人、山东省新时代岗位建功立业标兵4人、威海工匠1人。

全区有限额以上批发业企业20家、零售业企业14家、住宿业企业2家、餐饮业企业3家、规模以上服务业企业19家。全区实现服务业增加值37.04亿元，增长8.5%。稳步推进临港区智慧停车场等省级服务业重点项目建设，天亿生活广场、苘山青年中心等市级服务业重点项目建成并投入使用，中玻新材料技术研发有限公司获批生产性服务业领军企业。

全区人均公园绿地面积36.93平方米，全年完成福州路、东阳路等2.8千米污水管网和福州路南延道路等3.5千米雨水管网工程建设。新建福州路南延道路、永康路、东阳路3条道路工程，新增道路总里程1.9千米，改造提升福州路、永乐路2条道路。开展乡村文明行动、乡村善治行动，推进和美乡村建设，农村人居环境、基础设施、村容村貌实现整体提升。投资368万元，推进草庙子镇上庄河创建省级美丽幸福示范河湖。完成2个省级、6个市级美丽乡村示范村建设和10个农村生活污水治理任务。

全区有中等职业类学校1所、在校学生1603人，普通高中1所、在校学生1984人，中小学学校9所（其中九年一贯制学校1所、初中3所、小学5所）、在校学生1.08万人，幼儿园16所，在园幼儿2729人，外籍人员子女学校2所、在校学生434人。小学适龄儿童入学率、初中入学率、九年义务教育普及率均为100%。年内，威海临港经济技术开发区实验学校获评山东省民族团结进步示范单位，草庙子镇入选山东省“强镇筑基”试点，草庙子小学获得全省阳光体育大课间活动一等奖，黄岚小学、苘山小学获评山东省第三批随班就读示范校，威海临港经济技术开发区实验学校、永乐路小学在2023年山东省校园艺术节中分获舞蹈、器乐一等奖。

全区有医疗卫生机构81所、床位1105张、卫生技术人员814人。完善签约服务机制，制定个性家庭医生签约服务包，组建家庭医生团队42支。5月，威海市立医院临港院区启用。

全区城镇居民人均可支配收入6.06万元、农村居民人均可支配收入2.82万元，分别增长4.8%、7.3%。有4.21万人参加企业基本养老保险，2.94万人参加职工基本医疗保险，2.30万人参加失业保险，3.04万人参加工伤保险，3.85万人参加居民基本养老保

2023年威海临港经济技术开发区镇（街道）基本情况表

表20

名　称	村（个）	社区（个）	总面积（平方千米）	户籍人口（万人）	税收收入（亿元）	名优特产
草庙子镇	31	8	82.38	2.27	6.59	打铁豆腐、苹果、花饽饽、美早樱桃、葡萄、蓝莓、网纹瓜、“烟薯25”地瓜、小七夼猕猴桃和茶叶、蒋家庄蘑菇、垛岭白玉黄瓜和苹果干、北黄山草莓、西黄山黑小麦、兴山小米辣、西李家夼蜂蜜
苘山镇	65	8	110.93	3.66	1.79	玫瑰花茶、玫瑰花精油、玫瑰花饼、薰衣草制品、大夼草莓、大屋葡萄、北申格桑葚、多肉植物、山马于西瓜、汶口小米、山马埠猕猴桃、东黄岚玫瑰
汪疃镇	58	1	102.73	2.56	0.42	汪疃葡萄、樱桃、桑葚、草莓、苹果、葡萄酒、黑猪、汪疃花饽饽、大花生、蓝莓、树莓、烟薯、榛子、核桃、富硒鸡蛋、多肉植物、芦荟汁、西瓜、猕猴桃、蘑菇

险，6.18万人参加居民基本医疗保险。全区保障城乡低保对象469户636人，发放保障资金506.23万元；保障城乡特困对象561人，发放保障资金813.87万元；为408名分散供养特困人员提供居家照料服务7.37万小时，支付照料服务费157.66万元；保障残疾人1298人，补贴304.39万元；保障经济困难老年人363人，发放补贴36.36万元；为8295名老年人提供话费补贴92.85万元；为孤困儿童40人，发放保障资金79.95万元；临时救助88人，发放临时救助金23.31万元；为58名“一老一小”保障对象发放生活物资价值1.16万元；为2名孤儿发放助学金2万元。

【采埃孚汽车安全系统（威海）有限公司成立】 5月，采埃孚被动安全事业部在威海临港经济技术开发区设立全资子公司采埃孚汽车安全系统（威海）有限公司。公司占地面积约8000平方米，总投资1500万欧元，注册资本500万欧元，主要从事汽车安全带织带的研发、生产与销售，项目达产后年产值约2亿元。

【优康利莱健康产业园项目建设】 优康利莱健康产业园项目由优康利莱新医疗科技（威海）有限公司建设，总投资8亿元,项目一期工程完成投资约4.7亿元，建成生产线11条，从事拉拉裤、医用床垫、成人纸尿裤等相关产品的生产，年产纸尿裤等系列产品5亿片。二期工程于5月开工，从事天然健康饮品生产，年产量4000万瓶，全部达产后年可实现销售收入超13亿元。

（李婕�）

威海综合保税区

【概况】 2023年，威海综合保税区立足“全市对外开放功能区”目标定位，全力推动经济发展、企业培育、招商引资，统筹推进开发建设，取得良好成效。

【招商引资】 把“深耕日韩”作为招商引资主攻方向，建立“一个项目、一位领导、一个专班、一抓到底”的领导分包机制，实施“专业招商+全员服务模式”，整合全区设施载体资源，规划建设“先进制造”“商贸物流”2个产业园，全力打造完善产业生态。至年底，全区有实体企业56家，其中北区44家，含工业企业38家（包括规模以上企业15家）；南区12家，含工业企业5家（包括规模以上企业2家）、商贸企业6家（包括规模以上企业1家）、运营服务企业1家。全区完成工业总产值24.9亿元，5个省市县重点项目投资完成率120.4%；到账外资1504万美元。

【跨境电商培育】 推动“全模式”跨境电商产业园建设，搭建“五中心一平台”（多模式电商监管中心、快件分拨中心、仓储物流中心、电商创业中心、国际商品展示交易中心和跨境电商综合服务平台）功能体系，建设从电商监管到仓储物流到分拨集散全链条的电商生态体系。围绕消费者的进口商品需求，开设进口商品保税体验中心5家，并扩展至黑龙江省哈尔滨市、四川省南充市等旅游热点地市，提升“购日韩商品到威海”的知名度。围绕繁荣跨境电商生态，联合知名电商平台举办培训活动,培育100余家企业主体。年内,全区完成外贸进出口额327.6亿元，其中跨境电商进出口额约70亿元，连续两年获评全省外贸新业态特色园区，跨境电商经验做法被商务部评为外贸新业态优秀实践案例。

【产业发展服务】 结合全市电子信息产业集群发展需求，新设电子信息及料件分拨中心，其中DHL惠普打印机分拨中心年监管货值超过50亿元，荣成歌尔电子进口料件分拨仓年监管货值达5亿元。围绕助力海洋渔业高质量发展，建设面积11.6万平方米的冷链物流产业园，对标韩国釜山港建设渔业加工中转基地模式，联合丹麦诺瓦柯国际集团公司、日本玛鲁哈日鲁株式会社等水产企业，开展冷链产业服务外包业务；引进宁圣农业集团有限公司等供应链金融企业，提供冰鲜产品代采业务，落地集智能设施、加工、仓储、集货、金融、订单、分拨等于一体的全流程服务模式，颐嘉鳕鱼项目年可形成进出口额6000万美元。落地跨境电商货物集拼入区、一日游保证金减免等多项政策。助力智慧云仓（威海）跨境电子商务有限公司等8家企业申请跨境电商货物分类监管，有效降低企业仓储成本。推动英运物流（威海）有限公司获批海关AEO认证，年可节省海关担保费用近3000万元。全区有41家企业获批一般纳税人资格试点，占全区实体运营企业约80%。

【精致园区建设】 坚定打造“精致园区”的开发建设总目标，探索投资主体多元化、融资渠道多样化、投资管理市场化的开发运营机制，推进总投资21.4亿元的基础设施和公共服务设施PPP项目，建成保税非保税车间、仓库、创新创业孵化器、人才公寓、国际商品展示中心等33.9万平方米。

（丛 琳）

威海南海新区

【概况】 2023年，全区总面积259平方千米，大陆海岸线长约85千米。全年实现地区生产总值86.60亿元，比上年增长5.5%。其中，第一产业增加值14.21亿元，第二产业增加值44.81亿元，第三产业增加值27.58亿元，三次产业结构为16.4%：51.7%：31.9%。对外贸易进出口总额62亿元，其中出口额42.3亿元、进口额19.7亿元。

全区推进57个重点项目建设，完成投资58.8亿元，新开工项目10个、总投资43亿元，开工面积54.8万平方米。山东冠通管业有限公司获评国家级专精特新“小巨人”企业和山东省瞪羚企业，威海中恒管桩有限公司、威海坤龙新材料科技有限公司等4家企业获评省级“专精特新”中小企业，山东威尔汉姆海洋装备科技有限公司等12家企业获评省级创新型中小企业。山东碧奥生物科技有限公司获评山东省制造业单项冠军企业，润辉生物技术（威海）有限公司、山东碧奥生物科技有限公司获评省级“一企一技术”研发中心，电子信息产业园获评2023年度省级数字经济园区（试点）。

【2023仿生学科创新发展大会】 5月27日，2023仿生学科创新发展大会在威海南海新区举行。会议以“仿生科学与工程学科发展与国际前沿展望”为主题，设置主会议、仿生科学与工程学科发展研讨会、科技成果发布与对接会、现场观摩等环节，包括30余名两院院士在内的300余仿生学领域专家学者、企业负责人共同探讨产业发展趋势，交流最新科研成果，推动创新成果在威海市就地转化，支撑全市产业结构加速优化、转型升级。山东省副省长范波，吉林大学党委书记姜治莹出席会议并致辞。

（于莎莎）

各区（市）开发区

【威海环翠省级旅游度假区】 位于环翠区西部，东接竹岛街道、嵩山街道，西与威海火炬高技术产业开发区初村镇相邻，南邻羊亭镇，北与威海火炬高技术产业开发区田和街道接壤。2023年，辖区面积49.00平方千米，辖23个（社区），有15个股份经济合作社，户籍人口3.45万人，有初中2所、小学5所、十二年一贯制学校1所、公立医院1所、村（社区）卫生服务机构9所。实现地区生产总值40.95亿元，增长3.2%；固定资产投资24.17亿元，下降24.23%；一般公共预算收入5亿元，下降29.58%；税收收入9亿元，下降32.33%；外贸进出口额30亿元，下降11.5%。开展专题招商活动56次，对接优质企业38家，签约项目9个，其中过1亿元项目5个。实施重点产业项目20个，总投资57.91亿元，全部或部分投产项目12个，其中新建项目投产3个。启动新一轮企业冲击新目标行动，新增规模以上工业企业8家，总数77家。威海海鑫新材料有限公司获评第五批国家级专精特新“小巨人”企业，威海人生药业有限公司、威海畅享海天新材料科技股份有限公司等10家企业获评省级“专精特新”中小企业，威海新北洋荣鑫科技股份有限公司、威海怡和专用设备制造有限公司等13家企业获评山东省数字经济“晨星工厂”，山东埃姆科泵业有限公司获评山东省瞪羚企业，威海宝威新材料科技有限公司入选山东省服务型制造示范企业、国家级智能制造试点，威海广泰空港设备股份有限公司入选2023年（第七批）山东省制造业单项冠军企业。打造汉鼎产业园、环球共享基地产业园、富源百川产业园、双创人产业园4个电商产业园区及直播基地，渔具电商交易额22.8亿元，增长17%。双创人孵化园获评国家级科技企业孵化器、山东省工友创业园，钓具及休闲运动产业入选省中小企业特色产业集群。年内，张村镇蝉联全国综合实力千强镇，排名第253位；入选全国镇域经济500强、镇域高质量发展500强。7月17日，威海市铝深加工产业链绿色高质量发展会议暨魏桥（威海）铝精深加工产业园开园仪式举行，至年末，入驻总投资超过30亿元的高质量项目5个。

【环翠北海省级旅游度假区】 位于环翠区北部，东、北两面临海，东望刘公岛，西接威海火炬高技术产业开发区，南与市区毗山相连，区位优势突出，旅游资源丰富，被誉为“市区后花园”“城市会客厅”。2023年，辖区面积18.58平方千米，辖8个城市社区，有11个股份经济合作社，户籍人口1.77万人。有初中1所、小学2所、幼儿园4所、社区卫生服务中心1所。完成固定资产投资8.24亿元，下降0.66%；一般公共预算收入1亿元，下降33.65%；税收收入1亿元，下降33.65%；外资到账900万美元，下降164%。引进崖尚咖啡、宜必思酒店等项目10个，打造蓝贝海洋科技中心、蓝科大厦2处科研特色楼宇，引进相关企业10家。出让土地8.2公顷，为远遥浅海科技湾区产业发展提供空间保障。引进国家高新技术等企业18家、纳统（将达到限额统计标准的企业纳入国家统计局联网直报范围）企业2家。油画小镇艺术酒店项目开始装修施工；远遥国家海洋综合实验平台创新基础设施（一期）项目进入中试及装修改造施工阶段；国家海洋综合试验场运维保障项目完成设备采购，进入科研码头、调试车间、试验保障船建设及设备安装阶段；智能航海新型基础设施项目投产。启动伴月湾景区及环海路商业化运营，以半月湾艺术商业综合体项目为核心，以半月湾6号酒店等为载体，联动半月湾沿岸艺术文旅项目、伴月湾国际艺术家驻地、艺甸园原创艺术区、黑水洋写生基地等艺术机构，规划打造文化艺术产业集聚区，推动艺术产业发展。建成中国油画小镇运维中心，改造升级黑水洋写生基地和艺术体验中心，实现合署办公，推进学术指导中心资源对接和功能打造。启动“中国油画交易中心”线上线下业务运营。培养、打造专业化艺术金融交易服务团队，定制艺术金融产品，多渠道开展平台招商。全国文化大数据油画专业中心、深圳文交所中国油画运营总部孵化基地开始运营，打造油画专业线上交易App，实现线上平台全面运转。举办第七届半月湾国际沙滩音乐节、2023年中国·威海超级铁人三项系列赛暨2023年威海铁人三项世界杯赛。年内，威海海洋科技馆获评国家AAA级旅游景区。孙家疃街道获评省级民宿聚集片区，北海文旅集聚区获评全省现代服务业集聚区。

（李琳琳）

【文登经济开发区】 位于文登区北部。2023年，新增规模以上企业18家，100家规模以上工业企业实现产值132亿元，限额以上批发零售企业实现销售额32.12亿元。新增固定资产投资项目30个、高新技术企业22家，固定资产投资51.4亿元，到账外资7669万美元，进出口总额65亿元。聚焦汽车机电、新能源新材料、医药和健康食品3个主导产业，新引进注册项目21个，总投资44亿元。全年在建项目40个，规划总投资132亿元，锂电池新材料产业园获评省新旧动能转换重大产业攻关项目。新投产项目29个，完成投资28亿元，实现产值12亿元，山东亘元新材料股份有限公司获评山东省“独角兽”企业、全省“十强”产业集群领军企业。推动华坦供应链东非商贸物流产业园综合服务合作区建设，该项目被列为第三届“一带一路”国际合作高峰论坛务实合作项目，华坦供应链“市场采购和外贸综合服务联动模式”获评全省服务贸易创新发展示范案例。优化市政路网，建设完成湛江路、宝尼南路等4条道路，完成惠州路、广州路等7条道路的雨污分流改造，持续提升辖区216万平方米绿地、58万平方米水域的管护水平。化工产业园通过省级安全风险D级复核验收，完成扩区规划申报。威海市文登区关于推动化工园区高质量发展的方案经文登区政府常务会议研究通过，文登区政府办公室印发《关于印发〈威海市文登区关于推动化工园区高质量发展的方案〉的通知》，建立化工园区亩均效益综合评价体系，优化产业布局，推动要素资源高效配置，提升化工产业发展水平。

全面深化开发区体制机制改革，推进绿色低碳高质量发展，开发区入选全省绿色低碳高质量发展先行区综合性区域试点名单，汽车机电产业链商用车关键零部件产业集群入选工业和信息化部中小企业特色产业集群名单，天润智能制造工业互联网平台获评省级工业互联网平台，迪嘉药业集团股份有限公司获评国家级专精特新“小巨人”企业，文登威力工具集团有限公司获评国家级绿色工厂，迈世腾科技（山东）有限公司、中粮山萃花生制品（威海）有限公司获评国家知识产权优势企业，威海天润智能科技有限公司入选省级系统解决方案供应商名单，亘元新材料碳酸亚乙烯酯数字化车间、恒润锻造高端汽车锻造生产数字化车间获评省级数字化车间。

（王丽淑）

伴月湾景区　（孙大伟 摄）

【荣成经济开发区】 位于荣成市中部，辖区总面积60平方千米，其中重点开发运营园区23.7平方千米。2023年，重点开发运营园区完成地方级税收1.43亿元；完成规模以上工业总产值296.65亿元，增长52.7%；完成固定资产投资25.8亿元，增长56.2%；完成外贸进出口总额242.9亿元，增长37.8%。重点建设新材料和智能制造产业园、电子信息配套产业园、海洋生物食品产业园3个专业化园区，发展电子信息技术、高新材料、高端装备与智能制造、生物科技4个主导产业，有实体企业156家，其中高新技术企业39家、规模以上工业企业40家、瞪羚企业6家。全年开展招商考察活动164批次，落地项目9个，其中超过20亿元项目2个。青岛啤酒智能化生产、中迅杰电子精密部件智能化生产等8个项目部分完工或投产；盘活闲置土地70.44公顷、厂房14万平方米、楼宇2.95万平方米。年内，开发区获批山东省中小企业公共服务示范平台、省级小型微型创新创业示范基地、省级示范数字经济园区等，并再度入选中国省级开发区高质量发展百强榜单，在省级综合评价中获得第二组“一等”等次。

【威海海高园（石岛管理区）】 位于荣成市南部，辖区总面积270平方千米，海岸线长约125千米。2023年，全区完成地区生产总值272.6亿元，一般公共预算收入14.6亿元，规模以上工业产值149.7亿元，进出口额109亿元，实际利用外资1600万美元。重点发展“工、鲜、能、港、游”五大特色产业集群，有规模以上工业企业102家、纳税过1000万企业19家、市级以上科技创新平台66个、国家高新技术企业33家、科技型中小企业50家，获批省级以上科技计划项目11个、市级以上科学技术奖37个，与70余家高校院所开展合作项目160余项；有上市挂牌企业19家，各类金融、保险机构25家；有国家一类开放港口——石岛新港，有万吨级以上泊位11个，开通直达韩国群山、日本东京等国际国内航线6条；有各类渔业码头19处，养殖码头32处，修造船企业12家，船舶配套企业30余家，万吨级以上船台船坞7座；有海洋科技创新园北区、海洋科技创新园南区、核能利用国际创新示范园3个特色园区，入驻企业近400家，科研院所20余个。年内，成功举办海洋预制菜产业推介大会、核电装备与新能源产业推介大会等活动。

【好运角旅游度假区】 位于荣成市北部，辖区陆地面积280平方千米，大陆海岸线长约112千米。2023年，全区实现一般公共预算收入6.08亿元，固定资产投资28.6亿元，规模以上工业企业总产值36亿元，规模以上服务业企业营业收入6.13亿元，外贸进出口总额17.2亿元。有规模以上工业企业23家，国家级科技型中小企业3家，省级及威海市级研发平台16家。实施总投资26.15亿元的北京能源共享储能、百合生物研发中心等市级重点项目18个，完工并投入使用项目5个。开展招商活动130余批次，盘活闲置楼宇及厂房14处、面积13.4万平方米，盘活闲置土地5宗、面积10.93公顷。组织企业开展集中招聘推介活动21场次，新招引青年人才150人、外国专家8人，为企业申请各类政策扶持资金700万余元，帮助企业解决问题26个。区内有各类旅游度假设施70余处，举办海洋文化民俗月、沙滩风筝节、啤酒音乐嘉年华、无花果旅游文化节等活动18场，全年接待游客1200万余人次。

（王晓光）

【乳山经济开发区】 位于乳山市南部，辖区面积34.45平方千米，代管乳山口镇，辖41个村，拥有国家一类开放港口——乳山港。2023年，实现财政收入2.11亿元、固定资产投资30.39亿元，规模以上工业企业完成工业总产值80.1亿元，实际利用外资4260万美元。坚持“大抓项目、抓大项目”理念，采取产业链招商形式，外出招商36次，邀请客商到乳山市考察33次，新签约项目6个，落地项目28个，豪迈科技一期、明阳风电等10个项目建成投产，浩达轨道、海润新材料等5个项目基本完工。推动主导产业集聚发展，规划港口海工、风电装备、汽车零部件、纺织染整、食品精深加工5个特色产业片区，编制《乳山经济开发区五大片区基本情况手册》，将土地100.99公顷纳入成片开发方案，缩短供地周期，实现“地等项目”，提升产业空间集聚度。投资1032万元，实施园区给水管网工程、雨污分流改造工程，铺设给水管网6995米、污水管网1602米；投资417万元，实施台湾路、创业一路、创业二路两侧绿化带绿化改造提升工程。实施企业梯次培育行动计划，13家冲击新目标企业产值超过1亿元，获批山东省创新型中小企业20家、山东省“专精特新”中小企业15家、山东省科技型中小企业73家。发挥“连心帮办”“三微”服务小组立体服务功能，开展项目全流程帮办代办服务，帮助企业解决问题35个，发送《惠企政策进企业》500份。年内，乳山经济开发区获评省级“清洁生产”试点园区、省级近零碳试点园区。

（岳鹏真）

【乳山市滨海新区（银滩旅游度假区）】 位于乳山市东南部，辖区面积120.48平方千米，辖省级银滩旅游度假区、白沙滩镇，常住人口10万余人。2023年，实现一般公共预算收入1.29亿元、固定资产投资35.82亿元，规模以上工业企业完成工业总产值20.66亿元，外贸进出口额3602万美元，实际利用外资100万美元。加强招商引资和项目建设，围绕海上风电装备制造开展链式招商，签约国华风电实训基地、压缩空气储能及冷链配套产业园项目，开工建设通富德新材料、鹏程麦克斯工程机械生产等5个项目，远景零碳产业园项目一期工程投产。推进滨海文化旅游融合发展，盘活运营民宿29个，接待能力达1500个床位；打造外事职业大学夜市、银滩海鲜城夜市等夜间消费示范点4处；举办“丽人18”乳山女子半程马拉松赛、沙滩排球冠军赛等大型文体活动11场，吸引游客300余万人次；推进潮汐湖“水上（海上）国民休闲运动中心”项目落地，举办全国桨板U系列赛；多福山景区玻璃漂流及魔毯项目、“风从海上来”项目二期工程投入运营，丰富旅游业态。推进精致城市建设，实施城市景观提升工程，建成北斗湾体育公园、维利亚口袋公园；实施西部城市更新及绿化提升工程，优化绿化景观带面积2.73万平方米；实施亮化提升工程，新增环湖西路、太行山东路和洪泽湖路3条道路路灯；完成3个老旧小区改造及34个小区雨污分流改造；完成滨海公园照明改造提升、党校东停车场升级改造等4项民生实事工程。提升生态文明建设的示范和引领效应，落实“绿水青山就是金山银山”创新实践基地专项扶持资金100万元。年内，近山亲海体育旅游路线获评2023年中国体育精品线路，银滩旅游度假区获评2023年中国体育旅游精品景区、2023年山东省体育旅游精品景区、山东省2023公共服务设施提升示范景区，银滩生态旅游区获评2023年山东省生态旅游区培育单位。

（闫 文）

编辑 于鹏飞

附　录

统计公报

2023 年威海市国民经济和社会发展统计公报

2023 年，威海市坚持以习近平新时代中国特色社会主义思想为指导，完整、准确、全面贯彻新发展理念，树牢大抓经济的鲜明导向，锚定城市发展的主攻方向，砥砺前行、迎难而上，经济增长量质齐升，创新驱动深入推进，改革开放蹄疾步稳，发展活力持续增强，幸福指数稳步走高，“精致城市·幸福威海”建设不断开创新局面。

一、综合

根据市级生产总值统一核算结果，全年地区生产总值 3513.54 亿元，按可比价格计算，比上年增长 5.7%。其中，第一产业增加值 368.68 亿元，增长 4.6%；第二产业增加值 1331.58 亿元，增长 6.4%；第三产业增加值 1813.28 亿元，增长 5.3%。三次产业结构为 10.5 ∶ 37.9 ∶ 51.6。

全市城镇新增就业 3.87 万人，其中，失业人员实现再就业 1.37 万人。回生源地离校未就业高校毕业生总体就业率 97.35%。

全年居民消费价格上涨 0.1%，在消费八大类商品及服务价格中，其他用品及服务价格上涨 4.4%，教育文化娱乐价格上涨 1.9%，食品烟酒价格上涨 0.4%，居住价格上涨 0.4%，医疗保健价格、生活用品及服务价格与上年持平，衣着价格下降 0.2%，交通通信价格下降 2.6%。

年底实有各类市场主体（不含外资企业，下同）45.78 万户，增长 3.3%；注册资本 17354.75 亿元，增长 80.4%。其中，新登记各类市场主体 6.27 万户，增长 4.6%；新登记注册资本 1400.09 亿元，增长 80.8%。

二、农林牧渔业

全年实现农林牧渔业增加值 385.87 亿元，增长 4.8%。其中，农林牧渔专业及辅助性活动增加值 17.19 亿元，增长 8.9%。

根据农作物产量调查数据显示，全年粮食总产量 75.70 万吨，增长 2.9%，其中，夏粮产量 28.19 万吨，增长 4.8%；秋粮产量 47.51 万吨，增长 1.8%。

全年油料总产量 20.92 万吨，增长 3.4%。茶叶总产量 691.16 吨，增长 1.1%。

全年园林水果总产量 125.88 万吨，增长 2.8%，其中，苹果 110.89 万吨，增长 2.5%。

全年猪肉产量 10.21 万吨，禽蛋类总产量 14.37 万吨，牛奶总产量 3.55 万吨。

全年水产品总产量 328.42 万吨，增长 3.6%。水产养殖面积 11.85 万公顷，增长 3.0%；养殖产量 214.94 万吨，增长 3.7%。远洋渔业产量 46.70 万吨，增长 1.8%。

年底农业机械总动力 514.07 万千瓦，增长 0.8%；农用水泵 12.50 万台，减少 0.8%，节水灌溉类机械 1.38 万套，增长 1.3%；全年小麦机耕面积 2.93 万公顷，机播面积 4.91 万公顷，机收面积 4.91 万公顷；全年玉米机耕面积 1.60 万公顷，机播面积 6.37 万公顷，机收面积 5.85 万公顷。

年底市级以上农业产业化龙头企业 193 家，其中，国家级农业产业化重点龙头企业 11 家，省级农业产业化重点龙头企业 66 家，市级农业产业化重点龙头企业 116 家。新注册农民专业合作社 218 家，总数达 5132 家，入社成员 18.82 万户，辐射带动农户 31.11 万户。

三、工业和建筑业

全年规模以上工业增加值增长 8.1%，其中，大中型工业企业增加值增长 12.1%，装备制造业增加值增长 13.8%。在行业大类中，计算机、通信和其他电子设备制造业增长 19.4%，橡胶和塑料制品业增长 17.3%，汽车制造业增长 15.3%。

全年规模以上工业企业营业收入 2690.64 亿元，增长 16.4%；利润总额 195.16 亿元，增长 9.1%。营业收入利润率 7.25%。产销衔接良好，产品销售率 101.85%。

全年建筑业增加值 203.78 亿元，增长 9.8%。

四、服务业

全年规模以上服务业营业收入增长 10.1%，其中，文化、体育和娱乐业增长95.3%，科学研究和技术服务业增长39.6%，卫生和社会工作增长23.8%。

年底公路通车里程6993.11千米（含农村公路、国省道）。全年铁路（不含城际铁路，下同）、公路、海运共完成客运量1703.64万人次，货运量2077.08万吨。全年铁路、公路、海运共完成客运周转量11.18亿人千米。其中，铁路1.84亿人千米，公路7.54亿人千米，海运1.80亿人千米。全年铁路、公路、海运完成货运周转量150.91亿吨千米。其中，铁路15.91亿吨千米，公路5.22亿吨千米，海运129.78亿吨千米。全年港口货物吞吐量5154.50万吨，增长14.0%；集装箱吞吐量148.82万标箱，增长6.6%；港口旅客吞吐量109.40万人次，增长259.6%。全年新增机动车5.98万辆，保有量111.18万辆，其中，新增小型汽车5.21万辆，保有量98.17万辆。

全市共有A级以上景区51家，其中，5A级2家，4A级12家，3A级34家；旅行社211家，其中，A级旅行社56家；星级饭店34家，其中，五星级饭店3家，四星级饭店15家。

全年接待旅游总人数5906.54万人次，增长66.8%；实现旅游总收入630.84亿元，增长69.0%。

五、固定资产投资

全年固定资产投资增长4.3%，其中，高技术产业投资增长64.2%，占全部投资的比重30.3%。全年房地产开发投资205.64亿元。从房屋建设用途看，住宅投资171.60亿元，占全部房地产开发投资的83.4%；商业营业用房投资12.21亿元，占全部房地产开发投资的5.9%。全年商品房施工面积2753.85万平方米，商品房竣工面积250.61万平方米，商品房销售面积397.38万平方米，其中，住宅销售面积343.14万平方米，占全部销售面积的86.4%。

六、国内贸易

全年社会消费品零售总额1364.39亿元，增长6.0%。从城乡领域看，城镇消费品零售额1167.49亿元，增长6.1%；乡村消费品零售额196.90亿元，增长4.9%。从行业分类看，批发和零售业零售额1172.02亿元，增长5.4%；住宿和餐饮业零售额192.37亿元，增长9.7%。从商品类别看，限额以上石油及制品类增长13.3%，中西药品类增长6.6%，汽车类增长5.2%，粮油、食品类增长3.4%。

七、对外经济

全年对外贸易进出口总额2006.79亿元，其中，出口1501.68亿元，进口505.11亿元。从企业性质看，内资企业进出口1479.97亿元，占全市的73.7%；外商投资企业进出口526.82亿元，占全市的26.3%。从贸易方式看，一般贸易进出口1084.32亿元，占全市的54.0%；加工贸易进出口819.86亿元，占全市的40.9%；其他贸易进出口102.60亿元，占全市的5.1%。

全年新设外资项目197个，实际使用外资7.94亿美元。从实际使用外资投向看，第一、二、三产业使用外资分别为25.00万美元、3.87亿美元和4.06亿美元。

全年新核准设立境外企业（机构）33家，中方协议投资额6.06亿美元，中方实际投资额4.90亿美元，增长20.7%。新签对外承包工程合同额5.25亿美元，完成营业额5.36亿美元。外派各类劳务人员5036人。

八、财政税收、金融和保险

全市一般公共预算收入237.38亿元，增长5.4%。其中，税收收入169.14亿元，增长6.7%。税收占一般公共预算收入比重71.3%。全市一般公共预算支出430.37亿元，增长3.1%。其中，科学技术、社会保障和就业、住房保障、农林水、教育支出分别增长14.2%、5.8%、4.7%、1.2%和0.5%，基层“三保”等重点支出得到较好保障。

年底金融机构本外币存款余额6594.94亿元，比年初增长12.0%，其中住户存款余额4370.01亿元，比年初增长14.6%；非金融企业存款余额1773.39亿元，比年初增长10.2%。年底金融机构本外币贷款余额5345.80亿元，比年初增长14.8%；其中，住户贷款余额1736.68亿元，比年初增长5.8%；企（事）业单位贷款余额3591.15亿元，比年初增长19.9%。年底绿色贷款余额785.84亿元，比年初增长42.3%，占本外币贷款余额的比重14.7%。

全年保险机构保费收入134.95亿元，增长6.7%，其中，财产险保费收入29.12亿元，增长7.8%；人身险保费收入105.84亿元，增长6.4%。各项赔款和给付45.79亿元，增长18.3%，其中，财产险赔款22.10亿元，增长22.1%；人身险赔款和给付23.70亿元，增长15.0%。

九、科学技术

全年获得2023年度山东省科学技术奖11项。完成技术合同登记3748项，技术合同成交额153.58亿元。专利授权量11060件，其中，发明专利授权量1578件，占总授权量的14.3%。

高质量建设国家创新型城市，国家创新型城市创新能力指数排名位居第34位，综合科技创新水平指数居全省第3位。高新技术产业产值占规模以上工业产值比重达72.65%，列全省第1位；高新技术产业固定资产投资占工业固定资产投资比重达66.9%，列全省第2位。加快建设威海先进医用材料与高端医疗器械山东省实验室等重大创新平台，新增2家省级新型研发机构。全市省级以上研发平台总数达501家，其中国家级29家、省级472家。全球首座第四代核电站商运投产入选2023年中国十大科技进展新闻，“妙手”腔镜手术机器人系统入选2023年度山东省十大科技创新成果。

国家科技型中小企业达2689家，国家高新技术企业突破1700家。新增国家级科技企业孵化器1家，总数达10家，年底全市拥有省级以上科技孵化载体47家。在省中小微企业创新竞技行动中，获评“科创之星”企业9家，获“7个赛事领域和2个专题”单项冠军4个、亚军2个、季军1个；5家企业获评中国创新创业大赛优秀企业，1家企业获评中国创新创业大赛“创新创业50强”。

全年实施126项全市重点科技创新项目，完成年度投资31.86亿元，申请专利393件、授权专利212件，引进人才357人，形成新产品185个，当年实现经济效益11.20亿元。

成功举办第三届中日科技创新合作大会、第六届中韩创新大赛、2023年膜产业技术创新合作大会、科技合作名校直通车等活动，达成产学研合作120项，获批省国际科技合作基地2家。加快建设山东省外国专家驿站，筹建第二批1家分站，1名外国专家获齐鲁友谊奖，入选省海外工程师16人，获批海外高层次人才工作站4家。

全市拥有中国驰名商标40件，地理标志商标64件，中国质量奖提名奖2个，山东省省长质量奖（含提名奖）获奖企业9家、获奖个人2名，“好品山东”品牌21个，省优质产品基地17个，省优质产品示范基地2个。

十、教育、文化、卫生健康和体育

年底全市共有普通高等院校11所，在校学生138150人；普通中等专业学校10所，在校学生18801人；职业高中6所，在校学生4294人；普通高中18所，在校学生36960人；普通初中102所，在校学生97889人；小学100所，在校学生140559人；特殊教育招生71人，在校生492人；幼儿园360所，在园幼儿65545人。

年底全市共有专业剧团4个、图书馆5个、文化馆5个、博物馆14个、美术馆5个。艺术表演场馆2个，电影公司5个，电影院43座，广播电台4座，电视台5座，有线数字电视用户45.94万户，广播人口综合覆盖率和电视人口综合覆盖率均达100%。年底拥有村（社区）综合文化服务中心2748个、城市书房46个、农家书屋934个。

年底全市拥有各类医疗卫生机构2671个，其中，医院76个，基层医疗卫生机构2562个，专业公共卫生机构18个，其他卫生机构15个。各类医疗卫生机构实有床位20663张，其中，医院实有床位16599张。卫生技术人员26521人，其中，执业（助理）医师10746人，注册护士11947人。已婚育龄妇女35.86万人。国家基本公共卫生服务项目中建立电子健康档案259.10万份，纳入管理的孕产妇1.09万人、0～6岁儿童10.33万人、老年人33.38万人，规范管理高血压19.74万人、2型糖尿病患者7.63万人。

全年举办各级各类体育赛事活动2233项次，直接参与人数23.23万人。7名运动员代表中国参赛第19届杭州亚运会，取得1枚金牌和3枚铜牌。组队参加2023年山东省锦标赛获76.5枚金牌，创造历史最好成绩。培训各级社会体育指导员1389人。举办威海铁人三项赛、第11届亚洲青少年棒球锦标赛（U15组）、全国沙滩手球锦标赛、全国OP帆船锦标赛等20余项品牌赛事。累计创建2个国家体育产业示范基地、1个国家体育产业示范项目、2条国家体育旅游精品线路、7项国家精品赛事（十佳）、1个国家体育旅游精品景区。

十一、城市建设、环境保护和安全生产

年底全市建成区绿化覆盖率46.06%，建成区绿地率43.55%，人均公园绿地面积25.10平方米，生活垃圾无害化处理率100%。市区建成区绿化覆盖率46.07%，建成区绿地率43.84%，人均公园绿地面积25.63平方米，生活垃圾无害化处理率100%。

全社会用电量182.62亿千瓦时，增长18.1%，其中，工业用电量112.37亿千瓦时，增长25.4%。

全市城市天然气供气量32875.55万立方米，燃气普及率100%；集中供热入网面积12870.94万平方米；市区城市天然气供气量19800.69万立方米，燃气普及率100%；集中供热入网面积10522.16万平方米。

全市公交运营线路373条，运营线路总长度11742.19千米，公交车辆2212辆，完成客运总量12904.23万人次，平均日客运量35.35万人次。全市巡游出租汽车2490辆，网络预约出租车合规车辆5844辆。

年底全市环境保护系统共有环境监控中心4个，环境监控人员88人。城镇集中式饮用水水源地12个。

全年完成污染减排项目27个，投资额13.02亿元。全市环境空气质量优良率86.6%，全省最优，连续八年达到国家二级标准。

全市累计发生各类生产安全事故29起，死亡27人，直接经济损失770.87万元。

十二、人口和人民生活

年底全市常住人口291.36万人，其中，城镇人口211.76万人，比上年底增加2.38万人，常住人口城镇化率72.68%，比上年提高0.92个百分点。年底全市户籍人口254.38万人，户籍人口城镇化率62.12%，比上年提高0.52个百分点。全年出生人口1.06万人，出生率4.17‰；死亡人口2.35万人，死亡率9.21‰。

全年全体居民人均可支配收入49221元，增长5.5%。其中，城镇居民人均可支配收入58799元，增长5.0%；农村居民人均可支配收入29013元，增长7.3%。全体居民人均消费支出29116元，增长6.7%。其中，城镇居民人均消费支出34719元，增长5.9%；农村居民人均消费支出17294元，增长9.1%。全体居民食品烟酒消费支出占消费总支出的比重25.3%，其中，城镇居民食品烟酒消费支出占消费总支出的比重24.8%，农村居民食品烟酒消费支出占消费总支出的比重27.4%。

十三、社会保障和社会福利事业

全市有242.14万人参加基本养老保险，居民基础养老金标准提高至每人每月180元。有256.58万人参加基本医疗保险，居民医保补助标准提高到每人每年640元。有2.43万人领取失业保险金。有8522名职工享受工伤保险待遇，有0.76万名女职工享受生育津贴待遇。

年底全市有养老机构164处，床位40199张，在院人数17449人。其中，特困人员供养机构40处，床位10315张，在院人数4570人；其他各类养老机构123处，床位29514张，在院人数12766人；社会福利中心1处，床位370张，在院人数113人。有儿童福利院1处，未成年人救助保护中心4处。孤困儿童577人，其中，集中供养孤儿32人，散居孤儿68人，事实无人抚养儿童366人，重点困境儿童44人，受艾滋病影响儿童67人，全年发放资金1338.50万元。自1月份起，机构养育孤儿基本生活保障标准提高至每人每月2503元，社会散居孤儿、事实无人抚养儿童和受艾滋病影响儿童基本生活保障标准提高至每人每月2002元，重点困境儿童基本生活保障标准提高至每人每月1881元。全市享受困难残疾人生活补贴9758人，享受重度残疾人护理补贴35496人，全年发放资金8794.50万元。自1月份起，困难残疾人生活补贴一级、二级残疾补贴标准提高至每人每月201元，三级、四级残疾补贴标准提高至每人每月151元；重度残疾人护理补贴一级残疾补贴标准提高至每人每月181元，二级残疾补贴标准提高至每人每月151元。

年底全市城乡低保对象17747人，全年发放保障资金1.38亿元；特困供养对象10768人，全年发放保障资金1.63亿元；政府与慈善力量共同开展临时救助，保障困难群众36755人次，全年发放保障资金2827.40万元。城乡低保标准分别为每人每月1001元和800元，城乡特困供养基本生活保障标准分别为每人每月1302元和1040元，特困供养照料护理基准标准为完全丧失生活自理能力每人每年13298元、部分丧失生活自理能力每人每年6650元、具备生活自理能力每人每年3990元。

注释：

1．本公报数据为初步统计数，最终数据以《威海统计年鉴—2024》为准。

2．地区生产总值、各产业增加值、有关行业增加值绝对数按现价计算，增长速度按可比价格计算。

3．未经特殊说明，本文"增长""下降"均为同比口径。

4．部分数据因四舍五入的原因，存在总计与分项合计不等的情况。

资料来源：

本公报中城镇新增就业、养老保险、失业保险、工伤保险数据来自市人力资源和社会保障局；价格指数、粮食总产量、城乡居民收支等数据来自国家统计局威海调查队；市场主体数据来自市行政审批服务局；水产品数据来自市海洋发展局；农业机械、农业产业化龙头企业数据来自市农业农村局；公路通车里程、铁路、公路、海运、港口货物吞吐量、公交数据来自市交通运输局；机动车、户籍人口数据来自市公安局；旅游、专业剧团、博物馆、有线电视等数据来自市文化和旅游局；进出口、利用外资、对外经济合作数据来自市商务局；财政数据来自市财政局；金融数据来自中国人民银行威海市分行；保险业数据来自国家金融监督管理总局威海监管分局；科技数据来自市科学技术局；专利、商标等数据来自市市场监督管理局；教育数据来自市教育局；卫生健康数据来自市卫生健康委员会；体育数据来自市体育局；建成区绿化覆盖率、建成区绿地率、生活垃圾无害化处理率和供气、供热数据来自市住房和城乡建设局；电力数据来自威海供电公司；环保数据来自市生态环境局；安全生产数据来自市应急管理局；医疗保险、生育津贴数据来自市医疗保障局；社会福利数据来自市民政局；其他数据来自市统计局。

生态环境质量公报

2023年威海市生态环境质量公报

2023年，威海市积极践行习近平生态文明思想，大力实施环境质量和环保工作"双领先"战略，深入打好污染防治攻坚战，以高品质生态环境支撑高质量发展，入选国家首批减污降碳协同创新试点城市，桑沟湾入选国家级美丽海湾，争当绿色低碳高质量发展排头兵，建设美丽中国先行区。

一、环境空气

环境空气质量在全省唯一连续8年稳定达到国家二级标准，各项指标继续保持全省第一。

环境空气主要污染物二氧化硫和二氧化氮年均值、一氧化碳24小时平均第95百分位数浓度值3项指标分别为5微克／立方米、16微克／立方米、0.7毫克／立方米，达到国家《环境空气质量标准》（GB 3095—2012）一级标准（20微克／立方米、40微克／立方米、4毫克／立方米）；可吸入颗粒物（PM_{10}）和细颗粒物（$PM_{2.5}$）年均值、臭氧日最大8小时滑动平均值的第90百分位数浓度值3项指标分别为41微克／立方米、22微克／立方米、158微克／立方米，达到《环境空气质量标准》二级标准（70微克／立方米、35微克／立方米、160微克／立方米）。其中细颗粒物（$PM_{2.5}$）年均值在全省唯一连续3年稳定达到世界卫生组织空气质量过渡时期第二阶段目标（25微克／立方米）。

全市降尘量均值为3.3吨／平方千米·30天，11个降尘点位均值范围为2.4～4.4吨／平方千米·30天。

全市大气降水pH值平均为6.83，变化范围在5.90至8.10之间。

二、水环境

全市13条重点河流水质达标率100%。其中12条水质优于或达到国家《地表水环境质量标准》（GB 3838—2002）Ⅲ类标准，占92.3%，无劣Ⅴ类河流。

全市12个主要饮用水水源地水质继续保持优良状态。崮山水库、所前泊水库、郭格庄水库、武林水库、米山水库、坤龙邢水库、后龙河水库、逍遥水库、湾头水库、纸坊水库、龙角山水库和乳山河水源地水质均达到或优于国家《地表水环境质量标准》（GB 3838—2002）Ⅲ类标准，水质达标率为100%。

全市近岸海域40个国控点位海水水质优良率继续保持为100%。水质优良比例连续5年全省第一。

三、土壤环境

受污染耕地安全利用率和重点建设用地安全利用率均达到100%。

四、声环境

全市区域声环境昼间平均等效声级为53.9分贝，夜间平均等效声级为42.7分贝，城市区域昼间、夜间环境噪声总体水平均为"较好"。

全市道路交通声环境昼间平均等效声级为64.8分贝，夜间平均等效声级为53.1分贝，道路交通昼间、夜间噪声强度均为“较好”。

全市各类功能区声环境昼间、夜间平均等效声级均达到相应功能区标准。

五、辐射环境

全市辐射环境质量保持稳定。

市区电离辐射空气吸收剂量率区间范围为45.8～98.9纳戈瑞/小时(nGy/h)，处于威海市天然辐射水平正常范围内。

市区电磁辐射射频电场强度区间范围为0.21～2.61伏/米(V/m)，低于《电磁环境控制限值》(GB 8072—2014)规定的公众曝露控制限值要求。

六、生态环境

全市生态环境状况保持稳定。

（威海市生态环境局提供）

法规、规章、规范性文件

·法规、规章、规范性文件目录·

2023年威海市法规、规章、规范性文件一览表

表21

序号	制定机关	规范性文件名称	文号	公布时间	施行日期	截止日期
1	威海市人民政府办公室	关于印发威海市区既有建筑外立面更新管理办法的通知	威政办发〔2023〕2号	2023.2.13	2023.3.15	2026.3.14
2	威海市人民政府办公室	关于促进体育产业高质量发展的实施意见	威政办发〔2023〕3号	2023.2.15	2023.2.15	2028.2.14
3	威海市人民政府办公室	关于印发威海市促进企业扩张激励办法（试行）的通知	威政办发〔2023〕5号	2023.2.25	2023.2.25	2024.12.31
4	威海市人民政府办公室	印发关于进一步加强财源建设的若干措施（试行）的通知	威政办发〔2023〕6号	2023.2.25	2023.2.25	2024.12.31
5	威海市人民政府办公室	印发关于支持先进制造业强市建设的若干政策的通知	威政办发〔2023〕7号	2023.2.25	2023.2.25	2026.2.24
6	威海市人民政府办公室	关于印发威海市“拨投贷保”联动支持科技创新管理办法（试行）的通知	威政办发〔2023〕8号	2023.2.25	2023.2.25	2024.2.24
7	威海市人民政府办公室	印发关于推动特色产业园区发展的若干政策（试行）的通知	威政办发〔2023〕9号	2023.3.17	2023.3.17	2025.3.16
8	威海市人民政府	关于印发威海市国土空间规划管理技术规定的通知	威政发〔2023〕4号	2023.4.22	2023.5.26	2028.5.25
9	威海市人民政府	关于强化科技创新支撑国家创新型城市建设的实施意见	威政发〔2023〕5号	2023.7.13	2023.7.13	2028.7.12
10	威海市人民政府办公室	关于进一步发挥农业信贷担保作用推动农业农村高质量发展的实施意见	威政办发〔2023〕12号	2023.7.13	2023.7.13	2028.7.12
11	威海市人民政府	关于印发威海市水文管理办法的通知	威政发〔2023〕9号	2023.9.17	2023.11.1	2028.10.31
12	威海市人民政府办公室	关于印发威海市职业技能竞赛管理办法的通知	威政办发〔2023〕17号	2023.9.20	2023.10.21	2028.10.20
13	威海市人民政府	关于印发威海市地方储备粮管理办法的通知	威政发〔2023〕11号	2023.11.18	2023.11.18	2028.11.17
14	威海市人民政府	关于印发威海市海域使用金征收管理办法的通知	威政发〔2023〕13号	2023.11.22	2023.11.22	2028.11.21

续表21

序号	制定机关	规范性文件名称	文号	公布时间	施行日期	截止日期
15	威海市人民政府办公室	关于印发威海市促进民营经济发展壮大财政支持政策（试行）的通知	威政办发〔2023〕20号	2023.11.27	2023.11.27	2024.12.31
16	威海市人民政府办公室	关于印发威海市跨部门综合监管办法的通知	威政办发〔2023〕21号	2023.12.10	2023.12.10	2028.12.9
17	威海市人民政府办公室	关于规范城乡公共交通基础设施建养使用管理的实施意见	威政办发〔2023〕22号	2023.12.12	2024.1.1	2028.12.31
18	威海市人民政府办公室	关于扎实开展城市更新行动深入推进精致城市建设的实施意见	威政办发〔2023〕24号	2023.12.25	2023.12.25	2028.12.24
19	威海市人民政府办公室	关于印发威海市乡村之星选拔管理办法的通知	威政办发〔2023〕25号	2023.12.26	2023.12.26	2028.12.25
20	威海市人民政府	关于印发威海市市长质量奖认定办法的通知	威政发〔2023〕16号	2023.12.27	2024.1.1	2028.12.31
21	威海市人民政府办公室	关于印发威海市品牌和标准化战略奖励资助办法的通知	威政办发〔2023〕26号	2023.12.27	2024.1.1	2028.12.31
22	威海市人民政府办公室	关于进一步推动城市公共交通优先发展的实施意见	威政办发〔2023〕27号	2023.12.29	2024.2.1	2029.1.31

·法规、规章、规范性文件选编·

关于支持先进制造业强市建设的若干政策

为深入学习贯彻党的二十大精神，加快实施制造强国战略，牢固树立大抓经济工作的鲜明导向，根据省委、省政府印发的《先进制造业强省行动计划（2022—2025年）》以及市委、市政府有关决策部署，锚定“走在前、开新局”，加快推动先进制造业高质量发展，结合我市实际，制定本政策。

一、实施企业技改提级行动

（一）鼓励企业实施智能化改造。支持企业采用新技术、新工艺、新装备对现有生产设施等进行改造提升，推动机器换人、设备换芯、生产换线。对符合条件的智能化改造项目，按照不高于其设备投资额10%的比例给予补助，单个企业补助最高不超过300万元。

（二）支持智能制造试点示范。对新认定的国家级智能制造示范工厂、智能制造优秀场景，分别给予最高100万元、50万元奖励；对新认定的省级智能制造标杆企业、智能工厂、数字化车间、智能制造场景，分别给予最高50万元、30万元、20万元、10万元奖励。

（三）强化“智改数转”技术支撑。培育一批本地智能化改造服务商，鼓励外地高水平服务商在威海设立服务机构，为本地企业智能化改造提供技术支撑和服务保障。对推动企业智能化改造成效显著的服务商，按照不高于其实际支付技术服务费金额5%的比例给予奖励，奖励资金最高不超过20万元。

二、提高企业创新能力

（四）加强创新载体建设。对成功创建国家级、省级制造业创新中心的牵头企业，分别给予最高500万元、300万元奖励；对新认定的国家级工业设计中心、技术创新示范企业，分别给予最高100万元奖励；对新认定的省级工业设计中心、技术创新示范企业、工业企业“一企一技术”研发中心、软件工程技术中心，分别给予最高20万元奖励。支持引进工业和信息化部部属创新服务平台（机构），对在我市建设的对产业发展具有重大促进作用的创新服务平台（机构），给予最高500万元资金支持。

（五）鼓励企业开展关键核心技术攻关。对突破产业链关键核心技术、促进产业链高质量发展并实现产业化的项目，给予最高100万元奖励。对原始取得集成电路布图设计登记证书的集成电路企业，单个证书给予最高20万元奖励，同一企业同一年度给予最高30万元奖励。

（六）支持工业设计产业发展。鼓励国内外知名设计机构、大型企业或科研院所来威设立或合作建立专业性工业设计中心或分支机构。支持企业参加工业设计大赛，对中国优秀工业设计奖获奖企业，按照获奖等次分别给予最高30万元、20万元、10万元奖励；对在山东省“省长杯”工业设计大赛中获奖的企业，按照获奖等次分别给予最高10万元、5万元、2万元奖励。

三、加强企业梯次培育

（七）支持“专精特新”企业发展。对首次获得认定的国家制造业单项冠军示范企业、制造业单项冠军产品、专精特新“小巨人”企业，分别给予最高100万元、50万元、30万元奖励；对首次获得认定的山东省独角兽企业、瞪羚企业、制造业单项冠军企业、制造业单项冠军产品、“专精特新”中小企业，分别给予最高100万元、30万元、30万元、20万元、10万元奖励。

（八）鼓励企业升规纳统。对首次纳统的工业企业，给予最高5万元奖励；纳统后第一年营业收入增幅超过10%（含）的企业，再给予最高5万元奖励；纳统后连续2年营业收入增幅超过10%（含）的企业，再给予最高5万元奖励。

四、加快推进数字赋能

（九）支持工业互联网平台建设。对上一年度投入分别超过200万元、100万元的行业级、企业级工业互联网平台项目，按照不高于实际投资额15%的比例给予补助，行业级平台项目补助最高不超过100万元，企业级平台项目补助最高不超过50万元。

（十）支持工业互联网试点示范。对上年度获评的国家级跨行业跨领域工业互联网平台、特色专业型工业互联网平台，分别给予最高不超过500万元、100万元奖励。对上年度获评国家级工业互联网试点示范、国家级新一代信息技术与制造业融合发展试点示范（特色专业型工业互联网平台除外）及省级工业互联网平台、省级新一代信息技术与制造业融合应用创新试点示范（典型应用场景除外）等示范标杆的企业，按国家级、省级分别给予最高50万元、20万元奖励。

（十一）支持大数据产业发展应用。对获评国家级、省级大数据产业发展试点示范、“晨星工厂”标杆、大数据发展创新平台、工业大数据平台示范等示范标杆的企业，分别给予最高50万元、20万元奖励。对首次通过DCMM（数据管理能力成熟度评估模型）2级、3级、4级评估认证的企业，分别给予最高20万元、30万元、40万元奖励。对首次通过CMMI（能力成熟度模型集成）3级、4级、5级评估认证的企业，分别给予最高20万元、30万元、40万元的奖励。

（十二）支持开展标识解析推广应用。鼓励企业依托工业互联网标识解析国家二级节点（威海）开展解析应用，对在工业互联网标识解析二级节点（威海）注册，且上年度标识注册量、解析量首次分别达到10万条和2万条以上工业企业，给予最高10万元奖励。

五、优化产业发展生态

（十三）推动产业链优化升级。积极发挥产业链重点企业的市场资源和技术优势，加强产业链配套协作和公共服务平台建设，促进产业链规模膨胀和效益提升。对开放供应链、打通上下游、共享采购和销售渠道成效显著的“链主”型企业，给予最高100万元奖励；对首次认定的国家级小型微型企业创业创新示范基地、中小企业公共服务示范平台，分别给予最高50万元奖励。对引进建设的重大强链补链延链固链项目和平台，采取“一事一议”的方式给予资金扶持。

（十四）大力发展服务型制造。鼓励制造企业加快实现从生产加工向材料供应、研发设计、品牌建设、管理服务、营销推广等环节延伸，不断增加服务要素在投入和产出中的比重，创新多种形式“产品+服务”经营模式，延伸和提升价值链，提高全要素生产率、产品附加值和市场占有率。对国家、省认定的服务型制造示范企业（平台、项目），分别给予最高100万元、20万元奖励。

六、加快推动绿色发展

（十五）加强工业绿色制造体系建设。大力推进资源节约和综合利用，以绿色工厂、绿色供应链等为重点，加快建立高效、清洁、低碳、循环的绿色制造体系，激发企业绿色发展内生动力，全面提升制造业竞争新优势。对首次认定的国家级绿色设计示范企业、绿色工厂、绿色供应链管理企业，分别给予最高50万元奖励；对首次认定的省级绿色工厂、绿色供应链管理企业，分别给予最高20万元奖励。

七、加强营商环境建设

（十六）积极发挥行业协会作用。引导工业和信息化领域行业协会充分发挥政企间的桥梁纽带作用，推动工业企业行业内资源整合、信息共享、联动互助，促进行业健康发展。对活动开展丰富、工作成效显著的市级行业协会，每年最高给予20万元补助。

（十七）加强企业人才队伍建设。以冲击新目标企业、制造业单项冠军企业、专精特新“小巨人”企业等为重点，围绕企业家队伍建设、产业高质量发展等领域，采取省内与省外、走出去与请进来、大讲堂与小班次相结合等多种形式，组织开展专题培训，着力培育一批领军企业家、青年企业家和中高层管理人才，引进培育一批产业创新人才，激发企业干事创业活力。开展优秀企业家评选表彰活动，弘扬优秀企业家精神，营造企业家干事创业的良好环境。

（十八）提升涉企服务水平。创新联系服务企业机制，定期梳理企业困难问题和需求项目，通过组织产业对接、强化软课题研究等多种形式，提升为企业谋发展、促工业稳增长的效能和水平。加大与新闻媒体合作力度，积极宣传先进制造业强市建设的标杆企业、亮点成绩、典型做法，在全社会营造重视实体经济、支持制造业高质量发展的良好氛围。

本政策中对企业的奖补资金，原则上不超过上年度企业地方贡献。本政策自2023年2月25日起施行，有效期至2026年2月24日。市工业和信息化局、市财政局联合印发的《关于支持先进制造业和数字经济发展的若干政策措施》（威工信发〔2020〕14号）、《威海市工业互联网发展专项资金实施细则》（威工信发〔2021〕28号）自本政策施行之日起同时废止。

威海市区既有建筑外立面更新管理办法

第一章　总　则

第一条　为贯彻精致城市建设理念，进一步加强我市既有建筑外立面更新管理，提升城市环境品质，彰显城市风貌特色，塑造良好城市景观，实现城市精细化管理，根据《中华人民共和国城乡规划法》《城市市容和环境卫生管理条例》《建设工程质量管理条例》等有关法律、法规，结合我市实际，制定本办法。

第二条　本办法所称既有建筑是指合法建设并投入使用的建筑物。

本办法所称既有建筑外立面是指既有建筑外侧墙面和屋顶面。

本办法所称更新包含既有建筑外立面改造、修缮、维护、保洁等活动。

第三条　各区（环翠区、文登区）、国家级开发区（火炬高技术产业开发区、经济技术开发区、临港经济技术开发区）范围内国有建设用地的既有建筑外立面更新及监督管理，适用本办法。文物保护单位、历史建筑、风景名胜区、历史文化街区核心保护范围内的既有建筑外立面更新管理，法律、法规另有规定的，适用其规定。

第四条　市自然资源和规划部门负责既有建筑外立面更新项目的建设工程设计方案审查工作。

市住房城乡建设部门负责编制既有建筑外立面更新实施计划，统筹指导既有建筑外立面更新实施工作。

行政审批服务部门负责办理既有建筑外立面更新项目建设工程规划许可证和建筑工程施工许可证。

城管执法部门依职责对擅自在既有建筑外立面进行违法建设、违反城镇容貌标准安装设备设施等情形依法进行查处。

第五条　环翠区政府、文登区政府、国家级开发区管委及其建设部门负责既有建筑外立面更新实施计划的具体实施工作。

镇人民政府、街道办事处应加强辖区内既有建筑外立面更新管理的日常监督，对不及时按规定进行既有建筑外立面更新的，采用公告提示、书面通知等形式，告知管理责任人及时开展更新活动。

第二章　既有建筑外立面更新

第六条　既有建筑外立面应当保持安全、美观、完好和整洁，符合城市容貌标准。

既有建筑外立面出现下列情形之一的，应当及时更新：

（一）建筑外立面有明显污迹或者严重变色的；

（二）建筑外立面有残损、脱落或者装饰材料剥落的；

（三）建筑外立面存在漏水、材料老化等安全隐患的；

（四）与城市风貌和周边建筑环境严重冲突的；

（五）其他应当进行更新或者改造的情形。

第七条　考虑建筑物性质、功能、色彩、造型和城市景观环境等因素，既有建筑外立面更新应符合城市设计对城市风貌、建筑群体等相关内容的要求，并符合下列规定：

（一）环海一线、环山一线、城际铁路沿线、城市主要道路两侧和重点区域内一般建筑外立面更新，应体现时代特色和精致城市建设理念，注重建筑文化内涵，提升城市景观环境品质；其他地区的建筑外立面更新应当在造型、材料、色调等方面与环境相协调；

（二）建筑色彩应采用清朗明雅的城市基础色调，合理确定建筑主色调和辅助色调，不应大面积使用暗沉色系；

（三）建筑配色应遵循变化与统一的形式法则，对于功能相同的群体建筑，单体建筑之间应有适度的色彩变化，不宜使用单一颜色进行整体涂装，避免产生单调感，对原有色彩杂乱突兀的建筑，应参考周边环境进行更新；

（四）统筹设计建筑单体各个立面的比例、材料、色彩、外挂构件、空调、管线、广告位等，加强建筑外立面细部设计。

既有建筑外立面更新不得增加建筑面积，不得擅自改变建筑物的承重结构，不得擅自加设原设计以外的加大荷载等不安全因素的内容，不得侵占公共空间，不得改变建筑使用功能。

第八条　既有建筑外立面更新时，建筑外墙饰面应当采用安全、环保、反射系数低、坚实耐用、富有质感、不易锈蚀的外装材料和防止脱落的技术措施、施工工艺。鼓励既有建筑外立面更新时使用安全、环保、节能的新技术、新材料、新工艺。附属设备、附属设施、饰面层应满足耐久性和安全性条件。

城市主要道路两侧及重点区域内高层建筑底层裙房部分外墙宜采用高档外装材料，玻璃不宜采用绿色、蓝色等高饱和度色彩。商业用房临街门窗宜采用玻璃等透明材料。沿城市道路两侧的主要公共建筑的更新应考虑光亮工程设置。

第九条　既有建筑进行屋顶面更新，应采取尽量不改变屋顶外观、色彩、结构的方式实施。

既有建筑平屋顶加设防水、保温材料时，应选用反光系数低的屋面材料，减轻对周边环境产生的光污染等不良影响，防水卷材不得外露。低层、多层平屋顶住宅建筑可采用坡屋顶形式进行改造。

第十条　棉花山以南、古寨东路—环山路以东、戚家夼路以北区域及城市制高点可视范围内既有低层、多层建筑坡屋顶面更新，应延续原有建筑风貌特色，采用红瓦屋面，且在相应视线可及范围内色彩协调统一。其他区域既有低层、多层建筑坡屋顶面更新宜采用红瓦屋面。

既有低层、多层建筑坡屋顶面更新严禁采用彩钢瓦，防水卷材不得外露。既有高层建筑坡屋顶面更新改造应采用安全系数高、不易脱落的材料。

第十一条　附着建筑物设置的空调室外机、排气扇等附属设备设施应当统一规整，并进行隐蔽设置或采用不锈钢、防腐木等不易锈蚀或腐坏的构件进行遮蔽处理，且不得影响建筑外立面整体风格。

附着于既有建筑外立面的管道、线缆或套管应统一规整，尽量保持水平或垂直，并沿建筑阴角部位或次要立面敷设，颜色应当与建筑外立面色彩一致或相近。

第十二条 非成片的危房拆除重建工程外立面应与周边建筑相协调，建筑形式、色彩和材质应和谐统一，屋顶形式宜沿用原有屋顶形式，屋顶为坡屋顶的宜采用红瓦屋面。

第十三条 按照建筑风貌等级，具有保护要求的既有建筑或相关区域内既有建筑的更新应符合：

（一）文物保护单位、历史建筑、风景名胜区、历史文化街区核心保护区范围内建筑严格按照历史文化保护、风貌保护的法律、法规和相关规划进行设计，沿用原有外立面结构、造型、色彩和材质；

（二）历史文化街区建设控制地带范围内建筑外立面更新应当与历史文化街区风貌相协调。

第三章 实施和监管

第十四条 既有建筑外立面管理责任人（以下简称“管理责任人”）为建筑所有权人。建筑所有权人与建筑的管理人或者使用人另有约定的，由约定的管理责任人负责。

管理责任人应当对既有建筑外立面开展日常检查和保洁维护，发现既有建筑外立面存在重大安全隐患的，应当向既有建筑所在地镇人民政府、街道办事处报告。

第十五条 任何单位和个人不得实施下列破坏既有建筑外立面安全、整洁的行为：

（一）擅自在既有建筑外立面搭建建（构）筑物；

（二）擅自改变既有建筑外立面造型、色彩、材料或者改变建筑结构；

（三）擅自在既有建筑外立面开门、窗，改变原有门窗位置和尺寸造型；

（四）擅自使用防水卷材敷设平屋顶外表面及坡屋顶瓦面；

（五）擅自增设分布式光伏板；

（六）擅自在既有建筑外立面设置大型户外广告或者在城市建筑物、设施上张贴、张挂宣传品；

（七）在城市主次干道临街建筑外立面堆放、吊挂有碍市容观瞻的物品；

（八）在既有建筑外立面涂写、刻画；

（九）拆除阳台栏杆、栏板等安全防护设施；

（十）其他破坏既有建筑外立面的行为。

第十六条 既有建筑的屋顶面不得乱搭、乱放，应当保持洁净。屋顶面增设通信基础设施，其建设形态应与所处位置及周边区域风貌相协调，宜进行景观化处理，不得擅自设置。

第十七条 设置大型户外广告或者在城市建筑物、设施上张挂、张贴宣传品，应当依法向行政审批服务部门申请办理行政许可手续。

第十八条 既有建筑外立面更新，建筑所有权人应当委托原设计单位或原设计单位书面同意后由不低于原设计单位资质等级的建筑设计单位出具施工图。对于原设计单位确已灭失的，建筑所有权人可直接委托不低于原设计单位资质等级的建筑设计单位出具施工图。

建筑设计单位在进行建设项目设计时，必须遵守国家、省、市有关规定和技术规范，并按设计深度要求提供建筑外立面设计图纸和有关说明。

建筑所有权人不得明示或者暗示设计单位或者施工单位违反工程建设强制性标准，降低建设工程质量。

施工单位必须按照工程设计图纸和施工技术标准施工，不得擅自修改工程设计，不得偷工减料。

第十九条 建筑所有权人需将既有建筑外立面更新设计方案、施工图设计文件及其他法定申请材料，线上通过威海市工程建设项目审批管理系统，或线下通过各区、国家级开发区政务服务中心投资建设综合窗口，申请办理建设工程规划许可和建筑工程施工许可。经批准的工程设计方案由市自然资源和规划局负责转送市精致城市建设工作领导小组办公室和相应镇人民政府、街道办事处。

第二十条 不改变建筑外立面原有色彩、形式及材质的既有建筑外立面更新项目，无需办理建设工程规划许可。

列入年度城镇小区改造计划的项目，不增加建筑面积、不改变既有建筑功能和结构、不改变建筑外立面原有色彩的，免于设计方案审批。

第二十一条 市、区人民政府及国家级开发区管委可以根据规划调整、城市更新、城市容貌标准要求以及重大节庆活动需要，组织实施重点区域和重要节点既有建筑外立面更新，管理责任人应当按照城市人民政府的统一要求实施。

第二十二条 市、区人民政府及国家级开发区管委组织实施既有建筑外立面更新的，应当采取召开座谈会、论证会、听证会或者其他方式，征求建筑所有权人、管理责任人以及有关方面的意见。

第二十三条 既有建筑外立面的更新费用由管理责任人负责。列入老旧小区改造范围的既有建筑，按照相关政策执行。

第二十四条 居民住宅区既有建筑外立面的屋顶、外墙等共有部位更新符合使用住宅专项维修资金要求的，按照有关规定执行。

第二十五条 因规划调整、城市更新、城市容貌标准要求以及重大节庆活动需要，由市、区人民政府及国家级开发区管委组织对重点区域和重要节点既有建筑外立面实施更新的项目，市级财政结合财力情况给予一定补助。

第四章 法律责任

第二十六条 有下列行为之一的，由自然资源和规划、城管执法部门按照职责责令停止违法行为并依法处置。

（一）擅自在建筑物外立面进行建设；

（二）在建筑装饰装修活动中擅自搭建建筑物、构筑物或者改变住宅外立面，在非承重外墙上开门、窗的；

（三）超过建筑物外墙面对建筑物外走廊、阳（平）台进行封闭，或者其外型、规格、色彩不符合城镇容貌标准的。

第二十七条 有下列行为之一的，由城管执法部门责令停止违法行为，限期清理、拆除或者采取其他补救措施；逾期未清理、拆除或者采取其他补救措施的，可以依照下列规定处以罚款：

（一）在城镇道路两侧建筑物的顶部、阳台外、窗外堆放、吊挂或者晾晒有碍城镇容貌的物品的，处以50元以上 200 元以下罚款；

（二）未经批准擅自在城镇建筑物或者其他设施上张贴、张挂宣传品，影响城镇容貌的，处以 200 元以上 5000 元以下罚款；

（三）擅自在建筑物外立面进行张贴、涂写、刻画的，处以 100 元以上 1000 元以下罚款。

第二十八条　建筑所有权人明示或者暗示设计单位或者施工单位违反工程建设强制性标准，降低建筑外立面工程设计标准或者质量的，由住房城乡建设部门责令改正，并按规定处以 20 万元以上 50 万元以下的罚款。

设计单位未按照工程建设强制性标准进行建筑外立面设计的，由住房城乡建设部门责令改正，并按规定处以 10 万元以上 30 万元以下的罚款。造成工程质量事故的，责令停业整顿，按规定降低资质等级；情节严重的，按规定吊销资质证书；造成损失的，依法承担赔偿责任。

第二十九条　既有建筑外立面更新管理的相关部门及其工作人员滥用职权、玩忽职守、徇私舞弊或者有其他不履行、不正确履行职责行为的，依法给予处分；构成犯罪的，依法追究刑事责任。

第五章　附　则

第三十条　荣成市、乳山市、南海新区的既有建筑外立面更新管理工作，参照本办法执行。

第三十一条　本办法自 2023 年 3 月 15 日起施行，有效期至 2026 年 3 月 14 日。

威海市人民政府办公室
关于进一步发挥农业信贷担保作用推动农业农村高质量发展的实施意见

为进一步发挥政策性农业信贷担保“增信、分险、赋能”作用，有效提升农业信贷担保工作质量和成效，破解农业农村发展中的资金问题，推动农业农村高质量发展，现结合我市实际，经市政府同意，提出如下实施意见。

一、总体要求

（一）指导思想。深刻认识农业信贷担保工作的重大意义，深入贯彻党中央、国务院关于做好农业信贷担保工作的决策部署，严格落实省委、省政府和市委、市政府工作要求，推动农业信贷担保业务向纵深发展，不断提高农业信贷担保业务覆盖面和政策精准性，切实解决好农业农村发展资金问题。

（二）工作原则

——健全体系，系统推进。立足乡村振兴现实需求，树立全局意识和系统观念，通过建立健全农业信贷担保工作机制、组织架构，完善政策支持体系，撬动金融资本、引导社会资本投向农业农村，构建服务乡村振兴战略多元投入机制“一盘棋”的工作格局。

——需求导向，精准施策。充分认识当前农业经营主体获取资金困难的实际情况，结合农业农村发展以及相关产业项目实际需求，精准实施农业信贷担保和财政扶持政策，做到担保项目精准、财政政策精准。

——分类实施，协同推动。树立做好农业信贷担保工作就是为民办实事、增进人民福祉的大局意识，强化农业信贷担保政策与财政政策协同理念，以农业信贷担保政策为主、财政政策为辅，发挥政策叠加作用，提升财政支农资金使用绩效。

二、重点任务

（一）完善风险防控机制。在采取严格风险防控措施、降低损失代偿风险的基础上，增加市级财政分险，进一步降低省农担公司代偿风险。对新增政策性农业信贷担保业务，风险分担比例由省农担公司、县级财政、合作银行按 6 ∶ 2 ∶ 2 分担，调整为省农担公司、市级财政、县级财政、合作银行按 4 ∶ 2 ∶ 2 ∶ 2 分担。省农担公司与合作银行的其他分险协议，不改变市县两级财政分担比例。

（二）建立快速代偿机制。市级设立风险代偿资金，纳入企业信用保证基金“资金池”统一管理，对省农担公司按规定审查通过的代偿损失，由市级财政按程序从企业信用保证基金专户将市县财政应分担资金一并支付，减少代偿资金支付环节和程序，提高资金拨付效率。市县两级承担代偿资金，在扣除追偿资金后，由市县两级财政部门分别于下一年度预算开始后足额拨付企业信用保证基金专户。

（三）健全激励奖励政策。完善政策支持体系，对合作银行、县级农担工作等进行相关考核激励奖励，对重点支农领域给予贴息补助，具体标准如下：

1. 合作银行工作激励。对合作银行贷款代偿损失、贷款利率、贷款规模、贷款业务成功率、重点产业或担保产品比例、首保比例、保后管理、损失追偿率等进行考核，考核成绩优秀的设置专项奖，与银行业金融机构其他专项奖获评机构一并给予通报表扬，并落实相应奖励。

2. 县级农担工作奖励。对县级农担体系建设、代偿损失、“白名单”管理、保后管理、损失追偿率、担保产品创新、贷款规模、风险控制措施等进行综合考核，对成绩达到优秀等次且排名靠前的区市、开发区给予奖励，其中区市最高 100 万元、开发区最高 50 万元。

3. 财政贴息补助。对新增发展粮食生产的农业信贷担保贷款，给予最高 3% 财政贴息补助，对新增发展农业社会化服务、农村集体经济和水产苗种繁育的农业信贷担保贷款，给予最高 2% 财政贴息补助。

4. 其他考核奖励。对区市、开发区新开发的县域担保产品开展综合评价，成效突出的，分档分别给予 50 万元、30 万元奖励；对市级以上农业龙头企业承担连带责任的供应链担保产品，每年按产品在保余额的 1% 给予龙头企业最高 200 万元奖励。

三、职责分工

各级涉农主管部门负责农业适度规模经营主体“白名单”统计更新和报送工作；围绕党委、政府支农重点工作及行业发展规划、部门工作计划等，做好产业集群、产业链担保等担保创新产品的开发，及时汇总和推荐项目。

市财政局负责落实农业信贷担保支持政策，引导部门转变财政扶持方式，共同研究制定相关优势产业发展或项目扶持贴息政策，健全完善相关工作考核办法、资金管理办法，组织开展农业信贷担保相关考核和绩效评价等。

省农担威海市管理中心负责指导区市、开发区农担办事处发挥职能作用，保障业务开展；组织对区市、开发区农担办事处的业务培训；安排专人负责区市、开发区农担办事处相关工作，或对接区市、开发区农担办事处开展工作；研究上报产业集群和产业链担保等创新担保产品；积极参与各项考核管理，有针对性完善提升相关工作。

各区市、开发区农担办事处遵守与省农担公司的各项合作协议，接受省农担威海市管理中心的业务指导并配合开展工作；做好业务推广和“白名单”管理工作；指导镇村相关机构和人员开展工作；协助省农担威海市管理中心及合作银行做好保后监管、风险化解、代偿追偿等；做好本区域产业链担保等创新担保产品开发工作。

地方金融监管和人民银行、银保监等部门要积极引导各银行业金融机构加大对农业信贷担保工作的资源倾斜，降低贷款利率，强化风险管控，支持做好不良贷款清收等工作，提升服务质量。

四、保障措施

（一）加强组织领导。建立威海市农业信贷担保提质增效工作协调机制，由市政府分管农业农村工作的领导同志任召集人，相关部门、单位有关负责同志为成员，统筹协调农业信贷担保工作，协调机制办公室设在市财政局。工作协调机制各成员单位要立足自身实际，制定完善工作措施，加强协调联动，形成工作合力，充分发挥农业信贷担保政策作用。各区市、开发区要建立健全工作协调机制，加强对农担工作的领导。

（二）加强队伍建设。各区市、开发区要高度重视农担机构建设工作，真正建立起“县级办事处＋镇级工作站＋村级服务点”三级农担工作体系，从财政部门选派1名科级干部任区市、开发区农担办事处主任，并安排专职人员从事农担工作，与省农担公司派驻人员协调配合，共同做好农担工作。进一步完善镇（街道）农担工作站设置，安排专人负责，并挂牌对外办公。在行政村设立农担服务点，由村会计负责具体工作，加强与农业适度规模经营主体的有效对接，打通农担服务工作的“最后一公里”。

（三）强化资金保障。充分发挥财政资金使用绩效，市级财政安排专项资金，以财政贴息方式，精准解决经营主体资金需求并减轻成本支出负担，发挥财政资金“四两拨千斤”作用。做好业务考核奖励资金保障，通过考核激励，推动农业信贷担保工作有效开展。加强资金管理，完善资金管理制度，明确风险补偿基金、贴息资金、考核奖励资金、经费资金管理使用规定，确保财政资金管理使用安全、规范、高效。

（四）严格督导落实。各有关部门要加强工作督导，对职责范围内事项定期调度或通报，并将区市、开发区农担工作情况纳入乡村振兴考核，督促各区市、开发区加大工作力度，不断提升农业信贷担保支农工作质量。市财政局、省农担威海市管理中心要结合我市实际，完善考核管理制度，明确考核内容、标准、方式等，加强考核结果运用，提升考核工作成效。

本实施意见自2023年7月13日起施行，有效期至2028年7月12日。

威海市人民政府办公室
关于扎实开展城市更新行动深入推进精致城市建设的实施意见

为推进城市更新工作，促进城市高质量发展，加快打造优质均衡发展的精致城市样板，根据国家、省关于城市更新工作部署要求，结合我市实际，经市委、市政府同意，制定本实施意见。

一、总体要求

（一）更新重点。聚焦补短板、惠民生、提效能，着力推进社区环境焕新、特色街区打造、蓝绿空间提质、精致空间塑造、交通承载扩容、韧性基建攻坚、智慧城市筑基、低效用地提效等八个方面更新改造。坚持以片区综合更新改造为重点，高标准打造卫城—金线顶等十大重点片区。

（二）主要方式。统筹推进片区综合更新改造，通过“保护传承、优化改造、拆除重建”等方式，完善城市基础设施和公共服务设施，持续改善城市人居环境和风貌品质。

1. 保护传承。对具有历史文化保护价值或者不影响城市整体发展的片区，不破坏传统格局和街巷肌理，不随意拉直拓宽道路，保持老城格局尺度。在符合保护要求前提下，对建筑进行维护修缮、综合整治和功能优化，完善基础设施和公共服务设施，原则上不再扩建、改建。

2. 优化改造。对基础设施和公共服务设施等级较低或者缺失、无法满足城市发展需求、原有用地性质或者权属需要变更、确需改变建筑使用功能或者土地利用效率较低、不符合集约使用原则的片区，在维持现状建设格局基本不变前提下，采取改建、加建、扩建、局部拆除、改变功能等一种或者多种措施，对片区进行功能完善。

3. 拆除重建。对存在严重安全隐患、物权主体意愿强烈、建筑年久失修、严重影响城市整体发展格局的片区，通过整治提升或者改建完善无法满足城市发展需要的，按照《住房和城乡建设部关于在实施城市更新行动中防止大拆大建问题的通知》（建科〔2021〕63号）等文件要求，进行拆除重建。

二、基本路径

（一）全面开展城市体检。坚持“无体检不项目、无体检不更新”，建立完善技术标准体系，全面开展城市体检，精准查找建设、管理、服务、安全韧性等各方面弱项短板，并将体检结果作为开展城市更新的重要依据。

（二）制定城市更新实施计划。各区（含环翠区、文登区、高区、经区、临港区、南海新区，下同）政府（管委）依据城市体检结果和《威海市城市更新规划》，制定本区域城市更新三年行动计划，合理划定城市更新片区，确定城市更新目标、范围、项目清单和更新时序，明确资金投入和成本收益测算、运营管理以及保障措施等。

（三）确定项目实施主体。根据更新片区及更新对象产权实际情况，通过多元化方式，依法依规确定有相应能力的更新实施主体。鼓励城市更新实施主体与专业化企业开展合作，充分发挥各方主体优势，加大资源整合力度，鼓励策划、设计、更新、招商、运营一体化，坚持运营管护前置。

（四）编制项目实施方案。实施主体在充分摸底调查的基础上，编制更新项目实施方案，并征求相关权利人或居民意见。方案应明确目标、内容、建设计划、成本收益分析、资金筹措、推进步骤等内容。

（五）组织项目实施。更新项目实施方案由各区相关行业主管部门牵头审查，并经各区政府（管委）同意后实施。市级国有投资平台负责实施的项目或重点区域重要项目，按照有关要求向市政府请示报告后实施。实施主体按照相关法律法规，办理项目基本建设手续并组织建设。

（六）组织项目验收。各区政府（管委）会同相关行业主管部门组织验收，督促实施主体完成相关设施移交、运营管理工作。对市级城市更新重点项目，由市“精致城市”建设工作指挥部办公室全程督导把关。

三、政策支持

（一）规划政策

1. 在控制性详细规划范围内，对符合规划使用性质正面清单、保障居民基本生活、补齐城市短板的更新项目，可适度调整容积率，在确保结构和消防安全前提下，鼓励地上地下立体开发建设，科学利用城市地下空间资源。

2. 针对部分更新项目存在地块小、分布散、配套不足的现状，可结合实际情况，在符合国土空间规划前提下，经市国土空间规划委员会审议通过后，可对容积率进行适当调整。

3. 对老旧小区内及周边新建、改建、扩建社区服务设施的，在不违反国家有关强制性规范、标准前提下，可适当放宽建筑密度、容积率等技术指标要求。老旧小区可利用地下空间建设公共停车场或立体停车库，老旧小区改造项目建设的地上立体停车库不计算容积率，可在停车库中配置不超过车库建筑面积20%的商业经营面积。

（二）土地政策

1. 对城市更新片区范围内的边角地、夹心地、插花地等零星未出让国有用地，应当鼓励用于基础设施和公共服务设施建设，可以一并划入更新片区。探索将不能单独开发建设的用地，由市自然资源和规划部门办理相关手续，整体供应给其相邻地块的城市更新实施主体（商品住宅除外）。

2. 在符合区域发展导向和相关规划用地要求前提下，鼓励用地性质的兼容与转换，鼓励公共服务设施合理、复合、集约设置。

3. 在不违反市场公平竞争原则前提下，可在土地供应前，依据国土空间详细规划及土地使用标准核提规划条件，审查建设工程设计方案，按程序将其纳入供地方案，实施“带方案供应”。土地竞得人应严格执行挂牌出让时的条件要求，落实建设时序和运营管理责任，不得擅自变更。

4. 鼓励利用现有工业用地，兴办先进制造业、生产性及高科技服务业、创业创新平台等国家支持的新产业、新业态。在符合各级各类规划的前提下，企业利用存量工业用地及厂房发展国家支持产业、战略性新兴产业的，经批准可在5年内继续按原用途和土地权利类型使用土地。鼓励通过厂房加层、厂区改造、内部用地整理等途径提高土地利用率。在不改变用途前提下，现有工业用地提高土地利用率和增加容积率的，不再增收土地价款。

5. 对城市更新中涉及的布局散乱、利用粗放、用途不合理、建筑危旧的存量建设用地，可纳入城镇低效用地再开发项目库，按照山东省城镇低效用地再开发相关规定实施。根据城市更新专项规划规定，除应由政府收回的低效用地外，允许原土地使用权人采取自主再开发，或以转让、入股、联营等多种方式开发低效用地。

（三）资金政策

1. 积极争取中央和省资金支持，鼓励利用中央、省政策性资金，争取更多政策性贷款、地方政府专项债券等，用于更新改造项目。通过直接投资、财政补助、贷款贴息等，对公益性、基础性城市更新项目予以支持。

2. 各区应当保障开展城市更新工作日常经费，加大财政对更新改造资金的支持力度。更新项目新增土地出让收益优先用于平衡城市更新资金缺口。

3. 在保障公共利益前提下，支持社会资本参与城市更新，对可经营、可出售、可出租的更新项目或资产，优先通过市场化方式运作。鼓励国有企业搭建平台，加强与社会资本合作，通过资产证券化（ABS）、股权合作／股权投资＋施工总承包模式（投资人＋EPC）、融资＋施工总承包模式（F+EPC）等多种方式筹集资金。鼓励更新项目或资产产权所属单位或居民出资自主进行更新改造，共享更新收益。对单一地块、项目无法实现资金平衡的，探索跨区域平衡、多项目捆绑平衡、近期远期平衡、建设运营平衡等模式予以合理搭配，统筹更新片区内资源配置和产出效益。

四、组织保障

（一）加强组织领导。由市“精致城市”建设工作指挥部统筹推进城市更新工作，建立市有关部门、单位协同联动机制，加强政策创新，深化“放管服”改革，支持各区推进城市更新工作。各区政府（管委）要强化责任落实，制定更新计划，建立任务台账，推动各项任务落实落细。

（二）强化政策支持。各部门要按照各自职能，创新城市更新理念，围绕规划、土地、建设、财政、住房公积金、行政审批、金融、不动产登记等方面，因地制宜制定一批配套政策、技术标准，形成完整的城市更新政策体系。

（三）严格督导评估。各区政府（管委）将城市更新工作列入重要议事日程，市“精致城市”建设工作指挥部办公室定期对城市更新项目进展情况进行通报，跟踪评估城市更新政策，不断优化城市更新方式和政策机制。

（四）加强宣传引导。加强媒体宣传和政策解读，组织开展城市更新示范项目评选等活动，引导社会各界积极参与城市更新，不断深化全领域、全环节、全要素精致城市建设，提升城市功能品质和群众获得感、幸福感。

本实施意见自2023年12月25日起施行，有效期至2028年12月24日。荣成市、乳山市城市更新工作可参照执行。

外地传媒中的威海

·专题报道目录·

2023年有关威海市的专题报道一览表

表22

媒体类别	题 目	发布时间
中国经济导报	“链式”模式优化威海产业生态	1月3日
大众日报	志愿服务“让专业的人干”	1月8日
中国文化报	渔家民俗展新貌	1月17日
大众日报	解开威海火炬八街的流量密码	1月28日
央视晚间新闻	山东威海“千里山海”特色主题掀起冬游新热潮	1月24日
大众日报	威海：发展活力哪里来？	2月11日
新华社	威海农业：“田管家”春耕备耕忙	2月16日
央视晚间新闻	新能源产业“风”生“水”起	2月18日
新华网	科技赋能 智慧备耕进行时	2月18日
大众日报	拼劲满满，活力满满！威海抓经济蛮拼的！	2月21日
人民日报	倾听山东省地矿局第六地质大队三代队员讲述寻矿历程——奋力书写“英雄地质队”新篇章（守望·特别策划）	2月28日
法治日报	“四项改革”推动政法工作高质量发展	2月28日
中国社会报	“1+5+N”机制打造“文”人说事社区议事品牌	2月28日
光明日报	发展精致农业 打造精致片区	3月3日
新华网	全国人大代表孔凡萍：向海图强，聚力做好经略海洋	3月7日
中国日报	全国人大代表孔凡萍：威海努力在发展海洋经济上走在前列	3月7日
人民网	全国人大代表孔凡萍：搭建海洋碳汇交易平台 探索蓝碳经济发展路径	3月7日
大众日报	建设海洋牧场 筑起“海上粮仓”	3月10日
央广网	加快海洋产业链、创新链深度融合	3月10日
中国妇女报	为儿童全面发展创造友好的家庭和社会环境——访全国人大代表、山东省威海市市长孔凡萍	3月10日
经济日报	更好统筹当前和长远	3月11日
中国日报	威海聚力发展海洋经济	3月15日
中国国防报	威海有支国防教育“娘子军”	3月20日
人民日报	山东省威海市刘公岛消防救援站——用真情呵护海岛平安（把雷锋精神代代传承下去）	3月20日

续表22

媒体类别	题　目	发布时间
新华社	大项目领航，精细处深耕	3月26日
工人日报	强化新就业形态劳动者权益保障 “入会+服务”上好暖“新”双保险	3月27日
新华网	一晚客流近万人 山东威海夜经济“烟火气”升腾	3月30日
光明日报	村里来了360名“首席专家”	3月31日
光明日报	传承乡村文脉，激活乡村文化活力	4月6日
中国妇女报	威海乳山“社会妈妈”让爱不再错位	4月14日
新华社	跟着“庄稼人”巡山护林	5月2日
大众日报	人往高区走，底气哪里来？	5月12日
新华社	黄海之滨的林海守护者	5月25日
新华社	把最好的船用来干比挣钱更要紧的事	5月29日
焦点访谈	紧握RCEP生效机遇 经贸便利水平再提升	6月5日
人民日报	与非遗相伴 和传统同行	6月13日
新华社	赋能乡村振兴 为新时代农业现代化贡献力量	6月28日
大众日报	看乳山如何补齐工业短板	7月10日
新华社	山东威海：“唤醒”一条百年老街	7月10日
CCTV3-新闻直播间	美丽中国新画卷·寻访新动力之源 山东荣成 高温气冷堆：探索第四代核电技术	7月19日
大众日报	海上风电上下游企业望“风”而来	7月5日
新华社	生产线“上云端”——山东威海制造业转型升级见闻	7月29日
中国新闻网	以创新为翼，威海传统产业“老树发新芽”	7月30日
人民日报	山东威海高新区多措并举提升服务　干部“靠前站” 群众“高兴办”	8月2日
新华社	打造高水平船舶制造基地	8月2日
大众日报	高质量推进党的创新理论生动传播	8月10日
人民日报	山东威海经开区党建联盟助推特色产业	8月11日
CCTV13-新闻联播	第二批学习贯彻习近平新时代中国特色社会主义思想主题教育扎实开展	8月11日
CCTV1-晚间新闻	威海：抢抓夏季消费热点，促进小家电产品出口	8月18日
新华网	先进制造业集群优势调研行　生态小城兴起高新产业	8月21日
大众日报	到2025年将涌现千家产业尖兵	8月24日
新华网	党建引领、司法护航，交出助推乡村振兴新答卷	8月25日
大众日报	天鹅湖畔双赢路	9月13日
央视《正午国防军事》	“打卡”刘公岛	10月4日
大众日报	海底种草 蓝碳变现	10月10日
人民日报	前8月造船业完工量、新接订单量、手持订单量指标均居世界第一 造船大国迈向造船强国（产经观察·重点行业稳增长）	10月11日
新华社	以“抱团”谋振兴	10月16日
新华社	精致威海，日新月异	10月26日

续表22

媒体类别	题 目	发布时间
人民日报	天边有个威海湾	11月8日
大众日报	封封感谢信见证殷殷护航情	11月10日
人民日报	山东威海高区——创新基层治理 精准服务群众	11月10日
大众日报	美丽海湾建设造就迷人桑沟湾	11月21日
光明日报	践行“一线工作法”，高质量发展成效检验主题教育成果	11月25日
山东新闻联播	威海刘公岛：一座有故事的岛	11月29日
新华社	“陆海接力”15年，他们在海底“荒漠”种出一片“绿洲”	12月3日
新华社	威海“校企政深度融合”促经济发展经验做法	12月5日
大众日报	威海市加快能源绿色低碳转型，向能源大市迈进	12月11日
新华网	威海以信用为基石推进美德建设	12月14日
新华社	威海“渔具之城”抢占新材料高地	12月15日

·典型报道荟萃·

倾听山东省地矿局第六地质大队三代队员讲述寻矿历程

——奋力书写“英雄地质队”新篇章

2022年10月2日，中共中央总书记习近平给山东省地矿局第六地质大队全体地质工作者回信，对他们弘扬优良传统、做好矿产勘查工作提出殷切期望，勉励他们奋力书写“英雄地质队”新篇章。

背起行囊走天下，踏遍群山始见金。本报记者奔赴山东威海，走近第六地质大队，记录队员们跋山涉水、风餐露宿、攻坚克难的勘查故事和为国寻矿的非凡历程，感受爱国奉献、开拓创新、艰苦奋斗的优良传统……

——编者

山东省地矿局第六地质大队（以下简称“六队”）原副总工程师、86岁的李士先老人打开抽屉，拿出一份2022年10月5日的人民日报，一个字一个字地品读着，“总书记的回信，我读了一遍又一遍，心情十分激动，更是深受鼓舞……”李士先说。

自1958年成立以来，完成钻探进尺500余万米，相当于600余座珠穆朗玛峰的高度；累计探明黄金资源量2810余吨，成为全国找金最多的地质队；1992年，被国务院授予“功勋卓著无私奉献的英雄地质队”荣誉称号……合上报纸，李士先讲起了六队的光荣历程。

寻金报国，打破传统找矿模式

中国第一个特大型蚀变岩型金矿找到了

山东胶东招远，素有“金城天府”之誉，当地流传一首民谣：“金骡走，磨子转，磨下全是金豆豆。”传说想得到“金豆豆”不容易，得先打开山之门。1958年，一支94人组成的勘查队挺进招远，迈出为国寻金第一步。这支队伍，便是六队的前身。

1960年，李士先从山东大学地质系毕业，被分配至六队，正赶上“找矿大会战”。白天队员们寻线索、打平巷、掘浅井，夜里铺干草、打地铺、做方案。李士先暗下决心：一定要为国家挖出几颗“金豆豆”！

建队初期，六队队员只是在含金石英脉型金矿里打转。“当时，受国外专家‘大断裂带只导矿不储矿’论断影响，我们把大断裂带视为找矿禁区，从未‘越雷池一步’。”李士先说。

有没有其他类型的大型金矿床存在呢？渤海之滨，莱州湾畔，有一座三面环水的小岛——三山岛。踏着一尺厚雪，顶着刺骨寒风，六队队员奔赴三山岛；经采样化验，发现这里存在一个新类型金矿——破碎带蚀变岩型金矿。

这是一个重大发现！“为了这个发现，六队队员奋勇拼搏，甚至有队员献出了宝贵的生命。”李士先说。

1966年，张裕之被任命为三山岛区域普查技术负责人，那时他肺部刚做了大手术。每天早上，他蹚着水上岛选点、采样，黄昏时背着矿石返回……单位领导怕他身体顶不住，要调他回机关，但张裕之选择了坚守：“国家让我们找金，人不在野外怎么找？”生命的最后时刻，他穿上登山鞋，在病房里走来走去，直到再也没有站起来。

在普查勘探的基础上，张裕之主持编写的矿区勘查报告通过评审，中国第一个特大型蚀变岩型金矿找到了！

“这个发现打破了传统找矿模式。”李士先说，“很快，我们在另一个断裂带中段，发现了特大型的焦家金矿；顺藤摸瓜，又摸到了新城金矿、马塘金矿、东季金矿。”

寻到矿仅是第一步。队员们觉得分析总结新类型金矿理论、指导金矿勘查才是迫在眉睫的任务。1971年，队里成立了地质综合研究组，由李士先负责。1976年的一天，一座农家小院内，李士先与组员凑在一起商议起来……

“金矿找到了，得先起个名。”李士先说。“国外有卡林型金矿、兰德式，我们为什么不能叫焦家式？”“必须把‘破碎带’冠上，这是主要特征……”

大家你一言我一语，最终确定了矿名。1977年，全国第二次金矿地质会议上，“焦家式破碎带蚀变岩型金矿”被正式命名确立。1985年，六队的项目成果《焦家式新类型金矿的发现及其突出的找矿效果》，荣获首届国家科学技术进步奖特等奖。

勇于开拓，向着地球深部进军

寺庄、焦家等“五朵金花”次第绽放

金矿勘查史上，“五朵金花”闻名遐迩。此“金花”非女子，而是货真价实的“金花”。

2003年，六队第十二任队长王其鸿上任。平时沉默寡言的王其鸿在临行前，憋出几句话：“感谢局党委给我这副担子，如果有架梯子搭到天上，我就能带着这支队伍摘星揽月！”

“狠话”放出去了，难题却摆在眼前！以前找矿都在地表下500米以内，如今地表矿和浅部矿基本都开发完了，下一步该何去何从？向着地球深部找矿，这是唯一出路！

在省地矿局支持下，以王其鸿为总指挥的会战指挥部成立了，并选调技术骨干组成项目组。2005年正月，满天飞雪，“寺庄会战”的战鼓咚咚擂响，六队整装待发，向着地下千米进发。有人质疑，说此地“矿体薄、品位低、规模小、埋藏深”，不可能形成大矿。王其鸿坚持说：“必须要突破！”

项目技术负责人姜洪利把自己关在指挥部，图纸反复看，探采资料来回翻，分析深部构造变化。经过反复推敲，他改进施工方案，在最可能的见矿部位，打2个钻孔试探性开钻。

一个孔，一打就是2个月、上千米。第一钻，如愿以偿打到了金；第二钻又见好矿，品位、厚度出人意料。最终，施工钻孔52个，进尺4万余米，探明寺庄金矿资源量51.83吨，潜在经济价值80余亿元。第一朵“金花”在寺庄诞生，这是国内第一个深部特大型金矿。

寺庄北面的焦家深部会不会也有奇迹？王其鸿决定试试。有了寺庄经验，辅以技术方案，焦家深部勘查开头就“惊喜不断”，但在钻探到第四孔时，担心的事发生了：没打着矿。

指挥部上上下下愣住了……王其鸿召集技术人员开会，组织讨论，地质、物化探测量各种技术手段齐上阵。大家做出大胆猜测：这朵埋在深部的“金花”，可能是哑铃形的。

果不其然，当钻孔进行到第八钻的时候，终于在千米深处找到了“哑铃把儿”。当预期见矿位置的岩芯取上来的那一刻，年轻的队员鲍中义冲上前，激动地拂去岩石上的尘土：明金闪闪发光！

化验结果令所有人欢呼雀跃：最高金品位110.04克/吨。焦家深部探矿中，六队最终探明金矿资源量105吨，潜在经济价值200余亿元。随后，朱郭李家、纱岭、前陈等“三朵金花”次第绽放……

薪火相传，沿着前辈足迹前行

建立4个省部级创新平台、6支高层次科技人才创新队伍

“地三代”范家盟，童年时便跟着姥爷、舅舅奔走山间，摆弄罗盘，挥舞铁锤，小家盟常想：“啥时候我也能发现宝藏？”大学毕业后，范家盟加入六队。憧憬是美好的，可真踏上寻金路，他打起了“退堂鼓”……

2012年，范家盟被派往新疆勘查。跋涉3000余千米，抵达罗布泊镇中转站。“那天，气温零下20多摄氏度，我们在‘地窝子’里熬了一晚。”范家盟说，那夜，看着漏沙的房顶、凹凸不平的地面、堆满杂物的地铺，他彻夜未眠……

第二天抵达项目驻地，范家盟站在戈壁滩上，耳旁风声呼呼，远望漫天沙尘袭来，没有一丝绿意，几间空荡荡的铁皮房在风中颤抖！范家盟情绪非常低落：“想撂挑子！”

有一次，母亲给他打电话，心疼地说：“要不你跟队里说，回山东出野外吧。”没想到，电话那头传来姥爷的呵斥声：“你以为搞地质是去游玩吗？这点苦都吃不了，就别来六队！”母亲没敢再言语，安慰几句后便挂断了电话……

“当初就是冲着‘英雄地质队’来的，这时退缩岂不成了笑话？”范家盟静下心来，想起姥爷的话：“选择地质，就是选择了与艰苦为伴、四海为家；选择六队就是选择了责任。”范家盟留下了，10个月后他们完成了罗布泊的勘查项目。

为铺就青年科技人才成才之路，六队建立了4个省部级创新平台、6支高层次科技人才创新队伍。水旺庄矿区勘查会战中，队里成立青年地质项目组，范家盟勇挑大梁，成了负责人。针对破碎带岩芯取样容易使钻头损坏的问题，他们团队发明和引进了“防弯钻具”“减阻内管”“水力割刀”等创新技术。

即便用了新技术，工期依然紧迫。他们每天对比工程进度，找问题想对策。有一天下起大暴雨，办公室停电，只能用蜡烛照明；烛光跳跃，照映着几个年轻人的脸庞，等把当天工程量统计完成时，雨歇天晴，繁星满天。吃着方便面，望着星空，范家盟喃喃自语：“我想念妈妈蒸的热气腾腾的大馒头了。”

经过勘查，水旺庄矿区累计探获金矿资源量186吨，是招平断裂带迄今探获的最大金矿床；招平断裂带因此成为我国第三条千吨级控矿断裂带。

走出国门，投身“一带一路”建设

在六队，每个人都是好样的

近年来，六队勇担国家赋予的使命，助力“一带一路”沿线国家实现找矿突破。又要出发了！临行前张朋的妻子总觉得东西带得不够，早早替他买了新鞋、袜子和水杯，“下周去苏丹，再见面就得半年后了。”张朋说。

2012年，张朋跟随队伍前往塔吉克斯坦。矿区地处海拔近4000米的帕米尔高原，首要的困难就是克服高原反应。氧气稀薄，张朋总是心慌气短，鼻血断断续续地流，嘴唇裂开了口子……

高原气温低，每年10月，大雪封山，吃水都成了难题，只能砸冰块用炉子化水。高原上做饭，馒头蒸不熟，咬一口黏糊糊，吃个包子就算过年。“拿着铁锤四处敲，采一堆样品背回来，鞋子裤子磨破了洞，只能自己缝补。”张朋回忆。

孤独最难耐。“荒无人烟的地方，听到狼叫都是惊喜！”张朋说，他怕家人担心，对妻子说自己的工作就像游山玩水，是给地球“把脉”。妻子抱怨说：“出国‘把个脉’，咋要这么久？”张朋说，“这是国家大事，要尽心竭力。”最终，团队通过岩芯对比，探索出缓倾斜矿体找矿思路，提前完成任务。

2021年，张朋成为苏丹项目部负责人。慢慢地，妻子明白了：丈夫的工作是跋山涉水，绝非游山玩水。“只有国家富强，六队这个大家稳固，我们的小家才幸福。”妻子说。

“在六队，每个人都是好样的。”六队大队长丁正江说，“未来路漫漫，我们要弘扬‘英雄地质队’优良传统，力争为国再探大金矿。”

记者手记

秉承地质报国之心

珠穆朗玛峰，海拔8000余米，于许多人而言，这是难以企及的高度。采访时，一组数字令人震撼：“自1958年成立以来，六队累计查明黄金资源量2810余吨，完成钻探进尺500余万米，相当于钻透了600余座珠穆朗玛峰！”

这组数字，是六队队员用鲜血和汗水换来的成果。新中国成立初期，老一辈勘查者踏上寻金路……为了祖国事业，他们顾不上家人，付出宝贵的青春，甚至有人献出了生命。

栉风沐雨六十余载，六队第一代勘查者中有的已经故去，可信念如磐、潜心找矿、赤诚报国的精神仍在传承；他们怀着满腔热血，背起行装，翻山越岭，沿着前辈的足迹砥砺前行……

采访中，一位老同志的话让记者印象深刻：“金无足赤，而赤子之心是足赤的。”精诚所至，金石为开。寻金路漫漫，愿六队继往开来，秉承地质报国之心，在新一轮找矿突破行动中多找矿、找大矿、找好矿，奋力书写“英雄地质队”新篇章！

（《人民日报》2023年2月28日刊载）

赋能乡村振兴　为新时代农业现代化贡献力量

近年来，威海海洋职业学院始终以服务国家发展战略、服务乡村振兴为己任，发挥学院优势，搭建服务平台，为推动新时代农业现代化发展提供有力支撑。

整合学院资源，打造服务乡村振兴品牌，构建“三元驱动”职业培训体系

聚焦乡村振兴、经略海洋等发展战略，围绕农业关键技术、乡村产业发展、农民就业增收、乡村有效治理等领域，立足人才、设备、技术优势，把学院所能与乡村所需结合起来，鼓励广大师生投身乡村振兴。抓住学院已有的优势，打造学院培训平台，汇总整理学院几个特色优势专业，开发了职业技能培训、水产类农业行业社会评价组织培训、渔业培训、电商服务乡村振兴培训、亚马逊大赛培训等课证融通的职业培训与技术服务项目库和课程包。以产业领军人才为引领，以学院教师为主体，以企业能工巧匠为补充，多渠道、多途径地引进人才，遴选校内外培训项目库60余项，形成三师融通的职业培训师资队伍260余名。以平台为基础，以智慧酒店为载体，加大与相关院校、目标企业及社会机构的横向沟通，通过不断地推介、实践、完善，打造海院特色品牌，将专业优势铸造成品牌优势，逐步形成以产业企业需求为导向、技术创新为支撑、专业教学为基础的“三元驱动”职业培训体系。

立足自身职能建设，贴近区域发展需求，催生涉农新产业新业态

威海海洋职业学院依托产业办专业，依托专业促产业，专业设置贴近区域经济发展需求，海洋特色鲜明。重点打造水产养殖技术、海洋健康食品、药品与医疗器械、船舶智能制造、人工智能物联网、国际邮轮乘务管理、工业机器人技术、电子商务技术8大专业群，建有“山东省船舶控制工程与智能系统工程技术研究中心”等5个省、市级工程技术研究中心和2个市级创新平台，加快推进各种专利、项目研究，促进科研成果向服务“三农”转移转化。整合学院各系部资源，建立乡村振兴项目库15项，积极与威海市农业农村局、商务局等单位深入交流，成立乡村振兴研究院，将项目向基层和企业推介。

立足院校特色，发挥山东省海洋与渔业实用人才培训基地、山东省远洋渔业船员培训基地、山东省省级现代渔业技术培训基地等优势，抓住各级对海上安全及海上渔业生产高度重视的契机，积极与渔业港监部门沟通，验证并通过了普通船员培训资质，将职务船员培训资质由三级船员培训资质升级到一、二、三级职务船员培训资质。利用伏季休渔时机，年培训各类船员1800余人次。

发挥继续教育平台优势，提升专业技术水平，为服务乡村振兴提供智力支持

利用山东省专业技术人员继续教育基地、威海市专业技术人员基地、山东省继续工程教育协会会员单位的优势，依托自身平台和资源，年平均完成省级继续教育平台培训人数3500人。2022年开展威海市级“乡村振兴战略政策解读研修班”，线上培训人次达4135人。2022年被评为服务乡村振兴示范性职业院校，我院推荐报送的《绿色创新　赋能海洋蓝色经济高质量发展》成功入选教育赋能乡村振兴典型案例。2023年成功入选第一批乡村振兴电商人才培养示范基地暨村村播工程示范校共建单位。实施电商助农行动，帮助农民增收致富。大胆探索，整合资源，制定详细的电商帮扶方案，拓宽农产品营销渠道，建立适合本地的特色农产品标准化体系，切实解决农作物产量低和市场销售难等问题，从产品包装、平台推广、后台运营、跨境物流、售后服务等核心问题作出详细的指导讲解，为农民提供电子商务培训，推动农村电商高质量发展，有效带动广大农民增收、脱贫、致富。

（《新华社》2023年6月28日刊载）

先进制造业集群优势调研行　生态小城兴起高新产业

近几年大规模发展的先进制造业集群开始改变我国制造业的发展格局。在不具备制造业资源禀赋优势、“先天”缺少重大生产力布局的生态小城，如今正在制造业高端化、智能化的趋势引领下锻造出新的经济增长引擎，在保持自然生态优势的同时也在奋力拓展先进制造业产业生态圈，探索出绿色发展的新路径，成为新旧动能转换的样本。

威海：滨海小城打造“智造高地”

威海地处我国大陆海岸线最东端，人口规模、地理面积、GDP总量均排在工业大省山东16地市后位，但威海“小”却“不弱”，拥有一众“小而精”“小而强”的优质制造企业，多次入选全国先进制造业百强市，2022年高新技术产业产值占规上工业总产值比重全省第一，2022年规上工业利润率居全省前列。

记者近期在这座滨海城市调研发现，通过多年深耕高新技术产业，威海已经在打印机、碳纤维、医疗器械、海工装备、轮胎、房车等产业领域形成优势，正通过高端化引领、生态化集聚、智能化改造等举措打造先进制造业高地，成为目前山东新旧动能转换最活跃的城市之一。

坚定向高端进军

“要做困难的事，做简单的事价值不大，也挣不到钱。”刚从墨西哥生产基地考察归来，威海克莱特菲尔风机股份有限公司董事长、总经理盛军岭见到记者时还在倒时差，但讲起企业发展战略神采奕奕。

作为首批国家级专精特新“小巨人”企业、威海市首家北京证券交易所上市企业，克莱特菲尔专为高铁、风电、核电、海上钻井平台、高技术船舶等高端装备的动力系统提供冷却解决方案，在多个细分领域全球排名前列。

盛军岭说，因为长期专注研发，企业多年间发展非常缓慢，产值长期稳定在数亿元。但正是这份“缓慢”，让企业夯实了原创正向设计的“内功”。“就得有‘板凳一坐十年寒’、把独门绝技练好的决心。”

酒香不怕巷子深。积累起核心技术优势的克莱特菲尔，近年获得国内多个大型产业基金的青睐，并由此进入风电、核电等新能源领域，迎来大踏步发展。而威海齐全的电机产业配套，则帮助克莱特菲尔快速实现产能提升。

今年上半年，克莱特菲尔在手订单超过3亿元，订单及利润增长均超过30%。盛军岭表示，获得金融支持后，企业加大了科研投入，正在建设的新能源装备研发中心年内投用，将为填补国内更多空白提供支持。

克莱特菲尔仅是威海众多制造业单项冠军、“专精特新”企业中的一家，但从苦练内功、寂寂无闻，到迎来机遇、稳步起飞，企业的发展历程在某种程度上也是威海工业经济发展的折射。

1987年才升级为地级市，“先天”缺少重大生产力布局，又地处山东陆地交通的最末端，威海工业经济呈“群山少峰”特点，缺少大块头、大支柱企业“压仓”，在经济大省山东存在感有限。但也正因如此，威海很早就走上了绿色低碳发展之路，尤其注重高新技术产业发展。随着近年新旧动能转换深入推进、我国加速迈向绿色低碳高质量发展，威海迎来历史性发展机遇，工业“含绿量”高、创新能力强的特质，使其后发优势显著。

“威海的企业虽然规模普遍不大，但科技含量高、盈利能力强。”威海市工信局相关负责人告诉记者，面对近年国内外激烈的市场竞争，不少威海企业如克莱特菲尔一样，开始坚定迈向高端制造。

这是招商局金陵船舶（威海）有限公司的生产现场，企业在手的高端客滚船订单已经排到2028年。

位于威海三大国家级开发区之一、临港经济技术开发区的招商局金陵船舶（威海）有限公司，近期向欧洲顶级船东公司交付了一艘游客、车辆共载的高端客滚船。目前，金陵船舶在手的高端客滚船订单已经排到了2028年。

得益于转型升级，这家创始于1952年的老船厂近年淬火重生。受行业周期影响，金陵船舶2018年转入招商局集团旗下时，亏损4.71亿元，净负债10.88亿元。危机之下，集团决意让船厂跳出竞争激烈的低端市场，强攻全球高端市场的一个细分领域——客滚船。

“当时是怀着‘不成功，便成仁’的决心开始转型的。”船厂副总经理刘鑫男说。转型期间，船厂通过开展船舶维修业务维持基本运转，持续在客滚船的生产、设计上攻坚，从初具代工能力，到具备完全自主设计能力。“现在我们的产品比国外竞争对手要贵，但照样是全球高端客滚船赛道的首席。”

集聚构筑“生态圈”

威海常住人口仅290余万，老龄化程度位居山东全省第一，本地劳动力供应有限；地处山东最东端，引入外省劳动力不易。“山东各地工业经济普遍发达，用工需求都旺，一路向东最后能到威海的工人自然就有限了。”多个威海企业负责人告诉记者。

压力催生动力。一位威海市工业和信息化局干部表示，受多重因素影响，威海常年处在用工紧缺状态，但也正因如此，当地中小企业走“专精特新”道路的决心很强，研发投入普遍较高。但要培育更多优质企业，仅仅依靠企业自身的努力还不够，需要政府有为，积极构建完善的“专精特新”企业培育机制。

立足既有的产业基础与资源禀赋，威海突出先进制造业的核心地位，梳理出新一代信息技术、新医药与医疗器械、先进装备与智能制造等8大产业集群、10条产业链，并以重点产品为脉络，条分缕析找出本地配套的短板弱项，以此有针对性地引进培育龙头链主企业、核心配套企业和新锐补链企业。

通过上述努力，威海从国内多个拥有打印机加工能力的地区之一，跃升为全球最大的打印机整机生产基地。

2015年前后，韩国三星A4打印机项目落地威海已有20余年，带动以韩资配套企业为主的百余家企业集聚。但为集聚规模、降低成本，三星集团一度计划将包括威海项目在内的旗下所有打印机项目整体迁至东南亚。为留住这一影响当地数万人就业的重要产业，威海深入研究全球打印机产业，仔细分析国内外各打印机生产基地情况。最终不仅成功说服三星不走，更让其将苏州A3打印机生产线迁至威海，使威海成为三星全球打印机产能的整合地。

此后，为引入全球打印机市场份额最高的惠普公司，威海将A3打印机拆分为8000多个零部件，逐一研究这些零部件国内外哪家企业在生产、哪家品质高、哪家价格低、哪家供货期短，或逐一招商，或自行培育，最终筛选出220家补链企业进入培育库，以此作为关键资源，成功吸引惠普入驻。

自此，威海近年又吸引捷普、富士康、联想、华为等6家从事打印机整机制造的世界500强企业落地，同时将零部件的本地配套率从过去的72%升至90%以上。2022年，威海打印机整机产量达到1200万台，约占全球打印机产量的一至二成，产值从过去不足百亿元升至400亿元，在行业初具世界影响力。

地处胶东，威海民营企业多，创新动力强。威海是全国最大的渔具生产基地，但当地渔具生产企业不甘于此。过去20余年间，威海光威集团从渔具生产领域逆流而上，其生产的高性能碳纤维，打破了国外在技术、装备、产品领域的封锁，逐渐成长为国内碳纤维龙头企业，成为唯一能对标世界碳纤维两大巨头的中国公司。

拥有了攻克上游原材料难关的“链主”，如何把最高水平的技术优势转换为大规模的产业优势，尤其向更多民用领域延伸应用？威海的回答是：面向未来、及早布局，尽快构筑“生态圈”，形成完整的产业链优势。

为此，威海从2015年开始打造专业化碳纤维产业园区，以光威集团专事高端碳纤维研发的子公司为龙头，从原料研发、原丝生产、复合材料应用等产业链各环节“卡位”招商，引进国内40余家企业、22家高端科研平台。

为了让园区内部形成“有机生态”，威海2021年成立碳纤维及复合材料产业链联盟，紧密整合协调产、学、研、用各方资源。产业园主要负责人王战胜表示，“生态圈”的基础框架目前已搭建完毕，未来将锚定“中国碳纤维基地”目标，招引培育更多优质企业。

通过构建一整套培育机制，威海近年累计培育国家级专精特新“小巨人”40家、省级“专精特新”中小企业459家。全市每千户工业企业拥有国家级专精特新“小巨人”企业数、每万户工业企业拥有省级“专精特新”中小企业数，分居山东全省第三位、第二位。

升级改造生产端

专注于高新技术产业的威海，经济体量在山东中游偏下，却取得了领先于全省的效益水平。2022年，威海规上工业企业营业收入利润率达7.6%，高于全省3.3个百分点；高新技术产业产值占规上工业总产值比重达67%，位居全省第一。

逆水行舟，不进则退。面对激烈的国内外竞争，威海的企业体量普遍不大，抗风险能力有限，如何在行业赛道上先人一步？

拥抱数字经济。威海选择以“智能化改造、数字化转型”为发力点，积极构建工业互联网平台体系，对制造业进行系统重塑。

今年，受国内外相关产业带动，威海的汽车、船舶制造产业订单增势良好。上半年，浦林成山（山东）轮胎有限公司订单同比增长超过20%。记者在企业新打造的一条高度智能化轮胎生产车间看到，无数机械臂左右挥舞，大量自动导引小车往来运输，罕见人工。

“这是根据我们的需求和方案，投资10余亿元专门定制的一条智能化生产线。”浦林成山（山东）公司副总经理胥建刚表示，新的生产线实现生产实时预警、问题全程追溯，生产线效率提高了23.4%，人工成本降低30%。更重要的是，不良率降低了60%。但只是大投入、新购置设备，参考价值未必大。目前，浦林成山正按照智能化办法，改造已有生产线，引起不少同行及本地中小制造企业的关注。

“有的设备已经有10余年历史，但运行良好。现在的改造就是增加部分新设备，以智能化系统让老设备焕发新活力。”胥建刚表示，改造方案既符合产品质量需求，也符合财务需求，投资只需要1亿余元，目前已进展过半。

为了推进工业互联网和人工智能发展，威海近年专门成立工业互联网和人工智能创新联盟，并且依托工信部威海电子信息技术综合研究中心，建成蓝海工业互联网平台。目前，该平台获评国家级跨行业跨领域工业互联网平台，作为当地制造业产业发展“大脑”，提供的设备上云、业务上云等服务覆盖22个行业、9大领域，连接工业设备65万余台，培育出办公自动化设备、钓具等20余个行业平台。

在毛纺服装这一细分领域，针对行业上下游中小企业多、信息沟通壁垒高问题，威海纺织服装产业链龙头企业联桥集团，在国家发改委支持下，2019年联合中国纺织工业联合会打造了国家毛衫纱线资源共享平台。目前，该平台已经汇聚30%以上国内原材料生产企业、3000余家中小型成衣加工企业、1000余名毛衫设计师。“平台的目的就是服务中小企业和专业设计师，方便资源对接、信息共享，让小行业能有大发展。”联桥集团总经理助理王伟表示，平台还是国家毛衫纱线流行趋势的研究与发布中心，正在为定义中国时尚乃至世界时尚而努力。

为了鼓励企业加快推进“智能化改造、数据化转型”，威海转变以往“撒芝麻盐”普惠性扶持方式，将财政资金向该方向倾斜，最近三年累计安排专项政策资金1.1亿元，占到市级支持先进制造业发展政策资金规模的50%。

目前，威海拥有国家、省、市级智能制造示范项目139个，在山东省率先实现国家级跨行业跨领域工业互联网平台、国家级工业产业化示范基地工业互联网试点“双入围”。2022年，在山东数字经济发展活跃度排名中，威海仅次于济南、青岛。

（《新华网》2023年8月21日刊载）

（中共威海市委宣传部提供）

海底种草　蓝碳变现

威海是海洋特色鲜明的城市，不论是海洋资源禀赋、丰度指数和开发条件，还是海产品产量、品牌数量，以及海洋生态环境等指标，都在全国领先。

近年来，在碳达峰、碳中和背景下，蓝碳（海洋碳汇）经济成为热点。威海是国内开展蓝碳研究最早的地方之一，相关工作取得了明显成效，从海底养殖到滩涂固碳，蓝碳正成为威海迈向“双碳”目标的一张优势牌、特色牌。

多营养层次生态养殖

当下，荣成鲍鱼进入集中采收季。在寻山集团，每天都有数百吨鲍鱼被销往全国水产市场。“光我们这片海区，预计今年的产量就有2万吨。”寻山集团研发中心负责人卢龙飞说，寻山集团的鲍鱼产量占荣成全市的半数以上，高产的原因，除了先进的繁育技术，还源自养殖模式。

寻山集团采用“多营养层次生态养殖模式”——上层养殖海带、裙带、龙须菜等藻类，中层养殖鲍鱼、扇贝等贝类，底层是人工鱼礁，养殖鱼、海参等。这一模式下，单亩产量比传统的粗放式养殖模式提高近30%。“这是一种生态养殖模式，利用海藻、鲍鱼、海参、鱼等养殖品种间的互补优势，实现养殖系统内物质最大程度的循环利用。”卢龙飞解释，藻类、浮游类植物吸收了空气中的二氧化碳，贝类又以藻类为食，将碳分子以生物沉积的形式排解到海底，而这些沉积物又成了在海底生存的海参、沙蚕的“美食”，如此便形成自给自足的生态循环，降低空气中的二氧化碳总量，形成了海洋碳汇。

如今，这种“多营养层次生态养殖模式”已在威海的10万亩海区推广使用，且被联合国开发计划署等机构推广，吸引了全球30多个国家的专家前来考察学习。

作为首个国家水产养殖绿色发展示范市，威海近年来大力发展以海带、裙带菜为重点的海藻类养殖，以牡蛎、鲍鱼、扇贝为重点的贝类养殖，持续增强海洋渔业碳汇能力，成为我国重要的渔业碳汇库。2022年，全市贝藻养殖产量196.8万吨，相当于减排二氧化碳53.1万吨。

院士也来“种草”

“大天鹅对生存环境可是够挑剔的，最关键的就是得有足够的食物。”在荣成市天鹅湖，大天鹅国家级自然保护区巡护员刘志斌介绍，大天鹅以大叶藻等藻类为主食，“十几年了，专家们每年都在这里补种，海湾里的大叶藻已经大片存在了，大天鹅也逐年增多。”

从2006年起，中国海洋大学水产学院教授张沛东率领团队就在天鹅湖开展海草床生态修复实验。“现在的天鹅湖底，近八成的海草床已经得到修复。”张沛东说，大叶藻不只是大天鹅的食物，其构筑的海草床是近海海洋生物栖息、繁殖的场所，对维持海洋环境、调节全球气候、净化水质等也有着重要作用。

与张沛东一样在威海开展“海底种草”的，还有唐启升院士团队。2014年，唐启升院士工作站落户荣成宁津街道东楮岛村，成为全国第一个生态系统碳汇观测站和全国唯一的海洋碳汇院士工作站。

虽然海草床分布不足海洋总面积的0.2%，但固碳量却是森林的2倍以上。受人类活动和全球气候变化影响，全球三分之一的海草床已经消失，海草床修复迫在眉睫。

近年来，威海海洋部门与相关科研团队合作，在天鹅湖、桑沟湾等海域实施海草床修复实验，攻克一系列技术难关，形成海草床修复国家标准2个，全市海草年育苗能力超过2000万株，综合实力全国领先。在全国率先把海草床修复列入人工增殖计划，全市已修复海草床6750亩，固碳约6.2万吨。

20多种植物成固碳“先锋”

秋季，在威海南海新区，海边堤岸上随处可见郁郁葱葱的柽柳。在昌阳河入海口，盐生植物翅碱蓬正在泛红，将整片滩涂染成火红色。柽柳和翅碱蓬是适合盐沼湿地生长的植物，与它们一起在南海新区存活的还有藜麦、狗牙根、月见草等20多种耐盐碱、高效固碳植物。

十年前，南海新区的海岸线上还遍布着荒芜的盐碱滩涂。如今，威海市蓝色经济研究院院长赵明波带领团队在这里相继建起了5处实验基地，选育的20多个品种在含盐量高达15‰的土地上茁壮成长。

盐沼湿地与海草床、红树林并称为三大典型近海海洋生态系统，能够捕获和储存大量碳并将其永久埋藏在海洋沉积物里。除红树林外，海草床和盐沼湿地在威海都有广泛分布。

为加快培育盐沼碳汇品种，威海在文登区、南海新区等地，建设了5处盐生植物种质繁育产学研基地，筛选出碱蓬、柽柳等16种固碳效率高的品种进行繁育推广，已恢复盐地碱蓬湿地1000余亩；全市盐地碱蓬湿地面积达到8200余亩，储碳7000余吨。在此基础上，相关部门也加快探索耐盐碱植物资源高值化利用途径，已开发的主要产品有食品类碱蓬籽油、海洋植物色素、柽柳叶素水等。

蓝碳价值量化交易

看不见、摸不着的蓝碳，在威海能变成“真金白银”。2021年8月10日，全国首笔“海洋碳汇贷”被寻山集团拿下——荣成农商银行以42.5万吨碳排放权作为质押，并根据全国碳排放权交易市场当日碳排放交易价格，向寻山集团下属企业发放了2000万元的“海洋碳汇贷”。

威海正全力加快海洋碳汇交易平台建设，推动海洋碳汇纳入国家碳汇市场交易，推进碳汇资产上市交易。此外，威海以唐启升院士工作站、焦念志院士工作站为“双核”，统筹桑沟湾贝藻碳汇实验室、山东省海洋碳资产工程技术协同创新中心等科研力量，加快汇聚海洋碳汇领域顶级专家和人才团队，落地实施一批省部级重大科研项目群，制定形成一系列行业、国家标准。

为抢占海洋碳汇发展制高点，威海于2021年出台全国首个蓝碳经济发展行动方案，方案提出，计划到2025年底，威海的蓝碳经济体系基本建立，蓝碳经济贡献度显著提高，在全市海洋经济占比超过30%。记者从威海市海洋发展局获悉，2022年，威海海洋生产总值达1249亿元，占全市GDP比重达到36.6%，其中蓝碳经济体系总量占海洋生产总值比重已达28.4%，绿色水产养殖业、海洋生态旅游业等6大产业的增加值达354.85亿元。

（《大众日报》2023年10月10日刊载）

先进人物

2023年威海市获得省级以上奖励人物情况表

表23

获奖时间	姓名	奖励名称	颁奖单位
2月	李　淼	2022年度全国优秀共青团干部	中国共产主义青年团中央委员会
2月	王思元	2022年度全国优秀共青团员	中国共产主义青年团中央委员会
2月	孔维新	2022年度全国优秀共青团员	中国共产主义青年团中央委员会
4月	谷大伟	全国五一劳动奖章	中华全国总工会
4月	姜红江	全国五一劳动奖章	中华全国总工会
4月	于进强	山东省劳动模范	中共山东省委 省人民政府
4月	于金汕	山东省劳动模范	中共山东省委 省人民政府
4月	于海游	山东省劳动模范	中共山东省委 省人民政府
4月	王　军	山东省劳动模范	中共山东省委 省人民政府
4月	王龙江	山东省劳动模范	中共山东省委 省人民政府
4月	王恩茂	山东省劳动模范	中共山东省委 省人民政府
4月	王海东	山东省劳动模范	中共山东省委 省人民政府
4月	车宝臻	山东省劳动模范	中共山东省委 省人民政府
4月	石红正	山东省劳动模范	中共山东省委 省人民政府
4月	龙　经	山东省劳动模范	中共山东省委 省人民政府
4月	吕卫伟	山东省劳动模范	中共山东省委 省人民政府
4月	刘　超	山东省劳动模范	中共山东省委 省人民政府
4月	刘玉刚	山东省劳动模范	中共山东省委 省人民政府
4月	江　涛	山东省劳动模范	中共山东省委 省人民政府
4月	孙永军	山东省劳动模范	中共山东省委 省人民政府
4月	孙建奎	山东省劳动模范	中共山东省委 省人民政府
4月	孙晓旭	山东省劳动模范	中共山东省委 省人民政府
4月	孙徐军	山东省劳动模范	中共山东省委 省人民政府
4月	李　刚	山东省劳动模范	中共山东省委 省人民政府
4月	李文轩	山东省劳动模范	中共山东省委 省人民政府
4月	李合广	山东省劳动模范	中共山东省委 省人民政府
4月	李新占	山东省劳动模范	中共山东省委 省人民政府
4月	张　琳	山东省劳动模范	中共山东省委 省人民政府
4月	张旭阳	山东省劳动模范	中共山东省委 省人民政府
4月	陈德波	山东省劳动模范	中共山东省委 省人民政府

续表23

获奖时间	姓名	奖励名称	颁奖单位
4月	周万友	山东省劳动模范	中共山东省委 省人民政府
4月	姚永卫	山东省劳动模范	中共山东省委 省人民政府
4月	高　强	山东省劳动模范	中共山东省委 省人民政府
4月	阎　勇	山东省劳动模范	中共山东省委 省人民政府
4月	薛冰奇	山东省劳动模范	中共山东省委 省人民政府
4月	于正波	山东省先进工作者	中共山东省委 省人民政府
4月	王明义	山东省先进工作者	中共山东省委 省人民政府
4月	刘长城	山东省先进工作者	中共山东省委 省人民政府
4月	刘振华	山东省先进工作者	中共山东省委 省人民政府
4月	孙宏伟	山东省先进工作者	中共山东省委 省人民政府
4月	孙雪岩	山东省先进工作者	中共山东省委 省人民政府
4月	宋保林	山东省先进工作者	中共山东省委 省人民政府
4月	张建政	山东省先进工作者	中共山东省委 省人民政府
4月	姜义明	山东省先进工作者	中共山东省委 省人民政府
4月	原永党	山东省先进工作者	中共山东省委 省人民政府
4月	隋海明	山东省先进工作者	中共山东省委 省人民政府
4月	蒋虹君	山东省先进工作者	中共山东省委 省人民政府
4月	廉青松	山东省先进工作者	中共山东省委 省人民政府
5月	张明玺	山东省乡村振兴突出贡献奖先进个人	中共山东省委 省人民政府
5月	毕弘阳	山东省乡村振兴突出贡献奖先进个人	中共山东省委 省人民政府
5月	王建虎	山东省乡村振兴突出贡献奖先进个人	中共山东省委 省人民政府
5月	刘俊军	山东省乡村振兴突出贡献奖先进个人	中共山东省委 省人民政府
5月	李长青	山东省乡村振兴突出贡献奖先进个人	中共山东省委 省人民政府
5月	宫金凤	山东省乡村振兴突出贡献奖先进个人	中共山东省委 省人民政府
5月	沈　磊	山东省乡村振兴突出贡献奖先进个人	中共山东省委 省人民政府
5月	殷进领	山东省乡村振兴突出贡献奖先进个人	中共山东省委 省人民政府
5月	邢　鑫	山东省乡村振兴突出贡献奖先进个人	中共山东省委 省人民政府
6月	张鑫圆	2023年第一季度“中国好人榜”	中央精神文明建设办公室
6月	舒记德	2023年第一季度“中国好人榜”	中央精神文明建设办公室
6月	李长青	2022年度“海洋人物”	自然资源部
9月	孙　涛	2023年第二季度“中国好人榜”	中央精神文明建设办公室
9月	孙清华	全国工会系统先进工作者	中华全国总工会 人力资源和社会保障部
10月	李　震	全国模范人民调解员	司法部
10月	曲清华	全国模范人民调解员	司法部
10月	宋云波	全国模范人民调解员	司法部
11月	张娇娇	全国乡村振兴青年先锋	共青团中央　农业农村部

（各单位提供）
编辑　闫拥军

索　引

说明：

一、本索引各主题词按汉语拼音字母顺序排列。同音字按声调排列，首字相同者按第二字音序排列，依次类推。

二、索引名称后的数字表示内容所在的页码，数字后用拉丁字母 a、b、c 分别表示该页的左栏、中栏、右栏。

三、类目、分目和子目用黑体字标明；插图及特载、大事记、附录的具体内容及随文图片不做索引。

四、索引词一般采用中心词和简称。

J